国家民委《民族问题五种丛书》
总修订编辑委员会

国家民委《民族问题五种丛书》之五
中国少数民族社会历史调查资料丛刊（修订本）

藏族
社会历史调查

（六）

西藏社会历史调查资料丛刊编辑组　编
《中国少数民族社会历史调查资料丛刊》修订编辑委员会

民族出版社

图书在版编目（CIP）数据

藏族社会历史调查 . 6/《中国少数民族社会历史调查资料丛刊》修订编辑委员会编 .
—修订本 . —北京：民族出版社，2009.6（2019.1 重印）

（国家民委《民族问题五种丛书》. 中国少数民族社会历史调查资料丛刊）
ISBN 978 – 7 – 105 – 08833 – 1

Ⅰ. 藏…　Ⅱ. 中…　Ⅲ. 藏族—民族历史—社会调查—中国　Ⅳ. K281.4

中国版本图书馆 CIP 数据核字（2009）第 096215 号

民族出版社出版发行

http://www.mzcbs.com

北京市和平里北街 14 号　邮编 100013

北京龙跃印务有限公司印刷

各地新华书店经销

2009 年 6 月第 1 版　2019 年 1 月北京第 2 次印刷

开本：787 毫米 ×1092 毫米　1/16　印张：30.75　字数：807 千字

印数：2001—2500 册　定价：50.00 元

ISBN 978 – 7 – 105 – 08833 – 1/K · 1719（汉 876）

国家民委《民族问题五种丛书》
修订再版总序

  国家民委《民族问题五种丛书》，包括《中国少数民族》、《中国少数民族简史丛书》、《中国少数民族自治地方概况丛书》、《中国少数民族语言简志丛书》、《中国少数民族社会历史调查资料丛刊》，记录了中国 55 个少数民族从起源至 21 世纪初的历史发展进程，涵盖政治、经济、文化、社会等方方面面的内容，荟萃了大量原始的、鲜活的、极其珍贵的资料，是一部关于中国民族问题的大型综合性丛书，是中国民族问题研究的重大项目和重大出版工程。

  新中国成立后，党和政府高度重视民族问题和民族工作。少数民族地区的社会改革和社会主义建设逐步展开。为了摸清少数民族的社会历史状况，抢救行将消失的宝贵的历史文化资料，1953 年，全国人大民族委员会和中央民族事务委员会组织进行全国性的民族识别调查，1956 年又开始少数民族语言、少数民族社会历史调查。在三次大规模的系统调查的基础上，中央民委从 1958 年开始组织编写《中国少数民族简史》、《中国少数民族语言简志》、《中国少数民族自治地方概况》三种丛书。"文化大革命"期间，中央民委机构撤销，此项工作被迫中断。1978 年国家恢复民族工作机构，中央民族事务委员会改为国家民族事务委员会。1979 年，国家民委决定继续组织编写以上三种丛书，并增加编写《中国少数民族》和《中国少数民族社会历史调查资料丛刊》两种丛书，定名为《民族问题五种丛书》。《民族问题五种丛书》的编辑出版列入了全国哲学社会科学"六五"规划的重点科研项目。

  《民族问题五种丛书》共计 402 本，一亿多字，该项目自 1958 年启动至 1991 年基本完成，历时 30 多年，涉及全国 19 个省、市、自治区及中央有关单位 400 多个编写组，1760 多人参与，分别由全国 30 多家出版社出版。纵观历史，像这样全面系统地调查研究、编辑出版介绍各个少数民族的丛书在中国前所未有；横看世界，像这样由政府部门组织为国内各少数民族著书立说实属罕见。

  盛世修史、修志，这是中国的传统。由于《民族问题五种丛书》编辑出版时间长，涉及地区广，出版单位分散以及受当时环境条件局限，难免存在一些不足：一是体例版本不统一；二是有些解释不准确；三是新中国成立以来特别是实行改革开放以来，少数民族和民族地区所发生的变化和取得的成就没有得到充分的反映。为适应民族工作发展和民族问题研究的需要，为满足广大读者的需求，国家民委决定从2005年开始对《民族问题五种丛书》进行修订再版。

这次修订再版的总体原则是"基本保持原貌，统一体例、版本，增加新内容"，统一由民族出版社出版发行。其中：

《中国少数民族》的修订，旨在原版的基础上，适当调整结构，更新有关数据和资料，吸收最新研究成果；增加各少数民族在改革开放以来各方面的发展成就。

《中国少数民族简史丛书》的修订，本着"适当修订、适量续修"的原则，对有明显错误的内容、观点、表述进行更正，对新中国成立以来特别是改革开放以来各少数民族的发展史实予以补充。

《中国少数民族自治地方概况丛书》的修订，力求更加全面系统地反映各民族自治地方的历史、地理、经济、文化、社会的基本情况和实行民族区域自治的历程、成就和经验，新编1987年以后成立的16个民族自治地方的概况。

《中国少数民族语言简志丛书》的修订，旨在改错，增补新的研究成果，增写《满族语言简志》，并合订为6卷本。

《中国少数民族社会历史调查资料丛刊》的修订，主要是尊重史实，修正错误，增加注释。

《民族问题五种丛书》的修订再版工作，得到了中央有关部门和各有关地方的高度重视及社会各界的广泛支持。中国社会科学院、中央民族大学、中央党校、中南民族大学、西南民族大学、西北民族大学、黑龙江社会科学院、黑龙江大学、黑龙江民研所、云南社会科学院、贵州大学、云南大学、四川大学、新疆大学、新疆师范大学、内蒙古大学、哈尔滨学院、吉林民研所、广西民族大学、广西艺术学院、广西博物馆、广西民研所、甘肃省委党校、凉山大学、中国教育部语工委、云南语工委等单位的民族学、社会学、人类学、语言学的专家学者以及长期在民族地区工作的同志共1000余人积极参与了修订工作，各有关省、自治区、直辖市的各级民族工作部门做了大量的组织协调工作。谨此，表示诚挚的谢意。

我们相信，经过大家的共同努力，修订再版的《民族问题五种丛书》，将以更全面、更完整、更科学的面貌呈现在广大读者面前。

李德洙

2007年8月

出版说明

    《中国少数民族社会历史调查资料丛刊》是国家民委民族问题五种丛书编辑委员会主持编辑的《民族问题五种丛书》之一。

    本《丛刊》的资料收集和编辑整理工作，是在党和政府的领导下，各有关地区和单位集体进行的。早在解放初期，国务院民族事务委员会和各有关少数民族地区，为了开展民族工作，就曾组织民族研究方面的学者和民族工作者，对当地少数民族的社会历史情况进行过调查。1956 年，全国人大民族委员会和国务院民族事务委员会，秉承党中央指示，进一步组织了若干调查组，对各少数民族的社会和历史进行了大规模的调查研究。1958 年，在国务院民族事务委员会和中国科学院哲学社会科学部的领导下，中国科学院民族研究所、中央民族学院和各少数民族地区的有关单位，在编写《少数民族简史》、《少数民族简志》、《民族自治地方概况》三套丛书的过程中，又做了必要的调查。现将历次调查的少数民族社会历史资料，由各有关单位分别加以整理，编辑出版，这对我国少数民族社会历史的科学研究工作，具有重要的参考价值。

    需要说明的是，这些社会历史调查资料，大多是 20 世纪 50 年代和 60 年代初期的材料，由于当时条件的限制，不准确和不全面之处在所难免，希望读者指正。

国家民委民族问题五种丛书编辑委员会

《社会历史调查资料丛刊》编辑组

修订再版说明

　　《中国少数民族社会历史调查资料丛刊》是国家民委《民族问题五种丛书》之五，内容包括了20世纪50年代中央访问团收集的资料，全国人大民委、中央民委等组织民族社会历史调查以及民族识别等工作所搜集到的资料，20世纪80年代以后由各省、自治区陆续分别出版，全套社会历史调查资料丛刊共有84种145本。这些资料集中记录了我国少数民族社会历史的基本情况，是民族研究和民族工作中的重要参考资料，受到了各方面的欢迎和好评。

　　《中国少数民族社会历史调查资料丛刊》问世以来，民族自治地方社会和文化发展取得了长足进步，各方面情况有了不少变化，为了进一步发挥这些历史调查资料的作用，促进各民族"共同团结奋斗，共同繁荣发展"，国家民委决定修订、再版《中国少数民族社会历史调查资料丛刊》，并将其列为国家民委重点科研项目。

　　本次修订再版，在尊重史实，基本保持原貌，统一体例、版式的总原则下，主要是订正错误，并以修订注释的形式增补新的人口数据和地方行政隶属的变化情况。另外，原书中统计数据存在的问题较多，但因无资料可查核，部分只能保持原貌，仅供参考。《崩龙族社会历史调查》、《新疆牧区社会历史调查》不再单独出版。新增《吉林省朝鲜族社会历史调查》、《土家族社会历史调查》、《四川木里藏族自治县藏族纳西族社会历史调查》、《广东海南少数民族社会历史调查资料汇编》4本。修订本合计为86种147本。

　　《中国少数民族社会历史调查资料丛刊》的修订再版工作，得到有关省、自治区、直辖市领导的重视和关心，得到了中央民族大学、云南大学、广东民族研究所等有关部门的大力支持。我们对关心、支持修订再版工作的各级领导、有关部门、专家学者以及所有热心参与此项工作的同志，表示诚挚的谢意！

《中国少数民族社会历史调查资料丛刊》修订编辑委员会

2007年12月

目 录

拉孜宗杜素庄园调查报告 ················· （1）
　一、杜素庄园概况 ················· （1）
　二、土地关系 ················· （7）
　三、庄园各类居民的差役赋税 ················· （27）
　四、人身奴役 ················· （62）
　五、家庭收支情况调查 ················· （72）
　六、生产情况 ················· （218）
　七、货物交换和价格 ················· （253）
　八、领主庄园生活一瞥 ················· （265）
　附　记 ················· （271）

日喀则宗艾马岗调查报告 ················· （272）
　一、艾马岗冈中黧卡调查 ················· （272）
　二、艾马岗康萨黧卡逃亡情况调查 ················· （274）
　三、艾马岗家庭调查 ················· （277）
　附　记 ················· （314）

日喀则宗牛黧卡调查之一 ················· （315）
　一、民主改革前的生产情况 ················· （315）
　二、土地关系的分布及几种土地名称 ················· （324）
　三、乌拉差役调查 ················· （327）
　四、各种职业差役调查 ················· （332）
　五、西藏历史上几次战争中在牛黧卡征兵差的情况 ················· （334）
　六、农奴反抗乌拉差役的斗争 ················· （335）
　七、牛黧卡、日喀则一九五八年物价调查 ················· （336）
　八、家庭与婚姻 ················· （337）
　附　记 ················· （369）

日喀则宗牛黧卡调查之二 ················· （370）
　一、乌拉差役及债务的专题调查 ················· （370）
　附一　牛黧卡四分之一的岗土地支服内差（即囊差）的一般情况 ················· （392）

附二　牛谿卡一个普通劳动者一年中生产水平的调查以及四分之一岗的地租负担 …………（395）
附三　牛谿卡一个人一年内口粮、酏（饮料）消耗的调查 …………（400）
二、牛谿卡的政治情况 …………（401）
附　记 …………（407）

日喀则宗牛谿卡调查之三 …………（408）
一、建立牛寺的历史 …………（408）
二、牛寺的组织、职责分工和产生 …………（409）
三、牛寺经营的牛谿卡 …………（412）
四、牛寺放的高利贷 …………（414）
五、牛寺的节日 …………（415）
六、牛寺的戒律、刑法执法人及喇嘛的反应 …………（416）
七、牛寺的武装组装 …………（418）
附：喇嘛被牛寺非法责打的实例 …………（418）
附　记 …………（419）

日喀则宗孜东察儿谿卡调查 …………（420）
一、谿卡的政治组织系统 …………（420）
二、谿卡的乌拉差役 …………（422）
三、谿卡的司法制度 …………（445）
四、谿卡的婚姻 …………（447）
五、谿卡十户家庭调查 …………（448）
附　记 …………（480）

后　记 …………（481）

修订后记 …………（482）

拉孜宗①杜素庄园②调查报告

一、杜素庄园概况

（一）自然概况

杜素谿卡位于日喀则③至定日④公路线上，东与日喀则县相连，西与拉孜宗的资龙谿卡⑤相接，南北两面均是高山，成为两排天然屏障。北山北麓是著名的雅鲁藏布江，出谿卡东北角的山口可以直达；南山之南的广大地区为柳谿卡⑥和萨迦县⑦的辖区，山上坡陡无路，人迹罕至。

杜素谿卡的地势，西南高而东北低，成倾斜状。农田大部分在村北。从西南山（那里有一座尼姑庵）脚下的响峨水库延伸出两条干渠，长共约 3000 米，是全谿卡农田灌溉的主要动脉。水渠由西南向东北流淌，支渠密布，组成了一个比较完整的灌溉网。可惜，由于年久失修，到 1958 年时有的已被洪水冲塌，有的已被泥沙淤塞，破碎不堪。

---

① 拉孜宗，在今拉孜县。曾称"纳孜"、"章拉则"、"拉则宗"、"拉兹"等。清康熙五十二年（公元 1713 年）为拉孜宗，属班禅堪布会议厅，1955 年属西藏自治区筹委会日喀则办事处。1960 年撤拉孜、彭错林 2 宗和柳、西嘎、扎西岗、若作等 4 溪（谿卡），合并置拉孜县，属日喀则专区，县人民政府驻拉孜，1968 年迁曲下；1970 年属日喀则地区。拉孜县现辖 2 个镇、9 个乡，105 个村委会：曲下镇、拉孜镇、曲马乡、扎西宗乡、彭错林乡、扎西岗乡、柳乡、热萨乡、锡钦乡、查务乡、芝普乡。修订注。

② 即今天的歇嘎村。1960 年属柳乡，1970 年属柳公社，1981 年属复置后的柳乡，1988 年属合并后的柳乡。修订注。

③ 曾译为昔孜、昔卡桑珠则、日噶则、十卡子。又曾写作桑主则、三竹节寨、夏雄甲姆。曾为日喀则宋。1960 年改设为日喀则县。1986 年改置日喀则市。1960 年为日喀则专区驻地，1970 年后为日喀则地区的驻地。修订注。

④ 汉字曾译定日汛，又曾写第哩浪吉。曾为定日宗。1960 年与协嘎尔宋合并，改设定日县。驻地设在协格尔乡的协格尔村。同年 8 月，县驻地迁至岗嘎村。1968 年 7 月又迁回协格尔村。之后，协格尔建镇。现辖 1 个镇、20 个乡，182 个村委会：协格尔镇、扎乡、扎西宗乡、扎果乡、云琼乡、巴松乡、东马乡、长所乡、白坝乡、加措乡、尼辖乡、曲当乡、克玛乡、岗嘎乡、拉木堆乡、南果乡、彭吉乡、绒辖乡、措果乡、翁嘎乡。修订注。

⑤ 即今天的拉孜县柳乡的孜隆村。为柳乡乡政府驻地。修订注。

⑥ 1959 年民主改革前，西藏地方政府达赖嘎厦政权直接管理。1960 年并入新成立的拉孜县。修订注。

⑦ 曾译萨斯迦。旧置萨迦谿。1960 年与色仁则宗合并设萨迦县。修订注。

1

这里的气候，由于北面有高山，冷风不易吹入，故冬天不甚寒冷。由于地势较高，海拔在3900米左右，因此夏天也不很炎热，是气候较好的地方。漫长的冬季以后，藏历2月上旬开始刮暖风。暖风有时颇大，如果迎风而立，刮起的石子击在脸上顿觉疼痛；3月以后，暖风慢慢减弱，山上的冰雪逐渐融化，柳树绽出新芽，宣布春天的到来；进入4月，庄稼一两寸①高时，阳光火辣辣的，可谓一年的盛夏即将开始了；4月以后，雨水增多；过了5月，太阳的威力逐日减小；进入6月，常下大雨和冰雹；7月过去，从8月开始雨量逐渐减小，汛期已经过去，天气也慢慢转凉，8月底如果降了霜，早晨就有些冻手了；一进入9月，山涧小溪开始出现薄冰，从此进入霜期，一直要到次年2月。

这里霜期长，但降水量不大。冬季下雪不多，但附近高山顶上一年四季都有雪花飞舞，只不过夏天少一些罢了。由于降水不多，所以气候比较干燥，而且具有高原气候的显著特点，昼夜的温差很大。秋冬季节，夜里结了冰的溪水，次日太阳升起时又潺潺地向下流去。

杜素谿卡以农业为主，农作物有青稞、小麦、豌豆等多种。其中青稞、豌豆的产量为最多。这里产一种名为果那的青稞，颇负盛名，是磨糌粑和酿酒的佳品。这里的树木也比附近几个谿卡多。树种以杨树最多，大者3人才能合抱，一到夏季，枝繁叶绿，甚为壮观。山上矮柏丛生，可作柴烧。农奴主的花园里，除杨树外，还种有3棵桃树和1棵苹果树，每年夏季开花结果，由此可见这里也是适宜某些果树生长的。至于各种山花野草不下数十种，一到夏季花香草绿，沁人心脾。这里还生长根白（藏语叫"吉"）、荨麻、亚大黄叶等野菜，过去是穷人充饥的食物。除植物外，野生动物也多。冬天有成群的鹤（ཁྲུང་ཁྲུང་）和野鸭在此栖息；春天又有獐子和成群的野羊到此觅食；至于草狐、银狐、狼、野兔、黄鼠狼等则是四季皆有，给人们提供了大量的皮毛来源。

杜素谿卡虽地处由日喀则通往拉孜、定日、吉隆②等地的要道上，但长期以来除骡马行道外，没有可供车行的大路，运载工具主要依靠牲畜。人们外出旅行，农奴主多是骑骡子，生活较好的农奴骑马者居多，贫苦家庭的男人主要是步行，妇女多骑驴。货物的长途运输主要用牦牛，中短途靠毛驴。1958年日定公路修成通车以后，这里的闭塞局面有所改观，村里也出现了马车等运载工具。

（二）房舍分布

杜素这个村子何时形成，无文字资料可考。在现村址的南面，有一座名为仲布日的山头，比现在村址高出四五百米。沿此山北麓往上攀登，行至山腰后再绕到东侧，可以看到一道由山脚修到山顶的石头路的痕迹，宽约1米，石质与仲布日山隔沟相望的白日山上的石头相同，全为坚硬的青石。人们推测，这条人工石道可能是当年山上居民取水的道路。及至山顶，眼前是一大片断垣残壁，据此可以推知原建筑面积相当宽阔。人们传说，当时的房主是一家豪强巨富，房屋是战乱时期为便于御敌所建，后来随着战事的减少，人们才放弃高山房舍而迁居山下。

杜素谿卡中最高大的建筑当然是领主的宅第。它高两层，全为石木结构，耸立于众多的低矮建筑之中，俨然有不可侵犯之势。相形之下，散落于领主住宅周围的住所则更

---

①　常用非公制长度单位。1寸＝3.33厘米。修订注。

②　曾为吉隆宗。1960年与宗嘎宋合并设吉隆县。现辖2个镇、3个乡：宗嘎镇、吉隆镇、差那乡、折巴乡、贡当乡。1960时属日喀则专区所辖。1970年后属日喀则地区。修订注。

显其低矮和脏乱。全村建筑，除领主私邸独居一方外，大致可分为三组：建在北面山坡上的一组叫岗堆，地势最高；建在南面的一组叫拉加岗，地势最低；在这两组之间，正对领主大门的一组叫柏林（意为中间组），房屋质量最次，住户中除一户差巴而外，全部为堆穷户。

图1-1　杜素黠卡草图

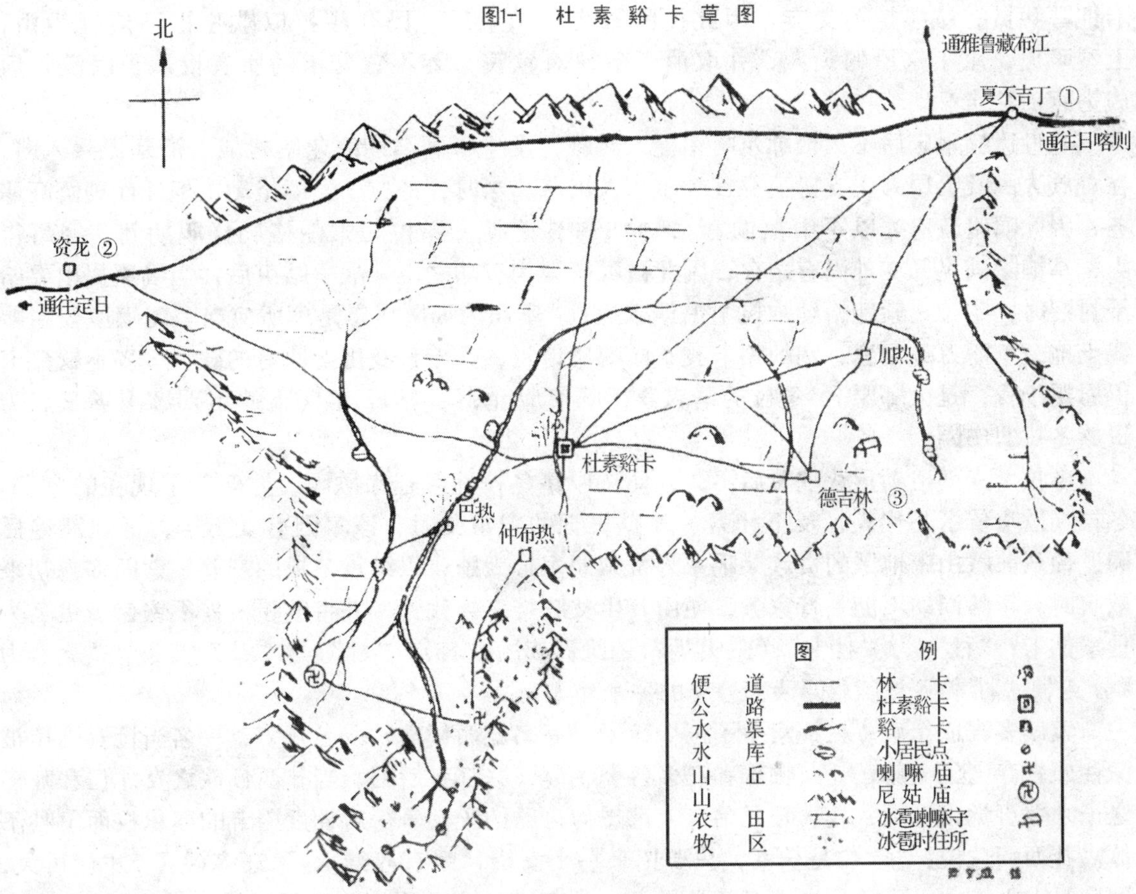

①一般写作"下不吉定"。村名，属萨迦县萨迦镇。修订注。
②一般写作"孜龙"或"子龙"，乡名，属拉孜县。1988年并入柳乡。修订注。
③今德吉林乡，在仁布县中西部。1961年置德吉林乡。1970年改公社。1984年复置乡。1988年吉雄、恭若甫2乡并入。现辖10个村委会，32个自然村。修订注。

农奴们的房屋多是坐西向东或坐南向北，唯独领主的住宅是坐东向西，大约是为了要显其与众不同吧。一般差巴住房都用不规则的石块砌成，分上下两层，楼上住人，楼下养畜，从不乱用。但堆穷的住所多是平房，有楼者甚少。

这里房屋的墙壁绝大多数都是粉刷为白色，但白的程度不同。农奴的不仅不许超过农奴主的，而且在房檐上必须涂上红、白、蓝三色标记，以示和领主住宅有别，否则将被领主视为"和主人比高低"，为等级界限所不容。

3

（三）庄园领主的变迁

早在七世达赖以前，杜素谿卡名为歇嘎·妥不钦谿卡（ཤེལ་དགར་ཐོབ་ཆེན་གཞིས་ཀ），是贵族冬拉的庄园。七世达赖时，当时担任萨旺（ས་དབང་）的是在后藏地区很有权势的统治者民旺颇拉。他和后藏官员昂龙吉松发生争斗，民旺颇拉为击败昂龙吉松，向后藏各谿卡征募兵员，歇嘎拒不支应。因此，民昂之争结束后，民旺颇拉以歇嘎拒不应征为由，上奏噶厦，杀了这里的头人，并取消了冬拉对歇嘎·妥不钦谿卡的所有权，予以没收后成为官府谿卡。

八世达赖坐床后不久，廓尔喀军侵入西藏，发生了著名的廓尔喀之战。清廷派兵入藏，在藏族人民及上层人士支持下驱逐廓尔喀人出藏。当时，冬拉·索朗格勒正担任代理萨旺职务，因此噶厦政府委以军中粮饷官（ཚོགས་དཔོན）之职。冬拉·索朗格勒任职期间，办事得力，军饷除满足开支外尚有余存，因此被噶厦视为有功之臣。战争结束后，当噶厦提出要给予封赐时，冬拉·索朗格勒乘机上书请求道：“卑职为噶厦尽忠是理所应当。闻噶厦要封赐我土地，卑职万分领恩，别的谿卡我不向噶厦请封，只希将我祖上原有的歇嘎·妥不钦谿卡仍恩赐于我，是为鄙愿。”冬拉的请求获得噶厦应允，于1917年（火蛇年）歇嘎遂又成为贵族冬拉的庄园。

冬拉·索朗格勒重获歇嘎后不久，便从原籍冬拉地区迁来歇嘎，并建造了现在的宅邸。冬拉在歇嘎传了几代人，及至杜素·才登班觉的曾祖父时，该家因有女无子，虑及断绝后嗣，便从前藏山南地区的贵族朵噶家入赘索朗多吉为婿，以继承冬拉的产业。索朗多吉初来歇嘎时，年龄尚幼不能掌管家务，便由其生父旺堆多吉代管。并将歇嘎·妥不钦谿卡更名为杜素谿卡，“杜”为“杜卡”（朵噶噶希是此贵族的家名），“杜”与“朵”音近，“素”为“分支”，“杜素谿卡”意即朵噶分支的一个谿卡。

索朗多吉成年后，在杜素生了三个孩子，一名扎西顿珠，一名旺多，一名当拉。当拉被派往康青寺当了喇嘛，扎西顿珠和旺多各娶一妻，并都有后嗣。当扎西顿珠之女才仁和旺多之子才登班觉出世后，扎、旺兄弟二人都想为自己的子女争得对杜素谿卡的继承权而争吵不休。扎西顿珠说：“才仁是长女，只要招来一个女婿，就有权继承。”旺多说：“才仁再大，到底是女人。才登班觉虽小，毕竟是男人。常言说‘房顶再高，高不过男神的旗幡’，因此杜素谿卡应归才登班觉继承。”双方争吵了3年，最后由噶厦作出裁决，将杜素谿卡划归才登班觉所有，这才结束了双方的争夺，确定了杜素谿卡的继承权。

才登班觉继承杜素谿卡后不久，于18年前（1942年），扎西顿珠带着自己的女儿迁到了普桐·洛吉谿卡①。洛吉谿卡是杜素领主的一个小谿卡，土地、农奴都远不及杜素谿卡多，故扎西顿珠迁走时，带走了大部分财物和20个农奴。留在杜素谿卡的才登班觉，17年前（1943年）成了杜素谿卡的领主，直到1960年民主改革前夕，他也是杜素谿卡的最后一个领主。扎西顿珠的女儿才仁，后来嫁给后藏的一个贵族恰巴·格桑旺堆。

杜素家谱：

---

① 即今天的帕如村，属柳乡。又称普东谿卡、洛吉谿卡等。修订注。

<pre>
                    索 朗 格 勒
                  （先四品，后升为二品）
                         |
                    不   详
                         |
                    索 朗 多 吉
                  （原大五品，后升为四品）
                         |
        ┌────────────────┼────────────────┐
      当 拉   旺 多   扎西顿珠
  （康青寺喇嘛） （原大五品，1957年被达赖封为四品） （大五品）
                         |
                    才 登 班 觉
                  （原大五品，后升为四品）
</pre>

领主杜素是世袭大贵族。按噶厦规定，世袭太贵族家之男子从小就是"赛囊巴"（ སྲས་ནང་པ），成年之后，便自然享有大五品之品级，以后升迁则因人而异。现将杜素各辈的品级变迁列表如下：

索朗格勒：任过孜本和代理噶伦等职。

索朗多吉：任过日喀则宗本和噶厦的颇本（粮饷官）等职。

扎西顿珠：任过两次宗本和绒夏雪巴、章协巴、那仓郭巴等职。

旺多：任过谿本和3次宗本以及噶厦的传令官、聂拉木税卡的税官等职。

才登班觉：任过向谿卡和谿本和3次宗本及赞细勒恰（军粮局官员）等职。

（四）庄园组织

全谿卡分为3个觉章（འགོ་གུངས 小组的意思），每觉章有12岗差地，设觉本（小头人）1人，为一个支差小单位。整个谿卡的组织系统如下：

根布、列本、觉本等职，谿卡里没有明文规定必须世袭，但实际上很多都是世袭的。如根布索囊加布兄弟二人先后任根布职务，后又由索囊加布之子担任。列本也是这样。如果差巴农奴对上述执事人不满，可以要求换人。在一般情况下，领主为了稳定人心，有时也会同意的。

领　主　杜　素

根布（ཀན་པོ）1 人（已世袭两辈，管外差）

列本（ལས་དཔོན།）2 人（一家已连任 5 辈，管自营地的乌拉和监督生产）

觉本（བཅུ་དཔོན།）3 人（有的已连任两辈，管本组支差）

农　奴

（差巴和堆穷）

表 1－1　1960 年民主改革前等级人口统计表

项目 / 数字 / 阶层	户　数	占总户数的%	人　口	占总人口的%	备　　注
领主	1	1.2	12	2.2	
差巴	36	42.2	288	52.2	
堆穷	48	56.5	185	33.5	
其他			66	11.9	囊生等多是无家单身人，无法按户计算。民主改革后才立了户。
合计	85	100.1	552	99.8	

表 1－2　1960 年民主改革中阶级划分情况表

项目 / 数字 / 阶层	户　数	占总户数的%	人　口	占总人口的%	备　　注
领主	1	0.9	12	2.2	
代理人	5	4.3	48	8.7	其中有 2 人，个人成分为代理人，家庭成分是农奴。
富裕农奴	3	2.6	34	6.2	
中等农奴	10	8.6	78	14.1	
贫苦农奴	89	76.7	362	65.5	
奴隶	7	6.0	12	2.2	
中等商人	1	0.9	6	1.1	
合计	116	100	552	100	

二、土地关系

（一）土地面积计算

杜素谿卡是贵族庄园。全庄园共有耕地 4089 如魁 3 赤（1 如魁为 20 赤。1 如魁地，即指播 1 如魁青稞种子的地。以下简称魁。）[①] 其中土质好，灌溉便利的上等地有 1929 魁 12 赤，占土地总面积的 47.2%；土质较好，灌溉条件仅次于上等地的中等地有 1283 魁 16 赤，占土地总面积的 31.4%；土质差，灌溉困难的旱地有 875 魁 15 赤，占土地总面积的 21.4%。全庄园的土地以全庄园的 540 人（1960 年 2 月统计）平均，每人占地数为 7 魁 9 赤。

该庄园有四种类型的土地，即谿卡自营地、差岗地、租地和寺庙地。前两种类型的土地占全谿卡土地总面积的 98% 以上，后两种类型的土地是少量的。民改前该谿卡有 48 户堆穷，其中有 32 户耕种了少量的土地（主要是从差巴家分出带出的一块地和买其他差巴的地）。另外 16 户的 46 口人，虽然身居农村，实际上并没有耕种土地，生活主要靠出卖劳力，做手工和做小本生意维持。

谿卡计算土地面积单位共有三种不同名称，即顿（ༀ་ང་）、岗（ཀང་）、突（རར་）。前二者是差民向领主和藏政府支差时用以计算支差的单位，大小极不一致。由于顿和岗的实际作用是为摊派支差服务的，故庄园内的大片领主自营地没有顿和岗的划分。下面把上述三种面积单位分别介绍。

突：1 对二牛抬杠式的耕牛 1 天能翻耕的土地面积叫 1 个突。由于突并不经丈量，同时耕牛又有快慢之分，土地翻耕时也有便与不便之别，故突的大小实际上是靠农奴们在长期的生产实践中积累的经验来决定的。这种经验具有相当可靠性，许多地块虽未经丈量，误差也不太大。但由于有的地块早年定下突数后作了文字记载，随着时间的推移，有的因水土流失，面积早已缩小，有的又因连界新开的土地，面积早已扩大等原因使得突的土地实际含量已有很大变化，但人们对原定数额并不作相应改变，这样就使突的面积概念变得更加模糊了。

突是面积单位中最小的，因此，人们在计算不到 1 个突的面积时，就用分数来表示，如 $\frac{1}{2}$ 突、$\frac{1}{8}$ 突（最小的是 $\frac{1}{16}$、$\frac{1}{20}$ 突等）来弥补面积单位之不足。

岗：前面已经讲过，岗是用以计算支差量的单位，已经完全失去了代表土地面积的意义。但这里的人们认为，最初划分岗时，面积大小是相同的。他们还用"土是魁量的，水

[①] 此处"如魁"应译为"克"，"赤"应译为"批"或"哲"。"克"是西藏传统计算土地面积单位。1 克地指能种 1 克青稞种子的土地面积。20 批 = 1 克。克在不同地区又有两种不同计算方法：第一种，1 克 = 14 公斤。第二种，1 克 = 16 公斤，一般 1 市亩（即 666.7 平方米）地需青稞种子 17.5 公斤，因此 1 克地约相当于 1 市亩即 666.7 平方米的土地面积。另："如克"是西藏传统的容量单位。"如克"即藏斗，1 如克青稞重约 14 公斤。该调查中既用"如魁"来计量土地面积，又用来计量青稞重量及青稞酒、酥油等。涉及与"如魁"相互换算的单位不再一一修订，只在正文中加括号说明换算关系。正文中有译为"如克、"克"、"如魁"、"魁"等也不再一一订正。

是秤称的"来说明最初划岗并没有大小之分。但从现在同样数额差岗地来看，不管是面积大小，土质好坏，灌溉条件都有极大差别。现将两户各种 $1\frac{1}{4}$ 岗的差巴的土地情况作个比较：

表 1－3

差 巴 姓 名	种 地 岗 数	土 质	灌 溉 条 件	实 种 土 地
郭 乃·扎 旺	$1\frac{1}{4}$	比重岗好	比重岗好	$40\frac{1}{8}$ 突
重 岗·顿 珠	$1\frac{1}{4}$	比郭乃差	比郭乃差	$27\frac{1}{6}$ 突

以上两户尽管他们的土地面积和其他条件悬殊，但他们的支差量却完全相等。再把全黢卡种 1 岗地的差巴的土地面积列之于下，以便比较：

表 1－4

差巴姓名	实种土地数（突）
旦打尔	$35\frac{1}{2}$
囊 巴（根布）	$32\frac{1}{2}$
强 巴	$27\frac{1}{2}$
吉 昂	$27\frac{1}{16}$
索 却	$26\frac{1}{4}$
德 夏	$25\frac{1}{10}$
夏 瓦	25
曲 夏	$23\frac{1}{4}$
洛布吉	$22\frac{2}{3}$
拉 夏	$20\frac{3}{8}$
拉 吉	$20\frac{1}{3}$
西不觉	$19\frac{1}{3}$

从上面例子中可以看出：尽管岗地数相同，支差量没有区别，但实际耕种的土地面积相差是很大的。故可以得出这样的结论：岗是计算支差量的单位，不能说明土地面积大小。

产生这种差别的原因，人们认为：

1. 因水土流失，造成土地减少。如夏瓦·顿朱彭措原是一户差巴，由于差税苛重和受高利贷盘剥的缘故，差地经营越来越粗放，到他临破产前两年，已完全无力整修土地，因此他耕种的原有 12 突的拉阿麻、白玛等地块，有的被水冲，有的抛了荒，失去大约 5 突的面积。夏瓦·顿朱彭措破产逃亡以后，夏瓦·巴桑接种时，领主仍按原来的 12 突计算，这就使得夏瓦·巴桑的差岗地实际上比过去减少了很多。像这样的例子是不胜枚举的。

2. 个别差巴在谿卡内担任了职务，仗领主之势，霸占公有土地，扩大差地，富裕差巴郭乃有一块叫做郎嘎仁姆的好地，在人们的记忆里原是公有的"博薪"（租地），当差巴们要索回这块土地时，郭乃却弄来一张契约，声称该地属他，并有领主杜素为他作证。既然领主也承认属于他，差巴们自然就不敢再说什么了。

3. 有的差巴开垦荒地，扩大差地。1928 年（土龙年）以来，差巴白雄新开垦的土地有 5 魁，其他差巴也有开地的，但数量有限。原因是增加土地，就要增加浇灌土地的耗水量，而该谿卡水源匮乏，故开地会遭到领主和公众反对。如牧民卡洛在山沟里开了两块地，遭到领主反对，15 年来没能播种，直到 1960 年民改后他才第一次在他流过汗的这块地上撒下了种子。领主不让开荒地，还有个地权问题。差巴新开土地，一般是在不增加用水量的原则下进行开垦的，故一般只能是把旧有的土地增宽，或者在墙隅屋角开垦极小的地块。

顿：这是支外差时计算差量的一种单位。这种单位在派差时不常用，只有政府修造大型建筑物时才按顿派差。按顿派差时，平时一个外岗地就要出两个外岗地的差（即差量要增加一倍），杜素有 11 $\frac{1}{4}$ 个外岗地和 3 个"军岗"（ དམག་གང་）地（平时就按这个数字支差），如按顿支差就要支 28 $\frac{1}{2}$ 岗地的差。按照这个办法支差，又叫做"龚岗"或"岗顿"。按顿支差，始于何时，在杜素谿卡已经没有文件可供查找。

上述突、岗、顿是杜素谿卡原有的计算土地面积单位。由于它们都不适用于计算土地面积的大小，故人们在日常耕地播种的实践中和购买土地中往往以可以下种数来计算，但这也难以准确无误。所以在土地改革时，民政工作队组织了以老农和农协委员为主的十人评议小组，将全谿卡的土地用"魁"和"赤"作单位进行了一次评议。以下种数来计算，这就与西藏许多地区算法一样。这就是本材料中现在所采用的计算土地面积单位。

（二）领主如何获得土地

杜素是一个较大的贵族，先后占有好几个谿卡，现将杜素获得这些土地的经过，尽我们所掌握的材料一一叙述于后：

1. 继承祖业。1641 年（火蛇年）前领主杜素的祖辈并不居住在歇嘎，而是居住在冬拉谿卡，冬拉谿卡是这家贵族的根基。因此该贵族虽于 1797 年迁到这里，但由于冬拉谿卡是其祖业，所以直至民改前冬拉谿卡仍归这家贵族占有。

2. 因功请封。歇嘎之所以再度变成为冬拉的庄园，便是因功而获（详情可见概况部分中的有关叙述）。

3. 并吞别人谿卡。森格则仲是一个小谿卡，原属领主德瓦拉。该谿卡只有两户差民，一户叫鲁顶娃，一户叫壤绝巴。差巴虽只有两户，但主奴之间的斗争激烈，弄得这家领主不可开交。在无可奈何的情况下，德瓦拉把森格则仲的文契也交与贵族冬拉，从此森格则仲便成为冬拉的谿卡，森格则仲的两户差民也成了冬拉的差民。

4. 利用裙带关系获得土地。17 年前（1943 年）杜素·才登班觉的姑父拜雪，在噶厦任萨旺职，才登班觉利用这一关系提出对谆仲和沙拉岗①两地的封赐要求，经拜雪的活动，杜素于 1946 年（火狗年）果然获得了上述两地。

5. 通过行贿获得补地。前面谈到的冬拉豁卡位于两山之间，因洪水为患，故于 20 年前（1940 年）杜素派管家桑康·石单彭措带上礼物前往拉萨进见萨旺古桑则，边奉上哈达、银两，边请求道："我家主人杜素的祖业冬拉豁卡被水冲得很厉害，请求萨旺将拉钦豁卡封赐于他，作为补替。"古桑则告知已将拉钦豁卡给了德钦巴，无法收回另封。石单彭措见事不成，便把哈达、银两等物装入怀内携返杜素，事情也就至此罢休。几年后，古桑则去世，赤墨上台继任萨旺职，管家桑康·石单彭措又带着银两等礼物，赴拉萨进见萨旺赤墨，并将前言再述一遍，赤墨收下礼物，并批准了管家的请求。

6. 霸占豁卡内农奴们的开垦土地。6 年前（1954 年）吉布旺堆还是堆穷时，花了很多劳力在豁卡后山开垦了达仔和乌沙夏两块土地，后米领主杜素强迫吉布旺堆当了差巴。当差巴就得有差驴、差牛，吉布旺堆便把达仔作为驴价从堆穷本穷家买了一头驴。杜素·才登班觉听说后便对吉布说："你不能占用达仔、乌沙夏，这不属于你的差地，都应归我。"于是便把这两块地抢去了。其他如吉昂家新开的地，由于离豁卡自营地很近，也被领主收去了。

（三）庄园土地的最高所有权

庄园内对"豁卡土地最高所有权属于谁"的看法上，一般认为：最高所有权应归于内地的皇帝。他们援用订立契约文书时，开头语必将"法律的主宰是内地的皇上"（ཁྲིམས་ཀྱི་བདག་པོ་རྒྱ་དགུང་ཞང་ས་ཡིན）作为证据。他们说皇上把土地封给藏政府，藏政府才有权把土地封给贵族和寺院，贵族或寺院才有权把土地分给种地的差巴。他们说这就叫做"一层高一层"（རིམ་པའི་གོང་མ）。他们又认为在西藏土地最高权属于达赖和噶厦，即是"两权"（ཆབ་སྲིད་གཉིས་གོང་མ）——政权和教权所有，而不属贵族。

现就从以下几个问题来看豁卡土地最高所有权：

1. 封赐土地的权力在噶厦。从前文可以看出——领主获得土地的方式很多，但不管通过什么途径，最终都必须经过噶厦的认可才能生效。据说萨旺（噶厦中专管土地的高级官员）把土地分封给某一贵族后，必须报噶厦和达赖批准备案，才合乎法定手续，才能生效。

2. 噶厦有权没收领主的庄园。前文已言及在七世达赖时，歇嘎·妥不钦豁卡就曾遭没收。据说与此同时被没收的还有前藏的康巴羌唐（དགུན་ཁ་བ་བྱང་ཐང）和阿里地区②的阿热来龙（སྟོད་ཨ་རར་ལག་ལུང）。

关于歇嘎·妥不钦豁卡被没收事，另有两种说法，一并附述于后：

一种说法是：冬拉豁卡和妥不钦豁卡的领主——贵族冬拉原有兄弟（或者还是其他关系的亲属）2 人，经常发生纠葛，长期得不到解决，便上诉噶厦。噶厦断案以后，噶厦援用调解此类纠纷要"见十抽一"（བཅུ་ནད་དང་ཐར）的旧制，抽走了歇嘎·妥不钦豁卡。

另一种说法是：杜素豁卡的前身——歇嘎·妥不钦豁卡原属前藏贵族，当时后藏有一个名为藏堆杰布（གཙང་སྟོད་རྒྱལ་པོ）的大头人，想独占后藏地区，便把属前藏的豁卡没收了。这些

---

① 即今天定结县确布乡的塞拉岗村。修订注。

② 1951 年和平解放。1954 年为阿里总管。1960 年改设阿里专区。1970 年改名阿里地区至今。**修订注**。

说法，何者符合事实只好有待查阅噶厦档案了。

3. 领主在庄园内的权限。领主受封豁卡以后，其管辖范围和在豁卡内享有的权力都由噶厦授予的封文规定。据说这些规定领主是不能随意违反的，然而在封文里给予领主的特权甚多，限制性条文几乎没有，因而无所谓违反与不违反的问题。

（四）领主对豁卡拥有的权利

1. 继承。领主占有豁卡后，只要不发生变故，就可以世代继承。如冬拉贵族，即使已无男性继承人，招赘来的女婿也可以继承该家产业。

2. 出卖。约15年前（1945年）杜素·旺多之弟——杜素·当拉住在森格则仲豁卡，当拉之子12岁的阿勒拉（小名）被送与拉萨富商雄汝群泽作招赘上门的女婿。当时旺多也住在拉萨，由于旺多吃喝玩乐，入不敷出，便将森格则仲卖给雄汝群泽。据差巴白雄、西不觉等人说，杜素·旺多之所以能把此豁卡卖给雄汝群泽，是因为雄汝群泽家有杜素的骨头（即阿勒拉），否则领主也无权出卖。

3. 互换。距今五辈人以前，杜素在前藏有一个名叫贡乃①的豁卡在杜素附近，双方都觉得管理不便，便自愿互换了（互换的详细经过没有文件可考）。

4. 布施。杜素曾有一个叫做考汝的地方，大约在100年前布施给了札什伦布寺（具体情况不详）。

5. 分家权。贵族分家可以分豁卡，前文言及的杜素·旺多和杜素·扎西顿珠在17年前（1943年）的分家便是一例。

6. 出租。扎雪·素色（地名）是杜素的旧业。杜素·当拉在康清寺（也译作"康青寺"）当喇嘛，每年要从家里拿去一笔伙食费，于是在1955年（木羊年）杜素干脆把扎雪·素色给了当拉。这块地在未给当拉前，一直租给差巴囊巴（任根布职务）耕种，杜素收年租74两②藏银。

（五）豁卡自营地和差巴的差岗地

这里以介绍杜素豁卡为主，附带也介绍杜素经营其他豁卡的情况。

1. 豁卡自营地。即由豁卡派人（两个乃登）直接经营的土地。这些土地，从耕到收，整个生产过程全由乌拉（无偿劳役，一部分供口粮）完成。连生产过程中所需的牲畜、农具、肥料等，全由出乌拉差的差巴和堆穷自带。领主只需要发给种子，若干口粮，不需要其他任何生产投资，每年便有7000余魁粮食进入粮仓。

杜素豁卡共有自营地918魁16赤，占豁卡土地总面积的22%强。自营地绝大部分都是好地，还享有放"官水"（ངལ་ཆུ）的特权。春耕播种时，农奴们的土地被灼热的太阳烤干了，连种子都播不下去，而这时自营地已是一片葱绿，就这样白花花的水还在向它流去。农奴们说道："最好最好的地是'官地'，最清最甜的水是'官水'。"就是反映了这种情况。

自营地靠乌拉耕种，虽然耕作比较粗糙，但由于土质好，水足，因此产量仍略高于农奴差巴们的一般产量。自营地每年大约要收7500余魁的粮食。

2. 出租的（藏语"博薪"）。在杜素豁卡领主共租出租地8魁16赤，约占豁卡土地总数

---

① 即今天昂仁县白乡的日果村。修订注。

② 1两＝31.25克。修订注。

的 0.02%。领主将这些地租给两个小组，小组再找一个差巴耕种。耕种租地的差巴，除向领主交租外，租入地不必出差。上述 8 魁 16 赤地每年交 40 魁 15 赤地租，由于地租重，不种租地的同组差巴还要为承租户负担部分租额。由此可见地租之重已达何种惊人的程度。

领主杜素除在杜素谿卡有少量的租地外，在 20 年前（1940 年）还把冬拉谿卡的自营地全部租给那里的差巴，每年收地租 500 如魁。由于冬拉地区常有水患，耕地由于流失之故逐年减少，在差巴们一再要求下，地租由 500 魁降到 450 魁，1953 年（水蛇年）又降到 360 魁。

3. 差岗地。即分给差巴耕种的份地，耕种差岗地就得世代为农奴主支差纳税。全谿卡共有差岗地 3098 魁 8 赤，占全谿卡土地总数的 75.4%。这些地按内差计共有 37 岗，每岗地在 47～106 魁之间；按外差计包括 $11\frac{1}{4}$ 个外差岗和 3 个军岗。

为了能更好地解剖领主对差岗地的经营，此间必须把差巴的情况稍加分析：

（1）差巴是怎样获得差地的：

第一，继承父业。差巴耕种差地以后，就世世代代被束缚在差地之上，除彻底破产外，领主不许差巴自由退地。因此许多老差巴是咬紧牙关从差地上呻吟过来的。

第二，差巴破产以后，领主强迫堆穷接受差地。11 年前（1949 年）差巴吉玛退了 $\frac{1}{4}$ 岗地，一时无人耕种，领主便派给堆穷吉布·旺堆，旺堆虽再三请求不要让他当差巴，领主仍不准许。才登班觉威胁道："你不当差巴，就不准下地割草，也不准上山拾牛粪，因为山、地、柴、草，什么都是我杜素的。"旺堆在无可奈何的情况下当了差巴接受了差地。

第三，有的比较富有的堆穷，为了有地种，有房住，自愿当差巴，因而获得差地。有这样一个故事：46 年前（1914 年）的一个冬天夜里，差巴饶登林顶着凛凛的寒风逃走了。次日富裕堆穷洛布吉到他家去叫门，房内没有应声，仔细一看，门是从外面扣的。他推开门走上楼，只见满屋零乱，剩下的都是些笨重的家具，他断定这家人逃亡了，立即把这件事宣扬开去。洛布吉·拉巴（洛布吉是杜素的商官ཚོང་དཔོན་）闻风便往领主家跑。当他前脚跨进杜素的大门，后脚便跟来了富裕堆穷错本单增。错本开口问道："商官拉巴拉你有什么事吗？"

"听说饶登林逃跑了，我去请求老太太（指领主旺多之母才旺卓玛）把他的差地给我种。错本单增拉你又有什么事呢？"

"我也是为这个来的。"

他们见了才旺卓玛都谈了自己的心愿。才旺卓玛很为难，她说："你们俩都是我的好百姓，亏了谁都不好，你们就一个人种一半吧！"

洛布吉想了想，一人一半地连房子都不好分，干脆就让单增种，于是便主动放弃了。

17 年过去了，到了 1932 年（水猴年），拉巴面前又出现了一个当差巴的机会：当时差巴们都已播完了种，而种 $1\frac{1}{4}$ 岗地的差巴拉夏还成天闹着没饭吃。洛布吉·拉巴觉得机会来了，就对拉夏说："看看别人都下种了，我给你一笔钱，你让一点地给我吧！"拉夏同意了，洛布吉·拉巴便以 36 魁粮食和 150 两藏银"买"了 $\frac{1}{4}$ 岗地，就这样也成了差巴。

尽管有自愿当差巴的，但一般仍以强迫当差的为多。领主多数情况下不考虑当事人是自愿还是不自愿，他的原则是：有人支差就行。因此当一户差巴破产之后，如无人愿种，就把地交给小组，共同耕种，让共同支差，或者将地划成小块，强迫几家差巴接受。这样的事很多，就不一一举例了。

（2）差巴的义务：差巴耕种差岗地后，随之而来的是支不完的乌拉和交不清的租税。因此差巴们悲惨地诉道："身上压了一块差地，好像压了西山顽石，一只玉石花瓶，眼看就要粉碎。"

差巴种差地以后，交纳地租的形式以劳役地租为主，实物地租和货币地租占次要地位，是一种混合租形式。（请参阅"乌拉差役部分"）

（3）差巴对差地有哪些权利

前面已经谈过，领主管理差地的原则是有人支差就行，因此差巴只要承担差税，对差地就有如下的处理权：

第一，可以临地卖出。

第二，可以作为借债时的抵押。

（上述两条后有统计表）

第三，分家时可以分差地。过去有一户名叫桑洛的差巴，由于户主早死，留下两个女儿，一名叫石单皮热，一名叫多吉卓玛，她俩长大成人后，共同招来一个丈夫。由于夫妻三人不和，于 17 年前（1943 年）姐妹分家时，住在北边的取名桑强（北）石单皮热，住在南边的取名桑妥（南）多吉卓玛，差地也各分一半，成了两户差巴。不过分家也没有使她们的命运好转，很快她们都破了产。据说领主曾劝她们不要分家，因为分家后支差的力量就单薄了。

第四，可以出租。8 年前（1952 年），差巴桑玛生活本已贫困，又加之死了仅有的两头耕畜，失去了种地的能力，只好把差地租给两户大差巴（乃登和布苏）耕种。送肥等农活归桑玛家，翻耕、播种由承租人负责，秋收时好地桑玛得 $\frac{2}{3}$，坏地平分。他们就这样耕种了两年。

第五，在不增加灌溉用水的前提下，可以连界地边开垦小块土地。堆穷因为没有地契，不许随便动用领主的土地，因为噶厦在给农奴主的封文里写着：豁卡内的"山和平地以及这些地方的草、柴、水"都属于农奴主，所以农奴主可以禁止堆穷利用荒地。即使有地契的差巴开的地，如被领主看上，领主也会用"没有向我请示"等理由将地夺去的。吉布、旺堆和吉昂就曾被剥夺过开出的荒地。

领主不准开荒，连荒废土地也不行。荒废土地要遭同组人反对，因为都怕地荒的人突然逃跑，把差役落在同组人头上。领主对这个问题倒不十分过问，因为不管废了多少地，反正差是可以照旧支派的。

上面所述差巴出售或抵押出去的差地，在差巴不变更的情况下，长期有效。一旦出售者和抵出者破产（即不再当差巴），其出售和抵押权马上失效，继任差巴会立即将差地统统收回。因此买卖土地，一般都以一年或两三年为期。

上面讲过差巴不能出卖地权，但差巴屋前宅后的空地以及林卡，只要经过领主批准，地权也可出售。比如 13 年前（1943 年）潘热就用 75 两藏银（当时 3 两藏银可买 1 尅青稞）买了 $\frac{3}{8}$ 岗地成为一个差巴。他的差地是从未完全破产的差巴中拨出来的，因此，没有差房，故在同年又用 8 品①（合 400 两）藏银，向差巴夏瓦·巴桑买了一块空地，兴建了一座房子。再如 40 年前（约 1920 年）差巴重岗把林卡卖给差巴桑康，差巴拉夏把林卡卖给根布囊巴都是买卖行为，售价都为 50 两藏银。

（六）堆穷用地情况

杜素豁卡民改前共存堆穷 48 户，185 人，其中有堆穷 32 户，139 人，共占地 189 魁 17 赤，这些地占豁卡总地数的 4.4% 强，但是堆穷的户数占豁卡总户数的 56.5%，人口占总人口的 33.3% 强。他们的这点土地有以下几个来源：

1. 与差巴家庭分居时带出来的。有的差巴家庭子女与家人不和，或因媳妇不育而与家人分居，分家时请求家里给了一点土地。这种地一般数量很少，且承受人一旦死去，土地马上被家里收回，承受人无权将地转与他人，也有在承受人未死之前把地收回的。如阿苦巴巴在成为堆穷时，他家给了他半个突的土地，但几年之后就被"老家"收走。一般来说，从差巴家分出去的堆穷在他们看来用一点"老家"的地是理所当然的。从差巴桑玛家分出的堆穷尼尼布赤说："我刚成为堆穷时，我家里给了我 $\frac{1}{8}$ 突地，种地所获不够吃用，就出去帮人，再做点手工，也就可以勉强维持下去。但是我那头奶牛草不够吃，因地太少了。我只有到桑玛的地里去挖草根，别处是不准挖的。桑玛不敢不让我挖。他要干涉我，我就要质问他'难道我不是桑玛家的骨头吗'？"

2. 买来的土地。住在农村里的堆穷，都希望有一点土地，但他们在领主的地皮上没有开地的权利。于是他们采用帮工不要现金而要土地，出售牲口、衣服、货物不要现金也要土地，或者用粮食去买等办法，换得一点土地耕种。这种换来的地按年要向地的主人交规定数量的地价（藏语ས་རིན）），所以交得起地价可以种地，交不起就种不成，故有"买来的土地"之说（请见后面附表）。

3. 抵押地。有的堆穷比较富裕，有时也放点债，收进一点抵押地耕种。

4. 有的堆穷在豁卡担任职务，成为领主亲信，因而获得土地。如涅巴·顿朱彭错给领主当管家，十分得宠，领主便给他 23 魁 1 赤耕地，使他成为在堆穷中占地最多的一户。

还有很多堆穷是没有地的。比如波石达是 5 口之家，可是由于太穷连一寸地也没有。有的堆穷虽然种了一点地，但少得可怜，比如穷吉一共只种了 $\frac{1}{4}$ 魁地。因此堆穷们说："我们在地里，能留下的是脚印，能带走的是影子。"由于堆穷没有使用豁卡土地的权利，他们积肥也不敢公开去积，常要背着人进行，有时被人发现还要挨骂，甚至积好的肥也被夺走。

（七）寺庙土地

杜素豁卡有一个尼姑庵，一个喇嘛庙。尼姑庵有土地 39 魁 14 赤，地是活佛拉不让的。尼姑庵将其中 23 魁地租给差巴乃登耕种，过去每年收租 240 波（12 波 = 1 魁），1950 年

---

① "品"是西藏传统的主要用于计算黄金和白银的单位。该计量单位直接受中央币制的影响而形成。自金、元时期以来，中央币制均铸造 50 两重的银锭作为重要流通货币，因此西藏地方就形成了 50 两为 1 "品"的计量制。因 1 两 = 31.25 克，故 1 品 = 1562.5 克。修订注。

（铁虎年）后改为年租 140 波，直至土改前一直是如此。尼姑庵除出租土地外，还自己耕种了 16 魁 14 赤土地。这些地都成了各尼姑的份地，由她们自己耕种，收获的农产品由耕种者享受。民改前夕该庙共有 27 个尼姑，土地也分成 27 份。尼姑庵的土地不向领主和活佛拉不让负担任何赋税。

喇嘛庙有土地 9 魁 19 赤。这些地是近 50 年来由喇嘛白玛开垦的，属寺庙公产。过去该寺土地的翻耕和收割由领主派乌拉进行，后来由喇嘛寺雇人耕种。这些地不向领主交纳任何差税。据说开地时也未曾受到过领主的阻拦。

冰雹喇嘛的"冰雹地"。过去冰雹喇嘛是没有"冰雹地"的，但在领主的自营地里有一块叫做"冰雹地"的地。冰雹喇嘛提出：既然叫"冰雹地"，就应该归冰雹喇嘛所有。冰雹喇嘛提出后，领主杜素便从自营地里把名为"冰雹地"的地给了冰雹喇嘛。7 年前（1953 年）冰雹喇嘛得了这 6 魁"冰雹地"后，一直是靠"勒瓦"的无偿劳力（参阅差役赋税中有关条目）替他耕种，这 6 魁地也不必向领主支差。

（八）土地买卖和抵押

杜素谿卡共有 36 户差巴（包括 4 户代理人；3 户富裕农奴），到民改时共有 24 户出售和押出土地，占差巴总户数的 63.9% 弱。这些差巴之所以"卖"地和押地，是由于差税繁重和负债累累所致。差巴押地或"卖"地是一件非常痛苦的事，因为差巴的每一寸地都负担着沉重的差税，而土地押售出去后，得来的地价或债款只能缓一时之急，差税却要无限期地支下去，因此差巴总是在不得已时才肯让地出手。下面将差巴"卖"地和押地的数字作一统计，并作必要说明：

表 1 - 5　近数十年来差巴土地脱手情况统计表

土地脱手原因	户数	脱手土地数（突）	约占脱手土地总数的%	备注
抵债	20	$89\frac{13}{27}$	6.87	
用地购物	15	$28\frac{1}{4}$	21.69	
用地代租差	3	$5\frac{1}{8}$	3.93	
用地付工资	4	1	0.08	
收地价	3	$3\frac{3}{8}$	2.59	
租出（自家无法种）	3	$3\frac{1}{16}$	2.35	
送人	1	$\frac{1}{8}$	0.01	送给夏学
合　　　计		约 $130\frac{1}{4}$ 突		

表1-6　差巴土地卖出、抵债、抵差明细表

编号	出方① 姓名	等级	成分	入方 姓名	等级	成分	土地数量②	地价	脱手时间	收回时间	脱手原因	备注
1	桑 玛	差	贫	郭 乃	差	富	$1\frac{1}{8}$		1958		抵债	
				桑木康	差	代	$\frac{3}{4}$		1930		抵债	
				冰雹喇嘛	/	代	$3\frac{1}{4}$		1958		抵债	
				布 苏	差	代	$(2\frac{1}{2})$		1903	1956	抵债	
				阁 冬	堆	翁	$\frac{7}{8}$		1953		抵债	
				边巴顿朱	堆	贫	$\frac{1}{2}$		1958		抵债	"代"指领主代理人。"贫"指贫苦农奴。"中"指中等农奴。"富"指富裕农奴。"领"指领主，"差"指差巴，"堆"指堆穷。
				旦真旺姆	堆	贫	$\frac{1}{4}$		1958		抵债	
				桑 姆	堆	贫	$\frac{1}{4}$		1958		抵债	
				热 吉	差	贫	1		1930		抵债	
				吉 昂	差	贫	1		1930		抵债	
				西不觉	差	中	$\frac{3}{4}$,$\frac{1}{8}$		1945		抵债	
				布 苏	差	代	$(\frac{1}{2})$		1903	1956	买驴	
				孔 强	差	中	$\frac{1}{4}$		1903		买驴	
				杜 素	/	领	1		1957		抵差	
						共	$11\frac{1}{8}$					
2	吉 玛	差	贫	布 苏	差	代	$\frac{3}{4}$		1900		抵债	
				乃 登	差	代	$\frac{1}{2}$		1900		抵债	
				潘热不	差	贫	$\frac{1}{2}$		1956		抵债	
				卓 曾	堆	贫	$\frac{1}{8}$		1958		抵债	
				阁 冬	堆	贫	$\frac{1}{8}$		1955		抵债	
				尼玛才仁	堆	贫	$\frac{1}{4}$				换铁料	
				卓 曾	堆	贫	$\frac{1}{4}$,$\frac{1}{8}$		1958		买草	
				杜 素	/	领	$1\frac{1}{4}$		1946		抵租	
						共	$3\frac{7}{8}$					

续表

编号	出方 姓名	等级	成分	入方 姓名	等级	成分	土地数量	地价	脱手时间	收回时间	脱手原因	备注
3	吉昂	差	贫	囊巴	差	代	3		1945		抵债	
				冰雹喇嘛	/	代	$1\frac{1}{4}$		1948		抵债	
				仁曾	堆	贫	$\frac{1}{4}$		1940		抵债	
				郭乃	差	富	$\frac{1}{2}$		1945		抵债	
				乃登	差	代	1		1940		抵债	
				乃登	差	代	1		1957		抵债	
				曲珍	堆	贫	$\frac{1}{8}$		1950		抵债	
				阁东	堆	贫	$1\frac{3}{8}$		1945		抵债	
				朗巴尼姑	家差	家代	$\frac{1}{4}$		1957		抵债	
				曲珍	堆	贫	$\frac{1}{4}$		1950		买外衣	
						共	9					
4	孔强	差	中	乃登	差	代	1		1930		抵债	
				布苏	差	代	$1\frac{1}{4}$		1920		抵债	
				吉热	差	贫	$\frac{1}{4}$		1950		抵债	
				穷拉	堆	贫	$\frac{3}{8}$		1953		每年1对口袋割7天庄稼	
				曲珍	堆	贫	$\frac{1}{4}$		1956		每年2对口袋割14天庄稼	
				边巴顿朱	堆	贫	$\frac{1}{4}$		1956			
						共	$3\frac{3}{8}$					
5	索却	差	贫	布苏	差	代	$\frac{3}{4}$		1900		抵债	有$\frac{1}{2}$突于11年前（1949年）已收回
				巴张	差	中	$\frac{1}{4}$		1 890		抵债	
						共	1					
6	顿岗	差	贫	索却	差	贫	（$\frac{1}{2}$）		1949	1955	买奶牛	

17

出方			入方			土地数量	地价	出方			备注
编号	姓名	等级 成分	姓名	等级	成分			脱手时间	收回时间	脱手原因	备注
7	曲夏	差贫	囊巴	差	代	3		1940		抵债	
			加拉	差	富	$\frac{1}{2}$		1 860		抵债	
			郭乃	差	富	$1\frac{3}{4}$		1950		抵债	
			巴桑	堆贫		$\frac{3}{4}$		1940		抵债	
			尼尼巴桑	堆贫		(1)		1958	1959	买衣	18小氊（1氊＝3小氊）
			白毕	堆贫		$(\frac{1}{4})$		1957	1958	平地价	实物
			卓曾	堆贫		$\frac{1}{2}$		1940		收地价	
				共		$6\frac{1}{2}$					
8	巴热	差贫	桑岗	差	代	$\frac{3}{4}$		1944		抵债	
			诺吉	差	中	(1)		1900	1959	抵债	
			巴张	差	中	$\frac{1}{2}$		1 890		抵债	
			冰喇嘛	／	代	$\frac{5}{8}$		1958		买驴	
				共		$1\frac{7}{8}$					
9	重康	差贫	乃登	差	代	$1\frac{1}{2}$		1925		抵债	
			布苏	差	代	$\frac{7}{8}$		1915		抵债	
			加拉	差	富	$\frac{1}{4}$		1915		抵债	
			西不觉	差	中	1		1940		抵债	
			诺吉	差	中	$\frac{3}{4}$	9小氊 7赤半	1915		抵债	
			冰雹喇嘛	／	代		20小氊	1945		抵债	
			囊巴尼姑	家差	家代	$\frac{1}{2}$		1950		抵债	
			桑岗	差	代	$\frac{1}{2}$		1940		抵债	
			明玛	堆贫		$\frac{1}{2}$	每年7 小氊	1957		收地价	
			巴桑	堆贫		$\frac{3}{8}$	每年5 小氊	1954		收地价	
				共		$7\frac{1}{4}$					

编号	出方 姓名	出方 等级	出方 成分	入方 姓名	入方 等级	入方 成分	土地数量	地价	出方 脱手时间	出方 收回时间	出方 脱手原因	备注
10	旦达尔	差	贫	加 拉	差	富	$\frac{3}{4}$		1954		抵债	
				桑 岗	差	代	3		1940		抵债	
				桑岗尼姑	家差	家代	1		1957		抵债	
				冰雹喇嘛	/	代	$\frac{1}{2}$		1954		抵债	
				襄 巴	差	代	$\frac{5}{8}$		1945		抵债	
				西不觉	差	中	2		1947		买牛（750两藏银）	
				巴 桑	堆	贫	$\frac{1}{4}$		1940		每年割4天青稞	
				巴 桑	堆	贫	$\frac{1}{2}$	30小魁旧衣1件	1945		收地价金1个大口袋	
				巴 桑	堆	贫	$(\frac{1}{4})$		1957	1959	$\frac{1}{4}$地种2年	
						共	$8\frac{5}{8}$					
11	派雄	差	中	布 苏	差	代	$(\frac{3}{4})$		1930	1958	抵债	
				布 苏	差	代	(1)		1951	1958	抵债	
				布 苏	差	代	(1)		1954	1958	抵债	
				郭 乃	差	代	(1)		1948	1958	抵债	
				襄 巴	差	代	2		1953	1958		
				巴 桑	堆	贫	$\frac{1}{4}$		1954			买牛
				边 穷	堆	贫	$\frac{3}{8}$		1945			买牛
				扎 西	堆	贫	$\frac{1}{4}$		1957			付工资
				诺布扎西	堆	贫	$\frac{1}{4}$		1950			每年割青稞16天
						共	$3\frac{1}{8}$					
12	巴德	缺	缺	乃 登	差	代	1		1930		抵债	
				诺 吉	差	中	1		1930		抵债	
				潘热不	差	贫	$\frac{1}{2}$		1930		抵债	
				巴 张	差	贫	1		1930		抵债	

编号	出 方 姓名	等级	成分	入 方 姓名	等级	成分	土地数量	地价	出 方 脱手时间	收回时间	脱手原因	备注
				桑岗	差	代	1		1930		抵债	
				冰雹喇嘛	一	代	$\frac{1}{2}$		1930		抵债	
						共	5				抵债	
13	扎岗	差	贫	布苏	差	中	$1\frac{3}{8}$		1900		抵债	
				吉昂	差	贫	$\frac{1}{2}$		1954		抵债	
				加拉	差	富	$\frac{1}{2}$		1 875		抵债	
				涅吉	差	中	$1\frac{1}{20}$		1905		抵债	
				襄巴	差	代	$\frac{3}{4}$		1955		抵债	
				派雄	差	中	$\frac{1}{2}$		1956		买牛	
				西不觉	差	中	$1\frac{7}{8}$		1940		抵债	
				诺吉	差	中	$\frac{3}{4}$		1956		买驴	
				西不觉	差	中	$\frac{1}{2}$		1953		买驴	
				仁增	堆	贫	$\frac{1}{8}$		1958		买鞋料	
				桑姆	堆	贫贫	$\frac{1}{4}$	年5小魁5升①	1940		收地价	
				诺布扎西	堆	贫贫	$\frac{1}{4}$	同上	1954		收地价	
				涅巴	堆	贫	$\frac{1}{2}$	年12.5小魁	1958		收地价	
				冰雹喇嘛	一	代	$\frac{3}{8}$	10小魁7升2把	1945		收地价	
				波扎西	堆	贫	$\frac{1}{2}$		1954		租出（每年10袋）	
				白毕	堆	贫	$\frac{1}{4}$		1958		租出（青稞秸归扎岗）	
						共	$10\frac{1}{20}$					

① 这里的"升"应指市升，1市升 = 1公升 = 1立方分米。修订注。

续表

编号	出方姓名	出方等级	出方成分	入方姓名	入方等级	入方成分	土地数量	地价	脱手时间	收回时间	脱手原因	备注
14	夏娃	贫	差	囊巴	差	代	$3\frac{3}{4}$		1940		抵债	
				桑尚	差	代	$\frac{3}{4}$		1940		抵债	
				冰雹喇嘛	/	代	$\frac{3}{4}$		1953		抵债	
				白毕	堆	贫	2		1954		抵债	
				布苏	差	代	$\frac{1}{2}$		1930		抵债	
				巴桑	堆	贫	$\frac{1}{2}$		1953		抵债	
				囊巴	差	代	1		1953		买驴	
				加拉	差	富	1		1954		买驴	
						共	$10\frac{1}{4}$					
15	拉夏	差	贫	乃登	差	代	$1\frac{1}{4}$		1930		抵债	
				布苏	差	代	1		1920		抵债	
				卓增	堆	贫	$\frac{3}{8}$		1950		抵债	
				桑岗	差	代	$\frac{1}{2}$		1930		抵债	
				囊巴	差	代	3		1930		抵债	
				西不觉	差	中	$\frac{1}{4}$		1940			
				冰雹喇嘛	/	代	1		1930			
				洛卓	堆	贫	$\frac{1}{4}$		1955		买粮	
				加拉石达	堆	贫	$\frac{1}{4}$		1956		买粮	
				诸布旺	堆	家贫本代	$\frac{1}{4}$		1954		买粮	
				巴桑	堆	贫	$\frac{1}{4}$		1952		买粮	
				囊巴	差	代	$\frac{1}{2}$		1954		买驴	种3年
				冰雹喇嘛	/	代	$\frac{3}{4}$		1956		买驴	
				拉巴顿朱	堆	贫	$\frac{3}{8}$		1955		买粮	
						共	10					

续表

出方			入方			土地数量	地价	出方			
编号	姓名	等级	成分	姓名	等级	成分			脱手时间	收回时间	脱手原因	备注
16	森桔	差	贫	囊巴	差	代	1	钱粮各半	1945		抵债	
				桑岗	差	代	$\frac{3}{8}$		1950		低债	
				石德卓玛	堆	贫	$\frac{1}{4}$		1953		低债	
				囊巴	差	代	1		1945		买驴	
				桑姆	堆	贫	$1\frac{3}{4}$		1944		买衣服	
				加拉	差	富	$\frac{1}{2}$		1954		买驴	
				加拉	差	富	$\frac{1}{2}$		1957		买黄牛	
				乃登	差	代	1		1950		买粮	
				涅巴	堆	家中本代	1		1954		买粮草	
				石单皮热	堆	贫	$\frac{1}{4}$		1953		买奶牛	
				旦真旺姆	堆	贫	$\frac{1}{4}$		1954		买衣	
				加拉石德	堆	贫	$\frac{3}{4}$		1957		买衣	
				大瓦才仁	堆	贫	$1\frac{1}{8}$		1952		买衣	
				洛卓	堆	贫	$\frac{3}{4}$		1955		买衣	
				洛桑旺母	堆	贫	$\frac{1}{4}$		1956		买衣	
				巴张	差	中	$\frac{1}{4}$		1954		买皮子	
				诺布旺	堆	家贫本代	$\frac{3}{4}$		1954		买粮	
				西不觉	差	中	$1\frac{5}{8}$		1945		代支差	
				杜素	/	领	$\frac{3}{4}$		1952		抵差	
				西不觉	差	中	$\frac{1}{4}$		1953		抵乌拉	
				才拉旺母	堆	贫	$\frac{1}{4}$		1948		抵乌拉	
				德吉	差	中	$\frac{5}{8}$		1955		租出（收获粮平分）	
				派雄石德	堆	贫	$\frac{1}{16}$		1949		租出（每年收粮2波）	

续表

编号	出方 姓名	等级	成分	入方 姓名	等级	成分	土地数量	地价	脱手时间	收回时间	脱手原因	备注
				巴　德	差	中	$\frac{1}{2}$		1957		租出(收获粮平分)	
				洛　卓	堆	贫	$\frac{5}{8}$		1956		租出(收获粮平分)	
				穷　吉	堆	贫	$\frac{1}{8}$		1955		给"下笑"	
						共	$16\frac{9}{61}$					
17	念巴	差	贫	乃　登	差	代	$1\frac{1}{4}$		1930		抵债	
				热　吉	差	贫	$\frac{1}{2}$		1925		低债	
				加　拉	差	富	$\frac{1}{4}$		1920		低债	
				诺布吉	差	中	1		1910		低债	
				囊　巴	差	代	1		1940		低债	
				囊　巴	差	代	$\frac{3}{4}$		1958		买驴	
				桑　岗	差	代	$\frac{1}{4}$		1954		低债	
				洛　卡	牧	贫	1		1954		买牦牛	
				德　鲁	差	富	$\frac{1}{4}$		1957		买驴	
						共	$6\frac{1}{4}$					
18	热吉	差	贫	乃　登	差	代	$1\frac{1}{2}$		1930		抵债	
				桑　岗	差	代	$1\frac{1}{2}$		1945		低债	
				郭　乃	差	富	$1\frac{1}{2}$		1945		低债	
				卓　增	堆	贫	$1\frac{3}{4}$		1944		低债	
						共	$6\frac{1}{4}$		1948		〃	
19	德林巴	差	贫	乃　登	差	代	$\frac{1}{2}$		1954		买驴	
20	吉布	差	贫	巴　桑	堆	贫	$\frac{1}{4}$		1952		买驴	
21	彭吉	差	贫	加　拉	差	富	$\frac{1}{2}$		1954		买驴	
22	强巴	差	中	囊　巴	差	代	$2\frac{1}{4}$		1950		抵债	
				桑　岗	差	代	$\frac{3}{4}$		1951		低债	
				朝龙庙	/	/	$\frac{1}{2}$		1951		低债	

续表

出方			入方			土地数量	地价	出方			备注
编号	姓名	等级	姓名	等级	成分			脱手时间	收回时间	脱手原因	
			加拉尼姑	家差	富	$\frac{1}{2}$		1950		低债	
			西不觉	差	中	$\frac{1}{2}$		1963		低债	
			达瓦才仁	堆	贫	$\frac{1}{4}$		1955		低债	
			阁冬	堆	贫	$\frac{1}{4}$		1950		低债	
			卓增	堆	贫	$\frac{1}{2}$		1950		低债	
			乃登	差	代	$\frac{1}{2}$		1952		低债	
			诺布旺	堆	家贫本代	$\frac{1}{4}$		1954		收地价	
			白玛	堆	贫	$\frac{3}{8}$		1954		收地价	
			才旺旦增	堆	中商	$\frac{1}{2}$		1958		收地价	
					共	$7\frac{1}{8}$					
23	拉吉	差	布苏	差	代	$\frac{1}{2}$		1910		抵债	
		贫	加拉	差	富	$\frac{1}{16}$		1930		低债	
			桑岗	差	代	$\frac{1}{2}$		1930		低债	
			襄巴	差	代	$\frac{3}{4}$		1945		低债	
			冰雹喇嘛	/	代	$\frac{1}{2}$		1930		抵债	
			索却	差	贫	$\frac{3}{4}$		1958		买奶牛	
			白玛	堆	贫	$\frac{1}{4}$		1958		买黄牛	
			诺布旺	堆	家贫本代	$\frac{1}{2}$		1957		买黄牛	
			襄巴	差	代	$\frac{3}{4}$		1957		买驴	
			西不觉	差	中	$\frac{3}{8}$		1952		买驴及奶牛	
			桑姆	堆	贫	$\frac{1}{8}$		1954		买鸡蛋糌粑	
			白玛	堆	贫	$\frac{3}{4}$		1956		买驴子	
			加拉	差	富	$\frac{1}{2}$		1946		代房租	
					共	$6\frac{5}{16}$					
	合　计					$127\frac{3}{10}$					

注：①出方指卖方，抵出方；入方指买入方，抵入方。
②表中土地数量一律用突。1突系1犋耕牛1天的耕地面积。

地价问题：

地价根据土地的好坏付给，付地价时间有的是一年一算，即秋收谷物登场时结清。有的（特别是抵债地）则是数年或数十年一算。有的债权人为了多取债利，故意拖延结算时间，因此债权人从押地中得到的利益远远超过了负债人应付的借债总额。

表1-7　杜素谿卡土地价格表

土地种类	单位	数量	价　格		备　注
			青稞	藏银	
上等	突	1	100波	按当时青稞市价折算	
中等	突	1	90波	按当时青稞市价折算	
下等	突	1	70~80波	按当时青稞市价折算	

说明：地价最初是按藏银规定的：上等地每突3两（合青稞100波），中等地每突18章嘎（每章嘎①合青稞5波），下等地每突14~16章嘎。后来随着货币贬值，一般都用青稞付价，如用货币付价，就按青稞市价折算交付。

表1-8　百年来的青稞价格表

大约时间	青稞数	价格（藏银）	备注
1847—1908年（土猴年）	1如魁	1两	
1924—1926年	3波	1章嘎	
1926—1930年	2波	1章嘎	
1930—1946年	1波	1章嘎	材料来自白雄家所存之"甲主"支差清单。6章嘎1雪②为1两。
1946—1948年	1波	1两	
1948—1950年	1波	3两	
1950—1960年	1波	4~5两	

（九）民改前后各阶层占地情况

1959年年底，民主改革的烈火在杜素谿卡熊熊地燃烧起来。在民主改革中，根据党的政策，没收了叛乱领主杜素的全部土地，根据"优先满足贫苦农奴的要求，保护中、富农奴利益"的政策，进行了土地分配（各阶层的占地情况请参看下文表1-9和表1-10），从而满足了广大贫苦农奴和奴隶对土地的要求。

---

①　章嘎为计量金、银等重量的单位名称。1章嘎=0.15两=4.6875克。修订注。
②　由正文的说明可知"雪"是计量重量的单位名称。从文中的换算关系可知1雪=0.1两=3.125克。文中"雪"有时也译作"学"，不再订正。修订注。

表 1–9　杜素豁卡一九五九年前各等级占地用地统计表

数量\n项目\n等级	人口			土地			备　　注
	户数	人口数	占人口总数%	占地用地数	占土地总数%	人均占地用地	
领主自营地	1		2.18	918 魁 16 赤	22.5	76.12①	
寺　　庙	2 个庙	(42)②		26 魁 13 赤	0.8		
差　　巴	36	288	52.17	2908 魁 11 赤	71.1	10.19	
堆　穷③	32	139	25.18	189 魁 17 赤	4.6	1.7	
冰雹喇嘛	1	15	2.9	45 魁 6 赤			
无 地 者		98	17.75	0			
合　　计	70	552		4089 魁 3 赤			

注：①土地中小数点前为魁，后面为赤，非十进位，20 赤为 1 魁。
　　②寺庙中人口为尼姑、喇嘛数，未入合计数中。
　　③堆穷中有 16 户（46 人）系无地堆穷，未列入。

表 1–10　杜素豁卡民主改革前后各阶层占地用地情况

数量\n项目\n阶层	土改前（1962 年 2 月统计）						土　改　后					
	户数	人口	占人口总数%	占地用地①	占土地总数的%	每人平均占地数	户数	人口	占总人口的%	占有土地数	占总土地%	每人平均占地数
领主自营地	1	12	2.2	918.16	22.5	76.12						
寺庙	2	(42)②		26.13	0.7	0.12						
代理人	5	46	8.3	685.17	16.8	14.18	5	46	8.5	291.3	7	6.6
富裕农奴	3	34	6.5	447.15	11	13.3	3	34	6.7	349.4	8.4	10.5
中等农奴	10	79	14.1	771.1	18.9	9.15	10	79	14.6	713	17.5	9.05
贫苦农奴	51	283	51.4	1 239.1	30.3	4.7	89	363	67.2	2 497.14	61.1	6.17
奴隶							7	12	2.2	105.19	2.6	8.16
无地者		98	17.8									
中等商人							1	6	1.1	38.3	0.1	6.7
公地										64	1.6	
合计	70	552		4 089.3			115	540		4 089.3		

注：①土地数字，小数点以前以魁为单位，小数点以后以赤为单位。
　　②有括号的数字不列入合计栏内。

三、庄园各类居民的差役赋税

杜素庄园内有差巴、堆穷（包括外来的烟火户、雇工）、牧民、工匠等，1958 年，共有 85 户。他们都向庄园支应多种差役，其中差巴的负担最重，还要向噶厦支差纳税。下面按住户的不同类别叙述他们负担的差赋情况。

（一）差巴及其所支差税

杜素庄园有差巴 35 户，共种差地 37 内岗。这是庄园里派内差（指向庄园支的差），也是派外差的土地依据。实际上按官府规定，杜素庄园向噶厦政府应支的差岗为 11$\frac{1}{4}$ 岗和兵差"马岗"3 岗，日喀则宗政府派给这里的差就是按这个岗数派的，但分给差巴时却按 37 内岗均摊。差巴所支差，既有内差，又有外差，由于后藏地区偏僻，外差一般较前藏为少，故领主增加内差项目和数量很多，支内差是差巴的主要负担。所以杜素庄园可以说主要是以差巴劳役经营的庄园。除以土地岗数为准，差巴支差中也还有以户为单位，或以牲畜多少为根据摊派的，但所占比重较少。

为了支差和管理的方便，庄园将 35 户差巴分编为三个小组，小组的分法为：

拉加岗组：

德夏	1 岗地	德鲁	1$\frac{1}{4}$岗地
加拉	1$\frac{1}{2}$岗地	夏瓦	1 岗地
细不觉	1 岗地	拉吉	1 岗地
洛不吉昂	1$\frac{1}{4}$岗地	潘不热	$\frac{3}{4}$岗地
担打尔	1 岗地	巴热	1$\frac{1}{4}$岗地
曲夏	1 岗地		

共 12 岗地。

江热组：

孔强	1$\frac{1}{4}$岗地	德吉	1$\frac{1}{4}$岗地
乃巴	1$\frac{1}{4}$岗地	布苏	1$\frac{1}{8}$岗地
桑玛	1$\frac{1}{8}$岗地	郭乃	1$\frac{1}{4}$岗地
热吉	1$\frac{1}{4}$岗地	索却	1 岗地
吉昂	1 岗地	吉玛	$\frac{3}{4}$岗地

27

吉布	$\frac{1}{4}$岗地	德林巴	$\frac{1}{2}$岗地

共 12 岗地。

岗对组：

彭吉	$\frac{1}{2}$岗地	强巴	1 岗地
札岗	$\frac{3}{4}$岗地	洛布吉昂	$\frac{3}{4}$岗地
念巴	$1\frac{1}{4}$岗地	桑木康	$1\frac{1}{2}$岗地
白雄	$1\frac{1}{4}$岗地	森木吉	$\frac{3}{4}$岗地
顿岗	$\frac{1}{2}$	巴德	$1\frac{1}{4}$岗地
重岗	$1\frac{1}{4}$岗地	巴昌	$1\frac{1}{4}$岗地

共 12 岗地。

根布囊巴（不编入组） 1 岗地

全黔卡共 37 岗地。

杜素庄园在外差岗地和内差岗地的关系上，有与其他庄园的不同处。外差 $11\frac{1}{4}$ 岗地，是以噶厦为首的官府要领主杜素作为应尽的封建义务在其杜素庄园的领地范围内，规定了这个出差数字，至于领地的真实面积是大于此数的。杜素庄园又按差巴的占用地，规定了岗数，共 37 岗，作为向庄园支内差，又向官府支外差的依据。因此，外差 $11\frac{1}{4}$ 岗与内差 37 岗的关系仅仅如此。

至于 37 岗中每岗地大小，包括多少突（ ་ ）、下种多少，也没有什么绝对标准。因为这不是丈量出来，而是依领主的规定或历史传统上延续下来的规定。实际上，杜素庄园中古老的以每天 1 犋耕牛所耕土地面积计算的突，才是人们常用的计算单位。与许多庄园比起来，杜素更多地用突，而不像其他地方更多的是用魁，即下种数计算。当你问杜素差巴某户有多少地时，他们回答往往只告诉你有多少突；当你问某户差巴支多少差时，他们就回答说自己差地是多少内岗，而不是谈外岗数，也不是谈突数。而外岗数则只是日喀则宗政府向各区（各庄园都划入区内）分派差赋的依据。

由于杜素庄园的自营地劳力，主要靠差巴而非堆穷支差，雇工差巴都是内外差兼支的，相比之下差役中内差比重甚大。这一点与前藏许多通衢大道上的差巴大不一样。

领主的一切劳力需要，几乎皆取自差巴，这一点从下面差役统计和说明上可以看出。但是我们也可以看到，杜素这类庄园劳役使用有向雇工方面移动的趋势。即以每户出人差 1 人论，对差巴，对堆穷（包括外来烟火户变为堆穷，而非为为雇工）都是这样，这是向封建庄园变化的一个兆头，这不是一种使用奴隶、管奴隶吃的遗风。因为差巴、堆穷和外来户的人差，每天有 1 打苏（15 打苏＝1 如魁）的糌粑口粮，这种不分人身属谁，一律拉平的情况，不会是早期的传统作法的。

差巴所支内差也好，外差也好，都是混合租形式。据统计，以种 1 岗地为准，每年内差中人役为 436.5 人天，支畜力 216 畜天；实物有粮、草、羊、牛毛、酥油、柴、石块等种类甚多。以粮食来说，每岗每年要交纳 17 到 20 如魁。据说同是 1 岗地，但交纳多少有区别，这主要是由领主随意决定的。

外差部分，运输劳役差是大项，即长途运输和短途运输。长途是运送宗与宗之间的人员货物，一趟差都要一二十天，多的三四十天。实物折价和货币交纳以及兵差负担等数字看来是很小，这是由于货币贬值，而在开始时却是一笔笔繁重的负担。据普遍反映，西藏和平解放后，由于交通条件改善，马车和汽车增多，外差大为减少。如果需要进行详细比较，也可以取出杜素庄园文件中的外差账目，这方面调查组已经全部把文件搜集一起存档，为这种详细研究提供了可能。

现将杜素庄园中各类差巴所支内差和外差分类汇编成一览表，以便于统观差役全貌。其中凡单位相同的都已作出合计，凡单位不同者都分别说明并列出。表内对各项差赋作了编号，并有解释。

1. 有关内差劳役部分，请看表一及在表后对各个项目和数量等作的具体的说明。

下面对表一中内差劳役分项作些说明，这些项目都是依内岗地摊派的差役。

（1）积肥

每年春播刚完，即开始积肥，差巴要将从山上运来的土，先堆积至领主杜素的大门前，到 6、7 月间，再将土全部送入杜素的厕所或牲畜圈内去沤肥。此差根据差地多寡支派。山土运下山前，先要在积肥地方挖一个坑，让雨水把它泡起来，以后才能沤肥。

（2）草坯差

每年 7 月，庄稼将要收割时，差巴就要到山顶上去挖草坯。每块草坯要长约 1 尺①2寸，宽 7 寸，厚 4 寸，准备给领主交差。秋收完毕以后，10 月、11 月间草坯已经干透了，差巴们把草坯从山上运下来，给领主交差。运草坯时 1 头驴子只能驮 6 块，1 天一般只能走 3 个来回。

（3）出肥

每年 3 月要掏挖一次领主杜素的厕所。出肥那天，差巴按规定到领主家来出肥，一般 1 天能够出完，如 1 天完不了，第 2 天继续出，挖完粪后，领主拿出 10 波青稞的藏酒给出肥的人喝。喝时分两组，一组是 37 位跳舞的共喝 6 波青稞的藏酒；一组是红热、岗对、拉加岗 3 个小组拈阄喝，哪组获胜就由哪组喝 4 波青稞的藏酒。

（4）交肥

每年夏天差巴要积大量的山土，垫在自己的牲畜圈里沤肥，到次年正月到 2 月间，大部分肥料要往杜素地里送。由于差巴种地岗数不一，因此交肥的数量也有区别。

（5）交春肥

每年 10、11 月间差巴们就要将在山上挖的草坯烧成灰，运回后和山土一起倒进自家厕所里沤肥。次年春将自己沤好的肥送给领主。

（6）交秋肥

差巴还要为交秋肥作准备。到进入秋天的时候，差巴就要把自己家里最好的肥送到谿卡自营地的休耕地里。

（7）肥料盖土

① 1 尺 ≈ 0.33 米。

肥料送到土里以后，要在肥上盖土，以免肥料被风吹走。送肥每年有 3 次，春天 2 次，秋天 1 次（3 次共 12 天）。送肥期间，每天每组出 1 个中等劳力去盖土，这个中等劳力由组内的差巴轮流担任。1 年 1 户差巴大约轮流一次。

（8）挖沟放水

杜素谿卡的水源全部被领主所垄断和控制。他 1 年可以放 5 次。放水和修渠都由差巴去做。

（9）春耕

播种时，每户差巴都要给领主支不同天数的耕地差。出这项差的人要用自己的 1 对耕牛 1 套耕具为庄园耕地播种。此外，还要带 1 个撒种的童工。派差天数按差地岗数而定。

（10）夏耕

每年夏季差巴都要给领主耕休闲地，庄园要求好地要耕 8 遍，次地耕 4 遍。一块地由差巴包到底，耕地的差巴自带牲口和耕具。1 户差巴各年耕休闲地的面积没有一定，视庄园休闲地的多少来决定。每年耕休闲地前，差巴们要将休闲地进行一次划分，以便分片负责。种 $\frac{1}{4}$ 岗地的差巴一般要包耕约 0.7 如魁地，种 $\frac{1}{2}$ 岗地的差巴约包耕 1.4 如魁地。

（11）秋耕

秋收以后谿卡 900 如魁的自营地要翻耕两遍，耕地时自带耕牛和耕具。有些差巴的地受此影响往往只能耕一遍。

（12）整休闲地

每年 6 月谿卡自营地的休闲地都要进行一次整理，主要修地边，围矮墙，防止牲口进入。

（13）修整晒场

每年 7 月谷物即将登场时，就要往晒场上垫土。由于差巴种地数量不一，因此负担垫土数也各不一样。同时各年场地损坏情况也不一样，因此往场上填土时，数量是没有一定的，一般种 1 岗地的差巴，运土量在 50 至 100 驮之间。

（14）秋收

每户要支出强、中、弱 3 种不同的劳动力。强劳动力（ རྡ）主要是参加收割，年龄一般在 20~60 岁，是身体健壮、干活有经验的男女；中等劳动力（འབྲིང）主要工作是赶驴送禾，年龄一般在 9~12 岁；弱劳动力（ཞི即小童工）主要工作是拾青稞穗，年龄在 7~9 岁。

秋收割禾时除上述强中弱 3 种劳动力之外，另外还有"增人"（མི་འཕར）差和驴差。见下表：

表 1-11

项目 \ 差种数岗数	$\frac{1}{4}$	$\frac{1}{2}$	$\frac{3}{4}$	1	$1\frac{1}{8}$	$1\frac{1}{4}$	$1\frac{1}{2}$
强中弱三种劳力各工作天数	7.5	15	22.5	30	34	37.5	45
增人天数（1 人计）	2	4	6	8	9	10	12
驴工天数（1 头计）	10	20	30	40	45	50	60
合计需要 人工天数（1 人计）	24.5	49	73.5	98	111	112.5	147
合计需要 驴工天数（1 头计）	10	20	30	40	45	50	60

收割时，强（ㅈㄷ·）中（འབྲིང·）两种劳动力，鸡叫头遍时就要去上工，太阳落山时才收工回家。弱（ᔜ·小童工）劳动力上工时，可以稍晚一点。秋收割禾时，如果强劳动力缺了差，每天要折付 4 波青稞，中等劳动力缺 1 天折付两波青稞，弱劳动力缺 1 天折付 1 波青稞。

秋收割禾时，运青稞秸的驴子是差巴的。由于各差巴种的差地不一，因此各家出的牲口也不一样，但时间都是 10 天。

8 年前（1952 年）收割完以后，领主要给参加收割的人 5 如魁糌粑和 16 波青稞的藏酒，后来逐渐减少，1958 年给的只有 3 如魁糌粑和 16 波青稞的藏酒。

（15）谆仲地方割禾增人差

领主杜素在谆仲有自营地，谆仲距杜素谿卡约有 1 天步行路程。这里的土地很多，农业上所需要的劳动力，约有一半是从杜素谿卡原有乌拉中派去的。后来领主为了更早地把粮食收进粮仓，又增派了人差，种 $\frac{1}{4}$ 岗地的差巴增差 1 人半天，种 $\frac{1}{2}$ 岗地的差巴增差 1 天，种 $\frac{3}{4}$ 岗地的差巴增差 1.5 天，其他差巴由此类推。

（16）踩场差

秋收踩场时（9 月间）谿卡自营地，一共要踩两天，这活要由差巴按种地岗数出人和牲口去完成。

（17）打场差

踩场之后接着就是打场扬场。扬场时还有惩罚规定，即在扬出的灰尘中超出青稞 60 粒的，在次年修场时，每超 1 粒青稞要送 1 驮土。如果灰尘里的青稞特别多，就要罚做其他的工作。如尼玛扎西在扬出的灰尘里发现了一捧青稞，除要他重扬外，还罚他把半人高的一口铜水缸运往拉萨。

（18）种树差

过去每隔两三年的 3、4 月间，领主要种一次树，需时两三天。种树时 1 岗地的差巴出 0.5 人，其余差巴也是按种地岗数照算。据说有 8 年没有种树支差了。

（19）修林卡的围墙

每年播种完毕以后，领主需要整修林卡的围墙，1 年以内修 8～10 天不等。修围墙时，1 岗地的差巴出 1 人 1 驴干 1 天，半岗地的差巴 0.5 人 0.5 头驴干 1 天，其余差巴由此类推。

（20）砍树差

每年 3 月中旬，领主要砍树两三天。砍下来的树，供领主修房或做家具用。近四五年来，树砍下来之后，由差巴出人力和牲口运到日喀则去出售。树砍倒之后，要去掉树皮，这也要差巴干。有的差巴家贫如洗，没有砍刀，借也借不到，只有代人干最重的活，比如抬又湿又重的大树等，以便和有砍刀的差巴换工。

砍树这项工作派差方法是按差地比例平均摊派。

（21）交肥料差

春耕快到的时候，差巴要把自家牛羊圈里最好的肥料交给领主，各户差巴要按差地数交肥。每年 3 月各家差巴往领主地里送肥时，列本要到交肥人家去检查，看肥的数量和质量是否合乎规定。除列本外，领主还派了一个代表同去，代表由领主的囊生轮流担任。差巴要给列本和代表各 3 两藏银，作为他们的伙食。如果差巴招待列本和代表一顿饭，可以免交。全谿卡招待他们吃饭的一般有 7 户差巴：布苏、郭乃、加拉、洛布、吉昂、巴昌和桑康。

（22）制土坯差

每年 3 月底 4 月初和收割完毕到打场之前要做土坯。1 块土坯长 2 尺 3 尺不等，宽约 8 寸左右，厚约 4 寸半。1 头好驴子可以驮 4 块。这种土坯可用以修砌房屋和围墙。给杜素支差做土坯时，分 3 个小组进行，每个小组规定每天要做 500 块（需 4 个强劳动力）。1958 年一共做了 8 天。土坯做完之后，在地里放七八天，等它干固之后，再用驴子送往杜素大院里。

一般种 1 岗地的差巴要出 1 个人干 3 天，半岗地的差巴出 1 人工作 1 天半，其余差巴以此类推。

（23）运粮

这项差分两部分，一是从晒场上把粮食送入谷仓，1 年要送 3 天，每天种 $\frac{1}{4}$ 岗地的出 1 人，种 $\frac{1}{2}$ 岗地的出两人，种 $\frac{3}{4}$ 岗地的出 3 人，种 1 岗地的出 4 人，其余差巴由此类推。二是运到外地去出售，领主杜素每年要外售一大批粮食，哪里价高就往哪里运，不管路途远近，他要到哪里卖，差巴就送到哪里，有时送谢通门①，有时送萨迦，有时送日喀则，地点不一定。运粮时，按照差巴种差地的多少，分别派差。每年外售数字不一（有时有 300 如魁、有时 70 至 80 如魁），远近也不一，次数也不一（但最少也有 1 次），故没有每年固定的支差天数。

（24）运石块

每年领主修围墙和房壁时要用大量的石块。以 1 户 1 岗地的差巴为例，每年要运 50 至 200 块石头（1 头驴子可以驮 4 块）。石头的大小有规定，如果石头太小了，两三块才算一块。差巴森木吉说："我家只有两头驴子，石块运不完，就叫全家大人小孩用背背。"

（25）送信差

领主与外面的来往很多，不管是送信、送实物、送货币或是唤人，都要由差巴去。途中吃用花费全是由出差者自备。领主为了便于派差，根据路程的长短，分成 7 种不同路线和地区。这 7 种不同路程的地区又各给以名目。即：

一是"盖东王仁"（ གད་གཏང་ཝང་རིང་ 远距离）：12 天至 26 天距离的路程，如到拉萨、定日等地。

二是"盖东王同"（ གད་གཏང་ཝང་ཐུང་ 中等距离）：6 天以上距离的路程，如到拉孜、扎冬、响、丁吉宗②等地。

三是"希盖"（ གཞིས་གད་ 四天以下路程）：2 至 4 天距离的路程，如到错、日喀则、吉、萨迦、彭错林③等地。

四是"盖东擦盖"（ གད་གཏང་ཚ་གད་ ）：相当短站"刹差"，4 站距离的路程，如到康青寺、日沙④、热玛、白玛曲林等地，往返需要 1 天或者两天。

---

① 今谢通门县。1959 年 6 月建谢通县，之前政区内设有吾间宗和谢通门黠卡，分别属噶厦政府和札什伦布寺拉让管辖。1965 年 9 月，县驻地由通门村迁到吉丁村。县政府现驻卡嘎镇。现在该县辖 1 个镇、18 个乡。修订注。

② 曾写作"丁吉"、"定结"、"丁鸡"等，今定结县。日喀则地区辖县。1960 年撤丁吉宗与康巴宗、金龙溪，置定结县。1961 年，陈塘乡划入辖区。1962 年岗巴区、塔杰区划归岗巴县。现辖 3 个镇、7 个乡。修订注。

③ 彭错林，曾为彭错林宗，1960 年置彭错林乡，1970 年改公社。1981 年复置乡。1988 年，那嘎、昌那（部分村）2 乡并入。属今天的拉孜县。修订注。

④ 又写作热沙、热萨等，即今天拉孜县的热萨乡。辖 11 个村委会，56 个自然村。修订注。

五是"盖东错介"（ གང་གཏུང་ཚ་རྒྱལ་ ）：两站距离的路程，如到鲁东扎西岗①、东拉、贡乃、沙拉岗等②地，往返需要 1 天。

六是"盖东牙盖"（ གང་གཏུང་ཡར་གང་ ）：一站距离的路程，如到资龙、夏不季顶、喇嘛寺等地，往返需要半天。

七是"盖同"（ གང་གཏུང་ ）：最近距离，如到江热、巴曲、尼姑庵等地，往返约 40 分钟。

以上这 7 种不同路程的距离，由全体差巴分别轮流支差，只要轮到的，就要立即支差。家中不管发生什么事，也不得迟延。如差巴森木吉之弟刚死，尸体还没埋葬就被派到错去支"希盖"差。

支这种跑腿差是终年不断，有的是前后交错的。比如到日喀则一地常是前者还未到，后者又派去了。

支差人如果自家没人去，就得雇人。雇 1 个人 1 天要付给 1 波青稞的口粮，1 波青稞的工资。除给工资和口粮外，有的还要 1 天给 1 个饼，如系支"盖东王仁"差，还要给 18 两藏银的酒钱；若支"盖东王同"差，也要给 5～10 两藏银的酒银；支"希盖"差要给 1～2 两藏银的酒钱；支"盖东擦盖"差要给 3 学（ ཟ ）藏银的酒钱。

支差路线图如下：

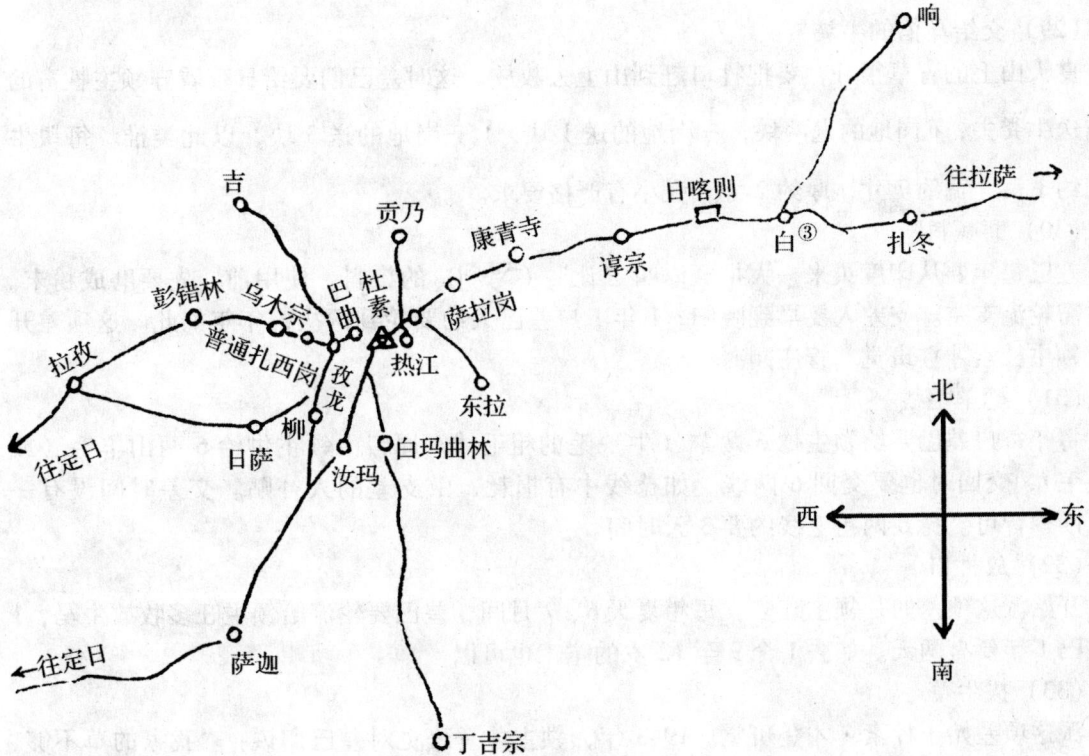

图 1-2

---

①天拉孜县扎西岗乡。辖 13 个村委会，44 个自然村。1960 年设扎西岗乡。1970 年改公社。1981 年复置乡。1988 年，若错、屯珠顿、于妥 3 乡并入。修订注。

②也曾写作"萨拉岗"。即今天定结县的确布乡的塞拉岗村。修订注。

③今日喀则地区的白朗县。曾为白朗宗。1960 年白朗宗与杜穷宗、旺丹宗合并置白朗县，属江孜专区。1964 年改属日喀则专区。1970 年属日喀则地区。县人民政府原驻觉洛村，1970 年迁至洛布穷孜村。现辖 1 个镇、10 个乡。修订注。

（26）从贡乃运粮

贡乃是领主才登班觉之父旺多的豁卡。7 年前（1953 年）旺多一直住在杜素豁卡，因之差巴每年都要去把那里的粮食等货物运来杜素来。每年运两次，一次在 3 月，一次在 12 月。

从杜素豁卡到贡乃来回需要一天。运送货物时，种差岗地少的差巴，因出的驮数少，仅 1 至 2 驮，可以不去人，托别人照管牲口，这属于互助性质，不必给报酬。

（27）筑堤

不管有无洪水，每年照例要做 4 天的修堤活。修堤时伙食和工具一律自备。

（28）打扫畜圈积肥

领主家里每隔五六天要打扫 1 次畜圈，为的是积肥。每打扫 1 次，种 1 岗地的差巴出 1 人；种 $\frac{3}{4}$ 岗地的差巴，每扫 4 次中可以 1 次不到；种 $\frac{1}{2}$ 岗地的差巴，每扫 4 次中可以两次不来；种 $\frac{1}{4}$ 岗地的差巴，每扫 4 次可以参加 1 次；种 $1\frac{1}{8}$ 岗地的差巴，每次扫圈都要来 1 人，过了 7 次还要增加 1 人。其他 $1\frac{1}{4}$ 岗地和 $1\frac{1}{2}$ 岗地的差巴也是按此办法增加的。

（29）交给马倌的牛粪

夏天山上的青草很好，要把牲口赶到山上去牧放。这时差巴们要给日夜看守领主牲畜的马倌送牛粪去，1 岗地的送两块，$\frac{1}{2}$ 岗地的送 1 块，$1\frac{1}{2}$ 岗地的送 3 块，以此类推。每块牛粪长约 1 尺，宽约 7 寸，厚约 2 寸，大小有严格要求。

（30）磨颜料

差巴每年要从印度买来一大批藏语叫"让"（ རལ་ ）的染料。使用前，先要磨成粉末。领主需轮流支差。支差人要早到晚归，1 年 1 户差巴大约要轮到两次，年年如此。这项差开始于领主杜素才登班觉掌管庄园时。

（31）捻羊毛线

每年每户差巴要给领主捻 6 两羊（牛）毛的粗毛线。原料由领主供给 6 两山羊毛（或牦牛毛），交回时也要交回 6 两线。如捻线中有损耗，由支差的人补贴。交差时间没有一定，四季皆可。捻 6 两粗毛线约要 3 天时间。

（32）放牲口

开始派这项差的是领主旺多。每年夏天 6、7 月间，差巴要轮流给领主旺多牧放牛马，1 户差巴 1 年要有两天。如去 1 个 9 至 12 岁的童工也可以。

（33）拔牛草

派这项差始于杜素·才登班觉。1943 年，领主才登班觉对差巴们说："我家的草不够，况且给奶牛吃干草又不行，你们给我拔点草喂牛吧。"从此，"拔牛草差"就开始了。第 1 个支差的是差巴孔强·达瓦，以后就由每户差巴依次轮流拔草，1 天 1 户差巴应差，应差的人要交两筐青草。如果拔的不够，第 2 天要补上。1 年 1 户差巴大约要轮到两次。两筐青草，要是用 1 个强劳动力，1 天可以拔出。

（34）替羊倌送酒

夏天庄稼出土以后，庄园的羊群和两个羊倌要住在山上，有时好坏羊还要分开放。这时差巴们就去给他们去送酒（酒是领主的），1 户差巴 1 年要轮到 1 次。一般去 1 个弱劳力就行，约需半天时间。

（35）挖当碱用的草根

山上长了一种叫做"苏巴"的野草，可洗衣物。除根布和列本免出此差外，每户差巴每年要给领主交 13 涅尕①的"苏巴"。这需要 1 人挖 1 天。

（36）盖房顶土差

领主的房顶年年都要盖土。每年 5、6 月间差巴就要交"盖房土"。这种土指定在"卡如"和"它玛"两地去取，两地离黎卡约 3 华里②。差巴们还要把土送到领主的房顶上铺好后才算交了差。这项差距今（1960 年）已有 86 年的历史了，是兴建了领主住宅后才有的。

（37）粉刷墙壁

庄园房子一年粉刷两次，一次在 9 月，一次在 8 月。粉刷墙壁时，差巴要自带白灰。白灰在杜素黎卡附近，差巴可以去取运。种 1 岗地自带白灰 1 土筐，$\frac{3}{4}$ 岗地自带白灰 $\frac{3}{4}$ 筐，$\frac{1}{2}$ 岗地的差巴自带 0.5 筐，其他差巴按种地多少照此办法增减。据老年人回忆，大约在 60 年前（1900 年），支粉刷房屋差时，只刷黎卡房屋的屋角，后来才规定全部墙壁都要刷。出差人数如下：

表 1－12

种差岗地数	$\frac{1}{4}$	$\frac{1}{2}$	$\frac{3}{4}$	1	$1\frac{1}{8}$	$1\frac{1}{4}$	$1\frac{1}{2}$
出强劳动力人数	1	1	2	2	2.5	2.5	3
出童工人数	0	1	1	2	2	2.5	3

（38）装饰房屋差

过年过节领主都要装饰房屋，比如在墙上刷灰，屋顶上装插五颜六色的经旗等。除夕晚上要将缝制的经旗准备好，早晨插上屋顶，以 1 岗地差巴为例，约 1 天工，其余差巴照此推算。

（39）磨糌粑差

一年内每户差巴要给领主支炒青稞差两三次。1 户差巴 1 年大约能轮到两次。1 户差巴炒 1 次青稞需要 3 个人，1 人烧火，1 人筛，1 人炒。这 3 个炒青稞的人昼夜都不能休息，从开始一直到坚持到炒完。炒青稞差不仅去人服劳役。还要自带炒青稞时所需要的一切工具和所需的牛粪，炒青稞也是根据差巴种岗地的多少而定的。种 $\frac{1}{4}$ 岗地的差巴，炒磨 1 次是 2 如尅青稞；种 $\frac{1}{2}$ 岗地的差巴，炒磨 1 次是 4 如尅青稞；种 $\frac{3}{4}$ 岗地的差巴，炒磨 1 次是 6 如尅青稞。其他差巴按这办法推算。各户次数一样，但尅数不同。

17 年前（1943 年）每户差巴炒完青稞之后，领主要给每人两捧青稞花，后来领主旺多的妻子赤列卓玛减去了一捧。差巴们不仅要负责炒，炒完后还要运到磨房，磨成糌粑，然后把糌粑运回黎卡。

（40）炒青稞花

支差办法和数量与磨糌粑相同。但是对糌粑质量要求更高。洗青稞时，要在洗青稞的口

---

① "涅尕"通常译为"涅噶"，又称藏两，是传统重量单位。1 涅尕≈0.12 千克。修订注。

② "华里"是"市里"的旧称。1 华里＝0.5 公里。修订注。

袋里装上几块石头一起搓洗；磨时要特别细，因此花的时间就更多。炒一昼夜青稞花，约能炒 30 如魁青稞。1 户差巴 1 年轮 1 次。

（41）磨上等糌粑

领主的青稞由全黢卡有水磨的差巴平均分担磨成糌粑。每磨 1 次青稞，领主要付给有水磨户用 6 波青稞做出的藏酒和 2 波糌粑。有水磨的一般是中等以上的富裕户。磨糌粑时，炒青稞的差巴要去运送。1 台水磨 1 天约能磨 4 如魁青稞的青稞花。

（42）磨饲料

磨牲口饲料有两种工作：一是磨奶牛、驴子等牲口的饲料；二是磨马料。前者可以用水磨磨，磨料时需要 1 个人和 1 头驮粮食的驴子。后者用手磨磨，不需要驴子，但需要 3 个人。不管是水磨还是手磨，1 天都能磨 10 如魁青稞。1 户差巴 1 年大约要轮到两次（1 次手磨，1 次水磨）。每一次磨的数量：$\frac{1}{4}$ 岗地磨 2 如魁，$\frac{1}{2}$ 岗地磨 4 如魁，$\frac{3}{4}$ 岗地的磨 6 如魁，1 岗地的磨 8 如魁，$1\frac{1}{8}$ 岗地的磨 9 如魁，$1\frac{1}{4}$ 岗地的磨 10 如魁，$1\frac{1}{2}$ 岗地的磨 12 如魁。磨牲口饲料是领去 1 如魁青稞，交回 1 如魁面粉。

（43）送粮食到拉萨

据说杜素领主居住在拉萨已有六七十年的历史。差巴们每年要给领主送食物。1 年送两次，一次在夏天叫做夏差，一次在冬天叫做冬差。每一次规定送 33 驮零 1 包货物。送货物时不是所有的差巴都去，而是采取拈阄的办法决定。去 1 次要 11 户差巴，每 1 户差巴赶 3 头驴子，正好驮 33 驮货物，还剩下 1 包是 2 如魁食盐。拉萨的食盐价格要比杜素黢卡的低。支差人都把这包食盐卖掉，到拉萨后再买来交差。上述 11 户中拈到阄的差巴要去支差。他们来回在途中要走 36 天，不仅家中的活无人干，在途中人吃饭和牲口吃料，所用的费用也很大。因此不去支差的差巴要根据种差岗地的多少按比例付给出差人一定工资，以减轻其负担。给工资的办法是：出差的不出钱；不出差的差巴，凡种 $\frac{1}{4}$ 岗地的出 5 两藏银；种 $\frac{1}{2}$ 岗地的出 10 两；种 $\frac{3}{4}$ 岗地的出 15 两，按此办法逐户推算。如果去支差的人要向别人借牲口，借 1 头驴子付给雇价 25 两藏银。自从 1955 年领主杜素回到杜素黢卡后，这项差就没有支了。

人差：

不论人口有多少，也不论种地岗数，每家都要出一个人差，一年到头去庄园劳动。不论在黢卡，还是外出，每个人差每天都要发给 1 达苏糌粑。如果谁家一年没有支人差，就要交 30 魁青稞（相当于 1 个长工全年的工资），或付给藏银。如差巴甲拉，因缺人应差，就以 150 两藏银代替 1 年的人差。一般情况下领主是要人不要钱的。如 32 年前（1928 年）森木吉因无人应差，3 年中每年折给领主以 45 两藏银。后来森木吉向领主才旺卓玛请求减轻负担，但未获准。后来森木吉又向领主扎西顿珠请求减轻，才改为每年交 36 两藏银。三年后，森木吉的儿子 14 岁，于是领主不要钱，就把他的儿子派到阿里赶牦牛去了。这是一种给一定口粮的差役。

2. 有关内差的实物和货币部分，请看表 1-13。

对内差产物部分的说明：

（1）租粮

秋收后差巴们就要给领主交租。租粮需要最好的粮食（一般是专门种的）。如果粮食不好，要遭到领主的打骂。如差巴彭岗·洛吉因交的租粮质量稍次一点，挨了领主索朗多吉一顿毒打，打得皮开肉绽，还被逐出杜素黔卡。差巴交租数额不是按种岗地多少摊派，也不是按户平均，而是由领主随心所欲规定下来，有的是看岗地中包括突数多少定的。现将黔卡各户差巴交租情况列表1-14于后：

表1-13　杜素庄园差巴内差实物、货币一览表

岗数	单位	租粮(1)	草租(2)	夏礼(3)	冬礼(4)	交扫帚草(5)	交羊税(6)	交酥油税(7)	交羊毛税(8)	交牛粪差(9)	交干牛粪差(10)	交引火柴差(11)	交桑草差(12)	交清草(13)	交清油差(14)	领主雇人伙食费(货1)	领主亲信费(货2)	交羊差折钱(货3)	钱租(其1)	羊在自营地过夜(其2)	公租(其3)
$1\frac{1}{2}$岗	实物	19	草22			3	1只	7两	1	72袋	12	3	26	7	21					30晚	
	货币															3	3		8		
$1\frac{1}{4}$岗	实物	16	17			3	1	7	1	60	10	2.5	24.25	6	18					30	
	货币															3	3		7		
$1\frac{1}{8}$岗	实物	16	14			3	1	7	1	54	9	2.25	19.25	5	15					30	
	货币															3	3		6		
1岗	实物	17	9			3	1	7	1	48	8	2	17.2	4	12					30	
	货币															3	3		4		
$\frac{3}{4}$岗	实物	8	7			3	1	7	1	36	6	1.5	13.5	3	9					30	
	货币															3	3		3		
$\frac{1}{2}$岗	实物	5	4			3	1	7	1	24	4	1	8.3	2	6					30	
	货币															3	3		2		
$\frac{1}{4}$岗	实物	14	6			3	1	7	1	12	2	0.5	4.5	1	3					30	
	货币															3	3		1		
共37内岗差巴36户（其中根布囊巴一般差全免，仅租粮草租要交纳）	备注	单位为如尅各户数有别	单位为甲马	见说明于后	见说明于后	单位为把	凡有羊户则交	同前	单位为1只羊的毛	单位为1口袋计	以口袋计	单位指甲马	单位指藏两①	单位为庹②	单位为钢泽（钢泽合4涅尕③）	藏两	藏两	见后面说明	单位为雪	单位为夜	见说明于后

①"藏两"即"涅尕"、"涅噶"或"娘嘎"，是传统的重量单位。1藏两≈0.12千克。修订注。

②"庹"是一种粗略地测量长度的单位。1庹为1个成人两手侧平举时两手指尖间的距离。修订注。

③由文中注释可知"钢泽"是一种重量单位。1钢泽＝4涅尕≈0.48千克。修订注。

表 1－14　1958 年差巴交租数量一览表①

编　号	房　　名	种差岗地数	交　租　粮　数
1	索　却	1	11 如魁 16 赤
2	德　鲁	$1\frac{1}{4}$	15 如魁 19 赤
3	加　巴	$1\frac{1}{2}$	19 如魁
4	西不觉	1	14 如魁 16 赤 3 丕②
5	巴　昌	$1\frac{1}{4}$	13 如魁 3 赤 3 丕
6	白　雄	$1\frac{1}{4}$	11 如魁 1 赤 1 丕
7	担打尔	1	20 如魁
8	巴　德	$1\frac{1}{4}$	13 如魁 4 赤 $\frac{1}{8}$
9	孔　强	$1\frac{1}{4}$	12 如魁 4 赤
10	吉　玛	$\frac{3}{4}$	14 如魁 14 赤
11	郭　乃	$1\frac{1}{4}$	23 如魁 17 赤 3 丕
12	热　吉	$1\frac{1}{4}$	9 如魁
13	德　夏	1	17 如魁 17 赤 2.5 丕
14	重　岗	$1\frac{1}{4}$	16 如魁
15	根布囊	1	27 如魁
16	巴　热	$1\frac{1}{4}$	16 如魁 8 赤
17	德林巴③	$\frac{1}{2}$	1 如魁 1 赤
18	吉　布	$\frac{1}{4}$	14 如魁 8 赤 3 丕
19	彭　吉	$\frac{1}{2}$	5 如魁 3 丕
20	顿　岗	$\frac{1}{2}$	4 如魁
21	潘热不	$\frac{3}{4}$	13 如魁 3 赤
22	扎　岗	$\frac{3}{4}$	8 如魁 2 赤
23	森木吉	$\frac{3}{4}$	8 如魁 2 赤
24	吉　昂	1	8 如魁 10 赤 2 丕
25	夏　娃	1	17 如魁 7 赤

续表

编 号	房 名	种差岗地数	交 租 粮 数
26	洛布吉昂	1	10 如魁 10 赤
27	曲 夏	1	14 如魁
28	强 巴	1	10 如魁 10 赤
29	拉 夏	1	17 如魁
30	拉 吉	1	15 如魁 8 赤
31	布 苏	$1\frac{1}{8}$	9 如魁 7 赤
32	桑 玛	$1\frac{1}{8}$	16 如魁 8 赤
33	德 吉	$1\frac{1}{4}$	21 如魁 10 赤
34	乃 登	$1\frac{1}{4}$	12 如魁 2 赤 2 丕
35	念 巴	$1\frac{1}{4}$	11 如魁 2 赤 2 丕
36	桑木康	$1\frac{1}{2}$	16 如魁 10 赤
	合 计		491 如魁 4 赤

注① 杜素庄园火马年收租帐所记：素却地 1 岗交租 8 如魁 10 赤 2.5 丕；德鲁地 $1\frac{1}{8}$ 岗，交租 13 如魁 11 赤 0.5 丕；加巴地 $1\frac{1}{8}$ 岗，交租 14 如魁 3 赤 1.5 丕；西不觉地 $\frac{1}{2}$ 岗，交租 10 如魁 6 赤 5.5 丕；巴昌地 1 岗，交租 4 如魁 9 赤；自雄地 1 岗，交租 11 如魁 1 赤 5 丕；担打尔地 1 岗，交租 20 如魁；白德地 1 岗，交租 6 如魁 6 赤 4.5 丕；孔强地 1 岗，11 如魁 16 赤 1 丕；吉玛地 1 岗，交租 13 如魁 8 赤 3 丕；郭乃地 $1\frac{1}{4}$ 岗，交租 23 如魁 10 赤 1.5 丕；热吉地 $1\frac{1}{4}$ 岗，交租 5 如魁 10 赤 1 丕；德夏地 1 岗，交租 22 如魁 2 赤 3 丕；重岗地 1 岗，交租 8 如魁 8 赤 4 丕；根布囊巴地 1 岗，交租 27 如魁 2 丕；巴热地 $1\frac{1}{8}$ 岗，交租 17 如魁 10 赤 1.5 丕。

② "丕"是指用一只手能捧的粮食（约半捧）。

③ 有的差巴是新户，故没有过去的交租数。

（2）草租

始于何时无法考查。交草租以甲马为计算单位（1 甲马约等于 1 中筐草）。由于领主的差税苛重，交草租时差巴们是有反抗的。一般都在好草中夹坏草。草租在打场完每年的 10 月交付。差巴交租数如后表。

（3）给杜素送夏礼

每年秋天，未收割前，差巴都要集合起来给领主献礼（第 1 天差巴献，第 2 天堆穷献）。每户差巴出 1 卡岗藏银（共 1 两 3 雪藏银）和 $\frac{1}{4}$ 涅尕的酥油。除各户献藏银和酥油外，还要集体送3波青稞的藏酒（1波给领主本人，1波给领主的室内贴身佣人"森本"和"向达玛"，1波给领主的厨师）和几条哈达（数量不一，献完后走时还可以带走）。这时领主要给献礼的人一点茶喝，每3人还要给两波糌粑吃。

（4）给杜素送冬礼

每年藏历1月1日，全体差巴要给领主杜素献冬礼。所送的东西（如藏银、藏酒、酥油等）和夏礼一样，只是领主给大家吃的东西要稍微多一点，每人可以得到一个油饼，一个荞麦粑和一点麦糊糊。

表 1 - 15

房　名	过去（据火马年的账簿所载）		现　在（平　叛　前）	
	种地岗数	交　草　租　数	种地岗数	交　草　租　数
索　却	1	10 甲马　2 曲①	1	13 甲马
德　鲁	$1\frac{1}{8}$	17 甲马　$\frac{1}{16}$曲	$1\frac{1}{4}$	17 甲马　2 曲
加　巴	$1\frac{1}{8}$	10 甲马　$\frac{1}{10}$曲	$1\frac{1}{2}$	15 甲马
西不觉	$\frac{1}{2}$	5 甲马　$2\frac{1}{8}$和$1\frac{1}{16}$曲	1	8 甲马
巴　昌	1	3 甲马　$3\frac{1}{4}$曲	$1\frac{1}{4}$	10 甲马
白　雄	1	9 甲马　0.5 曲	$1\frac{1}{4}$	9 甲马　2 曲
担打尔	1	10 甲马　3 曲	1	12 甲马
巴　德	1	6 甲马　3.5 曲	$1\frac{1}{4}$	13 甲马　3 曲
孔　强	1	14 甲马 1.5 曲 2$\frac{1}{3}$曲	$1\frac{1}{4}$	13 甲马
吉　玛	1	20 甲马　$\frac{1}{20}$曲	$\frac{3}{4}$	15 甲马
郭　乃	$1\frac{1}{4}$	17 甲马 35 曲 2$\frac{1}{9}$和$\frac{1}{16}$曲	$1\frac{1}{4}$	23 甲马
热　吉	$1\frac{1}{4}$	6 甲马	$1\frac{1}{4}$	9 甲马
德　夏	1	10 甲马　2$\frac{1}{8}$曲	1	8 甲马
重　岗	1	5 甲马 0.5 曲 2$\frac{1}{4}$和$\frac{1}{24}$曲	$1\frac{1}{4}$	10 甲马
根布囊巴	1	52 甲马　3.5 曲	1	50 甲马
巴　热	$1\frac{1}{8}$	16 甲马 0.5 曲$\frac{1}{6}$和$\frac{1}{48}$曲	$1\frac{1}{4}$	
德林巴	$\frac{1}{2}$			12 甲马
吉　布			$\frac{1}{4}$	13 甲马
彭　吉			$\frac{1}{2}$	6 甲马

续表

房　名	过去（据火马年的帐簿所载）		现　　在（平　叛　前）	
	种地岗数	交　草　租　数	种地岗数	交　草　租　数
顿　岗			$\frac{1}{2}$	4 甲马
潘热不			$\frac{3}{4}$	4 甲马
声　昂			1	2 甲马
扎　岗			$\frac{3}{4}$	7 甲马　0.5 曲
森木吉			1	14 甲马
夏　娃			1	9 甲马　0.5 曲
洛布吉昂			1	8 甲马
曲　夏			1	8 甲马
强　巴			1	8 甲马
拉　夏			1	8 甲马
拉　吉				12 甲马　2 曲
布　苏			$1\frac{1}{8}$	2 曲
桑　玛			$1\frac{1}{8}$	14 甲马
德　吉			$1\frac{1}{4}$	22 甲马
乃　登			$1\frac{1}{4}$	12 甲马
念　巴			$1\frac{1}{2}$	10 甲马
桑木康				22 甲马
合　计				433 甲马　0.5 曲

注① 4 曲为 1 甲马

（5）扫帚草差

除根布和列本以外，其余的 34 户差巴都要交扫帚差。交差时间是每年秋收的 8 月。每户差巴交 3 把（3 把扫帚草一个十三四岁的小孩需要从早到晚工作 1 天）。交差时由列本收齐再转交给领主。

（6）羊差（ཁྱུ་འཛིན་）

ཁྱུ་是畜群的意思，འཛིན་是抓的意思，意为在畜群里挑选抓去牲口。每年 7 月，有羊的差巴和堆穷要给领主交羊差。领主每年要 50 只羊（40 只绵羊、10 只山羊），这 50 只羊由饲有羊群的差巴和堆穷按各户有羊多少的比例平均摊派。有的年头牲畜繁殖比较好，有的年头牲畜繁殖比较差，因此有的年头 12 只羊里挑走 1 只，有的年头 20 只羊里挑走 1 只。被挑走的羊都是刚满 3 岁的上好羊，坏羊领主 1 只也不要。交羊差时领主要派人到有羊的差巴和堆穷家里去两次，一次是清点羊的头数，一次是抓羊。每次去 5 个人。交羊差的人要给他们敬酒、敬茶，还要给他们糌粑吃，还要给他们每人3个鸡蛋（5人共15个）。有时领主把最好的羊挑走后，放羊人就要痛哭一场。

有的差巴羊数不多，不能每年交差。但如果连续几年不交，到后来算总账时，就要交了。如强巴旺堆家只有7只羊，两年没交差，到第三个年头算账时，就被抓去了1只羊。又如白雄过去只有1只绵羊（原有几只，后来杀的杀死的死，到派羊差这一年只有1只了），因几年没交差，这1只羊也被抓走了。

（7）羊毛差

全黎卡有羊的差巴和堆穷每年要给领主杜素交40绞绵羊毛（1绞是1只羊的毛，约有3涅孕重），10绞山羊毛，一共是50绞羊毛，这差由有羊的差巴和堆穷支，没羊的不出羊毛也不出钱。每年藏历11月支羊毛差的人都集中在一天去送。这时领主要给他们4波青稞做的藏酒喝。羊毛差是按羊多多出毛，羊少少出毛的原则均摊的。

（8）酥油差（ མར་ཁལ་）

杜素黎卡的山和土地以及长出的草都是属于领主杜素的。差巴和堆穷的牛是吃了杜素的草之后才产牛奶的，因此凡是有奶牛的堆穷和差巴，不论产奶的时间长短和产奶量是多少，一律1头奶牛交7涅孕酥油差。寺庙如有奶牛也要向领主交差，不过当年生了牛犊的奶牛交7两；不产牛犊的奶牛只交5两，略有减少，就是一种优待了。交差时间在5、6、7、8四个月内。领主所以规定在这4个月内交差，是因为这时间的酥油是最好的黄色酥油。

每年5月，青草快发青的时候，领主要召集全黎卡的差巴和堆穷开会，登记每家的奶牛头数，并要各户在登记册上签名盖章，以便交差时清查，如果发现隐瞒，交差就要受罚。

（9）交当柴火用的牛粪差

西藏煮饭主要是烧牛粪，因此领主是要派牛粪差的。过去每户差巴一有空就要上山拾牛粪，准备给领主交差。领主杜素做了一个专门量牛粪差的皮口袋，高3市尺，直径约两尺。这一口袋牛粪值青稞1波。[①]

（10）交干牛粪差

这种差是要又干又好的上等牛粪。它和前述牛粪的区别是收来就可以当柴火烧。

（11）交引火柴差

杜素黎卡附近的山上长一种叫做"白玛"的丛生树，可当引火柴用。每年6、7月间差巴们要到山上去采伐。砍回来后，先放在差巴自己家里，等次年3、4月间"白玛"已完全干透了，就运到领主家去过秤交差。砍1甲马的白玛需1人两驴工作1天。

（12）交"桑差"

"桑"是一种草名，敬神时烧烟用的，每年6、7月间采集，采集来以后马上交差。一个强劳动力一天可以采集30至40两。

（13）交做鞋底和绳子的草

过去差巴不是向领主交草，而是每种1岗地的差巴给领主交6庹（两手向侧平举，两手指尖端之间的长度叫做"庹"）长的绳子3根。后来领主觉得草的用处比绳子要广，便改交草。每岗地交草4捆，半岗地交两捆，以此类摊。一捆草可搓6庹长的绳子一根。4捆草需要1个人采集1天。

（14）交清油差

---

① 牛粪1甲马值青稞1波。

每年差巴要向领主交清油差两次，一次在夏天，一次在冬天。一户种 $\frac{1}{4}$ 岗地的差巴一年之内交清油3钢泽（1钢泽约4涅尕，交差时缺1钢泽折交藏银5两）。种 $\frac{1}{2}$ 岗地的差巴年交6钢泽，其余类推。

对内差货币部分的说明：

（1）支给领主佣人伙食费

春天差巴们给领主交肥米差时，领主要派他的佣人去监视差巴们的工作，这时差巴们要管佣人的伙食。如果哪家不给伙食，就得出3两藏银来代替。但收来的钱不给佣人，而是由列本转给领主本人。

（2）领主亲信伙食费

乃登（或列本）是专为领主监管农奴劳动的。领主每天要发给每个乃登（共两个）1达苏（14达苏等于1如魁）的糌粑和1壶酒。另外还要根据收成的好坏发给乃登7至8如魁（最多10如魁，最少5如魁）的工资。

表1-16 杜素庄园差巴外差部分一览表

外差种类 差量数 差名 岗类数（户数）	(1)赋税（折色）				合计 6项赋税共支	(2)宗解 1~13 共13项，运送宗与宗之间，人员与货品见该条说明于后	(3)刹差 1 运送货物指短途。	(4)为英军支差		(5)兵差	
								1 为英国商人运货（折价）	2 向英军交货柴草（折价）	1 4马岗负担1个古松兵（37岗共同负担）	2 1马岗负担1兵（37岗共同负担）
	唐卓	甲薪甩畏	门畏	甲夏主畏							
$1\frac{1}{2}$岗 藏币（2户）			228两4雪		230两10嘎玛			14两7雪7.5嘎玛	10两5雪	50两4雪9嘎玛	22两8雪6.5嘎玛
$1\frac{1}{4}$岗 藏币（11户）			190两3嘎玛①		191两6雪7.5嘎玛			12两3雪1嘎玛	8两3雪7.5嘎玛	42两	19两5.5嘎玛
$1\frac{1}{8}$岗 藏币（2户）			171两30嘎玛		172两5雪0.5嘎玛			11两8雪	7两5雪4嘎玛	37两	17两1雪5嘎玛
1岗 藏币（12户）			152两2.5嘎玛		153两3雪4嘎玛			9两8雪5嘎玛	6两7雪	33两6雪6嘎玛	15两2雪4.5嘎玛
$\frac{3}{4}$岗 藏币（4户）			114两2嘎玛		115两0.5嘎玛			7两3雪8.5嘎玛	5两3.5嘎玛	25两2雪4.5嘎玛	11两4雪3嘎玛
$\frac{1}{2}$岗 藏币（3户）			76两1.5嘎玛		76两6雪7嘎玛			4两9雪2.5嘎玛	3两3雪5嘎玛	16两8雪3嘎玛	7两6雪2嘎玛
$\frac{1}{4}$岗 藏币（1户）			38两0.5嘎玛		38两3雪3.5嘎玛			2两4雪6嘎玛	1两6雪7.5嘎玛	8两4雪1.5嘎玛	3两8雪1嘎玛

---

① "嘎玛"为传统的货币计量单位，相当于"分"。1嘎玛＝0.01两＝0.3125克。修订注。

续表

外差种类 差量 数名 岗类 数(户数)		(1)赋　税　（折色）						(2)宗解 1～13	(3)剎差 1	(4)为英军支差		(5)兵差	
						合　计				1	2	1	2
		唐卓	甲薪甩畏	门畏	甲夏主畏	6　项 赋　税 共　支		共13项，运送与宗之间，人员与货品见该条说明于后	运送货物指短途	为英国商人运货（折价）	向英军交柴草（折价）	4马岗负担一个古松兵（37岗共同负担）	1马岗负担1兵（37岗共同负担）
37岗 36户①	备注	详见该项说明	同前	同前	见该项说明	同前		详见该项说明	详见该项说明				

注①　36户中由于有1户根布囊巴（种地1差岗），基本上不负担差役，故实际上是35户，凡写了35户差巴处，皆缘于此。

根布和两户乃登除以上收入外，每户差巴每年春天送肥时，还要给乃登3两藏银，作为他的伙食。

（3）交羊差折钱（ཙེད་ཤག）

过去领主索郎扎西秋收时，要到地里住3天，一面是监视农奴们劳动，一面是游玩消遣。那时收割庄稼时，每个小组（共3个）要出3个耙，把掉到地上的青稞穗集中在一块。索郎扎西发现这种耙不能把青稞穗耙干净。于是他对差巴们讲："不用耙了，今后青稞穗由小孩们来拾。"从此差巴们就开始支"德"差（ཙེ་一般指7～9岁的童工）。后来领主索郎扎西又出新花招，要差巴们除支童工外，还要差巴给领主交10只羊，用羊代替耙。羊一定要刚满3岁的绵羊。差巴只好照交不误。过去议定10只羊是由10户差巴（其中有扎西瓦、夏瓦等户）包下来，他们就免去中等劳力（འབྲིང་）的劳役差（参见内差劳役说明之14）。30年前（1930年）领主旺多之母才旺卓玛说："3岁的羊我们又不杀，羊我们不要了，把羊差折算成钱差吧。"从此1只羊折价成25两藏银。后来随着物价上涨，货币贬值，不出羊差的其他差巴就提出了意见，1个9～12岁的童工支1个秋天的差，要值7斗青稞工资，还要给伙食。而支羊差的人1年才出25两藏银，这样太有利了。因此决定支羊差的25两藏银，由全体差巴轮流支付，凡由10户差巴交纳藏银这一年，他们可以不支中等劳力的劳役差。此差直到1958年前都是这样轮流的。

内差其他部分

（1）钱租

据领主所存之"派租账簿"所载，在1906年（火马年）差巴们还要向领主交钱租。现在这种租不收了。我们将1906年（火马车）账簿所记，用表格形式罗列于后表：

表1－17

房名	种地岗数	交钱差数	房名	种地岗数	交钱差数
索　却	1	4雪	郭　乃	$1\frac{1}{4}$	1两1雪5嘎玛
德　鲁	$1\frac{1}{8}$	6雪5嘎玛	热　吉	$1\frac{1}{4}$	2雪5嘎玛

房名	种地岗数	交钱差数	房名	种地岗数	交钱差数
饶不林	1	2雪	重对	1	4雪
加巴	$1\frac{1}{8}$	7雪	旺加		1两4雪5嘎玛
夏巴	1	8雪	德夏	1	1两1雪
西不觉	$\frac{1}{2}$	5雪	阿夏	1	3雪
巴昌	1	2雪	格你	1	3雪
白雄	1	5雪5嘎玛	沙水	1	4雪
扎西	1	3雪5嘎玛	嘎扎	1	3雪5嘎玛
担打尔	1	1两	拉瓦	1	无
巴德	1	3雪	嘎岗	1	5雪
孔强	1	5雪5嘎玛	根布囊巴	1	1两3雪5嘎玛
吉玛	1	6雪5嘎玛	巴热	$1\frac{1}{8}$	8雪5嘎玛

（2）秋天差巴要带着自家的羊到谿卡自营地住宿，给领主积肥。

秋收将结束时，有羊的堆穷和差巴，都要把羊赶到领主的自营地里去住30个晚上，把羊粪拉在自营地里肥地。这时放羊的人要撑一个帐篷在地里过夜，不能回家。这段时间的羊倌基本上是不能睡觉的，一则怕羊被狼叼走；二则为了羊粪在地里拉地均匀，夜间要赶羊群搬几个地方，否则第2天乃登检查时，如果发现羊粪不均要挨骂受罚。支这项差的这段时间，羊群白天上山吃草，傍晚赶到地里。早晨放羊时间不能过早，一定要太阳快当顶时，羊群才准离开领主的地。否则乃登要骂"你把羊放得太早，羊粪尿都拉在外边去了"。领主规定羊在自营地住30个晚上。一般可以只住29个晚上。因为最后一个晚上可以请假。但是请假是有条件的，要向领主送1条哈达、1波青稞的藏酒以及1"它林"的盐（1"它林"合3波）。这些盐是没有出这项差的差巴交给出这项差的差巴和堆穷的。交盐时没有羊的差巴（即不支这项差的差巴）向有羊的差巴和堆穷各交半捧盐。没有羊的差巴每年都要交出21个半捧盐。支羊差人交了哈达、盐、酒后，就可以提前一夜离开领主的田地。

（3）公租

领主还有一种地叫"博薪"。这种地的数量很少，但租子很重。领主把这些地给两个小组，地租由这两个小组的差巴支给。

岗对组约有6魁6赤的租地，每年交地租19如魁7赤。这6如魁多地，14年前（1946年）由差巴白雄耕种，每年收割以后，由种地的白雄付给组内每户（共12户）差巴18章嘎的藏银（合6波青稞）。这样每年要向领主交的19如魁7赤的青稞就由组内差巴按比例平均摊派。后来物价上涨，章嘎渐渐贬值，组内差巴提出不要钱，向领主交的19如魁7赤青稞由白雄直接向领主缴纳。当时白雄不愿种地，把地转让给拉加岗组的差巴潘热布耕种。

潘热布种地期间，向领主交的 19 如魁 7 赤粮食由潘热布直接缴纳。由于地的产量常常不够交租数，因此岗对组的差巴们就按每 1 岗地出 3 波青稞的数量交给潘热布以补其不足。每户交租情况如下：

潘热布交出 19 如魁 7 赤

表 1－18

强巴	3 波	彭吉	1.5 波
洛吉	2.25 波	扎岗	2.25 波
森木吉	2.25 波	念巴	3.75 波
桑木康	4.5 波	白雄	3.75 波
巴德	3.75 波	顿岗	1.5 波
巴昌	3.75 波	重岗	3.75 波

共 19 如魁 7 赤

江热组一共有租地 2 如魁 10 赤。却要交租粮 21 如魁 4 波。这些地一直由差巴热吉耕种。由于该组租地面积小，交租量很大，因此向领主交的 21 如魁 4 波地租，几乎是组内由差巴按种岗地多少按比例摊派的。其摊派情况如下：

表 1－19

孔强	20 波	德吉	20 波
索却	16 波	德林巴	8 波
吉昂	16 波	郭乃	20 波
热吉（种地者）	40 波	桑玛	18 波
吉玛	12 波	吉布	4 波

共 21 如魁 4 波

以上所述的波是大波，10 波就是 1 如魁。这类地由于是租给小组全体差巴的，因此，这种地租叫"公租"。交公租时，粮食质量不要求像各户交庄园租粮那样高。粮食里可以混杂豌豆（本地群众的粮食一般都有豌豆，因为青稞和豌豆的价格没有区别）。

外差及掌管外差的组织和人员：

日喀则宗一共划为 8 个区，藏语音译为"涅卡"（གཉེར་ཀ་），每涅卡设错本（ཚོད་དཔོན）1 人。错本从宗政府接受差巴任务后，就把任务公派到区辖下的各谿卡去。各谿卡都有根布，再由根布往下分摊。错本的工资由各庄园的差巴负担。12 年前（1948 年）每个错本的年工资数为 60 两藏银，实际上错本的收入主要不是靠这项工资，而是在派差中取利。

因群众对错本人数过多有不满，1957 年（火猴年）便由 8 人改为 4 人。错本以工作量大了，也要求增加工资，就由 60 两藏银改为 80 如魁青稞，在涅卡内均摊，每 1 岗外差地交青稞 8 赤。杜素谿卡的领地中按编岗的规定，共有外岗地 11 $\frac{1}{4}$ 岗，马岗地 3 岗，要向官府支差。宗政府派外差时是按 $11\frac{1}{4}$ 岗地或 3 个马岗差地，但这些差到了谿卡后，就分派给差巴耕种的 37 岗地上。庄园内负责外差的头人是根布，根布只享有免出差役的权利，很少有工资。但一般根布从掌管差役上总是可以捞到更多油水。

有关外差部分情况说明：

1. 1~6 赋税折钱交纳：这 6 项每年交纳时间都是藏历 10 月 25 日。这里的差巴们都是把上述 6 种钱差集中在一起上缴，并不把这些差分别计算，分别上缴。因此我们也把它们归在一起。下面把它们分开作一点说明：

（1）"唐卓"（ང་འགྲོ）：ང 是坝子、原野的意思，འགྲོ 是走路的意思。"唐卓"差是给驻藏钦差大臣送公文和信件时派的差。尽管清朝驻藏大臣衙门早就不存在了，但差役仍在支应，不过内容已不同了。群众的记忆中，过去和现在都没有增减，每年全谿卡交差数为 8 两（སྲང）7 雪（ཞོ）2.5 嘎玛（སྐར་མ）又 $4\frac{3}{4}$ 卡岗（ཁ་གང），全交给噶厦。

（2）"甲用"（རྒྱ་གསོལ）：全谿卡一共交 5 两 6 雪 2.5 嘎玛。本庄园人对此差来源说不清。

（3）"薪畏"（ཤིང་དངུལ）：据传说此差始于五世达赖喇嘛时。派差数量自始至今没有增减。此差全谿卡年交 11 两 2 雪 5 嘎玛。

（4）"甲主"（རྒྱ་འཇུ）：在群众的记忆中此差一直没有增减过。全谿卡差巴年交 20 两 8 雪 $1\frac{1}{4}$ 嘎玛。

（5）"夏畏"（དབྱར་དངུལ）：在群众记忆中，此差没有增减。根据根布的账单，过去和现在全庄园差巴一直是一年交 3 两 3 雪 1.5 嘎玛。

（6）"门畏"（མན་དངུལ）：这项差是交给拉萨三大寺，供喇嘛们用的。过去每年只交 84 两 3 雪 3 卡岗。从 1957 年（火猴年）起，这项差增加了 67 倍。年交藏银为 5,625 两，除正差外，还要加 3 雪的记账纸费。对增加的原因，噶厦是这样解释的："过去拉萨 1 如魁糌粑售价为 3 雪，后来粮价年年上涨，今年（1960 年）1 如魁糌粑价已涨到 100 两藏银。照原定的差额支派，远不能满足僧众们的需要，故应有增加。但为了不使群众负担过重，暂以每如魁糌粑 20 两藏银计。

现将上述 6 种差的交差量列表如下：

表 1－20

种差 \ 岗地数 \ 数量 \ 时间	过去 1957 年（火猴年）前	现在 1957 年（火猴年增加后）
$\frac{1}{4}$	9 雪	38 两 3 雪 3.5 嘎玛
$\frac{1}{2}$	1 两 8 雪	76 两 6 雪 7 嘎玛
$\frac{3}{4}$	2 两 7 雪	115 两 0.5 嘎玛
1	3 两 6 雪	153 两 3 雪 4 嘎玛

续表

种差岗地数\数量\时间	过去 1957 年（火猴年）前	现在 1957 年（火猴年增加后）
$1\frac{1}{8}$	4 两 1 嘎玛	172 两 5 雪 0.5 嘎玛
$1\frac{1}{4}$	4 两 5 雪	191 两 6 雪 7.5 嘎玛
$1\frac{1}{2}$	5 两 4 雪	230 两 1 嘎玛
全谿卡合计	133 两 1 雪 0.5 嘎玛又 $\frac{1}{8}$ 嘎玛	5673 两 7 雪 3 嘎玛又 $\frac{1}{8}$ 嘎玛

如只以"门畏"一差增长相比较，见表：

表 1 - 21

种差岗地数\数量\时间	过去 1957 年（火猴年）前	现在 1957 年（火猴年增加后）
$\frac{1}{4}$	5 雪 7 嘎玛	38 两 0.5 嘎玛
$\frac{1}{2}$	1 两 1 雪 4 嘎玛	76 两 1.5 嘎玛
$\frac{3}{4}$	1 两 7 雪 1 嘎玛	114 两 2 嘎玛
1	2 两 2 雪 8 嘎玛	152 两 2.5 嘎玛
$1\frac{1}{8}$	2 两 5 雪 6.5 嘎玛	171 两 3 嘎玛
$1\frac{1}{4}$	2 两 8 雪 3 嘎玛	190 两 3 嘎玛
$1\frac{1}{2}$	3 两 4 雪 2 嘎玛	228 两 4 雪
全谿卡合计	34 两 3 雪 7.5 嘎玛	5625 两

以上数字材料来自杜素谿卡根布所保存的交差账单。单据上还盖有"错本"的印记。

噶厦曾规定，以上 6 项差交差时间为 10 月 25 日，如果谁延期不交，要另加"江切"（ འགྱང་ཆད་延期罚款之意）。"江切"是按 5 分利息计，即欠 4 两藏银要交 5 两。因此差巴们总是按期交付，没有延期情况。

2. 宗解：这项差是负责宗与宗之间的长途运输。运输所需人畜力是由差巴轮流支应。凡参加一次运输的都可以得到一张支差证明条，年终结账时可凭证明算账。因为差役是按差巴的岗数派的，如果一家差巴外出支差数超过了自己应该担负的支差量，还可以得到一点钱。那些没有外出支差或支地不够的，就得付出藏银，给多支差的差巴。

从 1957 年（火猴年）5 月 1 日至 1958 年（火鸡年）4 月 30 日，这一年的结算数字为，每 1 外差岗地应支的骑畜、驮畜和人力应为 370 两 7 雪 5 嘎玛。杜素谿卡共有外岗地 11 $\frac{1}{4}$ 岗，总共应支出 3045 两 3 雪 5 嘎玛。于是在杜素庄园内，则以 37 岗内岗地平摊。现将种地岗数不同的差巴应负担数量，列表如下：

表 1－22

种 地 岗 数	负 担 差 数 （藏银）
$\frac{1}{4}$	20 两　　5 雪　　7.5 嘎玛
$\frac{1}{2}$	41 两　　1 雪　　5 嘎玛
$\frac{3}{4}$	61 两　　2 雪　　2.5 嘎玛
1	82 两　　3 雪
1 $\frac{1}{8}$	92 两　　5 雪　　7.5 嘎玛
1 $\frac{1}{4}$	102 两　　8 雪　　7.5 嘎玛
1 $\frac{1}{2}$	123 两　　4 雪　　5 嘎玛

现将杜素群众支宗解差的地点、时间等加以简述：

（1）运盐到艾玛岗[①]：艾玛岗在日喀则之东距日喀则约半天路程。这项差大部分是交藏币，不出人畜力，交钱时间在每年 10～11 月间。

（2）给噶厦运官粮（ བཀའ་འབྱ་ྋུ་འབྲ ）：这项差每年支的次数不一，路线是从日喀则到南木林宗[②]，有时也到其他地区。由日至南需要 3 天。

（3）运公粮到南木林：运输路线是自日喀则运到南木林，途中需要 3 天。这项差有时出驮畜，有时付钱。当夏天发洪水，道路无法通过时，才折给钱。每年次数不一，但至少也有一次。

（4）运协噶尔宗[③]的铁板：藏政府每年要在协噶尔宗派大量的铁板差，除铁板外还有很多名贵的兽皮、药材等物品。这些货物由其他地区的差民运到日喀则，然后再由杜素谿卡的

---

①　即今天南木林县的艾玛乡。1960 年置艾玛岗乡。1970 年改公社。1984 年复置乡。1988 年，艾马岗、扎西、山巴、恰热 4 乡合并置艾玛乡。曾称"野马岗"、"艾马岗"。现辖 9 个村委会、28 个自然村。修订注。

②　即今天的南木林县，属日喀则地区。吐蕃时期称扎西孜。后被称为湘巴。清朝设南木林宗，民主改革前，由噶厦政府和班禅堪布会议厅联合管辖。1960 年 1 月，在合并南木林宗、乌郁宗、拉布宗、甲措宗以及 7 个谿卡的基础上成立了南木林县人民政府。南木林县现辖 1 个镇、16 个乡。修订注。

③　即今天的协格尔镇，属定日县，并为县政府驻地。原为协噶尔宗，曾译为协格尔、胁格尔、罗西噶尔城等。1960 年并入定日县。修订注。

差民运往日普（རི་སྦུག）或由其他地区的差民把货物运到杜素黎卡，再由杜素黎卡的差民支刹催①运到夏不季顶。这项差如果延误，就要受到惩罚。这项差不论长途或短途，运货量都不定，有时一次就需要运 30 至 40 驮。

（5）运盐到色仁孜宗②（སད་ཚ་རྫོང）：由日喀则到色仁孜宗需要两天，运货时间是 10～11 月间，运货量一般在 5～12 驮之间，每年运一次。

（6）彭错林与日喀则之间的运输：由日喀则赴彭错林需 3 天半，每年 3～4 月间藏政府要运一批茶叶、面粉、马具、鞋、氆氇等商品到北方牧民地区去进行贸易交换。这就要差民把货物从日喀则运到彭错林。到 10～11 月间，商队载着牧区的产品，转往拉萨时，差巴们又要把货物从彭错林运往日喀则，每年运货量不等。

（7）日喀则和热普之间的运输

日与热之间有 3 天路程，这项差与彭错林和日喀则之间的运输情况相同，一次往北，一次往东，一年有两次。往北运时主要以牧民地区所需商品为主，东返时以红糖、大米、酥油、牛毛、纸张等为主。

（8）由日喀则运货到白朗宗③（པ་སྣམ）

从日到白需一天时间，这条线的货物以军用物资为主，每年运送一次，运货量不等。

（9）运萨嘎④（ས་དགའ）的酥油：藏政府每年要从阿里等牧区往东运一批酥油。往西也要运一批商品，故差巴们一来一去要运两次。杜素黎卡差巴负责由日喀则到热普和白朗宗之间的这一段距离。

（10）运送聂拉木⑤（གཉན་ལམ）来的驮子：聂拉木宗在国境线上，这里从国外进口的东西不少。别的地区的差巴，把这里的驮子送到日喀则后，杜素的差巴就要把货物运送到南木林或热普等地区去。

（11）"哈木劳不恰"（ཧ་སྦུག་ལོབ་ཆགས）

这条路是通往藏北的。往北运以茶、香、经书等物为主，往东运多是畜牧产品。

（12）为宗政府常备马、驮力和人力

这项差也属宗解差。差巴经常做好准备，一旦通知出差，就得火速应差。这项差或是东往热普、白朗宗，或是南往彭错林、萨迦。

（13）运官府货：藏政府什么时候有货，就什么时候运；有多少运多少，方向路线听官府的。除了固定的宗解差之外，其他宗与宗之间的运输只要藏政府需要就可包括在内。

---

① 短途运输。修订注。
② 即今天的萨迦县赛乡。1960 年色仁孜宗与萨迦溪合并置萨迦县。1970 年属帕度公社。1984 年析置赛乡。现辖 9 个村委会、21 个自然村。修订注。
③ 即今天的白朗县。曾为白朗宗。1960 年与杜穷宗、旺丹宗合并成立白朗县，隶属江孜专区。1964 年后改属日喀则地区。现辖 1 个镇，10 个乡。修订注。
④ 即今天的萨嘎县。曾为萨嘎宗。1960 年设萨嘎县。1964 年曾撤消萨嘎县并入吉隆、昂仁、仲巴 3 县。1965 年恢复萨嘎县。隶属日喀则地区。现辖 1 个镇、7 个乡。县政府现驻加加镇。修订注。
⑤ 即今天的聂拉木县。隶属日喀则地区。民主改革前，聂拉木宗属阿里辖区。1960 年 5 月正式建县，划归日喀则地区。现辖 2 个镇、5 个乡。县政府现驻聂拉木镇。修订注。

表 1-23　宗解各条路线雇价表

起 止 点		所需天数	价　格　（藏银以两为单位）							
			骑畜(1 头马计)				驮畜(1 头毛驴计)			
起　点	终　点		25 年前 (1935 年)	从 25 年前(1935 年)开始	从 5 年前(1955 年)开始	平叛后	25 年前 (1935 年)	从 25 年前(1935 年)开始	从 5 年前(1955 年)开始	平叛后
日喀则	彭措林	3.5	12	18	350	210	6	12	175	105
日喀则	热普	3	12	18	350		6	12	175	
日喀则	白朗宗	0.5								
日喀则	色宗	2								105
日喀则	萨迦	4	12	18	350	210	6	12	175	105
日喀则	南木林	2								
备　注			价格第三栏实属于 1953 年前。							

注："由日喀则前往所需天数"一栏是以毛驴速度来计算的，并且是指的单向路程所需天数，不是指往返。

宗解路线图如下：

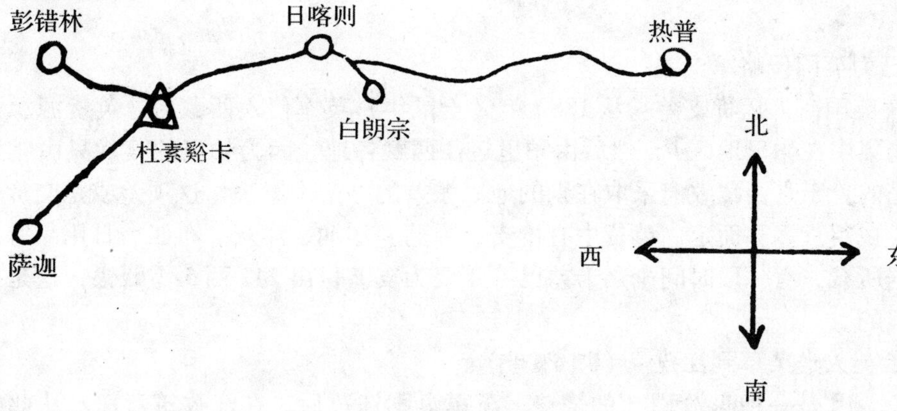

图 1-3

3. "刹差"（ཙ་ཚིགས།）：指短途运输，杜素豁卡差巴支"刹差"是西往孜龙，东往夏不季顶。见图 1-4：

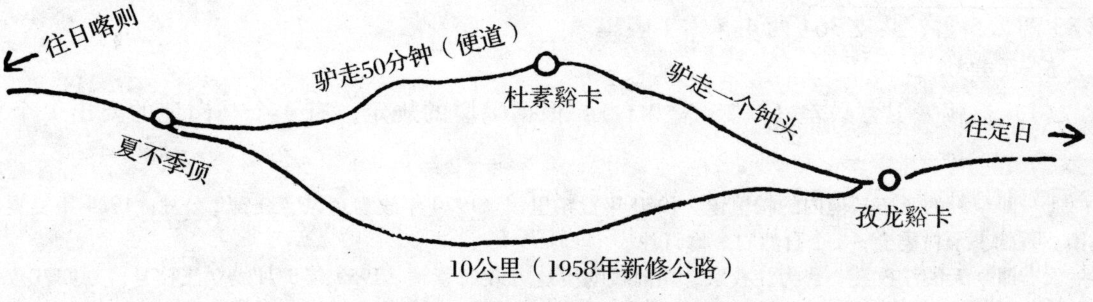

图 1-4

平叛前差巴一年到头都要支"刹差"，几乎没有一天不支的。每天所支马数在 3～10 匹之间，驴数在 5～21 头之间。支差办法是以小组为单位，每组支差 1 个月，轮流支应。如某个小组的畜力、人力不够，可向其他小组或其他谿卡借用。骑畜还可以要求骑派差者自己的马，骑后差巴们才付给马费。

现将支"刹差"时，差巴互相雇用牲口及支差官员付给差巴的工资及差巴给差官的雇价数列表如下：

表 1－24

项　　目	支差路程	价　格　（藏银）	
		马（1 头）	驴（1 头）
差官付给差民（运政府物资）	刹差	1 雪	1 嘎玛
差官用自己的牲口，差民付给雇价	刹差	10 两	
差巴互助	刹差	秋收时割 1.5 天庄稼	1 雪
藏兵用驴、马		官方不给差民工资	

运政府货物时，差官付给差民的少量工资，并不是差官自己掏腰包，实际也是从差巴那里派来的。

4. 差巴为英国侵略军支差

（1）替英国商人运货支差：从 1882 年（土鼠年）英军侵入西藏后，英货源源入藏。英货大部分先集中在帕里地区①，然后由帕里运往西藏各地。因为帕里的英货只由帕里差巴运输是运不完的，于是西藏政府采取在别的地区派差的办法来解决。这项差或是交货币，或是支劳役，要视英货多寡而定。英货中有枪支、弹药、洋油、洋灰、布匹、日用品等。据根布保存的收据所载，有一段时间全谿卡差巴一年要为支差付出 247 两 5 雪藏银，这是按种地岗数平均负担的。

（2）给英人送柴草到江孜②（ རྒྱ་ཤེ་རྩི་ཉག）

རྩི 是草，ཉག 是一种叫做 ཉག 的烧柴。英军盘踞江孜后，在江孜筑营房。从此差巴就开始支应这项差。一般是以货币代柴草，不交实物。据杜素谿卡觉本所存的交差帐所载，1897 年（水蛇年）2 月 17 日在日喀则宗算账的情况如下：

日喀则全宗支柴差数为 607 捆 17 曲③，每捆合藏银 25 两 5 雪，共 15 491 两。草 136.5 口袋，每口袋价 7 两 4 雪，共计 10 064 两。杜素谿卡差巴支差数为：柴 281 两 2 雪 1 嘎玛，草 83 两 2.5 雪，共支 364 两 4.5 雪 1 嘎玛。

5. 兵差

（1）达赖警卫营兵差（སྐུ་སྲུང་དམག་མི）：根据噶厦的规定，有 4 个马岗地的要出 1 个卫

---

① 即今天的亚东县境内的帕里镇。1960 年置帕里镇。1970 年改为东风、红旗 2 公社。1984 年复置帕里镇。现辖 1 个村委会，5 个自然村。修订注。

② 即今天的江孜县。曾为江孜宗，属前藏噶厦地方政府管辖。1959 年 7 月成立江孜县，划归江孜专署管辖。1964 年 5 月江孜、日喀则两专区合并。隶属日喀则地区。修订注。

③ 4 曲为 1 甲马。

兵，所以取名叫"希那"兵。杜素有 3 个马岗地，所以只出 $\frac{3}{4}$ 个卫兵的费用。过去这种兵和其他藏兵完全一样，但从 1892 年（土狗年）起交差清单中所记，每个警卫兵的费用，已经不再是工资 80 两、伙食补助 36 两、酒费 60 两、衣服 12 两，而改为每年青稞 15 如魁，衣服费 11 两（粮食是按日喀则市价折成藏银）。粮食市价各年不同，1892 年（土狗年）每如魁粮食合 110 两，而 1894 年（火猴年）每如魁粮食只合 80 两。因此每年差巴付出的差费也各不相同。

现以 1892 年（土狗年）为例，前后的差额比较如下表：（此表是差巴的实际支出）

表 1－25

数量 时间 岗地	增 加 前 （过去每年固定支差数）	增 加 后 1892 年 （土狗年）清单所载
$\frac{1}{4}$	9 雪 5 嘎玛	8 两 4 雪 1.5 嘎玛
$\frac{1}{2}$	1 两 9 雪 0.5 嘎玛	16 两 8 雪 3 嘎玛
$\frac{3}{4}$	2 两 8 雪 5.5 嘎玛	25 两 2 雪 4.5 嘎玛
1	3 两 8 雪 1 嘎玛	33 两 6 雪 6 嘎玛
$1\frac{1}{8}$	4 两 2 雪 8.5 嘎玛	37 两 9 雪 1 嘎玛
$1\frac{1}{4}$	4 两 7 雪 6 嘎玛	42 两 7.5 嘎玛
$1\frac{1}{2}$	5 两 7 雪 1.5 嘎玛	50 两 4 雪 9 嘎玛
全黎卡合计	141 两	1245 两 7 雪 5 嘎玛

这项差增加后，数字为增加前的 88 倍。

（2）一般的兵差：杜素黎卡共有 3 个藏兵。他们每年每人的用费（差巴负担）相等，即：工资 80 两，伙食补助 36 两，藏酒 60 两，军衣 12 两（每隔数年，每个藏兵要缝一身军衣，需要 16 庹氆氇。氆氇要染色，缝制成军衣需用藏银 100 两），共 188 两。这些军费是年年都要交的。即使藏兵住在家里也要交，因为他们随时都有出征的可能。杜素黎卡目前的 3 个藏兵共需要 564 两，按照不同岗地数摊派给差巴负担。

（二）堆穷及其所支差税

杜素庄园共有堆穷 46 户，他们没有领种庄园的差地。但是他们也要支应一定数量的差役。根据领主的规定，从外地逃迁来的，或是黎卡居民（由差巴家分出的）新成立的堆穷户，只要满 1 年者（前者出人差按住 3 年期满支派），就要支差。他们支的差分两种：一种是一般堆穷差；一种是选定 4 户堆穷专支佣人差。现分述于下：

1. 一般堆穷支差项目

（1）人差：每户每天去1人到庄园干活，庄园不给分地，而发口粮1打苏糌粑。堆穷一般总是派家里弱劳力、半劳力去应差。

（2）出肥：堆穷参加出肥，一家出1人干1天。如果1天不能把肥出完，以后就由差巴干，堆穷不参加。

（3）割禾：始于索朗多吉时期。据说有一天领主杜素索朗多吉与其厨师唐拉骑着马到田里去检查农民的收割情况，索朗多吉见参加自营地收割的人都是差巴，没有堆穷，收割的速度又很慢，于是他便叫列本通知堆穷第二天来参加收割。从此要每家堆穷每年出1人到自营地去支两天差。21年前（1939年）索朗多吉长子扎西顿珠管事，他在地里撑了一个帐篷监视秋收。他嫌收割太慢，命令把堆穷的2天差增加成3天。从此堆穷（不论一户几个人）每年都要给领主支3天的割禾差。

（4）踩场：凡是有牛的堆穷，不论头数多少，每年踩场时，每家都要出1头牛踩场2天。赶牛人由差巴出，堆穷不来人。如果堆穷家恰好有一人在谿卡里支佣人差，则可以免出此差。

（5）翻场：庄园打场时，每户堆穷要出一个强劳力给领主支翻场差。这天支差的堆穷可以从庄园那里得到1碗藏酒和1小勺糌粑。

（6）扬场：谿卡扬场时，堆穷要给领主支扬场差，1户每年1天。这一天支差人的伙食由堆穷的房主差巴供给。

（7）运草：自营地踩场以后，粮食未入仓前，领主要是出一个吉日送草，到这一天差巴家里的壮劳动力全部要参加，堆穷每家来1人。这一天差巴和堆穷要来得很早，自带工具，在场上把草装好，静静地等着开始运送的信号，在听见谿卡屋顶上发出"轰"的枪声时，大家才背着草一齐向谿卡涌去。领主也在屋顶上瞭望，谁要是在鸣枪以前先走，就会挨打。这一天支差堆穷由其房主差巴供给两顿饭。

（8）酥油差：与差巴同，参看差巴内差实物部分（8）。

（9）给领主送夏礼：这项差似乎是一种古代遗风，始于何时已无法考查。每年7月开镰之前，农奴们要约定时间集合起来给领主送夏礼。第1天是差巴送，第2天便是堆穷，堆穷送礼时，每家要出1波①酥油，1嘎玛藏银和一小撮茶叶。另外集体还要送3波青稞的藏酒和一条哈达。堆穷们把这些东西集中以后，大家便一块儿去献给领主。献完以后领主要给大家一点茶喝，还给每人一些糌粑。支佣人差的4户堆穷可以不去。

（10）筑堤：每户堆穷每年去1人干4天，工具和伙食自备。

2. 4户堆穷支差项目

领主杜素曾确定4户堆穷（1958年前是石单布者、巴却巴、尼玛卓玛、尼玛才仁）给他支佣人差。这4户堆穷支了佣人差，就不支其他堆穷一般所支的差了。如果某户堆穷因故不能继续支这种差时，经领主同意以后，即由领主指定其他堆穷担任。如巴巴拉过去是支这种差的，后来因年龄超过60岁，就由领主指定尼玛卓玛代替了。这4户堆穷支差如下：

（1）佣人差：4户堆穷每天要去1人给领主杜素当佣人，领主1天发给1打苏糌粑，1如魁合14～15打苏。4户堆穷轮流，每户每年约干90余天，支差要自带背筐、水桶、扫帚等工具，干的是打扫牲口圈、背水、端茶、送水等工作。

---

① 1波＝1/4涅尕。

（2）"吉差"："吉"是一种可供食用的野生草本植物，3月初便有新芽出土，这时四户堆穷就要轮流去采集。采集一次要向领主交一小袋子的"吉"（交一小袋子大约要小半天），每年1户堆穷要交6~7次，约要3~4天。

（3）"木指差"："木指"也是一种野生草本植物，可作染料之用。这差每年都交，只需上山挖半天就够了。

（4）筑堤差：与一般堆穷同。但修堤那天如正好该支谿卡的佣人差，就可以不去。杜素庄园的堆穷，不是杜素庄园的主要派差对象。所派给的这些差役，一般都有口粮1打苏，如人差和佣人差，都带有半雇工性质。仅少量差无口粮，但有些差却规定堆穷的房主要管堆穷吃，理由是因为堆穷所住差巴房子，归根结底也是领主给差巴的差房。

关于堆穷的住房和房租情况：庄园的差巴有多余的房屋租给堆穷时，堆穷就要向差巴交房租。交房租一般是将堆穷一年内积的肥料一半给房主，另外还要为房主割禾，割禾时房主要管堆穷饭吃。由于堆穷住的房子好坏和大小不同，因此在房主家的割禾天数也各有不同。现将堆穷交房租的情况列表于下：

表 1－26

姓　　名	割禾天数	交肥口袋数	姓　　名	割禾天数	交肥口袋数
桑　姆	9	100	白　玛	10	200
石德卓玛	10	70	波　德	6	60
尼玛卓玛	10	77	阿玛尼尼	10	54
石德皮热	9	50	边　却	9	118
尼玛才仁	11	118	巴巴拉	5	215
石　德	6	70	却　吉	8	110
边　穷	8	60	才仁拉珍	7	115
拉　巴	6	15	仁　增	12	160
波石德	7	50	迷　玛	10	180
旦真旺姆	7	60	巴拉石单	12	60
穷　拉	12	250	巴　桑	19	500
穷　极	7	15	尼　尼	2	/
俄　珠	9	85	玉　珍	10	/
拉　巴	6	/	各　冬	13	150
达瓦才仁	11	200	曲　珍	9	49
卓　多	11	30	本巴顿主	7	/
诺布旺	11	126	尼尼布者	7	20

除以上30余户外，有些外来户是刚迁入杜素庄园，或仅单身为某户当长工的，就不算房租，也不交房租。

（三）牧民及其所支差税

杜素豁卡一共有 3 户牧民。他们居住在山沟里，离豁卡很近。这 3 户人支差的情况有所不同，现分述于下：

1. 牧民卡洛交差情况：据牧民卡洛讲，他家原来并不住在杜素豁卡，是森格则仲领主的人，不知是他祖父还是曾祖父从森格迁到了杜素豁卡。1959 年前这家牧民的人身依附还是属于日喀则宗管辖下的森格的领主的。因此他不仅要向杜素豁卡支差，还要向日喀则宗和森格支差。现将该户负担差役的情况列表如下：

（1）向日喀则政府交差情况

表 1－27

差 名		交差地点	数 量	备 注
烧柴	牛粪	帕顶	28 驮	每年送 4 次，每次送 7 驮
	白牛粪	帕顶	15 驮	夏天的粪称白牛粪
	黑牛粪	帕顶	15 驮	
酥 油		日喀则	6 魁 8 波	合 122 涅尕
氆 氇		日喀则	18 度	牛毛织成的，用来做帐篷的。两手两侧平举两手尖距离叫做度
绵 羊		日喀则	1 只	
牦牛皮		日喀则	1 张半	
母牦牛		日喀则	1.5 头	两年交 3 头
藏 银		日喀则	10 两	
酥 油		日喀则	30 魁或 2 魁	新宗本到职时交

（2）向森格则仲支差情况：（森格宗分东西两仲，因此交差时既要交东仲，也要交西仲）

表 1－28

差 名		数 量	备 注
牛 粪		14 驮	东西两仲各 7 驮
羊 粪		20 驮	东西两仲各 10 驮，秋天或冬天送都可
赶羊到领主地里积肥		1 个月	
羊积肥完了后	羊肉	0.5 只	
送告假礼	奶渣	1 "得玛"	约 1.5 波

（3）卡洛要给杜素交差的原因主要是他的牲口住在杜素的地皮上，吃了杜素的草，因此要交草价（即ད་རིན།）：

表 1－29

差　　名		数　　量	备　　　注
牦　牛		2 头	1 公 1 母
酥油	当年生了小牛的 没生牛犊的	1 克（20 涅尕） 1010 涅尕	1 年 交 1 次
拾牛粪		约 10 驮	由谿卡里的差巴送
给送杜夏素礼	酥　油	1 块	1 块约有 4 涅尕
	奶　渣	1 "得玛"	1 "得玛" 约有 1.5 波
	奶　酪	1 小桶	约有 3 市斤
给送杜冬素礼	酥　油	1 块	约有 4 涅尕
	奶　渣	1 "得玛"	
	藏　酒	小　罐	因为冬天没有奶酪，所以用酒代替。1 罐相当于 1 波青稞出的酒

2. 牧民素巴和吴拉交差情况：这两户牧民中，一户是领主杜素的，一户是代理人桑木康的。杜素的牧民没有工资，也没有伙食。桑木康的牧民有工资也有伙食。两户支差的情况完全一样，现以一户为例，列表如下：

表 1－30

差　　名		数　　量	备　　　注
绵　羊		1 只	
拾牛粪		约 100 驮	由差巴送
酥油	当年生了小牛的 没生牛犊的	1 尅 10 涅尕	
给杜素送夏礼	奶　渣	1 "得玛"	约 1.5 波
	酥　油	1 块	约有 4 涅尕
	奶　酪	1 小罐	约 3 市斤
给杜素送冬礼	奶　渣	1 "得玛"	
	酥　油	1 块	约 4 涅尕
	藏　酒	1 罐	代替奶酪。约 1 波青稞的酒。

（四）工匠及其所支差役

杜素谿卡有铁匠、木匠、石匠、裁缝、鞣皮工等匠人。铁匠和其他工匠的支差情况不同，故需单独叙述。此外，这个谿卡还有两个唱藏戏的，一个在庄园内当堆穷；一个在外面流浪，因此也有差。

1. 铁匠

本豁卡原有 11 个铁匠，由于他们全靠手艺为生，都住在杜素豁卡，找不到活干，就得饿肚子，因此他们一年的大部分甚至全部时间在外流浪找活干。尽管这样，也要交纳以下几种差税：

（1）人头税：杜素豁卡的 11 个铁匠都要交人头税。各铁匠交人头税的数量不尽相同，以基本上住在杜素庄园的 3 户铁匠为例，他们每年向农奴主交人头税的数量如下：阿穷年交藏银 2 两，洛布年交藏银 5 雪，尼玛才仁年交藏银 10 章嘎。他们交纳人头税始于何时，无文件可查。不过根据洛布的一张收据来看，最晚也是在 1930 年开始的。交人头税时，交税者需向农奴主献一条哈达，然后领主给交税人一张收条，这实际上也起着证明农奴人身依附的作用。交税人拿着这张收条就可以外出以铁匠手艺为生。如有人盘问："你的根基在哪里？"铁匠可将收条让盘查人阅看，说明自己是有领主的百姓，否则将会受到逃亡者的"待遇"。

（2）劳役差：铁匠家中 15～60 岁的男人都要支这项差。支差时间为一个月，支差地点不限于杜素豁卡，有时要到领主杜素所辖的其他豁卡去（如谆仲、冬拉、贡乃等地）支 1 天差，农奴主发给 1 打苏糌粑和一点水酒。（平时铁匠为他人干活，1 天的工资为 4 波青稞，还要吃肉喝酒。）

除一个月的固定支差时间外（支差这一个月，在外面流浪的铁匠也要回到杜素。有两户可住在杜素的差房里，其余的住帐篷），另外还要在领主处干一个月的临时工。当临时工也是只给 1 打苏糌粑和一点水酒，没有其他报酬。

（3）给藏政府支差：8 年前（1952 年）藏政府要铁匠到拉萨支差。由于拉萨路途遥远，铁匠们没有去，向领主请求准许后，每户交了 200 两藏银作为代役。

2. 木匠、石匠、裁缝、鞣皮工

上述这些工匠都是堆穷，家里都支堆穷差。鞣皮工到杜素还不满 3 年，还没有堆穷差。如果这些人的家里已经有人在豁卡内支"人差"，则工匠再来领主家作工时，农奴主除发给 1 "打苏"口粮外，还给微量的工资，如裁缝 1 天给 1 波（到一般人家干活也是这样）。如果工匠家没有人在领主家支"人差"，则工匠的工作，领主就认为是"人差"，只发给 1 "打苏"的口粮和一点水酒，不给工资。如 6 年前（1954 年）杜素在日喀则修房子时，木匠单增整整作了 3 年，每天除 1 "打苏"口粮外，一个工钱也没有。如果只作半天活，口粮也只有半个"打苏"。

3. 邦差

解放前工匠（铁、木、石匠）还要支一种"邦差"。据说住在日喀则的工匠，经常要给藏政府支差，他们认为："我们苦了，住在乡下的匠人很轻松。"因此乡下匠人到了日喀则，便会被住在日喀则的同工种（木匠对木匠、石匠对石匠、铁匠对铁匠）工匠抓去，要乡下的工匠给他们酒喝，或交纳藏银。大约在 20 年前（1940 年），木匠单增曾被抓过一次。这次他一共花了 15 两藏银（付 3 两藏银的酒钱，交出 12 两藏银的现金）。当时的 15 两藏银是一笔不小的数字，这种"邦差"据说解放后已经自动取消了。

4. 唱藏戏的艺人

杜素豁卡有一个唱藏戏的人，他常年在外流浪。由于这个艺人人身依附于杜素，因此每年要向杜素交 5 雪的人头税。这样就像铁匠一样取得领主的"证明"，因而能奔走四方，卖唱维持生活。否则要以逃亡无主人论处的。

按规定，每个艺人每年要向"日阿切"剧团交25两藏银。因"日阿切"剧团年年7月要到拉萨支"演戏差"，艺人只有交了这个钱后，取得了"日阿切"戏团的证明条，才表示同意他到各处唱戏，否则戏不能唱，还要受没收行头的处罚。艺人如果不唱戏了，但如果留有道具，也要支差的。这类差似乎属于"加入行会"的差。

（五）历史上支过的差税

现将杜素庄园差巴、堆穷历史上支应过的差税和目前宗教方面仍在摊派的差役一一分述于下：

1. 耳朵差：这项差属藏政府直接派给的外差。在杜素庄园内不分差巴和堆穷人人都交过两次，一次在48年前（1912年），一次在42年前（1918年）。要交耳朵差的不仅是人，连牦牛、犏牛、山羊、绵羊都要交耳朵差。每个耳朵的交差数为1章嘎，一对耳朵2章嘎。马的耳朵差比人、牛、羊多一倍。

2. 公鸡尾毛差：36年前（1924年）有公鸡的人家要交一根长尾毛，送至拉萨，给寺庙作大风箱的活塞。

3. 獐子毛：达赖喇嘛登真甲错3岁要到布达拉坐床，他要坐獐毛垫。当时每户差巴要交一把獐毛，为此有的差巴还上山打了一次猎。

4. 柳树差：杜素农奴出过两次柳树差，1918年前日喀则宗直接派了一次；1953年萨迦寺修大经堂，该寺派来伐木者持藏政府的"准予砍伐令"，要求有柳树的人都要交差，并且视柳树的大小，大者多砍，小者少砍。

5. 波巴桑（喇嘛庙囊生）向索囊列空支差：波巴桑原是日喀则宗索囊列空的属民，他来到杜素庄园虽然已有40多年，但他的人身仍隶属索囊列空。按照规定，波巴桑每年要向索囊列空交5雪藏银的人役税。索囊列空要男的属民交5雪，女的交3雪。如果人死了，则死人生前的一套最好的衣服（包括从头到脚的穿戴）应上缴给该勒空。这是寺庙中囊生交的人役税。

6. 迎接新官送礼：日喀则宗如有新宗本上任，或有大贵族、大官员来日喀则，差巴们就要去献礼，如鸡蛋、藏银等。但这没有数量规定。至于马料、草、肉等则由领主送给，差巴可以不送。

有关支差的几个特殊规定：

1. 外来户（迁居杜素谿卡）未满一年者不向领主负担任何差税。一年之后，如是堆穷便开始支一般堆穷差，如是帮工则不负担任何差役。

2. 某家死了一个已满8岁的人，在40天以内可不向领主支劳役差。但实物和货币负担要照常负担。

3. 据说过去如有人违犯了谿卡的法规（如放水的规定）或破坏了双方订立的文契，则要罚以"霸色桑"①，罚款归领主杜素所享有。后来人们在订立文契时，为了保证双方对文契的遵守和执行，都冠以"如果立约人某方对本契约有违反，应给以'霸色桑'的处罚"。

4. 给乃登的油水：每年打场时，乃登要到场上监视，每户差巴这时要送给他一壶酒和一筐牛粪。收割开镰的头一天，每户差巴给乃登和马倌各一把盐。差巴给领主交租粮时，乃登要检查租粮是否合格，如合格，乃登则要拿走一把粮归他自己所有。

---

① 每个"霸色桑"为80章嘎，合12两藏银。

（六）宗教方面的差役负担

杜素豁卡有若干差役是与宗教迷信有关的，有的还属于习俗范围，因此这里单列出来，没有将它们和人身依附支派的差役放在一起。有5个较大的项目，分别说明如下，数量大小就没有开列。

1. “来瓦”（ལས་པ་）：指帮助搞宗教活动的值班人。来瓦由全体差巴轮流担任。每年有六户差巴值班（每小组两户），他们平时的工作，一是动员怀孕有了非婚子的人离开庄园；二是秋收打场时，每户来瓦要出两个人、两头牛去给冰雹喇嘛踩一天场。当冰雹喇嘛家扬场和送粮送草时（从场上送到家），每户来瓦又要出3个人去帮助冰雹喇嘛劳动。来瓦给冰雹喇嘛干这些活时，冰雹喇嘛要给他们较好的伙食，但无工资。夏天来到的时候，冰雹喇嘛要上山守冰雹。这时来瓦要给他送垫子、茶壶、炉子等物，并且每户来瓦还要送给冰雹喇嘛1驮牛粪。

夏天念丰收经（འཚོམ་འཁྱགས་）时，每户来瓦要去给念经的僧人当两天伙夫（做饭和收集大家交来的糌粑、鸡蛋等），并且还要由这6户值班来瓦共同出两块茶（一块砖茶，一块碗茶）给念经僧人们喝。

2. 冰雹费（ཞིར་བྲ་）：每年收割庄稼的时候，冰雹喇嘛要到每一块地里去收冰雹费。不论是差巴还是堆穷，只要他有一定面积的地，冰雹喇嘛就要拿走3把青稞秸（约能打下1波粮食）。拿走的青稞秸，还要差巴为他打场。

3. 生非婚子（ཉལ་ལས་）差：宗教上解释，庄园内谁有了非婚子，就要出现下冰雹的灾害。因此规定凡在春耕开犁以后，怀有非婚子的孕妇，不仅要被赶出豁卡，还要给领主和冰雹喇嘛交钱。就是春耕活动还没有开始，如果有了非婚子也要交钱的，不过钱交的少一些。见下表：

表1－31

时间	向领主交钱数	向冰雹喇嘛交钱数	向念经喇嘛交钱数①
铁犁下地后，秋收开镰前	48章嘎（合7两2雪）	16章嘎（合2两3雪1嘎玛）	3雪
8月初～1月底（藏历）	24章嘎（合3两6雪）	8章嘎（合1两1雪6嘎玛）	/

注①：向念经喇嘛交钱栏，如果正是念丰收经时，3雪交给念丰收经的喇嘛。如果不是念丰收经时，3雪藏钱交给康青寺驻杜素豁卡的念经喇嘛。

以上是一般妇女有了非婚子后的受罚情况。如系尼姑有了非婚子，所受盘剥就更多了。

4. 念丰收经：每年藏历6、7月间，为了祈祷丰收要念4天的丰收经。念经时由粗布强青寺派来12位“扎巴”。为此每天要给他们每人4波青稞的工资，还有6个鸡蛋和茶、酒、酥油等物。农奴们给两天，领主给两天。农奴们的这些东西都是从各户摊派的。

见表1－32：

表 1-32

户名	岗别	出差情况						
		青 稞	糌粑(波)	酥 油	鸡蛋(个)	牛粪(驮)	藏 酒	备注
差 巴	种 $\frac{1}{4}$ 岗	参 看 下 面 "久 打 对 者" 项 说 明。	0.5	0.5	2		自愿给	
	种 $\frac{1}{2}$ 岗		1	1	2		自愿给	
	种 $\frac{3}{4}$ 岗		1.5	1.5	2		自愿给	
	种 1 岗		2	2	2		自愿给	
	种 1 $\frac{1}{8}$ 岗		2 $\frac{1}{4}$	2 $\frac{1}{4}$	2		自愿给	
	种 1 $\frac{1}{4}$ 岗		2.5	2.5	2		自愿给	
	种 1 $\frac{1}{2}$ 岗		3	3	2		自愿给	
其他户	堆 穷			$\frac{1}{4}$	2	1		
	牧 民					1		

5. "久打对者"（ༀ᪂ᨪ᪂ᨪᨪᨪ᪂ᨪ）："久打"和"对者"本来是两种差，但"久打"的来源和解释，我们在调查中未能了解到。"对者"是谿卡念丰收经时，农奴们给喇嘛的工资。给多少这不是随个人的自愿，而是按派差的形式摊派的。上述"久打"和"对者"两种差，一直是一块儿交的，从不分开。因此不少交这项差的差巴，长期下来不仅不能分别说出这两项差自己所负担的数量，就连"久打"、"对者"是两种差他们也不知道，却一直认为它是一种差。初派"久打对者"时是以藏币的章嘎来计算的。后来把把章嘎折合成青稞，"久打"那部分没折合，因此至今有的仍然交藏币。1 章嘎合 6 波，而 1 章嘎是 6 卡岗，所以 1 卡岗即合 1 波青稞。"久打对者"的粮食和货币收来之后，藏银归领主杜素所有，粮食就作念丰收经时的开支[①]。

各差巴对"久打对者"的负担情况如下：

表 1-33

孔 强	2 魁 10 赤[①]	桑 木 康	10 赤
索 却	1 魁 15 赤	潘 热 木	5 赤
吉 昂	10 赤	德 吉	1 魁
布 苏	5 赤	德 林 巴	10 赤
桑 玛	3 魁 5 赤	郭 乃	1 魁
吉 布	5 赤	乃巴（乃登）	10 赤
骂 昌	2 赤 2 丕	吉 玛	1 魁 4.5 赤
加 巴	15 赤	德 夏	10 赤
夏 瓦	1 魁 5 赤	德 鲁	2 赤 2 丕
洛 布 吉	5 赤	拉 吉	5 赤
巴 热	1 魁 5 赤	拉 夏	1 魁 5 赤

---

① 这项差在历史上就是有的差巴出，有的差巴不出。

续表

根布巴囊	3 魁	曲　夏	12 赤
白　雄	1 魁 5 赤	桑　妥	5 赤
西不觉	5 赤	彭　吉	1 雪
重　岗	1 雪	森　吉	1 卡岗
巴　昌	4 雪 1 嘎玛 1 卡岗	担打尔	5 雪
念　巴	3 雪		
共计粮 43 魁，银 14 雪 1 嘎玛 2 卡岗。			

注① 表中的"魁"是小魁，3 魁为 1 如魁。

以上是杜素庄园各类住户的差役负担情况。尽管我们在调查中作了尽可能详细地了解和核实，但其中仍可能有个别项目遗漏，有的差役起因和内容无法弄清，有的说法上还有矛盾，个别项目数量上也不够精确。但是从其中已经可以看到杜素庄园差役的繁重复杂了。至于差役落实到各户时，对他们生活和生产的影响，领主侵占了各户多少劳力和劳动产品，又占各户收支和劳力的多大比例，请看第五专题《家庭收支情况调查》，我们在杜素庄园内对差巴、堆穷、囊生（或雇工）和僧尼人等的 59 户人家，进行了重点调查。这些材料可以有助于了解差役带给各户的影响，也可了解在差役乌拉制度下各户承担的差役仍有很大的差异。

四、人身奴役

杜素庄园的全部差巴（35 户）①、堆穷的大部分（约 30 余户，外来户 16 户未统计）、若干名佣人（即约卜、囊生），还有牧民、工匠若干户，人身上都是属于杜素领主的。杜素贵族对他们的人身握有多种特权，可以任意支配他们，限制他们，惩治他们。

堆穷的多数是从差巴中分出居住的小户，他们户数多，但每户人口较少，有些仅一两个人即构成一户。还有一些外来户，其人身另有所属领主，尽管其领主对他们的人身占有，与杜素庄园内大体相同，但由于定居在外，相对说来人身上就较自由一些。

杜素贵族对逃迁至其领地内居住的外乡人，开始较松，仅要其支若干天的烟火差，人身上也不限制他们，可以自由离去。如果不与杜素的农奴结婚，杜素也不干预他们的婚姻。但居住满 3 年的就要他们支应人差，每天每户出 1 人，到庄园听差劳动，每天报酬给糌粑 1 打苏，可以劳动时食用，也可带走。过去是一年定居期满者出此人差，后来变为居住 3 年期满的支应此项人差。

杜素领主对庄园中的居民采取的这种内外有别方式也是西藏各地的普遍情况。杜素对自己的农奴，除已在前章专门叙述过的，人身的支配权中属摊派差役赋税范围的，还有其他五类项目，现分述于下：

---

① 根布囊巴未计入，因为他家虽是差巴，实际上不支差，故有时不计入。

（一）把农奴用以买卖、赠送和陪嫁

表 1-34　人身奴役情况　　（1958 年以前）

农奴姓名	等级	人身奴役情况	谿卡领主姓名——对方领主姓名	时间	备　注
夏娃·加波	差	（囊生）陪送	杜素·旺多——多龙·仁前岗巴	35 年前	
夏娃·卓玛	差	（囊生）陪送	杜素·旺多——才那·西锅	38 年前	
加拉·旺堆	差	（囊生）陪送	杜素·锁南多吉——穷极·雪康	60 年前	
夏娃·锁南卓玛	差	（女佣人）陪嫁	旺多——拉孜敏吉娃	15 年前	
拉吉·卓玛	差	（女佣人）陪嫁	旺多——拉孜敏吉娃	4 年前	
潘热不·明觉	差	（女佣人）赠送	旺多——北那比西	10 年前	北那比西死后而回谿卡
西不觉·才旦皮热	差	领主分家带走	旺多——诺吉谿卡·扎西顿珠	21 年前	以下 20 人为旺多与扎西顿珠吵架时所分给扎西顿主夫人的。
强巴·西穷	差	领主分家带走	旺多——诺吉谿卡·扎西顿珠	21 年前	
德林巴·阿曾	差	领主分家带走	旺多——诺吉谿卡·扎西顿珠	21 年前	
变　觉	堆	领主分家带走	旺多——诺吉谿卡·扎西顿珠	21 年前	
石德卓玛	堆	领主分家带走	旺多——诺吉谿卡·扎西顿珠	21 年前	
旦增旺加	堆	领主分家带走	旺多——诺吉谿卡·扎西顿珠	21 年前	
扎　西	差	领主分家带走	旺多——诺吉谿卡·扎西顿珠	21 年前	
多吉旺堆	堆	领主分家带走	旺多——诺吉谿卡·扎西顿珠	21 年前	
曲夏旺堆	堆	领主分家带走	旺多——诺吉谿卡·扎西顿珠	21 年前	
吉玛·尼玛卓玛	堆	领主分家带走	旺多——诺吉谿卡·扎西顿珠	21 年前	
格桑旺加	堆	领主分家带走	旺多——诺吉谿卡·扎西顿珠	21 年前	
德鲁·尼玛卓玛	堆	领主分家带走	旺多分给扎西顿珠夫人	21 年前	
旺　拉	堆	领主分家带走	旺多分给扎西顿珠夫人	21 年前	
尼旺扎西	堆	领主分家带走	旺多分给扎西顿珠夫人	21 年前	
昌　巴	堆	领主分家带走	旺多分给扎西顿珠夫人	21 年前	
才旺旦增	堆	领主分家带走	旺多分给扎西顿珠夫人	21 年前	后又赠给雪康
尚玛锁南	差	领主分家带走	旺多分给扎西顿珠夫人	21 年前	
边穷（巴桑之父）	堆	领主分家带走	旺多分给扎西顿珠夫人	21 年前	
曲夏·扎西久吉	堆	领主分家带走	旺多分给扎西顿珠夫人	21 年前	
尚玛·拉巴	堆	领主分家带走	旺多分给扎西顿珠夫人	21 年前	
拉夏·普布才仁	差	领主分家带走	旺多——拉姆多吉	27 年前	
尼玛卓玛	堆	赠　送	旺多——拉姆多吉	34 年前	
念巴·皮热	差	陪　嫁	扎西顿珠——苏龙德瓦	31 年前	
彭吉·彭错诺布	差	陪入赘	旺多——拉姆多吉	30 年前	
派雄·顿珠	差	陪　送	旺多——潘雪	21 年前	已返回
巴热·旦增	堆	赠送当厨子	才登班觉——雪康	15 年前	
曲夏·扎西卓玛	堆	赠　送	旺多——德娃夏	21 年前	
央　坚	堆	赠　送	才旦班久——恰贝	15 年前	已回
派雄·白毕	差	赠　送	旺多——潘雪	19 年前	旺多和扎西顿珠吵架时潘雪很帮忙，故赠送。
加拉·才旦	差	买　卖	锁南多吉——回族商人	70 年前	
孔强·诺布石德	差	陪　嫁	旺多——恰巴	23 年前	
热吉·边穷	差	赠　送	才旦班久——恰巴	3 年前	
吉玛·拉巴皮热	堆	赠　送	旺多——拉孜敏吉	18 年前	

续表

农奴姓名	等级	人身奴役情况	谿卡领主姓名——对方领主姓名	时间	备注
吉玛·布皮热	堆	随母同去当佣人	旺多——拉孜敏吉	18年前	
孔强·旦增	差	随母同去当佣人	锁南多吉——多吉义	45年前	
孔强·南姆加	堆	是裁缝换来1匹马	扎西顿珠——定日普扎康巴	42年前	
德夏·尼玛加波	差	陪人赘	旺多——拉姆德	30年前	
郭洛·才仁彭措	差	赠送	旺多——潘雪	25年前	
郭格·彭错旺加	差	赠送	旺多——恰巴	只住了2年	
吉布·锁南加波	堆	陪人赘	锁南多吉——雪康	50年前	
郭洛·石德卓玛	差	陪赘	锁南多吉——迷乡旦热巴	40年前	
得穷	堆	陪赘	锁南多吉——北那比西	55年前	
德吉·森木珠	差	赠送	才旺卓玛——（锁南多吉之妻）穷珠喇嘛	50年前	
夏娃·孔都	差	赠送	才旺卓玛——（锁南多吉之妻）穷珠喇嘛	50年前	
拉夏·曲比	差	赠送	才旺卓玛——穷珠喇嘛	50年前	
穷卓玛	堆	赠送	赤列卓玛——潘雪	35年前	
桑波	堆	赠送	旺多——大昭寺"锅念"	30年前	
夏娃·曼达娃	堆	赠送	才旦班久——仁新	8年前	

　　农奴主为了满足自己的需要，可以将自己的农奴折价买卖或交换。大约在1916年贵族扎西顿珠（杜素旺多之兄）在绒夏当"雪巴"。当时带去了一个佣人孔强·南姆加，这个人针线活比较好，在当时是个好裁缝。他被定日宗的普扎康巴看上了。普扎康巴有一匹非常好的棕色马，双方协商结果，普扎康巴把马卖给扎西顿珠，以藏银10品计价。扎西顿珠把人以7品藏银折价卖给普扎康巴，扎西顿珠另外又给了对方3品藏银，人价不如马价高。扎西顿珠得到这匹马后替马取名为"如意棕色马"，因为他想这匹马已经很久了，这下如了心愿。这是用人折价买马，用人还账的情况也有：1887年，杜素锁南多吉当时住在拉林，许多东西都要花钱，用水得出"水井钱"，烧火得买牛粪，开支很大。当时有个回族大商，锁南多吉经常在商人那里赊东西，日子久了，欠的钱已不少。当时他身边有个女佣人，名叫加拉才旦，长得也比较漂亮。两方说妥了，就把这个女佣人给了这个回族商人抵债。

　　领主还有权将自己的农奴像货物似的赠给自己的上级或亲戚、好友。

　　杜素庄园的领主兄弟扎西顿珠与旺多长期不和，兄弟各选任一个管家，所以当时杜素谿卡有两个涅巴。当需要拿公用的东西时，两个涅巴一齐去"仓房"。农奴来借粮，两人也同时去量。如农奴献一只羊就双方各分一半。当时的农奴很为难，如有事去请示扎西顿珠，旺多就会说"小看了我"而不高兴。如有事去请示旺多，扎西顿珠就说"眼中无我"而记恨在心。堆穷巴巴拉还因此挨了旺多一顿毒打。他们两人在拉萨时，在借钱上谁也不愿吃亏，你借10品，我就借20品；你借30品，我就借40品。就这样欠了大量钱债。最后却都想多从农奴身上榨取，加租增差，倒霉的还是杜素庄园的百姓们。

1931年，旺多和扎西顿珠终于因争夺杜素谿卡的继承权而关系破裂，告到拉萨噶厦。一个说我是老大；一个说我有儿子（才登班觉），你没有儿子。吵了约4年，经噶厦判决，杜素谿卡属旺多，因旺多有儿子才登班觉。诺吉谿卡属扎西顿珠，因扎西顿珠只有一个女儿。诺吉谿卡因农奴少，扎西顿珠提出由杜素谿卡拨20名农奴去诺吉谿卡，旺多也同意了，并在拉萨立了契约。旺多回到杜素庄园后，扎西顿珠在拉萨去世了。扎西顿珠的妻子（旺多妻子的姐姐）来到杜素庄园，拿走了约1000如魁粮，扎西顿珠原住处的东西，统统拿走，连门帘、扫帚也不留。20名农奴，绝大部分为堆穷，只有少数差巴。当时德林巴·尼玛才仁没有兄弟，本人就是差巴家长，旺多也将他给了扎西顿珠。西不觉·才旦皮热是长女，当时正是个家中不可缺少的壮劳动力，旺多也给了扎西顿珠。西不觉请求换小女儿去，旺多不答应，说："你们是我的人，应该由我做主。"曲夏·旺堆当时是堆穷，一家四人都去了，强巴·西穷也是堆穷，生有二子一女，妻子是普东的人，属政府谿卡的差巴。而西穷是杜素领主的农奴，故生男属杜素谿卡，生女属普东谿卡。西穷与二子也在这时去诺吉谿卡。旺多因在打官司时，潘雪萨旺很帮忙，故与儿子才登班觉商议，把女奴白毕给了潘雪。扎西顿珠在拉萨无房，去拉萨时经常住在雪康家，故后来把比较灵活的才旺旦增给了雪康当佣人。

更早的事例还有，1908年杜素·锁南多吉去世后，他妻子才旺卓玛和穷珠喇嘛相好。才旺卓玛就做主把杜素谿卡的德吉·森木珠、夏娃·扎都、拉夏·曲比三人赠送给了穷珠喇嘛当佣人。

1928年，旺多在拉萨时，与大昭寺"锅念"成了好朋友，旺多就把当时在身边当佣人的桑波赠送给了"锅念"。

领主还有权把农奴用来陪嫁或陪赘。农奴主的女儿外嫁，农奴主的儿子当入赘女婿，由原领主家带去一两名农奴的也不少，有的还陆续向原来家中要农奴。如杜素·旺多之女德吉外嫁给日喀则贵族恰巴时，陪嫁的男佣人是孔强·诺布石德，女佣人是扎西卓玛。后来又陆续要去了吉玛拉巴皮热（还带了个小女儿同去，名叫普布皮热）、夏娃·锁南卓玛、尚玛·尼尼皮热、郭洛·彭错诺布、热吉·边穷及东那的穷卓玛。

杜素旺多之弟赤列去到拉姆多巴家当入赘女婿时，陪赘的是德夏·加波，后来杜素领主又赠送了拉夏·尊布才仁、念卓两名农奴。

农奴触犯刑律，沦为奴隶的也不乏其例。1918年，杜素·扎西顿珠在东噶宗[①]当宗本。现在杜素庄园的根布囊巴·锁南加波当时是他的经商佣人，那时有个名叫赤列的农奴，从桑工逃到东噶宗汤固，据说是偷了一点领主的东西，扎西顿珠要惩罚制裁他，打后还要把他赶到艰苦地方去服苦役。囊巴·锁南加波就请求扎西顿珠不要打赤列，把赤列给他当奴隶。就这样赤列被带到杜素谿卡。后来在这里赤列又娶了妻子，生了孩子。赤列年老，不能干活了，就由原地来一个儿子到杜素谿卡替他当囊生，直到1959年土改时，才分了地，立了户，取得人身的解放。

（二）农奴没有婚姻自由

农奴人身受领主奴役的一个表现是：在婚姻上受限制，即使结了婚，家中的亲人子女，

---

① 即今天的东嘎镇，隶属于拉萨市德龙堆庆县。1960年东嘎宗与德龙堆庆、柳梧谿宗合并为堆龙德庆县。1962年置东嘎乡。1970年改公社。1984年复置乡。1988年通嘎、桑木2乡并入，成为东嘎镇。现辖9个村委会，15个自然村。修订注。

也要听从领主安排，听任宰割。

婚姻上，同一领主属下农奴结婚和与其他领主属下农奴结婚，这两种都有繁文缛节、清规戒律要遵循，否则当事者就要苦难临头，受到惩治。

属于不同领主的农奴，杜素贵族一般是不轻易让他们结婚的。因怕劳动力被其他庄园领主的人带走，怕外嫁减少了自己农奴来源和数量。如 1929 年，孜东①地方的农奴明玛来到杜素谿卡当佣人，他与杜素·扎西顿珠的捻羊毛女佣人穷卓玛好上了。扎西顿珠怕明玛将来会把穷卓玛带走，曾毒打穷卓玛，不许他们同居结合。后来明玛和穷卓玛为了争得婚姻自由终于潜逃他乡。

又如 1948 年，仲康要把女儿才旺嫁给普东总本去当"穷玛"②。当时他女儿已生了 1 个女儿叫才旦，生下刚满 1 个月。仲康向杜素献了 1 只羊、1 条哈达、一罐酒的见面礼，请杜素允许女儿外嫁。杜素说："我处还差一个磨面粉人，我要你家女儿来我处学磨面粉。你家小的（指刚生下 1 个月的女儿）也不能去。我儿子、女儿很多，将来要人陪嫁、陪赘。如真要去，大的可去，小的留下。"仲康请求道："才旦生下才 1 个月，离不开妈妈，要吃奶。"杜素说："那么交两个人的'本卓'10 品藏银来。"仲康出不起这么多藏银，只好不外嫁女儿。

1949 年，诺布吉·巴桑想出嫁到普东去（父母做主，自己也同意）。因为谿卡的青年，有的她看不上，有的看得上却又有亲戚关系不能通婚，故向杜素·才登班觉献了一只羊、50 两藏银、1 条哈达作为见面礼，请求外嫁。才登班觉最初见双方比较有钱，定身价为 15 品藏银，当时 15 品藏银很值钱。诺布吉一再要求，减至 10 品，过不了两天，才登班觉又说需人磨面粉，认为巴桑合适，不许外嫁。诺布吉无法，只好忍痛把另一个女儿才旦送给杜素当佣人，让巴桑与普东的格桑交换，巴桑嫁到普东，普东的格桑嫁来杜素。

农奴出嫁或招赘到外地，如果经领主同意，有两种方式解决人身问题：一是给领主交纳"本卓"③，则可以和领主脱离关系，而成为新的领主的农奴；二是留居外地的农奴，人身依属不变，但要向领主交人头税。婚后如果生了孩子，男孩要给父亲的领主交人头税，用领主杜素的话说"男孩的骨头是我的"。如果女农奴和别的领主的男农奴结婚生了女儿，女儿要像母亲一样给杜素交人头税，用领主杜素的话说："女孩的肉是我的"。比如吉布旺堆的姑母，在日喀则和其他领主的农奴结了婚，由于她没有给领主交"本卓"，因此她和她的女儿每年都给杜素交人头税。

又如堆穷巴桑的外祖母——巴桑却巴，是江孜杜穷领主的农奴，她和巴桑的外祖父拉穷结婚时，没有给杜穷交"本卓"，因此她和她的女儿尽管来到了杜素谿卡，每年母女俩也要给杜穷交人头税。

如果外地男农奴到杜素谿卡当佣人，和本谿卡的女农奴结了婚，则领主杜素认为这是"女人身上降落的男人"（ཨ་ཟོག་ཏུ་བབ་པ），和外地迁来的堆穷一样，过了 3 年领主则认为是自己的属民。

由上可知，领主的女农奴，外嫁时要给领主交"本卓"。但个别农奴经领主同意交后也

---

① 即今天南木林县的孜冬乡。1960 年置孜东乡。1970 年改公社。1984 年复置乡。1988 年普奴乡并入。现辖 6 个村委会，19 个自然村。修订注。

② 意为第二个妻子。

③ 离开谿卡的农奴要向领主交一笔巨额的"赎身费"，即"本卓"。

不让走。也有的农奴出了"本卓"外嫁后，因与夫家不和重回谿卡，"人差"马上又派到她头上。如旦真旺姆就是这样的遭遇。她出嫁到曲顶①时，已经交了身价给领主。后由于与丈夫不和，重新回到谿卡，又继续给领主杜素支差。

属同一领主的农奴通婚，由于不影响领主的农奴数量和来源，不影响庄园的劳动力，因此一般都会批准，杜素庄园内农奴的一般做法是：向领主杜素献一罐酒，一条哈达，有时还要送鸡蛋和肉，以请求杜素允许他们通婚。经杜素同意后，男方才能给女方带玉定亲。尽管是经领主批准结婚的，但婚后领主仍可以肆意派他们中一位外出支差。因此有的农奴结婚后并不能与自己的妻子长期相聚，有的刚办完婚礼，就被派去外地，或当杜素家的佣人，或派去支差，或为主人经商运货，甚至一年中难得返家一次的也不在少数。

有些青年婚前空有美好的愿望，但恶劣的命运在袭击他们，婚后被强派外出。他们愤怒地编歌唱道："只想如那鱼和水，能够永远在一起；谁想成了笼中鸟，无权能作比翼飞。"对婚后由于领主的阻碍而各居一地，他们提出了控诉。

至于婚后有了孩子的女农奴，也有种种苦难在折磨她们和幼小的生命。

有吃奶孩子的女农奴，领主毫不照顾，照样派去支为期数日的乌拉。如杜素在日喀则盖房时，派了许多农奴去运木料。石德卓玛当时有吃奶的孩子，请假也不准。结果自己连着多日奶胀得难受，孩子却在家饿得要死。

又如，1934年曲夏拉巴当时才11岁，比他小的还有4个弟妹。母亲是旺多的"堆穷"。旺多夫妇要去拉萨为儿子娶媳妇，硬要曲夏的母亲石德同去。当时石德肚中又怀孕，孩子已经8个月，数次请假央告说："老爷，我孩子多，最小的还不会走路，而我又快临产。孩子不是东西，是东西我还可以锁上，求老爷准假。"旺多就是不答应，结果只好去拉萨。当旺多之子结婚时，贵宾满庭，其他佣人都忙着招待客人去了。这时石德正临产生孩子，因无人照料，母子同时死去。留在家里的最小孩子，因无大人照料，也死去了。农奴主为了自己的需要，却让这一家农奴付出了3条人命。

女农奴丢下吃奶的孩子，去给自己领主或其他领主当佣人的事例也非此一件。如1939年，女农奴白毕生下第一个女孩，才6个月，杜素就命她去拉萨给潘雪当女佣人。白毕3次请假未准，只好留下才6个月的女儿，只身前往拉萨。一路上她不知累，也不知饥，一心尽惦念着家中的女儿。正如她现在所说的"过去，做父母的甚至没有抚养儿女的权利，更不用说团聚的权利了。而且儿女只要长得比较灵活，比较漂亮，未成年就被领主派去当佣人了。"

在这里，小农奴生下二月要报告领主，记在花名册上，成了领主的奴役对象。有的小农奴，未到干活年龄，就被领主赠送给别人当小佣人去了。如才旺旦增，12岁就被杜素·锁南多吉之妻送给娃夏当书童。又如派雄顿珠，13岁就被旺多赠送给潘雪当书童。他们年纪小，想家、想母亲，但也没有办法，领主不放他们回去。

以上是经领主同意结婚的农奴情况。如果男女农奴，因种种原因未正式结婚，男方未给女方带玉定亲。女方有了孩子后，就要受到罚支私生子差役之苦。怀孕后，夏季女农奴被赶出谿卡，要到秋收时才能回来。有的因到日喀则后不干重活没有吃的，结果孩子早产而死去。如森木吉·央坚就是如此。这类怀孕妇女是被看成祸根，领主认为留她们在庄园内就会遭灾，下冰雹，会出现暴风雨，就这样许多妇女和小孩夭折在他乡。但是男女农奴要想成家

---

① 在今天萨迦县吉定乡境内。曾写作曲定或加木。1960年设曲定乡。1970年改公社。1984年复置乡。1988年并入吉定乡。修订注。

并不容易，因为"炊烟升天"，马上就得支"差"。按规定新堆穷 3 年之内不派"人差"，可是，如果被领主看上了，不满 3 年也得去。

（三）领主享有种种优先的特权

领主对农奴人身奴役的特权，也表现在生活上生产上种种优先于农奴的方面。比如农奴刷白墙不准比领主的墙刷得白，刷得早；用水浇地领主自营地更是优先享用；农奴劳力畜力要尽先为领主服役。这些优先享用权，是领主特权的具体表现，农奴只有处处遵循，才能不招致灾祸来临。现以刷墙为例，1945 年差巴巴张在领主没有刷住宅墙以前，先刷了自己的墙，领主杜素·旺多听到这个情况，大为生气，手执皮鞭到巴张门口质问巴张母亲："谁允许你在我没刷墙前刷你们家的墙？"巴张母亲一看形势不好，连连恳求说："下次再也不敢了。"一边说一边向后退，怕旺多拿着鞭子就要打她。巴张家的狗很厉害，叫着扑了上来。领主旺多怕狗咬他未敢再向前走，很生气地返回豁卡。当天，正值差巴们来给豁卡刷墙，每户 1 个大人、1 个小孩，大人在房上泼白灰水，小孩把白灰水灌在小酒壶里送给自家大人。旺多气呼呼地来到白灰池边，问谁是巴张家的人，有人告诉他，就是那个胖乎乎的 11 岁小女孩。旺多向前提起她衣领就把女孩扔进白灰池里，呛得女孩半死。幸亏当时有其他农奴在池子旁边，把她救了起来，否则，就是不被淹死，也会被烧死了。

过去，差巴的房子只能刷一般白灰，而不能刷纯白灰，因为纯白灰比一般白灰白。如果其他差巴也刷纯白灰的话，就显不出领主庄园府宅（雄江）的威风来了。

至于其他的"不准"还很多。比如在领主杜素未挖萝卜前，农奴不准挖萝卜。如实在因萝卜丢得厉害（晚上被人偷了），经过请求，领主允许农奴用"的波"① 挖，但绝不准用铁铲子挖，否则要受罚。领主未派人去牧区拾牛粪前，农奴也是"不准"去拾，领主拾得差不多了，这才开禁。

再以使用人差来说，不管堆穷、差巴，每户派有人差，到庄园服劳役。杜素豁卡的贡格桑姆、旺穷、阿穷三户早已搬到日喀则住，但他们的人身仍然依附于杜素领主，因此每年要从日喀则去谆仲割青稞、打场等。他们与杜素豁卡支佣人差的堆穷一样，约支 80 天左右。农奴地荒芜了也不得不把人力尽先给领主使唤。农奴们不满地说："如跑到外国的铁门里就算了。如跑到藏区的任何一户的木门里，也无济于事，还要抓出来支差。"农奴主则作威作福地说："虮子翻山再高，只不过越过衣领"。意思是最终还在我手心中，任我摆布。确实，呻吟在领主脚下的农奴很难找到一块自由的土地安身，就是一旦离开和摆脱了自己的领主，但也仍然要当其他领主的农奴。领主总是把农奴和家中老小，看成是自己的可供驱使、鞭挞的牛马，这就是农奴主的统治逻辑。

（四）标明人身依属的人役税

杜素豁卡的铁匠、唱藏戏艺人、乞丐等，他们终年在外流浪，但也要向领主交人头税，以证明他们的人身是隶属于领主杜素的。他们每年向领主交了规定数量的人头税以后，领主发给一张收据，农奴持有这种收据就可到处流浪，生活或行乞，或当雇工，或卖艺。如果没有此种收据，别的领主则认为他们是无主的逃亡者，而要给以重罚，或"收留"。

杜素豁卡交人头税的农奴有下列诸人：铁匠阿穷，年交藏银 2 两；洛布，年交藏银 5

---

① 1 根木头，头上有些尖。

雪；尼玛才仁，年交藏银 10 章嘎。另外还有 8 户交人头税的铁匠，因为现在不准在谿卡内，故不详其交纳数字。演藏戏艺人：旦增，年交藏银 5 雪。乞丐堆穷旦增父亲在外，年交藏银数不详。

人头税年年都要交。杜素谿卡的在外农奴交纳时是以户为单位，不像其他地方以人为单位，这是因为这户中成员的人身上都属杜素领主。

除上述三种人以外，其他农奴如果长期在外，也要给领主交人头税。像很多年前，有个名叫强强·郎加的在定日弄羌地区①经商，在那里娶了妻子就定居下来。有几年他没给领主交人头税，领主便派人去对他说："你几年没交人头税了，快回谿卡去支差吧。"郎加一再恳求，领主才准许以 4 头牦牛补了过去的欠税，才同意郎加不回杜素。这以后，经领主批准郎加每年给领主交 25 两藏银，作为人头税。

表 1-35　人役税交纳情况一览表

姓　　名	领　主	原住处	原等级	外出原因 婚	外出原因 债	交纳数量 货币	交纳数量 实物	交纳数量 劳役	何时开始	现在 住处	现在 等级	现在 成分	备　　注
郭洛·玉洛	杜素	谿卡	差	✓		6 品			1953 年	那不	差		1 次
吉热·巴桑	杜素		差	✓		5 品	羊 1 只 酒 1 波		1948 年		差	中	1 次（已死）
吉玛·北穷	杜素		差	✓		9 品	1 只羊 1 条哈达		1925 年	吉	差		1 次（已死）
吉昂·白巴卓玛	杜素	尺秀②	差	✓		3 雪（2 人 6 雪）			1922— 1954				每年 1 次 只交 4 年
本巴顿珠	粗谿卡	错姆达	堆		当佣人	每年 3 两		半月	1937— 1952	江热	堆	贫	
派堆·旺姆	杜素	谿卡	差	✓		50 两	1 只羊 1 条哈达 1 波粮		1938		差	中	1 年 1 次
拉夏·卓曾	杜素	谿卡	差	✓		6 品	／		1950	夏不	差	贫	1 年 1 次
拉夏·布差拉	杜素	谿卡	差	✓		5 品			1957	夏不	差	贫	1 年 1 次
卓　玛	加佐本	扎西岗	堆			15 两	15 个鸡蛋		1958	杜素	差	贫	1 年 1 次
诺布吉·拉巴	杜素	谿卡	差	✓		50 两	羊 1 只 哈达 1 条		1951	普东	差	贫	两人交换故未交"本卓"
巴张·格桑	政府	普东	差						1951	谿卡	″	中	
桑　姆	杜素	谿卡	堆				羊 1 只 哈达 1 条 酒粮 1 波						1 次。已回

①　即今日定日县岗嘎乡的隆羌村。也曾写作龙江。修订注。
②　即今天南木林倒扯休乡。又曾写作扯休。1960 年置扯休乡。1970 年改公社。1984 年复置乡。1988 年甲岗、甲穷 2 乡并入。现辖 12 个村委会，53 个自然村。修订注。

（五）滥施酷刑肆意惩治农奴

在杜素谿卡的大门上，两边各挂着一条鞭子。鞭子的木柄粗如手腕，下边拖着一根又粗又长的绳子，绳子头上还分两个小叉。这是领主鞭打农奴的刑具之一。门的上面还挂着一副脚镣。农奴主公然以刑具来装饰门面，摆出威风，使农奴望而生畏，没有进门就先胆寒。

二楼是领主起居处，房内的柱子挂着打脸用的皮巴掌，领主一旦有必要，拿起来很方便。

只要进来的农奴触犯了农奴主一点利益，农奴主就可以打骂、关押农奴。只要农奴稍微对农奴主的尊严有些"侵犯"，就要受到刑罚之苦。总之，农奴主想打就打，想关就关，在这个庄园内，农奴主的意志就是法律。

1936年，巴张顿珠祖父彭错年已70，他正在自己水磨前绕线时，领主杜素·旺多去小河里洗澡，旺多正面过来时，彭错起来忙向他行礼请安。当旺多洗完澡侧面转来时，彭错因年老眼花，没有看见，因而未向旺多行礼，旺多一把抓住彭错稀疏的白发又打又骂："你人老心不老，还想脑袋和肩膀一样高。为什么竟敢不向我行礼？我要没收你的水磨。"彭错马上说了许多好话，又跪下叩头求饶，才总算平息。

又如，1945年昌穷和巴卓玛去放水，昌穷由于家贫买不起"巴珠"，巴卓玛因劳动时不便而没有带"巴珠"，旺多外出"巡视"，见巴卓玛、昌穷竟敢在夏季不带"巴珠"，提起木棍就打，说："这样会引起下雨，出现天灾。"挨了几下木棍的巴卓玛、昌穷，吓得拔腿就跑。旺多与佣人骑马就追，巴卓玛未跑掉，挨了几棍，打得直叫。昌穷往山上跑，旺多因马上不了山才折回。昌穷因赤脚爬山，手脚都刺破了，出了不少血。这样旺多看中了昌穷胆小，认为这样一打就跑的人来当佣人非常好，就命令昌穷来谿卡当囊生。

1944年，贫苦差巴森木吉之妻因实在穷得不行。背了幼子、拉了小女去夏不吉丁吃"格娃"（因加吾朗巴家死了一人，备有糌粑给去的人吃）。她们走至庄园中一块叫措穷的地里时，小孩实在饿得不行，要母亲采几颗杜素地里的生豌豆吃。杜素地里因灌的是"官水"早已长出豌豆，而其他地里还没有。后来，狗腿子拉巴加吾报告了领主才登班觉。才登班觉趁森木吉之妻卓玛来支乌拉时，当众用皮巴掌打了她十个耳光，打得她脸都肿了，数日吃不了东西。

1957年，贫苦差巴强巴·旺堆因缺粮向杜素·才旦班久借了21如魁青稞。第二天，才登班觉派人去叫强巴来盖印，强巴因开差巴会议到得稍微晚了些，才登班觉等他进房后，趁他脱帽请安时，拿起身边放的木棒，劈头就是一棍，立即鲜血直流，旺堆还不敢让鲜血滴在老爷干净的地上，用自己的帽子接着，嘴里还不住地说："对不起，老爷，请息怒，是我的不是。"

1949年藏历9月底，5个差巴与1个堆穷看见水渠有缺口，水白白向外流去。于是就在缺口上段去拦，使水灌到自己地里去。杜素·旺多利用自己的特权，硬以违反契约之名把6人找来关了起来。然后叫人将无钱送礼求情的贫苦堆穷尼玛才仁裤子脱了趴在地上，两脚用绳子捆住，由一人向后拉；两手也用绳子捆住，由一人向前拉；还叫一人骑在脖子上按住头，让一个打手执皮鞭毒打。旺多坐在被打者的前边，口里不住地骂。打得尼玛才仁的臀部呈了白色，过了一阵转为红色，出了血。谿卡农奴见了没有一个不流泪的，发出一片哭泣声。打后尼玛才仁卧床半月不能起来。当时旁边关起来的5户差巴，一见吓坏了，纷纷让家人快来送礼求情，最后旺多罚巴热115两、德怒100两、加拉90两、巴张80两、派雄100

两藏银才饶了打，放了他们。

1900 年 6 月，杜素·锁南多吉的马倌拉夏·森木达去到乌木宗附近名叫"达森姆乃玛"的地方替杜素放马。那里除放杜素的牲畜外，任何人也不能去放。当时有两个扎西岗大差巴的青年人，强迫拉夏把一匹名叫格桑才吾的马借给他们骑。拉夏没法，只好让他们牵走了。这两个年轻人，骑上一匹马拼命打着跑。马送回来后不久就死了。拉夏吓坏了，不敢向杜素·锁南多吉说实话，而说是马因病而死去。后来有人告诉锁南多吉实情，锁南多吉大为生气。他没有找扎西岗的年轻人，怕与其他领主较量，但却把拉夏关在牢房里，然后毒打了一顿（按在地上打屁股）。最后还把拉夏家值钱的东西，如带在头上的金小豌 1 个，帐篷 1 个，大水缸 1 个，大铜酒壶 1 个，小酒壶 8 个，大酒罐 1 个，马 1 匹，驴子 8 头，羊 10 多只，全部都加以没收。只给他留下了要为自营地服役的耕牛和 5 只次毛驴。当时拉夏与拉吉兄弟俩是杜素谿卡最大最有钱的差巴，这一下变成了谿卡中最穷的差巴，一落千丈。拉夏妻子伤心极了，整日地哭，并说："神啊！一切都没有了，怎么办啊！"当时拉夏的情妇石德桥巴因嫉妒拉夏妻子拉觉，就对锁南多吉说："老爷，拉夏妻子在祈祷时在咒骂老爷死，说神啊，一切都被抢光了，让得东西的人立即死去吧！"锁南多吉一听大怒，命找拉觉来询问。这时拉觉说："没有此事，请好爷好好调查。"锁南多吉就问一个喇嘛格龙说："怎么办才好？"格龙说："老爷，我们去楼上神房里摸骰子，您代表石德桥巴，我代表拉觉，如我摸到了黑骰子，就代表她这样祈祷了，如我摸着了白骰子，就代表她没有这样祈祷，老爷意下如何？"锁南多吉说："行。"他们 3 人就到了三楼神房里摸骰子。谁知格龙一下摸到的是白骰子，格龙却低声对锁南多吉说："老爷，人们都说她这样说了，如不好好处罚她，众差巴都会学样的。向神祈祷老爷死，虽不是用刀矛杀人，但同刀矛杀人一样。"锁南多吉非常同意，就命打手先在地上挖一个洞放肚子，因拉觉已快临盆，肚子很大，然后把她臀部露在外面，下身一丝不挂，就命打手开始打。不多久，拉夏就晕过去了。锁南多吉还坐在椅子上骂："你竟敢向神祈祷咒骂我死，好大的胆子，这下尝到我的厉害了吧！"过了一会，就听不见呻吟了，打手回报晕死过去了。锁南多吉怕出了人命对自己无利，才命打手停止。

由此可知，西藏农奴没有一点人身自由，性命身价还不如牲畜，虽是人却没有享有一点人的权利，农奴主要怎么样就怎么样。

（六）农奴对支差和人身奴役的反抗

对于领主所施予的人身奴役和残酷压榨，农奴们并不全是逆来顺受，他们还是有反抗的。他们反抗的方式据我们了解主要有以下方面：

1. 进行"和平"请愿：杜素谿卡的牲畜税，最早是要交羊，后来由扎西顿珠之母将羊差折钱，一只羊只合成 25 两藏银。到扎西顿珠当家时，藏币贬值，一只羊价合 100 两左右。扎西顿珠对差巴们说："过去一只羊折合 25 两藏银，而现在一只羊已经卖到 100 两，你们交的羊也应该提到跟市价一般多。"差巴们便自动集合起来到领主家去请愿，他们对领主说："常言道：大人说一不二。你母亲已经定下来每只羊 25 两，现在你要增加到 100 两，这不是把你母亲的话扔在一边了吗？老爷还是不要增加吧。"扎西顿珠没有道理可说，也就作了让步，没有增加。

要求减差的请愿也不少，在群众的压力下，领主有时也不得不接受群众的请求，减去差的一部分。

2. 农奴支差中的反抗：他们给领主交草时，在草筐中放坏草，甚至在木条上挖一个暗沟，将沙灌入木条，再插进草筐底部，在重量上蒙瞒领主。替杜素到日喀则卖粮，在粮运至中途，即开始食用，然后往口袋里灌水。

差巴们给领主耕自营地时，都拿最短小的铧尖，地耕得很浅。春耕播种时，有些支差的童工，故意把种子撒得不匀，有的撒成一团，有的手里并没有种子，但装作撒种的样子，监工远远看去以为他真的在撒种，其实播种人只是作个样子而已。

秋收割禾时，有的地里水没到腰部，地里有很深的浮泥，参加收割的人，便把青稞穗往稀泥里踩。

差巴向领主交纳积肥时，全挑小口袋来装运。自己家里没有，就向别人家借，甚至宁愿到别的黎卡借也要弄到小口袋。

杜素盖新房时，因不给工匠吃饱，因此泥水匠在砌墙时，故意把石头斜歪着放。房子修好后泥水匠对好友森木吉说："这房子表面修得美，但不过三年就有戏看了。"

群众还在语言中、诗歌中，表现出自己的反抗。有些讽喻已写入前面各章中，不再赘述。

五、家庭收支情况调查

我们对杜素庄园中各类农户（共59户）进行了收支调查，调查以1958年的家庭收支为年限，目的是从中看一看各种不同农户的收入、支出在项目上数量上有何异同，看一看他们自己创造的劳动产品，或使用他人劳动的产品，各占多大比重。对其中的一些农户，我们还进行了受剥削率，或剥削他人劳动在收入中占多大比重的计算。

对杜素庄园的农户和居民，按差巴、堆穷、囊生（包括雇工）和僧尼的顺序排列于下。

（一）差巴20户的家庭收支

差巴是种差岗地的农奴，按差岗地多少不同分类，有种1岗的，有种$1\frac{1}{4}$岗的，有种$\frac{1}{2}$岗的，还有种$\frac{1}{4}$岗的。总的说来，因差役一般以差岗地数为摊派依据，所以差役大体可以按岗数比例计算出来。但是杜素的差巴有相当多的差租不是这样，尤其交给庄园的租数，是由领主任意定下的交纳数。还有的差巴因在庄园任职，或因掌握某项特权，而把差役转嫁他人的，如根布囊巴家就是这样。除了以差岗地为准外，也还有按户数，按人身情况，按牲畜多少支应的差役。

收支情况是在民主改革中调查的。一般说来对于中等农奴（在这里是对中等差巴）以下的农户，土改中是不必去仔细计算其收支情况和所受剥削率的。我们为了深入了解各种居民的经济情况，因此才反复调查和核实了他们1958年的经济收支。对其中一些农户，我们作了计算。好在基本数字和情况各户都有，可以提供对此有兴趣的研究者作分析、比较和进行自己认为合理的计算。

在西藏计算剥削率，是一项极为复杂的工作。因为对于在领地支差所创造的劳动产品，在自己差地上的收成，还有其他实物，包括牧业、手工业和家庭副业的产品，种类项目繁杂，因此也难以采用马克思在计算劳役剥削时，将全年天数，除去坏天气，看多少天为领主劳动、多少天为自己劳动的方法去计算。

在收入中有一部分支差是付给雇价的，即工资和口粮，这也是一个新问题。这类收入无疑是必要劳动的一部分，因此这类支差的劳役性质，又不能全作为剥削劳动，这也有必要作具体分析。

对差巴的收支计算中，因各户的特点不同，又要有所不同。有的是使用雇工（长工或短工）去支差，有的使用雇工或囊生为自己干地里活，有的是名为亲戚实为家奴，因而在口粮上和工资计算上也有很大差别。

1. 差巴囊巴·顿珠才仁1958年家庭收支情况

概况

（1）人口：家中有8人。囊生3人（2男1女），佣人5人（其中1个佣人的小孩管吃无工资）、看水磨1人，共17人。家长顿珠才仁为根布。

（2）成分：差巴，世袭根布，土改中划为领主代理人。

（3）土地：1岗地（上等地4如魁，中等地3如魁半，坏地83如魁半），下种数共91如魁。其中青稞60如魁，菜子6如魁，豌豆20如魁，麦子5如魁，轮休地4如魁。

债务抵入地：44如魁种了地，其中青稞28如魁，豌豆10如魁，菜子3如魁，麦子3如魁，轮休地7如魁。

卖驴换进地：19如魁，其中青稞10如魁，豌豆5如魁，菜子2如魁，荞麦2如魁。

合计下种数：154如魁，其中青稞98如魁，麦子8如魁，菜子11如魁，豌豆35如魁，荞麦2如魁。

（4）牲畜：耕牛4头，黄牛大小4头，奶牛3头（2头有奶），驴13头，马1匹，牦牛6头（3头有奶），山羊102只，绵羊90只，另有公鸡2只、母鸡2只。

（5）农具：犁套3个，犁耙4个，犁柄13个，犁铧35个，锹大小12把，锄35把，镰刀4把，四股叉6个，二股叉4个。

（6）其他

水磨：2个，好的1个，中等的1个。

油房：1间。

林卡：4个，其中有两个是与德鲁和曲夏共有。

堆穷：有1户堆穷（巴却巴）

收入

农业：青稞	580如魁	1740.00（单位：元）
麦子	30如魁	90.00
菜子	35如魁	105.00
豌豆	70如魁	210.00
荞麦	5如魁	15.00
	合计	2160.00
地租：青稞	100如魁	300.00
麦子	15如魁	45.00
菜子	15如魁	45.00
豌豆	20如魁	60.00
草	730筐	365.00
租草	155筐	77.50

萝卜	150 袋	112.50
冰雹费（谷穗）	9 如魁	27.00
合计		1032.00
副业：水磨	30 如魁	90.00
油房：油饼	13 个	6.50
油	2 壶	1.00
木料	16 根	16.00
酥油	115.5 涅尕	57.75
酥油（牧民送来）	40 涅尕	20.00
9 只驴驮运费	40 品	100.00
山羊毛	70 捆	17.50
绵羊毛	60 捆	30.00
鸡蛋	90 个	4.50
牛粪	22 驮	5.50
奶渣	100 块	25.00
合计		373.75
其他：		
自留种：青稞等	154 如魁	462.00
旧存油菜子	15 如魁	42.00
合计		504.00
收债：普通扎西岗	18 如魁	54.00
扎学	150 如魁	450.00
谿卡	70 如魁	210.00
借债时给的鸡蛋	20 个	1.00
合计		715.00
卖牛：收 1957 年卖耕牛款 25 品		62.50
宗教：尼姑寺庙收入		（缺）
收入合计		4847.25 元
支出		
（1）家庭消费：口粮 17 人	250 如魁	750.00（单位：元）
酒（1 天 3 次）	150 如魁	450.00
酥油	70 如魁	210.00
酥油	80 涅尕	40.00
麦子	25 如魁	75.00
盐	4 如魁	12.00
奶渣	100 块	25.00
绵羊 17 只	34 如魁	102.00
起子	1 如魁	3.00
糖	50 两	2.50
粉条	200 两	10.00

火柴 1 包	30 两	1.50
染料	400 两	20.00
藏装	750 两	37.00
鞋底	2 如剋	6.00
缝鞋线	20 两	1.00
肥皂	30 两	1.50
炊具	3 如剋	9.00
羊油	4 如剋	12.00
牛粪	5 如剋	15.00
菜子（榨油）	34 如剋	102.00
萝卜	150 袋	112.50
狗食	5 如剋	15.00
油	2 壶	1.00
山羊毛	70 捆	17.50
绵羊毛	60 捆	30.00
鸡蛋	110 个	5.50
	合计	2066.00

（2）雇工消费

佣工（4 人工资）	33 如剋 4 波	100.05
春秋工（2 人工资）	8 如剋	24.00
春秋工（2 人口粮）	24 如剋	72.00
收割（120 天工资）	20 如剋	60.00
收割（120 天口粮）	10 如剋	30.00
扬场（30 天工资）	2 如剋 6 波	7.50
扬场（30 天口粮）	2 如剋 6 波	7.50
房差收割（10 天口粮）	10 波	2.50
裁缝（37 天工资）	3 如剋 1 波	9.25
裁缝（37 天口粮）	3 如剋 1 波	9.25
裁缝（37 天饼）	37 个	1.85
捻线工（2 个月工资）	2 如剋	6.00
捻线工（2 个月口粮）	3 如剋 4 波	10.00
织布工（20 天工资）	1 如剋 8 波	5.00
织布工（20 天口粮）	1 如剋 8 波	5.00
榨油工（26 天工资）	2 如剋 2 波	6.50
榨油工（26 天口粮）	2 如剋 2 波	6.50
鞣皮工（18 天工资）	3 如剋	9.00
鞣皮工（18 天口粮）	1 如剋 6 波	4.50
屠工杀羊（32 只工资）	2 如剋 8 波	8.00
屠工杀牛（1 只工资）	4 波	1.00
看水磨工（1 年工资）	5 如剋	15.00

木匠（2 天工资）	6 波		1.50
木匠（2 天口粮）	2 波		0.50
	合计		402.40

（3）生产投资

种子：青稞	98 如魁		294.00
麦子	8 如魁		24.00
菜子	11 如魁		33.00
豌豆	35 如魁		105.00
荞麦	2 如魁		6.00
饲料：驴马饲料	65 如魁		195.00
耕牛等饲料	15 如魁		45.00
酒糟	6 袋		5.50
草	851.7 筐		425.85
鸡食	3 如魁		9.00
盐	2 如魁		6.00
油饼	13 个		6.50
	合计		1154.85

（4）剥削支出

冰雹费	9 如魁	27.00
租粮	17 如魁	51.00
租草	50 甲马	16.65
内外差款 701 两 6 分半 $\frac{1}{8}$ 毫		35.10
酥油	14 涅尕	7.00
扎学地租	200 两	10.00
扎学差款	700 两	35.00
绵羊 5 只	125 波	31.25
山羊 1 只	18 波	4.50
山绵羊毛折款	150 两	7.50
	合计	225.00

（5）其他

宗教：念经 30 次	250 两		12.50
念经口粮	2 如魁 6 波		7.50
经旗	100 两		5.00
香	300 两		15.00
酥油	60 涅尕		30.00
清油	20 如魁		60.00
丰收经：糌粑	2 波半		0.33
鸡蛋	3 个		0.15
酥油	15 涅尕		0.75

	青稞	3 波	0.75
	合计		131.98
放债：乌木宗		21 如魁	63.00
	森木吉	4 如魁 8 波	14.00
	曲夏	9 如魁 4 波	28.00
	白马赤来（冰雹喇嘛）	9 如魁	27.00
	资龙	7 如魁 3 波	21.75
	苏巴魁	4 如魁 8 波	14.00
	白马赤来	25 品	62.50
	合计		230.75
	总支		4210.48
	余		636.77

此户纯剥削数与收入数之比：

（1）全年收入

农业		2160 元
地租		1005 元
副业		524.25 元
收债本利		715 元
	计	4404.25 元

（2）剥削部分

农业①	1532.5 元－270 元＝1262.5 元
地租	1005 元
副业	441.5 元
债利②	102 元
计	2811 元

（3）受剥削部分

租粮	17 如魁	51 元
租草 50 甲玛（也写作"甲马"）		16.65 元
酥油差	14 涅尕	7 元
扎学地租	200 两藏银	10 元
扎学差款	700 两藏银	35 元

---

① 春秋工 2 佣人工资 8 如魁　　24 元
春秋工 2 佣人口粮 24 如魁　　72 元
长年佣人 4 人工资 33 如魁 4 波 100 元
口粮 83 如魁　249 元
囊生 3 人消费 60 如魁　180 元
房差　口粮 10 波　2.5 元
合计　627.5 元
此项支出从农业收入中除去。
② 对此户债利统计，在统计计算上是偏低的。

冰雹费	9 如魁	27 元
绵羊 5 只	125 波	31.25 元
山羊 1 只	18 波	4.5 元
绵山羊毛	150 两藏银	7.5 元
内外差款	701 两 6 分①半 $\frac{1}{8}$ 毫②	35.1 元
	计	225 元

剥削占收入百分比：（纯剥削）

$\frac{2811\ 元 - 225\ 元}{4407.25} = \frac{2586\ 元}{4407.25\ 元} = 58.7\%$，①公式为（$\frac{纯剥削}{全年与剥削有关收入}$）

$\frac{2811\ 元 - 225\ 元}{4820.25\ 元} = \frac{2586\ 元}{4820.25\ 元} = 53.64\%$，②公式为（$\frac{纯剥削}{全年全部实际收入}$）

2. 差巴桑岗·晋美 1958 年家庭收支情况

概况

（1）人口：家中有 8 人（其中尼姑 3 人，喇嘛 1 人）。囊生 3 人（其中一个 9 岁小孩），佣人 3 人。共 14 人。

（2）成分：差巴，民主改革中划为领主代理人。

（3）土地：1 $\frac{1}{2}$ 岗地，自种 32 突。轮休地 5 $\frac{1}{2}$ 突，债务抵进地 11 突。种作物地数：青稞 104 如魁，麦子 10 如魁，豌豆 46 如魁，菜子 4 如魁。

（4）牲畜：马 3 匹，驴大小 14 头，黄牛 4 头，耕牛 9 头，奶牛 4 头，小牛 1 头，山羊 50 只，绵羊 30 只（羊由囊生放牧），牧区有牦牛 30 头。

（5）农具：3 套耕具。其他小农具齐全。

（6）林卡：4 个。

（7）堆穷：4 户。

收入

（1）农业：青稞	434 如魁	1302.00（单位：元）
麦子	50 如魁	150.00
豌豆	166 如魁	498.00
菜子	35 如魁	105.00
萝卜	10 袋	7.50
草	800 筐	600.00
谷穗	129 捆	40.50
	计	2703.00
（2）收罗吉村地租	150 如魁	450.00
（3）副业：8 头驴驮运费	112 品	280.00
大车运费	110 品	275.00
酒糟	14 袋	21.00

① 此处的"分"是作为货币计量单位。1 分 = 0.01 两 = 0.3125 克。修订注。

② 此处的"毫"是作为货币计量单位。1 毫 = 0.01 分 = 0.0001 两 = 0.003125 克。修订注。

牧区送来酥油	100 涅尕	50.00
牦牛毛	25 绞	6.25
牦牛绒毛	2 袋	12.00
绵羊毛	30 绞	15.00
山羊毛	50 绞	12.50
鸡蛋	30 个	1.50
酥油	148 涅尕	74.00
奶渣	148 块	37.00
	计	748.25

（4）其他

收债与利息	34 如魁	90.00
喇嘛口粮（杜素发）	10 如魁	30.00
尼姑在寺庙收入共	39 如魁 6 波①	118.50
	计	238.50

（5）每年自留种　　164 如魁　　492.00

总收入　　4667.75 元

支出

（1）生活消费：

糌粑	160 如魁	480.00 （单位：元）
生糌粑	25 如魁	75.00
酒	135 如魁	405.00
面粉	30 如魁	90.00
酥油	220 涅尕	110.00
酥油（换入）	25 如魁	75.00
肉（自家的羊 6 只）	30 如魁	90.00
盐	9 如魁	27.00
碱	1 如魁	3.00
鞋及做鞋线、布	10 品	25.00
颜料、火柴	5 品	12.50
糖	47 两	2.35
大米	3 品 25 两	8.75
茶（圆茶 14 块、方茶 24 块、还有旧存的）280 两		14.00
炊具	20 波	5.00
鞋底 5 双	6 如魁 3 波	18.75
大小筐	3 如魁 9 波	11.25
菜子榨油	31 如魁 3 波	93.75
辫发	14 波	3.35
起子	3 如魁	9.00

---

① 此数字中：属买地收入 20 如魁，寺庙地收入 7 如魁，念"敦锅"的收入 6 如魁，寺庙公地 2 如魁 6 波，利息收入 4 如魁。

奶渣	148 块	37.00
鸡蛋	30 个	1.50
山羊毛	50 绞	12.50
绵羊毛	30 绞	15.00
牦牛绒毛	2 袋	12.00①
牦牛毛	25 绞	6.25
萝卜	10 袋	7.50
	计	1638.60

（2）雇工消费

佣人（3 个工资）	30 如尅	90.00
佣人（3 个口粮）	60 如尅	180.00
短工收割 40 天	40 波	10.00
短工收割口粮	40 波	10.00
织布工 30 天工资	30 波	7.50
织布工 30 天口粮	30 波	7.50
织布工 25 天工资	25 波	6.25
织布工 25 天口粮	25 波	6.25
鞣皮工 15 天工资	15 波	3.75
鞣皮工 15 天口粮	15 波	3.75
鞣皮工 15 天饼	15 个	0.75
鞣皮工 15 天内折粮	7.5 波	1.88
寄牧区牧牛工资	10 如尅	30.00
寄牧区牧牛工资	3 如尅 9 波	11.25
砍引火柴 8 人 1 天	8 波	2.00
砍引火柴 8 人口粮	8 波	2.00
春送粪 8 人 1 天	8 波	2.00
春送粪 8 人口粮	8 波	2.00
炒青稞 10 天	10 波	2.50
炒青稞 10 天口粮	10 波	2.50
磨糌粑费	5 如尅 1 波	15.25
榨油工 15 天	15 波	3.75
榨油工 15 天口粮	15 波	3.75
冬天短工 5 天	5 波	1.25
冬天短工 5 天口粮	5 波	1.25
洗衣被 2 天	2 波	0.50
洗衣被 2 天口粮	2 波	0.50
木匠 3 天	9 波	2.25
木匠 3 天口粮	3 波	0.75

---

① 未用，故未计入。

捻线 1 个月	6 波	1.50
捻线 1 个月口粮	20 波	5.00
送出外面捻线	15 两	0.75
计		418.38

（3）生产投资

副业牲畜饲料	80 如魁	240.00
草	785 筐	588.75
酒糟	14 袋	21.00
鸡食	3 如魁	9.00
计		858.75

（4）农业种子

青稞	104 如魁	312.00
麦子	10 如魁	30.00
菜子	4 如魁	12.00
豌豆	46 如魁	138.00
计		492.00

（5）受剥削支出

租粮	16 如魁 6 波	49.50
租草（合 15 筐）	22 甲马	11.25
酥油	28 涅尕	14.00
内外差款	1348 两 1 钱[①] 3 分	67.40
交羊差	68 波	17.00
交羊毛款	75 两	3.75
计		162.90

（6）其他：宗教，尼姑念"敦锅"支出

酒	30 波	7.50
茶	100 两	5.00
酥油	20 涅尕	10.00
菜子榨油	50 波	12.50
榨油工 2 天工资	2 波	0.50
榨油工 2 天口粮	2 波	0.50
糌粑	12 如魁	36.00
麦子	10 如魁	30.00
肉	5 如魁	15.00
香	4 品	10.00
灯油	4 品 30 两	11.50
清油	4 如魁	12.00
到家念经 7 人 4 天	140 两	7.00

① 此处的"钱"是一种货币计量单位。1 钱 = 0.1 两 = 3.125 克。修订注。

	每月念经2天1人	4 波	1.00
	念经口粮52天	52 波	13.00
	门口化缘	20 波	5.00
丰收经：面粉		2 波	0.50
	酥油	3 涅尕	1.50
	酒	2 波	0.50
	鸡蛋	6 个	0.30
	糌粑	4 波	1.00
	青稞	3 波	0.75
冰雹经：鸡蛋		5 个	0.25
	青稞	7.5 波	1.88
冰雹费：谷穗		129 捆	40.50
		计	223.68
		总支	3974.31 元
		余	872.44 元

此户剥削数与收入之比：

（1）全部收入

	农业	2703.00 元
	地租	450.00 元
	副业	784.25 元
	其他	238.50 元
	合计	4175.75 元

（2）剥削部分

	农业①	1328.00 元
	副业：驮运费	280.00 元
	大车运费	275.00 元
	酒糟	21.00 元
	绵羊毛	15.00 元
	山羊毛	12.50 元
	牦牛绒毛	12.00 元
	牦牛毛	6.25 元
	牧区酥油	50.00 元
	牦牛增殖②	108.75 元
	羊增殖	67.50 元
	地租（尼姑收租）	457.50 元
	债利　　　8 如剋	24.00 元

---

① 农业剥削部分是以户主家有2.5个劳动力，雇工为4个劳动力，分别计算其所创造的劳动收入，再由雇工所创收入中减去雇工工资口粮。另外还减去1个放羊囊生1年的消费。

② 寄放牧区牦牛的收入中已减去放牛人工资41.25元。

| | 共计 | | 2657.50 元 |

（3）受领主等方面剥削

交租		142.15 元
冰雹费		40.50 元
山羊 1 只	18 波	4.50 元
绵羊 2 只	50 波	12.50 元
羊毛	藏银 75 两	3.75 元
丰收经		4.55 元
冰雹经		2.13 元
	共计	210.08 元

（4）剥削他人占全家收入百分比

$$\frac{2657.50 \text{元} - 210.08 \text{元}}{4175.75 \text{元}} = \frac{2447.42}{4175.75} = 59\%$$

3. *差巴巴德·秋达 1958 年家庭收支情况*

概况

（1）人口：10 人。

（2）成分：中等农奴，任列本。

（3）土地：$1\frac{1}{4}$ 岗地，24 突，自种 16 突，轮休地 $4\frac{1}{4}$ 突，卖地 $1\frac{1}{4}$ 突，工资地约半突（给佣人），下种数共 66 如魁半。

（4）牲畜：黄牛 3 头，母牛 1 头（有奶），奶牛 2 头（1 头有奶），驴大 5 头小 1 头，山羊 23 只，绵羊 8 只，母鸡 2 只。

（5）农具：耕具大小全套，另四齿叉 1 把，还有若干小农具。

（6）水磨：2 个。

（7）林卡：1 个。

收入

（1）农业：	青稞	275 如魁	825.00（单位：元）
	麦子	25 如魁	75.00
	菜子	20 如魁	60.00
	草	240 筐	180.00
	谷穗	48 捆	15.00
	萝卜	2 袋	0.75
	合计		1155.75
（2）副业：	水磨工资	20 如魁	60.00
	看水磨 1 人口粮	17 如魁 6 波	52.50
	酥油	90 涅尕	45.00
	奶渣	90 波	22.50
	鸡蛋	120 个	6.00
	5 只驴驮运费	48 品	120.00
	卖柴 40 驮	8 品	20.00

山、绵羊毛		9.75
木料 15 根	5 如魁	15.00
牛粪 6 驮（换酒糟）	2 驮	6.00
卖羊肉 5 只	10 如魁	30.00
	计	386.75

（3）帮工：日喀则帮工 1 个月　570 两　　28.50

任列本收入：

列本报酬	5 如魁	15.00
列本过年费	4 如魁	12.00
列本伙食费	51 两	2.55
	计	29.55
列本口粮（糌粑 22 如魁）	16 如魁	48.00

（4）其他

地价	12 如魁 6 波	37.50
借债：杜素	21 如魁	63.00
桑岗	5 如魁	15.00
尼姑寺庙收入	3 如魁	9.00
自留种子	45 如魁 6 波	136.50
	计	261.00
	总收	1909.55

支出

（1）家庭消费

口粮	120 如魁	360.00（单位：元）
酒	60 如魁	180.00
茶	888 两	44.40
酥油	66 涅尕	33.00
奶渣	80 块	20.00
盐 2 驮	7 如魁	21.00
碱	1 如魁	3.00
买绵羊 5 只	10 如魁	30.00
买羊肉 2 只半	5 如魁	15.00
干牦牛肉 $\frac{1}{4}$ 只	20 波	5.00
羊毛和牦牛毛 3 驮	12 如魁	36.00
绵羊皮 5 张	2 如魁	6.00
牦牛皮 2 张	3 如魁 4 波	10.00
染料	50 两	2.50
鞋料	60 两	3.00
线	48 两	2.40
黑色染料	102 两	5.10

帽子 1 顶	275 两	13.75
草帽 1 顶	200 两	10.00
上衣 3 件	500 两	25.00
筐子 3 个	21 波	5.25
方筛 1 个	6 波	1.50
牛粪	12 波	3.00
鞋钉	3 波	0.75
菜子榨油	7 如魁	21.00
狗食	1 如魁	3.00
做酒曲子	5 波	1.25
萝卜	5 袋	1.90
鸡蛋	53 个	2.65
	计	965.45

（2）雇工消费

铁匠 2 人 1 天工资	6 波	1.50
铁匠 2 人 1 天口粮	2 波	0.50
木炭 2 驮	2 如魁 2 波半	6.63
木匠 3 天工资	9 波	2.25
木匠 3 天口粮	3 波	0.75
裁缝 15 天工资	15 波	3.75
裁缝 15 天口粮	15 波	3.75
鞣皮工 5 天工资	5 波	1.25
鞣皮工 5 天口粮	5 波	1.25
鞣皮工 5 天肉	折粮 2 波半	0.63
佣人工资	10 如魁	30.00
雇工口粮	17 如魁	32.50
	计	104.76 元

（3）生产投资

农业：青稞种子	56 如魁	168.00
小麦种子	5 如魁半	16.50
菜子	5 如魁	15.00
	计	199.50
副业：牲畜饲料	45 如魁	135.00
春耕牛料	5 如魁	15.00
盐	1 如魁	3.00
草	231 筐	173.25
酒糟	2 袋	6.00
	计	332.25

（4）受剥削支出

租粮　13 如魁 4 折(20 折 =1 如魁)2 普①　　　　39.63

租草	13 甲马	6.75
酥油	14 涅尕	7.00
债利：旧藏政府债利	8 如魁 16 赤	76.25
桑岗债	5 如魁	15.00
桑岗债利	1 如魁	3.00
桑岗债旧债利息	8 波	2.00
杜素债	10 如魁	30.00
杜素债利息	3 如魁	9.00
郎巴债	13 如魁	39.00
郎巴旧债利息	4 如魁	12.00
敦洛尼姑旧债利	1 如魁 4 波	4.00
内外差款	1125 两 2 分半	56.25
冰雹费（谷穗）	48 捆	15.00
羊差、绵羊	1 只	6.00
计		270.88

（5）其他支出

宗教：念经 2 人 1 次	8 两	0.40
经旗布	20 两	1.00
丰收经：青稞	5 波	1.25
糌粑	3 波半	0.58
酥油	2.5 涅尕	1.25
鸡蛋	5 个	0.25
冰雹经：鸡蛋	2 个	0.10
糌粑	2 波	0.50
寺庙念经	2 波	0.50
门口化缘	4 波	1.00
香	12 两	0.60
清油	8 波	2.00
计		9.43
总支		1882.27
余		27.27

此户剥削数占收入的比例：

（1）收入

农业	1155.75 元
副业	173.25 元
列本工资报酬	95.55 元
计	1424.55 元

---

① "普"也译为"卜"，是一种容积计量单位。1 普 ≈0.16 公升。修订注。

（2）剥削部分

农业雇工		161.25
牧羊工		48.00
	计	209.25 元

（3）受剥削部分

实物：租粮		53.38
债利		56.25
冰雹费		15.00
丰收经费		3.93
绵羊（1 只）		6.00
	计	134.56 元

（4）按实物部分折算，对他人剥削占收入的比重

$$\frac{剥削-受剥削}{收入}即\frac{74.69}{1424.55}=5.2\%$$

说明：

此户对人剥削仅占收入的 5.2%，但此户向领主支差人力 295 人日，畜力 444 头日，未计入，计入后仍是受剥削户。但此户户主是列本，处于代替领主管理和组织生产的地位。

4. 差巴派雄巴·顿珠 1958 年家庭收支情况

概况

（1）人口：15 人

（2）成分：中等农奴

（3）土地：$1\frac{1}{4}$ 岗，自种 18 突半又 $\frac{1}{8}$ 突，轮休地 $4\frac{1}{4}$ 突又 $\frac{1}{8}$ 突，下种数为青稞 65 如魁，麦子 10 如魁，菜子 2 如魁半，共 77 如魁。

（4）牲畜：耕牛 2 头，奶牛 1 头，小牛 1 头，驴 8 头，山羊 36 只，小羊 32 只，母鸡 3 只。

（5）农具：两整套。

（6）其他

水磨：1 个。

油房：1 间。

林卡：1 个。

收入

（1）农业

青稞	257 如魁 6 波	1072.50（单位：元）
小麦	40 如魁	120.20
菜子	17 如魁	51.00
草	397 筐	297.75
谷穗	56 捆	17.38
萝卜	6 袋	2.20
	计	1560.83

（2）副业

羊毛（36 只羊合 36 波）	1 袋	9.00
驮运费	56 品藏银	120.00
油房出租费：油饼	30 块	15.00
油	3 壶	1.50
水磨	10 如魁	30.00
酥油	40 涅尕	20.00
奶渣	40 块	10.00
鸡蛋	150 个	7.50
酒糟	4 袋	6.00
卖木料	20 品	50.00
	计	269.00 元

（3）帮工

换工 10 天口粮	10 波	2.50
磨糌粑时口粮（半年）	15 如魁	45.00
	计	47.50

（4）支出

为杜素支差口粮	4 如魁	12.50 元

（5）其他：借债

领主杜素	28 如魁	84.00 元
上一年留种子	62 如魁	186.00 元
	共计	2159.83 元

支出

（1）生活消费

口粮	175 如魁	525.00（单位：元）
酒	62 如魁	180.00
盐	4 如魁	12.00
碱	1 如魁 3 波	3.75
茶	748 两	37.40
酥油 80 涅尕	800 两	40.00
梳头费	7 波	1.75
羊油 36 涅尕	3 如魁	9.00
杀羊（自己羊）	10 只	（不计价）
买羊肉 3 只	4 如魁	12.00
绵羊毛	4 袋 12 如魁	36.00
菜子榨油	13 如魁	39.00
做酒曲子	5 波	1.25
酥油	25.5 涅尕	12.75
奶渣	40 块	10.00
菜油	3 壶	1.50

羊毛	1 袋	9.00
鸡蛋	150 个	7.50
狗食	2 波	0.50
萝卜	5 袋	1.85
计		939.90

（2）雇工消费

铁匠 2 人 1 天工资	6 波	1.50
铁匠 2 人 1 天口粮	2 波	0.50
裁缝 15 天工资	15 波	3.75
裁缝 15 天口粮	15 波	3.75
裁缝 15 天饼子	15 个	0.75
鞣皮工 10 天工资	10 波	2.50
鞣皮工 10 天肉折粮	5 波	1.25
鞣皮工 10 天口粮	10 波	2.50
鞣皮工 10 饼	10 个	0.50
秋季工工资（1 个半月）	2 如魁 4 波	7.00
秋季工口粮	3 如魁 9 波	11.25
屠宰费（杀 10 只羊）	3 根木料	2.50
房差 12 天口粮	12 波	3.00
地价折工 20 天口粮	20 波	5.00
农业换工 17 天口粮	17 波	4.25
放羊囊生 7 个月口粮	11 如魁 8 波	35.00
计		85.00

（3）生产投资

农业：种子

青稞	65 如魁	195.00
麦子	10 如魁	30.00
菜子	2 如魁 6 波	7.50
计		232.50

（4）副业

牲畜饲养	65 如魁	195.00
夏季牲畜食盐	1 如魁	3.00
油饼	30 块	15.00
萝卜	3 袋	1.10
酒糟	4 袋	6.00
草	391 筐	293.25
计		513.35

（5）受剥削支出

租粮	11 如魁 1 折 1 普	33.25
租草	9 甲马	4.50

内外差款	1125 两 2 分半	56.25
酥油	7 涅孕	3.50
	计	97.50

（6）债利

杜素债	21 如剋	63.00
杜素债利	3 如剋	9.00
杜素债款	4 品	10.00
喇嘛庙债利	5 如剋	15.00
兴隆庙债利	7 如剋 8 波	23.00
萨迦·盆康债利	3 如剋	9.00
藏政府债利	20 如剋	60.00
尼姑庵债利	120 两	6.00
	计	195.00

（7）羊差

山羊	1 只	5.00
山羊毛	1 绞	0.25
	计	5.25

（8）其他支出：宗教

念经 2 人 4 天	32 两	1.60
经旗	40 两	2.00
敬神经 2 天	8 两	0.40
冰雹费：谷穗	56 捆	17.38
丰收经：青稞	5 波	1.25
糌粑	3 波半	0.58
酥油	2.5 涅孕	1.25
鸡蛋	5 个	0.25
冰雹经：鸡蛋	2 个	0.10
糌粑	2 波	0.50
门口化缘	1 如剋	3.00
香	34 两	1.70
清油	10 波	2.50
到庙念经：香	2 两	0.10
茶	1 块	1.60
酥油	5 涅孕	2.50
糌粑	4 波	1.00
青稞	4 波	1.00
喇嘛念经口粮	8 波	2.00
	计	40.71
	总支	2108.71
	余	38.62

派雄巴受剥削情况统计：

（1）收入

农业	1560.83 元
副业	128.00 元
共计	1688.83 元

（2）剥削他人收入：短工   26.75（45 天）×4 = 107 元

囊生	48.25
堆穷	10.25
共计	166.25 元

（3）受剥削部分

实物	交租粮	9.75
	债利	122.00
	冰雹费	17.38
	丰收经费	3.93
	羊（1 只）	5.00
	羊毛（1 把）	0.25
	共计	246.06 元

（4）实物部分计算剥削率

$$\frac{剥削-受剥削}{收入}\ 即\ \frac{79.81}{1688.83}=4.7\%$$

另外此户支差人力 295 日，畜力 444 日未计入，否则受剥削之比会大大超过 4.7%。

5. 差巴西不觉·才旦顿珠 1958 年家庭收支情况

概况

（1）人口：家有 8 人，女儿由旺多赠送给诺吉当女佣人。

（2）成分：在土改中划为中等农奴。才旦顿珠当过脚本。

（3）土地：差地 1 岗，另买地 7 突。差地中实种 19 $\frac{1}{4}$ 突，被水冲坏 $\frac{3}{4}$ 突，抵债 1 突。休耕 6 突。

（4）牲畜：耕牛 3 头，奶牛 2 头，驴子 8 头，绵羊 5 只，山羊 60 只。

（5）农具：犁架 3 个，横梁 2 根，耙 1 把，铲子 4 把，锹 8 把，镰刀 5 把，犁尖 3 片。

收入

（1）农业	青稞	250 如魁	750.00
	小麦	20 如魁	60.00
	菜子	16 如魁	48.00
	草	约 200 筐	151.50
		计	1009.50
（2）副业	驮运费	1760 两	88.00
	酥油	120 波	30.00
	奶渣	50 袋	12.50
	鸡蛋	60 波	15.00

	胶	1 如魁	3.00
	羊毛	160 波	40.00
	羊	208 波	52.00
	做酒曲子	9 波	2.25
		计	242.75

（3）支差：当囊生口粮收入　16 如魁　48.00

（4）其他

	当脚本剥削收入	16 如魁	48.00
	修路	1850 两	95.50
		计	140.50
		合计收	1440.75

支出

（1）生活费用

	口粮	76 如魁	228.00
	酒粮	40 如魁	120.00
	茶	20 如魁	60.00
	酥油	80 波	20.00
	盐	5 如魁	15.00
	碱	1 如魁	3.00
	羊	208 波	47.00
	茶末	1 如魁	3.00
	衬衣	3 如魁	9.00
	鞋呢	6 波	1.50
	鞋线	6 波	1.50
	鞋牛皮	3 如魁	9.00
	鞋带	6 波	1.50
	做鞋用的牦牛毛	3 如魁	9.00
	帽	1.5 如魁	4.50
	火柴	6 波	1.50
	染料	2 如魁	6.00
	木碗	1 如魁	3.00
	鞣皮油	6 波	1.50
	磨糌粑费	6 如魁	18.00
	宰羊费	15 波	3.75
	炊具	5 如魁	15.00
	鸡蛋	6 波	1.50
	清油	14 如魁	42.00
	榨油费	7 波	1.75
		计	626.00

（2）雇工支出

裁缝 12 天工资	1 如剋	3.00
裁缝 12 天口粮	18 波	5.00
铁匠 2 天工资	8 波	2.00
铁匠 2 天口粮	11 波	2.75
鞣皮匠 8 天工资	8 波	2.00
鞣皮匠 8 天口粮	12 波	3.00
房差（向扎康交）	8 波	2.00
	计	19.75

（3）生产投资

农业：

青稞种子	60 如剋	180.00
小麦种子	5 如剋	15.00
油菜种子	2 如剋	6.00
农具折旧	1.5 如剋	4.50
炭	1 如剋	3.00
牛笼套	6 波	1.50
饲料（包括油渣）	40 如剋	120.00
	计	330.00

副业：

饲料	4 如剋	12.00
草料		210.00
做酒曲子	3 波	0.75
	计	222.75

（4）受剥削支出①

实物：租子	17.3 如剋	51.90
绵羊 3 只	60 波	15.00
绵羊毛（3 只）	6 波	1.50
还债青稞	22 如剋	66.00
酥油税	28 两	7.00
冰雹费	5 如剋	15.00
牛粪	2 驮	1.00
货币：外差内差	900 两 1 钱 5 分	56.40
	计	213.80

（5）其他

经旗	6 波	1.50

---

① 受剥削部分中另有乌拉差役：
人工：248.5 日，折合青稞 62.1 如剋，或折 186.3 元；
驴工：257 日，折合青稞 24.4 如剋，或折 64.2 元；
当女囊生，折为 49 如剋，或折合 147 元。

丰收经	2 如魁	6.00
请喇嘛念经 4 天	10 波	2.50
化缘	5 波	1.25
香	36 两藏银	1.80

6. 差巴诺布吉·扎西旺堆一九五八年收支情况

概况

（1）人口：家有 9 人。女儿替杜素·才旦班久当女佣人，另雇有一个佣人。

（2）成分：土改中划为中等农奴。

（3）土地：一岗（合 $19\frac{3}{4}$ 突）

买地：$2\frac{3}{4}$ 突　尼姑庙地 $\frac{3}{4}$ 突

抵债地：$\frac{3}{4}$ 突

休耕：3 突

实耕：16 突

（4）牲畜：耕牛 3 头，毛驴 8 头，奶牛 2 头，绵羊 58 只，山羊 70 只。

（5）农具：耕具 3，耙 2，横梁 2，铲子 3，大铲 3，多子 6。

（6）其他：林卡一个。

织氆氇机一架。

收入

（1）农业

青稞	231 如魁	693.00
小麦	38 如魁	114.00
菜子	30 如魁	90.00
草	69 筐	201.15
	计	1098.15 元

（2）副业

酥油奶渣		62.50
驮运费	3600 两	180.00
羊毛	15.5 如魁	46.50
羊	20 如魁	60.00
	计	349.00 元

（3）其他

支差当囊生	16 如魁	48.00
打牌小费	10 如魁 1 波	30.25
索债油水		0.62
	计	78.87 元
	共收	1526.02 元

支出

（1）生活消费

口粮（糌粑已化成青稞）	86 如剋	258.00
强姆达	15 加剋	45.00
面粉	35 如剋	105.00
酒粮	60 如剋	180.00
茶	18 如剋	54.00
酥油	13 如剋	39.00
盐	8 如剋	24.00
碱	2 如剋	6.00
做酒起子	4 波	1.00
羊（自己的 30 只）	40 如剋	120.00
米	2 如剋	6.00
粉	10 波	2.50
糖	1 如剋	3.00
狗料	2 如剋	6.00
衬衣	75 波	18.75
外衣羊毛 3 驮	9 如剋	27.00
鞋带	1 如剋	3.00
鞋线	10 波	2.50
鞋呢	20 波	5.00
肥皂、毛巾	6 波	1.50
洋火	1 如剋	3.00
颜料	2 如剋	6.00
编发	1 如剋	3.00
牦牛毛	1 如剋	3.00
磨糌粑	4 如剋	12.00
榨油费	6 波	1.50
鞣皮油	1 如剋	3.00
炊具		
	计	428.75 元

（2）雇工支出

长工工资	68 波	17.00
长工口粮	10 如剋	30.00
裁缝 15 天工资	15 波	3.75
裁缝 15 天口粮	22.5 波	67.25
木匠 1 人 6 天工资	24 波	6.00
木匠 1 人 6 天口粮	9 波	2.25
石匠 2 人 6 天工资	36 波	9.00
石匠 2 人 6 天口粮	18 波	5.00

铁匠 2 天工资	8 波	2.00
铁匠 2 天口食	3 波	0.75
鞣皮匠 12 天工资	12 波	3.00
鞣皮匠 12 天口粮	18 波	5.00
屠羊费工资	31 波	7.75
屠羊口粮	1 波	0.25
房差 18 天口粮	27 波	6.75
雇"整"འབྲིང(小孩中的中等劳动力)工资	2 如尅 6 波	7.50
口粮	30 波	7.50
雇"德"རི་(小孩中的小劳力) 工资	1 如尅	3.00
口粮	20 波	5.00
雇工奖励	1 如尅	3.00
放牦牛费	2.5 如尅	7.50
计		199.25

（3）生产投资

农业：青稞	52 如尅	156.00
小麦	8 如尅	24.00
菜子	2 如尅	6.00
饲料	40 如尅	120.00
农具折旧	20 波	5.00
炭	4 如尅	12.00
胶	1 波	0.25
草	269 筐	201.15
计		323.25

（4）受剥削支出

实物：绵羊 2 只	40 波	10.00
山羊 1 只	14 波	3.50
绵山羊毛	5 波	1.25
租子	10.5 如尅	31.50
冰雹费	4 如尅	12.00
酥油差 14 两	28 波	7.00
货币：外内差 900 两 1 钱 5 分		45.00
付一部分债本利	10.5 如尅	31.50
计		141.75

（5）其他

经旗	6 波	1.50
"朋卓"	2 如尅	6.00
念经	4 如尅	12.00
化缘	4 波	1.00

	计：	20.50
	共支出：	1110.50
	余：	384.52

说明：

（1）诺布吉是杜素的催债人，在收债利时有些油水，他与诺布旺在豁卡内部收债时，1品藏银的债，两人可得3分钱的收债费。在其他豁卡收费时，1品藏银的债，两人可得1两藏银的收债费。外加每张债据费1毫，一年约可收入12.5两藏银，合2.5波，即0.62元。

（2）诺布吉在1958年盖新房，因赶工，故木匠、石匠的工资都增加了1波。

（3）种差地1岗，还要支劳役，每年人工出248.5日，驴工257日。人工驴工按本庄园一般雇费折算，人工为186.3元，驴工为64.2元，详见以下计算部分。

此户所受剥削的统计：

全年收入

农业			1098.15 元
副业			349.00 元
支差	当领主囊生	16 如魁	48.00 元
其他			30.87 元
		计	1526.02 元

剥削部分

堆穷割青稞 18 天	36 波	9.00（单位：元）
堆穷肥料 186 驮	26 波	6.50
中等劳力、小劳力		12.75
剥削佣人	44 如魁 4 波	133.00
替领主收债剥削		0.62
	计	161.86 元

受剥削部分

实物			65.25
乌拉差役：			
人工：248.5 日	折62.1 如魁		186.30
驴工：257 日	21.4 如魁		64.20
货币：900 两 1 钱 5 分			45.00
当女囊生	49 如魁		147.00
付债利	5 如魁		15.00
		计	522.75

受剥削占总收入的百分比[①]

$$\frac{522.75 - 161.86}{1526.02} = \frac{360.89}{1526.02} = 23.6\%$$

---

① 这里把劳役天数，按一般雇价折算后一起计算。混合租计算时尤为困难和复杂。此算法仅作尝试。

7. 差巴强巴·旺堆 1958 年家庭收支情况

概况

（1）人口：家有 16 人，1 人替杜素放羊。

（2）成分：土改中划为贫苦农奴。

（3）土地：1 岗地（25 突）

$$被水冲坏 \frac{3}{4} 突$$

$$抵债 8 突$$

$$休耕 6 \frac{1}{4} 突$$

$$实耕 10 突$$

（4）牲畜：耕牛 2 头、毛驴 7 头，绵羊 7 只，山羊 40 只。

（5）农具：缺

收入

（1）农业：	青稞	137 如魁		411.00
	菜子	7 如魁		21.00
	小麦	10 如魁		30.00
	草	150 筐		112.50
			计	574.50
（2）副业：	驴运费	460 品藏银		115.00
	羊毛	4 如魁 6 波		13.50
			计	128.50
（3）帮工：	当短工	9 月（每天 20 两）		270.00
	修公路	2400 两藏银		120.00
	割青稞工资	30 波		7.50
	口粮	22 波		5.50
			计	403.00
（4）支差：	替领主放羊口粮	22 如魁		66.00
（5）其他：	地价金	35 小魁		35.00
	卖羊①	9.3 如魁		27.90
			计	62.90
	借债	74 如魁		222.00
			共收入	1456.90

---

① 1958 年当冰雹喇嘛去牧区时，强巴·旺堆之子替他当佣人，无工资，但可向牧民讨羊，牧民因看在冰雹喇嘛份上，一般都给 1 只。其子从牧区讨回了 30 只羊，宰后卖了 8 只，每只价 14 波，其余的自己吃，故 1958 年强巴·旺堆未买羊皮，羊毛也买得不多。

支出

    （1）生活消费

口粮	125 如尅	375.00
面粉	10 如尅	30.00
酒粮	60 如尅	180.00
狗料	2 如尅	6.00
茶 24 块	19 如尅	57.00
酥油	104 涅尕	52.00
盐	6 如尅	18.00
碱	3 如尅	9.00
做酒起子	3 波	0.75
磨糌粑费	6 如尅	18.00
衬衣		20.00
外衣羊毛	7 如尅	21.00
鞋线、鞋面	约 4 如尅	13.00
火柴	4 波	1.00
染料	1 如尅	3.00
鞣皮油	4 波	1.00
编辫	1 如尅	3.00
鼻烟	6 波	1.50
牦牛毛	20 波	5.00
炊具	约 26 波	6.25
帽子	20 波	5.00
计		825.50

    （2）雇工支出

裁缝 10 天工资	10 波	2.50
口粮		3.75
屠夫	31 波	7.75
鞣皮工 20 天工资	30 波	7.50
口粮	20 波	5.00
铁匠 3 天[1]工资	24 波	6.00
口粮	6 波	1.50
木匠 2 天工资	6 波	1.50
口粮	3 波	0.75
堆穷 28 天口粮	44 波	11.00

---

[1] 1958 年强巴·旺堆请夏不吉丁的铁匠来做犁尖等，因是大型农具，故除 4 波工资外，临走时每天还须给 $\frac{1}{4}$ 只羊肉，管吃，肉照常给。谿卡一户铁匠因只会做些小东西，不会做大型农具，故除工资外，不需要再给肉。

		计	47. 25

（3）生产投资支出

农业：

青稞	23 如魁	69. 00
小麦	6 如魁	18. 00
菜子	2 如魁	6. 00
饲料	35 如魁	105. 00
农具折旧	1 如魁	3. 00
炭	2 如魁	6. 00
胶	1 波	0. 25
草料	150 筐	112. 50
计		319. 75

（4）受剥削支出

实物：租子	10.5 如魁	31. 50
租草	8 甲马	4. 00
冰雹费	2.5 如魁	7. 50
山羊 1 只	14 波	3. 50
1 只山羊的毛		0. 95

货币：

外内差	900 两 1 钱 5 分	45. 00
付债利①	8 如魁	24. 00
计		116. 45

（5）宗教支出

经旗	30 两藏银	15. 00
"小及"	2 如魁	6. 00
化缘	5 波	1. 25
敬神	3 波	0. 75
念经工资	6 波	1. 50
口粮	2 波	0. 50
香	15 两	0. 75
点酥油灯	5 波	1. 25
计		13. 50

（6）还债

债本	44 如魁	132. 00
共支出		1454. 45
余		2. 45②

---

① 强巴·旺堆 1958 年的债，除杜素（领主）和未抵给土地付清的债本、债利外，其余的债本债利，全部未清。

② 该户之所以还有余额，因有借债作为收入数。

此户受剥削的初步统计：

（1）全年收入

农业		574.50 元
副业		128.50 元
帮工		403.00 元
支差（当领主囊生）		66.00 元
其他地价	35 魁	35.00 元
	共计	1207.00 元

（2）剥削部分

堆穷	27.00 元

（3）受剥削

实物		47.45 元
货币		45.00 元
囊生①		174.00 元
乌拉差役：人工 248.5 日	62.1 如魁	186.30 元
驴工 257 日	21.4 如魁	64.20 元
还债利	8 如魁	24.00 元
	共计	540.95 元

（4）受剥削所占百分比

算法为 $\dfrac{受剥削数-剥削数}{全年收入数}=$受剥削占全家收入的百分比

$$\frac{540.95-27.00}{1207}=\frac{513.95}{1207}=42.7\%$$

8. 差巴拉吉·旺堆吉布 1958 年家庭收支情况

概况

（1）人口：家有 7 人，4 个大人 3 个小孩。

（2）成分：土改中划为贫苦农奴。

（3）土地：1 岗地（共 20 突）。

其中：卖出 $4\frac{3}{4}$ 突

抵债 3 突

被水冲坏 2 突

休耕 $2\frac{1}{4}$ 突

实耕 8 突

（4）牲畜：耕牛 3 头，毛驴 5 头，小奶牛 1 头（无奶）。

（5）农具：耕具 1，耙 1，铲 1，多子 2，镰刀 3，筛子 4，犁尖 2。

---

① 囊生每年创造劳动成果以 80 如魁计，这是按短工的工资计算法，实际在农业上所创造的，可能达不到这么高，但是在牧放牛羊上又可能达到。

收入

（1）农业：青稞	113 如剋	339.00（单位：元）
小麦	12 如剋	36.00
油菜子	7.5 如剋	24.50
草	110 筐	82.50
	计	482.00
（2）副业		
鸡蛋	6 如剋	18.00
驮运费	19 品藏银	70.80
修路费	约 2000 两	116.70
	计	205.50
（3）其他		
地价	280 波	70.00
"锅卫"口粮收入	5.6 如剋	16.80
（4）借债：青稞	49 如剋	147.00
	计	233.80
	共收入计	921.30

支出

（1）生活消费		
口粮	47 如剋	141.00
面粉	20 如剋	60.00
酒粮	13 如剋	39.00
茶	12 如剋	36.00
酥油	10 波	10.50
盐	3 如剋	9.00
碱	1 波	0.25
做酒起子	2 波	0.50
羊肉	18 波	4.60
羊头	4 波	1.00
内脏	4 波	1.00
羊油	6 波	1.50
清油	5 如剋	15.00
煤油	40 两藏银	2.00
衬衣	15 波	3.75
做鞋牛毛	2 如剋	6.00
做鞋呢	6 波	1.50
帽子	6 波	1.50
火柴	2 波	0.50
磨糌粑费	2 如剋	6.00
榨油费	2 波	0.50

染料	1 波	0.25
鞣皮油	4 波	1.00
狗食	2 如尅	6.00
绵、山羊皮	50 波	12.50
	计	360.75

（2）雇工支出

铁匠 1 天工资	4 波	1.00
伙食	1.5 波	0.37
	计	1.37

（3）生产投资

农业：青稞	28 如尅	74.00
小麦	3 如尅	9.00
菜子	1.5 如尅	4.50
饲料	30 如尅	90.00
农具折旧	1 如尅	3.00
牛笼头	2 波	0.50
草料	150 筐	112.50
	计	293.50

（4）受剥削支出

实物：租子	15.5 如尅	36.50
租草	8 甲马（大秤）	4.00
冰雹费	2 如尅	6.00
货币：外内差	900 两 1 钱 5 分	45.00
付债本利①	55 如尅	165.00
	计	256.50

（5）其他

经旗	3 波	0.75
"朋卓"	24 波	6.00
化缘	5 波	1.25
香	10 把	0.50
点酥油灯	1 壶清油	0.50
	计	9.00
	共支	921.12
	余	0.18②

---

① 1958 年借新债49 如尅，利7 如尅，年终因缺粮尚欠囊巴3 如尅本，另"噶珠"（旧债）2 如尅利。

拉吉·旺堆吉布的弟弟是鞣皮匠，妹妹是织工，兄弟和儿子是裁缝，故鞣皮费、纺织费、裁缝费都不必出，彼此以劳力互换。因为他们都是堆穷，有一小块地，旺堆吉布就代他们耕地。

拉吉是四兄弟共妻，裁缝拉巴顿珠也许不是他的孩子。1958 年拉巴顿珠与妻子分出来立户另居。

② 此户收支相抵，是因收入中有借债数作收入来归还。

此户收入与所受剥削之比

（1）全年收入

农业		482.00
副业		205.50
	合计	687.50

（2）受剥削部分

租粮	15.5 如魁	36.50
租草	8 甲马	4.00
冰雹费	2 如魁	6.00

乌拉差役

人工（248.5 日）折 62.1 如魁，或折 186.30

驴工（257 日）折 21.4 如魁，或折 64.20

货币	900 两 1 钱 5 分	45.00
债利	5 如魁	15.00
人差合计（85 天）	18.1 如魁	54.30
	合计	411.30

（3）受剥削与收入之比

$$\frac{411.3}{687.5} = 59.8\%$$

说明：收入中与剥削无关部分未计入，这里不是按剩余劳动与必要劳动之比计算的，因为收入中既有支付租税，也有家庭的支出。

如果把收入中加上人工驴工折价，应为

$$\frac{411.30}{687.5 + 250.5} = \frac{411.3}{938} = 43.8\%$$

9. 差巴巴若·尼玛甲乌 1958 年家庭收支情况

概况

（1）人口：11 人。

（2）成分：贫苦农奴。

（3）土地：$1\frac{1}{4}$ 岗地，自种 $17\frac{3}{4}$，轮休地 $5\frac{3}{8}$，抵债 $1\frac{5}{8}$ 突，共 $24\frac{3}{4}$ 突。下种数：青稞 60 如魁，麦子 7 如魁，菜子 2 如魁。

（4）牲畜：耕牛 3 头，奶牛（大的 2 头、小的 1 头），黄牛 1 头，驴 8 只，绵羊 18 只，山羊 72 只，母鸡 3 只，公鸡 2 只，寄放牧区骡子 3 匹半。

（5）农具：齐全的耕具有两套（另有若干小农具）。

（6）其他：水磨 2 个。

林卡 1 个。

收入

（1）农业：青稞	210 如魁		630.00
麦子	24 如魁		72.00

菜子	14 如魁	42.00
谷穗	54 捆	16.88
草	180 筐	135.00
	计	895.88

（2）副业：7 只驴驮运费 48 品 120.00

酥油	90 涅尕	45.00
水磨	22 如魁	66.00
卖木料 12 根	4 如魁	12.00
卖木柴 4 驮	24 波	6.00
卖牛粪 60 驮	12 品	30.00
卖犏牛 1 头	46 品	115.00
鸡蛋	150 个	7.50
羊毛（山羊 72 只）	72 把	18.00
绵羊毛（18 只）	18 把	9.00
酒糟（以 18 袋牛粪换的） 6 袋		9.00
	计	437.50

（3）帮工：代磨糌粑 2 个人 9 月口粮 24 如魁 68.00 元
（4）支差：为杜素支差 80 天口粮 64 波 16.00 元
（5）其他：前一年留种数 69 如魁 207.00 元

	计	223.00 元
	共收入	1624.38 元

支出

（1）生活消费

口粮	108 如魁	324.00
帮工口粮	24 如魁	68.00
酒	65 如魁	195.00
宰羊	8 只	自有羊不计价
买肉 2 只羊	40 波	10.00
羊毛、羊皮	12 如魁	36.00
菜子榨油	9 如魁	27.00
筐子 4 个	15 波	45.00
4 双鞋料	8 波	2.00
破车轮皮	100 两	5.00
盐	4 如魁半	13.50
碱	1 如魁	3.00
山羊毛、绵羊毛	90 把	27.00
衣服 7 件	154 两	7.70
炊具	28 波	7.00
颜料	150 两	7.50
帽子 1 顶	100 两	5.00

茶	750 两	37.50
做酒曲子	5 波	1.25
狗食	15 波	3.75
萝卜	37 两	1.85
酥油	73.5 涅尕	36.75
鸡蛋	143 个	7.15
	计	870.95

（2）雇工消费

榨油工工资4天	4 波	1.00
榨油工4天口粮	4 波	1.00
缴油房费：油饼	4 块	2.00
油	1 壶	0.50
木匠1天工资	3 波	0.75
木匠1天口粮	1 波	0.25
屠宰费：杀羊8只	8 波	2.00
裁缝7天工资	7 波	1.75
裁缝7天口粮	7 波	1.75
饼	7 个	0.35
鞣皮工3天工资	3 波	0.75
鞣皮工3天口粮	3 波	0.75
鞣皮工3天肉折粮	1 波半	0.38
饼	3 个	0.15
房差9天口粮	9 波	2.25
	计	15.63

（3）生产投资

农业：青稞种	60 如尕	180.00
麦子种	7 如尕	21.00
菜子	2 如尕	6.00
	计	207.00
副业：牲畜饲料	45 如尕	135.00
春耕牛料	5 如尕	15.00
盐	1 如尕半	4.50
草	172 筐	129.00
买草	700 两	35.00
酒糟	6 袋	9.00
鸡食	3 如尕多	10.00
	计	337.50

（4）受剥削支出

差：租粮	16 如尕7 波	49.75
租草（合8筐）	12 甲马	6.00

内、外差款	1125 两 2 分半	56.25
酥油	14 涅尕	7.00
羊差：绵羊	1 只	6.00
山羊	2 只	10.00
羊毛款	75 两	3.75
计		138.75

（5）其他支出

宗教：念经 24 天	4 如魁	12.00
口粮	2 如魁	6.00
冰雹经：谷穗	54 捆	16.88
丰收经：青稞	2.5 波	0.63
糌粑	3 波半	0.58
酥油	2.5 涅尕	1.25
鸡蛋	2 个	0.10
冰雹经：糌粑	2 波（小波）	0.33
鸡蛋	5 个	0.25
到庙求神念经费	4 波	1.00
门口化缘	3 波	0.75
敬神的香	36 两	1.80
清油	8 波	2.00
计		43.57
总支出		1613.40
余		10.98

巴若·尼玛甲乌受剥削统计

（1）收入

农业：	985.88
副业：酥油	60.00
水磨	66.00
鸡蛋	7.50
山羊毛	18.00
绵羊毛	9.00
看水磨人口粮	135.00
支差口粮：80 天	16.00
计	1297.38

（2）受剥削部分

实物：租与差	138.00
冰雹费	16.88
冰雹经	0.58
丰收经	2.56
计	158.02

　　　　乌拉：人工：295 日（折合）73.8 如魁　　　　221.40
　　　　驴工：444 日（折合）　37 如魁　　　　　　111.00
　　　　支人差（30×4 + 50×3）×0.25 − 16.00 = 51.50
　　　　　　　　　　　　　　　　　　　计　　　　383.90

（3）收入与受剥削之比

$$\frac{158.02}{1297.38} = 12\% ① ;$$

$$\frac{591.82}{1297.38} = 45.6 ② 。$$

$$\frac{158.02 + 383.90}{1297.38 + 383.90} = \frac{591.92}{1681.28} = 35.2\% ③ 。$$

10. 差巴尼玛甲布 1958 年家庭收支情况

概况

（1）人口：8 口人（15 岁以下者 2 人）。

（2）成分：贫苦农奴。

（3）土地：$1\frac{1}{8}$ 岗。

（4）牲畜：耕牛 2 头，奶牛 1 头，驴 4 头，母鸡 4 只，公鸡 2 只。

（5）农具：大小农具齐全。

收入

（1）农业收入			
青稞	90 魁	270.00	（单位：元）
菜子	4 魁	12.00	
萝卜 8 袋	240 两	22.00	
草		70.50	
	小计	374.50	
（2）副业收入			
酥油	50 涅尕	25.00	
奶渣	50 波	12.50	
鸡蛋	120 个	6.00	
柴火	2 魁	6.00	
鞋草	6 波	1.50	
酒糟	100 两	10.00	
编发	50 波	12.50	
驮运费	300 两	15.00	
	小计	88.50	

---

① 人力和畜力按这里一般作价折成实物或货币，但未计入收入与受剥削之比内。

② 劳役计入受剥削部分。

③ 劳役折价，也纳入本年的收入中，再与总的受剥削数相比。以上三种计算法，提供参考和选用。

（3）	支人差收入①	180 打苏	24.00
		小计	24.00
（4）	雇工收入		
	割青稞 20 天工资	40 波	10.00
	口粮	20 波	5.00
	短工 20 天工资	20 波	5.00
	口粮	20 波	5.00
		计	25.00
（5）	其他		
	修路 30 天	600 两	30.00
	债务	88 尅	264.00
	亲友帮助酥油	3 涅尕	1.50
	1957 年存		
	藏银	96 两	4.80
	菜子	1 尅	3.00
		小计	303.30
		合计	815.30

支出

（1）	家庭消费		
	口粮	88 尅 4 波	265.00
	酒粮	30 尅	90.00
	茶	288 两	14.40
	酥油	47 涅尕	23.50
	奶渣	50 波	12.50
	清油	3 尅	9.00
	盐	2 尅	6.00
	碱	4 波	1.00
	酒曲子	2 波	0.50
	羊头 4 个	4 波	1.00
	羊内脏 2 套	8 波	2.00
	鸡蛋	90 个	4.50
	染料	6 波	1.50
	衬衣 2 件	32 两	1.51
	羊毛	2 尅	6.00
	鼻烟	15 两	0.75
	鞋底 2 副	16 波	4.00
	罐子	13 两	0.62
		小计	443.78

---

① 该家支人差者是个小孩，故给的青稞比大人少一半。

（2）雇工支出

磨糌粑费	1 魁	3.00
榨油费	2 波	0.50
小计		3.50

（3）生产投资

种子投资：

青稞	20 魁 6 波	61.50
菜子	6 波	1.50

牲畜饲料

耕畜：

青稞	2 魁	6.00
酒糟	100 两	10.00
草		43.00

非牲畜：

糌粑	1 魁	3.00
草		15.50

购买农具：

犁铧	1 个	3.75
绳子	5 条	1.25
小计		144.50

（4）受剥削部分支出

实物部分

青稞	13 魁 6 波	40.50
酥油	7 涅孕	3.50
草差	14 斤	10.50
鸡蛋	4 个	0.20
债利	14 魁 6 波	43.50
冰雹费	2 魁 2 波	6.50
丰收经		4.25

货币部分

藏银	1002 两	50.10
小计		159.05

（5）其他

念经费	4 波	1.00
经旗	4 波	1.00
给乞丐饭	2 波	0.50
化缘喇嘛	2 波	0.50
香	3 两	0.15
还债	20 魁	60.00
看病	30 两	1.50

狗食	1 魁	3.00
为 1959 年存种子		
菜子	1 魁	3.00
	小计	70.65
	总计支出	821.48
	收入	815.30
	负	6.18

此户受剥削情况的统计：

（1）全年收入中与有关被剥削部分之收入

农业		374.50
副业		
酥油	50 涅尕	25.00
奶渣		12.50
鸡蛋	120 个	6.00
支差		
支人差	8 魁	24.00
其他		
债务	88 魁	264.00
	共收	706.00 元

（2）受剥削部分

实物		
租粮	13 魁 6 波	40.50
酥油	7 涅尕	3.50
租草	14 斤	10.50
鸡蛋	4 个	0.20
债利	14 魁 6 波	43.50
冰雹费	2 魁 2 波	6.50
丰收经		4.25
	小计	108.95
乌拉差役		
人工 275 日折合 68 魁 9 波		206.25
驴工 348 日折合 29 魁		87.00
货币	1002 两	50.10
支人差受剥削	32 魁	96.00
	共计	255.05 元[1]

（3）受剥削占全部收入之百分比

---

[1] 此数中未计入人工、驴工的折合数，而是 108.95 + 50.10 + 96.00 = 255.05。

$$\frac{255.05}{706} = 36.10\%，算法为 \frac{被剥削部分}{全年收入中与剥削有关部分之收入}$$

$$\frac{255.05}{815.30} = 31.2\%，算法为 \frac{被剥削部分}{全年全部收入}①$$

$$\frac{542.30}{706.00} = 76.8\%，算法为 \frac{被剥削部分}{收入中与剥削有关部分收入}②$$

$$\frac{542.30}{815.30} = 66.5\%，算法为 \frac{被剥削部分}{全年全部收入}$$

11. 差巴单达耳·拉摩仓却1958年家庭收支情况

概况

（1）人口：6人。

（2）成分：贫苦农奴。

（3）土地：1岗地，共22突。自种 $11\frac{1}{4}$ 突，轮休地 $1\frac{3}{4}$ 突。请人收割，给工资地1突。

抵债地：3突，共同耕种，粮食平分，种子由西不觉给4如魁8波。

抵债地：共5突，其中桑岗4突，江若顿登 $\frac{1}{2}$ 突，冰雹喇嘛 $\frac{1}{2}$ 突。

（4）牲畜：黄牛2头（夏天死了1头），奶牛（大的1头、小的1头），驴5头，母鸡1只。

（5）农具：齐全。

收入

（1）农业：青稞	149 如魁		449.50
麦子	15 如魁		45.00
菜子	5 如魁 2 波		15.50
草	164 筐		
谷穗	34 捆		10.75
		计	643.50
（2）副业：3只驴驮运费	840 两		42.00
酥油	45 涅尕		22.50
奶渣	45 块		11.25
鸡蛋	51 个		2.55
酒糟（以12袋牛粪换的）	3 袋		4.50
		计	82.80
（3）帮工：去日喀则当小工3个月工资			90.00

---

① 此处只计实物和货币的受剥削部分，至于乌拉中的人力、畜力支差，则未计入。但人差部分32魁已计入，如此数不计，则为 $\frac{159.05}{706} = 22.6\%$，或 $\frac{159.05}{815.30} = 19.6\%$。

② 在此算法中，已计入劳力部分，但收入只限与剥削有关部分的。在下一算法中又以全家全年收入作分母，因而数字又减少一些。另外，还有一种算法，即将人工、驴工折算纳入收入部分，结果为 $\frac{542.3}{1198.55}$，故等于45.2%，是受剥削数在全家劳动和劳役数之所占百分比。以上几种算法，供参考和研究。

短工 15 天工资	15 波	3.75
短工 15 天口粮	15 波	3.75
春夏季工 6 个月工资	2 如魁 8 波	8.00
春夏季工 6 个月口粮	10 如魁	30.00

（4）支差：为杜素支差

79 天口粮 79 打苏	63.2 波	15.80
	计	151.30

（5）其他：抵债地退还粮

西不觉	4 如魁 8 波	14.00
桑岗	5 如魁	15.00
冰雹喇嘛	2 如魁 4 波	7.00
	计	36.00
借债	30 如魁	90.00
留种：青稞	4 如魁	12.00
麦子	3 如魁	9.00
菜子	1 如魁	3.00
	计留种	24.00
	总收入	1027.60

支出

（1）生活消费

口粮（青稞）	48 如魁	144.00（单位：元）
口粮（麦面）	11 如魁 3 波	33.75
做酒	22 如魁	66.00
酥油	36 涅尕	18.00
奶渣	45 块	11.25
买鞋	42 波	10.50
牦牛毛	1 魁	3.00
染料	60 两	3.00
茶	930 两	46.50
盐 1 包半	3 如魁	9.00
干肉 1 只	20 波	5.00
绵羊 4 只	8 如魁 4 波	25.00
碱	4 波	1.00
绵羊毛 2 托	7 如魁	21.00
羊油 15 涅尕	1 如魁 3 波	3.75
火柴 3 包	18 两	0.90
炊具大、小 9 个	3 如魁 4 波	10.00
鞋钉	6 波	1.50
衣服 6 件	400 两	20.00
牛粪	8 波	2.00

单皮帽	21 两	1.05
鞋袜带 6 双	30 两	1.50
煤油 2 桶	108 两	5.40
筐大小共 6 个	3 如尅 1 波	9.25
方筛 1 个	5 波	1.25
菜油	46 波	11.50
酒曲子	3 波	0.75
磨糌粑费	1 如尅	3.00
萝卜	2 袋	1.50
	计	470.35

（2）雇人支出

裁缝 4 天工资	4 波	1.00
裁缝 4 天口粮	4 波	1.00
木匠 2 天工资	4 波	1.00
木匠 2 天口粮	2 波	0.50
工资地收割 8 天口粮	8 波	2.00
	计	5.50

（3）生产投资

农业：种子		
青稞	32 如尅	96.00
菜子	1 如尅	3.00
麦子	5 如尅	15.00
农具：铁锹 1 把	60 两	3.00
犁尖 1 个	110 两	5.50
饲料：春耕牛料	3 如尅	9.00
草料	156 筐	117.00
牲畜平时饲料	35 如尅	75.00
副业：鸡食	1 如尅	3.00
酒糟	3 袋	4.50
	计	331.00

（4）剥削支出

酥油差	7 涅孕	3.50
租料	20 如尅	60.00
租草	11 甲马	6.00
内外差款	900 两 1 钱 5 分	45.00
冰雹费	34 捆	10.75
	计	125.25

（5）其他支出

债务：还杜素债	30 如尅	90.00
还杜素利	4 如尅 3 波半	12.88

			计	102.88
宗教：去寺庙请求念经	3 两			0.15
经旗	15 两			0.75
门口化缘	4 波			1.00
香	10 两			0.50
清油	4 波			1.00
丰收经：鸡蛋	2 个			0.10
酥油	2 涅尕			1.00
糌粑	3 波			0.75
青稞	4 波			1.00
冰雹经：鸡蛋	4 个			0.20
糌粑	1.3 波			0.33
			计	6.78
			总支	1041.76
			负	14.16

此户受剥削情况计算：

（1）与剥削有关全部收入（实际收入 1183.75 元）

农业：	643.50
支差口粮：75 打苏	15.80
	649.10

（2）受剥削部分

租差	114.50
债利	12.88
冰雹费	10.75
冰雹经	2.85
丰收经	0.53
	141.51

乌拉内外差：人工：248 日，折合 62.1 如尅。此户去尊忠地方支差：收割 30 天，折合 720 波。平时 49 天，折合 63.2 波。

驴工：257 日，折合 21.4 如尅。

（3）比例

$$\frac{受剥削数①}{与剥削有关收入数} = \frac{141.51}{649.10} = 21.7\%$$

$$\frac{141.51}{1027.6} = 13.7\% ;$$

$$\frac{392.01}{649.10} = 60.4\% ;$$

$$\frac{392.01}{1027.60} = 38\% ;$$

---

① 人力畜力未计入。这是一种基本上以农业收入为准的算法。

115

$$\frac{392.01}{1278.10} = 30.7\%。$$

上述四种算法，数字来源请参看前文一户差巴尼玛甲布的算法说明。

12. 差巴曲夏·尼玛1958年家庭收支情况

概况

（1）人口：6人。

（2）成分：贫苦农奴。

（3）土地：1岗地（23突），抵债一部分。1958年自种只13突地。下种41如斗。

（4）牲畜：黄牛4头，奶牛2头，驴子7头（大的4头、小的3头），母鸡3只。

（5）农具：耕具1套，铧尖2个，镰刀3把，耙1把，竹筛1个。

收入

（1）农业			
谷穗	39捆	12.00	（单位：元）
秋收青稞	165如斗	495.00	
麦子	15如斗	45.00	
菜子	16如斗	48.00	
草	152甲马	152.00	
萝卜	3袋	1.10	
计		741.10	
（2）副业			
4只驴驮运费	1200两	60.00	
酥油	54涅尕	27.00	
卖酥油36涅尕	72波	18.00	
鸡蛋	50个	2.50	
卖鸡蛋90个	18波	4.50	
木料	8根	自用	
酒糟以牛粪换的	2袋	3.00	
计		115.00	
（3）帮工收入			
其妹当小工工资3个月	1620两	81.00	
农业换工3天口粮	4波	1.00	
计		82.00	
（4）其他收入			
水官工资			
全村差巴	6如斗	18.00	
杜素给小麦	6波	1.50	
杜素给盐	1.5波	0.38	
卖地收费	51如斗8波	155.00	
计		174.88	
借债：			
杜素	35如斗	105.00	

囊巴	21 如魁	63.00
却拉	5 如魁 2 波	15.50
格龙	17 如魁 6 波	52.50
德鲁	10 如魁	30.00
加拉	7 如魁 6 波	22.50
德吉	2 如魁 4 波	7.00
	计	295.50
留种数	12 如魁	36.00
支差口粮去尊忠 2 个半月	3 如魁 4 波	10.00
	总收	1466.48

支出

（1）生活消费

口粮（其中麦子 14 如魁）	58 如魁	174.00（单位：元）
做酒	32 如魁	96.00
酥油	38 涅尕	19.00
鸡蛋	24 个	1.20
绵羊毛 3 托包	9 如魁	27.00
牛皮	100 两	5.00
鞋底 2 双	16 波	4.00
鞋钉	2 波	0.50
羊 3 只	60 波	15.00
狗食	16 波	4.00
萝卜	3 袋	1.10
做酒曲子	3.3 波	0.83
磨粑费	4 波	1.00
羊 2 只	125 两	6.25
羊皮	1 如魁	3.00
方筛 1 个	1 如魁	3.00
草筐 2 个	23 波	5.75
茶 24 块	564 两	28.20
盐	1 如魁半	4.50
羊油 4 涅尕	4 波	1.00
火油	72 两	3.60
内衣 2 件	30 两	1.50
女布帽 1 顶	8 两	0.40
鞋料及颜色	59 两	2.95
菜子榨油	14 如魁	42.00
	计	450.78

（2）雇工消费

鞣皮工 10 天工资	10 波	2.50

117

鞣皮工10天口粮	13.2 波	3.30
肉折粮	5 波	1.25
大饼	10 个	0.50
裁缝7天工资	7 波	1.75
裁缝7天口粮	9.2 波	2.30
饼	7 个	0.35
屠宰费大小圆木料	2 根	
农业换工20天口粮	26.6 波	6.65
计		18.60

（3）生产投资

农业投资：

青稞种子	35 如尅	105.00
小麦种子	4 如尅	12.00
菜子	2 如尅	6.00
计		123.00

木工修农具3天

工资	9 波	2.25
口粮	4 波	1.00

铁匠修犁一天4人

工资	11 波	2.75
口粮	4 波	1.00
肉	8 波	2.00

牲畜饲料

牲口料	24 如尅	72.00
草	144 甲马	144.00
草	400 两	20.00
酒糟（以牛粪6袋换）	2 袋	3.00
计		248.00

（4）乌拉差役债务支出

交租	14 如尅	42.00
酥油差	14 涅尕	7.00
内差	12 两1钱5分	0.60
外差	888 两	44.40
租草	8 甲马	8.00
鸡蛋（借债求见杜素等用）	20 个	1.00
计		102.00

（5）借债还本利

杜素：本	35 如尅	105.00
利息	5 如尅	15.00
襄巴：本	21 如尅	63.00

利息	3 如魁	9.00
加普拉（旧债）利	100 两	5.00
加拉：债利	100 两	5.00
却拉：本	5 如魁 2 波	15.50
旧藏政府：利	7 如魁 3 赤	21.45
格龙：本	17 如魁 6 波	52.50
利	3 如魁	9.00
德鲁：本	10 如魁	30.00
桑岗：利	100 两	5.00
索南普支：本	7 如魁 6 波	22.50
利	1 如魁 6 波	4.50
喇嘛庙：利	3 如魁 6 波	10.50
尼姑庵：利	50 两	2.50
计		276.45

（6）宗教支出

念经费	6 两	0.30
喇嘛口粮 3 天	4 波	1.00
经旗	30 两	1.50
到庙里求神念经	4 波	1.00
门口化缘	2 波	0.50
香	4 两	0.20
清油	1 波	0.25
丰收经：鸡蛋	2 个	0.10
酥油	2 涅尕	1.00
糌粑（合 2 波粮）	3 波	0.50
青稞	4 波	1.00
冰雹经：鸡蛋	4 个	0.20
糌粑	1.3 波	0.33
冰雹费：谷穗	39 捆	12.00
计		19.88
共支		1338.71
余①		127.77

此户受剥削情况统计：

（1）收入（与剥削有关的收入）

农业	741.10（单位：元）
副业	52.00
管水收入	19.88
支差口粮	10.00

---

① 所余数中，因有的债没有归还，另外下年种子要留下。

| | 计 | 822.98 |

（2）受剥削部分

实物	租（粮草等）	102.00
债利		86.95
宗教摊派	冰雹费	12.00
	冰雹经	0.55
	丰收经	2.60
	计	204.10

乌拉：人工　　248 日　合 62.1 如魁　　186.30

　　　　驴工　　257 日　合 21.4 如魁　　64.20

支人差：255 日×0.25（每天口粮）−10 元＝53.75

| | 计 | 304.25 |

（3）受剥削与收入之比

$$\frac{受剥削数}{与剥削有关收入数}即\frac{204.10}{822.98}=24.8\%①$$

$$\frac{受剥削数（含劳役部分）}{与剥削有关收入数}即\frac{508.35②}{822.98}=61.7\%③$$

13. 差巴吉康·多吉 1958 年家庭收支情况

概况

（1）人口：13 口人（15 岁以下者 2 人）。

（2）成分：贫苦农奴。

（3）土地：1 岗地，合 21 突，实耕地 35 魁，休耕地 17 魁。

（4）牲畜：驴（4 头大的，1 头小的），奶牛 1 头，小牛 2 头，耕牛 1 头，另有母鸡 2 只。

（5）农具：耕具 1 个，镰刀 4 个，竹筛 1 个，耙子 4 个。

收入

（1）农业收入

青稞	136 魁	408.00（单位：元）
小麦	5 魁	15.00
菜子	8 魁	24.00
萝卜	600 两	30.00
草		110.25
	计	587.25

（2）副业收入

| 酥油 | 35 涅尕 | 17.50 |
| 奶渣 | | 10.75 |

---

①　人畜力未计入。

②　人畜力已折价计入。

③　收入与支出中都有债务数字，因此计算不尽是农业上剥削。因此户借高利贷较一般贫苦差巴都多，债务上所受剥削较重。

鸡蛋	60 个	3.00
经商得利润		97.50①
	计	128.75

（3）雇工收入

割青稞 50 天工资	100 波	25.00
口粮	50 波	12.50
短工 10 天工资	10 波	2.50
口粮	10 波	2.50
当佣人 3 个人工资	25 魁	75.00
口粮	31 魁 5 波	93.75②
经商口粮	16 魁	48.00
支差口粮	5 魁	15.00
	计	274.25

（4）其他

修路 8 个月	4800 两	240.00
亲友帮助	15 魁	45.00
借债	94 魁	282.00
存种子：菜子	2 魁	6.00
小麦	1 魁	3.00
	计	576.00
	共计	1566.25

支出

（1）家庭消费

口粮	128 如魁	384.00
酒粮	42 如魁	126.00
茶	1200 两	60.00
羊肉③	16 只	32.00
酥油④	43 涅尕	28.00
盐	2 魁	
羊毛	7 魁	7.50
酒曲子	2 波	0.50
碱	6 波	1.50
清油	3 魁	9.00
胰子	20 两	1.00

---

① 经商收入，吉康多吉于 1958 年随同他的舅舅到牧区去做买卖，他自己有很少的本钱。主要的是给他舅舅赶牦牛，他舅舅在他赶牦牛期间管饭。

② 当佣人，他家在 1957 年共有 3 个人当佣人，其中有一小孩，故他得的工资只等于大人的一半。

③ 羊肉这里指的价钱是按他在牧业区买的羊价钱，故很低。

④ 酥油这里指的价钱是按他在牧业区买的酥油价钱，故很低。

火柴	24 两	1.20
衬衣 6 件	168 两	8.40
布裤 3 条	335 两	16.75
藏装 1 件	135 两	6.75
染料	150 两	7.50
鞋底、鞋钉 8 双	70 波	17.50
鞋绒	50 两	2.50
围裙	360 两	18.00
编发	4 波	1.00
发穗	5 两	0.25
煤油	35 两	1.75
便壶 1 个	1 波	0.25
罐子	6 波	1.50
	计	732.85
（2）自食口粮	16 剋	48.00
佣人口粮	31 剋 5 波	93.75
	计	141.75
（3）雇工支出		
皮匠 5 天工资	10 波	2.50
口粮	5 波	1.25
缝工 5 天工资	5 波	1.25
口粮	5 波	1.25
小炉匠工资	3 波	0.75
	3 剋 4 波	15.00
磨糌粑费	3 剋	9.00
榨油费	2 波	0.50
	计	31.50
（4）生产投资		
农业种子投资		
青稞	32 剋	96.00
小麦	1 剋	3.00
菜子	2 剋	6.00
牲畜饲料		
耕畜饲料		
青稞	4 剋	12.00
草		69.00
非耕畜饲料		
糌粑	2 剋	7.50
草		30.00
购买农具		

犁 1 个	135 两	6.75
	合计	230.25

（5）受剥削支出

实物部分

青稞	10 魁 12 波	31.80
酥油	7 涅尕	3.50
草	14 斤	10.50
雇人支差	10 魁	30.00
鸡蛋	60 个	3.00
丰收经		2.25
债利	3 魁	9.00
冰雹费	3 魁 7 波	10.75

货币部分

藏银	900 两	45.00
	计	145.80

（6）其他

经旗	25 两	1.25
乞丐	6 波	1.50
化缘喇嘛	6 波	1.50
香	3 两	0.15
还债	17 魁	51.00
菜子	2 魁	6.00
	计	61.40
	共计支出	1343.55
	余	222.70

家庭收入与受剥削之比

（1）与有关被剥削部分之全年收入

农业收入		587.25
副业收入		
酥油	35 涅尕	17.50
鸡蛋	60 个	3.00
借债部分	94 魁	282.00
	计	789.75

（2）全年总收入

农业收入		587.25
副业收入		128.75
雇工收入		102.50
口粮		171.75
其他收入		576.00
	共	1566.25

（3）受剥削部分

青稞	10 剋 2 波	31.80
酥油	7 涅孕	3.50
草	14 甲玛	10.50
鸡蛋	60 个	3.00
丰收经		2.25
债利	3 剋	9.00
冰雹费	3 剋 7 波	10.75
雇人支差①	10 剋	30.00
货币部分		
藏银	900 两	45.00
	合计	145.80

当佣人被剥削

青稞②	133 剋 7 波	400.75
乌拉差役		
人工，248.5 日，	82 剋 10 波	248.50
驴工，257 日，	21 剋 5 波	67.25

（4）算被剥削账

被剥削与被剥削有关的收入之比：

$$\frac{145.80}{789.75} = 18.4\% ;$$

被剥削部分与全年总收入之比：

$$\frac{145.80}{1566.25} = 9.3\%③ ;$$

$$\frac{145.8 + 400.75 + 315.75}{1566.25} = \frac{862.5}{1566.25} = 55\%④$$

14. 差巴潘热不·江巴 1958 年家庭收支情况

概况

（1）人口：9 口人，6 个大人 3 个小孩（6 个大人中 3 个老人）。

（2）成分：土改中划为贫苦农奴。

（3）土地：差地 $\frac{3}{4}$ 岗，合 17 $\frac{1}{2}$ 突，休耕地 3 突，实耕地 14 $\frac{1}{2}$ 突。另有尼姑庵地 $\frac{1}{2}$ 突（因家中有一尼姑）。

（4）牲畜：耕牛 2 头，奶牛 1 头，毛驴 6 头，绵羊 60 只，山羊 50 只。

---

① 该家在 1958 年雇人为领主支差，每年给雇的人 10 剋青稞。

② 青稞，他家在 1958 年有 3 个人当佣人。大人按每年创造的价值为 80 剋青稞。小孩按大人之一半，除去佣人发的衣服与口粮，被剥削部分应为 400.75 元。

③ 只计入实物和货币部分，乌拉差役的人力畜力未计入。另外当佣人被剥削部分也未计入。

④ 这里在受剥削中加上当佣人，加上乌拉人力畜力折算。分母以全家全年收入，如只以与被剥削有关收入比，比重将更大。

（5）农具：一般齐全，另有织氆氇机1架。

收入

（1）农业：青稞	213 如剋		651.00	（单位：元）
小麦				
菜子	13 如剋		39.00	
草	150 筐		112.50	
		计	802.50	

（2）副业

驮运费	88 多次	220.00	
羊毛	14 剋	42.00	
酥油	40 两	20.00	
奶渣	20 册	5.00	
羊皮		33.00	
羊（肉）	10 只	49.00	
	计	369.00	

（3）支人差

"锅卫" 85 天①	5.6 如剋	16.80	
	共计	1188.30	

支出

（1）生活消费

口粮	81 如剋	243.00	（单位：元）
酒粮	60 如剋	180.00	
茶	18 如剋	54.00	
盐	5 如剋	15.00	
酥油	80 波	20.00	
碱	1 如剋	3.00	
做酒曲子	2 波	0.50	
羊（18 只）	24 如剋	72.00	
米 2 波	8 波	2.00	
粉	1 波	0.25	
糖	2 波	0.50	
衬衣 10 件	5 如剋	1.25	
外衣羊皮（1 件）	4 如剋	12.00	
裤子羊皮（3 条）	7 如剋	21.00	
外衣羊毛	17 如剋	51.00	
屠羊费	20 波	5.00	

---

① 其中 30 天是收割，以每人每天创造劳动价值 4 波计，其余 55 天是撒种、运肥、扬场等，以每人每天创造劳动价值 3 波计，其创造劳动价值：30 天×4 波＋55 天×3 波÷12 波＝23 如剋 9 波。而所得口粮仅 85 打苏，即 5.6 如剋，故受剥削 18.1 如剋。

鞋料	40 波	10.00
鞋带	6 波	1.50
帽子	4 如尅	12.00
腰带	6 波	1.50
鞋底牛皮	2 如尅	6.00
毛巾	2 波	0.50
木碗	2 如尅	5.00
修罐费	8 波	2.00
颜料	2 如尅 8 波	8.00
火柴 40 盒	2 波	0.50
茶末	2 波	0.50
茶精	1 波	0.25
牦牛尾（1 口袋）	3 如尅	9.00
夜壶 2 个	2 波	0.50
酒壶	4 波	1.00
背酒壶	7 波	1.75
罐子	8 波	2.00
其他炊具	8 波	2.00
筐子	1 如尅	3.00
鞣皮油	10 波	2.50
编辫	1 如尅	3.00
	计	754.00

（2）雇工支出

木匠 2 天	10 波	2.50
铁匠 1 天	6 波	1.50
鞣皮匠 12 天	30 波	7.50
裁缝 10 天工资口粮	25 波	6.25
房差 2 天①	3 波	0.75
磨糌粑	3 如尅	9.00
榨油	5 波	1.25
织口袋 2 天工资	2 波	0.50
口粮	3 波	0.75
石匠口粮	2 波	0.50
石匠工资	2 波	0.50
	计	31.00

（3）生产投资支出

农业：青稞种	54 如尅 5 波	163.25
菜子	2 如尅	6.00

① 住房子的是自己的女儿，无房租。

耕畜饲料	35 如魁	105.00
农具折旧	1.5 如魁	4.50
炭 3 袋	2 如魁	6.00
	计	284.75

（4）受剥削支出

实物：	租粮	13 如魁 5 升	39.60
	公租	16 如魁 7 升	49.90
	租草	5 甲玛	3.75
	冰雹费	4 如魁	12.00
	酥油差	7 涅尕	3.50
	绵羊 2 只山羊 1 只	34 波	8.50
	绵羊毛、山羊毛	5 波	1.25
		计	118.50
货币：	外、内差	680 两	11.66

（5）其他

宗教：	经旗	6 波	1.50
	化缘	6 波	1.50
	"朋卓"（丰收经）	1 如魁	3.00
	香	36 把	1.80
	点酥油灯	7 壶	3.50
	求神	2 波	0.50
		计	11.80
		共支出	1211.71
		负	23.41

家庭收入与受剥削之比：

（1）全年收入

农业			802.50
副业			
酥油奶渣		40 涅尕 +20 赤	25.00
羊毛	60 头 ×2 波 +50 头 ×1 波		42.00
羊的增长	60 头 ×4 波 +50 头 ×3 波		97.50
		计	164.50 元
支差：85 天		85 打苏	16.80 元
		共	983.80 元

（2）受剥削的部分

实物			118.50 元
乌拉差役：	人工	70.4 如魁	211.20
	驴工	20 如魁	60.00
	货币	680 两	11.66
		计	282.86

人差 85 天　　　　　　　　18.1 如尅　　　　　54.30

　　　　　　　　　　　　　　　　　　共　　　　　455.66

（3）受剥削占收入的百分比

$$\frac{455.66}{983.8}=46.3\%$$（以全年与受剥削有关的收入为分母）

$$\frac{455.66}{1285.3}=35.4\%$$（以全年全部实际收入为分母）①

15. 差巴吉玛·普布次仁 1958 年家庭收支情况

概况

（1）人口：10 口人（15 岁以下者 2 人，60 岁以上者 2 人）。

（2）成分：贫苦农奴。

（3）土地：差地 $\frac{3}{4}$ 岗，合 25 如尅种子地。

（4）牲畜：奶牛 1 头，驴 4 头，耕牛 2 头，小牛 1 头，鸡 1 只。

（5）农具：耕具 1 套，锹 1 把，铲 1 把，镰刀 3 把，耙 1 个。

收入

（1）农业收入			
青稞	101 尅	303.00	（单位：元）
菜子	5 尅	15.00	
草		79.50	
	计	397.50	
（2）副业收入			
酥油	40 涅尕	20.00	
奶渣		10.00	
鸡蛋	30 个	1.50	
萝卜	270 两	13.50	
酒糟	200 两	10.00	
柴火	400 两	20.00	
驮运费	885 两	44.25	
	计	119.25	
（3）雇工收入			
割青稞 30 天工资	60 波	15.00	
口粮	30 波	7.25	
短工 20 天工资	20 波	5.00	
口粮	20 波	5.00	
缝工 25 天工资	25 波	6.25	
口粮	25 波	6.25	
	计	44.75	

---

①　收入中另加驮运费 220 元，羊肉 49 元，羊皮 33 元。

（4）支差收入①		26 剋	78
（5）其他			
修路 7 个月		4020 两	201.00
赶马费②		350 两	17.50
债务		73 剋 6 波	220.25
		计	438.75
		共计	1078.25

支出

（1）家庭消费

口粮	108 剋	324.00（单位：元）
酒粮	46 剋	138.00
茶叶	1044 两	52.20
盐	4 剋	12.00
碱	1 剋	3.00
酥油	33 涅尕	16.50
奶渣		10.00
清油	2 剋	6.00
杀牛 1 头	750 两	37.50
羊头 8 个	8 波	2.00
萝卜		13.50
曲子	2 波	0.50
火柴每月 2 盒	24 两	1.20
编发	8 波	2.00
羊毛 1 袋	350 两	17.50
皮子 3 张	12 波	3.00
衬衣 3 件	51 两	2.55
鞋绳	3 波	0.75
鞋线 13 副	130 两	6.50
鞋钉	3 波	0.75
腰带男女各 3 副	1 剋 9 波	5.25
布裤 2 条	140 两	7.00
藏装 1 件	6 剋	18.00
煤油	100 两	5.00
罐子 4 个	4 波	1.00
鞋油	25 两	1.25

---

① 在支差时，领主发给每人每天 1 个打苏。但是他在支差时，为领主经商，帮助赶牦牛 4 个月，在赶牦牛期间每月另外发给青稞 4 剋。

② 赶马费，这家在支差时，让他骑马到另外一个地方去，他未骑而把马雇给别人骑，因而得了 17.50 元。

		计	646.95

（2）雇工支出

缝工 7 天工资	7 波	1.25
口粮	7 波	1.25
磨糌粑费	2 魁 6 波	7.25
榨油费	1 波	0.25

（3）生产投资

农业种子投资		10.00
青稞	24 魁	72.00
菜子	1 魁	3.00

牲畜饲料

耕畜：青稞	8 魁	24.00
草		42.50
酒糟		10.00
非耕畜：青稞	2 魁	6.00
草		30.00

购买农具：

犁铧 1 个	100 两	5.00
犁木把 1 个	15 两	0.75
	计	193.25

（4）受剥削支出部分

实物部分

租粮	15 魁 15 波	47.25
租草	9 斤	6.75
酥油	7 涅尕	3.50
冰雹费	2 魁 6 波	7.50
债利	1 魁 7 波	5.75
鸡蛋	30 个	1.50
丰收经		1.50

货币部分

藏银	666 两	33.30
	计	107.05

（5）其他

还债	12 魁 6 波	37.50
当雇工口粮自食		18.50
	计	56.00

收入 1078.25 元，支出 1013.25 元

	余①	65

---

① 因为债务 220 元大部分未还，故能积余 65 元，如全还尚负 140 元。

家庭收入与受剥削之比

（1）全年收入中与被剥削部分有关之收入

农业		397.50
副业		119.25
帮工收入		44.25
支差		78.00
修路等		218.50
	总计	857.50

（2）被剥削部分

实物部分

租粮	15 魁 15 波	47.25
租草	9 斤	6.75
酥油	7 涅尕	3.50
冰雹费	2 魁 6 波	7.50
债利	1 魁 7 波	5.75
鸡蛋	30 个	1.50
丰收经		1.50
	计	73.75

乌拉差役

人工	186 日	558 波	139.50
驴工	192 日	102 波	48.00
支人差		59 魁	177.00
		计	284.50
货币		666 两	3.33

（3）计算

$$① \frac{107.05 \ 元}{857.5 \ 元} = 12.5\%；\ 公式为 \frac{被剥削部分}{全家年收入}$$

$$② \frac{107.05 \ 元}{656.5 \ 元} = 16.3\%；\ 公式为 \frac{被剥削部分}{与被剥削有关的收入}$$

$$③ \frac{471.55}{857.5} = 55\%；$$

$$④ \frac{471.55}{656.5} = 71.8\%。$$

说明：

在上述①、②计算中，只计实物和货币部分，即 73.75 + 33.3，劳役中人力畜力人差未计入；第二个算法把为人民解放军修路的工资收入除去计算法；第三个计算法是计入人力畜力人差部分；第四个计算法，是把修路工资除去计算法。其中 471.55 系 107.05 + 139.5 + 48.00 + 177.00 的和。

16. 差巴吉布·旺堆 1958 年家庭收支情况

概况

（1）人口：7 口人（15 岁以下者 4 人，60 岁以上者 1 人）。

（2）成分：贫苦农奴。

（3）土地：$\frac{1}{4}$ 岗。实耕地 16 尅半种子地，休耕地 3 尅半种子地。

（4）牲畜：驴 3 头，奶牛 1 头，耕牛 1 头。

（5）农具：犁铧 1 个，耙 1 个，耕具 1 套，镰刀 1 把，锹 1 把，铲 1 把，四齿叉 1 把。

收入

　　（1）农业收入

青稞	91 尅	273.00
菜子	3 尅	9.00
萝卜	750 两	7.50
草		70.50
	计	360.00

　　（2）副业收入

酥油	40 涅尕	20.00
奶渣	40 波	10.00
柴火	48 两	2.40
驮运费	800 两	40.00
酒糟	100 两	10.00
	计	82.40

　　（3）雇工收入

割青稞 3 天工资	6 波	1.50
口粮	3 波	0.75
缝工 4 月工资	10 尅	30.00
口粮	80 波	20.00
	计	52.25
支差 1 人	16 尅	48.00
亲友送茶 2 块	80 两	4.00
亲友送牛 1 头	200 两	10.00
借债	50 尅	150.00
	计	706.65

支出

　　（1）家庭消费

口粮	66 尅 5 波	199.25
酒	27 尅 8 波	83.00
茶	480 两	24.00
酥油	33 涅尕	16.50
奶渣		10.00
清油	1 尅	3.00
盐	2 尅	6.00
碱	3 波	0.75

羊头		5 个	1.25
杀牛		1 头	10.00
肥油		6 波	1.50
起子		3 波	0.75
火柴		4 两	0.20
染料		30 两	1.50
萝卜			3.50
皮子 2 张		8 波	2.00
鞋绒 4 副		40 两	2.00
衬衣 3 件		36 两	1.80
罐子 2 个		2 波	0.50
		计	367.50

（2）雇工支出

皮匠 2 天工资		3 波	0.75
口粮		2 波	0.50
屠夫工资		4 波	1.00
磨糌粑费		10 波	2.50
		计	4.75

（3）生产投资

农业种子投资

青稞		16 剋 1 波	48.25
菜子		5 波	1.25
牲畜饲料			
耕畜：青稞		5 剋	15.00
酒糟			10.00
草			47.25
非耕畜：青稞		1 剋 4 波	4.00
草			22.50
		计	148.25

（4）受剥削的支出

实物部分

青稞		5 剋 4 波	16.00
酥油		7 涅尕	3.50
鸡蛋		1 个	0.05
债利		7 剋	21.00
冰雹费		1 剋 8 波	5.00
草		7 斤	5.25
		计	50.80

货币部分

藏银		225 两	11.25

（5）宗教方面支出

经旗	4 两	0.20
念经费	1.5 波	0.37
乞丐	2 波	0.50
化缘喇嘛	1 波	0.25
	计	1.32

（6）还债　　　　　　　33 魁　　　　　99.00

共支出　　　682.87

余① 23.78

此户受剥削情况的计算

（1）全年收入

农业		360.00
副业	酥油、奶渣等	82.40
雇工等		52.25
支差	16 魁	48.00
其他		14.00
	计	556.65

（2）受剥削部分

实物	租粮	5 魁 4 波	16.00
	租草	7 斤	5.25
	酥油	7 涅尕	3.50
	鸡蛋	1 个	0.05
	债利	7 魁	21.00
	冰雹费	1 雹 8 波	5.00
		计	50.80
货币	藏银	225 两	11.25
		合计	62.05
囊生		64 魁	192.00

（3）受剥削之情况的统计

$$① \frac{62.5}{556.65} = 11.2\%；公式为 \frac{受剥削}{全年与受剥削有关之收入}②。$$

$$② \frac{335.95}{556.65} = 60\%，公式同上③。$$

$$③ \frac{335.95}{706.65} = 47.5\%④。$$

---

① 本年收入中有借债，借进 150 元，仅仅还了 99 元，故尚有结余。

② 其中只计算实物和货币，属劳役（人工，畜工）和囊生剥削未计入。

③ 此处受剥削部分中包括人力、畜力和囊生，系折合货币后计入。

④ 此处将全部收入作分母，其中不仅有亲友赠送接济，还有借债，所以受剥削的比重缩小了。

17. 差巴念巴·扎旺 1958 年家庭收支情况

概况

（1）人口：家有 8 人，能劳动 5 人，其中 1 人替领主磨面粉。租给 1 户堆穷房屋 1 间。

（2）成分：土改中划为贫苦农奴。

（3）土地：有 $1\frac{1}{4}$ 岗地，合 $25\frac{3}{8}$ 突。

    被水冲坏 $2\frac{1}{8}$ 突。

    买牲口抵出 8 突。

    休耕　 $2\frac{1}{2}$ 突。

    实耕　 $12\frac{3}{4}$ 突。

（4）牲畜：耕牛 4 头，驴子 7 头，奶牛 1 头。

（5）农具：耕具 2 套，耙 2 个，横梁 1 根，铲子 5 把，犁尖 5 个。

（6）其他：织氆氇机 1 架。

收入

（1）农业：青稞	190 如魁	570.00	
菜子	65 如魁	19.50	
小麦	12 如魁	36.00	
草	128 筐	96.00	
	计	721.50	
（2）副业：驮运费	48 品藏银	122.50	
帮酥油	50 涅尕	25.00	
奶　渣	25 赤	4.25	
	计	151.75	
（3）帮工			
挖草肥 3 天口粮	6 波	1.50 元	
工资	6 波	1.50 元	
（4）支差			
替杜素磨面粉 1 人口粮	16 如魁	48.00 元	
	共计	924.25 元	

支出

（1）家庭生活消费			
口粮	62 如魁	186.00 （单位：元）	
酒粮	30 如魁	90.00	
茶	8 如魁	24.00	
盐	2 如魁	6.00	
酥油	50 涅尕	25.00	
狗料	1 如魁	3.00	
碱	1 如魁	3.00	

买羊 7 只（山羊）	84 波	21.00
羊油	3 如剁	9.00
清油	3.5 如剁	7.50
煤油 2 筒	100 两	5.00
鞣皮油	4 波	1.00
染料	3 波	0.75
火柴	6 波	1.50
做鞋线	6 波	1.50
衬衣	1 如剁	3.00
外衣羊毛	3 如剁	9.00
鞋带	4 波	1.00
做酒曲了	2 波	0.50
磨糌粑费	3 如剁	9.00
木杓	4 波	1.00
炊具	1.5 如剁	4.50
鞋边牛皮	1 如剁	3.00
羊头 3 个	3 波	0.75
内脏 1 副	2 波	0.50
奶渣	25 赤	4.25
	计	420.75

（2）雇工支出

裁缝 10 天工资	10 波	2.50
口粮	10 波	2.50
铁匠工资	2.5 如剁	7.50
鞣皮匠 1 天工资	1.5 波	0.37
口粮	1 波	0.25
堆穷（住房户，无内差，因是好朋友）		
	计	13.12

（3）生产投资

农业：青稞	48 如剁	144.00
菜子	2 如剁	6.00
小麦	4 如剁	12.00
牛笼套	4 波	1.00
饲料糌粑	24 如剁	72.00
炭	1 如剁	3.00
草		81.00
酒糟	4 驮	8.00
	计	327.00
副业：奶牛草		15.00
糌粑	3 如剁	9.00

		计	24.00
（4）受剥削支出			
实物：	租子	11.6 如尅	34.80
	租草		
	冰雹费	4 如尅	12.00
	酥油差	7 涅尕	3.50
		计	50.30
货币：	外、内差	1125 两	56.25
（5）其他			
宗教：	“朋卓”（丰收经）	2.5 如尅	7.50
	经旗	6 波	1.50
	化缘	2 波	0.50
	求神	2 波	0.50
	香	10 小捆	0.50
	酥油灯	5 壶油	2.50
		计	13.00
		共支出	904.42
		余	19.83

18. 差巴夏娃·巴桑 1958 年家庭收支情况

概况

（1）人口：家原有 5 人，后弟弟去给杜素赶毛驴，妈妈因家穷没吃的而到豁卡去捻线，待遇与囊生一样。故 1958 年只有两个大人一个小孩，另雇用其妹妹之女。

（2）成分：土改中划为贫苦农奴。

（3）土地：有差地 1 岗，合计 25 突。

水冲坏	4 突
卖出	1 突
买毛驴	2 突
付债	7 突
休耕	$1\frac{1}{2}$突
实耕	$9\frac{1}{2}$突

（4）牲畜：耕牛 2 头，毛驴 5 头，奶牛 1 头大的 1 头小的。

（5）农具：耕具 1 套，铧尖 1 个，镰刀 2 把，耙 1 个。

收入

（1）农业：	青稞	123 如尅	369.00
	小麦	16 如尅	48.00
	菜子	8 如尅	24.00
	草	140 筐	105.00

| | | 计 | 546.00 |

（2）副业

| 驮运费 | 880 两 | 44.00 元 |

（3）其他

借债	35 如魁	105.00 元
卖地	250 波	62.50 元
	合计	757.50 元

支出

（1）生活消费

口粮	22 如魁	66.00（单位：元）
酒粮	11 如魁	33.00
强姆达	2 如魁	6.00
茶	12 如魁	36.00
酥油	4 如魁	12.00
碱	1 如魁	3.00
做酒曲子 10 个	2 波	0.50
羊肉 2 只	32 波	8.00
羊头 4 个	4 波	1.00
羊油 10 涅尕	10 波	2.50
内脏 20 副	4 波	1.00
盐	3 如魁	9.00
衬衣 2 件	1 如魁	3.00
外衣羊毛	3 如魁	9.00
做皮裤皮 4 张	16 波	4.00
腰带	4 波	1.00
鞋料	30 波	7.50
鞋底皮	1 如魁	3.00
鞋带 2 副	4 波	1.00
牦牛毛 1 口袋	3 如魁	9.00
火柴	3 波	0.75
染料	4 波	1.00
磨糌粑费①	1 如魁	3.00
榨油费	2 波	0.50
炊具	2 如魁	6.00
编发	1 如魁	3.00
	计	229.75

① 夏娃·巴桑的妻子是中等农奴派雄的亲妹妹。派雄有一个水磨，还有一个油房，故夏娃去磨糌粑、榨油，派雄并不按常规收费用，而由夏娃随便给。

（2）雇工支出

房差 18 天口粮	27 波	6.75
木匠 1 天	5 波	1.25
铁匠 1 天	6 波	1.50
鞣皮匠 1 天	3 波	0.75
裁缝 4 天工资	4 波	1.00
口粮	6 波	1.50
长年佣人（小孩）① 工资	80 波	20.00
口粮	15 如魁	45.00
计		77.75

（3）生产投资

种子：青稞	32 如魁	96.00
小麦	4 如魁	12.00
油菜子	1.5 如魁	4.50
饲料：	7 如魁	21.00
自产草	140 筐	105.00
另买草	11 品藏银	27.50
计		266.00

（4）受剥削支出②

实物

念"朋卓"支出合计	24.5 波	6.12
地租	17.4 如魁	52.20
冰雹费	2 如魁	6.00
付债本利		17
货币 900 两 1 钱 5 分	18.8 如魁	56.40
计		120.72

（5）其他

经旗	6 波	1.50
门口念经	6 波	1.50
请喇嘛念经	10 波	2.50
还债本利	25 如魁	75.00
香	7 把	0.35
点酥油灯	5 壶清油	2.50
计		83.35
共支出		777.57
负		20.07

---

① 长年佣人是夏娃妹妹之女，1957 年未付工资，1958 年一起付两年工资。

② 此户支应的乌拉人力畜力和人差，与种同等数量差地的其他差巴相同。

19. 差巴准康·顿珠 1958 年家庭收支情况

概况

（1）人口：9 人。

（2）成分：贫苦农奴。

（3）土地：$1\frac{1}{4}$ 岗（共 23 突），自种 16 突，抵债和出卖 7 突。下种数青稞 32 如剋，麦子 3 如剋，菜子 1 如剋 5 波，共 36 如剋 5 波。

（4）牲畜：奶牛 2 头，小牛 1 头，耕牛 1 头，小黄牛 1 头，驴 6 头，母鸡 2 只。

（5）农具：犁 2 具，犁尖 6 个，犁套 1 个，耙 2 个，锹 2 把，锄 3 把。

收入

（1）农业			
	青稞	163 如剋	489.00（单位：元）
	小麦	15 如剋	45.00
	菜子	12 如剋	36.00
	谷穗	45 捆	13.88
	草	160 筐	120.00
		计	703.88
（2）副业：酒糟		6 袋	9.00
	酥油	96 涅尕	48.00
	驮运费	26 品	65.00
	鸡蛋	100 个	5.00
	奶渣	96 块	24.00
	背死尸	3 如剋	9.00
	背死尸衣服	1 件	6.00
		计	166.00
（3）帮工			
	短工 48 天工资	4 如剋	12.00
	短工 48 天口粮	4 如剋	12.00
	修路工资 2 人 4 个月		130.80
		计	154.80
（4）支差			
	为杜素支差 55 天口粮	44 波	11.00
（5）其他			
	自留地	5 如剋 5 波	16.25
	地价	10 如剋 4 波	31.00
	地价	110 两	5.50
	到牧区讨来绵羊(6 只卖出)9 如剋		27.00
	到牧区讨来绵羊 5 只		30.00
	到牧区讨来牦牛 1 只(未卖,已寄放牧区)		
	卖小林卡 1 个		

青稞	5 如魁 4 波	16.00
藏银	50 两	2.50
	计	128.25
	共计	1163.93

支出

（1）生活消费

口粮	78 如魁	234.00（单位：元）
短工口粮	4 如魁	12.00
酒	60 如魁	180.00
盐	3 如魁	9.00
碱	9 波	2.25
茶	540 两	27.00
酥油	62 涅尕	31.00
羊油 40 涅尕换酥油	20 涅尕	10.00
宰绵羊	5 只	30.00
酒曲子	5 波	1.25
去牧区买酒壶	100 两	5.00
羊毛和牦牛毛 2 托	6 如魁	18.00
木料（犁套杆）	4 波	1.00
狗食	10 波	2.50
奶渣	96 块	24.00
菜子榨油	75 波	18.75
鸡蛋	85 个	4.25
	计	610.00

（2）雇工消费

磨糌粑工资口粮	15 波	3.75
木匠半天工资	2 波	0.50
木匠半天口粮	1 波	0.25
木料	15 两	0.75
裁缝 4 天工资	4 波	1.00
裁缝 4 天口粮	4 波	1.00
裁缝 4 天饼	4 个	0.20
铁匠半天工资	2 波	0.50
铁匠半天口粮	1 波	0.25
鞣皮工 4 天工资	4 波	1.00
鞣皮工 4 天肉折粮	2 波	0.50
鞣皮工 4 天口粮	4 波	1.00
鞣皮工 4 天饼	4 个	0.20
房差 14 天口粮（2 家）	14 波	3.50
榨油工资	6 波	1.50

榨油口粮	6 波	1.50
计		17.40

（3）生产投资

农业：青稞种	32 如魁	96.00
麦种	3 如魁	9.00
菜子	1 如魁 5 波	4.25
		109.25
副业：牲畜饲料	15 如魁	45.00
春耕牛料	5 如魁	15.00
盐	6 波	1.50
鸡食	4 波	1.00
草	140 筐	91.25
买草		19.75
酒糟	6 袋	9.00
计		182.50

（4）受剥削支出

差：租粮	16 如魁	48.00
租草（合 7 筐）	10 甲马	5.25
酥油	14 涅尕	7.00
内、外差款	1125 两 2 分半	56.25
债：寺庙旧债利息	27 如魁	81.00
40 如魁新债利息，5 如魁 8 波半		17.13
鸡蛋	15 个	0.75
计		215.38

（5）其他支出

宗教：念经	6 两	0.30
经旗	40 两	2.00
冰雹费交谷穗	45 捆	13.88
丰收经：青稞	2.5 波	0.63
糌粑	3 波半	0.58
酥油	2.5 涅尕	1.25
鸡蛋	2 个	0.10
冰雹经：鸡蛋	5 个	0.25
青稞	2.5 波	0.63
香	5 两	0.25
油	5 波	1.25
门口化缘	5 波	1.25
计		22.37
总支出		1156.9

| | | 余 | | 7.03 |

说明：此户每年支劳役乌拉情况

人工计 295 日，可以折为实物青稞 93.8 如魁，含 221.40 元；

驴工计 444 日，可以折为实物青稞 37 如魁，合 111.00 元；另有人差受剥削为 195 天×0.25 – 11.00（扣口粮）= 37.75 元。

20. 差巴顿康·扎西旺堆 1958 年家庭收支情况

概况

(1) 人口：5 人，两个小孩（一个 5 岁，一个 3 岁）。

(2) 成分：贫苦农奴。

(3) 土地：$\frac{1}{2}$ 岗地，自种 $5\frac{1}{8}$ 突，抵债 $2\frac{1}{4}$ 突，买奶牛 $\frac{1}{2}$ 突，轮休地 $\frac{1}{2}$ 突。

下种数：共 15 如魁 8 波。

(4) 牲畜：黄牛 1 头，耕牛 1 头，驴 3 头，奶牛 1 头，母鸡 3 只，公鸡 1 只。

(5) 农具：犁 2 把，锄 2 把，锹 3 把，犁套 1 个，耙 个。

收入

(1) 农业：青稞		43 如魁		129.00（单位：元）
麦子		7 如魁		21.00
菜子		5 如魁		15.00
草		60 筐		43.00
谷穗		15 捆		4.75
			计	212.75
(2) 副业：3 只驴驮运费		10 品		25.00
鸡蛋		150 个		7.50
纺线		10 波		2.50
卖柴 10 驮		20 波		5.00
在夏不吉丁卖柴得：				
羊头		3 个		0.75
羊肠		3 副		1.50
羊肉		半只		3.00
出租牛耕地 2 天		1 如魁		3.00
驴出租砍柴		6 波		1.50
酥油		35 涅孕		17.50
奶渣		35 块		4.75
酒糟（以 6 袋牛粪换得）		2 袋		3.00
			计	75.00
(3) 帮工：短工 30 天工资		30 波		7.50
短工 30 天口粮		30 波		7.50
收割 5 天工资		10 波		2.50
收割 5 天口粮		5 波		1.25
去拉萨送信工资		50 波		12.50

去日喀则 3 次驴 3 只	4 品	10.00
去日喀则 3 次驴 3 只	5 如魁	15.00
去拉孜送信 2 次	15 波	3.75
缝纫费 20 天	20 波	5.00
缝纫口粮	20 波	5.00
	计	70.00

（4）支差：兄弟当囊生口粮

糌粑(合 116 如魁青稞)①24 如魁		48.00

（5）其他

借债②：

春借种子	10 如魁 4 波	31.00
夏秋借口粮	18 如魁 4 波	55.00
	计	86.00
种子：留种子	5 如魁 4 波	16.00
	合计	507.75

支出

（1）生活消费

口粮	40 如魁	120.00
帮工口粮 55 天	55 波	13.75
酒	12 如魁	36.00
肉	16 波	4.00
羊油 5 涅尕	5 波	1.25
绵羊肉	16 波	4.00
头 2 个肠 1 副	3 波	0.75
绵羊毛 1 托	1 如魁 6 波	4.50
羊皮 4 张	1 如魁	3.00
4 只山羊的毛	4 波	1.00
茶	100 两	5.00
盐	1 如魁	3.00
酥油 4 涅尕	8 波	2.00
碱	2 波	0.50
鞋料	20 两	1.00
买衣服	60 两	3.00
羊头	3 个	0.75
羊肠	3 副	1.50
羊肉	半只	3.00
鸡蛋	20 个	1.00

---

① 杜素庄园内青稞与糌粑价格一样，因磨糌粑也要劳力。

② 此户收支实际并不相抵，而是靠借债才能维持的。

奶渣	35 块	8.75
酒曲子	5 波	1.25
磨糌粑看磨人 2 天口粮	2 波	0.50
菜子榨油	15 波	3.75
萝卜（15 两）	2 袋	1.50
计		224.75

（2）雇工消费

榨油工 1 天工资	1 波	0.25
榨油工 1 天口粮	1 波	0.25
计		0.50

（3）生产投资

种子：青稞	13 如魁	39.00
麦子	2 如魁	6.00
菜子	8 波	2.00
饲料：牲畜饲料	10 如魁	30.00
春耕耕牛料	5 如魁	15.00
草	57 筐	40.00
鸡食	2 波	0.50
酒糟	2 袋	3.00
买草	20 筐	15.00
计		151.25

（4）受剥削支出

租粮	4 如魁	12.00
租草	4 甲玛	2.25
内、外差款①		23.50
酥油	7 涅尕	3.50
计		41.25

（5）其他支出

债利：还杜素债	15 如魁	45.00
还杜素利	3 如魁	9.00
柱康债	3 如魁 4 波	10.00
柱康利	8 波	2.00
多吉皮日债	11 如魁 4 波	4.00
多吉皮日利	2 波	0.50
普布参木拉债	1 如魁	3.00
普布参木拉利	3 波	0.75
计		74.25

---

① 此户有差岗半岗地的人工、驴工和人差需要向领主支应，其具体数字与前述种同等差地的差巴相同，不复赘述。

宗教：念经1人3次	24 两	1.20
念经1人3次口粮	3 波	0.75
经旗	15 两	0.75
冰雹费：谷穗	15 捆	4.75
丰收经：鸡蛋	2 个	0.10
酥油	1 涅尕	0.50
糌粑	2 波	0.33
青稞	2 波	0.50
冰雹经：鸡蛋	2 个	0.10
糌粑	半波	0.13
敬神灯油	4 波	1.00
敬神烧香	10 两	0.50
到庙念经	5 波	1.25
门口化缘	4 波	0.00
计		12.86
合计支出		504.86
余		2.89

（二）堆穷 27 户的家庭收支

杜素庄园是属于差巴型庄园，因此庄园中的堆穷，都没有内差地，也不支田间耕作的固定内差。按人身依附情况区分，堆穷有一种是人身不属于庄园，而系外来的烟火户；一种是属于庄园的；还有一种是既有人身属于杜素庄园，又有属于其他领主而组合成的家庭。

人身属于杜素的堆穷，一般是由差巴家分出，他们从家中带出部分差岗地，这块地数量不大，原来所应支的差役，仍由该差巴家中支应。上述三种堆穷中，还有不少买了一些土地，一般是买差巴的，有用牲畜买的，有用酥油、羊毛、衣服等换的，也有用农忙的帮工天数作价购买的。所买地的时间，有买一年，种一年后地归原主，也有买地时间较久，可达数年甚至十年以上的。这些在各户收支中，都可以见到。

在人身属于庄园的堆穷中，有4户要向杜素领主支佣人差，对这类差领主还给一些口粮和报酬。其他堆穷所支的其他差役，数量一般不大，也都不给报酬，具有纯剥削性质。

1. 堆穷巴桑 1958 年家庭收支情况

概况

（1）人口：8 人，家长为巴桑，其本人是杜素的囊生。劳动力较多（5 个）。

（2）成分：土改中划分贫苦农奴。

（3）土地：买地 13 如魁（4 突）。

（4）牲畜：奶牛大的 1 头，小的 1 头，绵羊 29 只，母鸡 2 只，夏天死了 1 只。

（5）农具：无大农具。仅有小农具，如铲子、镰刀、锹、筛子等。

收入

（1）农业：谷穗	12 捆	3.75
秋收粮	64 如魁	192.00
草	62 筐	46.50

麦子	2 如魁	6.00
菜子	4 如魁 6 波	13.50
	计	261.75

（2）副业：酥油 50 涅尕 25.00

奶渣	50 块	12.50
鸡蛋	60 个	3.00
编发	8 如魁 4 波	25.00
做生意		
酥油 80 涅尕（除本）	4 如魁 4 波	12.00
起子	4 波	1.00
绵羊毛	24 捆	12.00
	计	90.50

（3）帮工：拉穷 1 年工资 10 如魁 30.00

顿珠秋季短工		
（1 个半月工资）	2 如魁 4 波	7.00
白准 12 天短工工资	1 如魁	3.00
班准做鞋 15 天工资	1 如魁 3 波	3.75
房差 15 天口粮	1 如魁 3 波	3.75
借驴换工 30 天口粮	2 如魁 6 波	7.50
耕地换工 3 天口粮	3 波	0.75
帮工口粮合计 72 天	5 如魁 4 波	16.00
长工 1 人 1 年口粮	15 如魁	45.00
	计	116.75

（4）支差：巴桑赶驴去兑地方

口粮（7 个月）	10 如魁	30.00
巴桑住谿卡 2 个月口粮	4 如魁	12.00
当囊生：		
赶牦牛（口粮等）	17 如魁	51.00
	计	93.00
自留种：青稞	12 如魁 2 波半	36.63
菜子	5 波半	1.38
麦子	4 波	1.00
	计	39.01
	总计	601.01

支出

（1）生活消费

口粮	80 如魁	240.00（单位：元）
长工口粮	15 如魁	45.00
酒	10 如魁	30.00
酥油	12 涅尕	6.00

萝卜（用酥油换）	6 涅尕	3.00
染料	46 两	2.30
羊肠	2 波	0.50
碱 4 波	3 波	0.75
羊油 6 涅尕	6 波	1.50
盐	1 如尅	3.00
干肉 1 只	2 如尅	6.00
山绵羊毛 2 小袋	2 如尅	6.00
筐	10 波	2.50
鞋钉	2 波	0.50
起子	4 波	1.00
菜子榨油	50 波	12.50
奶渣	35 块	8.75
绵羊毛	24 捆	12.00
鸡蛋	30 个	1.50
计		382.80

（2）雇工消费

鞣皮工 4 天工资	4 波	1.00
鞣皮工 4 天口粮	4 波	1.00
鞣皮工 4 天肉折粮	2 波	0.50
裁缝 4 天工资	4 波	1.00
裁缝 4 天口粮	4 波	1.00
种地换工 3 天口粮	3 波	0.75
磨糌粑费	1 如尅	3.00
榨油工 2 天工资	2 波	0.50
榨油工 2 天口粮	2 波	0.50
计		9.25

（3）生产投资

农业：种子（留用）	13 如尅	39.00
副业：奶牛饲料	8 波	2.00
鸡食	4 波	1.00
草	62 筐	46.50
计		49.50

（4）受剥削支出

冰雹费（谷穗）	12 捆	3.75
酥油差	7 涅尕	3.50
地价（相当于每年交地租）	9 如尅	27.00
计		34.25

（5）其他支出

宗教：念经 1 次 2 人	4 两	0.20

念经 1 次口粮	2 波	0.50
经旗布	15 两	0.75
香	15 两	0.75
油	3 波	0.75
到庙念经	10 波	2.50
门口化缘	4 波	1.00
丰收经：鸡蛋	2 个	0.10
酥油	0.25 涅尕	0.13
	计	6.68
	共计	521.48
	余	79.53

受剥削数与收入数之比的计算：

（1）全年收入

农业		261.75（单位：元）
副业		90.50
帮工		161.75
支差：当赶牦牛囊生口粮	17 如魁	51.00
支房差 15 天口粮	15 波	3.75
上年留种（折合)①		42.00
	计	565.75

（2）受剥削部分

实物：酥油差	7 涅尕	3.50
冰雹费	12 捆	3.75
肥料 120 袋	20 波	5.00
地价	9 如魁	27.00
劳役：房差	30 波	7.50
当赶牦牛囊生	53 如魁	159.00
当长工	46 如魁	138.00
当短工	3 如魁 8 波	11.00
	计	354.75

（3）受剥削占全年收入百分比（纯受剥削）

$$\frac{354.75}{565.75}=62.6\% \quad \left(\frac{纯受剥削}{全年收入主要部分}\right)$$

$$\frac{354.75}{601.01}=59.1\% \quad \left(\frac{纯受剥削}{全年全部实际收入}\right)$$

2. 堆穷石德卓玛 1958 年家庭收支情况

概况

（1）人口：夏娃·石德卓玛为家长，家有 6 人，1 个大人 5 个小孩。

---

① 除用去折合 39.01 元外，尚于可折 2.99 元，此处计入收入中。

（2）成分：过去是堆穷，在土改中划为贫苦农奴。

（3）土地：$\frac{1}{2}$ 突又 $\frac{1}{8}$ 突。

（4）牲畜：奶牛1头大的1头小的，鸡3只。

（5）农具：铲子1把，锹1把，镰刀3把，牛角叉2把。

收入

（1）农业：	青稞	13 如剋	30.00
	菜子	5 波	1.25
	草	10 筐	7.75
		计	39.00
（2）副业：	酥油（50 两）	100 波	20.00
	鸡蛋200 个	40 波	10.00
	卖柴	20 波	5.00
	卖苏巴草	3 波	0.75
	卖油菜叶	3 波	0.75
	引火柴	1 如剋	3.00
	肥皂土	15 波	3.75
	卖自织腰带（除本）	4 波	1.00
	编发	8 波	2.00
		计	46.25
（3）帮工：	割青稞7 天工资	14 波	3.50
	口粮	15 波	3.75
	大女儿当长年佣人①		
	工资	80 波	20.00
	口粮	12 如剋	36.00
	二女儿当佣人工资	32 波	8.00
	口粮	4 如剋	12.00
	三女儿当佣人工资	13 波	3.25
	口粮	1 如剋	3.00
	当帮工（放水送信、拾牛粪）5 如剋		15.00
	支房差 10 天口粮收入	15 波	3.75
		计	108.25
		合计	193.50

支出

（1）生活消费			
	口粮	34 如剋	102.00（单位：元）

---

① 石德卓玛的大女儿在自己兄弟夏娃家当佣人，80 波是两年的工资，在 1958 年一起支付。石德卓玛的哥哥是杜素的佣人，因此她不必再出其他差。但到后来，她哥哥与她经济上已无联系，故在收入中未统计他哥哥支佣人差的口粮收入，在家庭人口统计中也未包括她哥哥。

酒粮	2 如魁	6.00
茶	2 如魁	6.00
盐	8 波	2.00
碱	1 波	0.25
酥油	20 波	5.00
清油	5 波	1.25
羊油	8 波	2.00
煤油	10 波	2.50
羊肉	4 波	1.00
羊头	6 波	1.50
内脏	4 波	1.00
火柴	1 波	0.25
编发	4 波	1.00
衬衣	8 波	2.00
买旧外衣	5 波	1.25
买旧鞋 2 双	14 波	3.50
买鞋底	16 波	4.00
羊皮	4 波	1.00
染料	4 波	1.00
炊具	8 波	2.00
做酒起子	0.5 波	0.12
	计	146.62

（2）生产投资

农业：

青稞种子	2 如魁 4 波	7.00
菜子	1 波	0.25
买筐子 1 个	4 波	1.00
农具折旧	1 波	0.25

副业：

饲料	2 如魁	6.00
草料	30 筐	22.25
	计	36.75

（3）受剥削支出

冰雹费	3 波	0.75
酥油差	14 波	3.50
	计	4.25 元

（4）其他："朋卓"

"朋卓"	2 波	0.50
经旗	1 波	0.25
化缘	3 波	0.75
香	5 把	0.25

点酥油灯	0.5 壶清油	0.25
	计	2.00
	共支出	189.62
	余	3.88

受剥削情况的统计：

（1）全年收入：如前所列，共收入为 193.5 元。

（2）受剥削部分：

冰雹费	3 波	0.75
酥油差	7 涅尕	3.50
	（以上 4.25 元为实物支出）	
房差 10 天	20 波	5.00
肥料	70 驮	2.50
大女儿当佣人①	43 如尕	130.00
二女儿当佣人（半年）	23 如尕	46.00
三女儿当佣人（四月）	13 如尕	39.00
	计	226.75

（3）剥削剩余劳动数与全年必要劳动数之比（此为剥削率算法）

$$\frac{226.75}{193.5}=117\%；$$

$$\frac{226.75}{189.25}=119.8\%。②$$

3. 堆穷旺堆次仁 1958 年家庭收支情况

概况

（1）人口：2 口人，旺堆次仁和他的老母亲。

（2）成分：土改中划为贫苦农奴。

收入

放羊工资和口粮	24 尕	72.00
缝鞋	80 波	20.00
	共计	92.00

支出

家庭消费③：

口粮	20 尕	60.00
麦面		6.00

---

① 按此处一般劳动力计算，强劳力每年创造成果可达青稞 80 如尕，中等可达 62 如尕，弱劳力可达 44 如尕。此处大女儿按中劳力，二、三女儿按弱劳力统计。

② 第一算法中，收入（必要劳动）中实际包括了受剥削的 4.25 元，因此仍不是必要劳动和剥削劳动之比。第二算法在收入中除去了 4.25 元，因此是两者之比，即剥削率的计算法。

③ 旺堆次仁家没有土地，亦没有房子。生活上全靠旺堆次仁为领主放羊所得，供养他的母亲。他的母亲因为靠旺堆次仁供养吃不饱，所以平均每年约有 3 个月的时间去要饭。全家穿的衣服全是别人不要，他们才拿来穿的。

酥油	10 涅尕	5.00
方茶 2 块	80 两	8.00
茶渣	10 两	0.50
茶锈	20 两	1.00
盐	10 波	2.50
碱	2 波	0.50
羊毛	1 尅	3.00
鞋绳	2 波	1.50
酒粮	2 尅	6.00
	共支出	92.00

此户受剥削率的计算：

旺堆次仁为领主放羊共有绵羊 75 只，山羊 24 只。

（1）每年得的工资与口粮共 24 尅合 72 元。

（2）羊之增长率

绵羊		75.00
山羊		18.00
绵羊毛	75 把	37.50
山羊毛	24 把	5.80
	计	136.30

（3）两种对比

①被剥削部分与旺堆次仁放羊收入之比

$$\frac{136.3}{72} = 190\%$$

②剩余劳动部分与必要劳动之比①

$$\frac{136.3 - 72}{72} = \frac{64.3}{72} = 89\%$$

4. 堆穷石达 1958 年家庭收支情况

概况

（1）人口：3 人。家长是石达，有一个 6 岁女孩，石达 62 岁，其妻已 59 岁，眼睛已瞎。

（2）成分：贫苦农奴。

（3）土地：$\frac{1}{4}$ 突地，下种 1 如尅 2 波。

（4）牲畜：奶牛 1 头，3 只鸡（母鸡 2 只）。

收入

（1）农业：秋收粮	6 如尅	18.00
草	6 筐	4.50
菜子	4 波	1.00

---

① 羊奶产品部分未计入，否则数额将更高。

谷穗	1 捆		0.30
	计		23.80

（2）副业：酥油 56 涅孕 28.00

奶渣	56 块	14.00
鸡蛋	80 个	4.00
做鞋底卖	142 波	35.50
计		81.50

（3）支差：房差 10 天口粮　　10 波　　2.50

（4）其他：借债 20 波 5.00

自留种子	1 如魁 2 波	3.50
计		8.50
总收入		116.30

支出

（1）生活消费

口粮	14 如魁 10 波	44.50
支房差口粮	10 波	2.50
酒	2 如魁	6.00
盐	8 波	2.00
茶	80 两	4.00
碱	2 波	0.50
肉 1 只半	30 波	7.50
羊油 6 涅孕	6 波	1.50
羊头 2 个	2 波	0.50
羊肠 2 套	4 波	1.00
羊毛	10 波	2.50
炊具	4 波	1.00
萝卜 1 袋（以酥油换）	2 涅孕	1.00
鸡蛋	13 个	0.65
奶渣	20 块	5.00
酥油	10 涅孕	5.00
菜子榨油	20 波	5.00
计		90.15

（2）雇工消费

磨糌粑费（包括看水磨人口粮）8 波　　2.00

（3）生产投资

农业：种子	1 如魁 2 波	3.50
副业：奶牛与鸡食	7 波	1.75
草	9 筐	6.75
酒糟	6 波	1.50
油饼	3 波	0.75

		计	10.75

（4）剥削支出

酥油差	7 涅尕	3.50
冰雹费（交谷穗）	1 捆	0.30
债利	4 波	1.00
	计	4.80

（5）其他

宗教：香	20 两	1.00
油	5 波	1.25
经旗	5 两	0.25
门口化缘	5 波	1.25
到庙念经	2 波	0.50
丰收经：鸡蛋	2 个	0.10
酥油	0.25 涅尕	0.13
	计	4.48
	总支出	115.68
	余	0.62

受剥削情况的统计：

（1）收入部分

农业	23.80
副业	81.50
支差口粮	2.50
共计	107.80

（2）受剥削支出

酥油差	7 波	1.75
冰雹费（谷穗）	1 捆	0.30
债利	4 波	1.00
粪肥	20 袋	0.75
房差	30 波	7.50
丰收经		0.23
	共计	11.53

（3）收入与受剥削之比

$$\frac{11.53}{107.80} = 10.6\% 。[1]$$

5. 堆穷穷拉 1958 年家庭收支情况

概况

（1）人口：穷拉为家长，共有 7 人，4 个大人（全劳动力）3 个小孩。兄弟朋友 3 人共妻。

---

[1] 此户因老的老，小的小，有些堆穷差已免出，故受剥削数较轻。

（2）成分：过去是堆穷，在土改中划分贫苦农奴。

（3）土地：$4\frac{1}{2}$突（地价在1957年以毛驴、小黄牛等付清）。

（4）牲畜：奶牛1头大的1头小的，毛驴4头。

（5）农具：耕具1套，铲子2把，锹2把，筛子2个，叉子2个，织氆氇机1架。

收入

（1）农业：	青稞	35如尅	105.00	（单位：元）
	小麦	10如尅	30.00	
	菜子	25如尅	75.00	
	草	45筐	34.50	
	计		244.50	
（2）副业				
	酥油（50两）	100波	25.00	
	奶渣	25波	6.25	
	鸡蛋（150个）	30波	8.00	
	卖纺织品（除本）	3如尅	9.00	
	驮运费	6品	15.00	
	计		63.25	
（3）帮工				
	鞣皮36天工资	36波	9.00	
	口粮	54波	13.25	
	织氆氇48天工资	48波	12.00	
	口粮	60波	15.00	
	替人拾牛粪12天工资	12波	3.00	
	口粮	20波	5.00	
	替人榨油15天工资	15波	3.75	
	口粮	22.5波	5.62	
	替人挖"帮"（肥料）工资	10波	2.50	
	口粮	10波	2.50	
	割青稞工资	60波	15.00	
	口粮	45波	11.25	
	割油菜工资	6波	1.50	
	口粮	9波	2.25	
	计		101.62	
（4）支差				
	在尊忠替杜素耕地[1]	48如尅	132.00	
	（小如尅，每如尅只11波）			

---

[1] 穷拉是替杜素·才旦班久耕地的，每年所得的口粮为24如尅，比其他佣人还多2如尅。另外还加24如尅的工资。

房差口粮	12 波	3.00
计		135.00
（5）其他：借债	11 如魁	33.00
共收入		577.37

支出

（1）生活消费

口粮	52 如魁	156.00
酒粮①	15 如魁	45.00
茶	12 如魁	36.00
盐	3 如魁	9.00
碱	5 波	1.25
酥油	80 波	20.00
清油	8 如魁	24.00
煤油	20 波	5.00
羊肉（6 整只）	96 波	24.00
鼻烟	6 波	1.50
火柴	3 波	0.75
衬衣 6 件	30 波	8.00
外衣羊毛	8 如魁	24.00
大小帽子	2 如魁20 波	11.00
鞋呢	4 波	1.00
鞋线	3 波	0.75
牦牛毛	1 如魁	3.00
牦牛皮	20 波	5.00
鞋底做工	6 波	1.50
羊皮（做衣）	40 波	10.00
小靴子（旧）	15 波	3.75
炊具	8 波	2.00
磨糌粑费	1 如魁	3.00
计		395.50
（2）雇工：裁缝 8 天工资	8 波	2.00
口粮	12 波	3.00
宰羊费	8 波	2.00
计		7.00

（3）生产投资

农业：青稞	12 如魁	36.00
小麦	5 波	1.25
菜子	2 如魁	6.00

---

① 春秋经常是每天做两波青稞的酒，夏冬 2~4 天做 1 次酒。

		计	43.25
副业：饲料	4 如魁		12.00
草料	90 筐		67.50
		计	79.50

（4）受剥削支出

冰雹费	1.6 如魁		4.80
酥油税	14 波		3.50
		计	8.30

（5）其他

经旗	3 波		0.75
念经	10 波		2.50
化缘	6 波		1.50
"朋卓"（丰收经）	2.5 波		0.62
付债本债利①	12.5 如魁		37.50
		计	42.87
		共支出	576.42
		余	0.95

受剥削情况的统计：

（1）全年收入

农业	244.50（单位：元）
副业	63.25
帮工	101.62
支差耕地	132.00
房差	3.00
计	544.37

（2）受剥削部分

冰雹费	1.6 如魁		4.80
酥油差	7 涅尕		3.50
当耕地囊生	42 如魁		126.00
房差 12 天	24 波		6.00
肥料 248 驮	34 波		8.50
债利			4.50
（其他短工剥削未计入）			
		计	153.30

（3）受剥削数与全家收入之比

$$\frac{153.3}{544.37}=28.2\%$$

---

① 1958 年春向杜素借种子 11 如魁，年底杜素从口粮中扣回本利 12.5 如魁。

6. 堆穷旦真旺姆1958年家庭收支情况

概况

（1）人口：有3人（小儿子因养不起寄养在拉吉·旺堆吉布家）。

（2）成分：过去是堆穷，在土改中划为贫苦农奴。

（3）土地：1突，其中$\frac{1}{4}$是家里给的（家是贫苦差巴），$\frac{3}{4}$是买的地。

（4）牲畜：奶牛1头。

（5）农具：镰刀2把。

收入

（1）农业：青稞	10 如魁	30.00	（单位：元）
草	20 筐	15.00	
计		45.00	
（2）副业：卖野菜	1 如魁	3.00	
捻线 6 两	6 波	1.50	
编辫 24 次	2 如魁	6.00	
酥油 40 涅尕	80 波	20.00	
奶渣	20 波	5.00	
计		35.50	
（3）帮工：织氆氇 15 天工资	15 波	3.75	
口粮	22 波	5.50	
割青稞 7 天工资	14 波	3.50	
口粮	10 波	2.50	
修路 20 天		20.00	
计		35.25	
（4）支差：房差 7 天口粮	7 波	1.75	
"锅卫" 85 天	5.6 如魁	16.80	
计		18.55	
（5）亲友接济			
姐姐送茶	1.5 如魁	4.50	
共计		138.80	

支出

（1）生活消费			
口粮①	15 如魁	45.00	
酒粮	2 如魁	6.00	
茶	1.5 如魁	4.50	
盐	8 波	2.00	
酥油 10 涅尕	20 波	5.00	

---

① 据本人谈，过去只有冬季是能吃饱的。到了藏历3月，口粮就快完了，只好去采野菜卖，换回一点糌粑。然后又以野菜加糌粑吃，哪怕只有半波糌粑也要熬过一天。

碱	1 波	0.25
羊肉	32 波	8.00
羊油	2 波	0.50
羊头	5 波	1.25
内脏	4 波	1.00
清油	20 波	5.00
茶精	1 波	0.25
衬衣	1 如剋	3.00
鞋料皮羊毛	2 如剋	6.00
牦牛尾	2 波	0.50
鞋带	6 波	1.50
帽子	4 波	1.00
火柴	1 波	0.25
炊具	3 波	0.75
做酒起子	1 波	0.25
磨糌粑费	5 波	1.25
牛粪	6 波	1.50
染料	1 波	0.25
	计	95.00

（2）雇工支出

裁缝①6天工资	6 波	1.50
口粮	6 波	1.50
	计	3.00

（3）生产投资支出

农业：青稞种子	3 如剋	9.00
农具折旧	0.5 波	0.12
副业：饲料	2 如剋	6.00
草料	20 筐	15.00
	计	30.12

（4）受剥削支出

冰雹费	4 波	1.00
酥油税	14 波	3.50
	计	4.50

（5）其他：经旗

经旗	2 波	0.50
"朋卓"（丰收经）	2 波	0.50
门口念经	2 波	0.50
香	15 把	1.25
点酥油灯	1 壶清油	0.50

---

① 旦真旺姆的哥哥是裁缝，故不必像对待其他人那样的招待，可以不给肉吃。

	计	3.25
	共计	135.82
	余	3.80

受剥削情况统计：

（1）全年收入

农业		45.00（单位：元）
副业		35.50
帮工		35.25
支差		18.55
亲友接济		4.50
	计	138.80

（2）受剥削部分

冰雹费	4 波	1.00
酥油税	7 涅尕	3.50
房差 7 天	14 波	3.50
肥料	60 驮	2.50
人差	18.1 如尅	54.30
	计	64.80

（3）受剥削与全年收入之比（用两种算法，供参考）

$$\frac{64.8}{138.8}=46.6\%$$

$$\frac{64.8}{138.8+54.3}=\frac{64.8}{193.1}=33.5\%$$

7. 堆穷尼玛卓玛 1958 年家庭收支情况

概况

（1）人口：6 人，3 个大人 3 个小孩。

（2）成分：过去是堆穷，在土改中划分贫苦农奴。

（3）土地：$1\frac{1}{2}$ 突。

（4）牲畜：奶牛 1 头。

（5）农具：镰刀 4 把，铲子 1 把，锹 1 把，筛子 1 个。

收入

（1）农业：	青稞	17 如尅	51.00（单位：元）
	菜子	25 波	6.25
	草	34 筐	25.50
		计	82.75
（2）副业：	酥油	100 波	25.00
	鸡蛋（150 个）	30 波	7.50
	奶渣	2 如尅	6.00
	卖野菜	6 波	1.50

肥皂土	25 波	6.25
引火柴	1 如魁	3.00
	计	49.25

（3）帮工

割青稞扬场工资	108 波	27.00
口粮	100 波	25.00
短工工资	60 波	15.00
口粮	72 波	18.00
	计	85.00

（4）支差

当豁卡佣人口粮	90 达苏	12.00
房差口粮	10 波	2.50
	计	14.50
（5）借债	17 如魁	51.00
	共计	282.00

支出

（1）生活消费

口粮	35 如魁	105.00（单位：元）
酒粮	7 如魁	21.00
茶	2 如魁	6.00
盐	2 如魁	6.00
碱	4 波	1.00
肉	42 波	10.50
羊头	12 波	3.00
内脏	8 波	2.00
清油	20 波	5.00
酥油	10 波	2.50
羊油	10 波	2.50
火柴	3 波	0.75
内衣两件（旧）	5 波	1.25
鞋料羊毛	1 如魁	3.00
牦牛尾	10 波	2.50
牦牛皮	7 波	1.75
鞋线	2 波	0.50
染料	5 波	1.25
鞋工	5 波	1.25
炊具	2 波	0.50
磨糌粑费	6 波	1.50
	计	178.75

（2）受剥削支出

酥油税 7 涅尕	14 波	3.50
冰雹费	6 波	1.50
付债本①	17 如魁	51.00
计		56.00

（3）生产投资

农业：青稞种子	5 如魁	15.00
油菜种子	3 波	0.75
副业：饲料	1 如魁	3.00
草料	34 筐	25.50
计		44.25

（4）其他：

经旗	1 波	0.25
"丰收经"	2 波	0.50
香	3 把	0.75
点酥油灯	0.5 壶清油	0.50
计		2.00
共支		281.00
余		1.00

受剥削情况统计：

（1）全年收入

农业	82.75
副业	49.25
帮工②	85.00
支差	12.00
计	229.00

（2）受剥削部分

酥油税	7 涅尕	3.50
冰雹费	6 捆	1.50
债利	2.5 如魁	7.50
当豁卡佣人③	16 如魁	48.00
房差 10 天	20 波	5.00
肥料 77 驮	11 波	2.75
计		68.25

---

① 尼玛卓玛家很穷，口粮较少，丈夫无衬衣，小孩春、夏、秋无鞋穿。帮工、支差当佣人所得口粮总是拿回家做涂巴（稀饭）吃。1958 年收入中有五分之一属借债，秋收后便马上被逼还了债，但欠的债利 3 如魁半未能还清。

② 此户帮工所受剥削未计在内。

③ 豁卡有 4 户堆穷，轮流为豁卡背水、出肥、生火等，工作非常繁重，和一般从事家务劳动的囊生不同。以堆穷 1 户，每年创造劳动价值 20 如魁计（一年创造 80 如魁劳动价值）而收入为 4 如魁青稞，故受剥削为 20 如魁－4 如魁＝16 如魁。

（3）受剥削与收入之比

$$\frac{68.25 \text{元}}{229 \text{元}} = 30\%$$

8. 堆穷白玛 1958 年家庭收支情况

概况

（1）人口：家长为白玛，7 口人，4 个大人 3 个小孩。

（2）成分：过去是堆穷，在土改中划为贫苦农奴。

（3）土地：买地 $4\frac{1}{2}$ 突。

（4）牲畜：奶牛 1 头大的 1 头小的，小毛驴 1 头，绵羊 8 只，山羊 7 只。

（5）农具：铲子 2 把，筛子 2 个，叉子 2 个，另有织氆氇机 1 架。

收入

（1）农业：青稞	46 如魁		138.00
菜子	15 波		3.75
草	50 筐		37.50
	计		177.25
（2）副业：酥油 50 涅尕	100 波		25.00
羊毛	23 波		5.75
奶渣	2 如魁		6.00
卖鞋底	72 波		18.00
羊	16 波		4.00
	计		60.75
（3）帮工			
割青稞 8 天工资	16 波		4.00
口粮	12 波		3.00
拾牛粪割草①工资	32 波		8.00
口粮	48 波		12.00
妻子打水磨齿②工资	15 波		3.75
口粮	15 波		3.75
"劳布"差（为支差的照管牲口）22 如魁			45.00
15 如魁			66.00
	计		145.50
（4）支差			
房差 10 口粮	15 波		3.75
（5）其他			
赶毛驴附带做小生意（茶、鼻烟等）17 如魁			51.00
放债收利	2 如魁		6.00

---

① 白玛因是替杜素赶毛驴的，故可向杜素借毛驴上山拾牛粪。

② 打水磨齿，1 天 1 波工资，并给吃的，但没有肉，1 天可打 1 个水磨的齿。

赶毛驴"奖励"①	10 品	25.00
	计	82.00
	共收	469.25

支出

（1）生活消费

口粮②	51 如剋	153.00
酒粮	12 如剋	36.00
茶	10 如剋	30.00
盐	3 如剋	9.00
酥油	40 波	10.00
碱	4 波	1.00
宰羊 6 只	96 波	24.00
清油	15 波	3.75
煤油	20 波	5.00
火柴	3 波	0.75
鞋带	4 波	1.00
做外衣羊毛③	3 如剋	9.00
牦牛皮	20 波	5.00
染料	1 波	0.25
鞋线	3 波	0.75
牦牛毛	6 波	1.50
炊具	1 如剋	3.00
鼻烟	2 如剋	6.00
宰羊费	8 波	2.00
磨糌粑费	15 波	3.75
	计	328.75

（2）生产投资

农业：青稞种子	13 如剋	39.00
菜子	3 波	0.75
农具折旧	1 波	0.25
	计	40.00
副业：饲料	2 如剋	6.00
草料	80 筐	60.00
鞋底料	27 波	5.75

---

① 杜素把毛驴租给其他商人驮运货物时，叫白玛去赶毛驴，白玛每一次可得半个驮的驮运费，如 1 头毛驴的驮运费为 100 两，白玛可得 50 两。

② 在支差、帮工中，有管吃的，这样所消费的口粮没有计入此户家庭口粮消费中，特别是赶毛驴时还有一些口粮没有计入。

③ 白玛家的外衣和鞋面均是自纺自织自缝。

		计	71.75

（3）受剥削支出

地价费①	40 波	10.00
酥油差	14 波	3.50
冰雹费	1 如魁	3.00
	计	16.50

（4）宗教方面支出

经旗	3 波	0.75
"朋卓"	2 波	0.50
化缘	6 波	1.50
香	7 把	0.35
点酥油灯	3 壶清油	0.50
	计	3.60
	共支	460.60
	余	8.65

9. 堆穷才拉旺姆1958年家庭收支情况

概况

（1）人口：才拉旺姆为家长，家中只有她一人，1958 年已过 60 岁，故无差。

（2）成分：在土改中划为贫苦农奴。

（3）土地：$1\frac{1}{8}$ 突（地价钱早付）。

（4）农具：镰刀 1 把，铲子 1 个。

收入

（1）农业：青稞	17 如魁	51.00
草	20 筐	15.00
	计	66.00
（2）副业：卖做酒曲子	1 如魁（除本）	3.00
捻线		0.50
	计	3.50

（3）其他

割青稞4天工资收入	8 波	2.00
口粮收入	8 波	2.00
借债	4 波	1.00
亲友富裕差巴接济	3 如魁	9.00
	共收入	83.50

① 买地价钱（ཞིང་རིན）一部分是用劳动（割青稞）支付，一部分是过去已给了毛驴。因此 1958 年可不付。另有一部分是给的酥油，给酥油的未计算在支出的地价钱中，因"生活消费支出"中已包括，故只统计了 1958 年给粮的地价钱。

支出

    （1）生活消费

口粮（折青稞）	7 如魁	21.00
酒粮	3 如魁	9.00
茶	0.5 如魁	1.50
盐 4 波	4 波	1.00
酥油 16 涅尕	1 如魁	3.00
羊油 6 两	6 波	1.50
羊肉 $\frac{1}{4}$	4 波	1.00
羊头、内脏	3 波	0.75
碱 1 波	1 波	0.25
衬衣 1 件	6 波	1.50
火柴 10 盒	1 波	0.25
牛粪	14 波	3.50
引火柴	4 波	1.00
编发	6 波	1.50

    （2）受剥削支出

冰雹费	4 波	1.00
付债本利	46 波	11.50

    （3）生产投资

青稞种子	4 如魁	12.00

    （4）其他

经旗	10 两	0.50
香	5 把	0.25
点酥油灯	0.5 壶清油	0.25
共支出		72.25
余		11.25

说明：才拉旺姆是富裕差巴加拉·尼玛杰布的姐姐。加拉有水磨，故磨糌粑不必出磨糌粑费；住房子也是加拉的，故无所谓房差。加拉在种地上也有支援，如耕地等。

10. 堆穷石德 1958 年家庭收支情况

概况

（1）人口：石德母子 2 人（大儿子去仲康家上门当女婿），仅小儿子在身边，当雇工，有时求乞度日。

（2）成分：土改中划为贫苦农奴。

（3）生产资料：一无所有。

收入

    雇工：

两人当三季佣人①工资	14 波	1.50
口粮	15 如魁	45.00
修路②		2.05
方茶	1 块	3.00
儿子在冰雹喇嘛家③	当佣人工资 2 波	0.50
口粮给次糌粑	30 波	8.00
共收		60.05

支出

口粮	16 如魁	48.00
茶		6.00
买破衣		2.00
共支出		
余		

11. 堆穷尼尼巴桑 1958 年家庭收支情况

概况

（1）人口：4 人。尼尼巴桑本人是为富裕差巴加拉赶毛驴的佣人。姐姐系尼姑庙的老"翁则"④。

（2）成分：过去是堆穷，在土改中划为贫苦农奴。

（3）土地：$2\frac{1}{2}$突。

（4）牲畜：奶牛 1 头大的 1 头小的，羊 1 只。

（5）农具：铲子 1 把，锹 1 把，镰刀 2 把，叉子 2 个，织氆氇机 1 架。

收入

（1）农业：青稞	34 如魁	102.00⑤	
菜子	1 如魁	3.00	
草	40 筐	30.00	
计		135.00	
（2）副业			
妻子织氆氇 4 月工资	10 如魁	30.00（单位：元）	
口粮	10 如魁	30.00	

---

① 石德 1958 年在乃登、白弟曲达等家当季节工，春天放羊，夏天放牛，秋天收割。儿子在白弟曲达家做田间活儿，白弟曲达欺负他们是穷人，本该付 160 波工资，却只付 14 波工资。口粮每天可以得 1 波。口粮部分在劳动时食用，不拿回家。因此未统计在家庭消费支出内。

② 白弟曲达命石德在冬季换回修路的女儿，临走时给了 3 波糌粑。在修路一月中，大儿子接济她 10 波糌粑；妹妹接济 10 波糌粑，但其工资一部分为白弟曲达抢去，她仅得 2 块大洋零 5 分和一块方茶。

③ 儿子在白弟曲达家割完青稞后，又去冰雹喇嘛家扬场，本该付工资 20 波。冰雹喇嘛只给了 2 波青稞当工资，一个人死后献给冰雹喇嘛的木碗也给了他。口粮收入共得 30 波。断炊时，母子就以乞讨维持生活。

④ "翁则"为寺庙带大家念经者。

⑤ 已扣除为下年留的种子。

饼	6 波	1.50
羊毛	4 波	1.00
鞋皮底	4 波	1.00
帮人做鞋底	10 波	2.50
酥油 45 涅尕	90 波	22.00
奶渣	35 波	8.75
卖鞋草	2 如尕	6.00
卖肥皂土	1 如尕	3.00
	计	105.75

（3）帮工

当佣人赶毛驴工资	10 如尕	30.00
伙食	15 如尕	45.00
小费	120 两藏银	6.00
割青稞 10 天工资	20 波	5.00
口粮	15 波	3.75
	计	89.75

（4）其他：群众给翁则 　　3 如尕 　　9.00

共收 　　339.50

支出

（1）生活消费

口粮	34 如尕	102.00（单位：元）
酒粮	10 如尕	30.00
茶	7 如尕	21.00
盐	1 如尕	3.00
酥油	20 波	5.00
奶渣	25 波	6.25
碱	1 如尕	3.00
羊肉	32 波	8.00
羊头	4 波	1.00
内脏	4 波	1.00
羊油	15 波	3.75
磨糌粑费	9 波	2.25
酒糟（酒曲子）	1 波	0.25
衬衣	18 波	4.50
外衣羊毛	6 如尕	18.00
鞋边牛皮	10 波	2.50
鞋底羊皮	8 波	2.00
鞋线	3 波	0.75
鞋带	4 波	1.00
腰带（自做）	1 波	0.25

羊皮	28 波	7.00
鞣皮油	1 波	0.25
火柴	3 波	0.75
染料	1 如魁	3.00
鞋呢	4 波	1.00
炊具	4 波	1.00
借毛驴费	30 波	8.00
	计	236.50

（2）生产投资

农业：青稞	9 如魁	27.00
菜子	2 波	0.50
农具折旧	2 波	0.50
	计	28.00
副业：饲料	3 如魁	9.00
草料	60 筐	45.00
	计	54.00

（3）受剥削支出

冰雹费	6 波	1.50
酥油税	10 波	2.50
	计	4.00

（4）雇工

鞣皮匠工资	2 波	0.50
口粮	3 波	0.75
	计	1.25

（5）其他

宗教：香	3 波	0.75
经旗	2 波	0.50
"丰收经"	2 波	0.50
	计	1.75
	共支出	325.50
	余	14.00

12. 堆穷白比1958年家庭收支情况

概况

（1）人口：3人，一个4岁小孩，女儿17岁，家长为白比。

（2）成分：贫苦农奴。

（3）土地：$1\frac{3}{4}$突，下种数5如魁。

（4）牲畜：奶牛1头。

（5）农具：小农具若干。

收入

（1）农业：青稞	29 如魁	87.00（单位：元）
菜子	1 如魁	3.00
草	39 筐	29.25
谷穗	5.5 捆	1.78
	计	121.03
（2）副业：酥油	42 涅尕	21.00
奶渣	42 块	10.50
	计	31.50
（3）帮工		
在日喀则当小工	2 如魁	6.00
短工扬场 3 天工资	3 波	0.75
短工扬场 3 天口粮	3 波	0.75
耕地借驴 13 天口粮	13 波	3.25
	计	64.75
（4）支差		
去尊忠支人差 2 个半月（合 40 波青稞）75 打苏	12.00
支房差 9 天口粮	9 波	2.25
	计	14.25
（5）亲友接济		
羊油	8.5 涅尕	2.13
菜子	5 波	1.25
萝卜	1 袋	0.75
草	3 驮	2.25
	计	6.38
（6）自留种子	5 如魁	15.00
	共收入	252.91

支出

（1）生活消费		
口粮	22 如魁	66.00
酒	4 如魁	12.00
酥油	14 涅尕	7.00
奶渣	28 块	7.00
盐	1 如魁 6 波	4.50
染料	100 两	5.00
碱	4 波	1.00
酒曲子	3 波	0.75
买鞋	24 波	6.00
肉 $1\frac{3}{4}$ 只	35 波	8.75

羊心 2 个	2 波	0.50
羊头 3 个	3 波	0.75
羊油	38.5 涅尕	9.63
茶	340 两	15.20
绵羊毛	9 涅尕	4.50
煤油	80 两	4.00
羊皮 5 张	20 波	5.00
菜子	15 波	3.75
炊具	20 波	5.00
筐	10 波	2.50
萝卜	1 袋	0.75
鞋线	8 两	0.40
编发	4 波	1.00
衣服	160 两	8.00
水壶	20 两	4.00
皮口袋（装糌粑的）	81 两	1.05
火柴 3 包	18 两	0.90
	计	184.93

（2）雇工消费

做鞋工 10 天工资	10 波	2.50
做鞋工 10 天口粮	10 波	2.50
	计	5.00

（3）生产投资

副业：奶牛料	15 波	3.75
奶牛草	42 筐	31.50
	计	35.25
农业：下种数（每年留 5 如尅）		15.00
支差：酥油差	7 涅尕	3.50
冰雹费：谷穗	5.5 捆	1.78
	计	5.28

（4）其他

宗教：香	3 两	0.15
油	2 波	0.50
门口化缘	2 波	0.50
丰收经：鸡蛋	2 个	0.10
酥油	0.25 涅尕	0.13
	计	1.38
	共支出	248.91
	余	4.00

13. 堆穷边穷 1958 年家庭收支情况

概况

（1）人口：边穷被丈夫遗弃，只有 1 人。

（2）成分：是无地无牲畜的堆穷，在土改中划为贫苦农奴。

收入

  （1）帮工

在日喀则当小工	12 如魁	36.00	（单位：元）
割青稞 10 天口粮	15 波	3.75	
工资	20 波	5.00	
房差 8 天口粮	12 波	3.00	
	计	47.75	

  （2）其他

卖肥皂土	1 如魁	3.00
拾野菜卖	9 波	2.25
拾牛粪卖	8 波	2.00
替婆母当厨子	4 如魁	12.00
婆母去世前当厨子时积余面粉	1 如魁	3.00
糌粑	2 如魁	6.00
婆母积余 5 两羊油	5 波	1.25
捻线 4 两	4 波	1.00
替人背水	2 波	0.50
	计	31.00
	合计收入	78.75

 支出

  （1）生活消费

口粮	8 如魁	24.00
酒粮		3.00
茶	1.5 如魁	4.50
盐	2 波	0.50
碱	1 波	0.25
清油	5 波	1.25
酥油	6 波	1.50
羊油	6 波	1.50
帽子	4 波	1.00
鞋线	1 波	0.25
煤油	8 波	2.00
羊肉	10 波	2.50
羊头	2 波	0.50
内脏	2 波	0.50
鞋料	2 如魁	6.00

	计	49.25

（2）其他

经旗	1 波	0.25
编发	3 波	0.75
雇人拾野菜支出工资半波×2 天		0.25
口粮半波×2 天		0.25
制银碗	1 如尅 8 波	5.00
筐子	7 波	1.75
炊具	9 波	2.25
筛子	4 波	1.00
裁缝 6 天工资	6 波	1.50
口粮	9 波	2.25
裤子	4 波	1.00
做 1 个小桌	5 波	1.25
羊皮 2 张	7 波	1.75
旧铲子	6 波	1.50
做酒曲子①	2 波	0.50
	计	21.25
	合计支出②	70.50
	余	8.25

14. 鞣皮工（堆穷）尼尼 1958 年家庭收支情况

概况

（1）人口：3 人，夫妻 2 人，家长为尼尼（有 1 个 1 岁多的孩子）。

（2）成分：贫苦农奴，本人是鞣皮工，也是堆穷。

（3）无地、无牲畜，以当雇工为生。

收入

（1）手工业收入

鞣皮工资（半年）	15 如尅	45.00（单位：元）
鞣皮工半年口粮	15 如尅	45.00
饼	180 个	9.00
肉折价	91 波	22.75
为杜素（领主）鞣皮 3 天工资	3 波	0.75
口粮 3 达苏	2.4 波	0.60
	计	123.10

（2）帮工收入

收割 2 人共 32 天	64 波	16.00

① 豁卡的做酒曲子比其他豁卡的好，故边穷买了向姐姐送礼。

② 边穷的火柴、衬衣和外衣都是丈夫现在的妻子赠送的，故无这些支出。因边穷有两个孩子被他们带走了，他们平时对边穷有照顾。

收割口粮	32 波	8.00
春天短工 5 天	5 波	1.25
春天短工 5 天口粮	5 波	1.25
换工 6 天口粮	6 波	1.50
计		28.00

（3）副业收入

卖鞋底 6 双（自用 3 双）	36 波	9.00
纺线	10 波	2.50
去污泥	15 波	3.75
牛皮绳	4 条	6.00
计		21.25
总收入		172.35

支出

（1）生活消费

口粮	26 如魁	78.00
酒	2 如魁	6.00
茶	2 如魁	6.00
酥油 6 涅尕	3 如魁	9.00
牛粪	4 波	1.00
盐	4 波	1.00
碱	1 波	0.25
羊油 4 涅尕	4 波	1.00
羊肉 1 只	2 如魁	6.00
牛头 3 个	3 波	0.75
羊肠 2 套	4 波	1.00
筐子 2 个	9 波	2.25
瓦罐 1 个	4 波	1.00
瓦火钵 1 个	3 波	0.75
瓦壶 1 个	1 波半	0.38
鞋钉	2 波	0.50
火柴 6 盒	3 个饼	0.15
菜子 2 如魁	牛皮绳 4 条	6.00
衣服（3 件）		15.00
计		146.03
全年收入		172.35
支出		146.03
余		26.32

15. 堆穷巴却巴 1958 年家庭收支情况

家庭情况

（1）人口：5 口人，家长巴却巴。

（2）成分：贫苦农奴。

（3）土地：$\frac{3}{8}$ 突，下种 15 波。

（4）牲畜：奶牛 1 头。此外有母鸡 5 只。

收入

（1）农业：青稞	2 如尅 8 波	8.00
谷穗	1 捆	0.30
草	5 筐	3.75
（2）副业：鸡蛋	70 波	17.50
酥油	126 波	31.50
纺线	10 波	2.50
奶渣	63 波	15.75
（3）帮工收入		
大儿子三季工工资	68 波	17.00
二儿子两季工工资	40 波	10.00
2 人口粮①	304 波	76.00
母女短工工资	83 波	20.75
母女秋收短工工资	76 波	19.00
2 人口粮	161.3 波	40.33
常年支差工资②	48.7 波	12.18
晒场差工资	6.4 波	1.60
房差与收割差③	14.7 波	3.68
换工口粮④	32 波	8.00
（4）其他收入		
借债：		
杜素	4 如尅	12.00
亲友帮助：		
酥油	40 波	10.00
山绵羊各 1 只	40 波	10.00

---

① 其大儿子春夏秋三季都在本地根布家当佣人，春夏两季工资各 16 波，秋季为 36 波。二儿子是春秋工，春季工资是 12 波、秋季为 28 波。其口粮是指两人在雇主家的伙食，每天以一波计，但因糌粑与青稞是 3 与 2 之比，故乘 $\frac{2}{3}$ 折为青稞，以下情况皆同。

② 巴却巴与其余三户堆穷每年轮流为杜素支内差，每隔 3 天轮 1 次，工作 1 天只给 1 达苏的糌粑，达苏与波是 5 与 4 之比，故乘 $\frac{4}{5}$ 折为波，然后乘 $\frac{2}{3}$ 折成青稞。

③ 房差即收割时为房主劳动 10 天，无工资管吃。收割差系全村堆穷为杜素收割 1 天，但由房主管吃。

④ 因无牲畜耕地、送肥、驮牛粪等，故以人力换畜力。

	共收	319.84

支出

（1）生活消费

口粮①	337.4 波	84.35
短、季工换工口粮	342 波	86.00
酒	32 波	8.00
羊油	12 波	3.00
盐	12 波	3.00
碱	6 波	1.50
煤油	6 波	1.50
羊肉	86 波	21.50
茶	28 波	7.00
绵羊毛	20 波	5.00
山羊毛	10 波	2.50
羊皮 4 张	23 波	5.75
牦牛毛	5 波	1.25
衣服 3 件	11 波	2.75
筐两个	9 波	2.25
	计	235.00
菜子榨油	5 波	1.25
做酒起子	4 波	1.00
奶渣	63 块	15.75
萝卜 2 袋	6 波	1.50
萝卜 1 袋	2 波	0.50
红黑染料	11 波	2.75
"擦"（染色用）	3.6 波	0.90
鞋钉	3 波	0.75
羊头	3 波	0.75
酥油	20 波	5.00

（2）雇工消费

榨油工资	1 波	0.25
裁缝工资	10 波	2.50
钉子	2 波	0.50
口粮	20 波	5.00
鞣皮工工资	3 波	0.75

---

① 口粮中平均每天每人按半波多一点计算，是不能吃饱的。一般食量需 1 波糌粑才能吃饱。青年人一般干活时要 1.5 波至 2 波。但据巴却巴谈：春天就把秋天当短工的工资借来吃了。有时家里没有一点粮，只好去求杜素或大差巴借 1 波或 2 波，4 人也要吃 1 天，经常是尽量吃粥，有野菜季节拔一些野菜放在粥里，就这样借一天过一天。没有人雇短工时，经常是处在半饥饿的状态中。

钉子	0.6 波	0.15
口粮	6 波	1.50
换工口粮	28 波	7.00
磨糌粑工资	7 波	1.75

（3）生产投资

农业：种子	15 波	3.85
副业牲畜饲料		
奶牛料及鸡食	5 波	1.25
草	5 筐	3.85
	计	293.50

（4）其他支出

宗教支出：

到庙念经	第一次 8 两	0.40
	第二次 4 波	1.00
经旗	1 波	0.25
还债本刊	55 波	14.85
奶牛差（酥油 7 涅尕）	14 波	3.50
门口化缘	2 波	0.50
冰雹费：谷穗	1 捆	0.30
丰收经：鸡蛋	2 个	0.10
酥油	0.25 涅尕	0.13
地价：口袋（自制）	2 个	
	计	21.03
	收入：	319.84
	支出：	314.53
	余：	5.31

16. 堆穷却吉 1958 年家庭收支情况

家庭情况

（1）人口：两人（家长为却吉，现年 66 岁）。

（2）成分：贫苦农奴。

（3）土地：无，靠当雇工生活。

（4）牲畜：无，只有 4 只母鸡，2 只公鸡。

收入

（1）帮工收入

为桑岗拾牛粪 3 天工资	3 波	0.75（单位：元）
口粮	3 波	0.75
为冰雹喇嘛耕地 6 天工资	6 波	1.50
口粮	6 波	1.50
为罗布吉砌墙 5 天工资	5 波	1.25
口粮	5 波	1.25

为桑岗收割 14 天工资	28 波	7.00
口粮	14 波	3.50
为囊巴收割 10 天工资	20 波	5.00
口粮	10 波	2.50
为巴德砍柴 3 天工资	3 波	0.75
口粮	3 波	0.75
为桑岗洗衣物 40 多件	6 波	1.50
为细布却收割 11 天肉	2 块	2.75
酥油	3 涅尕	1.50
羊油	1 涅尕	1.25
菜油	4 碗	1.00
口粮	11 波	2.75
修公路 3 个月零 10 天①	2000 两	100.00
计		136.25

（2）副业

鸡蛋 250 个	4 如尕 2 波	12.50
纺线 60 涅尕	60 波	15.00
去污泥	3 波	0.75
计		28.25

（3）支差

支人差口粮（55 天）	44 波	11.00
为杜素送信等（30 天）	24 波	6.00
计		17.00
总收入		181.50

支出

（1）生活消费

口粮	20 如尕	60.00
短工口粮	52 波	13.00
做酒	2 如尕	6.00
方茶 2 块圆茶 8 块	218 两	10.90
菜油	4 碗	1.00
酥油 5 涅尕	10 波	2.50
酥油 10 涅尕	100 两	5.00
酥油	3 涅尕	1.50
牛粪	15 波	3.75
牛粪	225 两	11.25
盐	4 波	1.00
火柴	15 两	0.75

① 为解放军修公路，因工人有工资，故此年收入支出较往年为多。

肉 2 只	200	两	10.00
肉	2	块	2.75
羊头 1 个	1	块	0.25
羊油 3 涅尕	3	波	0.75
羊油 1 涅尕	1	波	0.25
背水罐 1 个	8	波	2.00
瓦罐瓦壶 3 个	20	波	5.00
洗粮方筐	4	波	1.00
鞋 3 双	240	两	12.00
煤油	30	两	2.50
酒曲子	3	波	0.75
萝卜 2 袋	20	两	1.00
鸡食	4	波	1.00
磨糌粑费（包括看磨人口粮）	4	波	1.00
	计		156.90

（2）其他支出

宗教：敬神香	6	两	0.30
经旗	10	两	0.50
到庙念经	2	波	0.50
门口化缘	3	波	0.75
丰收经（鸡蛋）	2	个	0.10
	计		2.15
	总支出		159.05
	余		22.45

17. 堆穷仁增 1958 年家庭收支情况

概况

（1）人口：4 口人，有两个小孩（一个 13 岁，一个 3 岁）家长为仁增，是杜素家老囊生，已 24 年之久，1959 年秋告假回家。

（2）成分：贫苦农奴。

（3）土地：买地 $\frac{3}{4}$ 又 $\frac{1}{8}$ 突，下种 1 如魁 9 波半。

（4）牲畜：奶牛 1 只，山羊 1 只，绵羊 1 只，母鸡 1 只，公鸡 1 只。

（5）农具：少量小农具。

收入

（1）农业：青稞	15 如魁	45.00（单位：元）	
草	16 筐	12.00	
菜子	7 波	1.75	
谷穗	25 捆	0.75	
	计	59.50	
（2）副业：卖鞋底 16 双	9 如魁 4 波	28.00	

酥油	55 涅尕	27.50
鸡蛋 40 个	8 波	2.00
奶渣	35 波	8.75
山绵羊毛	6 波	1.50
计		67.75

(3) 雇工：收割 15 天   30 波   7.50

扬场 3 天	3 波	0.75
收割扬场 18 天口粮	18 波	4.50
农业换工 9 天口粮（耕地）	9 波	2.25
送肥借驴换工 4 天口粮	4 波	1.00
拾柴借驴换工 8 天口粮	8 波	2.00
房差 10 天口粮	10 波	2.50
计		20.50

(4) 支差：仁增当囊生 1 年口粮   24 如尅   66.00
         （合 22 如尅青稞）

(5) 其他：卖衣服 1 件   250 两   12.50
          自留种子   1 如尅 9 波半   5.38
                   共收   231.63

支出

(1) 生活消费

口粮	28 如尅	84.00
雇工口粮 49 天	4 如尅 1 波	12.25
酒	1 如尅 10 波	5.50
盐	8 波	2.00
绵羊皮 4 张	2 如尅	6.00
牦牛毛 5 涅尕	5 波	1.25
羊肉 5 只	7 如尅 6 波	22.50
羊油	1 如尅	3.00
茶	375 两	18.75
染料	1 如尅	3.00
染料	18 两	0.90
酥油	14 涅尕	7.00
菜子油	10 波	2.50
酒曲子	4 波	1.00
奶渣	35 块	8.75
山绵羊毛	6 波	1.50
计		179.90

(2) 雇工消费

拾柴 5 人 1 天工资	5 波	1.25
拾柴 5 人 1 天口粮	5 波	1.25

送粪 3 人 1 天工资	3 波	0.75
送粪 3 人 1 天口粮	3 波	0.75
耕地换工 3 天口粮	3 波	0.75
磨糌粑费		
（包括看磨人口粮）	12 波	3.00
	计	7.75

（3）生产投资

农业：

青稞种子	1 如尅 9 波半	5.38

副业：

牲畜饲料	8 波	2.00
食盐	4 波	1.00
鸡粮	2 波	0.50
草	22 筐	16.50
酒糟	4 波	1.00
	计	21.00

（4）剥削支出

支差：酥油	7 涅尕	3.50

（5）其他支出

土地：地价	2 如尅 6 波半	7.63
宗教：买经旗	35 两	1.75
冰雹费	2.5 捆	0.75
清油	5 波	1.25
香	10 两	0.50
门口化缘	4 波	1.00
到庙念经 3 次	3 波	0.75
丰收经：鸡蛋	2 个	0.10
酥油	0.25 涅尕	0.13
	计	13.86
	总支出	231.39
	余	0.24

18. 堆穷石德皮热 1958 年家庭收支情况

概况

（1）人口：5 口人，母亲石德皮热带 4 个孩子，1 子 1 女可以当劳动力。

（2）成分：过去是堆穷，在土改中划为贫苦农奴。

（3）土地：$\frac{3}{4}$ 突。

（4）牲畜：1 头小奶牛。

（5）农具：镰刀 2 把，铲子 1 个，多子 1 个。

收入

    （1）农业：青稞   13 如尅   39.00（单位：元）
             菜子   1 如尅   3.00
             草   15 筐   11.25
                             计   53.25

    （2）副业
        捻线每月 6 两   72 波   18.00
        采野菜卖   20 波   5.00
        帚   8 波   2.00
        肥皂土、牛粪   17 波   4.25
        鞋草   2 波   0.50
                        计   29.75

    （3）帮工
        割青稞 22 天口粮   33 波   8.25
             工资   44 波   11.00
        扬场 2 天口粮   3 波   0.75
             工资   2 波   0.50
        女儿给旺多当佣人工资 20 波   5.00
              口粮   13 如尅   39.00
        儿子当秋季佣人口粮 2 如尅   6.00
                        计   70.50

    （4）支差
        当谿卡佣人口粮   4 如尅   12.00
    （5）其他 借债   3 如尅   9.00
                总收入   174.35

支出

    （1）生活消费
        口粮   28.5 如尅   85.50
        酒粮   1 如尅   3.00
        茶   1 如尅   3.00
        土   10 波   2.50
        酥油 4 两   8 波   2.00
        碱   1 波   0.25
        羊肉 1 只   20 波   5.00
        羊头 4 个   4 波   1.00
        羊油 9 两   9 波   2.25
        内脏 2 副   8 波   2.00
        清油   3 波   0.75
        茶末   1 波   0.25
        茶精   1 波

衬衣2件	5 波	1.25
羊毛	1.5 如尅	4.50
鞋料	28 波	7.00
鞋皮	4 波	1.00
补鞋	2 波	0.50
羊皮2张	8 波	2.00
火柴	2 波	0.50
炊具	7 波	1.75
筐子	7 波	1.75
染料	2 波	0.50
编发	6 波	1.50
磨糌粑费	3 波	0.75
	计	130.75

（2）雇工支出

裁缝2天工资	2 波	0.50
口粮	3 波	0.75
织工2天工资	2 波	0.50
口粮	3 波	0.75
	计	2.50

（3）生产投资

农业：青稞	2.5 如尅	7.50
菜子	2 波	0.50
农具折旧	2 波	0.50
	计	8.50
副业：饲料	1.5 如尅	4.50
草	15 筐	11.25
	计	15.75

（4）受剥削支出

付债本利	42 波	10.50

（5）宗教支出

经旗	0.5 波	1.25
门口念经	0.5 波	1.25
孩子有病给尼姑庙	3 波	0.75
香	2 把	0.10
点酥油灯	0.5 壶	0.25
	计	4.50
	总支出	172.50

收支情况：

收	174.35	支 172.50
	余	1.85

说明：

石德皮热是谿卡捻线最好的一个，故杜素夫人、代理人都请她捻。每捻完 5 两，除工资外还有 3~4 波的奖励，另还给旧衣、旧裤、旧围裙和一点羊毛。石德皮热把羊毛积起来织新衣服。

石德皮热有 $\frac{1}{2}$ 突地是桑岗的，每年以割青稞作地价钱。由于桑岗与她死去的丈夫有些交情，故每年并未规定一定要割多少天，有时只去割五六天。

据石德皮热本人谈，在自己家吃除过年外从未吃饱过。一年中只有在当帮工时能吃饱。她在谿卡当佣人时，工作繁重，就这样，她也舍不得把发的 1 达苏口粮吃完，还要剩一些带回去给饥饿的孩子吃。

19. 堆穷（外来户）波石德 1958 年家庭收支情况

概况

（1）人口：家有 5 人。大女儿因养不起，很小就寄养在牧区亲戚处，长大后，开始每年有 10 如魁工资。波石德现已眼瞎。生活主要靠他做鞋底和全家乞讨。

（2）成分：在土改中划为贫苦农奴，过去是堆穷。

收入

（1）副业			
做鞋底 24 双	10 如魁	30.00	（单位：元）
卖肥皂石	4 如魁	12.00	
捻线	2 如魁	6.00	
换线	3 如魁	9.00	
卖洗衣草	6 波	1.50	
卖野菜	3 波	0.75	
卖引火柴	2 波	0.50	
卖石板	3 波	0.75	
	计	60.50	
（2）帮工收入			
女儿工资	10 如魁	30.00	
大儿子秋季工资	28 波	7.00	
口粮	2.5 如魁	7.50	
小儿子秋季工资	16 波	4.00	
口粮	2 如魁	6.00	
房差 6 天　口粮	10 波	2.50	
	计	57.00	
（3）其他			
支差：夏季两个儿子放牛口粮 2 如魁		6.00	
卖肥料	7 波	1.75	
鞣 22 个糌粑口袋	10 波	2.50	
	计	10.25	
	共收	127.25	

支出

  （1）生活消费

口粮	29 如魁	87.00（单位：元）
强姆达	1 如魁	3.00
茶	1.5 如魁	4.50
盐	1 如魁	3.00
碱	1 波	0.25
羊肉	6 波	1.50
羊头	5 波	1.25
内脏	2 波	0.50
羊油	6 波	1.50
鼻烟	1 如魁	3.00
酥油 2 两	4 波	1.00
酒粮 7 次	14 波	3.50
清油	1 如魁	3.00
鞋料	1.5 魁	4.50
鞋皮	0.5 如魁	1.25
火柴	2 波	0.50
铁钉	2 波	0.50
炊具	1 如魁	3.00
旧外衣 1 件	6 波	1.50
	计	124.25

  （2）副业投资

做鞋底羊毛、牛毛	2 如魁	6.00
做鞋长扁针	1 波	0.25
	计	6.25

  （3）其他

经旗	1 波	0.25
化缘	1 波	0.25
	计	0.50
	共支出	131.00
	负	3.75

说明：

波石德不是杜素谿卡的农奴。过去是外地差巴，因中年眼瞎，支不了繁重的差，而降为堆穷来到杜素。土改前很穷，穷到男的没衬衣穿，女的没裤子穿，逢年过节才做酒，一年共做 7 次。一年中只有在夏、秋、冬才各买一块圆茶。无处帮工，断炊时靠乞讨度日。家中消费口粮中不包括大女儿的，子女有零星的打短工，口粮也未计入。

20. 堆穷尼玛才仁 1958 年家庭收支情况

概况

（1）人口：家有 7 人，4 个大人 3 个小孩，有 4 个整劳力。尼玛才仁（外来人）是石匠。妻子是谿卡堆穷。

（2）成分：过去是堆穷，在土改中划为贫苦农奴。

（3）土地：$1\frac{3}{8}$突。

（4）牲畜：奶牛一头大的一头小的。

（5）农具：镰刀 2 把、铲子 2 把、锹 2 把、牛角叉 1 个。

收入

（1）农业：青稞	15 如魁	45.00（单位：元）
菜子	5 波	1.25
草	20 筐	15.00
计		61.25
（2）副业：酥油	50 涅尕	25.00
卖奶渣	25 赤	6.25
卖鸡蛋 200 个	40 波	10.00
卖引火柴	2 捆	2.00
卖帚草	4 波	1.00
卖肥皂石	25 块	1.25
卖鞋草	13 双	3.25
卖野菜	6 波	1.50
卖油菜叶	3 波	0.75
计		51.00
（3）手工业		
当石匠	45 如魁	135.00
裁缝 7 天工资	7 波	1.75
口粮	10 波	2.50
计 139.25 元		
（4）帮工		
割青稞 30 天工资	60 波	15.00
口粮	45 波	11.25
女儿当"怎"、"德"工资	40 波	10.00
口粮	50 波	12.50
炒青稞 5 天工资	5 波	1.25
口粮	7 波	1.75
儿子当佣人三季工资	100 波	25.00
口粮	11 如魁	33.00
儿子冬季修路 1 个月工资	10 如魁	30.00
计		139.75
（5）支差		
妻子当谿卡佣人	4 如魁	12.00
支房差 11 天口粮	11 波	2.75

		计	14.75

（6）其他

借债做种	5 如尅	15.00
	共计收	421.00

支出

（1）生活消费

口粮	52 如尅	156.00（单位：元）
酒粮	10 如尅	30.00
茶	8 如尅	24.00
盐	3 如尅	9.00
碱	2 波	0.50
羊肉	4 如尅	12.00
清油	2 波	0.50
羊头	14 个	3.50
内脏	7 副	3.50
羊油	14 两	3.50
米	4 波	1.00
鼻烟	8 波	2.00
做酒曲子20 块	4 波	1.00
衬衣4 件	16 波	4.00
外衣羊毛3 件	9 如尅	27.00
鞋料8 双	48 波	12.00
做鞋牦牛毛10 捆	10 波	2.50
冬鞋皮底6 双	12 波	3.00
冬鞋皮边	6 波	1.50
鞋带2 副	4 波	1.00
帽子2 顶	24 波	6.00
火柴20 盒	2 波	0.50
煤油2 铁筒	25 波	6.25
茶罐3 个	3 波	0.75
酒壶2 个	2 波	0.50
染料	5 波	1.25
编辫6 次	6 波	1.50
经旗	4 波	1.00
借毛驴拾牛粪	15 波	1.75
酥油	10 涅尕	5.00
奶渣	10 赤	2.50
鸡蛋	2 波	0.50
	计	332.00

（2）生产投资

农业：青稞		5 如魁	15.00
菜子		1 波	0.25
		计	15.25
副业：草料		20 筐	15.00
饲料		2 如魁	6.00
		计	21.00

（3）受剥削支出

冰雹费	6 波	1.50
酥油差	7 涅孕	3.50
在日喀则给石匠行会交差	2 如魁	6.00
	计	11.00

（4）其他

宗教：丰收经	2 波	0.50
经旗	10 波	2.50
化缘	1 波	0.25
香	12 把	0.60
酥油灯	1 壶清油	0.50
敬神	0.5 波	0.12
	计	4.47
	共支出	383.72
	余	37.28

21. 堆穷加拉·石德1958年家庭收支情况

概况

（1）人口：家有4口人，2个大人2个小孩。

（2）成分：过去是堆穷，在土改中划为贫苦农奴。加拉·石德的丈夫名札旺系杜素在日喀则的涅巴。

（3）土地：$1\frac{1}{4}$ 突（自己家的和大差巴桑岗赠送的 $\frac{3}{8}$ 突）。

（4）牲畜：$\frac{1}{2}$ 头奶牛[①]。

（5）农具：铲子、镰刀各1把。

收入

农业：青稞		16 如魁	48.00 （单位：元）
菜子		15 波	3.75
草		20 筐	15.25
		计	67.00
副业：织氆氇卖		9 如魁 8 波	29.00
鸡蛋 60 个		12 波	3.00

---

① 石德向杜素要了一头小奶牛，言明养大后给半只奶牛的钱。

		计	32.00
（3）帮工			
替支乌拉工资	1 如魁		3.00
口粮	2 如魁		6.00
割青稞 8 天工资	16 波		4.00
口粮	14 波		3.50
房差 6 天口粮	9 波		2.25
		计	18.75
（4）支差			
替杜素当涅巴口粮	24.5 如魁		73.50
（5）其他			
打牌小费①	606 两藏银		30.30
从豁卡背回茶、火柴、衬衣			
经旗、煤油、染料②	10 如魁		30.00
		计	60.30
		总收入	251.55
支出			
（1）生活消费			
口粮	24 如魁		72.00（单位：元）
酒粮（7 天 1 次）	6 如魁		18.00
茶	4 如魁		12.00
酥油	5 波		1.25
盐	5 波		1.25
碱	2 波		0.50
羊肉	32 波		8.00
羊油	6 波		1.50
内脏	2 波		0.50
清油	12 波		3.00
给丈夫捎酒、食、肉	15 如魁		45.00
外衣羊毛	10 波		2.50
内衣	16 波		4.00
鞋料	4 如魁		12.00
染料	1 如魁		3.00
编发	6 波		1.50
炊具	6 波		1.50
火柴	2 波		0.50

---

① 石德的丈夫札旺是杜素日喀则的涅巴，贵族来打牌时有小费进账。

② 石德的丈夫是富裕农奴郭洛家的人，郭洛经常捎东西（如饼、肉、奶渣等）给札旺，札旺把省下的糌粑在日喀则卖了，买日用品捎回给妻子。

煤油	4 波	1.00
磨糌粑费	6 波	1.50
屠羊费	3 波	0.75
牛粪	6 波	1.50
	计	192.75

（2）雇工支出

裁缝 5 天工资	5 波	1.25
口粮	8 波	2.00
	计	3.25

（3）生产投资

农业：青稞	4 如魁	12.00
油菜子	3 波	0.75
副业：饲料	1 如魁	3.00
	计	15.75

（4）其他

买地价钱①	2 如魁 2 波	6.50
经旗	2 波	0.50
"夏不德"	6 波	1.50
丰收经	0.5 波	0.12
香	10 把	0.50
点酥油灯	1.5 壶	0.75
	计	9.87
	共支出	221.62
	余	29.93

22. 堆穷穷吉 1958 年家庭收支情况

概况

（1）人口：穷吉，只有 1 人。原有一个妹妹被领主杜素·才旦班久赠送给其妹夫恰贝当佣人。

（2）成分：过去是堆穷，在土改中划为贫苦农奴。

（3）土地：只有 $\frac{1}{8}$ 突，$\frac{1}{16}$ 突是工资地，$\frac{1}{16}$ 突是其情人森木吉赠送的。

收入

（1）农业：青稞	1 如魁	3.00
草	2 筐	3.00
	计	6.00
（2）副业：卖野菜	7 波	1.75
卖肥皂土	5 波	1.25
卖引火柴	8 波	2.00

---

① 买地价钱，大部分是付给清油、围裙、鞋、草等。

卖帚草	3 波	0.75
	计	5.75

（3）帮工

割青稞 20 天口粮	20 波	5.00
工资	40 波	10.00
榨油 30 天口粮	30 波	5.25
工资	30 波	7.50
榨油奖励品	1 如魁	3.00
放水 7 天口粮	7 波	1.75
工资	7 波	1.75
扬场 8 天口粮	8 波	2.00
工资	8 波	2.00
背水	3 波	0.75
到姐姐家劳动工资	16 波	4.00
口粮	1 如魁	3.00
	计	46.00

（4）亲友接济

盐、碱、肉、内外衣	2 如魁	6.00
	共收入	63.75

支出

（1）生活消费

口粮	10 如魁	30.00（单位：元）
酒粮	8 波	2.00
茶	1 如魁	3.00
盐、碱、肉、内外衣	3 如魁	9.00
羊头	6 波	1.50
内脏	6 波	1.50
酥油	6 波	1.50
鞋料	8 波	2.00
鞋线	1 波	0.25
做工（裁缝）	8 波	2.00
火柴	1 波	0.25
编发	6 波	1.50
炊具	2 波	0.50
	计	55.00

（2）其他

种子	8 波	2.00
经旗	1 波	0.25
香	6 把	0.30
点酥油灯油	0.5 壶	0.25

	计	2.80
	共支出	57.80
	余	5.95

说明：

穷吉住的房子是派雄的，穷吉是派雄的姨母，故可不支房差，有时生活上还给以照顾，种地上也有支援。

23. 堆穷才仁拉准1958年家庭收支情况

概况

（1）人口：2人，家长为才仁拉准，夫妻都是60岁上下的老人（已无差），是贫苦差巴顿康之父母。才仁拉准本人是裁缝，与顿康有经济上的联系。

（2）成分：贫苦农奴。

（3）土地：有1突地，是儿子和女婿给的，不给地价，下种数2如尅7波。无牲畜，地由儿子代耕。

收入

（1）农业：青稞	11 如尅	33.00（单位：元）
菜子	3 波	0.75
草	6 筐	4.50
卖草 10 小筐	150 两	7.50
谷穗	3 捆	0.93
计		46.68
（2）帮工：裁缝 5 个月工资	12 如尅	36.00
口粮	12 如尅	36.00
收割 12 天工资	24 波	6.00
口粮	1 如尅	3.00
扬场 10 天工资	10 波	2.50
口粮	10 波	2.50
纺线 120 涅尕	6 如尅	18.00
计		104.00
（3）支差：房差 5 天口粮	5 波	1.25
为杜素洗东西 7 天口粮	3.7 波	0.93
计		2.18
（4）其他：借债（杜素）	3 如尅	9.00
自留种子	18 波	4.50
计		13.50
总收入		166.36

支出

（1）生活消费		
口粮	12 如尅	36.00
帮工时食去口粮	13 如尅 3 波	37.75
酒	6 如尅	18.00
酥油 10 涅尕	20 波	5.00

茶	6 如魁	18.00	
羊肠 3 套	3 波	0.75	
羊头 2 个	2 波	0.50	
羊头	2 个	0.50	
羊油 7 涅尕	7 波	1.75	
羊肉 2 只	40 波	10.00	
盐	8 波	2.00	
碱	半波	0.13	
萝卜 2 袋	30 两	1.50	
羊毛牦牛毛	10 波	2.50	
菜子榨油	15 波	3.75	
酒曲子	1 波	0.25	
	计	138.38	

（2）雇工消费

磨糌粑费	4 波	1.00	

（3）生产投资

种子：青稞	2 如魁 7 波	7.75	

（4）其他支出

宗教：香	5 两	0.25	
油	5 波	1.25	
到庙念经	2 波	0.50	
化缘	1 波	0.25	
	计	2.25	

（5）受剥削支出

丰收经：鸡蛋	2 个	0.10	
冰雹费：谷穗	3 捆	0.93	
	计	1.03 元	
	总支出	150.41 元	
	余①	15.95 元	

24. 堆穷明玛 1958 年家庭收支情况

概况

（1）人口：4 口人，家长为明玛。

（2）成分：土改中划为贫苦农奴，原为堆穷。

（3）土地：买地 1 突，下种青稞 2 如魁，菜子 1 波。

（4）牲畜：奶牛 1 头，小牛 1 头，绵羊 7 只，母鸡 4 只。

收入

（1）农业：草	8 筐	6.00 （单位：元）	
秋收青稞	7 如魁 6 波	22.50	
油菜子	8 波	2.00	

---

① 收入中有余，因收入中有借债 3 如魁（折合 9.00 元）本利未还。

	计		30.50
（2）副业：卖奶渣	60 块		15.00
卖酥油 60 涅尕	10 如魁		30.00
卖鸡蛋 240 个	48 波		12.00
卖鞋底 3 双	21 波		5.25
卖绵羊毛	5 绞		2.50
	计		64.75
（3）帮工			
榨油两个月工资	5 如魁		15.00
口粮	5 如魁		15.00
春冬短工 15 工资	15 波		3.75
口粮	15 波		3.75
秋收短工 2 人 49 天	98 波		24.50
秋收短工口粮	49 波		12.25
换工与房差 26 天			
口粮（房差 10 天）	26 波		6.50
	计		80.75
（4）支差			
支差 75 天口粮	40 波		10.00
（5）小工工资			
在日喀则修公路约半年			166.00
（6）谷穗	3 捆		0.95
自留种子	2 如魁 1 波		6.25
	总收入		359.20

支出

（1）生活消费			
口粮	35 如魁		105.00（单位：元）
做酒	4 如魁		12.00
短工得口粮（150 天）	12 如魁 6 波		37.50
酥油 10 涅尕	20 波		5.00
茶（方茶 12 块、圆茶 12 块）928 两			46.40
盐	20 波		5.00
碱	3 波		0.75
萝卜 3 袋	45 两		2.25
绵羊肉 3 只	5 如魁		15.00
绵羊毛	25 波		6.25
黑色染料	21 两		1.05
牛粪	10 波		2.50
红色染料	15 波		3.75
瓦罐、瓦壶	20 波		5.00

帽子两顶	200 两	10.00
鞋钉子	5 波	1.25
火柴	12 两	0.60
摇酥油罐子	50 两	2.50
做鞋底针 1 对	1 波	0.25
大小筐各 1 个	9 波	2.25
鼻烟	52 两	2.60
秋达（鼻烟盒）	3 波	0.75
羊油 10 涅尕	10 波	2.50
羊肠 4 副	8 波	2.00
奶渣	60 块	15.00
起子	1 波	0.25
菜子榨油	8 波	2.00
羊头 4 个	4 波	1.00
山羊毛和绵羊毛（5 绞）	18 波	4.50
牦牛毛 2 涅尕	2 波	0.50
做鞋皮和线	60 两	3.00
香烟	120 两	6.00
	计	304.00

（2）雇工消费

裁缝 15 天	15 波	3.75
裁缝 15 天口粮	15 波	3.75
饼	15 个	0.75
木匠修理门 2 天	6 波	1.50
木匠修理门口粮	2 波	0.50
石匠砌墙 1 天	2 波	0.50
石匠口粮	1 波	0.25
	计	11.00 元

（3）生产投资

种子：青稞	2 如魁	6.00
菜子	1 波	0.25
饲料：奶牛草料	11 筐	8.25
奶牛及鸡食	6 波	1.50
	计	16.00

（4）差役债务

羊差：绵羊	1 只	6.00
羊毛	1 绞	0.50
债利	1 如魁	3.00
奶牛差：酥油 7 涅尕	14 波	3.50
丰收经：鸡蛋	2 个	0.10

酥油	$\frac{1}{4}$涅尕		0.13
冰雹费：谷穗	3 捆		0.95
	计		14.18

（5）其他：宗教支出

化缘	1 波	0.25
经旗	15 两	0.75
香	10 两	0.50
油	5 波	1.25
到庙念经	1 波	0.25
	共	3.00
	总收	359.20
	总支	342.08
	余	17.12

25. 堆穷巴巴拉 1958 年家庭收支情况

概况

（1）人口：3 口人，劳力 3 个。家长为巴巴拉。

（2）成分：贫苦农奴。

（3）土地：1 $\frac{1}{4}$ 突，3 尅半种子地。

（4）牲畜：奶牛 1 头，山羊 7 只，母鸡 4 只，公鸡 2 只。

收入

（1）农业：青稞	19 如尅 1 波		57.25 （单位：元）
菜子	11 波		2.75
草	20 筐		15.00
谷穗	4 捆		1.25
	计		76.25
（2）副业：卖鞋 11 双	7 如尅		21.00
卖酥油	30 涅尕		15.00
卖奶渣	60 块		15.00
卖鸡蛋	150 个		7.50
7 只山羊的毛	7 捆		1.75
	计		72.25
（3）帮工			
秋季短工 1 个月工资	5 如尅		15.00
口粮	30 波		7.50
收割 11 天工资	22 波		5.50
收割 13 天（口粮工资 13 波折地价）		11 波	2.75
口粮	13 波		3.25
去日喀则当小工			

2 个月（60）工资	1200 两	60.00
耕地 1 天（与借驴送粪换工 10 天）		
口粮	10 波	2.50
计		96.50

支佣人差：为杜素收割、扬场、送粪 3 个月

口粮	4 如尅	12.00

（4）其他

自留种子	3 如尅 6 波	10.50
总收入		255.50

支出

（1）生活消费

口粮	30 如尅	90.00
帮工口粮	3 如尅 4 波	10.00
酒	5 如尅	15.00
茶	256 两	12.80
羊肠 3 副	6 波	1.50
羊肉 3 只	4 如尅半	14.00
羊头 3 个	3 波	0.75
鞋料	21 波	5.25
买布	90 两	4.50
羊油 17 涅尕	17 波	4.25
炊具 4 个	8 波	2.00
7 只山羊的毛	7 波	1.75
盐	10 波	2.50
碱	3 波	0.75
火柴 1 包	8 两	0.40
煤油	30 两	1.50
鞋带	7 两	0.35
羊皮 3 张	1 如尅	3.00
酒曲子	4 波	1.00
奶渣	30 块	7.50
酥油	15 涅尕	7.50
菜子榨油	18 波	4.50
计		190.80

（2）雇工消费

制布 7 天工资	7 波	1.75
制布 7 天口粮	7 波	1.75
耕地换工口粮	1 波	0.25
榨油人工资与 1 天口粮	2 波	0.50
磨糌粑工资口粮	10 波	2.50

| | | 计 | 6.75 |

（3）生产投资

农业：青稞种	3 如魁 6 波	10.50
副业：奶牛饲料	6 波	1.50
草	30 筐	22.50
鸡食	3 波	0.75
	计	24.75

（4）剥削支出

| 酥油差 | 7 涅尕 | 3.50 |

其他支出：

| 土地：地价 | 口袋 3 个 | |
| | （自己用羊毛制的） | |

宗教：冰雹费	4 捆	1.25 （单位：元）
到庙求神念经	3 波	0.75
经旗	10 两	0.50
门口化缘	4 波	1.00
香	10 两	0.50
油	2 波	0.50
丰收经：鸡蛋	2 个	0.10
酥油	0.25 涅尕	0.13
	计	4.73
	总支出	241.03
	余	11.47

26. 堆穷桑姆1958年家庭收支情况

概况

（1）人口：家有 3 口人，桑姆本人是黏卡较好的织工。

（2）成分：过去是堆穷，在土改中划为贫苦农奴。

（3）土地：$4\frac{3}{16}$突。

（4）牲畜：2 头奶牛，9 只绵羊，1 只山羊。

（5）农具：镰刀 3 把，铲子 2 把，锹 1 把，另有纺织机 1 架。

收入

（1）农业：青稞	42 如魁	126.00 （单位：元）
菜子	4 如魁	12.00
	计	138.00
（2）副业：羊 2 只	36 波	9.00
编发 15 次	15 波	3.75
酥油 60 涅尕 120 波	120 波	30.00
羊毛	19 波	4.50
	计	47.25

（3）帮工

替差巴织 120 天工资	120 波	30.00
口粮	120 波	30.00
支房差 9 天口粮	9 波	1.25
替杜素织 85 天口粮	5.7 如魁	17.10
替恰贝（领主的妹夫）织		
40 天工资	40 波	10.00
口粮	40 波	10.00
	计	98.35

（4）其他

向囊巴借债①	7 如魁	21.00
	共收入	304.00

支出

（1）生活消费

口粮	26 如魁	78.00（单位：元）
酒粮	5 如魁	15.00
茶	6 如魁	18.00
盐	1 如魁	3.00
碱	3 波	0.75
酥油	12 波	3.00
羊油 15 两	15 波	3.75
羊 2 只（自己的）	36 波	9.00
羊头 2 个	2 波	0.50
清油	2 魁	6.00
衬衣 2 件	12 波	3.00
外衣 1 件	3 如魁	9.00
鞋料	22 两	1.10
鞋底羊皮 2 张	8 波	2.00
火柴②	1 波	0.25
炊具	6 波	1.50
牛粪 15 驮	30 波	7.50
颜料	6 波	1.50
汽油	40 两	2.00
牦牛尾毛 2 两	2 波	0.50
肥皂 6 块	18 两	0.90
磨糌粑费	1 如魁	3.00
	计	169.25

---

① 囊巴与桑姆是同父异母之兄妹，故借债无利。

② 火柴主要是织氆氇得来的饼换的，一个饼可换两小盒火柴。

（2）雇工支出

裁缝 8 天工资	8 波	2.00
裁缝 8 天口粮	12 波	3.00
做鞋底工	24 波	6.00
计		11.00

（3）生产投资

种子：青稞	16 如魁	48.00
菜子	1 如魁	3.00
农具折旧	20 波	5.00
计		56.00

副业支出：

饲料	4 如魁	12.00

（4）其他

经旗	33 两	2.75
门口化缘	6 波	1.50
地价①	7 如魁	21.00
还债	7 如魁	21.00
酥油差	28 波	7.00
计		52.75
共支②		301.00
余		3.60

27. 堆穷达穷 1958 年家庭收支情况

概况

（1）人口：5 口人，4 个小孩，最大的 9 岁，最小的 2 岁。家长为达穷。

（2）成分：中等农奴，原为堆穷。

（3）土地：3 突半。2 突由其舅父租种；1 突半自种，下种 5 如魁，实际仍由父兄帮助，或换工耕种。

（4）牲畜：无

（5）农具：镰刀 1 把，锹 1 把，铲子 1 把。

收入

（1）农业：草	30 筐	22.50（单位：元）
秋收粮食	30 如魁	90.00
前一年存粮	29 如魁 10 波	89.55

---

① 桑姆买的地，以坏地、中等地为多。买进来时都是 $\frac{1}{4}$、$\frac{1}{8}$、$\frac{1}{16}$ 突的小块地，连 $\frac{1}{2}$ 突的都很少。买地钱多少是根据交情的深浅。对方要鞋给鞋，对方要粮给粮，对方要旧衣给旧衣。桑姆除付出价值 7 如魁粮的货币外，其余给的全是衣服用品。桑姆每当给差巴织完氆氇等后，除工资外，还可得到 1 波面粉的饼和 1 只羊的羊毛，这样的情况 1 年约有 20 次之多。她经常把羊毛纺织成围裙、鞋帮、鞋面等，用以付地价。

② 草自产自用于饲养牲畜，未计入。

	谷穗	5 捆	1.38
		计	203.43

（2）亲友帮助

	父亲	100 两	5.00
	兄	50 两	2.50
	才桑	325 两	16.25

（3）当佣人时存款　　250 两　　12.50

（4）帮工口粮

耕地换工口粮 7 天	7 波	1.75
借驴换工口粮 15 天	15 波	3.75
计		41.75

（5）收租① 　　20 如魁　　60.00

共收　　305.18

支出

（1）生活消费

口粮	30 如魁	90.00 （单位：元）
生糌粑	6 如魁 6 波	19.50
做酒	10 如魁	30.00
菜子榨油	15 波	3.75
萝卜	10 两	0.50
换工口粮	22 波	5.50
酥油 24 涅尕	48 波	12.00
铜水缸 1 个	350 两	17.50
鞋底 8 双	42 波	10.50
盐	1 波	0.25
鞋面布	8 波	2.00
鞋鼻鞋跟布及缝线	26 两	1.20
牦牛毛 2 涅尕	2 波	0.50
大小筐 8 个	28 波	7.00
瓦罐 3 个	12 波	3.00
瓦火钵 1 个	3 波	0.75
瓦茶壶 2 个	4 波	1.00
酒壶 1 个	2 波	0.50
钢种壶（小的）1 把	30 两	1.50
水勺 1 个	8 波	2.00
洋油 1 桶	50 两	2.50
肉 3 块	48 波	12.00

① 此户劳力弱，但有土地（系从家中索要的差岗地，免差），多数出租，少量自种，因经济情况尚富裕，又收租子，故土改时划为中等农奴。

羊头 3 个	3 波	0.75
羊肠 2 副	4 波	1.00
羊肝、肚	1 波	0.25
羊油	6 波	1.50
黑色染料	30 两	1.50
茶（方茶 2 块、圆茶 3 块）	170 两	8.50
火柴 1 包	6 两	0.30
肥皂 2 块	25 两	1.25
染料	6 波	1.50
酒曲子	1 波	0.25
计		240.35

（2）雇工消费

木匠 1 天工资	3 波	0.75
口粮	1 波	0.25
裁缝 5 天工资	5 波	1.25
饼	5 个	0.25
口粮	5 波	1.25
织布 28 天工资	8 波	2.00
口粮	8 波	2.00
耕地换工口粮 2 天	2 波	0.50
磨糌粑费（包括看水磨人口粮 2 天）6 波		1.50
计		9.75

（3）生产投资

种子	5 如魁	15.00
菜子	1 波	0.25
计		15.25

（4）其他支出

冰雹费	4.5 捆	1.38
丰收经：鸡蛋	2 个	0.10
到庙念经	3 波	0.75
门口化缘	4 波	1.00
香	5 两	0.25
油	1 波	0.25
计		3.73
总支		269.08
余		36.10

（三）囊生（家奴）和约卜（佣人）7 户的收支

这里所调查的 7 户，其中有的仅为 1 人，只是在民主改革后分了土地和牲畜后才成为独立的户。民主改革前他们在其主人处，终年劳动，没有家庭生活可言。有的虽有子女，其主人也不让其有单独房屋居住，这里所记述的他们的收支，系指民主改革前一年（1958 年）的情况。

关于他们的人身依附情况也有不同，有的是家奴，所生子女仍为家奴；有的是受劳动雇佣或半雇佣性质，这从他们的工资、口粮或其他报酬方面，也可大体看出。看不清楚的，这里一般都作了注释。

1. 佣人仓穷 1958 年家庭收支情况

概况

全家 3 口人。仓穷在杜素领主处当女佣人。她的丈夫诺布亦是杜素的佣人，也是裁缝，杜素家没东西可吃时，也常出外为别人做工。因他俩原系本地差巴的子女，婚后有 1 个孩子（现两岁），家里仍经常接济他们一些。除诺布有一架手摇缝纫机外，其他土地牲畜全无。但因裁缝有手艺，故收入支出较一般佣人为高。此庄园中把裁缝也称囊生（即家奴），但实际上是雇工性质。因两人都有家支差，他们的人身皆属杜素庄园，但无其他差。

收入

帮工：		
裁缝工资	30 如魁	90.00（单位：元）
口粮	16 如魁 8 波	50.00
支差：		
仓穷当囊生口粮	16 如魁	48.00
其他：亲戚接济	5 如魁	15.00
	共计	203.00

支出

生活消费：		
口粮（母子食用）	18 如魁	54.00
帮工口粮（裁缝食用）	10 如魁	30.00
羊油	5 波	1.25
肉	2 如魁	6.00
茶	5 如魁	15.00
酥油	2 如魁	6.00
酒	15 如魁	45.00
火柴	1 波	0.25
煤油	6 波	1.50
绵羊毛	4 如魁	12.00
制布	2 如魁	6.00
鞋底	1 如魁 1 波	3.25
买布	1.5 如魁	4.50
	共计	184.75
	余	18.25

说明：

（1）裁缝因有特别手艺，故工资、口粮皆较高。

（2）此户两人当雇工，以每人每年创价值 80 如魁青稞计，此户受剥削当为：

$$\frac{480\,元 - 188\,元}{188\,元} = \frac{292\,元}{188\,元} = 155\%\;;$$

此系剥削率算法，即 $\frac{剩余劳动}{必要劳动}$ 所得之百分比。

（3）杜素庄园的强劳力在农业上劳动以创80如魁计，中等以62如魁计，弱劳力以创44如魁计。实际上在不同条件的生产中，所创有高有低，以上只是一般情况。至于家务和手工劳动，也仅是比较农业计算之。

2. 佣人多吉皮日1958年收支情况

概况

全家母子两人在囊巴家当佣人（孩子3岁），土地与生产资料全无。多吉皮日以自己口粮和工资维持母子两人的最低生活水平。

收入

帮工：工资	10 如魁	30.00	（单位：元）
口粮	20 如魁	60.00	
	计	90.00	

支出

生活消费：

口粮	20 如魁	60.00	（单位：元）
买鞋	4 如魁	12.00	
小孩鞋	5 波	1.25	
衣服	4 如魁	12.00	
小孩衣服2件	10 波	2.50	
围腰布	7 波	1.75	
	计	89.50	

全年收入90元，支出89.50元，余0.50元。

说明：

这是在大差巴，根布家，即代理人家当佣人（即雇工）的情况。如以每年创80魁青稞计，剥削率为：

$$\frac{240-90}{90} = \frac{150}{90} = 166\%\;;$$

如以中等劳力计：

$$\frac{186-90}{90} = \frac{96}{90} = 106\%\;。$$

3. 雇工多吉1958年收支情况

概况

多吉一家4口全在外当佣人。大儿子在诺布吉家当佣人。大女儿12岁在细不觉家当佣人，因年幼无工资，户主只管吃。多吉本人带其小女（9岁）在囊巴家当佣人，常年分住在外，无家可归。土改后才分到房子，安了家。

收入

帮工收入：

多吉1年工资	10 如魁	30.00	（单位：元）

多吉才仁工资	8 如魁 4 波	25.00
3 人口粮	48 如魁	144.00
小女儿口粮①	8 如魁	24.00
	计	223.00

支出

生活消费：

口粮	56 如魁	168.00（单位：元）
绵羊 2 只②	4 如魁 1 波	12.25
羊毛与牦牛毛 2 托	6 如魁	18.00
鞋 1 双	1 如魁 2 波	3.50
轮胎胶底（4 双鞋底料）	2 如魁 1 波	6.25
藏装	5 如魁	15.00

合计：收入 223.00 元　　支出：223.00 元

收支相抵③。

4. 囊生巴桑 1958 年生活情况

巴桑是代理人囊巴家的囊生（家奴），其母也是囊巴的囊生，因劳累过度病死在囊巴家，巴桑也就继续留在囊巴家，为他们当牛作马。

（1）吃：所有的囊生佣人与主人是分开吃的。吃的糌粑也是最次的，喝的酒的味道与水差不多。因巴桑不是雇工性质，故管吃，无工资，口粮以 20 如魁计。

（2）穿：一年里，给旧曲巴（长衫）1 件和新上衣 1 件，1 双新鞋和 1 双旧鞋。衣服和 10 波粮。巴桑说："旧衣服都没多给 1 件。夏天下雨干活，衣服全淋湿了，没有穿的，也只能借主人的破旧衣服换一下，自己衣服一干，马上要还回去。"

（3）剥削率

$$\frac{80 \text{ 如魁（240）} - 20 \text{ 如魁 } 10 \text{ 波（62.5）}}{20 \text{ 如魁 } 10 \text{ 波（62.5）}} = \frac{177.5}{62.5} = 284\%,$$

由上可见囊生所受盘剥比雇工重得多，因囊生无工资。

5. 囊生达瓦 1958 年生活情况

达瓦（女）是大差巴和代理人桑岗家的囊生，带一个 9 岁的小孩。女儿也为主人做一些力所能及的活。

（1）吃：家主晋美本人和他妻子与家中其他成员分开吃。囊生只能吃他们的残羹剩饭，或吃专门为佣人准备的坏糌粑，喝已经没有酒味的次酒。只有过年过节，播种季节才能分到一点肉。

（2）穿：今年发给：

围裙 2 条

旧藏装（曲巴）1 件

---

① 小女儿已可干轻活，囊巴付给她的口粮是大人口粮的一半。

② 杀两只羊的工资是 1 副羊肠。

③ 此户全系雇工，收入和口粮因劳力不同而有区别，剥削情况如以两个强劳力，一个中等劳力，一个弱劳力计，当为：$\frac{240 + 240 + 186 + 132}{223.00 \text{ 元}} = \frac{798 \text{ 元}}{223 \text{ 元}}$ 即 3.58%，算法为必要劳动与剩余劳动之比。

新布裤子 1 条

新上衣 1 件

新鞋 1 双

旧鞋 1 双。

（3）主人也管孩子吃饭，但不发给衣服。

6. 约卜（佣人）才旦 1958 年收支情况

概况

人口：才旦仅 1 人，人身不属于杜素庄园领主。1958 年 1 月至 5 月在中等农奴巴张·多吉家当雇工，后当短工。

成分：过去是雇工，在土改中划为贫苦农奴。无地、无牲畜。

收入

1~5 月佣人工资	20 波	5.00（单位：元）
口粮	6 如魁	18.00
在日喀则当小工（1 个月）400 两藏银		20.00
在日喀则背水等	50 两	2.50
捻线工资	60 两	3.00
口粮	2 如魁	6.00
替制酒妇人生火、洗刷工资	3 如魁	9.00
割青稞 15 天工资	30 波	7.50
口粮	22 波	5.50
扬场 10 天工资	10 波	2.50
口粮	15 波	3.75
共收		82.75

支出

生活消费：

口粮	14 如魁	42.00（单位：元）
酥油	3 如魁	9.00
茶（3 小碗）	35 两藏银	1.75
买羊骨头	45 两藏银	2.25
盐	2 波	0.50
火柴	1 波	0.25
木勺	15 两藏银	0.75
铝铁锅	100 两藏银	5.00
土罐	4 波	1.00
炉子	100 两藏银	5.00
小孩衣服	110 两藏银	5.50
共支		73.00
余		9.75

说明：

才旦在巴张·多吉家当女佣人时，和多吉发生了性关系，并有了孩子。多吉没有给才旦戴玉，故当庄稼返青时，按传统规定要离开杜素庄园，以免妨碍庄稼生长。才旦去日喀则先当了1个月小工，后因肚子大了，不能做重体力劳动，就去帮人捻线、生火和背水。在割青稞前又回到庄园，为生活所逼，又去割了15天青稞，白天干活，晚上就生了。休息了半个月，又去当帮工扬场。由于她不是杜素庄园的人，故未支睡觉差（ཉལ་ཁལ་）（对由于男人没有给戴玉却发生性关系的本庄园妇女，惩处办法是要支此差）。在支出方面，才旦的口粮支出较多，这是因为她主要当佣人，系雇工性质。一般来说，当佣人受雇时，在糌粑和酒方面是完全可以满足的。8月生孩子后，因当雇工困难，生活才无法维持，所以休息仅半月。杜素的和附近各村庄，佣人雇工的生活消费水平一般来说都比堆穷高。

7. 帮工拉巴1958年收支情况

概况

人口：拉巴，1口人，没有土地。

成分：过去是帮工，在土改中划为贫苦农奴。

牲畜：奶牛1头。

农具：镰刀1把，铲子1把，筛子1个，鸭嘴锄1把。

收入

（1）帮工			
割青稞22天工资	44波	11.00	
口粮	22波	5.50	
替人支乌拉16天口粮	8波	2.00	
工资	16波	4.00	
背水口粮	10波	2.50	
计		25.00	
（2）副业			
酥油	30涅尕	15.00	
奶渣	25赤	6.25	
计		21.25	
（3）支差：房差6天口粮	6波	1.50	
（因曾当情妇ཉལ་ཚོར་）	8如魁	24.00	
（4）接济			
共收		71.75	

支出

（1）生活消费			
口粮	9如魁	27.00（单位：元）	
茶	1如魁	3.00	
盐	3波	0.75	
羊油	6波	1.50	
羊肉$\frac{1}{4}$只	4波	1.00	
磨糌粑费	3波	0.75	
萝卜2口袋	4波	1.00	

鞋料	8 波	2.00
酥油、奶渣		21.25
	计	58.25

（2）生产投资

奶牛草料	15 筐	10.00
奶牛饲料	1 如魁	3.00
	计	13.00
	共计	71.25
	余	0.50

说明：

拉巴是加拉·尼玛吉波（富裕农奴）之情妇，曾生有一子，13 岁时死去。加拉·尼玛吉波之妻和儿媳因见她很听使唤，有时叫她背水，有时叫她背小孩，因此经常接济她，给她糌粑、饼、酥油、羊的内脏、羊头等，共折合 8 如魁，实际上这一部分也是她用劳动换得的。

（四）冰雹喇嘛和一般僧人、尼姑 5 户的收支

冰雹喇嘛与一般僧人、尼姑不同，这是豁卡中的一个大户，民主改革中被划为领主代理人。此户的年收入也有其特殊处，不但与差巴、堆穷不同，也与僧人不同。故详列于此，以便比较。

这里的 4 个僧尼，在民主改革后皆已立户。为了了解他（她）们的过去生活状况，我们特地对他（她）们1958 年收支作了详细调查，从中可以看到民主改革前这些出家人是如何生活的，他（她）们的生活状况如何。

1. 冰雹喇嘛白玛赤来 1958 年收支情况

概况

（1）人口：14 口人，成年人 9 个，小孩 5 个。

（2）成分：土改中划为领主代理人，家长为白玛赤来，系世传冰雹喇嘛。

（3）土地：买地 12 突、冰雹地 1 突共 37 如魁，其中轮休地 $1\frac{1}{4}$ 突。耕地的下种数：青稞 25 如魁，菜子半如魁，麦子 4 如魁。

（4）牲畜：黄牛 2 头，小黄牛 1 头，奶牛大的 1 头，小的 1 头，小母牛 1 头，驴大的 4 头，小的 1 头，马 2 匹，山羊 62 只，绵羊 12 只，母鸡 2 只，公鸡 1 只，狗 2 条。

（5）农具：1 整套，另加 1 个犁柄。

（6）林卡：2 个（小的）。

收入

（1）农业：青稞	150 如魁	450.00（单位：元）
麦子	25 如魁	75.00
菜子	35 如魁	105.00
草	200 筐	100.00
	计	730.00

（2）副业

酥油（自产）	40 涅尕	20.00

奶渣	40 块	10.00
4 只驴驮运费	10 品	25.00
绵羊 60 只①	50 如魁	150.00
酥油	40 如魁	120.00
山羊毛	62 捆	15.50
绵羊毛	12 捆	6.00
鸡蛋	100 个	5.00
酒糟（以牛粪换）	5 驮	7.50

（3）支出

为杜素念经 12 天口粮	12 波	3.00
夏天 7 天 1 次念经口粮②12 波		3.00
	计	365.00

（4）宗教③

酥油	177 涅尕	86.00
念经 10 个月	2100 两	105.00
念经 10 个月口粮	15 如克	45.00
看病费	500 两	25.00
看病费	15 如魁	45.00
护身符	300 两	15.00
护身符	10 如魁	30.00
绵羊 40 只	80 如魁	240.00
山羊	10 只	60.00
绵羊	18 只	108.00
冰雹费：青稞	100 如魁	300.00
草	80 大筐	40.00
	计	1099.00

（5）自留种

青稞	25 如魁	75.00
菜子	8 如魁	24.00
麦子	4 如魁	12.00
	计	111.00

（6）借债

江布寺	11 如魁	33.00
根布囊巴	9 如魁	27.00
根布囊巴	25 品	62.50

---

① 此人以冰雹喇嘛身份，到牧区化缘、念经，同时也做生意。此 60 只羊是 30 块茶叶、两件藏装、3 块围裙与牧民换来的。在收入中还应有羊的增殖，共计 58.50 元，未计入。

② 夏季每周在山上念 1 次经，系支差性质，杜素管吃无工资，共 12 次。

③ 此户宗教收入是收入的主要来源，其中绝大部分是化缘、念经和借看病为名取得的。

色加德康	25 品	62.50
	计	185.00
	总收	2490.00

支出

（1）生活消费

口粮	168 如魁	504.00	（单位：元）
酒 1 天 2 次	120 如魁	360.00	
酥油	200 涅尕	100.00	
杀羊 26 只①	52 如魁	156.00	
茶	1154 两	57.70	
买茶	1300 两	65.00	
纸和胶	200 两	10.00	
染料	400 两	20.00	
内衣	210 两	10.50	
鞋底和线	100 两	5.00	
糖	5 两	0.25	
煤油	50 两	2.50	
鞣皮油	20 两	1.00	
菜子油	10 如魁	30.00	
盐	4 如魁	12.00	
碱	2 如魁	6.00	
榨油费：油饼	5 个	2.50	
油	1 壶	0.50	
编发	10 波	2.50	
发穗	25 两	1.25	
磨糌粑费	3 如魁 9 波	11.25	
奶渣	40 块	10.00	
鸡蛋	100 个	5.00	
山羊毛	62 捆	15.50	
绵羊毛	12 捆	6.00	
狗食	3 如魁	9.00	
茶	50 块	80.00	
念经口粮	17 如魁	51.00	
	计	1534.45	

（2）雇工消费

裁缝 24 天工资	2 如魁	6.00
口粮	2 如魁	6.00
饼	24 个	1.25

---

① 生活消费中实际杀羊 18 只，估计雇工消费是 2 只，故他家的消费按 16 只计算。

鞣皮工 5 天工资	5 波	1.25
口粮	5 波	1.25
饼	5 个	0.25
木匠 1 天工资	3 波	0.75
口粮	1 波	0.25
春秋工半年工资	5 如尅	15.00
口粮	10 如尅	30.00
夏秋短工 10 天工资	10 波	2.50
口粮	10 波	2.50
屠工宰羊	3 如尅 4 波	10.00
计		77.00

（3）生产投资

种子：青稞	25 如尅	75.00
麦子	4 如尅	12.00
菜子	0.5 如尅	1.50
饲料：牲畜饲料	25 如尅	75.00
盐	1 如尅	3.00
草	275 筐	137.50
鸡食	1 如尅	3.00
计		307.00

（4）受剥削支出

债务①：		
囊巴债	9 如尅	27.00
囊巴利	1 如尅	3.00
支差：		
酥油	7 涅尕	3.50
羊差		11.50
计		45.00

（5）其他支出

宗教：香	15 两	0.75
香	2 波	0.50
酥油	5 涅尕	2.50
清油	5 波	1.25
经旗	25 两	1.25
计		6.25

（6）买地②

---

①　此户虽借债，但年有积余，本可当年归还，不还清目的是可以用念经还债，对外还可以诉穷。

②　买两块地，共 1 突多，一块曾给过地价 1 件藏装和 2 头驴，种 5 年；另一块又给了 5 大筐草以补上地价不足部分，种到 1958 年为止。

青稞	10 如魁	30.00
藏银	500 两	25.00
草	5 筐	2.50
	计	57.50
	总计	2027.20
	余	462.80

剥削占全家收入的百分比

（1）全部收入

农业： 730.00 元

副业：

酥油奶渣 30.00 元

山羊毛 15.00 元

绵羊毛 6.00 元

山绵羊增殖率 58.50 元

酒糟 7.50 元

剥削：

羊 280.00 元

酥油 870.00 元

冰雹费 340.00 元

计 2337.00 元

（2）剥削部分

农业（剥削雇工①） 190.00 元

念经等 1490.00 元

计 1688.00 元

（3）受剥削部分

利息 3.00 元

酥油 3.50 元

羊差 11.50 元

计 18.00 元

（4）纯剥削占全部收入百分比

$$①\frac{1680 \text{元} - 18 \text{元}}{2337 \text{元}} = \frac{1662 \text{元}}{2237 \text{元}} = 71.1\%。$$

$$②\frac{1662 \text{元}}{2490 \text{元}} = 66.7\% ②。$$

2. 喇嘛强巴旺秋 1958 年收支情况

概况

---

① 农业剥削部分的计算法：全家农业劳动力以两人计，雇 1 个春秋工按 1 个长工计，3 个农业劳力除以农业收入，再减去雇工工资伙食，即为纯剥削部分，1 个长工每年创 80 如魁，折合 240 元，减去工资和口粮 50 元，故等于 190 元。

② 第一个算法，只计与剥削有关的年全收入，第二算法以全家全年收入为分母。

强巴旺秋是拉萨哲蚌寺喇嘛。土改开始后，他由拉萨来此地。1958 年还在拉萨，全靠宗教收入为生。

收入

  （1）宗教收入

寺庙发口粮	8 如魁	24.00（单位：元）
正月在大昭寺念经 10 品藏银		25.00
2 月念大经	40 两	2.00
住庙念经收入	30 品	75.00

  （2）借债①   26 品   65.00

        计 191.00

支出

  生活消费

口粮	8 如魁	24.00（单位：元）
买糌粑	10 品	25.00
酥油 42 涅尕	6 品 20 两	16.00
茶（方茶、圆茶各 8 块）	7 品 20 两	18.50
肉、菜、油	6 品	15.00
缴康村费用②	20 品	50.00
牛粪	5 品	12.50
洋油	1 品	2.50

      支出 163.50

      余 27.50

3. 喇嘛坚赞 1958 年收支情况

概况

坚赞系本地人，从 10 岁开始当喇嘛，现年 48 岁。他是扎西皮日之兄，但已离家单独生活，每年除杜素发口粮 10 如魁，其余全靠宗教收入生活。坚赞不参加体力劳动。

收入

  宗教收入：

杜素发口粮	10 如魁	30.00（单位：元）
扎仓分利	3 如魁	9.00
在外念经 2 个月布施	350 两	17.50
住庙念经布施	75 两	3.75
外出念经口粮	7 如魁	21.00
为杜素念经 1 个半月口粮	45 波	11.25
为巴若念经的布施	4 如魁	12.00

      计收 104.50

---

① 借藏银 26 品，当年未还，也未要利息，只代念经两次。到 1959 年卖了两件好衣服才还清了债。
② 喇嘛外出念经，要向原寺庙康村缴费，这样才能继续享受康村所给待遇。

支出

　　生活消费：

口粮	8 如尅	24.00（单位：元）
外出食用粮		
酥油、肉（折合）	8 如尅 1 波	24.25
酥油 17 涅尕	34 波	8.50
肉 1 只半	3 如尅	9.00
盐、碱	4 波	1.00
茶（方茶 8 块、圆茶 9 块）	391 两	19.55
羊油 2 涅尕	2 波	0.50
牛粪	20 波	5.00
油菜子榨油	10 波	2.50
	支出	94.30
	余	10.20
全年总收入	104.50	总支出 94.30
	余	10.20

4. 尼姑达打尔 1958 年收支情况

概况

达打尔系江若差巴德吉、才桑的妹妹，从 14 岁开始当尼姑，直到今年 31 岁，改革时才还俗立户。4 年前因与家人不和，离家单独生活。

土地：有寺庙地 2 如尅，买地 $\frac{1}{4}$ 突（下种 6 波）。除 1 如尅多地出租外，其余自己种。无牲畜，仅有几件小农具。

收入

（1）农业：青稞	7 如尅 2 波	21.50（单位：元）
草	7 筐	5.25
计		26.75
（2）剥削收入		
收租粮	1 如尅 2 波	3.50
手工收入：		
做鞋缝衣 60 天工资	3 如尅 11 波	11.75
做鞋缝衣 68 天工资	65 两	3.25
口粮	5 如尅	15.00
领料缝衣工资	55 两	2.75
领料缝衣酥油	4 涅尕	2.00
计		34.75
（3）宗教收入		
念经	5 波	1.25
布施	10 两	0.50
念"敦锅"经	21 波	5.25
计		7.00

（4）亲友接济收入

家里给粮	2 如魁 8 波	8.00
亲戚	10 两	0.50
叔叔	21 两	1.05
舅舅	20 两	1.00
	计	10.55
存粮（分家时分的）	30 如魁	90.00
存款	130 两	6.50
	总收	179.05

支出

（1）生活消费

口粮	8 如魁 8 波	26.00
做酒	2 如魁	6.00
茶	16 波	4.00
茶	160 两	8.00
酥油 7 涅尕	1 如魁 2 波	3.50
酥油 4 涅尕		2.00
肉 1 只半	35 波	8.75
羊肠 2 副	4 波	1.00
围裙 2 个	1 如魁 8 波	5.00
鞋底	12 波	3.00
做鞋 1 双	4 波	1.00
牦牛皮（1 双鞋底料）	10 波	2.50
内衣 2 件	40 两	2.00
盐	3 波	0.75
碱	1 波	0.25
布帽 1 顶	15 两	0.75
鞋钉	1 波	0.25
买布	30 两	1.50
牛粪	20 波	5.00
染料	20 两	1.00
鞋面布	15 两	0.75
炊具	4 波	1.00
	计	84.00

（2）生产投资

农业：种子	8 波半	2.13
买地	40 波	10.00
帮工口粮	2 如魁	6.00
	计	18.13

总收入　179.05 元，支出　102.13 元

| | 余 | 76.92 |

说明：因地很少，全由其兄代耕，农忙时她也帮家里干一些活，也没算过工资。做酒曲子没买过，就在才桑家拿一点。

收入中有较多余额，主要因有分家所得和存款。

5. 尼姑贡呷 1958 年收支情况

概况

贡呷现年 25 岁，8 年前（1952 年）出家当尼姑。因为当尼姑时间短，无宗教收入。又因腿有病，不能劳动，故其生活来源主要靠亲戚接济。

收入

（1）宗教收入

| 化缘 | 2 如魁 3 波 | 6.75（单位：元） |

（2）亲戚接济

姐姐	10 如魁	30.00
哥哥羊肉 1 只	1 只	5.00
面粉	1 如魁 3 波	3.75
方茶	4 块	6.40
姐姐（住萨迦）酥油	5 涅尕	2.50
鞋面布	1 双	1.00
茶	2 块	3.20
叔叔衣服	1 件	5.00
茶	1 块	1.60
住资龙一亲戚给酥油	2 涅尕	1.00
夏布吉丁一亲戚给糌粑	6 波	1.50

（3）卖帮单（围裙）1 个

| | 64 两 | 3.20 |
| | 计收 | 70.90 |

支出

生活消费：

口粮	10 如魁	30.00（单位：元）
茶（方茶 2 块）	32 两	1.60
茶（圆茶 3 块）	4 波	1.00
盐碱	4 波	1.00
羊油 2 涅尕	2 波	0.50
牛粪	24 波	6.00
鞋带	4 波	1.00
羊肉	1 只	5.00
茶	7 块	11.20
酥油	7 涅尕	3.50
衣服	1 件	3.00
鞋面布	1 双	1.00
鞋 2 双	15 波	3.75

总支	68.55
余	2.35

六、生产情况

（一）农业

杜素谿卡的农业生产分成土地、水、肥料、种子、田间管理、休闲地、自然灾害等问题介绍。

1. 土地

杜素谿卡的土地，大部分在村子以北。北面有一道山梁挡住北风的袭击，南面有一列高山，两山之间形成一个宽阔的山谷。只有东西两端有狭窄的山口，因此气候比其他地区温和，较适合于农作物生长。

（1）土质：黑油沙土地——黑色土壤地占杜素谿卡土地总数的 $\frac{3}{4}$ 左右。这些土地靠近南面山麓，是最肥沃的。形成这些好地有下面三个原因：一是夏天村南山上长了绿草，秋天草枯后，渐渐腐烂，日久变成了天然的腐质肥。雨季到了，雨水带着这些肥料，随着斜坡流到地里当肥料，也使得这些土地颜色变黑，增加了地力。二是这些土地都在村子的坡下，村中污水可由雨水直接带到地里。三是由于这些土地土质较好，离村子又近，因此人们对它的希望很大，上肥时总要比其他的地多一些。

黑油沙土地的特点是：土质比较松软，含水量比其余的地多，因此耕作起来比较便利，产量一般也较高。

白色沙土地——这些土地占杜素谿卡土地总数的 $\frac{1}{4}$ 左右。它们分布在谿卡东西两端的它玛和卡如两个地区，靠近北面山麓。山上白色沙石很多，经过风吹雨打，逐渐风化，年年都有大量白沙流入上述两地，沙子流到地里和黏土混合，土地便成了黄白颜色。由于这两块地（特别是它玛）离村较远，送肥很不便利，灌溉条件也不好，每逢天旱不雨，便干得像铁块一般，耕作起来很不方便，产量也较低。

有石头的地——对地里的大石头（比拳头大的）人们总是不喜欢，每次碰到就把它们扔到地边去。但像拳头或者比拳头小的石头，人们却认为它是农夫的好友，他们认为石头有以下几个好处：一、风不会把泥土刮走。二、下雨或浇水以后，石头下的水分不易蒸发；在阳光下，石头附近的表土还会被石头的阴影遮住，这样石头下及石头附近的禾苗，反而比没有石头的地方生长得好。人们认为石头并不能阻碍植物的正常发育。他们说：小雨之后，没石头的地地皮湿了，太阳一出地皮就成了"蛋壳"，种子出不来，因此必须把"蛋壳"耙破，而石头和土堆下的种子，却会从石头下长出来。也许只有在阳光特强的高原上，人们才会有这么样的看法。三、坡地上有石头，放水时泥土不会被冲走。

群众也认为小石头有些害处，即农具磨损较快，但总的结论是害少利多。

杜素谿卡的石头地，占谿卡土地总数的 30% 左右。群众反映，这些地的收成一般要比其他地好。

（2）翻地：根据土质的不同，翻地时用的犁铧、耕的深度和次数都各不一样。以次数来讲，最多的（休闲地）要耕8遍，而有的1遍也不耕；在深度上农奴们这样说："春耕浅不碍事，夏耕却越深越好"。如果一块地需要翻几遍，犁的路线往往是交错进行的，即第一遍由南往北，第二遍则由东向西。据说只有这样才能处处耕到，不会"水中藏鱼"（这里人们认为翻过的地，像有波纹的水，未翻动的土似水下的鱼）。根据谿卡耕地情况，可分以下几类：

①秋耕地（ষ্ঠ·ষ্ণ্যান·）。秋天庄稼收割后，趁地未干，立即翻耕。翻耕时用43公分长的铧尖。但由于地的底层较硬，因此只能耕28～29公分深。秋耕有下面的好处：第一，深秋时候正值草木枯萎，乘机来个"落井下石"，把草根翻到地面上来，经秋日暴晒和牲口寻食，促使野草更快更多地死亡，以减少次年地里的杂草；第二，庄稼割完以后，地面的庄稼茬翻到表土以下，使其腐烂，以增加土地的肥力。秋收时期也是人们最忙的时候，因此能秋耕的地为数不多。一般秋收后和放冬水之前，能秋耕的地最多耕3遍，有的只能耕1遍，因为冬水放了之后就不能再耕了。

②春耕地（ᅑ·ঝ·）。要春耕的上地，是靠近山沟的旱地，因为秋收以后，土已硬结，无法翻耕。由于这种地一般地势较高，冬天又没有冬水，所以只有等到春天冰化以后，浇完春水再进行春耕。春耕的深度和秋耕差不多。春耕最早在藏历元月底开始，放播种水之前结束，最多耕3遍，一般1～2遍。

③夏耕地（ᅑᅦ·ᅉ·）。夏天是耕休闲地的季节，这种地自开犁到秋末要耕8遍，（它玛的地只耕三四遍）而且必须用45公分左右长的新铧尖翻耕，一般深度在7公分左右，翻耕时必须把野草根翻出来，让太阳把它晒死。

④不耕的地。秋收时候，农活很忙，不仅自家活多，逼得更紧的是领主的乌拉，因此许多地都无力立即进行秋耕。地是不等人的，收割后几天便干成了"石块"，犁头耕不动，于是只好把地放下来，等到入冬以后灌冬水。

灌了冬水，地面下层冻结成冰，经过漫长的冬冻，到春天解冻以后，土质才松软。但太阳光也一天天强烈起来，如果这时春耕，把底层的湿土翻上来，很快就会被太阳晒干，不利于庄稼生长。故人们干脆不耕它，等到播种时，用犁拉开土皮，撒下种子了事。这种地约占谿卡土地总数的 $\frac{1}{5}$。

⑤撒种。这里撒种，是把种子撒在铧沟里。撒种时，都用只有23公分左右长的旧铧尖，深度在22公分左右，两铧沟的中心距离约17公分。

（3）耙地：春耕、夏耕和秋耕以后都不耙地。放播种水（最早在1月）以后约半月左右，要耙1次。土质比较松软的地，纵横耙4次左右即可。如是卡如和它玛等硬地，要耙七八遍才能把土地耙碎。

种子撒下以后，也要耙地，主要是使土能盖住种子，一共要耙3遍：第1遍顺铧沟耙，第2、3遍横着耙，地基本平了，种子也盖住了。最后再围着地边转一圈，这叫耙边。

地连种几年后，人们说："地已经老了，需要休息。"地休闲一年后，又开始继续耕种，如此周而复始。耕种的每一年，人们都给它一个不同的名字：第一年叫"雅玛"（ᅑᅦᅲ·ঝ·），第二年叫"雅瓦"（ᅑᅦᅲ·ঘ·），第三年叫"松江"（ণ্ড্ৰ·ᅉᅵ），第四年叫"细江"（ঘᅦ·ᅲᅵ）。以后各年以此类推：第五年叫"阿江"（ᅉ·ᅉᅵ），第六年叫"主江"（ᅑৃ·ᅉᅵ），第七年叫"顿江"（ᅑᅬ·ᅉᅵ）。

2. 水

杜素豀卡是一个缺水的地方。春播时期，常常因为天旱不雨而无法播种。过去人们在兴修水利方面也曾作过一些努力，但还是远远不能满足人们的用水需要。而且过去修建的水利工程，近些年来有的已遭破坏。

（1）水利工程：杜素豀卡的西南角，有一个较大的水库，它的水源是一股泉水，终年不断，它可算杜素豀卡的"命根子"了。在很早以前，接着这个水库往下修了一条干渠，几乎贯通了豀卡的全部土地。干渠经过的地方，连接着很多小渠，通往每一块地，真算是水渠成网了。可惜的是水渠里常常没有水。

杜素豀卡共有 11 个水库，建于何时人们都不知道。假如你问一个年已古稀的老人，他会告诉你："我还是孩子的时候就有它了。"这些水库很浅，连一根锄把也淹没不了。人们说"不能挖深，下面是沙子，挖深了水会漏光的。"

在上述说的 11 个水库中，约在 20 年前（1940 年）有一个叫那玛的水库被洪水冲垮了，至今也未修复。而且有的水库近些年来被泥沙淤塞，容水量很少。下面我们就尚存的 10 个水库按蓄满水以后能灌溉的面积作以下的排队：

表 1－36

灌溉面积	水库数量	备　　　注
42 尅	1	枯水季节两天能满一库。
10～14 尅	2	
6～7 尅	2	
3 尅	2	
$\frac{1}{4}$～$\frac{3}{4}$尅	3	其中一个已经成了小水坑，不能蓄水。

除上述的旧有水库外，民主改革后，在人民政府的大力提倡和组织下，该豀卡又修了 6 个新蓄水池塘，对今后增加灌水面积会有作用。

（2）水的分配：杜素豀卡的土地，分两个灌溉区，一个是歇嘎，一个是江热。歇嘎设水官（ཆུ་དཔོན）1 人，在领主的授意下，管理水的调度。歇嘎土地较多，故把差巴的土地分为 8 "领"（片），"领"是按灌溉水路划分的，因此大小不一。每户差巴在各"领"的土地分布也不均匀。上述 8 "领"土地，每年抽一次签，决定放水次序，抽到前头的就算交了好运。各"领"放水天数有规定，不是自己放水时间时，就是用瓢舀水往地里浇也不行，要想喝两口倒可以，这在领主的"用水公约"（ཆུ་ཡིག）里有规定。至于"领"内部的先后秩序，按地势决定，高地先放，低地后放。

江热没有水官，他们的根据各户种地的数量，订出放水级别（共 8 级，1 级可放完全水库，2 级可放 $\frac{3}{4}$ 库，3 级可放 $\frac{1}{2}$ 库，4 级可放 $\frac{1}{4}$ 库，5 级可放 $\frac{1}{5}$ 库，最少的放 $\frac{1}{8}$ 库）。然后抽签决定放水的先后次序。

人们量水的办法，是大家公推一个诚实人，带一根锄柄走到水库中心，量水的深度，然后把没在水下的一段锄柄平均分成 8 段，在锄柄上作出每种级别的记号。

以上是差巴和堆穷们分配水的方法和情况，至于谿卡自营地则不受这些规定的限制，因为领主享有官家先用水（དབང་ཆུ）的特权。他高兴什么时候放就什么时候放，而且一放就是好多天。有的农奴实在等不及，便联合起来给领主送鸡蛋和哈达，去向领主请求，经同意了才能把水引到自己的地里。

（3）放水季节

①放冬水（སྐྱིར་ཆུ）。每年藏历11、12月，除地势较高的山地以外，其余的地都要放冬水。冬水对作物幼苗生长的好坏起着重要作用。冬水渗透到地表下层结成冰，开春冰化以后，冰水渗入地里，可保持土地的湿度；同时也使冻过冰的土地松软起来。这时人走到地里，一踩便下陷，好像有弹性似的。因此农民说："冬水是酥油汤"。这里除它玛卡如和山沟里的地以外，其余的地每年都可以浇一次冬水。

②播种水。本来播种水在播种前半月左右浇最为适宜，但由于水源不足，因此待冰雪一化，便提前开始放播种水，而这时离播种期还有两个月左右。每当柳树萌发幼芽，天气转暖，冰雪融化的旺水季节，领主便截断农奴的水渠，把水引到谿卡自营地去。农奴们只有眼巴巴地看着，不敢吭声。等谿卡自营地灌足以后，农奴们才能得点剩水。越到后来，由于山上冰雪渐渐化完，水越来越小。如果这时天旱不雨，有的播种期就被推迟很久，影响收成，甚至整块地不收一粒粮食。

③青苗水（ལྗང་ཆུ）。庄稼长到20公分左右时，便要放青苗水。播种以后，作物长到寸把高，开始在地里修土埂。修土埂时，按地势高低，用土埂把地块分隔成若干区，放水时先浇灌高处，然后再浇灌低处。

修土埂时，必然会碰坏一些幼苗，这就要求修埂的人要有顾全大局的眼光。否则会因小失大的。人们说："这时要把青苗当仇人，把清水当朋友。"

④再浇水（བླུར）。青苗水放完以后，如果天久不雨，禾苗仍有干枯的危险，故水丰时还要放两三次再浇水，水欠缺时最好也放一次。

⑤割禾水（ལན་ཆུ）。庄稼临收割之前，有的地快要放割禾水。这样便于把青稞秸连根拔起，增加牲畜草料，另一方面青稞粒不易脱落，可减少损失。

3. 肥料

杜素谿卡施肥的历史已经很久了。人们只施干肥不施水肥，只施底肥不施追肥，而且一年只施一次，这是这里施肥的显著特点。

（1）肥料的种类及制作

山土——山土在所有肥料中占比重最大。每年5、6月间开始积山土（差巴用驴驮运，有的堆穷用人背）。把山土运回家以后，浇上水，拌上羊粪马粪，送进厕所或牲口圈，垫30～120公分厚，让山地沤起来，次年便可当肥用。

草皮——7月里人们上山把草皮铲好，9月从山上运回家，用火焚烧，拌上山土，送进厕所沤肥。

炉灶灰——一般送进厕所沤肥。

马粪羊粪——成块状的马粪和羊粪，都首先当作柴烧，粉末状的细粪就拌上山土用以沤肥。

鸡犬粪——这种粪肥力很高，但为数甚少，人们都把它杂拌在其他肥中。

人粪尿——厕所里的人粪尿一般和其他肥料混合使用。人们认为人粪尿是一切肥料中最好的肥料，因此总把它送进开春要下种的休闲地里去。

（2）施肥时间及数量

一般在藏历一二月间开始送肥，休闲地有的是冬季施肥，有的是春季施肥。下肥时先在地里挖7、8公分深，直径30公分左右的小坑，然后将每驮肥分别倒进三四个坑内，再盖上土便可。1魁地大约有60左右个坑。差巴在它玛和卡如两类地里，每魁地只刨20～30个坑，领主在这两类的地不送肥，由有羊的差巴和堆穷把羊赶到地里作为支差，要过30个夜晚，让羊粪尿拉在地里。

过去，一般的地每魁上肥12～30驮（每驮约80斤）。肥和水有关系，只增加肥，没有充足的水，对庄稼不利。人们说肥多作物发芽早，作物出土以后，如果没有充足的水，上头太阳晒，根下肥发热，幼苗上下受敌就会死去。如果肥少，没有下雨，庄稼不会出土；就是出了土，下面没有肥料"烧"根，所以可以保住幼苗。

4. 种子

（1）杜素豁卡的作物种类

①青稞，分三种：

果那，穗呈黑色，青稞皮呈油白色。一棵可以分蘖出30～40株，产量较高。播种期在藏历3月13、14日最适合。田间生长期为135天左右，8月上旬可收割。这一粮种占豁卡播种面积的$\frac{4}{5}$左右。

姆剥，穗和子粒均呈黑色，穗长，产量较高，一棵可以分蘖出15～20株，并且比较耐旱。播种期在藏历2月10日左右，7月中旬便可成熟。但由于这种青稞味道欠佳，故种的人不多。

共巴嘎姆（又名样形），子粒呈白色，味道很好，其显著特点是晚种也可丰收，因此适合于春旱下雨后播种。人们说该品种60天便可以收割，而实际上在5月中旬播种，8月初方可以收割。分蘖只有2、3株，粮草产量都不高。这个品种也很少，故种的人不多，只有杜素庄园的尼姑庙种了一点。

②小麦，3月中旬播种，8月底收割。播种密度比青稞略小，也不混种豌豆、菜子等。因为小麦成熟最晚，豆荚和菜子荚已熟透爆裂，而小麦还不能熟，故不混种。小麦产量不高，种的人很少。

③白豌豆，白豌豆的子粒皮黑里白，出粉量不高，但磨成的糌粑其味甚香。豌豆不单种，都和青稞菜子混种。

④油菜子，一般都和青稞等混种，性喜水，最晚可在5月底播种，8月底收割。茎较高，和青稞混种，总要比青稞高出一头。种油菜的地不宜过肥，每株多者结荚千余，每荚内有子粒20粒左右。

⑤荞子，有两种：

苦荞——最晚可在6月底播种，8月底收割。开白花，茎高25公分左右，性喜干燥瘦地，可临时开片荒地播种。开花时如果降温会使花蕾脱落而不结实。

甜荞——花呈红色，味较佳，其他与苦荞同。

油菜和荞子所需生长条件正好相反，前者性喜潮湿多雨，后者喜欢干燥，天不下雨也能播种，而且还生长得很好，故人们有"荞子放在火里，荞子泡在水里"之说。

⑥萝卜，可分三种：

拿钦，白皮，多混种于青稞地中。大者重达斤余，小者晒干后可作牲口的冬季饲料。由于味美，容易越冬，故人们乐于种植。

江那，白皮，大小与拿钦无异，适合新鲜时食用，冬天易腐烂，故种的不多。

吐鲁，个不大，露在土外的皮呈红色，味甜，适合生食，故易遭小偷光顾。所以人们不愿种植。

⑦据说在 20 年前（约 1940 年），领主杜素曾试种过蚕豆和黑豌豆，蚕豆种来自前藏，黑豌豆种来自南木林宗，初期生长良好，后来遭了轻微旱灾，产量不高，因此人们得出结论："它们喜水，我们缺水，生长不好"。因此就没有推广。

1953 年领主杜素曾试种过白菜，有的差巴试种过土豆，本来都生长得不坏，但不知为何后来都不种了。

1959 年民主改革以后，农民们又播种了白菜、青菜、土豆、芹菜等菜种，现生长情况良好，可供食用。

（2）混种及撒种

休闲地休息以后，每年混种的作物稍有一些变化，一般如下：

休息以后第一年，即混种青稞、菜子、萝卜。

休息以后第二年，即混种青稞、菜子、豌豆（据说这年种萝卜不好）

休息以后第三年，即混种青稞、菜子、豌豆、萝卜。

休息以后第四年，混种作物同第三年。

休息以后第五年，混种作物同第三年，但一般要抽出部分地种小麦。

青稞和豌豆混种时，一般是青稞种 2 尅，豌豆种 1 尅，菜子种半赤，萝卜则视种子多寡而定。

这里实行块播，不分株距、行距。前面一人赶牛犁地，后面一人撒种，大人抓一把种子，扬三四下可将全部种子撒出去，小孩抓一把种子可扬两三下。撒种的多为小孩。撒种到地里以后，用耙子耙 3 遍即告完成。

如果播种期太晚，为了使种子早日发芽，有的把种子浇水打湿以后再播，有的则把种子浸入凉水泡一夜，次日再播。

（3）选种

这里选种都是成块地选，都从雅玛地中选留，如果雅玛地的产量不足，才从其他地块里补选。

雅玛地的庄稼，收割时都要另放另打，但粮食还要经过筛选才能留种。否则混杂的粮食无法分开。

其余的地的粮食要过不同筛孔的筛子筛 4 遍后才能留种。第一遍去杂草，第二遍选豌豆种，第三遍便留青稞种，第四遍除去瘪青稞，最后将菜子中的灰尘扬去，留下的便是菜子种。种选好以后，装在土屯里，上面放一块盐，预祝来年丰收。

5. 田间管理

种子播下以后，除了灌两次水以外，不施追肥，不作中耕，也不除草。原因是实行块播，在植物生长期间，无法进行薅刨。

人们除草主要在地休闲期间，因此刚休闲过的地块，杂草较少，但两三年以后草又渐渐多起来。播种以后，常常野草先行出生，布满整个地块。野草种类很多，对农作物危害较大的有白茅根、月布、东者等 13 种。作物出土以后，如果不下雨，或者马上不能灌溉，地里的草再多，也不拔去。人们说："草拔了，地面露出来，土壤也会被拔松，容易被太阳晒干"。下雨以后，人们也拔草，但人们说："这时拔草的目的不是为了锄草，而是为了打牲口饲草，因此这时拔草只能在自家地里拔，到别人地里拔，还会被人骂成是偷草的。"

6. 休闲地

地连种几年以后，人们便说地的"力气已使完了"，"不会再长出好庄稼了"，"应该休息一年"。的确，因为这里没有中耕锄草的习惯，草籽年年增多，几年之后，草比庄稼长得还茂盛，是应该来一个对野草的"歼灭战"。

留休闲地的多少，视各家的土地数量和经济状况而定。谿卡的自营地种 4 年休闲 1 年，有的大差巴有种 3 年休闲 1 年的。目的是为了集中用水，经营好其他土地。一般贫苦户，大约是种 5 年休闲 1 年。个别土地特少的人家，连种 7、8 年才休闲 1 年。他们本来地少，不应有休闲地，但由于以下种种原因便非休不可。第一，杂草太多，实在无法继续耕种。第二，给领主父租，自家留种都需要没有豌豆的青稞。人们认为这种好粮只有经过休闲的地才能产出。第三，无种可播，不得不让地空着。

地在休闲期间，主要的农活是翻耕锄草。除它玛和卡如两地外，别的地休闲期一般要耕 8 遍。翻地时一般抓住以下机会：第一，翻出来的草根容易被晒死的出太阳天；第二，易于深翻的夏季雨后晴天；第三，野草快要结籽的秋天。因此，上述 8 次翻耕都集中在藏历 5 月到秋末进行。为了达到锄草的目的，翻耕都用尺寸最大的犁和铧尖。

休闲地除翻耕以外，在秋收前地边还必须作好地埂，防止牲畜入地和保水。在休闲地上要上各家最好的肥料。施肥时间或是冬天，或是春天。如果是施冬肥，把肥料送到地里撒开后，须灌上冬水，把肥料和土地冻在一起。民主改革后，在人民政府提倡兴修水利，施用追肥的情况下，休闲地数大为减少。

表 1-37　1959 年民主改革前杜素谿卡休闲地统计表

阶层	户数	总地数	休闲地数	占总地数的%	备　　　注
领主自营地	1	918.16	227.14	24.8	
代理人	5	685.17	82.15	12.1	
富裕农奴	3	447.15	71.5	16	
中等农奴	10	771.1	116	15	
贫苦农奴	51	1239.1	185.3	14.9	有的户没留休闲地
合计	70	4062.10	682.17	16.8	

表内计算土地的单位，非十进位，点以前为尅，点以后为赤，20 赤为 1 尅。

7. 自然灾害

这里我们将谈到杜素谿卡出现过哪些自然灾害，人们对这些灾害的态度和如何斗争。为了如实反映人们对自然灾害的抗争，还将涉及宗教迷信在这方面是如何处置的，它对人们的影响如何。

(1) 旱灾

春旱夏涝是这儿农业生产的最大威胁。1952 年前，人们在江热地方掘过井，也曾整修过水库，但井出水太少，人们把它遗弃了。水库虽修了一些，但蓄水量少，不能解决全部灌溉问题，因此大片土地还是靠天吃饭。一遇春旱，常有很多土地不能播种，或者很晚才播种，以致造成颗粒不收只得一点青稞秸的灾荒之年。

修水库、打井本是抗旱的积极办法，但在科技落后的农奴社会里，不可能得到大力提倡和发展，而更多的是从宗教方面去寻求消灭旱灾的神奇方法，下面就介绍几个这里常用的"消灭"旱灾的"方法"：

①杜素庄园附近，有一个叫做"雅"的山峰，据说雨是从这山上降落的。因此一遇天旱下雨，各家都出一个体力强壮的人，带上藏酒、茶和瓢等，去爬到山峰上。到了山顶，先吃一阵酒，然后将山上的石块往下滚，嘴里虔诚地念着"雅古、雅古"（雅是山名，古是出汗的意思，连起来就是叫雅山出汗），一直念到山脚。到了山沟有水的地方，人们拿出瓢，摘下帽子，互相泼水。力大的青年男子，抱起妇女往水里扔，弄得她们满身湿透，个个成了落汤鸡才罢休。人们相信，这样，雅山有时"真的会下雨"。

②把佛经《十万颂般若》（འརམ）搬到露天诵读、求雨。

③找一个大家公认为没有与人发生性关系的仍是处女的尼姑，背着泥菩萨阿阇黎（སྣ་དངན）到地里去转经求雨。

④把水官和来瓦（专管念丰收经的，共6人，由差巴轮流担任）扔到快干涸的水库里去似乎是惩罚他们，说他们是"干水官"、"干来瓦"，但却失了职。

⑤据说江热附近山上有一个叫做阿妈洛姆奇的女神，她专门管水。于是江热的已婚妇女们，选一个节日良辰，找一个比较好欺负的男人，同到神山上去，让男人给她们倒酒倒茶，尊敬她们（平时是女人给男人倒酒倒茶）。据说这样会感动女神下雨。

⑥全谿卡的大人、小孩同到洛吉山（在杜素附近）上去畅饮，并用糌粑作一个斗形的小杯，边做量粮食的动作，边吆喝过斗时的序数，以预祝秋天谷物丰收。

（2）水灾

大水是不留情的。暴雨之后山洪大作，会冲垮水库，冲坏房屋，冲走庄稼。因此人们不可能像遭旱灾时那样有很多闲空功夫去念经祈祷，而是立即出动去修堤补堰。平常年如无特大洪水，每年每家差巴出2人，每户堆穷出1人去修堤4天，以防万一。如遭大水，去的人就更多，时间也更长。以1958年为例，虽一共连续抗洪27天，有的地方最后还是被水冲毁，被泥沙掩埋。

（3）雹灾

雹灾没有积极办法防备，全靠冰雹喇嘛作法。夏天打雷增多，冰雹喇嘛便要上山守冰雹（他在山上专门有间守冰雹的小屋）。如果天上出现乌云，冰雹喇嘛便拿出法器——一个糌粑捏的兔子，口里念念有词，将乌云引向地方；或是吹响人腿骨做成的骨笛，把乌云赶走。倘若法术不"灵"，下了冰雹，则推说是人们的"命运"，或者是地方上出了怀私生子的姑娘，或者是有了脏人入境。于是便要发动来瓦和大众进行一番深入的"侦察"。如果真抓住一个怀有非婚子的姑娘，或者什么脏人，则将全部罪过加之于她。如果这一年风调雨顺，不见冰雹，"理"当归功于冰雹喇嘛"法术的高超"。但冰雹喇嘛的这套把戏也曾遭到人们的抨击。不知何时杜素谿卡就流传下来这样一首歌儿，挖苦作法的无效荒唐，现记在这里："冰雹喇嘛，五体投地。禾苗全倒伏，庄稼被冲击"。

（4）降黄沙

在庄稼未熟之前，有时天上降黄沙，伤害庄稼。庄稼受灾以后，颗粒不饱满，收割时有灰沙从穗上往下掉。

（5）下霜

下霜对庄稼的危害很大，从一首民歌里反映出来："油菜萌芽的早晨，幼芽被寒霜夺去，刚消灭一个敌人，又出来一个仇敌"。

这里在春末和夏秋两季有时也有霜。如果在作物扬花时节下霜，则花会凋落，果实瘪而不满，因此人们这样唱道：

"狐狸在的时候（指6月下旬，这时作物正在开花）请你不要下来，猫儿在的时候（指7月底8月初，这里庄稼已熟），你要下来就请便！"

在下霜季节，如碧空无云，气候异常寒冷，人们知道这是下霜的预兆。于是半夜里人们便往地边放水，或在垄沟里烧火生烟，这的确是防霜的好办法，可惜这样做的人在杜素是不多的。

（6）虫灾

杜素谿卡危害庄稼的有木里（藏语译名）第三种害虫。虫害一般发生在久旱以后，严重时会把庄稼大量吃掉，特别是豌豆，会被吃得一棵不剩。

木里幼虫成白色，形如大米，藏在作物根部，毁坏庄稼。另一种虫大约两三公分长，吃庄稼也很厉害。过去发生虫灾，人们束手无策，只有请冰雹喇嘛把虫"赶走"。冰雹喇嘛的办法是：先将沙子和用白色石头磨成的粉拌在一起，接着面对这些沙子和粉末念经作法，使其神化，然后让孩子们用投器向地里抛掷，以驱赶害虫。

从以上介绍中可以看到，这里人们在抵抗自然灾害中，既作了很大努力，但又由于在很大程度上依赖宗教迷信的法力，妨碍了人们对自然灾害的斗争，当然归根结底，是生产力不发展，科学技术的落后，使人们不能科学地认识和对待自然灾害。

8. 关于农活安排、庄园劳动力、畜力和作物产量（见表1-38至表1-41）

表1-38　全年主要农活时间一览表

藏　历	主　要　农　活
1～2月	送春肥；有的开始放播种水；山地开始春耕。
2～4月	放播种水；播种（3月中旬至3月下旬最为适宜）3月下旬羊群开始上山。
5～6月	在青苗出土的地里修土埂；放青稞水；耕休闲地；天旱再放浇苗水；到野地和山上取土，取草皮积肥；牛马上山；修防洪堤。
7月	上山挖土坯积肥；7月底早熟作物开镰；耕休闲地。
8月	收割庄稼；耕休闲地和秋耕地。
9月	打场；耕休闲地；把山土、山草运回家，烧成灰后倒进厕所；牛羊从山上回到平地。
10～12月	10月给休闲地送冬肥；一般地开始灌冬水。
说　明	1. 藏文历书上本有农时划分，但人们很少知道。2. 许多农民是交错进行的，不能截然分开。

表1-39　1959年杜素庄园劳动力统计表

劳力等级		人数	占全豁卡总人数的%	说　　明
全劳动力	男	131	25.4	能作各种农活。
	女	172	33.4	能作除耕地以外的各种农活，妇女能耕地的是极个别的。
半劳动力	男	38	7.4	包括9岁至15岁及90岁以上能作部分工作的劳动力。
	女	47	9.1	同上。
不能劳动者		127	24.7	其中女72人，男54人，共127人，未计入合计栏。
合计		388	75.3	

表1-40　1959年杜素庄园畜力统计表

畜　别		数　量	说　　明
驮畜（毛驴）		258	包括部分小驴。
耕畜	黄牛	61	不包括小牛。
	犏牛	39	包括3头耕地的母犏牛，不包括1头小牛。
	牦牛	7	此处仅指会耕地的。
合　计		365	不从事农活的牲畜未统计。

表1-41　各类作物一般产量一览表

作　物	产量分类	土地面积	播种数	一般产量	产量相当于种子的倍数	说　　明
青稞	上	1克地	1克	7克	7倍	播种和收获的产量都指青稞混豌豆
	中	1克地	1克	6克	6倍	同上
	下	1克地	1克	4克	4倍	同上。有的迟种的下等地，只长青稞秸，不收粮食。
小麦	上	1克地	10波	4克	4.8倍	
	中	1克地	10波	3克	3.6倍	
	下	1克地	9波	9波	（还本）	可得麦秸
油菜子	（平均）	混种（3克地）	0.5波	6波	12倍	很少单种，多为间种。
总　注						本表以中等年成为准，特大丰收和特大灾害年，另作别论。

9. 主要农具的说明及图形

（1）汉语名称：牛轭。

藏语音译：涅新。

产地：本豁卡。

用料：木料、皮绳。

售价：青稞34波。

用途：耕地时用。

一般使用年限：10年左右。

图形说明：（图1－5）

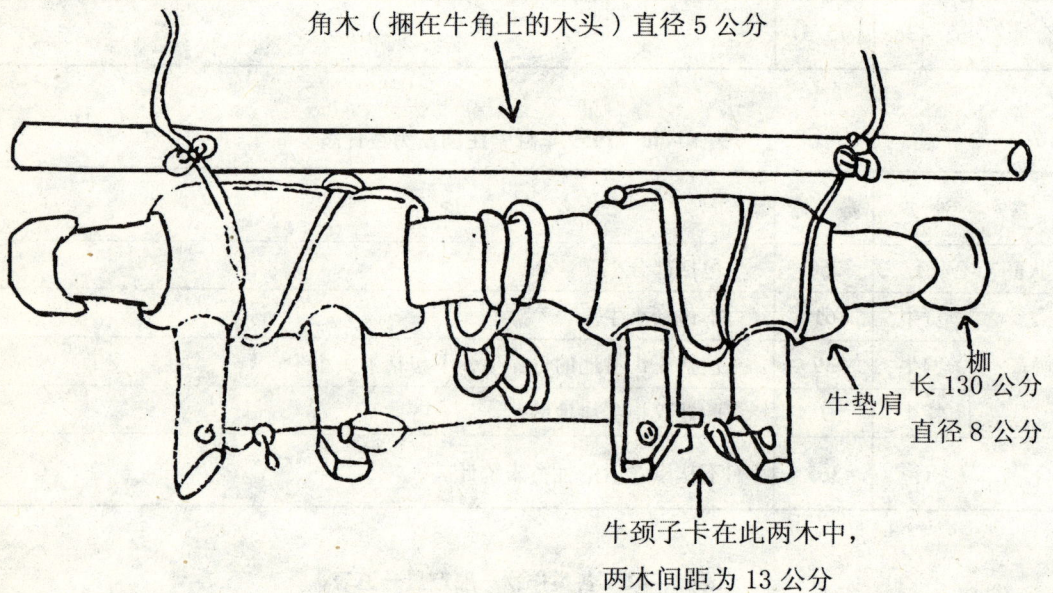

角木（捆在牛角上的木头）直径5公分

栒
长130公分
直径8公分

牛垫肩

牛颈子卡在此两木中，
两木间距为13公分

图1－5

（2）汉语名称：犁。

藏语音译：雪。

产地：本豁卡（犁弯木买自外地）。

用料：铁铧、木犁杖。

售价：44波（犁杆24波、铧尖20波）。

用途：耕地。

一般使用年限：6年左右。

图形说明：（图1－6）

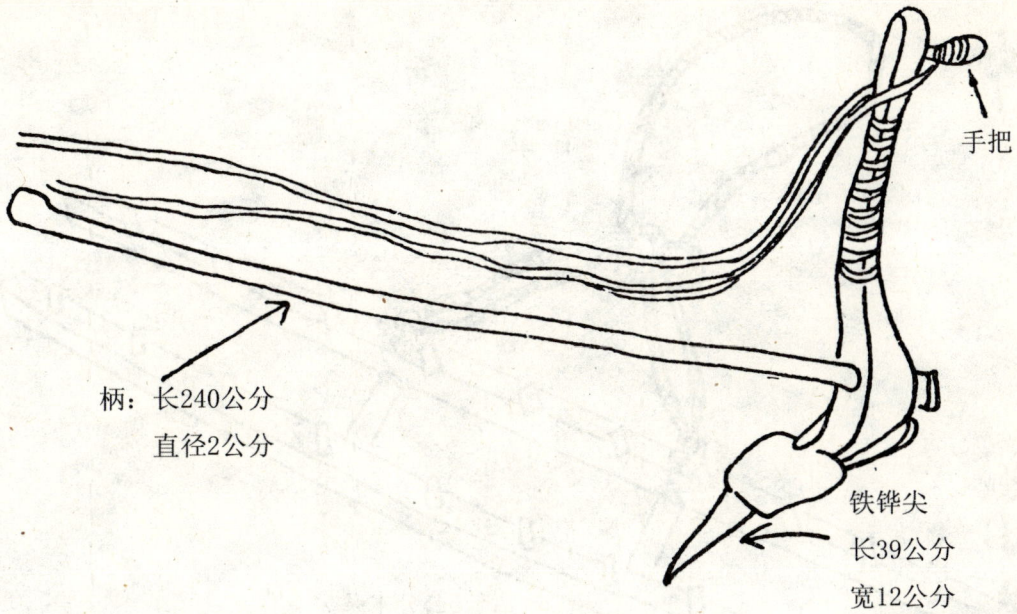

手把

柄：长240公分
直径2公分

铁铧尖
长39公分
宽12公分

图 1－6

（3）汉语名称：耙。

藏语音译：锡拉。

产地：本黔卡（木料买自萨迦县）。

用料：木架、铁齿。

售价：24 波。

用途：耙地。

一般使用年限：4 年左右。

图形说明：（图 1－7）

（4）汉语名称：锨。

藏语音译：洁母。

产地：本黔卡（有的买自国外）。

用料：木柄、铁铲。

售价：13 波青稞。

用途：铁土、铲肥等。

一般使用年限：6 年左右，有的用 10 年还在用（铁铲上可以打补钉）。

图形说明：（图 1－8）

（5）汉语名称：锄。

藏语音译：交。

产地：本黔卡（挖草坯的锄，从印度进口）。

用料：木柄、铁锄。

售价：27 波青稞。

用途：挖肥、挖土。

一般使用年限：30 年左右。

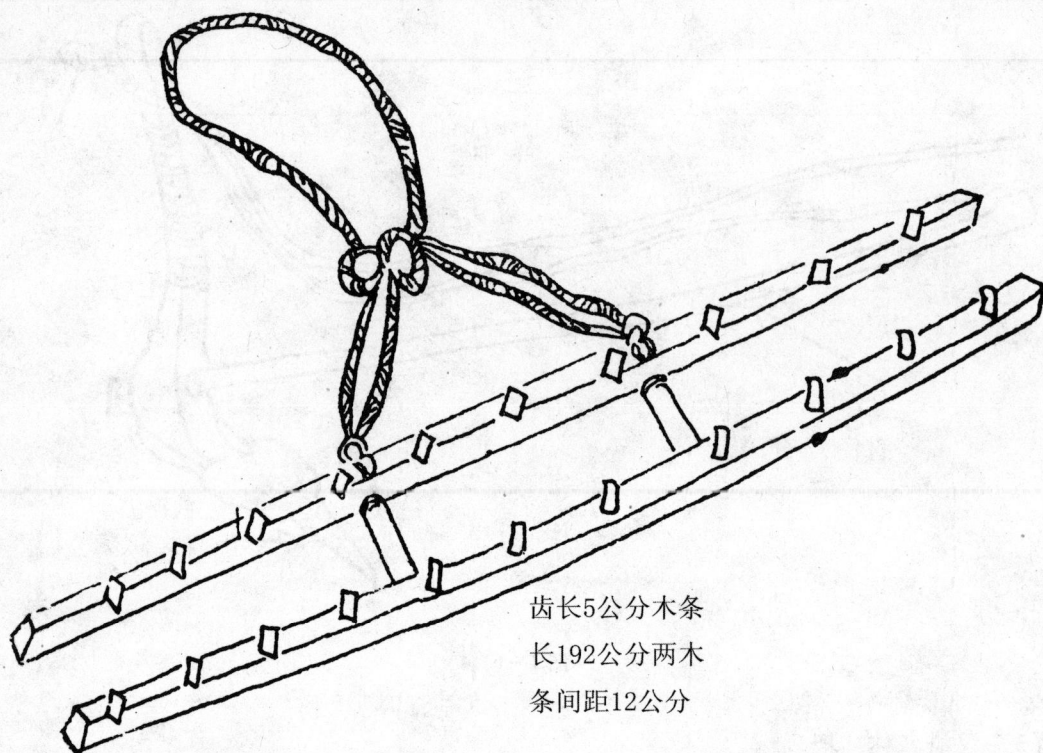

齿长5公分木条
长192公分两木
条间距12公分

图1-7

图形说明：（图1-9）

（6）汉语名称：镰。

藏语音译：索热。

产地：本谿卡。

用料：木柄、铁镰。

售价：4波青稞。

用途：割庄稼。

一般使用年限：5年左右。

图形说明：男人用的稍大一些，女人用的较小。（图1-10）

（7）汉语名称：草筐。

藏语音译：札最。

产地：孜龙、夏不季顶等地。

用料：竹（买自萨迦地区）。

售价：大号15波、中号10波、小号6波。

用途：背草。

一般使用年限：2~4年。

图形说明：大号：口径79公分，高70公分，底直径35公分。

中号：口径65公分，高54公分，底直径25.5公分。

小号：口径50公分，高55公分，底直径27公分。（图1-11）

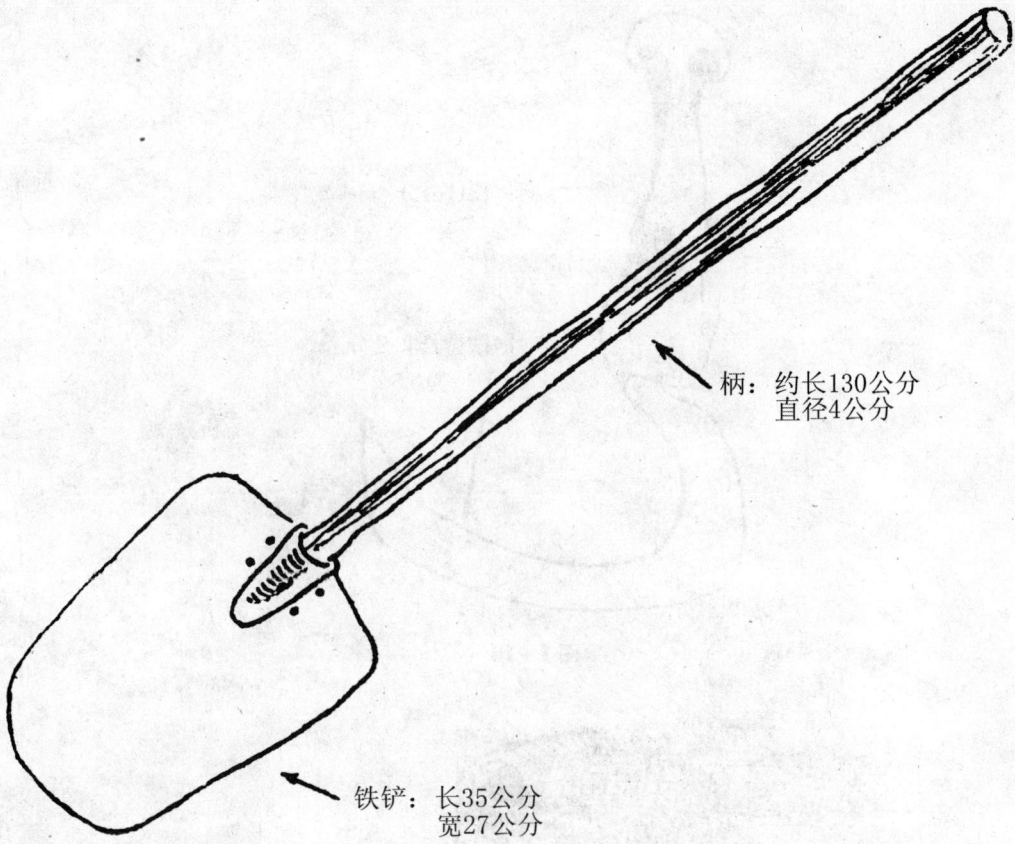

柄：约长130公分
　　直径4公分

铁铲：长35公分
　　　宽27公分

图 1 - 8

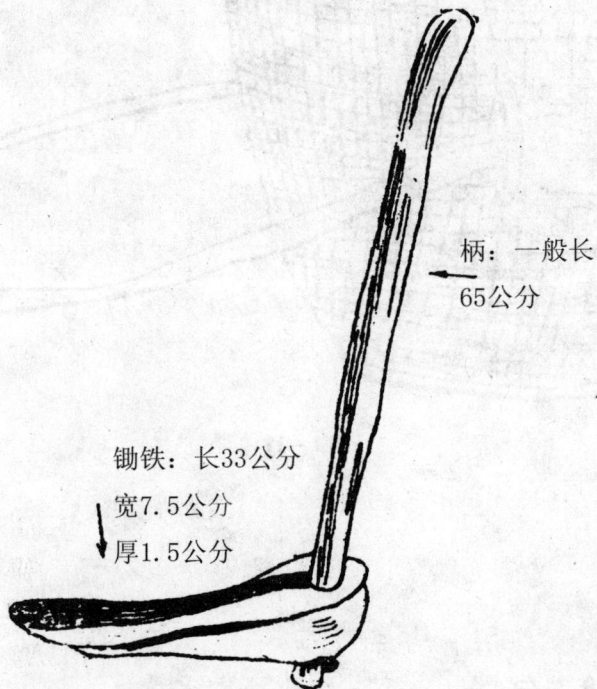

柄：一般长
65公分

锄铁：长33公分

宽7.5公分

厚1.5公分

图 1 - 9

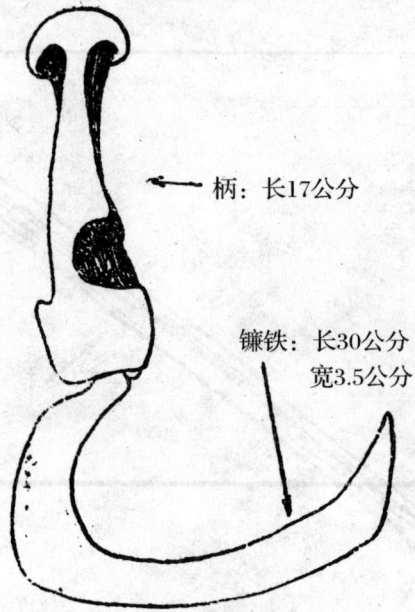

柄：长17公分

镰铁：长30公分
宽3.5公分

图 1 - 10

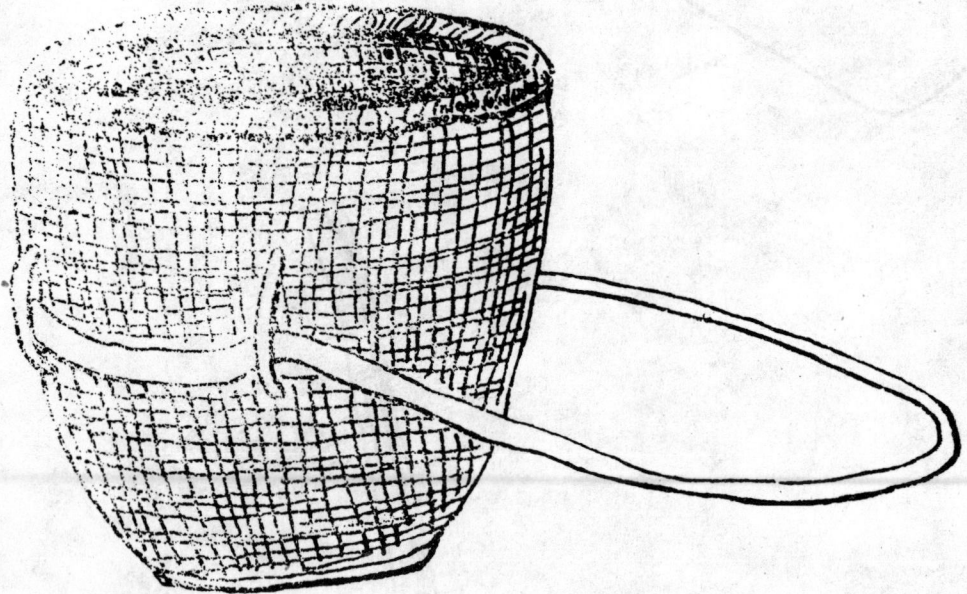

图 1 - 11

（8）汉语名称：十齿叉。

藏语名称：江恰。

产地：本豁卡。

用料：木。

用途：扬场用。

一般使用年限：6 年左右。

图形说明：齿长 18 公分，齿与齿之间的距离 4 公分。（图 1 - 12）

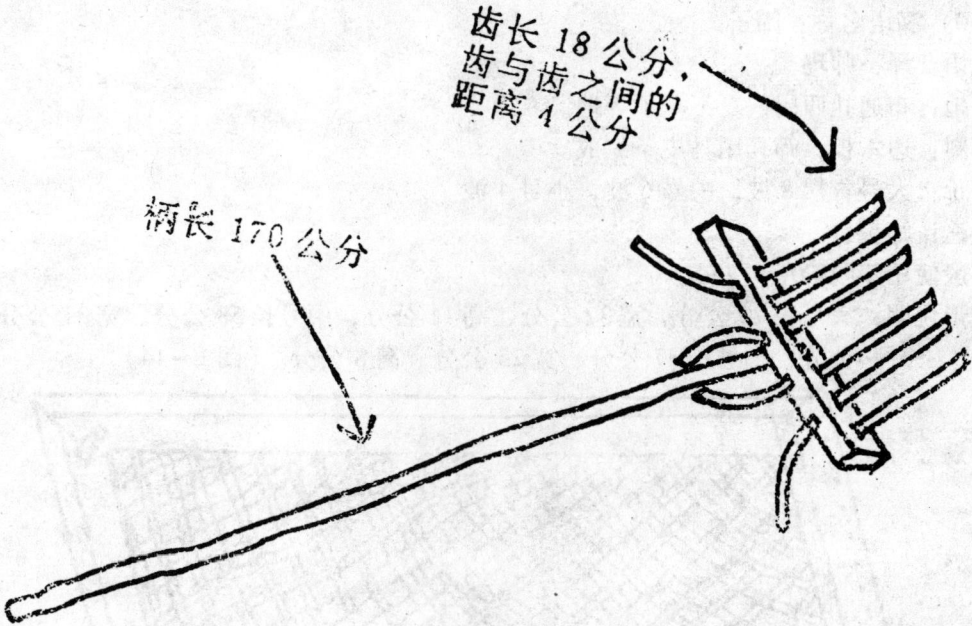

齿长 18 公分，
齿与齿之间的
距离 4 公分

柄长 170 公分

图 1 – 12

（9）汉语名称：背篮。

藏语音译：孜欧。

产地：本豁卡。

用料：山草和树枝。

售价：大号青稞 6 波，中号 5 波，小号 3 波。

用途：背土，背干肥等。

一般使用年限：1 至 2 年。

图形说明：口呈方形，大号每边长 35 公分，高 31 公分；中号每边 31 公分，高 26 公分；小号每边 29 公分，高 21 公分。（图 1 – 13）

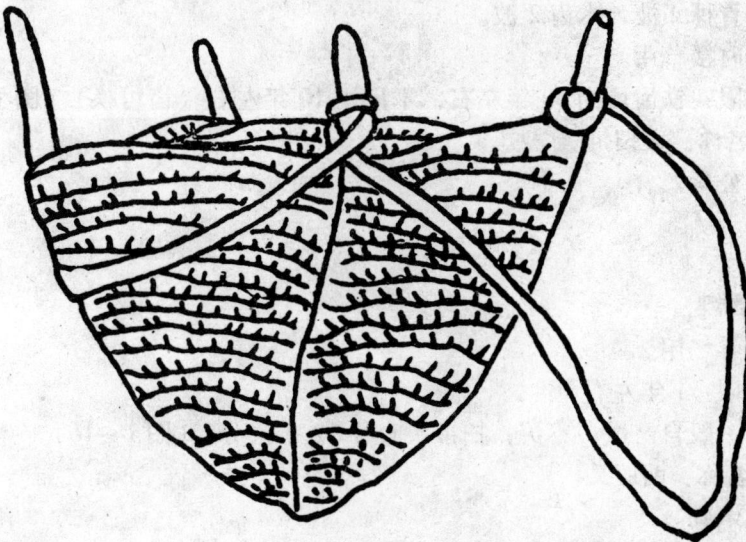

图 1 – 13

233

（10）汉语名称：筛子。

藏语音译：帅玛。

产地：布通扎西岗、夏不季顶等地。

用料：边木板，筛孔用马皮条编成。

售价：大号青稞 8 波，中号 6 波，小号 4 波。

用途：筛粮食。

一般使用年限：7 年左右。

图形说明：大号长 70 公分、宽 37 公分、高 11 公分，中号长 58 公分、宽 31 公分、高 9
公分，小号长 37 公分、宽 25 公分、高 8 公分。（图 1 - 14）

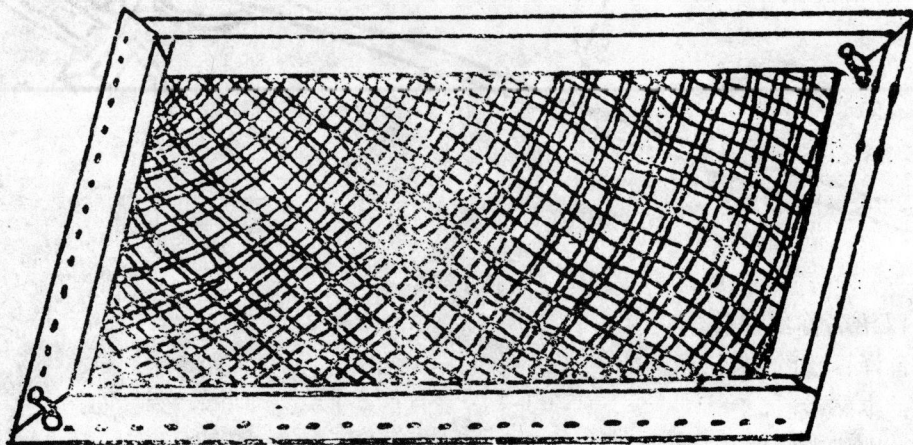

图 1 - 14

（11）汉语名称：钉耙。

藏语音译：拿扯。

产地：本谿卡。

用料：铁齿（也有木齿）、木柄。

售价：铁齿青稞 4 波，木齿 2 波。

用途：打场时搂草用。

一般使用年限：铁齿可用 30 年左右，木齿用 10 年左右（齿可换）（图 1 - 15）

（12）汉语名称：大扫帚。

藏语音译：公朵。

产地：本谿卡。

用料：山草。

售价：4 波青稞。

用途：扫打谷场用。

一般使用年限：1 年左右。

图形说明：一般自己做，不买，扫帚头直径 12.5 公分。（图 1 - 16）

（13）汉语名称：两股叉。

藏语音译：卡勒。

产地：本谿卡。

用料：铁齿（有的是藏羚角，产在藏北）。

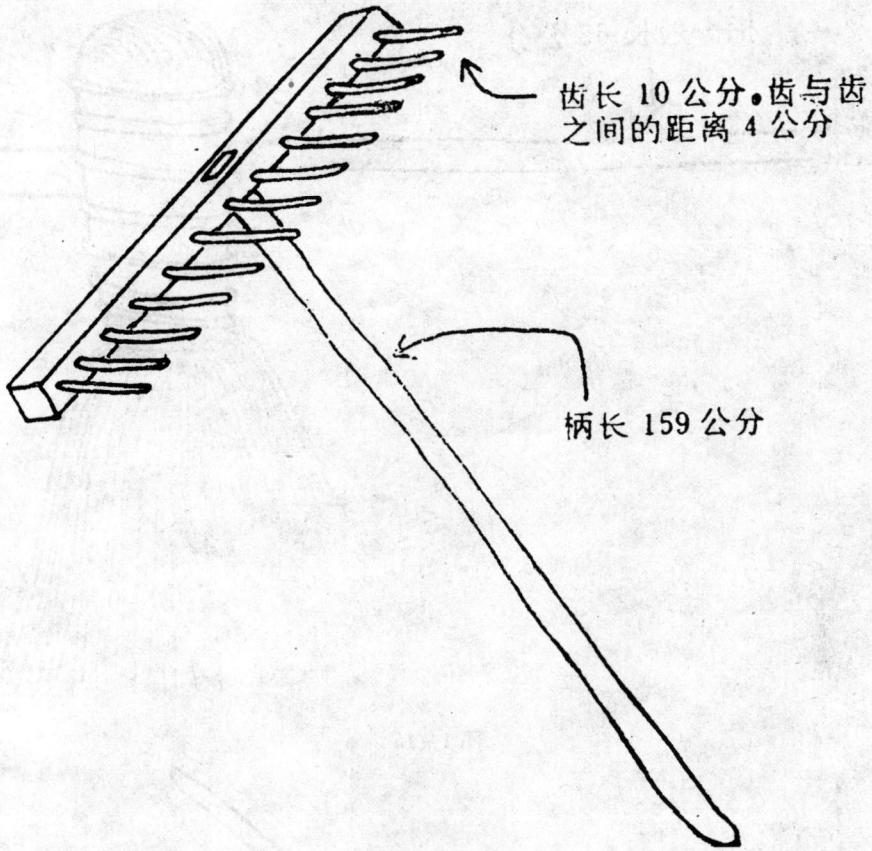

齿长 10 公分。齿与齿
之间的距离 4 公分

柄长 159 公分

图 1 – 15

售价：4 波青稞。

用途：堆运青稞秸。

一般使用年限：4 至 5 年。

图形说明：齿长 41 公分。柄一般长 104 公分。（图 1 – 17）

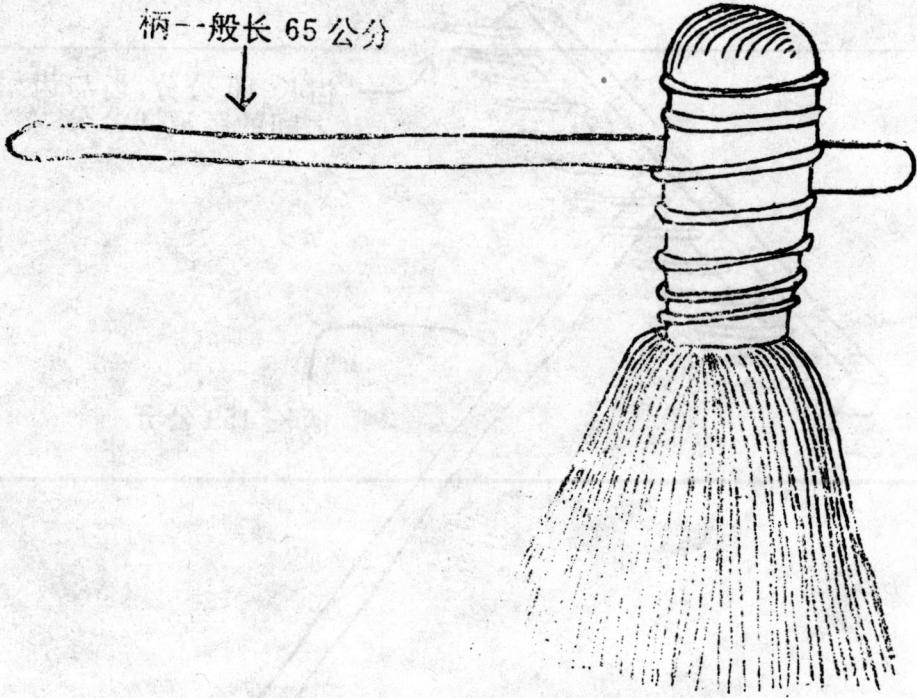

柄一般长65公分

图 1－16

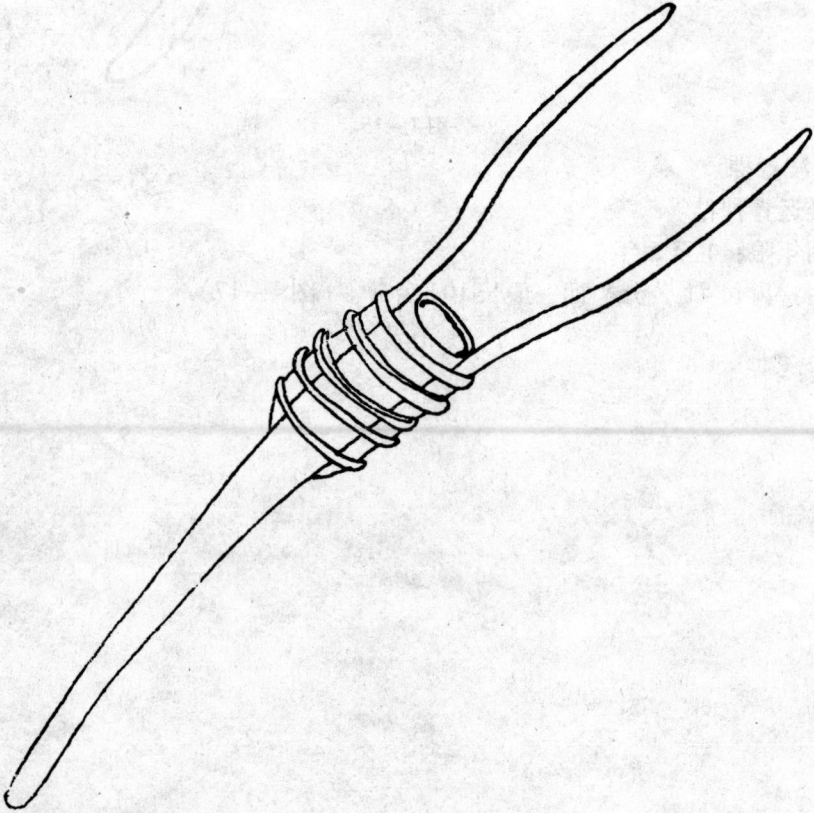

图 1－17

（14）汉语名称：竹筐。

藏语音译：女龙。

产地：孜龙，夏不季顶等地。

用料：竹（买自萨迦）。

用途：洗菜子、青稞等。

图形：（图 1 – 18）

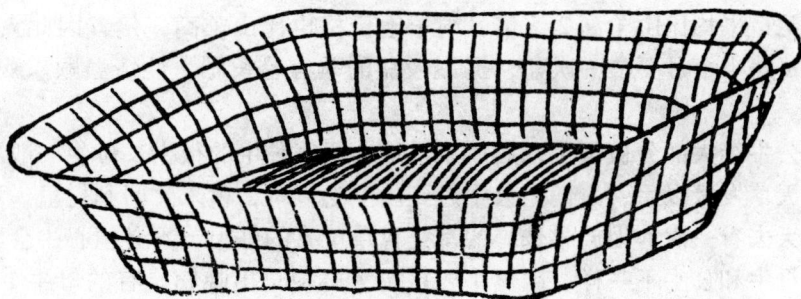

图 1 – 18

（15）汉语名称：提篮。

藏语音译：嘎瓦。

产地：本豁卡。

用料：牛头皮。

用途：撒种时装种子。

图形：（图 1 – 19）

图 1 – 19

（二）畜牧业

杜素谿卡是农业区，但除部分堆穷外，绝大多数人家都饲养牲畜，种类有：绵羊、山羊、黄牛、犏牛、牦牛、毛驴、马、骡8种。

羊——这里只有小羊群，没有到200只以上的大群。羊群冬天住在平地，夏天庄稼出土以后，便被赶上山去，直到秋收完毕，才能回到平川。这里羊的个子不大。每年藏历6月剪羊毛，绵羊产毛量平均比山羊高2.5倍，绵羊毛价格也比山羊高一倍，因此人们喜养绵羊。羊只到了夏天每隔半个月要喂一次盐，据说喂盐的羊容易长膘，性情温顺。藏历10、11月是宰羊的季节。

黄牛——公牛绝大部分被阉了以后用来耕地，留作种牛的很少。母牛一般不耕地，专门用来挤奶。夏天草发青以后，人们把公牛赶到山上吃青草，秋末才回到村里。黄牛在山上期间，主人隔几天去看一次，因放牛选择的都是青草茂盛的好山，不必担心牛会跑远。

夏天放牧母牛和公牛不一样，因母牛要挤奶，必须早出晚归。有的母牛1天挤4次奶，早晨挤两次以后才放到山上，中午回家挤一次，再放到野外去，晚上回家挤最后1次。有的母牛1天挤3次或2次，中午就不回家了（早晨挤1次或2次，晚上挤1次）。为了多挤奶，一般奶牛比公牛喂得好，但播种期间，耕牛是要加料的。

犏牛——犏牛是公黄牛和母牦牛的杂交种，性情接近牦牛，耕地时力量大于黄牛。平时人们把公耕牛赶到山上，耕地时才从山上赶回村。母犏牛的饲养法和母黄牛相同。

牦牛——性情很猛，体大毛长，谿卡里除领主和代理人外，有牦牛的人家很少。牦牛都养在牧场上，多数一年四季不到农区。牦牛只有少数用以耕地，绝大多数是用来驮货物。每年夏天牦牛队都要到藏北草原去作粮盐等交换，深冬时候才返回杜素庄园。

牦牛终年在山上，但牧民并不放心，一怕跑远丢失；二怕狼吃；到了夏天又怕牛跑到庄稼地吃庄稼，因此每天都得去看一遍。

毛驴——个子不大，一般只有80、90公分高。但人们对它们的评价很高，说它们吃草少，干活多，在土地改革分胜利果实时，很多人宁肯要驴而不要骡马。驴不仅是短途运输的工具，一般的中距离运输也是主力，差巴每户养驴至少有两三头。

马——饲养马的只有领主、代理人和少数几家较富裕的农奴。人们只把马当骑畜，不让马干其他活。

这里的马和川马的特点有些相同——体小，善走崎岖山道。谿卡里的公马全是阉过的，没有种马。人们说阉过的马力大体壮，可走远途。

骡子——只有领主饲养。本地不产，都从亚东①一带购进。骡子过去只供人骑和拉车，不干其他活。民主改革以后，经过大力提倡，有的人已经开始用骡子耙地。

杜素谿卡的牲口，冬天全用干草饲养，夏天长青草时才能上山。因为每到青草将绿的时候，草是很缺乏的。

---

① 即今天的亚东县。亚东历史上是隶属于帕里宗的卓木山谷里的一个小村。1888年英军入侵西藏，亚东遂被英帝国强行辟为高埠。1960年6月，亚东县人民政府成立，隶属江孜地区专署。1964年5月，江孜地区与日喀则地区合并，亚东划归日喀则地区至今。亚东县现辖2个镇、5个乡、4个居委会、20个村委会。修订注。

表 1-42　杜素豁卡 1959 年牲畜情况一览表

畜种	总数	占有户数	屠宰数	大畜死亡数	育龄母畜数	怀胎母畜数	流产数	幼畜死亡数	幼畜成活数	幼畜成活率%	备注
山羊	1027	29	94	58	377	244	47	43	154	63.1	不包括当年宰杀的牲畜
绵羊	1210	29	140	56	515	259	/	54	205	79.1	
黄牛	202	65	17	/	90	59		33	26	44.1	
犏牛	46	17	1	1	9	5		5	/	0	据说犏牛犊最难成活
毛驴	267	44	/	4	101	37		3	34	91.9	
牦牛	173	/	/	/	/	20		10	10	50	
马	27	12	/	3	11	8		/	2	100	
骡子	17	2	/	2	/	/		/	/	/	
总计	2969		252	124	1103	626	47	148	431	68.8	

　　母畜流产和小畜死亡，一般原因是母畜劳累过度，或饲料不足造成。个别是饲养不得法所致，比如刚干过重活的怀孕母畜，未经休息，马上让其饮凉水就会造成流产等。

　　阉牲口：

　　这里的公畜绝大部分要阉，人们说阉了以后，免去公畜的交配，可使牲畜膘肥体壮，干活也有劲。各类公畜阉割的时间如下：

表 1-43

畜　名	阉　割　时　间
马、毛驴	4 岁
黄牛、牦牛、犏牛	3 岁，如不伤人可延长到 5 岁
羊	4 个月

　　阉割毛驴和马的手术比较复杂，故有专人进行。阉割时，先将牲口四蹄捆住，然后用绳子将牲口的阴囊扎住割开，把睾丸挤出。刚摘去睾丸的牲口流血很多，不会动弹。这时要用烧红的铁，烫烙伤口两次。烧灼时会发出吱吱的声响。手术结束后，牲口满身是汗，状如死畜，有的就真的死去了。牲口死了，阉牲口的人不负责任，归因于主人的命运。

　　会阉牛的人很多。阉割时，先将牛蹄捆住，然后用刀削去阴囊顶端，挤出睾丸。牛的精管细长，手术人抓住睾丸后使劲往外拽，将精管全部拉出割去，说这样"牛劲大，跑得快"；有的则从中割断，说留一点精细管"耕地时牛的脖子硬"。可见，在阉牛上，主张不一致。

　　阉羊比较简单：把小公羊的阴囊割破，挤出睾丸，吐一点唾沫在伤口上便算结束。阉羊时一般要留 $\frac{1}{10}$ 的种羊。种羊要毛色好、盘角的。种羊完成配种后，可以阉去睾丸，让其长膘，以供食用。

牲口的疾病和治疗，这里主要有以下三种畜病：

瘟疫，藏名"乃钦"（ནད་ཆེན་），是一种非常可怕的传染病。一旦染上，十有九死。据说1946年这里曾发生过一次，瘟疫以后，只有四家人剩了几头牲口。瘟疫发生，人们束手无策，只有请冰雹喇嘛念"消灾经"。平时对此病的预防方法，是将病畜的血送到藏北草原，放在獐鹿等兽类喝水的地方，让它们得病，然后将病兽血取回，先喂一头牛，让其发病，以观察效果。如牛不死，便把兽血喂所有的牛，让它们都产生免疫能力。

口蹄疫（ཁ་རྨིག་ནད་）——也是一种可怕的传染病，轻者蹄壳脱落不能干活，重者则死去。牲口患了口蹄疫，冬天要赶入山沟空地，与其余牲口隔离；夏天则拴在树阴地方。病重牲畜需在蹄上扎针放出脓血。病死牲畜，主人不得吃肉，人们怕病牛剥皮以后，病毒蔓延。食病畜肉者，要受到公众谴责。

肺病——也是危险的传染病。发现以后，要立即请冰雹喇嘛念"消灾经"。死畜肉，除肺以外，其余可食。

（三）手工业

杜素谿卡有铁匠、木匠、石匠、鞣皮匠和裁缝等手工艺人。这些人都是个体生产者，而且人数也不多（如石、木、鞣皮工各只有一人），原因是学了手艺，就要给领主支工匠差，受到更重的剥削，所以这就阻碍了手工业的发展。

手工业者技术落后，生产工具也极为简陋。下面分别加以介绍：

1. 铁匠

全谿卡过去有11个铁匠，他们除给领主支差时在村内，绝大多数时间携儿带女流浪四方，以求衣食。到民主改革时，住在谿卡的铁匠仅有3户。铁匠和其他手工业者不同，他们没有固定的住所，所以在旧社会里有人辱骂他们是乞丐。由于没有固定的住所，往往在有人雇用时，才生起炉火。

铁工生产在社会生活中本是不可缺少的，但是在旧社会里，铁匠被人们视为是最低贱者。比如两人吵架，一方骂对方是"铁匠"，被骂的人则认为是对他人格的最大侮辱。如果铁匠和一个普通的人发生争吵，对手则会对铁匠喊道："难道头还能和肩膀一样高！"在男女之间，说说笑笑，打打闹闹，本来不是罕事，但铁匠的孩子如果触动了一下一般人家的姑娘，姑娘就会厌恶地骂道："滚开。"铁匠和他人一起就座，一定要坐最矮的位子，而且要离得远远的。铁匠还不准和他人共碗喝酒吃饭。他们在出售铁器时，也只能站在门外，不能进别人的大门。总之，在旧社会铁匠受尽了歧视，好多人骂他们是贱类（རིགས་དམའ་）。问其原因：有的说是他们制造了杀生的刀子，有罪；有的说他们没有固定的家，像叫花子（叫花子是被人歧视的）；有人用神话故事来"证明"他们的出身是低贱的，说法很多。

由于铁匠社会地位很低，因此做铁匠的人都是在走投无路的情况下，去做"低贱的职业"。他们往往是世袭，也非出于自愿。这种对铁匠的歧视在很大程度上影响了铁业生产。铁匠拥有的生产工具（以铁匠阿穷为例）为大铁锤、中铁锤、锉各1件，这些都来自印度。其他工具还有3把当地制的铁锤，3把当地制的铁钳（长者38公分，短者24公分）。另外还有几把当地制的小宰刀开镰齿用，两把当地制的单面钢锉，1个牛皮风箱，1把自制铁剪，1根买自印度的制作铁瓢时用的铁棒。烧铁"炉"，实际上并不是炉，而是在地面上掘出1个坑，口的直径20公分，深7公分的锅底形圆坑。在坑边掘一小槽，作为连接皮风箱的孔道，在坑内装上木炭，便可烧铁。

铁匠的生产原料都购自印度，大约可分 3 种：宽约 2 公分，厚 0.6 公分的铁条；宽 12～15 公分，厚 1 公分，长短不一的铁块；厚 3 毫米，长 70 公分，宽 60 公分的铁板。

他们制作的产品有大针、鞋钉、铁链、刀、铲、镰、马蹄铁、铁瓢等。最近还试制犁尖和锄头。产品售价：1 波青稞能换 12 个大头鞋钉，1 把宽 3.5 公分，长 17 公分的杀羊刀价为 2 波青稞。

铁匠的几种技术，可以简单介绍一下。如接头，把两块要接的铁，同时放在铁堆里烧炼，这时要用两个风箱鼓足风力，当铁由红变成淡红时，便由两个人夹住两块铁，将烧红的一头叠在一起，开始锤打，边锤边往红铁上撒灰土，连接打三四遍，头便接好了。有的不用灰土而用硼砂焊接。再如磨光，需要磨光的活件，先用锉锉平，然后用卵石打磨。又如炼钢，这里的铁匠不能将铁熔化，如果需要加钢时，采用以下三种办法：一是把铁烧红后浸入凉水中淬火，这种钢是最次的；二是把铁烧红后，浸入青油缸淬火，这种钢比前一种好；三是在铁片上涂上胶，然后将盐末和用山羊角烧透后磨成的灰撒在胶上，放入火中烧红后，浸入水中淬火，这种钢的硬度和弹性是最好的。

2. 木匠

杜素谿卡只有一个木匠，他的工具在谿卡工匠中要算较多的。他的主要工具有锯、板锄、手摇钻、刨、斧等。

木匠会做桌子、木箱、水桶等家具。还会造房子。下面是木匠单增的一幅画在木板上的造房图（见下页）：

说明：

"○" 代表柱子

") ｜ ｜ ｜ (" 代表门

"——" 代表墙壁

"⊸⊸" 代表梁

3. 石匠

杜素谿卡有 1 个石匠。他的工具只有 1 把锤子和两根铁钎。他不会做难度较高的石器，只能做在石块上打洞（水库放水的漏水洞）和用乱石砌墙脚等较简单的工作。平时石匠活不多，多去从事农业生产。

4. 鞣皮工

鞣皮工除一把刮刀外，并不需要其他工具。鞣皮过程是这样的：

鞣牛皮——先将干牛皮放在水中浸泡 5～20 天，当牛皮发出轻微的臭味时，便从水里捞出，绷在一根粗大的圆木上，用刮刀刮去牛皮里层的废物，并用手拔去牛毛。这一切弄妥之后，在皮上涂上一些从倒掉的酥油茶中收集起来的酥油，晒一会儿，便包在羊皮里，用脚踏踩。如有太阳，踩一会儿，再晒一会儿，这样反复多次。1 张牛皮需要踩 1 天多时间才能完工。制熟的牛皮可以做鞋底、皮带、驮具等。

鞣羊皮——把羊圈里的粪（要细末状的）加上热水，使它潮湿，然后将羊皮的里朝天，铺在地上，撒上一层羊粪，再放上一张羊皮，再撒上一层羊粪，这样一层层地叠起来。头天晚上沤好，次日早晨就可用刮刀削去毛皮里层的废物，再涂上羊脑浆和湿酒糟（如没有羊脑浆，可用陈酥油代替）晒一会，叠摺起来用脚踩踏，两张羊皮踩上半天就熟了。

皮制完之后，主人如要缝皮衣皮裤，一般由鞣皮工负责缝，否则鞣皮工会说："重活就

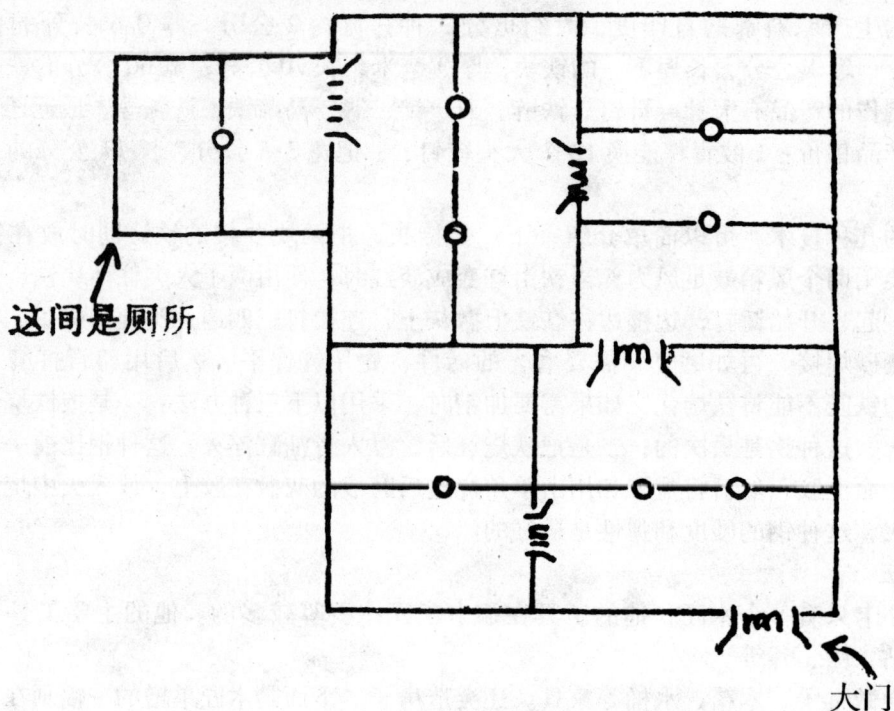

图 1 - 20　两层楼房的底层平面图

给我，轻活就送给别人"。

5. 裁缝

杜素豁卡有 7 个裁缝。他们的手艺差别很大。以手艺最好的洛布来讲，自家有 1 部手摇缝纫机，做活较快，他用手工两天可以缝出一件氆氇男藏装。

以洛布的缝纫速度为例，手工和机器的差别如下：

表 1 - 44

用什么缝	衣物名	完成件数	工资（天）	备　　注
手工	藏式衬衣	2.5 ~ 3	1 波	
机器	藏式衬衣	7 ~ 8	3 波	如用半天机器工资 2 波。
差别	无	4.5 ~ 5	2 波	

洛布是缝得最快的，其他裁缝 1 天只能缝藏式衬衣 1.5 ~ 2 件。

（四）家庭副业

1. 纺织

除衬衣（布料绸料）以外，人们穿的白色或黑色的氆氇外衣、妇女们围的精致的条纹花色围裙全是手工制成。他们没有比较先进的纺车，也没有比较应手的织机，全凭那双灵巧的手捻线、织布、缝衣。

（1）剪羊毛：杜素是农区，没有大群的牲畜。每年春播之后，青苗出土的时候，为了避免羊群糟踏庄稼，都要赶上山去，这时要拔羊肚皮和脖子下的短毛。羊上山以后，青草慢慢地长起来，这时大概是藏历 6 月，羊开始长新毛，旧毛渐渐脱落，这便是剪羊毛的季节。每只羊产毛多少，一般和羊的年龄有关。下面是 1 只羊的一般毛产量。

表 1 - 45

羊 种	单 位	数 量	1 岁羊平均产毛量	2 岁羊平均产毛量	3 岁羊平均产毛量
绵羊	只	1	1.5 涅尕	2.3 涅尕	3.5 涅尕
山羊	只	1	0.52 涅尕	0.63 涅尕	1 涅尕

这里剪羊毛不用剪子，是用小刀（ བལ་གྲི ）割。下面是两种割羊毛刀的图形：

双刃刀

刀片宽 3 公分

刀片长 20 公分

木柄

图 1 - 21

两种刀都是本地铁匠所制。割羊毛时，身边放一块石头，割几刀就需要在石头上磨两下。一个中等技术的人，1 天可以割 35 只左右羊的毛。

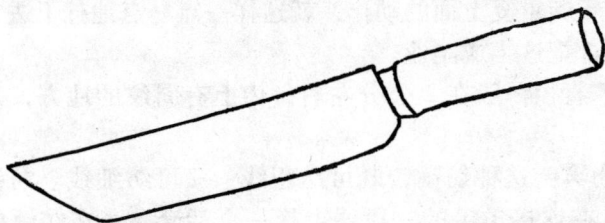

单刃刀

刀片宽 2.5 公分

刀片长 13 公分

木柄

图 1 - 22

（2）捻线：这里纺线不用纺车，只用简单的纺锤。下面把各种纺锤分别予以介绍：

轮形纺锤（当地藏名"旭朵"）：多为妇女捻线时使用。使用时将木轮旋转，便可捻线。有两种旋转方法：一种将木轮中轴的下端放在破碗底里旋转；一种是让木轮悬空旋转。

棒形捻线器（当地藏名"月新"）：这种捻线器很简单，只有一根木棍。男人们手空的时候（甚至在赶毛驴的路上）都用它捻线，捻线时，一般是右手拿纺线器，左手臂绕一圈牦牛毛，不停地转动捻线器即可。

这种捻线器只能捻织口袋等用的粗线。捻线时用左右两手的大拇指和无名指将毛的纤维拉直，并使之粗细适合，然后左手捏住没有拉直的线头，左手自右向左转动木棒，使牛毛捻成一股

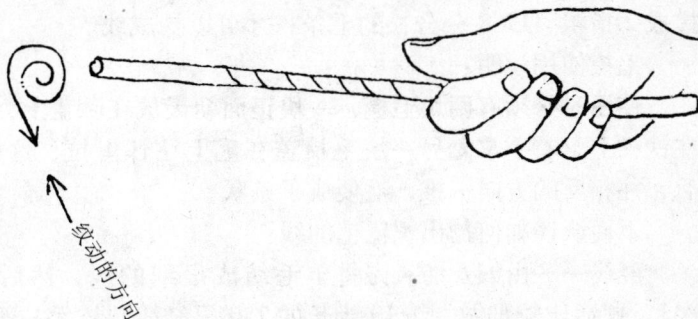

转动的方向

图 1 - 23　棒形捻线器操作示意图

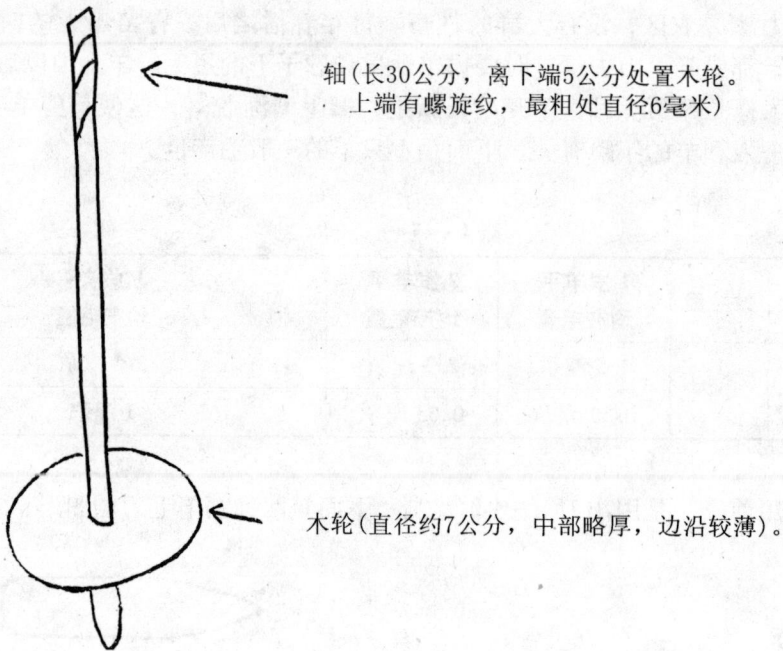

轴（长30公分，离下端5公分处置木轮。
上端有螺旋纹，最粗处直径6毫米）

木轮（直径约7公分，中部略厚，边沿较薄）。

图1－24 纺锤示意图

线，把捻好的线绕在木棒上，然后不断重复上面的动作，就这样一点一点地拧下去，效率极低。没有专门拧这种线的人，人们都把这当成副业。

棒形捻线器长约26公分左右，直径一般在2公分左右，棒上有斜纹的地方，是缠线的地方。

十字形纺锤（当地藏名"地希"）：这种纺锤，既可纺粗线，又可纺细线。纺线时，纺好的线缠在十字架的交叉点，然后在连接羊毛的一段线上挽一个活套，套在纺锤中轴的顶端，固定，再转动十字，让其悬空旋转，即可纺线。

这种纺锤有两种制作方法，如下图：

用十字形纺锤纺线的速度比棒形捻线器更快，但没有棒形捻线器方便。故夏天农忙时用棒形捻线器的人多，而冬天农闲时用十字形纺锤的人多。使用十字形纺锤的绝大多数是男人，女人是不多用的。

要纺的毛，先要洗净、晒干，然后用手把毛团拉松，放在毛梳（ᢖ·ᢌ·）上梳直，再搓成2指粗、17.8公分长的毛条，才可以捻成线。

毛梳使用说明：

使用时必须有两块毛梳，一块正面朝天放在膝盖上，用手握住柄，然后将撕松的羊毛放在铁松上。右手拿着另一块毛梳盖在毛上往怀里拉，这样反复多次毛便梳顺了。毛梳顺以后，往相反的方向一推，毛便成了条状。

下面谈谈如何捻出织氆氇的线：

经线——由妇女纺。先将羊毛纺成很细的线，然后在细线上再包一层羊毛（即纺两次）。此活比较难做，纺19米长的250根经线，技术一般的人需要11、12天。

纬线比经线易纺，但数量约是经线的10倍。因此花的时间也要12、13天功夫。用以上纺好的经线和纬线可织成25公分宽，19米长的一件氆氇。

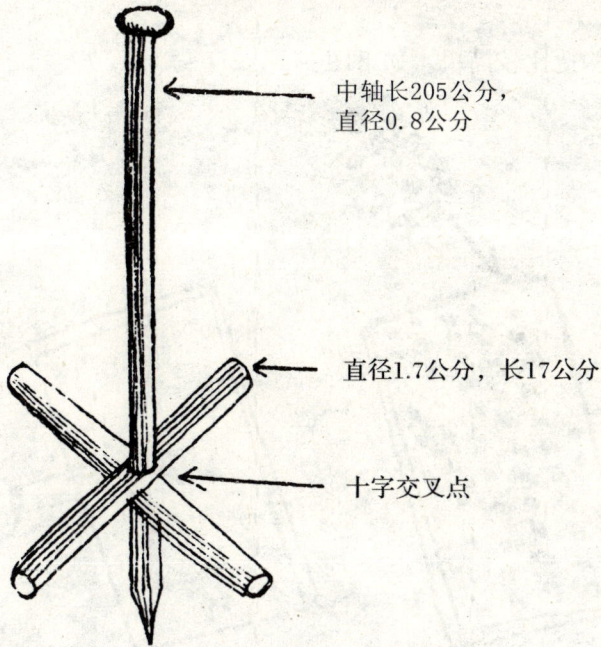

中轴长205公分，
直径0.8公分

直径1.7公分，长17公分

十字交叉点

图1-25　双十字纺锤图

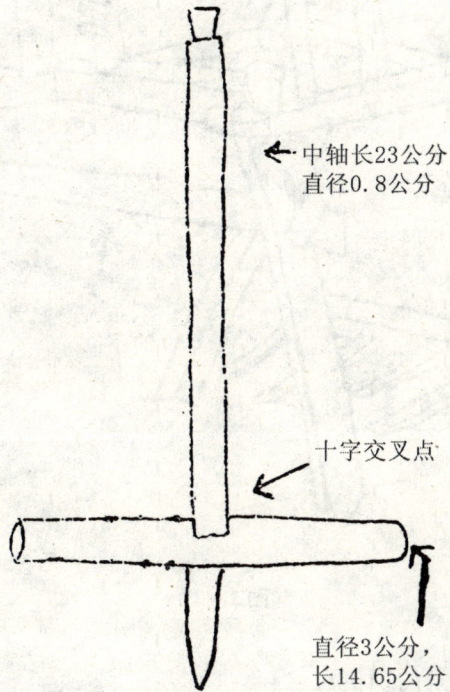

中轴长23公分
直径0.8公分

十字交叉点

直径3公分，
长14.65公分

图1-26　单十字纺锤

毛梳图（木质，长23公分，宽14公分）

（3）织氆氇

织机是用木制的，构造比较简单。如下图：

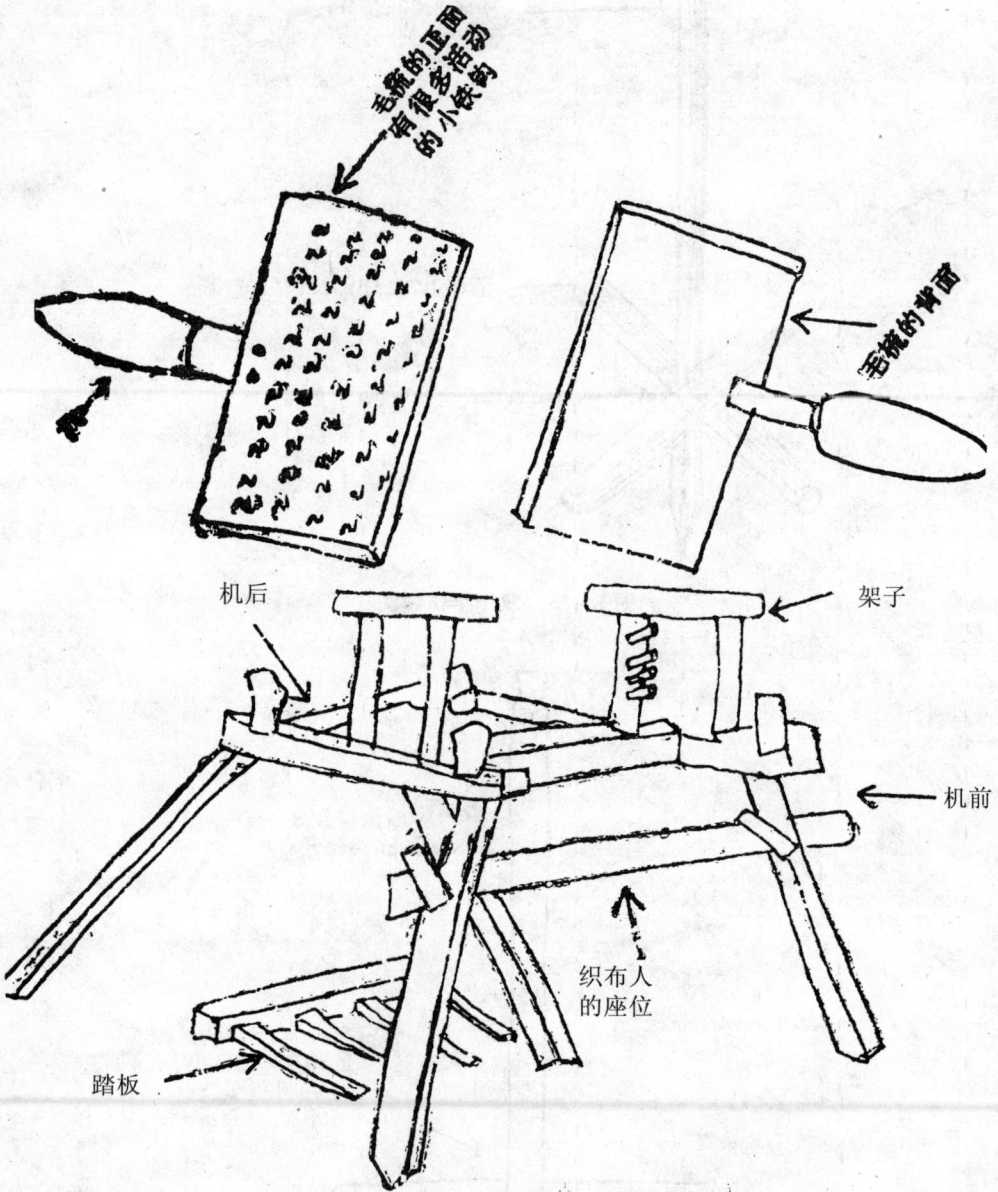

图 1—27

下面是本庄园石单卓玛家的织机尺寸：

从地面到架顶高 108 公分；长 110 公分；宽：机头前 71 公分，后 92 公分；架子高 38 公分。

织布时；把经线装好后，把纬线绕在竹筒上，装入梭子内就能织布了。下面就是一个"绕线器"的图形。

使用时，人席地而坐。右手握柄，自上而下地摇动，皮绳就带动铁条转动。这时左手拿住线团，利用铁条的转动，把线绕在套在铁条上的竹筒上。

织出的氆氇全是斜纹的。因为每一个扣缝里是4股纱，而且分层的踏板也是4根，所以织出的氆氇非常厚实，但布面很窄，一般只有25公分左右，所以缝一件中等身材的男藏装要11.2尺（约19米）。织氆氇的线越细，花费的时间越多。下面是本庄园中一个熟练的女织工桑姆织各种氆氇一天的工作产量。

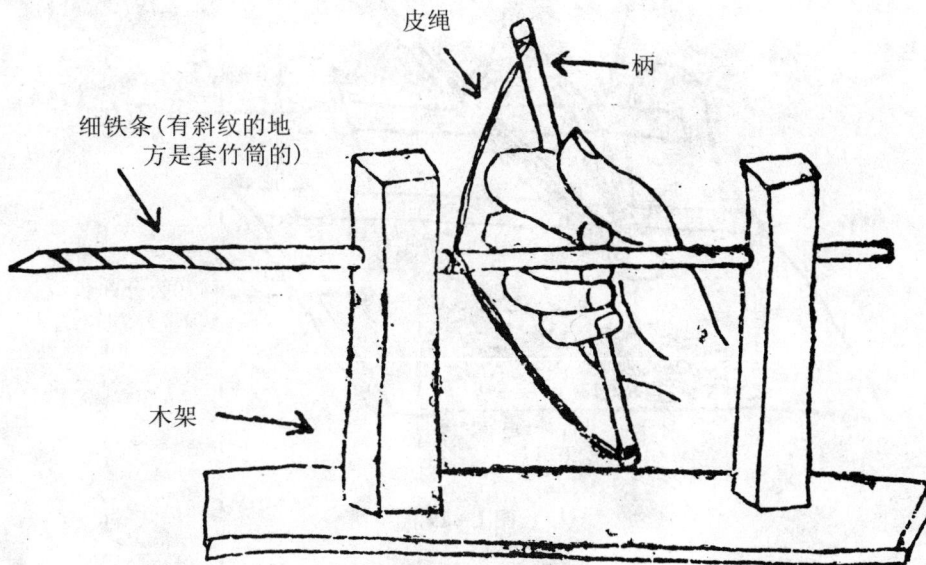

图 1 - 28

表 1 - 46 桑姆织各种氆氇一天的工作产量

产品等级	产 品	一天工作效率	备 注
1	协玛	织40公分	用很细的线
2	协卧玛	同上	同上
3	布楚	织150公分	
4	庆玛	织9米左右	两天可以做1件男人藏装
5	召布	同上	两天可以做1件男人藏装
6	召布玛	织10米左右	两天可以做1件男人藏装

氆氇的颜色有3种——即本色氆氇，多为穷人穿用；黑色氆氇，在织好后染色；花色氆氇，线染好色以后再织，只能织条纹花。这里的妇女，除了织氆氇以外，还会用牦牛毛线织平纹的口袋布和鞋带。

2. 油坊

杜素谿卡只有菜子油一种植物油。榨油的全部生产过程都是手工操作，所使用的工具也比较简单。

（1）油坊设备

砸碎器——菜子必须砸碎以后才能榨油。砸碎器的制作原理和水碓完全相同，只不过水碓是用水做动力，而砸碎器是用人力做动力罢了。如下图。

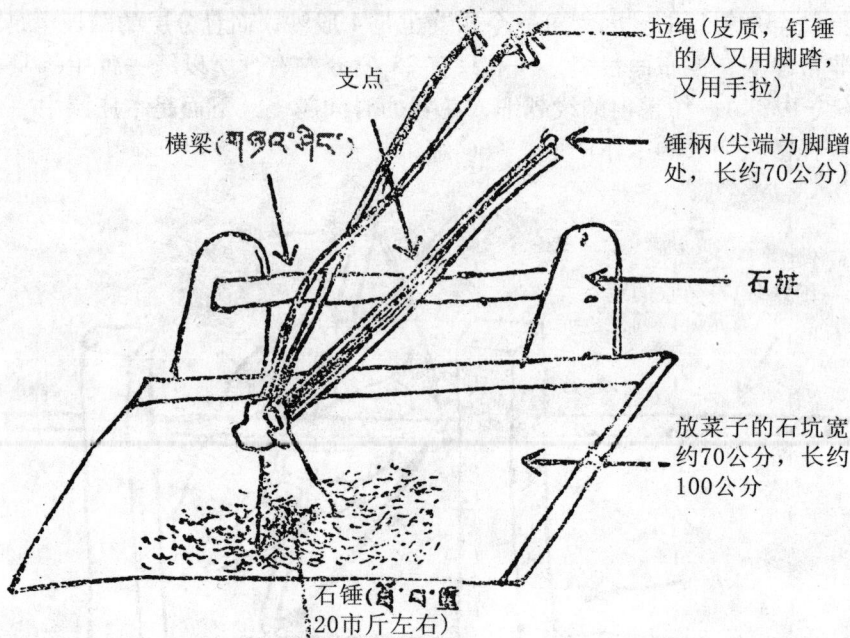

图 1—29

操作时，两人坐在锤柄后面的高石凳上，脚踏锤柄尖端，手拉拉绳便可操纵石锤起落。两人打锤时，另一个人坐在石坑旁边（正好与打锤的人对面），用手迅速地拨动石坑里的菜子。打锤的人和拨弄菜子的人，必须很好配合，否则会砸坏手的。

榨油器及蒸锅——榨油器和蒸锅放置在一起。如下图：

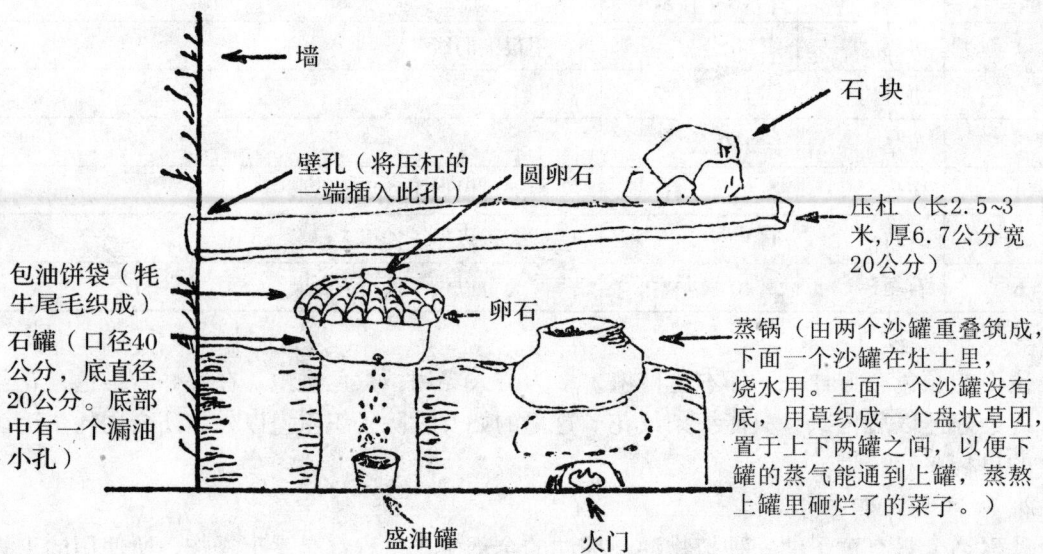

图 1—30

用法：将锤碎的菜子，放入蒸锅里蒸。蒸锅开始向外冒"白汽"时，揭锅盖有一股香味冲出，这时便可以将蒸锅里的菜子末舀入用牦牛尾巴毛织成的袋里进行压榨。

油坊设备除上述砸碎器、榨油器及蒸锅外，还有5个沙罐和1把用来打扫石坑的牛尾刷及一些容器。

（2）榨油工序

先将菜子洗净、扬净，然后用手磨把菜子磨破，再用砸碎器砸成很细的粉末。把菜子末放在蒸锅里蒸，蒸锅口开始冒"白汽"时，便立即进行压榨。如果蒸的时间过长或过短都会影响到油的质量和产油量。

榨油时，一般都以5波菜子作一个油饼。3个人1个班可以榨5个油饼。每个油饼要3锤3榨才算把油取"尽"。取第一次油时，刚压上压杠，清油便拉成线似的往下流，油断线开始滴时，便拉开牛皮风箱，开始蒸下一锅。把5个油饼的第1遍油榨完后，把油饼敲碎晒干再砸再蒸，取第2遍油。这遍油的出油量远远不如第1遍多，压杠压上以后，滴油的声音很快就稀疏了。这时榨油人如果从1数到5都没有掉下一滴油来，便吹旺炉火准备下一锅。第2遍都完了，再将油饼敲碎再晒再砸再蒸取第3遍油，这次油滴更少了，如果从1数到9都没有油滴下就准备下一锅。取过3遍油的油饼便是牲口的饲料了。

砸锤时，在石坑里拨弄菜子的妇女，双手在几十斤重的石锤下晃来晃去，初次见到的人真为她们提心吊胆。的确有好多人的手就因此被砸过，有的还成了残废。

（3）人力配备

榨油一般只用3个人就够了，打锤时两人砸锤，一人在石坑里拨弄菜子。打完锤，1人管压榨，2人打杂。管压榨的人，一般都是年轻力壮的能手，其余2人多是妇女。

（4）其他

在杜素谿卡共有5个油坊（代理人2个，富裕农奴1个，中等农奴1个，贫苦农奴1个）。每个油坊工作1昼夜能出5个油饼，即处理2如魁1波油菜子，出90涅孕青油。租用油坊1昼夜交出半个油饼所产的青油，到最后一天还要给油坊主人送1壶藏酒。

3. 酿青稞酒（ནས་ཆང）

青稞酒在杜素谿卡不分男女老少人人皆喝。据说过去这里的茶叶，不仅价钱昂贵，而且很难买到，故此青稞酒就成为这儿的主要饮料。但贫苦人家，因为没有粮食，虽想尽办法，一年里做酒次数也不多。中等以上生活水平的家庭，青稞酒天天不断，因此消耗在酒上的粮食是每个家庭的一项巨大开支，形成了很大浪费。土改后人民政府大量供应茶叶，教育群众把粮食用到更有用的地方去。

青稞酒的确是一种美味的饮料。当你到一个家庭去做客的时候，刚一坐下，家庭主妇就捧出一把陶制酒壶，向你致一杯青稞酒，而且在酒壶和酒碗边撒上一点糌粑，向你祝福。你也许尝过青稞酒的甘美吧！但是青稞酒是怎样制作的，你却未必了解，现在做个简要介绍。

（1）做酒时需要的器具

陶制煮粮罐，口小，腹大，能煮两波青稞，价值为1波青稞。

陶制酿酒罐，口较大，罐身呈筒形，价值为青稞2波。

陶制盛酒罐，做两波青稞的藏酒，可以用清水渗透4遍，第一遍酒最好，以后的酒味逐渐淡下去，故做酒的人，把浓淡不同的4遍酒，都倒入盛酒罐里，把它们混合起来喝。

（2）发酵药的制作

将较次的青稞磨成糌粑，加上藏酒，捏成耳朵大小，手掌厚的小饼。然后把这些小饼一一地摆在铺好的新鲜神莎草上（神莎是一种蔓长草本植物，叶深绿，藤紫红，花往下垂，像铃铛一样，田边地角都有）。再盖一层神莎，上面再盖一层毡毯之类的保暖物品。七八天以后，糌粑变厚，水分增多，这时发酵已经成熟，在糌粑块上裹一层白面，用绳穿好晒干，即可供使用。一次够做20波青稞酒的发酵药（5块），价值为1波青稞。

（3）藏酒制作

做酒的粮食必须是又干净又饱满的纯青稞。一般人家是两波青稞做1次。先把青稞淘净，添上水装在煮青稞的罐子里熬煮。青稞煮到肥胖发亮时水已快干，将青稞捞起，摊在竹筐中，让其冷却。冷却之后，和上半块发酵药，置于酿酒罐内发酵，1天两夜后，揭开罐盖便可闻到香喷喷的酒味。这时往罐里添4瓢凉水（约6、7斤），一昼夜以后倒出来便是头遍酒。头遍酒取完之后，再添上同样多的水取2遍酒。这样连续添取4遍，以后酒味就很淡了，也不再出酒了（个别的透5次），剩下的酒糟便是牲口的饲料。

4. 糌粑的制作

糌粑是藏族人民的主食，其味清香，如果能拌上酥油茶，更是可口的佳品。但磨糌粑却不是件容易的事，每道工序都用手工操作，炒磨的劳动很艰苦。

（1）糌粑分类

①青稞豌豆糌粑。这是最普通的糌粑，也就是一般农奴食用的糌粑。

②纯青稞糌粑。在谿卡里只有领主杜素和几家代理人有条件制作。制作过程除和一般糌粑相同外，另外还要加两道工序，即淘洗青稞时，要放石块在青稞袋里一起搓洗；炒完后又要盛入口袋用脚踏踩，去除部分青稞皮然后再磨成细糌粑。

③豌豆糌粑。做这种糌粑的在谿卡里只有领主杜素。做的数量不多，但质量要求很高，一般人是吃不上的。制作时，除与一般糌粑相同外，在豌豆炒完后，要盛入口袋，用脚踏踩，使豆皮和豆瓣分离，然后扬去豆皮，再磨成糌粑。

（2）糌粑的制作过程

①炒青稞

炒青稞的主要用具是炒青稞灶。灶依墙而筑，有四孔灶，呈四方形，高约80公分，锅台边长约120公分。灶塘中央砌石为柱，支撑着灶顶上的泥土和石块。灶顶是平的，四角各有一孔，每孔正好放1个沙罐。罐与孔口的缝隙并不严封，火焰常从沙罐四周冲出。也有六孔灶，和四孔灶的建造基本相同，只是火堂中有柱。呈顶成梯形，前梯三孔，后梯三孔。火门较大，设在土灶前壁的中央。

另外还需用口小（约19公分）、腹大（约有33公分）、低矮（只有21公分）、底平而两侧有耳的陶罐4~6个。口径约40公分的铁筛子1把，接热沙子的厚垫1块和盛青稞和青稞花的容器数件。

人数：炒青稞是妇女的事。由3人配合劳动，3人中比较健壮的1个一般负责摇罐，其余2人，1人烧火（因烧牛粪渣和羊粪需1人守着添加），1人掌筛，但一般烧火的人在摇罐时要去帮助摇罐。

操作过程：先将青稞淘洗干净、晾干（不是很干，应略带一点潮气）、扬净。炒时，先在炒青稞的沙罐里放小半罐粗沙子，然后用木板拨开，使之在沙罐里成漏斗形。接着用大火烧5分钟左右，待沙子发烫时，将一铁瓢（约2市斤）青稞倒入罐内，堆成圆锥形。等一分钟左右，将沙罐端起，先轻轻地前后摇动两下，然后将罐身自左向右转一两圈，这时罐内冒出青烟，发出哔哔卜卜的声音。摇罐的人这时便蹲在地上，把罐身从前至后地翻摇30来下，待罐内的爆裂声基本停息，一股青稞花的香味向外散发。此时，摇罐的人立即把沙子和青稞花倒入铁筛，去准备摇第二罐，掌筛的人筛完一罐立即把净沙倒回空罐，去准备第二罐的过筛。她们就这样紧张地操作。当摇罐的人摇完 4 罐或 6 罐以后，满头大汗，头发好像刚洗过一般，因为沙罐刚从灶上端下，温度很高，如果在夜间罐底就像一个火球，通红通红的。

炒青稞要掌握好火候，火候过了会糊的，火候不到不香，因此炒青稞的人随时都要注意这点。

炒青稞是昼夜不停的，有的炒到午夜时分稍微休息，接着又炒，往往一直炒到黎明。

②磨糌粑

杜素谿卡群众吃的糌粑，绝大部分是用水磨磨成的。只有青黄不接的时候，有的缺粮户挣 1 天吃 1 天，无成批青稞可磨，才用手磨。因此要谈磨糌粑，主要是介绍水磨。

杜素谿卡共有七台水磨，都建在水渠干道上，他们的所有者是代理人和中等的或富裕的农奴。这些水磨只有在旺水季节才能整天工作。一进入寒冷的冬天，水冻结成冰，水磨也要开始它漫长的"冬眠"。春天冰雪开始融化，雨季还未来到之前，水磨还能靠水库浇地时放的水做一点工作。旺水季节，1 台水磨 1 昼夜约能磨 4 口袋粮食（约 20 如赳）。磨 1 口袋粮食要向水磨主人交 1 波糌粑的工资。水磨在这个谿卡使用的历史，没有资料可考。从谿卡现有的水磨来看，不仅充分地利用了现有的水利资源，而且在建造方面也比较完善。现将水磨构造图介绍如后：

藏族人民的水磨在建造上有很多独到之处，比如跳木、调剂糌粑粗细器和顶石等都是颇具匠心的。这也表现了勤劳勇敢的藏族人民的非凡智慧。

5. 酥油的制作

杜素谿卡有黄牛、犏牛、牦牛 3 种奶牛。它们的产奶量和奶的质量各不相同，就是同一种牛，产奶量也有很大的悬殊。最好的奶牛，一年四季都可挤奶，而有些次一点的奶牛，头年初夏下了牛犊，次年秋天奶便干了。奶牛产奶量的多寡和奶的质量好坏，与主人的饲养关系极大。一年里奶牛产奶最好的时间是遍地青草的夏天，这时不仅产奶量高，奶的质量也比平时好。

酥油的制作——给牛奶加温，当从锅底升起小小的气泡时，把奶锅端起，包裹在保温的衣服或毛毯内，约有半天时间，已经凉了的牛奶便凝成了像豆腐脑一样的奶酪。把奶酪装在摇罐里摇晃，不到半个小时，酥油便漂浮在奶酪面上，这时奶酪已不成块，而像白色的浓豆浆，是一种很好的饮料。将漂浮着的酥油捞起，捏成一团，泡入清水中，使它变硬，这便是人们常见的酥油。把剩下的奶水再加温煮沸，奶渣便自动和水分离，凝成块状，晒干之后，就是人们常说的干奶渣。奶渣取完之后，剩下的水成淡黄色，也可作饲料。

一年里，各种奶牛平均产酥油量见下表：

表 1 - 47

牛种	黄牛			犏牛			牦牛			
产奶量分类	上	中	下	上	中	下	上	中	下	
产酥油量（涅尕）	71	50	34	65	45	32	56	40	27	
说明：产 1 涅尕酥油，便可产价值 1 波青稞的奶渣。 　　　酥油以牦牛酥油的味道为最佳，犏牛酥油次之，黄牛酥油最次。										

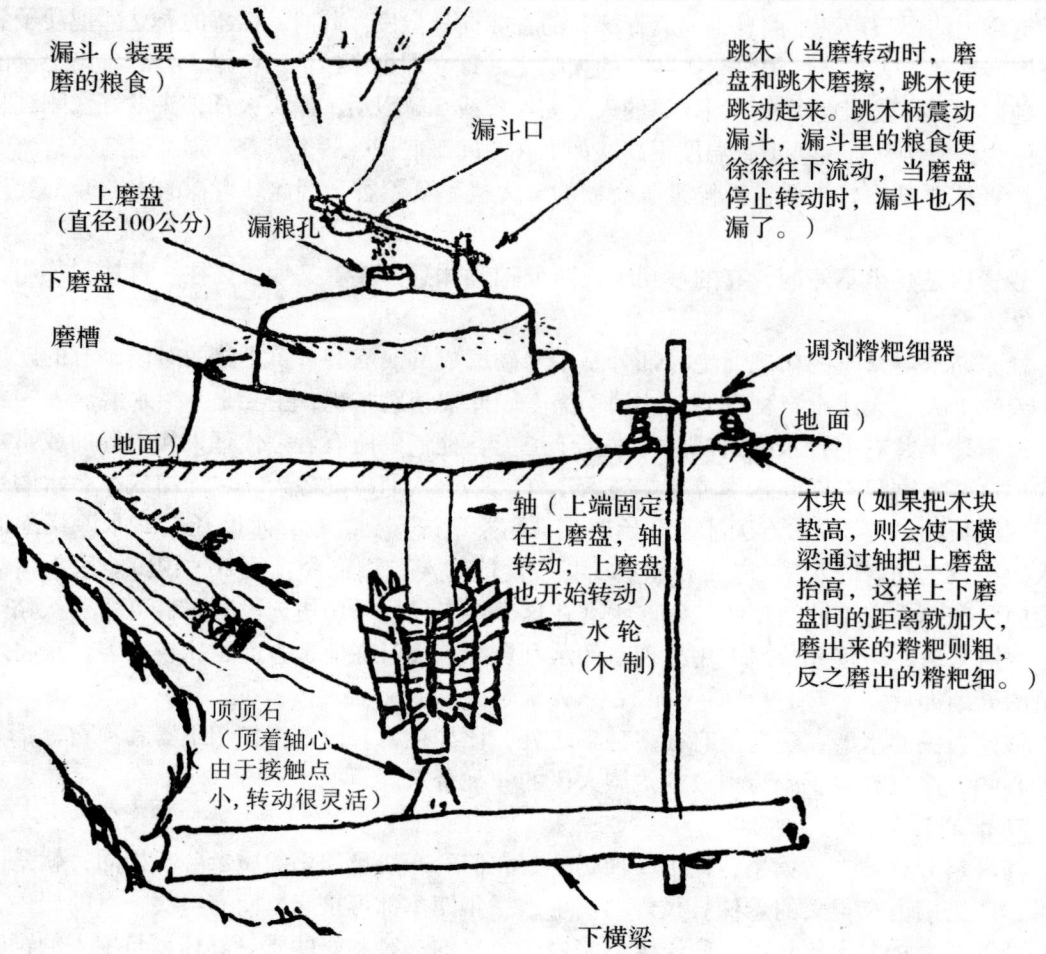

漏斗（装要磨的粮食）

漏斗口

跳木（当磨转动时，磨盘和跳木磨擦，跳木便跳动起来。跳木柄震动漏斗，漏斗里的粮食便徐徐往下流动，当磨盘停止转动时，漏斗也不漏了。）

上磨盘（直径100公分）

漏粮孔

下磨盘

磨槽

（地面）

调剂糌粑细器

（地 面）

轴（上端固定在上磨盘，轴转动，上磨盘也开始转动）

木块（如果把木块垫高，则会使下横梁通过轴把上磨盘抬高，这样上下磨盘间的距离就加大，磨出来的糌粑则粗，反之磨出的糌粑细。）

水 轮（木 制）

顶顶石（顶着轴心由于接触点小，转动很灵活）

下横梁

图1-31 水磨的构造及各部件的作用

附：摇罐图

图1-32

七、货物交换和价格

（一）货币与度量衡

杜素庄园内没有真正的商店和商人从事商业活动，大量出现的只是以粮易物式的交换，有使用货币的，也只是偶然发生的现象。有少数富裕差巴偶尔每年到牧区和南方边境地区城市中买一些畜产品和土特产品，偶尔去购来一些内地的或印度的日用品，如火柴、香烟、煤油、布匹等到庄园内卖，也多是悄悄地进行交换，避免领主发现后引起麻烦，遭到意外损失。

在交换中，一般等价物是青稞。尽管藏币也通行，但许多货物都只有与青稞交换的价格，一般没有标明货币的价格。

庄园内许多贫苦堆穷为生活所逼，或者因差役所迫，去到日喀则或修公路处当雇工，手头挣得了银元和藏币，于是青稞的藏币价格，也经常出现了。人民币在民主改革前后，虽由于避免西藏货币的上涨，因而市面上一般不投入使用，但在征粮购粮时，也开始作为一种价值尺度进行折算。

杜素庄园中还有一个怪现象，这也是商品经济没有真正出现的一个表现，即粮食中不论小麦、荞麦、豌豆、菜子等，一律与青稞价相同。它们之间没有出现价格上的差别。甚至在农民间互相借贷粮食时，归还什么粮食也是一视同仁，不加区别。

庄园内货币情况为：1 桑（汉译为两）＝10 雪＝20 嘎玛＝40 卡岗；1 多折（汉译为品）＝50 桑；袁大头银元 1 元，睁眼（指袁世凯头像）为 15 桑，闭眼为 20 桑或 22 桑（最多有 25 桑）不等。1 章嘎嘎布＝4 桑（即 4 两）。这里的单位折算与西藏其他地方相同，只是银元中睁眼闭眼之分很严格，与他处似乎不太一样。

在交换中有一个使用何种度量衡问题。杜素庄园的粮食有一套规定，即 1 如魁＝2.5 全布＝3 魁＝12 波＝15 打苏＝20 赤。其中 1 如魁一般为 12 波，但也有等于 10 波或 11 波甚至 15 波的，而打苏则是领主杜素专门给佣人和雇工发口粮的一种容器。至于赤（或译为哲），在这里实际上是一种有名无实的量器。

现将我们在杜素庄园调查中了解到的 1958 年在生活资料和生产资料，雇工，宗教用品等方面的价格（包括以粮易物，以钱购物），详细汇编成表，以供了解庄园货物交换价格参考。其比价究竟有多广的适用地区和范围，很难肯定。但至少在杜素庄园内是如此。在制表时，除已有一致公认的汉译外，有许多单位名称，因难以使用合适的汉字对译，只好采用藏语音译法。

（二）物价（见表 1-48 至 1-62）

1. 粮食价格

庄园内无出售粮食者，只是各户间进行少量调换，一般在两如魁以下。调换间不分粮食种类，如青稞、小麦、菜子、豌豆、面粉、糌粑，一律是 1 波换 1 波，1 魁换 1 魁，好粮坏粮都同样。由于庄园内普遍实行这种换法，故实际上无价格差别。因此，所列表中粮价皆同。（见表 1-48）这类交换中，拿出上等粮交换者几乎没有。实在无粮时，也偶有折价讨钱的，但一般皆给藏币，仅在民主改革前后开始有折合成人民币的。

表1–48　粮食价格表

种　类	单位	数量	价　格					
			上		中		下	
			藏银（两）	人民币（元）	藏银（两）	人民币（元）	藏银（两）	人民币（元）
青稞	如魁	1			60	3.00	50	2.50
小麦	如魁	1			60	3.00	50	2.50
菜子	如魁	1			60	3.00	50	2.50
豌豆	如魁	1			60	3.00	50	2.50
面粉	如魁	1			60	3.00	50	2.50
糌粑	如魁	1			60	3.00	50	2.50
荞麦	如魁	1			60	3.00	50	2.50

2. 副食品价格

庄园内的副食品，与粮食情况类似，无商人和商店专门经营。需要时一般是各户间调剂交换。有时也有从远近牧区来的牧民，与农民交换，农产品和畜产品间形成了一种固定的交换比价，一般都仍以青稞作为等价物，付给货币的现象极少发生，有的是因粮食不够，手头有钱，才补给货币。现将副食品价格列表于下，见表1–49。

表1–49　副食品价格表

品名	单位	数量	价　格			备　注
			青稞（波）	藏银（两）	人民币（元）	
酥油	涅尕	1	2	10	0.50	
碱	波	1	1	5	0.25	
盐	波	1	1.5	7.5	0.375	
砖茶	块	1	10	50	2.50	
碗茶	个	1	5	25	1.25	
木茶	涅尕	1	1	5	0.25	
羊油	涅尕	1	1	5	0.25	
鸡蛋	个	5	1	5	0.25	
辣椒	波	半	0.8	4	0.20	
萝卜	小口袋	1	3	15	0.75	
藏酒	瓦罐	1	2	10	0.50	相当两波青稞制的酒
葱	把	1			0.25	
干奶渣	波	1	2	10	0.50	

续表

品名		单位	数量	价　　格			备　　注
				青稞（波）	藏银（两）	人民币（元）	
绵羊肉	上	只	1	26	130	6.50	
	中	只	1	20	100	5.00	
	下	只	1	16	80	4.00	
山羊肉	上	只	41	24	120	6.00	
	中	只	1	18	90	4.50	
	下	只	1	12	60	3.00	
犏、牦牛肉	前腿	条	1	13	65	3.25	
	后腿	1	1	26	130	6.50	
黄牛肉	前腿	条	1	12	60	3.00	
	后腿	条	1	24	120	6.00	
羊头		个	1	1	5	0.25	
羊内脏		套	1	4	20	1.00	
羊肠		副	1	2	10	0.50	
牧场羊肺		副	3	1	5	0.25	
本地羊肺		副	2	1	5	0.25	
牛肠		副	1	4	20	1.00	
牛头		个	1	4	20	1.00	
牛肺		副	1	2	10	0.50	
羊胸肉		块	1	1	5	0.25	

3. 日用品价格

日用品和农牧产品有不同之处，首先日用品在庄园内无人制造和生产，多系内地和印度、尼泊尔等地制成运入西藏的。日用品范围广，价格也复杂。庄园内有几户（如差巴桑康、囊巴和堆穷白玛等），他们以搞农牧产品交换为主，有时也兼带做些日用品的交换，从城市和南方边境地区带进来一些。其次与农产品交换不同，在换日用品时，货物好坏有严格区别，上等货作价高，需要付出更多粮食。某些日用品在庄园内不能找到卖主时，就只好去日喀则等城市购买，或自己乘支差之便，或托人顺便捎来，这时就只有用藏币了。

日用品与粮食的比价和价格，具体可见表1-50：

表1-50　日用品价格一览表

品　名	单位	数量	价　格								
			上			中			下		
			青稞（波）	藏银（两）	人民币（元）	青稞（波）	藏银（两）	人民币（元）	青稞（波）	藏银（两）	人民币（元）
火　柴	盒	2		1	0.05						
轻铁锅	个	1	20	100	5.00	8.6	48	2.40	4	20	1.00
煤　油	小桶	1	9	45	2.25						
鞋皮呢	双	1	4.8	24	1.20	4	20	1.00			
男（大人）鞋底	双	1	10	50	2.50						
女（大人）鞋底	双	1	8	40	2.00						
鞋带（男）	副	1	4	20	1.00						
鞋带（女）	副	1	2	10	0.50						
藏鞋（大人）	双	1	25	125	6.25	24	120	6.00			
绵羊皮	张	1	6	30	1.50	5	25	1.25	4	20	1.00
山羊皮	张	1	4	20	1.00	3.5	17.5	8.75	3	15	0.75
犏、牦牛皮	张	1	40	200	10.00	32	160	8.00	26	130	6.50
黄牛皮	张	1	30	150	7.50	22	110	5.50	16	80	4.00
草　筐	个	1	11	55	2.75	7	35	1.75	2	10	0.50
牛　粪	口袋	1	1	5	0.25						
木　炭	口袋	1	10	50	2.50						
鞋　钉	个	12	1	5	0.25						
妇女围裙	块	1	50	250	12.50	30	150	7.50	15.4	77	3.85
围腰布（吉登）	块	1	20	100	5.00	16	80	4.00	9	45	2.25
粗布衬衫	件	1	25	125	6.25	6	30	1.5	3.6	18	0.9
氆氇男外衣	件	1	110	550	27.50	70	350	17.5	40	200	10.00
氆氇女外衣	件	1	90	450	22.50	40	200	10.00	30	150	7.5
氆氇男下装	条	1	30	150	7.5	25	125	6.25	10	50	2.5
氆氇短上衣	件	1	50	250	12.5	30	150	7.50	12	60	3.00
夏　帽	顶	1	25	125	6.25	12	60	3.00	4.6	23	1.15
冬　帽	顶	1	40	200	10.00	30	150	7.50	10	50	2.50
肥　皂	块	1	1.6	8	0.4						
银　碗	个	1	20	100	5.00						
镶银木碗	个	1	21	105	5.25						
木　碗	个	1	11	55	2.75	10	50	2.50	6	30	1.50

品 名		单位	数量	价 格								
				上			中			下		
				青稞（波）	藏银（两）	人民币（元）	青稞（波）	藏银（两）	人民币（元）	青稞（波）	藏银（两）	人民币（元）
夜壶		个	1	1	5	0.25						
酒坛	大号	个	1	20	100	500						
	2号	个	1	10	50	2.50						
	3号	个	1	4	20	1.00						
	4号	个	1	1	5	0.25						
酒壶（外出可带的）	大号	″	″									
	2号	个	1	2	10	0.5						
	3号	个	1	1.5	7.5	0.375						
	4号	个	1	1	5	0.25						
酒罐（在家用）	大号	个	1	1.5	7.5	0.375						
	2号	个	1	1	5	0.25						
茶壶	大号	个	1	24	120	6.00						
	2号	个	1	2	10	0.50						
	3号	个	1	1.5	7.5	0.375						
	4号	个	1	1	5	0.25						
火罐	上品	个	1	2.5	12.5	0.625						
	次品	个	1	2	10	0.50						
砂罐	大号	个	1	4	20	1.00						
	2号	个	1	2	10	0.50						
	3号	个	1	1.5	7.5	0.375						
	4号	个	1	1	5	0.25						

4. 牲畜饲料折价

杜素庄园中几乎户户有牲畜，但是数量多少差别很大。牲畜有大有小，同是一样牲畜，依经济情况在饲养上差别也很大。特别是大牲畜马、骡等，没有经济能力是饲养不起的。现将庄园内中等以上人家饲养所需草料的情况，记述于下。其中草一般都是取自自己的土地上，但一年中草价变化很大，最贵时1筐草30两藏银，便宜时仅数两，中等为10两。表中数字折价，取中间价格。见表1－51和表1－52。

表 1-51　各类牲畜一年消费饲料折价

畜　名	单位	数量	饲　　　料							折合藏币（两）
			草①（筐）	料②（波）	面粉③（波）	糌粑（波）	油饼④（个）	盐⑤（波）	湿酒糟⑥（波）	
骡　马	匹	1	150	12	75					2 595
小　马	匹	1	50	6	60					1 160
奶　牛	头	1	54		50		12		120	1 030
黄耕牛	头	1	75		15		7		120	1 015
牦耕牛	头	1	21		22			$\frac{1}{4}$	18	340
犏耕牛	头	1	84		45		8	$\frac{1}{4}$	75	1 222
毛　驴	头	1	67	13	90					1 158
小　牛	头	1	20				3		60	290
牦　牛	头	1						$\frac{1}{2}$		4
奶　羊	只	1					$\frac{1}{4}$	$\frac{1}{4}$	1	5
狗	只	1				60				300

注　①1 筐草值 2 波青稞，每波 5 两藏银。
②1 波马料值 3 至 5 两藏银。
③1 波面粉值 5 两。
④1 个油饼值两波青稞，即 10 两藏银。
⑤盐 1 波价值 7.5 两藏银。
⑥湿酒糟 5 波价值 1 波青稞，即 5 两藏银。

表 1-52　草价差别情况一览表

单　　位	数量	折合甲玛	价　　　格							
			最　高　价①		中　等　价		最　低　价		平　均　价	
			青稞（波）	藏银②（两）	青稞（波）	藏银（两）	青稞（波）	藏银（两）	青稞（波）	藏银（两）
大　筐	1	$1\frac{1}{4}$	6	30	2	14	1.8	9	3.3	16.5
中　筐	1	5	5	25	1.6	8	1.4	7	2.7	13.5
小　筐	1	0.1	2	10	0.64	3	0.5	2	1.04	5

注：①草价最高时是在一年的 4 月到 5 月中旬（藏历计算）；价最低时在 9 月到 10 月底，一年的其余时间为中等价。换草的青稞一般是次青稞，可当马料用。
②1960 年民主改革期间，开始以人民币折价，藏币 20 两折为人民币 1 元。

5. 牲畜价格

杜素庄园内也偶尔发生大牲畜买卖转让的，但售价十分混乱，没有形成较为固定的比价，其等价物仍是粮食，主要是青稞。比价的提出和决定不仅看牲畜种类和大小好坏，而且还看双方需求的迫切程度，甚至还看双方的关系。现将我们了解的各类牲畜价格，编列于下，见表 1-53 至表 1-56。

表 1 – 53　大牲畜价格一览表

畜 / 类		头数	价　格											
			大　畜						幼　畜					
			上　等		中　等		下　等①		上　等		中　等		下　等	
			藏银（两）	人民币（元）	藏银（两）	人民币（元）	藏银（两）	人民币（元）	藏银（两）	人民币（元）	藏银（两）	人民币（元）	藏银（两）	人民币（元）
黄牛	奶牛	1	1750	87.5	1350	67.5	300	15.00	1000	50.00	650	32.5	100	5.00
	耕牛	1	2000	100.00	1250	62.5	300	15.00	1000	50.00	650	32.5	60	3.00
犏牛	奶牛	1	2000	100.00	1500	75.00	350	17.50						
	耕牛	1	3000	150.00	2250	112.50	350	17.50						
牦牛	奶牛	1	900	45.00	850	42.50	400	20.00						
	耕牛	1	1500	75.00	1000	50.00	400	20.00						
	驮畜	1	1250	62.50	600	30.00	400	20.00						
骑畜	马	1	5000	2500.00	2000	100.00	275	13.75						
	骡②	1	/	/	/	/	/	/						
驮畜	驴	1	2000	100.00	1600	80.00	500	25.00						

注：①下等牲畜除马、驴外，是指不产奶、不能干活的。
　　②骡子除领主外，一般差户不愿喂养，故无价。

表 1 – 54　奶牛价格表

牛　类	头　数	按产奶量分类	1 年内产奶制品		价　格		
			酥油（涅朵）①	奶渣（块）②	青稞（波）	藏银（两）	人民币（元）
黄　牛	1	上	71	71	213	1 065	53.25
		中	50	50	150	750	37.5
		下	34	34	102	510	25.5
犏　牛	1	上	65	65	195	975	48.75
		中	42	42	135	675	33.75
		下	32	32	96	480	24.00
牦　牛	1	上	56	56	168	840	42.00
		中	40	40	120	600	30.00
		下	27	27	81	405	20.25

注：①酥油 1 涅朵价为青稞 2 波。
　　②奶渣（即出一次酥油的湿奶渣）1 块，价为青稞 1 波。

表 1-55　羊的价格一览表

羊类	年龄	只数	价格 最高 青稞（波）	藏银（两）	人民币（元）	中等 青稞（波）	藏银（两）	人民币（元）	最低 青稞（波）	藏银（两）	人民币（元）	平均 青稞（波）	藏银（两）	人民币（元）
绵羊	1岁	1	12	60	3.00	10	50	2.50	8	40	2.00	10	50	2.50
	2岁	1	15	75	3.75	12	60	3.00	8	40	2.00	11.7	58.5	2.93
	3岁	1	20	100	5.00	18	90	4.50	12	60	3.00	16.6	83	4.15
	4岁	1	25	125	6.25	20	100	5.00	15	75	3.75	20	100	5.00
	5岁	1	32	160	8.00	23	115	5.75	20	100	5.00	25	125	6.25
山羊	1岁	1	10	50	2.50	9	45	2.25	7	35	1.75	8.6	43	2.15
	2岁	1	13	65	3.25	10	50	2.50	7	35	1.75	10	50	2.50
	3岁	1	17	85	4.25	15	75	3.75	10	50	2.50	14	70	3.50
	4岁	1	22	110	5.50	17	80	4.25	13	65	3.25	17.3	86.5	4.33
	5岁	1	28	140	7.00	20	100	5.00	17	85	4.25	21.6	108	5.40

表 1-56　羊牛产毛数量及价格[1]表

畜名	单位	数量	各年产毛量（涅尕） 第一年[2] 上	中	下	平均	第二年 上	中	下	平均	第三年 上	中	下	平均	第四年 上	中	下	平均	总平均
绵羊[3]	只	1	2	1.5	1	1.5	3.5	2	1.5	2.3	4	3.5	3	3.5					2.4 涅尕
山羊	只	1	0.75	0.5	0.3	0.52	1	0.5	0.4	0.63	1.5	1	0.5	1					0.72 涅尕
牦牛	头	1	无	无	无	无	2.5	2	1.5	2	3.5	3	2	2.8	4	3.5	2.5	3.3	2.7 涅尕

注：①青稞 1 波价为藏币 5 两，20 两为人民币 1 元。

②第一年，系指幼畜出生后的第二年，由此类推。4 年以后的羊和 5 岁以后的牦牛产毛量不再上升，反而渐趋减少下降。

③绵羊毛 1 涅尕价为青稞 1 波，山羊毛 2 涅尕价为青稞 1 波，牦牛毛 1 涅尕为青稞 2 波。

6. 鸡与鸡蛋价格

庄园内一般农户都或多或少地饲养若干只鸡，所生鸡蛋主要是用作支差、送礼、招待官员，家境较好的也偶尔自己吃一些。有不少户也以鸡和鸡蛋换些日用品，如火柴、盐、碱等。现将我们在座谈时了解的鸡价和产蛋数量，以及价格列表于此，详见表 1-57。

表 1 – 57　鸡、鸡蛋价格表①

鸡　类	年岁	只数	鸡　价			产　蛋②（一年内）				
			青稞（波）	藏银（两）	人民币（元）	产蛋期	产蛋数（个）	青稞（波）	藏银（两）	人民币（元）
母鸡	2 岁	1	10	50	2.50	约 8 个月	90	18	90	4.5
	3 岁	1	9	45	2.25	约 8 个月	60	12	60	3.00
	4 岁	1	8	40	2.00	约 8 个月	45	9	45	2.25
公　鸡		1	3	15	0.75					

注：①据说养 1 只鸡，每年需饲料糌粑 8 至 12 波。

　　②1 个鸡蛋价值 1 两藏银，5 个鸡蛋价值青稞 1 波。

7. 农具的价格和造价

庄园内因经济情况不同，耕种土地不同，对农具需求种类和数量也都不同。一般说来，贫苦户对小农具总是用粮食换购取得，需要大农具时，往往靠换工解决。中等以上，尤其是富裕农奴和代理人大户则有时购一些，有时雇铁匠加工。可以说越是富裕的，则雇人打制农具的比重越大。庄园领主则以派铁匠支差法，为庄园打制和加工所需各种农具，基本上不向外边购买。

现将农具价格和农具造价分别列表于下，见表 1 – 58 和表 1 – 59。

表 1 – 58　主要农具价格一览表

名　　称		使用年限	价　格		损　耗①	
汉　名	藏　名		藏银（两）	人民币（元）	损耗量折价(元)	占百分比（％）
犁	ཐོང་པ	5	110	5.5	0.77	70
牛轭	གཉན་ཤིང	8	25	1.25	0.156	100
耙	ཉ་ལ	4	70	3.00	0.6	80
犁头	ཐོང་ལྕགས	1	50	2.00	1.5	75
六股叉	ཆུབ་འཛུབ	3	11	0.75	0.19	75
二股叉	ཁ་ར	5	50	0.5	0.08	80
镰刀	ཟོར་ར	2	20	1.00	0.45	90
锹	ཐིལ	3	40	2.00	0.27	80
镐	རྟོག་ཙེ	4	100	5.00	1.00	80
筛子	ཚོལ་མ	7	40	2.00	0.29	100
大扫帚	གོང་ཏོག	2	5	0.25	0.125	100

注：①表内以人民币（元）作损耗折价，计百分比也如此。

表 1 - 59　农具造价及年损磨折价一览表

农 具 名 称	单位	数量	造　　价			使用年限	平均每年耗损费		
			青稞（波）	藏银（两）	人民币（元）		青稞（波）	藏银（两）	人民币（元）
犁（不带铧尖）	个	1	24	120	6.00	4	6	30	1.5
横梁	根	1	17	85	4.25	10	1.7	8.5	0.425
耙	个	1	24.4	122	6.10	3	8.13	40.66	3.99
铧尖	个	1	20	100	5.00	2	10	50	2.5
六股叉	把	1	4	20	1.00	4	1	5	0.25
两股叉	把	1	4	20	1.00	4	1	5	0.25
镰刀	把	1	4	20	1.00	3	1.33	6.66	0.33
铲子	把	1	13	65	3.25	3	4.33	21.66	1.89
洋镐	把	1	18	90	4.50	12	1.5	7.5	0.375
锄头	把	1	27	135	6.75	30	0.9	4.5	0.225
大筛子	个	1	8	40	2.00	7	11.4	5.7	0.28
中筛子	个	1	6	30	1.50	7	0.85	4.3	0.21
小筛子	个	1	4	20	1.00	7	0.57	2.8	0.14
大扫帚	把	1	4	20	1.00	1	4	20	1.00
大土筐	个	1	6	30	1.50	1	6	30	1.50
中土筐	个	1	5	25	1.25	1	5	25	1.25
小土筐	把	1	3	15	0.75	1	3	15	0.75
喂牲口铁锅	口	1	7	35	1.75	20	0.35	1.75	0.0875
草盘	个	1	3	15	0.75	3	1	5	0.25
铁漏筛	个	1	8	40	2.00	50	0.16	0.8	0.04
喂牛水桶	只	1	8	40	2.00	6	1.33	6.66	3.33
大装土口袋	个	1	16	80	4.00	9	1.77	8.88	4.44
中装土口袋	个	1	15	75	3.75	9	1.66	8.33	4.18
小装土口袋	个	1	14	70	3.50	9	1.55	7.77	3.88
铁手耙	把	1	4	20	1.00	30	0.133	0.66	0.033
木手耙	把	1	2	10	0.50	10	0.2	1	0.05
驴鞍	套	1	8	40	2.00	10	0.8	4	0.20
牦牛鞍	套	1	6	30	1.50	5	1.2	6	0.30
驴驮具	套	1	36	180	9	6	6	30	1.50
牦牛驮具	套	1	26	130	6.50	5	5.2	26	1.30

8. 宗教用品价格

在杜素庄园内还有一类与信神拜佛有关的宗教用品，也是许多人家需要购置的。这些用品大部分是从外地运来和购来的。住户经济状况差别很大，因此价格高昂得只有中等以上人家有能力添置。一般贫苦农民，即便对神佛也很虔诚，也只能买便宜而又简单的用品。主要的宗教用品价格，请见表1-60。

表1-60　宗教用品价格表

品　名	单位	数量	价　格								
			上　等			中　等			下　等		
			青稞（波）	藏银（两）	人民币（元）	青稞（波）	藏银（两）	人民币（元）	青稞（波）	藏银（两）	人民币（元）
佛　珠	串	1	12	60	3.00	4	20	7.00	1.6	8	0.4
经旗①	套	1				5	25	1.25			
铜质神灯	个	1	3	15	0.75	2.6	13	0.65	2.4	12	0.6
铜质神水碗	个	1	3	15	0.75	1.8	9	0.45	1.4	7	0.35
银质神水碗	个	1	22	110	5.5	17	85	4.25	11	55	2.75
香②	把					1	5	0.25			

注：①包括红、黄、蓝、白、绿5色布各1平方米，布质较次。
　　②每把香有10支。

（三）雇工的劳动报酬

杜素庄园中在农业、手工业、牧业和家庭副业方面都有雇工劳动现象。关于长工的工资和待遇，一般比较固定和统一，这在家庭收支的项目中可以了解到。这里主要谈雇佣短工，按不同工种所支付的不同报酬，这方面比较复杂，工种项目多，付酬办法也多，经过我们召开座谈会与向有关雇工了解，现列一详表于此，以便分项分栏排列。这类使用短工户，一般总是管吃，提供伙食包括糌粑、酩（青稞酒）、酥油、茶叶、稀粥（涂巴）等食物。当然，提供的同一种食物也有好坏之分，这与雇主的家境、为人好坏有密切关系。有些雇工工种是加工性质，原料就由雇主自备。实际上这类雇佣关系主要发生在领主代理人、富裕农奴和其他贫苦户之间，有些外地来的逃亡户也是雇佣对象。表中最后有一项是念经，这本来是与上面所述工种完全不同的，但也列在这里，庄园中劳动群众请僧尼念经是较多的，他们也要付给报酬。请见表1-61。

表 1-61　短工不同工种不同报酬一览表

劳动项目		天数	工资			伙食			共计			备注
			青稞（波）	藏银（两）	人民币（元）	糌粑（波）	藏银（两）	人民币（元）	青稞（波）	藏银（两）	人民币（元）	
割　禾		1	2	10	0.5	1.75	8.75	0.44	3.75	18.75	0.94	青稞与糌粑同价。
平时工①		1	1	5	0.25	1.5	7.5	0.375	2.5	12.5	0.625	
挖土坯，播种时耕地		1	2	10	0.5	2	10	0.5	4	20	1.00	
童　工②		1	不固定			0.75	3.75	0.19				撒种、放牛羊等活。
出　肥		1	无			2	10	0.5	2	10	0.5	
铁　工		1	4	20	1.00	2.5	12.5	0.63	6.5	32.5	1.63	
木　工		1	3	15	0.75	2	10	0.5	5	25	1.25	
石　工		1	2	10	0.5	2	10	0.5	4	20	1	
纺　线		5	1	5	0.25	6	30	1.5	7	35	1.75	
织　布		1	1	5	0.25	1.5	7.5	0.375	2.5	12.5	0.625	
鞣皮工		1	1.5	7.5	0.375	1.75	8.75	0.44	3.25	16.25	0.815	
缝纫工	带缝纫机	1	3	15	0.75							
	不带缝纫机	1	1	5	0.25							
计件工③	纺　线	涅尕	1	5	0.25							
	大人鞋底	1(双)	4	20	1.00							
	鞋	1	3	15	0.75							鞋底是现成的
	衬衣或裤子	1	2	10	0.5							
屠宰工④	宰　羊	1只	1	5	0.25							
	宰　牛	1头	4	20	1.00							
念　经		1	不固定			1.5	7.5	0.375				

注：①平时工包括：打场、积肥、放水，非播种时耕地帮手，以及其他杂活。
②童工一般连续工作两三天的，工资与成年人同，工作在3天以上者，就要按成人工资折半发给，也有只供饮食不给工资的。
③计件工原料由雇主供给，伙食由受雇人自理，一般不提供伙食。
④屠宰工每宰1只羊得工资1波，但不管杀多少只羊，都要另加"塔拉"（牛奶中取出酥油后的稀汁）1波，如果工作时间过长，还要加餐多吃一顿。

（四）换工与折算

如果说雇工带有劳动力买卖性质，那么换工就毫无买卖意味了。杜素庄园中存在着劳动人民之间的换工情况，换工时多是无畜力户向有畜力户要求使用畜力，言明以人工干活若干天顶替，这带有互助性质。其中间或有贫苦户向富裕户来换，只要用一般的对换比例，也可说仍是带有这种性质。据了解因换畜力不同，换工比例也不同，大体可分三类：

1. 驴工，运肥 7 头天，换割禾人工 1 人天，但驴主家供人工以伙食。这里割禾工 1 天工资青稞 2 波，另给伙食糌粑 1 波半，这样两者相加等于驴 7 头天的用价。

2. 牛工，耕地 2 头天加 1 人天（耕地人），可换割禾工 3 人天。但双方互给伙食。这样牛工 2 头天价值，等于 3 个割禾工（即 6 波青稞加上 3 天伙食 4.5 波糌粑），减去耕牛人伙食 1.5 波糌粑，就是两头牛耕地 1 天，值青稞 6 波，糌粑 3 波。

3. 马工，支马差 1 头天（往往用里程折成天数），马价是藏银 22 两，合人民币 1.1 元。如果用马户要求以人工换，即要出割禾工 2 人天，付人力的稍有吃亏，但有马户一般也不再补偿给对方。

八、领主庄园生活一瞥

关于杜素庄园各类居民的生活状况，在前面第五部分各户收支情况中已经有详细交代。从各户收支中可以看出他们有的较为富裕，年年有余；有的生活勉强可以自给。但有相当多的人家，是入不敷出，要用各种方式（包括借贷，向亲友求援，甚至乞讨）以维持生活。

收支账是用数字记载和统计来说明问题。这里拟把领主和农奴的生活，主要从居住条件和衣着，农奴们和其子女的劳动等方面作些实录，以便给予有重点的介绍。这样可以使人们较为具体地了解一下领主庄园中两个对立阶级的生活情景，可以了解他们的差别究竟有多大，可以看到农奴制下劳动者的生活是如何悲惨，也为了解 1959 年至 1960 年进行民主改革的必要性和迫切性，同时也提供一些实际材料，以供人们思索。

（一）领主的高宅深院和华贵衣物

寒冬过去，初春来临。杜素谿卡的柳树一片青绿。村落两边树荫丛中露出一所白得耀眼的三层楼房，这便是农奴主杜素的住所。这所房子大门向东，门楣上有很多精致的雕花，双扇大门漆成大红色，厚足有 4 寸，高 3 米，宽 2 米。大门的右边有一间狗棚，养着一只名叫汤嘎的垂耳大白狗。它以凶恶的眼睛监视着进门人的行动。从大门进入后，是一个宽敞的大院。院子东边南边是可容 30 多头牲口的马棚。领主的肥马高骡就拴在这里。院子中间有一块刻有"卐"字的石凳，是领主的上马石。从大楼的北门进去，有一道包有铁皮的楼梯，楼下一排黑洞洞的房子，加了黑铁大锁，是有 7 个进粮口的大仓库，这些仓库几乎被种种粮食所填满。登上二楼右边是家奴们烧饭的大灶，左边是一道立有 10 来个大转经筒的走廊。人们走到这里，就要转几次经筒，为自己的平安和来世祈祷。连农奴主走过这里也要转它几下，似乎这就可以算作积德行善了。走廊西头，有一道小门，门内右侧的那个墙角叫做"孝且康"，是家奴们听候主人使唤的地方。门内右边是一个短过道，由此进去便是一组正房。

正房的中央，是一个宽敞的天井。天井东面的一间小屋是大厨房，专为农奴主做饭烧茶的。北面是大经堂，也是农奴主的卧室。室内陈设了从印度买来的双人钢丝床和木制睡床，以及精美的氆氇毡褥和耀眼的煤气灯等。柜橱里有来自印度的各种糕点和儿童玩具。房顶上高悬着使用干电池的收音机天线。这间房子的南墙，从屋檐到墙脚由 14 个大玻璃窗构成，窗户上是青色的白绸窗帘。而室内用酥油擦得发亮的三合土地板，完全可以和现代城市中的水磨石地板相媲美，这里的陈设也算够豪华气派的了。

天井南面是另一组小巧玲珑的建筑。这组房子修建在 14 年前（1946 年），是经过三次重建以后，农奴主才比较满意的。这组房子的东屋，是一间供有多种玲珑精致的佛像的小卧室。卧室东墙也是一面从上到下的大玻璃窗，上面挂的是绿色花绸窗帘，甚为雅致。南房分为东西两间，向林卡花园方向突出，是农奴主的夏季居室。东间较小，平时是农奴主才登班觉的母亲念经的清净之地。西间西南两面全是玻璃窗，也是白绸窗帘。从春至秋，可以眺望窗外花园中鸟飞蝶舞，可享一番闲情逸致。

农奴主住宅，大小共有房屋 63 间，7 个经堂，163 根柱，既有前院，又有花园。

住宅楼的西面，是一个方圆达数百米的林卡（花园），其中长有古杨巨柳。南面有高墙为屏，北面用铁丝网围护，农奴是无法进入的。林卡内南边的一棵树荫下有一个石砌的方池，这是农奴主男女老少夏天沐浴的地方；林卡北面有一个灵巧的别墅，其外还有小花园和果树，农奴主夏天常在这里嬉戏玩耍。林子中央的树荫下，有一块如茵的草地，是农奴主夏天搭帐篷乘凉之地。

几年前，林卡里还开始饲养了獐子、野羊、狐狸等野生动物，以供领主家人观赏。由此也可见领主生活的阔绰豪华了。

杜素庄园的天气不甚炎热，也不太奇冷。一年四季，领主都有适时、华丽的衣着可供穿换。夏天各种花色单衣和浅色绸衣是他（她）们的便装，入秋后，领主便穿上呢面绸里的夹衣，冬日又改着缎袍、皮衣。农奴主的节日服装更比平日讲究。农奴主专门找了一个有缝裁手艺的农奴在家，终日为其全家 11 口人缝制服装。据农奴们谈，19 年前（1941 年）杜素领主还为唱藏戏的人缝了一套戏衣，以备娱乐听戏时使用。

在领主的箱柜里，塞满了从印度买来的整匹卡叽。绸缎、花布也是农奴主常备衣料。许多深绿、天蓝、芭蕉等各色的丝绸呢料，已被蛀虫咬坏了。农奴主还藏有整打的口红、满盒的香粉、高级头油、西式的橡胶头刷和半人高的穿衣镜等高级化妆用具。每逢良辰节日，太太和小姐们不但穿上绸袍或哔叽衣服，而且完全和繁华都市的人们一样，也擦胭脂，抹口红，使用各种名贵香水。

农奴主的卧具也是非常讲究的。名贵的虎皮、熊皮褥子，精美的氆氇毯垫，多在十床以上。有的氆氇绣龙刺凤，有的则编织着奇花祥云，其中不少是这里妇女的精心制作，但是他们还从国外买来了许多高级毛毡和锦缎。

农奴主才登班觉的大女儿才仁卓嘎还是 15 岁的小女孩时，家里已经给她准备好了价值 7550 两藏银的金"格乌"以备出嫁佩带。藏族妇女头上的装饰品"巴珠"，在杜素黢卡要数领主家的最好，不仅样式与众不同，而且嵌满了珍珠、玛瑙和翠玉，据说要值上万两藏银。而农奴中最富有的一户，其最贵的巴珠也只值 600 两藏银，可见差距之大。

杜素领主一家仅在杜素庄园的绫罗绸缎、毛皮呢料、金银首饰等，所值当在数十万两左右（藏银），这可能还是一种保守的估计。

（二）农奴的居住困难和缺衣少食

农奴们一把泪一把汗地给领主建造起了高大的楼房，幽美的林卡，而他们自己住在什么地方呢？请看以下介绍：

黢卡里的骡夫说："冬天到了，北风呼呼地吹刮着，老爷们坐在暖和的屋子里喝茶谈天，好像装在鸡蛋壳里一样，头也不敢伸出来。而我们赶骡的与牲口是同样的命运，一年到头东奔西走，夜色已经来了，还不知宿在哪里。有时碰到几间房子，也不能使我们安心地去住，为了看守老爷的财物，还得和骡子一起躲在露天坝子上。夜里很冷，浑身发抖，我们也不能盖骡子的驮具，因为它们也有生命，它们也冷啊！冻了一夜第二天还要很早赶路，艰难地朝前走去。回到黏卡总算到'家'了吧！但是我们还是没有房子。夜晚再大的风、再大的雪，都只能和牲口一起睡在马棚内。马棚是敞着的，没有遮挡，风往被窝里钻，灰沙往脸上扑来，把头藏在被窝里还是睡不着，只好把头从被窝里伸出来，瞪着眼睛看领主绿色窗帘里透出的暗淡灯光。还不知明天有什么差事临头。"这是杜素领主的骡夫索囊的谈话，至于杜素的羊倌和其他家奴的命运也不比骡夫好。

下面我们再看看堆穷的居住条件：

堆穷波石达全家5口人，两个大人，3个孩子。波石达是双眼失明的老人，7年前（1953年）向差巴重岗租了一间长3米、宽2米多的羊圈，平均每人占1.6平方米的面积。波石达的妻子拉姆说："7年前我们住在重岗的羊圈里，羊圈太小，装不下全家5口人，夜里我们18岁的女儿拉巴和9岁的儿子旺加只好睡在房外面。夏天的阴雨天有时闪电打雷，旺加很害怕，他老是不住地向拉巴喊，'阿姐，我怕！我怕！'拉巴只好把他带进黑洞洞的羊圈，和我们挤在一起。有时他们在外面睡着了，夜雨悄悄地湿透了他们的衣服，到下半夜冻醒了，才进到屋来，这时我和波石达总要流很多眼泪。冬季到了，更是我们伤心落泪的时候。孩子们睡在屋外，只盖着单薄的破衣，寒风在屋顶上呜呜地吼叫，我老是惦记着他们。拉巴年龄大些，比较懂事，尽管冻得浑身发抖，仍然咬紧牙关坚持睡在外头。旺加年龄小，冻得受不了，就用很小的声音喊着：'阿妈，阿妈，我冷，我要进屋，我要烤火。'我在朦胧中，听见旺加可怜巴巴地呼唤，就爬起来点着干牛粪，让他们进来烤火。室内生着了火，孩子们又挤进来，再没有地方睡觉了，全家只好围着炉火坐着打瞌睡，盼望着第二天的太阳快出来。

我们在这里住了一年，实在熬不下去了，就搬到强巴旺堆的'堆康'① 里住。这里也是一间房子，比重岗的羊圈稍微宽一些，但很潮湿。夏天到了，蝎子等昆虫都从墙缝里钻出来，四处乱爬，稀粥罐、水缸里常有淹死的虫子。夜里常有带翅膀的格姆雪②在黑洞洞的屋里乱飞，有时它们爬进破被里，爬到脸上，爬到身上，真是吓人得很。"

这就是贫苦堆穷的住处，像这样的农奴家庭，也不是一家两家。当然农奴中的差巴家庭，一般是有平顶两层的差房的。但除几家大户外，房院都比较窄小，和农奴主的高楼大厦，是不能相提并论的。

至于农奴身上的衣着，除了富裕户和生活尚能自给的户外，其余不少农奴夏天穿的一件补丁撂补丁、衣底全无的百衲衣，到了冬天仍然用它抵御刺骨的寒风。下面是贫苦农奴旦打尔·拉姆昌决流着眼泪对往事的一段诉说："16年前（1944年），我的丈夫被折磨死了，丢下了5个孩子。这时我家6口人只有5件破烂不堪的衣服，一年四季都在穿。夏天暖和还能对付过去，冬天实在叫人难熬。刮风下雪天穿着它上山拾粪，山上风大，肚子里又空，拾着想着又伤心地哭一场。但有什么办法呢，拾牛粪是为给老爷支差的呀！大人没有穿的都难熬下去，孩子们就更可怜了，冬天风雪交加仍然穿一件破破烂烂的连衣裤，胳膊屁股都裸露在外，嘴唇冻乌了，小手冻裂了，牙齿咯咯地直打架。巴热是个善良的穷人，看孩子们冻得可怜，就送给他们一件破衣服。孩子高兴得不得了，赶快跑来告诉我：'阿妈！阿妈！巴热叔

---

① 意为堆穷的房子。
② 昆虫名。

叔给我们一件衣服，看，这就是。'孩子们满意地拿出一件破烂不堪的衣服来，我心一酸流出了眼泪。冬天孩子们穿别人扔下的破鞋，前后都通风，脚冻肿了，一跛一拐的，后米裂开一指宽的口子，鲜血直往外淌。我忍心不下，就用烧烫的清油滴在裂缝里，帮助止血。有时我烧火给他们烤，但越烤越痛，不过我的孩子们已经被折磨惯了，没有大声哭的，只是泪水汪汪地望着微微发红的炉火。"拉姆昌决擦干眼泪继续往下说："冬天夜里我让最小的两个孩子跟我睡，其余的 3 个挤在一块儿，共盖一床全是窟窿的破被，我担心把他们冻坏，只好把送肥的 3 个口袋给他们盖上……"

这是旦打尔的情况。其他许多农奴也并不比旦打尔好。有的十七、八岁的姑娘大腿还露在外面。巴却巴的一件衣服，穿了多少年她也说不上了，里外都是污垢。她说："我的衣服不能洗，污垢洗掉了，就和纸一样，一动就破。就是淋了雨补丁出会脱落，因为布已经烂了。"桑强·石单皮热的孩子没有衣服，冬天早晨不敢出来干活。波石达家的"衣服"已经看不出是衣服还是别的什么破布，夜里没有御寒的被子，孩子躺在冰冷的露天墙角里，只有叫"阿妈，我要烤火！"

有人说谿卡囊生的衣服比较好，这是事实。但谁知他们的衣服全是眼泪织成的。领主为了显示他们的富贵豪华，不让囊生们给他"丢脸"，就强迫囊生家里给囊生缝制好衣服，否则要吃苦头。领主选囊生也找家中情况好，有亲戚朋友的人户，一是缝制衣服，二是防偷。因此只要有人选在谿卡当囊生，这个家庭只有勒紧裤带，千方百计地给囊生缝件好衣服。否则领主也是不答应的，说是向他"哭穷"，给他"抹黑"，不愿伺奉他们。

（三）孩子们也有不同命运

领主杜素的子女，从小就娇生惯养，生活优越，受着特权阶级的种种熏陶。由于杜素官品已在四品以上，所以其子一到入冠之年，就可以戴金格乌，享受"赛囊巴"①的礼遇。这是西藏大贵族子弟的特有的优待。

女奴回忆贵族才登班觉的童年时说："带小主人总令我提心吊胆的。'喂！小少爷哭什么？谁欺负他了？''太太，没人欺负，可能玩腻了。''快到谁家去拿一只小羊羔来哄他玩吧！''是，太太。'到谁家抓羊羔呢？有时好容易找到一个，少爷一会又玩腻了。有时他要把我当马来骑，有时遇上别家孩子，也把他们当马骑，拿着小鞭子要马快走……。少爷一会肚子饿了，吃的是从印度买来的糕点糖果，穷人的孩子却只有去喝凉水解饿。再不，小少爷就要我们女奴们背着到处闲逛。"

农奴森木吉说："36 年前（1924 年），领主旺多去达巴宗②当宗本，在上任的路上，他的儿子才登班觉那时只有五六岁，还骑不了马，就由我背着，因为怕累着小少爷，断断续续地走了 3 个月才到达巴宗。领主的孩子就这样养尊处优，犹如金枝玉叶一样，碰不得磕不得。"

而农奴的孩子完全是另一种命运。十几年前，农奴桑玛家的女儿索囊在拉萨给杜素当佣人时，身怀有孕，而且很快就要临产了，索囊向领主哀求道："请准我的假吧，让我回家，我快要生孩子了。"杜素不但没有给假，还说："你是你孩子的佣人，还是我的佣人？"索囊

---

① 意为天之骄子。

② 即今阿里地区札达县达巴乡。1960 年达巴宗与札布让宗合并成立札达县。1961 年置达巴乡。1978年改公社。1984 年夏置乡。现辖 4 个村委会。修订注。

挺着大肚子仍在做繁重的劳动，结果分娩时母子都悲惨地死去了。

囊生昌穷说："有一年的秋天，我第一次怀孕，仍然艰难地服侍着老爷们，一天我正在给领主端茶，忽然肚子疼痛起来，我意识到孩子就要出世了，赶快跑到黥卡大门口的空房去，想在那里生，肚子越来越痛，孩子没有生下来，我忍不住呻吟起来，但又怕老爷们听见，只好忍住疼痛，跑到顿珠彭错家去生产。到了顿珠彭错家，孩子很快就呱呱下地了。天临黑时我还得回到农奴主的家去，因为那时领主还没有准我的假。产后10天，领主就催我上工。从此我每天上工就要带着孩子。我把孩子放在领主的厨房角落里，而要把农奴主的孩子抱在怀里。一年以后，我的孩子渐渐长大些了，见我就要抱，但那时我怎敢把领主的孩子放下呢？于是我的儿子便伤心地哭起来，他一哭我的心像针扎一样难受。

我们农奴的孩子在7岁时就要给领主支乌拉，孩子哭着不愿去，说：'阿妈，我不去。'母亲对孩子说：'孩子去吧，阿妈背你去。'背着孩子去上工，为的是哄着孩子去支差，是怕一天不去，要被领主罚1波青稞的缺差费。"

晨霜还没有融化，农奴就要去庄园支差。而那些身着破烂单衣的孩子们也得早起为家中干活，去拾牛粪、挖野菜。当然他们是真不想早起挨冻的。请听几个农奴的谈话：

桑强·石单皮热："冬天的早晨，有时我要去支差，我对孩子说：'去拾点牛粪吧。'孩子伸出冻伤了的脚，看看门外呼呼的大风，打了寒战，小声地说：'太冷。'我不好勉强他们。我带着空肚子走了。我大女儿在家，按着我的吩咐，给每个弟妹1小把青稞花，再把半波糌粑和上凉水，分给每人一小块。早饭后太阳暖和些，孩子们就出去拾牛粪，开始干起活来。"

巴却巴："夏天农活很多，我12岁的旺堆也要下地干活。早活做完回家吃饭时，他总要和我争吵，因为家里常常缺糌粑，每顿饭都要省着吃。当我指着只有小半口袋的糌粑，对他说：'孩子，少吃点吧，看！糌粑快完了。'他眼里含着泪水，看着空碗说：'阿妈，没吃饱干活没劲呀！'这又有什么办法呢？他吃个半饱，又干活去了。他饿了就只有一个劲地喝凉水，直到天快黑了，才回家喝一点稀糊糊。"

旦打尔："我过去就是穷差巴，几次向领主退地，领主都不应允，我只有饿着肚子去支差。我们的孩子很小，到青黄不接时，没有吃的，就去采野菜。清水里煮些野菜，孩子们不肯吃，只是流泪，我没有办法，只好去借债……"

木却吉说："我们盼年盼月也吃不到肉，因此有时出去拾粪，见到别人的羊蹄（光蹄），拾回来放在野菜里一齐煮，想熬点肉味出来……"

很多农奴，家里没有油，夜里就坐在暗淡的牛粪火旁，提心吊胆地等待着支差没有回来的亲人。有时亲人被打得血淋淋地回来了，全家人就一齐伤心痛哭起来。

农奴的日子就是这样在苦难中熬过来的。

（四）女奴们的一天

天窗微微地透出一点亮光，家奴们便一骨碌从地铺上爬起来，到农奴主家去上工。

女奴昌穷轻轻地推开正厅的小门，轻手轻脚地擦弄着走廊。走廊擦完了，便在擦布上倒酥油，开始擦用三合土铺成的小卧室地板。她不敢发出丁点儿响声。做完了这些工作，回到厨房，马勤（藏语意为厨师）已经烧好了热水和酥油茶。

冬天初出来的太阳还不太暖和。她把冻僵了的手刚伸到炉火旁边，就听到"啪啪"的掌声从农奴主的卧室里传出来。她马上缩回冻僵了的手，端起热水盆和漱口水走到农奴主才登班觉跟前，轻轻地放下。

才登班觉起床了，接着全家大小都要起床。

"昌穷，我要洗脸水！"

"尼尼，给我穿衣服！"

农奴主的大人小孩全都叫起来。女奴们忙乱地服侍他们穿好衣服，洗漱完毕，赶紧把烧好的火盆送进农奴主的卧室。

农奴主全家围着火盆，家奴们给他们斟倒有浓郁香味的酥油茶。

早茶以后，女奴们又在细瓷碗里盛好酥油茶和高级糌粑，然后一一送到农奴主的手里。小孩自己不会吃，女奴得一个个喂。而这时女奴家的孩子，已经哭破了嗓门，等着妈妈要奶吃呢！等老爷太太们吃完了，女奴们收拾了残汤剩茶，悄悄地退到屋外去，听候还有什么使唤。

过了一阵，家里有吃奶娃娃的尼尼走到农奴主跟前，颤抖地恳请道：

"太太，我孩子还没吃奶，请准我回家一趟吧。"尼尼低下头，不敢正视农奴主的目光。

"先给老爷、小姐们倒好茶，然后快去快回。"

尼尼端着一杯热茶送到才登班觉跟前。

"老爷，茶来了。"

才登班觉不接，也不搭腔，闷着头看他的账簿。尼尼当然不敢离去，她双手捧着茶碗低着头弓着背，规规矩矩地站在一旁等候着。脚麻了，好像要倒下去；手酸了，茶碗好像要掉下去。

"把茶放在桌上吧！"

但才登班觉用手摸摸又发火了，"茶怎么是凉的，去换杯热的来！"

尼尼换完茶才回家去。一岁多的孩子，已经哭得没有了力气，蜷曲着倒在灰粪堆旁边睡着了。

她喂完孩子，又赶到农奴主家去听差。

已经快晌午了。管家给农奴们一人发一"打苏"粗糌粑和1小勺水一样的藏酒。家奴们揉好糌粑，正要往口里送，农奴主又叫了：

"快把火盆弄弄，不暖和了。"（有时家奴们吃一顿饭，要跑两三次。）

家奴们胡乱吃两口糌粑，便马上坐在一起，给农奴主捻毛线，一面听着农奴主的呼唤。有时农奴们来见领主，家奴们还去传话。

"老爷外面有人要求见您！"

"谁？"

"××××"

"叫他滚回去！"

下午太阳偏西了，马勤煮熟了肥羊肉，炒好从印度买来的细粉丝，蒸好牛肉包子（1天用面，1天用米）给农奴主送到桌上，吃得大人孩子嘴角流油。

吃罢下午饭，女主人有时要去看看库房，因管家报告库房里有发霉的糌粑，变味的清油和长了虫子的干肉，需要请示她处理。领主家的其余人则喝着甜茶，打开收音机，收听从国外传来的歌曲和音乐，而家奴们却又开始了下午的打扫工作。

天色渐暗，有时农奴主全家大小无事可干，就围着火盆打瞌睡。到夜里12点以后，领主们还要喝碎肉粥，吃两个油饼，然后才睡觉。家奴们给农奴主一个个铺好床，等他们躺下后，才摸着黑回到又破又暗的自家房子里。

如果领主家有客人，他们便在耀眼的汽灯下，喝着甜茶，搓着麻将牌。从深夜到黎明，女奴们一直要陪下去。但劳累了一天的奴隶，怎能不打瞌睡呢，一旦打瞌睡，皮靴一踢马上会把她叫醒的。

这就是领主庄园里女奴们的一天。这是屈辱的一天，过度劳累的一天。这里一点人道主义也没有。

附　记

1959 年 12 月至 1960 年 7 月，西藏少数民族社会历史调查组的部分同志，到后藏地区拉孜宗杜素庄园进行了调查。参加调查的人员有：刘忠、舒介勋、陈践、阳俊和布穷。材料整理开始时由刘忠、舒介勋、陈践三人负责。这次付印前又由刘忠、舒介勋进行重新整理、补充和修改。调查报告的第一、二、六、八部分由舒介勋执笔，第三、四、五、七部分由刘忠执笔。最后全部调查资料由刘忠在文字上和编排上作了加工和统　　。

1987 年 10 月 4 日

日喀则宗艾马岗调查报告

艾马岗现属日喀则地区南木林县。1960 年民主改革前后属日喀则宗，地处北纬 39 度 31 分、东经 89 度 1 分，位于雅鲁藏布江中游北岸，从日喀则乘马沿公路东行约半日即乘牛皮筏渡江至北岸即是艾马岗。艾马岗原有 7 个豁卡。豁卡意为庄园，其中属前藏管辖的 4 个，属后藏管辖的 3 个。1960 年共有 206 户、人口 1070 人，男 526 人，女 540 人。有藏传佛教宁玛派小寺一座，有僧 2 人、尼 1 人。为尊重历史的传统，这个调查报告，仍叫做日喀则宗艾马岗调查报告。

一、艾马岗冈中豁卡调查

渡过雅鲁藏布江约 3 华里即到冈中豁卡，这里依山傍水，日照时间长，春夏时节，北部山区积雪融化，汇成涓涓细流，流过冈中豁卡的土地，一直汇入南边江中。这里包括整个艾马岗山清水秀，适宜农作物生长。但在封建农奴制度的统治之下，广大农奴的生产与生活是极为悲惨的。

冈中豁卡全部土地属于三大领主（官家后藏堪布会议厅、札什伦布寺或当地的恩规寺、贵族）的。农民们当时有个比喻：凡是太阳能照到的地方都是三大领主的。这同历代王朝的"普天之下莫非王土"何等相似！所有领地被三大领主划分成面积大小不等的差地，又强迫农奴们耕种差地，并以残酷野蛮的手段强迫农奴们支付沉重的乌拉差役。以劳役为主的乌拉差役包括实物和货币。

在封建农奴制度下，社会生产力长期停留在低水平上，劳动者生产积极性不高，生产工具简陋，铁制农具不多，耕作十分粗放。犁手一般为男子，手扶二牛抬杠拉起的藏式犁具耕地，只能翻起很浅的土层；播种人（一般为妇女）尾随犁手之后用手抓起种子撒在犁过的地沟里。种子深浅不同，有的还撒在土层上，影响庄稼生长。再如秋后打场，人们将收割的庄稼堆在场子上赶牦牛踩场脱粒，这种方法损耗大，效率低。当地农奴多种青稞和小麦、油菜、豌豆、土豆、萝卜等农作物，而他们吃的却是豌豆糌粑和稀"土巴"[①]。农奴们穿的藏袍、鞋、帽多是用自家生产的羊毛加工制作。那时当地还没有商品经济，少量的物资交换也往往通过以物易物的方式进行。冈中豁卡在民主改革前处于自给自足的自然经济状态，商品生产尚不存在。

下面选择不同类型的 9 户农奴家庭，（其中中等农奴 4 户，贫苦农奴 5 户）调查进行综

---

① 用土豆、萝卜加少量面粉做的稀粥。

合分析。

4 户中等农奴共有 31 人，17.5 个劳动力，共种差地 149 觔，人均差地 4.8 觔；共住房屋 42 间，人均住房 1.3 间；共有农具 166 件，人均农具 5.3 件；共有耕牛 12 头，人均 0.4 头；共有毛驴 20 头，人均 0.67 头；其他牲畜 241 头，人均 7.7 头。4 户中等农奴中有 1 户放债，1 户借债，两户无借无放债。有两户曾作过列本①。家庭婚姻有 3 户一夫一妻，1 户为兄弟 2 人与姐妹 2 人共夫共妻，不分彼此。

中等农奴堂拉一家共有 9 口人，有劳地动力 5.5 人，耕种领主差地 56 觔②，人均种差地 6.2 觔；有农具 65 件，人均农具 6.2 件；耕牛、毛驴 11 头，人均畜力 1.2 头；其他牲畜 117 头，人均牲畜 13 头；住房 10 间，人均 1.1 间；年收入粮食 500 多觔；还向 10 人放债折合青稞 82 觔，年收利 10 多觔（年利率为 $\frac{1}{7}$）。

堂拉一家每年都要为领主支内差、外差及杂差三种。内差是指为领主耕种领地的投工，堂拉一年向领主支的内差达 462 人次，耕牛 39 头次，毛驴 29 头次。堂拉一年为领主支外差 258 人次，毛驴 78 头次。外差，一般是指派人力、畜力为领主外出搬运物资。此外还有叫不出名目的杂差 100 多人次。差乌拉，一般是以劳役地租的形式出现。堂拉每年要支付 820 人次、耕牛、毛驴 142 头次的各种差乌拉，占他全家劳力的一半左右，牲畜支差占去了最好的耕作节令。

堂拉一家的生产、生活水平在岗中豁卡属中上等，收支基本平衡，年景好时略有节余，一年用于生产投资和生活费用折合青稞 522 觔。他家能喝上青稞酒，吃上青稞糌粑和羊肉，还能添置一顶藏帽。农闲时请裁缝到家里缝制几天新衣。

堂拉和大多数藏胞一样，信奉喇嘛教，为宗教支出的数目也相当可观，除应付各寺庙的化缘外，还要请寺庙喇嘛诵经，吃住在家，膳食工资需支出青稞 1.4 觔。此外还要向寺庙交付诵经费，数目不等，要看当时的经济力量来定。用在宗教上的支出还有佛灯、神像、经幡等的费用。

西藏民主改革时，堂拉讲："我家虽未分到一件东西，原耕种的地未动。我还要感谢共产党把三大领主强加给我们的人身依附废除了，把多如牛毛的乌拉差役废除了。"

与中等农奴相比，贫苦农奴生产生活水平更低，既缺劳动力，又缺生产工具和技术，大多数人家入不敷出，加上累累子孙债，使他们过着食不果腹，衣不遮体的贫困日子。

冈中豁卡的 5 户贫苦农奴，共 30 人，劳力 19 人，耕种差地 102 觔，人均 3.4 觔；共有住房 18 间，人均 0.6 间；有耕牛 4 头，人均 0.13 头；农具 77 件，人均 2.57 件。有 4 户借债。不难看出，贫苦农奴在人均差地、住房、农具、耕畜等方面都低于中等农奴的水平。

以贫苦农奴格桑为例。他当时 43 岁，家中 5 口人，妻子和 3 个孩子，耕种差地 6.7 觔，还是转租妻弟的差地。人均 1.6 觔，住房 2 间，有农具 8 件，无耕牛，有毛驴 2 只，奶牛 2 头。年收入粮食 27 觔，不足生活费用，就打短工，做藏垫，勉强糊口。每年支差 4 天，上交 8 娘嘎酥油差。此外还要为妻弟做 3 个月的短工，算作 2 间住房 1 年的房租，生活入不敷出，就四处借债，几年中分别向寺庙和个人共 7 处借债 42 觔粮，藏银 20 品，每年偿还 $\frac{1}{5}$、

---

① 领主代理人指派耕种差地的工头。

② 撒 56 觔种子的地块，土地按撒种数计算，但实际面积并不相等。

$\frac{1}{7}$和$\frac{1}{10}$的利息。

冈中谿卡像格桑家的情况占大多数，真是家无隔夜粮，吃了上顿短下顿。人们年轻时还能给人家打短工，挣上一升半斗，一旦上了年纪，只得到处乞讨，沦为乞丐，造成这种情况主要是西藏农奴社会的统治制度所致。

二、艾马岗康萨谿卡逃亡情况调查

康萨谿卡原属札什伦布寺下的支寺甘丹热甲寺所辖，是一个很小的寺庙领主的村谿。

（一）三十年前的康萨谿卡

30年前，即1930年左右，康萨谿卡原有差巴4户，堆穷8户，共68人。差巴的祖业地只有50克，而谿卡的差地和自营地却有340克。土地分布情况及交实物地租情况如下：

1. 4户差巴

（1）康萨努巴，曾任更保，领种2$\frac{1}{2}$岗土地，每年交地租117克青稞。

（2）兴贝更仓
（3）兴贝巡仓
这两兄弟共领种$\frac{1}{2}$岗土地，交地租17克青稞。

（4）该雄巴，领种1$\frac{1}{8}$岗土地交地租50克青稞。

2. 堆穷8户

（1）拉努，被迫种$\frac{1}{2}$岗土地，交地租17克青稞。

（2）拉厦，被迫种$\frac{3}{8}$岗土地，交地租12克15升青稞。

（3）丹巴，被迫种$\frac{1}{4}$岗土地，交地租7克青稞。

（4）丹增，还俗喇嘛，靠到处为别人诵经为生。

（5）扎西才仁，靠给谿卡放羊得少许工资为生。

（6）次旦卓玛，农忙时打零工，农闲时四处乞讨为生。

（7）次仁普赤，同上。

（8）普穷，同上。

寺庙除了收地租228.75克青稞的实物地租之处，还派人直接管谿卡的自营地。

（二）康萨谿卡三十年来的动荡

康萨这个很小的谿卡，却承受着超负荷的乌拉差役，在这里生活的人们，再勤劳也无法维持最基本、最低下的生活。所以，唯一的出路就是逃亡，30年来，这里渐渐地成为一片人烟稀少、土地荒芜的穷乡僻壤。造成这种萧条景象的基本原因和过程如下：

1. 名目繁多，数量惊人的乌拉差役

（1）“当木喇嘛”差。札什伦布寺每年派僧人去当木地区（即现在的当雄地区）常住，由札什伦布寺给他运送吃、穿、用的一切物品，与此同时这些僧人又要向札什伦布寺上供。这来来去去的运输任务，全由差民们以支外差的形式去完成。具体情况是，每年由日喀则将大批的粮食、糌粑、茶叶、布匹，日用杂品等物运往牧区，通过"当木喇嘛"们以摊派的方式卖给牧民，或作为债务放给牧民，然后收购大量牧产品：酥油、羊毛、盐、碱、名贵药材及皮毛等物资，运回日喀则出售，从中获得巨额利润。

每年从日喀则运往当木牧区的货物起码 50 驮。回来时则增加到 100 驮，往返运输就由沿途差民支乌拉。其转运的驿站：日喀则——边——艾马岗康萨——孜东——切儿——茶儿①——乌郁②——当木③牧区。每站是一天的路程，一站接一站，不得有误。康萨谿卡当时只有 4 户差巴，要凑足 50 至 100 头牲口是不可能的，只好出钱向邻近的谿卡雇牲口，然而要一下子凑足实在困难。这种差直到 1957 年才被废除。

（2）"索波喇嘛"差。札什伦布寺派出 15 至 20 名僧人去内蒙古地区诵经，每 3 至 5 年换一次，这些僧人往返运输及消耗全由差巴们负担。实际情况也和上面的类似，即由札什伦布寺派出一批僧人去内蒙，除传教诵经之外，也兼做买卖，剥削当地老百姓。他们去时简简单单，回来时个个腰缠万贯，带回大批绸缎、氆氇、布匹、酥油、干肉，每次 200 至 300 个驮子，这大批物资也同样的一站接一站地往回运。这繁重的运输任务对于康萨谿卡也是很难承受的。康萨谿卡向邻近谿卡雇来几十头牲口尽最大力量也只有 50 头左右，所以从康萨至边一站只好分批运送，3 至 5 天才运得完。

（3）经常性的外差。

一是马差，为宗政府运军粮到孜东、南木林等地，每年一般要出 5 人、马 10 匹、驴 20 头，往返两天。

二是阿波，札什伦布寺每 3 年大修 1 次。康萨谿卡的每 1 岗地出 1 个阿波，连干 3 年，还要自己带口粮。

三是送信差，每岗地每年平均支送信差 30 人次，远的往返 1 次要 1 天，近的往返一次也要半天。

四是草差，每岗地每年向札什伦布寺送草 5 驮。

五是大象差，据说许多年以前，札什伦布寺曾养有 1 头大象，规定每岗土地送大象吃的草 4 驮。目前大象早死了，但这项差还保留着。

六是酥油差。每头奶母羊每年交酥油 10 藏两，交不出酥油者，折交藏银 5 两。

七是肉差。每岗地向谿卡交羊肉 1 腔半。

八是羊毛差。每养 10 只羊，交 1 只羊的羊毛。

九是氆氇差。每岗地交氆氇两匹。

十是毛口袋差。每岗地交两条。

十一是纸差。每岗地交藏银 80 哲卡④。

十二是胶差。每岗地交树胶 8 藏两。

---

① 即今天南木林县的查尔乡（茶儿乡）。修订注。

② 曾为乌郁宗。1960 年 1 月并入南木林县，置达孜乡。1970 年改公社，1984 年复置乡。修订注。

③ 也曾写作"当雄"。即今天拉萨市的当雄县。曾为当雄宗。1960 年撤当雄、白仓、羊八井 3 溪置当雄县。现辖 2 个镇、6 个乡。修订注。

④ 哲卡是一张长 1 米多，宽不到长一半的藏纸单位。

十三是香火差。每岗地交桑柴4斤（两驮）。

十四是柴火差。每岗地交柴7斤（4驮）。

十五是线差。每岗地交毛线15藏两。

十六是银差。每岗地交藏银100两。

十七是牧业差。养100只羊交1只。

（4）内差，每1岗土地要给谿卡的自营地支4个整乌拉，每1个整乌拉，出1人劳役270天，耕牛1头犁地4天，毛驴1头运肥3天。合计种1岗土地的差巴要为谿卡自营地劳动1080人日，耕牛犁地16头日，毛驴运肥13头日。内差如此之多，但比起外差还算轻的。

以上名目多如牛毛的乌拉差役，沉重地压在康萨谿卡这样一个小村的农奴们的头上，人们实在难以承受，只得背井离乡，逃往他方。

2. 土地干旱、贫瘠

整个艾马岗地区是一片沙石地，康萨谿卡又是位于距水源最远的一个谿卡，这里的土地本来就很贫瘠，加之终年浇不上水，所以困难重重。因为水的问题，经常和邻近的夏噶、咱尼两个谿卡发生纠纷，康萨谿卡的更保有后藏堪厅作后台，曾多次到宗里告状，但终因夏噶、咱尼两谿卡的领主是前藏的，势力比堪厅大，最后康萨总是失败而归。因此，康萨谿卡连年旱情无法缓解，有的土地根本无法播种，大片大片的土地荒芜，人们不能坐以待毙，唯一的出路就是逃亡了。

3. 人逃地荒谿卡空

康萨谿卡的这12户人家，在沉重乌拉差役的盘剥下，在贫瘠干旱的土地上的确难以生活下去了。只得一户接着一户地背井离乡。这12户人家具体逃亡的经过如下：

最早逃亡的堆穷拉夏，他被强迫种地 $\frac{3}{8}$ 岗，乌拉差役之多实在难以支应，一个夜晚全家逃跑了。紧接着兴贝更仓和巡仓两兄弟，也放弃领种的 $\frac{1}{2}$ 岗土地连夜逃跑了。据调查，这3户逃跑之前，已早有打算，首先将家里的一些难带的东西分散到亲戚家，然后人才跑。过了几年之后，有人在萨迦地方见过他们，以打零工当佣人为生。这3户共12口人。

两年之后，差巴该雄巴的户主死亡，剩下老父亲、妻子和两个年龄尚幼的孩子，实在无法支差。由妻子把老父亲和孩子一起带回娘家，在艾马岗的哈布谿卡，成为一户贫苦的堆穷。这次共逃走4人。

同年，堆穷丹巴放弃了被迫种的 $\frac{1}{4}$ 岗土地，逃往江孜一带，当裁缝为生，这次逃走了6人。还是这一年，继丹巴逃跑不久，堆穷次旦卓玛，还俗喇嘛丹增，堆穷普穷，堆穷扎西才仁等4户因没有土地的约束，也就一户接着一户地离开了康萨谿卡。据了解，次旦卓玛逃到日喀则当佣人、帮人家捻羊毛、织氆氇为生。还俗喇嘛丹增，有人看见他在江孜，后来又听说他到过印度，回来后仍在江孜，无依无靠饿死了。普穷有一个儿子，在江孜入赘到一户中等人家当女婿，他投靠儿子家去了。扎西才仁本人就在这一年死在康萨谿卡，剩下的妻儿老小逃走了，至今不知去向。这次死亡和逃走的共18人。

又过了一年的春天，正在青黄不接的时候，堆穷次仁普赤生活没有着落，逃往牛谿的一户大差巴家里当堆穷。在此之后，堆穷拉努放弃了被迫种的半岗地，逃往艾马岗夏噶谿卡，起初在加萨玉甲这户大差巴的名下当堆穷，后因夏噶谿卡的权势大，他又转到夏噶谿卡当堆穷，至今仍在。这一年当中，共逃走两户 12 人。

康萨谿卡，在那动荡的三四年之间，先后共逃走 11 户 52 人。

最后，康萨谿卡只剩下康萨努巴一户，然而这一户的变化也很大。他家原有 16 口人，劳动力强，祖业地较多，在当地算得上是一户大差巴，曾娶过白那地方贵族洛林家的女儿做媳妇。在 7 年前，（1953 年左右）还能和汤本鲁古洞（大差巴，运动中划为领主代理人）平起平坐。但是，天有不测风云，人有旦夕祸福，前几年，他家死了几口人，连连请喇嘛诵经，大办丧葬，耗费空前，一时债台高筑，无力交租和支差，被谿卡收回 $1\frac{1}{2}$ 土地，目前一家 10 口人只种 1 岗地，下种 83 魁 16 升，勉强维持生活。

总之，康萨这个贫困的小村谿，原有的 12 户人家只剩下 1 户，原有的 68 人，逃走 52 人，死了 6 口，只剩下 10 口人了。在这种情况下，康萨谿卡的属主甘丹热甲寺，为了继续持这个谿卡，将经营权交给了土布加谿卡①的大差巴格桑丹增，此人较精明能干，他首先向札什伦布寺请求减免部分差役，然后从札康谿卡②请 5 户劳动力强的差巴在康萨谿卡领种土地并顶差役，再从土布加谿卡强迫两户堆穷搬来住，但这两户堆穷只住了 3 年又逃走了，这样，康萨谿卡才勉强地维持到现有的几户。

直至民主改革运动之后，康萨谿卡才起了根本性的变化，从其他地少人多的谿卡迁来 5 户无土地的贫苦农奴，共分得土地 307 魁。

三、艾马岗家庭调查

1. 哈布谿卡囊生——哈巴仓姆局

原日喀则艾马岗区的哈布谿卡，是西藏大贵族噶胥拔的一个庄园。哈不丘波即是噶胥拔派任哈布谿卡的农奴主代理人。1960 年只有 26 岁的哈巴仓姆局已被迫在哈不丘波家当了 10 年女囊生。同年民主改革后，哈巴仓姆局翻了身，脱离了依附封建领主的苦海，成了自己真正的主人，并同翻身的贫雇农青年格三结了婚，安了家，过上幸福的生活。

哈巴仓姆局一家，原来就是哈布谿卡的农奴，父名麻金，母名奔巴卓玛，姐姐叫参珍，大哥名师慈仁，二哥名洛央，三哥叫达古，一家 7 口人，在农奴主的残酷剥削之下，债务累累，遭遇灾荒，沦为乞丐。哈巴仓姆局 3 岁时，一家就过着行乞流浪的生活，被迫分离失散，相互死活不知。哈巴仓姆局和她和母亲一起留在谿卡里乞讨度日。她 13 岁时，母亲在饥饿、寒冷和病痛中惨死，哈巴仓姆局成了一个孤苦伶仃无依无靠的孤儿。当时谿卡里的中等农奴吞久三巴·德吉南木加把她卖给日喀则一个做酒的商人家庭去当佣人。每天割青草，找烧柴，打扫卫生，做酒……工作很多很累，稍不遂主人的心意，便要挨骂，但是能吃饱，没有挨过打。

哈巴仓姆局 16 岁的时候，因为一贯干活勤快，又比较聪明，被农奴主代理人才赖看上了，因之又被迫到哈不丘波家当囊生，成为完全失去人身自由的奴隶。10 年奴隶生活，第一年是放牧羊群，在人迹很少的刺柴草地上，她看不见一个人，只有羊群做伴，衣服又破又

---

① 即今天南木林县的土布加乡。修订注。

② 即今天亚东县堆纳乡扎康村。修订注。

少，成天冷得打哆嗦，糌粑根本不够吃，饿得心慌，就这样一天一天地挨过去。

第二年在家里做饭，给种田的佣人吃，并给主人洗衣服，带孩子。佣人们因为吃不饱，还没有完全认识到这是代理人的罪恶，很多人都责怪哈巴仓姆局把饭做少了，茶烧少了！事实上，佣人吃不饱，哈巴仓姆局也吃不饱，但她还要受到佣人们的误会和责难。当然佣人中也有能看清楚问题的人，如康萨八让夺不介就经常给佣人们解释，不是哈巴仓姆局不好，而是主人给的糌粑少。

从第三年起，她的主要工作便是割草、炒青稞、挖地、积肥和送肥，农闲时在家给佣人煮饭。一年到头，一天到晚没有一点闲暇的时候，过年过节的时候，主人们吃喝玩乐，而哈巴仓姆局的活反而更多。这期间，对主人的侍候要是稍不周到，便要挨打受骂。有一年过藏历年，哈巴仓姆局由于没有把哈不丘波的妻子侍候好，就被抓住头发，打嘴巴，打脊背，哈巴仓姆局被打得钻到桌子底下，又被脚踢。有一次，哈不丘波的二女儿，是一个在家的尼姑，她道听途说，诬赖哈巴仓姆局曾说过："这个尼姑经念得不好。"因此打了哈巴仓姆局一顿，使她全身落满了鞭痕。囊生挨打时，别的囊生是不敢求情的，自己更没有力量反抗，要到主人打累了才会罢休。有时遇到有干活的农奴来时，才会为她说几句求情讨饶的话。

哈巴仓姆局从19岁那年起，即被哈不丘波的两个儿子在他家三楼的经堂里强奸。一直到1960年民主改革之前，她都逃脱不了这两个野兽的凌辱。另一方面又受这两个野兽的妻子——沙珍的醋意打骂。哈巴仓姆局说，要是没有共产党，没有民主改革，她不知道还能活到几时，会变成个什么样子。

囊生的食宿是很差的。哈巴仓姆局说：一天三顿饭，三顿饭从来没有一点酥油。早餐是豌豆糌粑稀饭，但糌粑很少，只是用手巴掌指缝中漏下去的少许豆面，喝一点有些酸味的水。

中午喝较稠的稀饭，茶杯大的小木碗，也只是二三碗，根本不吃饱。哈巴仓姆局说：吃不饱，饿不死，就是一天的生活。她说像择仁卜贞（同村的另一女囊生）有爸爸妈妈，饿得支持不住，偷偷跑回家去，还能吃到一点东西，而哈巴仓姆局没有一个亲人，只有一年到头的挨饿。她说：晚上的一顿饭，虽然吃不饱，睡着了，也就不知道什么了。总之哈巴仓姆局一天的食宿状况，也就是一年的甚至十年来的囊生生活的缩影。她说白天劳动或放羊期间，由于吃不饱，由于天寒地冷，是囊生最痛苦的时刻。过年时能得到一点肉，也是死羊肉，发霉发臭的肉，就是这种肉，也不能自己动手，必须由主人用盘子均匀地分给囊生。

哈巴仓姆局很感激她的一些穷苦的青年朋友，她说比较高兴的时候、得到安慰的时候，就是主人不在、和她们一起劳动的时候，像同村的强革汪丘、泽仁仲嘎、夺不介等人，有时她们还给她一点糌粑和酸喝，可以和她们谈谈心。但是这种机会是不多的，要是被主人发现了是要挨打受骂的。

1959年12月民改工作队进村以后，哈巴仓姆局说，她20多年黑暗的生活，现在见到了太阳。哈不丘波家对她"改变"了态度，给吃好的，给睡好的，给好衣服穿，又给她一个戒指，但是她明白，这是收买她的行动。特别是代理人家属用一个铜戒指冒充金戒指拉拢她，使她更识破了农奴主阶级的面目。她说："共产党对我的恩情是说不完的，想想过去，比比今天的日子，比看镜子还清楚，三大领主和代理人是吃人的野兽。"

民主改革以后，哈巴仓姆局分到的胜利果实有：8 魁土地、1 头母牛、$\frac{1}{2}$ 耕牛、5 只羊、1 间很好的房子、2 把铑、2 把锄、1 个犁铧、1 把刀。另外得到 20 魁青稞的工资、1 口箱子、1 整套家具和 1 套从头到脚包括有内衣的服装，开始了做一个主人翁的幸福自由的生活。

2. 夏噶黎卡囊生——央吉家庭调查

央吉：女，现年 50 岁。原系夏噶黎卡大差巴其美才旺母亲第吉曲珍的陪嫁囊生，民主改革运动中划为奴隶。

央吉原籍拉萨市，是一户穷苦的堆穷。8 岁时父母双亡，和唯一的哥哥洛桑平措相依为命，因哥哥当时年岁也不大，支撑不起这个家，拖欠了人役税。央吉 10 岁这一年就在一户大差巴的威逼下当了囊生，给这家人看孩子。13 岁那一年，这家人的女儿第吉曲珍嫁到艾马岗夏噶黎卡大差巴，黎本（庄园的头人）旺加家来时，将央吉作为陪嫁囊生也一起带到艾马岗来了。

央吉 18 岁时与本地冈中黎卡的一个穷苦堆穷次旦相好，生下了大女儿才仁卓玛。但遭到第吉曲珍的强烈反对，说囊生没有权力成家。央吉和次旦这一对恋人只好分手了。央吉的女儿和妈妈一样成了第吉曲珍家的小囊生。

又过 4 年，央吉 22 岁时与第吉曲珍门下的一户堆穷加保相爱。不久被主子发现了，主人第吉曲珍心生一计，"痛快"地同意了央吉和加保的婚事，但提出了加保必须也成为他家的囊生作为条件。央吉和加保这对年青的恋人，为了能"幸福"地生活在一起，只得结为苦难的囊生夫妻。生下两个儿子，大儿子叫群佩，二儿子叫才旺仁增，生活了 10 年，加保劳累成疾死去了。当时央吉才 32 岁，带着自己的两个儿子，继续熬日子，过着猪狗不如的囊生日子。

非人生活的折磨，央吉很快人老珠黄，变成了一个老太婆。也就是在她 44 岁的这一年，主人第吉曲珍又耍了新花招，把门下一户堆穷名叫次仁的喊了来，甜言蜜语一番，说是要是把央吉"许配"给他的弟弟索南，目的是要将这个才 21 岁的年轻小伙子招到她家当囊生。因为堆穷次仁欠了第吉曲珍的债，只好劝弟弟勉强地接受了这门亲事，从此索南就成为专门为主人饲养性口的囊生，一年四季赶着畜群往高山上跑，白天风吹雨淋，夜晚睡在羊圈，他和央吉只是名义上的夫妻。实际上索南和央吉成亲是假，和牧群结缘倒是真的，由此可见农奴制下囊生的命运之悲惨。

另外，央吉的子女也同样，大女儿才仁卓玛是在 12 年前（1948 年）19 岁的那一年，被主人作为自己女儿萨准的陪嫁囊生，送给了哈布黎卡的大差巴，直到去年（1959 年）11 月，工作队进村之后，才获得人身自由回到夏噶黎卡和母亲团聚。再看央吉的大儿子群佩，在 8 年前（1952 年）19 岁的那年被主人旺加作为礼物送给了他姐姐的儿子群才家作囊生，直到今年元月，开展"三反双减"运动之后，群佩才获得人身自由回到夏噶黎卡来，母子得到团聚。至于央吉和小儿子，一直留在主人的家里当牛作马，央吉是给主人家煮饭的"囊玛"（负责内部家务活儿的囊生），除了给主人做饭之外，还要给堆穷、佣人们做饭、送饭。每逢主人其美才旺请客时，往往喝酒作乐至深夜，央吉也要陪到深夜，没日没夜地受煎熬，累得筋疲力尽。小儿子才旺仁增今年 23 岁，是主人家干农活儿的主力，也是为主人支外差的主力，干着最苦最累的活儿，吃不饱、穿不暖，据他自己说：活了 20 多年别说穿新衣服，连换都没有换过一件衣服。

央吉和她一家人的苦难史，是封建农奴制度下最常见的囊生苦难史。他们上无片瓦，下无寸土，干的是牛马活，吃的是猪狗食，连最起码的人身自主权都没有，只是被束缚在封建土地制度下会说话的工具！

伟大的民主改革运动，给囊生们带来了光明。通过"三反双减"，土地改革，央吉一家老少5口人，获得彻底解放，用他们自己的话说：第一次站了起来，成了真正的"人"！央吉和她的3个孩子组成了新家，分得土地18魁13升，耕牛半头（两家公用），奶牛1头，毛驴1头，绵羊5只。农具1套，另有锹、锄头、耢耙各1把，镰刀3把。分得房屋5间。解放囊生时，补1959年工资青稞每人20魁，共80魁。家用的炊具、家具1整套，新衣服每人1套。对于央吉的名义丈夫索南，尊重他自己的意见，让他回到他哥哥次仁家去了，同样分到他应有的一份土地和囊生工资、安家费用等。索南在运动中表现突出，成为民主改革运动中的积极分子，被选为农民协会的治安委员。

央吉和广大的奴隶一样告别了苦难的昨天，迎来幸福、光明的今天。

3. 哈布谿卡贫苦农奴登贞家庭调查

登贞，男，现年62岁（1960年），差巴，贫苦农奴。属主系大贵族噶胥拔。

登贞家有7口人，曾祖父辈是哈布谿卡的佃堆穷，祖父辈时，是佃差巴。到父辈和登贞时种有约半岗地，分为四份，即$\frac{1}{4}+\frac{1}{8}+\frac{1}{16}+\frac{1}{32}$岗地，共38魁8赤。支差时和本谿卡差巴一起出差。

登贞一年的收入情况

（1）农业收入：青稞混合下种10魁8赤，收31魁；小麦下种14魁，收42魁；豌豆下种14魁，收36魁；油菜下种1魁，收4魁；土豆下种25魁，收62驮半，合青稞130魁；萝卜下种5赤，收5驮，合青稞5魁；葱每年收1大袋，合10品藏银，计青稞11魁；草每魁地收7大筐，每筐8两藏银，每魁地56两银，56两银×38魁8赤=2614两。

614两÷45两（每魁青稞价格）=48魁4赤。

（2）副业收入，每年可获约248个鸡蛋，每个鸡蛋按7分钱算，248×7=1726分=17元2角6分，可买青稞7魁半。

每两年可生小牛1头，合3魁青稞，每年合1魁半青稞。

酥油，有1头奶牛，1月出8两酥油，1年产4魁16两，折青稞9魁半。

每年生小绵羊8只，每只羊合青稞1魁计8魁。

每年生小山羊3只，每只羊合青稞3索①，计2魁1索。

以上各项收入，合计折合为青稞328魁。

一年内登贞所种差地支的乌拉差役

（1）内差，即藏语"囊差"，在哈布谿卡自营地，即贵族噶胥拔的自营地，由代理人哈不丘波经营。

1月份："律度"，往谿卡代理人的羊圈内加水加土增加肥料，每天去1人，共去10天。

2月份："萨不都"，把圈里的肥和土搅拌好，再运到差地里去，每天1人去3天，另出4只驴驮运。

---

① "索"是容积计量单位，相当于升。1索=1公升。修订注。

"根究"，挖土到豁卡厕所搅拌积肥。每天出 1 人，共 9 天。

3 月份："萨不都"把地里的沙土用铁锹扬到地外去，出 1 人 1 天。

"若屯"，隔 1 年去 1 次，出 1 个半人去 1 天半，把豁卡各种圈里的肥都掏出来。

"律加究"，把掏出来的肥运到地里。出 10 个半人工，10 只半畜工，干 10 天半。

"门巴"，耕地播种，要出 2 人，1 对半耕牛干 5 天，合计出 10 个劳动力，15 头耕牛。

"兴曲"浇水，隔 1 天出 1 个半人，要出 9 天，共 13 个半人力。

"朗马"，修小水渠，每天出 1 个半人，计两天，共 3 人日。

4 月份："乌拉"，遇干旱不雨时，增加去差地浇水的次数 7 至 8 天，要出 10 至 12 个劳动力。

5 月份："律度"，到自营地豌豆地里拔杂草，再把杂草运回豁卡畜圈或厕所内，同时加土，共出 8 人 13 只驴。

"乌拉"浇水，同 4 月份，出 10 至 12 个劳动力（如果下雨则不用）。

6 月份："牙决倒漏"，自营地轮休地，要翻一遍，出 3 人挖 2 天，共 2 人日。

"兴曲"，浇水，同 4 月份。

"保斗"去自营地拔草，出 4 人日。

"莎色"，1 年要交 12 两藏银。

"爬玛"，交酥油差，每头奶牛交 3 钱藏银。

7 月份："然巴屯"到自营地去拔然巴草，要出 5 至 6 人日。

"牙沐"，自营地上有关轮休的一些杂活，要出 3 人日。

8 月份："扎马"，割青稞，要出 8 人日。"堆青稞"，在自营地上割下来的青稞，要在场上堆好，出 2 人日。

"门力"，收割后的耕地，出 2 人日。

9 月份："叫木都"，把青稞铺放在场地上，牵黄牛踩场，要出 3 人天，12 头黄牛踩场。

"于列"用四齿叉把场上的草和粮食分开，每天出 1 个半劳力，干 4 天，共出 6 人日。

"除刺柴"把领主地里的刺柴，或挖或砍倒之后，运给领主代理人哈不丘波做烧柴用，共要出 9 人日，8 只驴。

10 月份："乌拉"，挖厕所，搬刺柴等农活，要出 5 人日。

一年中只有 11 月、12 月无差。

以上合计共支 120 人日，27 牛日，64.5 驴日，交藏银 12 两 3 钱。

（2）外差，藏语"其差"，主要是向西藏地方政府支的差役。其差，随时要，随时支应。

"门伍"，由领主代理人哈不丘波直接收，再交日喀则宗，由宗政府交噶厦政府。一年交藏银 15 两。

"门孜扎厦"，由哈不丘波收送交宗政府，再由宗政府转交江孜英国兵营，这项由英帝国主义搜刮的差税，登贞一家年交藏银 4 两。

"打木扎"，这项差的原因，是有很多贵族，每年要集中在拉萨开一次会，交这种差，也就是给贵族去开会的马料钱。登贞两年交 1 次，为藏银 18 两，亦即 1 年要交 9 两。这项差一年由前藏负担，一年由后藏负担。后藏收齐这项差税后，要直接送到拉萨。

"马差"，1 年有 10 至 12 次马差，按路程远近，每次要出藏银 10 至 30 两。

"宗初马差"，给日喀则宗送有关信件等一般是去南木林宗、江孜、仁布宗①等处，1 年去 1 至 2 次，每次去 1 人，来回 4、5 天，折藏银 55 两。

"查屯"，给噶厦政府运盐，由艾马岗运到白纳②，去 1 人 3 驴，来回 3 天。

"乌宗"，1 年交藏银 4 品，由哈不丘波收集，再交到日喀则宗。

"莎噶马屯"有时出毛驴，或者出钱，1 年交藏银 4 两，这项差在 1956 年西藏自治区筹委会成立后已停交。

"马屯"，由于藏兵的经常活动，凡到哈布谿卡时，就要向藏兵送钱送物，一般 1 年 1 次，约交藏银 10 两。

"马夫"，藏兵去哈布谿卡周围各地时，给藏兵支的差，主要是喂马、看马等杂活。每年 1 次出 1 人，约 4 至 8 天，折 6 人日。

"伙夫"，内容同上，1 年 1 次出 1 人，做伙房佣人 4 至 8 天，折 6 人日。

"苦任"，日喀则宗经常有官员、贵族往来经过哈布谿卡，这期间要为他们做马夫、伙夫和脚夫等杂事，登贞要出 1 人 2 天的差。

"勾差"，官员、贵族过雅鲁藏布江渡口的船钱。每年要负担藏银 20 两。

以上共交藏银 317 两，出 11 人日，3 驴日。

（3）给农奴主代理人哈不丘波支的差。

①秋天割青稞时，要出 1 人 5 天，没有工资，每天给 1 餐伙食。

②为哈不丘波家砍树，砍下的木料再搬运到日喀则，由哈不丘波自己去卖。1 年要出 24 人天、15 头驴。

③为哈不丘波剪羊毛，再纺成线交给他家，如果不够斤两，要由差民赔偿，计 4 人日。

④1 年交 1 索（升），"姆孜"，一种可食的野生植物。

⑤割交烧的艾，1 年出 1 人日。

⑥替哈不丘波榨油，1 年出 3 昼夜工，折 5 人日。

⑦翻犁轮休地，1 年出 1 人日。

⑧秋收后踩场，出 2 人日。原来说有工资，但实际没有。

⑨1 年要出 3 头驴，为哈不丘波磨糌粑。

因差欠哈不丘波的高利贷，登贞的两赳土地被哈不丘波作为债息的抵押品拿去了。播种、耕种由登贞负担，收获物全部交哈不丘波。

以上共出 38 人日，另无偿交出两赳地的全部收获物。再出 18 驴日，1 赤青稞。

（4）一年内所需的雇工及农业投资

1 年要雇工 6、7 人天，付工资青稞 4 赳，付伙食费 1 赳。

农业投资，两年请铁匠 1 次，每次付工资青稞 1 赳，付伙食费 1 赳。

1 年请 1 次木匠做 1 天，付工资青稞 1 索，付伙食费 4 索。卖筐子等用青稞 1 赳。

以上计青稞 9 赳 3 赤。

（5）家庭开支

1 年食糌粑（青稞）90 赳；喝酩，用青稞 54 赳。

---

① 1960 年 8 月成立仁布县之前称仁布宗。1964 年 5 月划归日喀则地区之前属江孜专区。现辖 1 个镇、8 个乡。县政府驻他德吉林镇。修订注。

② 在今天的拉萨市达孜县德庆乡。曾为白纳公社。1988 年并入德庆乡。修订注。

一年食酥油：除自己的牛产 4 尅 16 两外，还要买 1 尅（用 2 尅青稞换来）。

1 年要喝砖茶 20 块；食盐 3 尅。

白面、土豆自给；吃 4 只羊自给。

用碱半斤。

酒曲 1.5 斤；萝卜自给。

菜子油 7 斤。

用麻 3.5 斤；用羊毛 3 尅。

用羊皮 3 张；添置内衣用藏银 30 两。

鞋带 4 双，藏银 20 两，发穗 2 条，用 10 两。

做衣服手工青稞 1 尅；3 年买帽子 1 顶藏银 3 品半，买小经旗藏银 3 两。

用羊油 2 尅；饲养羊年花藏银 2 品。

1 年付水磨工资青稞 5 尅；买酒糟花藏银 1 品；买颜色用藏银 40 两；买饲料草藏银 4 品。

宗教开支：1 年请 1 个喇嘛念 3 天经，每次念 1 天，供吃，给藏银 2 两。喇嘛来化缘，年给青稞 1 尅；请喇嘛咒邪鬼年给藏银 15 两。点佛灯年耗酥油 6 娘嘎。4 年换 1 幅唐嘎佛像，用藏银 4 两。

以上宗教负担为青稞 2 尅，藏银 23 两，酥油 6 娘嘎。

4. 扎康谿卡贫苦农奴堆吉·旺堆家庭调查

（1）家庭成员：9 口人，5 个劳动力

旺堆：户主，男，45 岁。原为贫苦堆穷，现划为贫苦农奴。

德吉：妻，46 岁。等级、阶级同户主。主家务。

旺秋才仁：长子，22 岁，等级、阶级同上。务农。

才丹昂珠：次子，19 岁，等级、阶级同上。务农。

才仁诺布：三子，16 岁，原为扎康谿卡的囊生，1960 年 3 月解放回家。本人成分是奴隶。放牧。

洛桑：四子，12 岁，阶级同户主。原为札什伦布寺的贫苦喇嘛，尚未还俗。

索南玉珍：长女，8 岁，阶级同户主，在德清谿卡小学上学。

盘道：次女，6 岁。阶级同户主。在家。

才仁卓玛：三女，4 岁，等级、阶级同户主。在家。

（2）生产资料占有情况

①土地占有：上等土地 7 尅，中等土地 6 尅，下等土地 4 尅，轮休地 3 尅 10 升，共计 20 尅 10 升。

②牲畜占有：奶牛两头，毛驴 1 头，绵羊 24 只，鸡 8 只，小牛两头。

③农具占有：锄头 1 把，锹 4 把，镰刀 4 把，筛子 3 个，背筐 1 个，四齿叉 2 把，二齿叉 1 把，毛梳子 1 副，织布机 1 台。

④房屋占有：大小破旧房屋 9 间。

（3）年收入：149 尅 10 升青稞。

①农业收入：138 尅。

青稞：30 尅。

小麦：40 尅。

豌豆：25 尅。

油菜子：8 尅。

马铃薯：15 尅。

草：40 驮，折合青稞 20 尅。

②副业收入：3 尅 10 升青稞。

羊毛 13 卷：折合青稞 2 尅 4 升。

产牛奶作酥油：折合青稞 1 尅 6 升。

③帮工收入：本人打短工得工资 8 尅青稞。

（4）全年支出：419 尅 11 升青稞。

①地租负担：种大差巴彭措旺杰 6 尅地，交实物地租青稞 1 尅 4 升。

②差役负担：本户每年向大差巴格桑旦真交差 428 天，按时间顺序略述如下：

1 月：

运积肥土，出 1 人支 6 天。

缝接断绳，出 1 人支 1 天。

砍冬柴，出 1 人支 16 天。

2 月：

围羊圈，出 1 人支 1 天。

运羊粪，出 1 人支 1 天。

剥树皮，出 1 人支 4 天。

撕羊毛，出 1 人支 2 天。

缝补粪口袋，出 1 人支 4 天。

3 月：

给羊圈洒水，出 1 人支 1 天。

运羊粪到积肥坑，出 1 人支 4 天。

送肥，出 1 人支 18 天。

修整田边水渠，出 1 人支 2 天。

修大渠，出 1 人支 2 天。

4 月：

往积肥坑运土洒水，出 1 人支 4 天。

浇地，出 1 人支 6 天。

送粪，出 1 人支 3 天。

种马铃薯，出 1 人支 3 天。

选青稞种子，出 1 小孩支 1 天。

春耕，出 1 人支 4 天。

下种，出 1 小孩支 4 天。

打畦子，出 1 人支 9 天。

5 月：

油菜间苗，出 1 人支 2 天。

积肥，出 1 人支 10 天。

浇地，出 1 人支 5 天。

打地楞子以防牲口吃庄稼，出 1 人支 5 天。

榨油，出1人支9天。

6月：

夏耕（轮休地）出1人支3天。

浇地，出1人支6天。

往积肥坑里运土洒水，出1人支15天。

洗羊，出1人支1天。

剪羊毛，出1人支1天。

锄草，出1人支5天。

7月：

翻地捡石头（轮休地），出1人支4天。

夏耕（轮休地），出1人支1天。

浇地，出1人支10天。

往积肥坑里运土洒水，出1人支15天。

为大差巴支外差（赶驮子），出1人支13天。

8月：

浇地，出1人支2天。

收豌豆，出1人支7天。

割小麦，出1人支5天。

将圈肥运往积肥坑，出1人支3天。

打刺柴叶子（羊的饲料），出1人支5天。

9月：

往打场上送麦捆，出1人支8天。

拾麦穗，出1小孩，支4天。

打场，出1人支10天。

踩场时从旁吆喝，出1小孩，支4天。

扫林卡中的落叶（作羊的饲料），出1人，支1天。

踩场，32头牛踩1天。

挖马铃薯，出1人支3天。

守夜看场，出1小孩，支18夜。

将打下来刺柴叶子，送往黎卡附近，出1人支1天。

10月：

为大差巴粉刷黎卡的外墙，出1人支1天。

晒羊粪（作燃料），出1人支2天。

作牛粪坯，出1人支3天。

为大差巴支外差（赶驮子），出1人支13天。

11月：

出羊圈肥，出1人支3天。

将羊粪运往积肥坑，出1人支2天。

榨油，出1人支9天。

12月：

运土（积肥），出 1 人支 6 天。

出羊圈肥，出 1 人支 2 天。

运羊粪到积肥坑，出 1 人支 2 天。

浇水使积肥坑结冰，出 1 人支 2 天。

③债务负担：列表如下

表 2 - 1

欠债内容	数 量	何年借起	年息	本人债	子孙债	额外剥削	债权人	保 人
青稞	31 尅	1929 年	$\frac{1}{5}$		✓	每年交鸡蛋 20 个	曲准	
青稞	12 尅	1929 年	$\frac{1}{5}$		✓	鸡蛋 8 个	曲准	
青稞	12 尅	1934 年	$\frac{1}{5}$		✓	鸡蛋 8 个	格桑旦真	
青稞	7 尅	1959 年	$\frac{1}{5}$	✓		鸡蛋 6 个	寺庙	尼玛
青稞	40 尅 8 升	1959 年	$\frac{1}{7}$	✓		葱两把	寺庙	才仁扎西
青稞	2 尅	1954 年	$\frac{1}{7}$	✓			春旺	
青稞	3 尅	1953 年	$\frac{1}{5}$	✓		鸡蛋 4 个	喇嘛尚丹	群批
青稞	4 尅	1955 年	$\frac{1}{5}$	✓		鸡蛋 6 个	更保措珠	群批
青稞	1 尅 12 升	1954 年	$\frac{1}{7}$	✓			彭措	
青稞	4 尅	1952 年	$\frac{1}{7}$	✓			彭措	
青稞	27 尅	1957 年	$\frac{1}{5}$	✓			喇嘛旺堆	
青稞	16 尅	1954 年	$\frac{1}{5}$	✓			堆穷群批	
青稞	6 尅	1959 年	$\frac{1}{7}$	✓		鸡蛋 8 个	喇嘛杰玛	
青稞	2 尅 16 升	1957 年	$\frac{1}{7}$	✓			堆穷索南杰保	
青稞	1 尅 12 升	1959 年	$\frac{1}{7}$	✓			喇嘛旦真才仁	
青稞	5 尅 12 升	1959 年	$\frac{1}{7}$	✓			列本才沛	

上述子孙债 3 项合计青稞 55 尅，本人借的债 13 项合计青稞 91 尅，共负债 121 尅，每年支付债利 37 尅 10 升。额外剥削鸡蛋 60 个，葱两把。

④宗教支出：44 尅 1 升青稞。

小孩和牲畜生病，请喇嘛念经，每年平均两天，工资及伙食支出青稞 1 尅 4 升。

求六畜兴旺，每年请巫师下神 1 次，工资 8 升青稞，伙食及麦面饼 5 个，折合青稞 3 升。共 11 升青稞。

日常烧香、买哈达供神等，支出青稞 6 升，到寺庙点酥油灯拜佛支出 1 尅 4 升青稞。共

1 尅 10 升青稞。

房顶插经旗，折合青稞 12 升。

请喇嘛念防雹经（集体的），本户支青稞 12 升。

给寺庙布施青稞 1 尅。

⑤农业生产投资：35 尅 8 升青稞。

请铁匠打农具 2 天，工资 16 升，伙食 1 尅，计 1 尅 16 升。

请木匠修、造农具 2 天，支工资 8 升，伙食 4 升，计 12 升。

买铁料，支青稞 3 尅。

种子 25 尅。

每 3 年添 1 头大牲畜，支 15 尅，每年平均 5 尅青稞。

⑥生活消费：301 尅 8 升青稞。

口粮：250 尅。

青油：自产菜子 8 尅，另买青油 12 升青稞。

盐：支 5 尅青稞。

碱：支 10 升青稞。

刺柴：15 驮，折合青稞 1 尅 16 升。

缝衣服：买布支青稞 5 尅。

缝皮袄：买羊皮支青稞 6 尅。

买羊毛：12 卷支青稞 2 尅 8 升。

买陶器：支青稞 2 尅。

饲料：自产草 40 驮，折合青稞 20 尅。

（5）民主改革后变化：旺堆是扎康豁卡最贫苦的一户堆穷。他 16 岁入赘至杰保家。连年家人继亡，负债累累，生活一天不如一天。该户在"三反双减"阶段获得粮食共计 13 尅青稞，分得草 21 筐，马铃薯 1 尅 12 升，萝卜 1 背筐。土地改革阶段分得上等地 6 尅，中等土地 7 尅 6 升，下等土地 5 尅 5 升，共计土地 18 尅 11 升；分得绵羊 13 只，山羊 3 只，耕牛 $\frac{1}{3}$ 头（三户合用），铁锹 1 把，布藏袍 1 件，是一户翻身户。

5. 冈中豁卡贫苦农奴达瓦次仁家庭调查

（1）家庭成员：5 口人，4 个劳动力。

达瓦次仁：户主，男，51 岁。原是贫苦堆穷，现划为贫苦农奴。小手工业兼贩卖牲口。

仓木觉：妻子，49 岁。等级、阶级同上。

曲准：长女，18 岁。等级、阶级同上。小手工业者。

阿旺次仁：儿子，16 岁。等级、阶级同上。小手工业者。

米玛央准：次女，9 岁。等级、阶级同上。

（2）生产资料占有情况

土地：无

农具：镰刀 1 把，小刀 3 把。

牲畜：毛驴 1 头。

房屋：无。住在临时支的帐篷里。

（3）年收入：91 尅 6 升青稞。

①小手工业收入：12 魁青稞。

编筐 20 个，收入青稞 8 魁。

捻毛线两袋，收入青稞 4 魁。

②贩卖牲口收入：65 魁青稞。

每年平均贩卖毛驴 6 头，赚青稞 60 魁。

每年平均贩卖奶牛 2 头，赚青稞 5 魁。

③做短工 40 天，收入青稞 4 魁，帮谿卡磨糌粑 20 天，收入 2 魁，共计 6 魁。

④其他收入：8 魁 6 升青稞。

买卖零碎东西，收入藏银 2 品，折合青稞 3 魁 12 升。

拾牛粪 36 驮，收入 4 品 16 两藏银，折合青稞 3 魁 12 升。

讨饭：折合青稞 2 升。

打草：收入折合青稞 1 魁。

（4）年支出：92 魁 15 升青稞。

①交人役税：每年向日喀则宗下属的"康噶"交人役税，每人 4 两，5 口人共 20 两。折合青稞 1 魁。

②商业税：因贩卖毛驴、奶牛等牲口，每年向札什伦布寺交税 15 两。折合青稞 15 升。

③宗教支出，每年到札什伦布寺朝拜 1 次，点油灯支出 1 升青稞。请巫师下神 1 次，工资以小东西（针、线、火柴等）交换，不给现钱或青稞。

④生产投资：19 升青稞。

小刀 1 把，藏银 1 两，折青稞 1 升。

搓绳子用毛，折青稞 6 升。

编筐、篓用草，藏银 10 两，折青稞 10 升。

羊皮，折青稞 2 升。

⑤生活消费：90 魁零半升青稞。

口粮：59 魁。

青油：菜子 1 魁。

萝卜两驮：藏银 1 品 10 两。折合青稞 1 魁 10 升。

马铃薯 3 驮：藏银 1 品 44 两。折合青稞 3 魁。

葱：藏银 24 两。折合青稞 6 升。

盐：折合青稞 1 魁。

碱：折合青稞 1 升。

肥羊油：折合青稞 6 升。

羊肉 3 腔半：折合青稞 7 魁 1 升。

茶叶 10 块：藏银 4 品 40 两。折合青稞 5 魁 16 升。

辣椒：藏银 8 两。折合青稞 5 升。

奶渣：青稞 1 升。

帽子：每 3 年男、女帽各 1 顶，平均每年支藏银 32 两。折合青稞 1 魁。

布内衫 1 件：藏银 10 两。折合青稞 5 升。

鞋子 1 双：藏银 25 两。折合青稞 13 升。

鞋钉：藏银 4 两，折合青稞 1 升。

围裙：5 年 1 条，平均每年支藏银 20 两。折合青稞 10 升。

牛粪 36 驮，自己拾的，折合青稞 32 升。

陶器：青稞 1 升。

木碗：每 5 年新买 1 个，每年平均支藏银 5 两。折合青稞 3 升。

酒曲：藏银 10 两。折合青稞 6 升。

磨糌粑费：青稞半升。

（5）家庭苦难史：在达瓦次仁的记忆中，从他祖父那一辈就无房无地，一直过着流浪生活。到他自己长大成人之后，开始做点小买卖，贩卖点牲口，编筐、编篓度日。他 35 岁时父亲去世，家庭经济更困难了，又开始过着流浪生活，来到日喀则做小买卖，和无业游民的女儿仓木觉相爱结婚，婚后来到艾马岗的冈中谿卡安家。达瓦次仁还有两个妹妹，大妹妹普布卓玛嫁给艾马岗哈布谿卡的商人热旦旺秋为妻，生活还过得去，所以母亲跟着大妹妹过日子。小妹妹宾吉和一个铁匠卡多（旧社会被认为是最下贱的人）相爱结婚，而受人歧视。

达瓦次仁一家 5 口，没有固定职业，又没有土地，主要靠贩卖牲口和编篓、筐为生，农忙时还要靠出卖劳动力增加一点收入，青黄不接时，让小孩子到各家讨饭吃。生活水平在冈中谿卡算是最困难的一户。

（6）民主改革后的新变化：民主改革运动给达瓦次仁一家带来了幸福，他家分得胜利果实如下：

土地：22 剋 16 升。

房屋：两间（谿卡的公房）。

农具：犁架 $\frac{1}{3}$ 套（3 家合用）。铧头 1 把，铁锹 2 把。

牲畜：耕牛 $\frac{1}{3}$ 头（3 家合用），奶牛 1 头，绵羊 15 只。

6. 咱尼谿卡贫苦农奴柳洛·扎西家庭调查

（1）家庭成员：4 口人。

扎西：户主，男，45 岁，原是贫苦差巴，现划为贫苦农奴，主要是在雅鲁藏布江渡口上渡船为生，再抽少许空闲时间务农。

达娃普赤：妻，56 岁。等级和阶级同上，以家务为主。

次旦旺姆：女儿，21 岁。等级和阶级同上。务农。

洛桑：养子，18 岁。外地逃来的。务农。

（2）生产资料占有情况

①土地占有：原领有祖业地 $1\frac{1}{4}$ 岗，因缺乏劳动力，大部分荒了，现在实际种地 34 剋。

②牲畜占有：耕牛两头，奶牛两头，马 1 匹，绵羊 29 只，猪 1 头。

③农具占有：犁 1 架，铧头 1 把，镰刀 3 把，背筐 2 个，四齿叉 1 把，两齿叉 1 把。

④房屋占有：院落较大，房间 15 间。

（3）年收入：236 剋 10 升青稞。

①农业收入：137 剋 12 升。

青稞 17 剋。

小麦 20 剋。

豌豆 30 魁。

马铃薯 30 魁。

青稞和豌豆混合粮 16 魁。

油菜子：折合 1 魁青稞。

草：40 驮。折合青稞 20 魁。

萝卜：折合 3 魁 12 升青稞。

②副业收入：20 魁 10 升青稞。

每年产绵羊羔 8 只，折合青稞 2 魁。

每 3 年产牛犊 1 头，每年平均收入青稞 5 魁。

每年平均产小猪 3 头，收入青稞 6 魁。

卖刺柴收入马铃薯 9 魁，收入藏银 55 两，折合青稞 1 魁 3 升，另外以柴换工 1 人劳动 4 天，折合青稞 1 魁 8 升，共 2 魁 10 升青稞。

③渡船收入：扎西本人是艾马岗地区的渡船人，这一项收入相当可观。每年可得工钱：青稞 51 克 8 升，藏银 27 品，折合青稞 27 魁。共计渡口收入 78 克 8 升。

（4）年支出：184 魁 5 升 2 普青稞。

①地租负担：扎西是日喀则宗直接管辖的差巴，按规定应向宗政府交地租（按 $1\frac{1}{4}$ 岗土地算）103 魁 8 升青稞，但是入不敷出，每年都因拖欠地租，被宗政府抓去坐牢一两个月。

②债务负担：据本人估计他家欠的子孙债有 8、9 笔之多，究竟欠多少也说不清，只知道每年付债息 14 魁 19 升 2 普（1 普为 0.16 升）

③宗教支出：每年请喇嘛念经一次，支工资及伙食费折合 8 升青稞。

④生产投资：18 魁 6 升青稞。

添置农具：铧 1 把，犁 1 架，锄头 1 把共计折合青稞 2 魁。

补牛皮船支出折合青稞 8 魁。

请短工：40 天支工资 4 魁 6 升，伙食费 4 魁，共计青稞 8 魁 6 升。

⑤生活消费：150 魁 12 升青稞。

口粮：140 魁。

青油：3 魁油菜子。

盐：折合 3 魁青稞。

陶器：折合 12 升青稞。

衣服：几年才做上一件，平均每年约支 1 魁青稞。

酥油、肉：均靠自产，无法估计。

（5）民主改革后的新变化

扎西在四代之前与本谿卡的大差巴柳强是一家，分家后扎西这一支日趋败落。土地虽然不少，但缺乏劳力，生产上不去，由此负债累累；加之沉重的地租盘剥，生活上很困难。土地改革阶段因他家土地超过当地每人平均数，故未分给土地，只分给了两只送粪毛袋。但是民主改革运动免去了他所有的地租负担和债务负担，因此，他非常感谢党的民改政策。

7. 扎康谿卡中等农奴索纳才仁家庭调查

（1）家庭成员：9 口人，劳动力 6 人。

索纳才仁：户主，男，54 岁，原为中等堆穷，现划为中等农奴。务农。

索纳：兄，男，59 岁。等级、阶级同上。务农。

昂珠：长侄，男，27 岁。等级、阶级同上。务农。

丹巴：四侄，男，21 岁。等级、阶级同上。务农。

旺秋：五侄，男，14 岁。等级、阶级同上。牧羊。

错姆：大侄媳，女，29 岁，原籍艾马岗康萨豁卡。等级、阶级同上。半农半家务。

次丹昂珠：长侄孙，男，6 岁。等级、阶级同上。在家。

索南：次侄孙，男，4 岁。等级、阶级同上。在家。

普布卓玛：侄孙女，2 岁，等级、阶级同上。在家。

（2）生产资料占有情况

①土地占有情况：上等土地 12 魁，中等土地 7 魁，下等土地 5 魁。轮休地 4 魁，共计 28 魁。

②牲畜占有情况：奶牛 3 头，牛犊 2 头，驮牛 2 头，毛驴 5 头，山羊 4 只，绵羊 225 只，鸡 4 只。

③农具占有情况：铧 1 把，铧头 2 个，镰刀 8 把，筛子 4 个，背筐 6 个，四齿叉两个，二齿叉 3 个，羊毛梳子（刷子）1 副，织布机 1 台，铁锹 11 把，锄头 5 把。

④房屋占有情况：院落较大，房间 25 间。

（3）年收入，253 魁 8 升青稞。

①农业收入：194 魁 18 升。

青稞 60 魁。

小麦 40 魁。

豌豆：30 魁 5 升。

油菜子：5 魁。

马铃薯：33 魁 10 升。

萝卜：2 驮半，折合青稞 12 升。

葱：半驮，折合青稞 16 升。

草：40 驮，折合青稞 20 魁。

②副业收入：49 魁青稞。

羊毛：200 只羊的毛，折合青稞 3 魁 12 升。

酥油：8 魁，折合青稞 16 升。

鸡蛋：80 个，折合青稞 1 魁。

③债利收入：8 升青稞。

放债 2 魁 4 升，每年收入利息 8 升。

④其他收入：每年卖木料平均收入青稞 9 魁 12 升。

（4）全年支出：379 魁 14 升青稞。

①地租负担：8 魁 4 升青稞。

自开荒地一块，大差巴格桑旦真硬说是他家的祖业地，每年交地租 8 魁青稞。

租种白萨谿卡①的差巴公用地，每年交租 4 升青稞。

②差役负担：本户每年须向大差巴格桑旦真支乌拉 428 天，按时间顺序略述如下：

1 月：

挖运积肥土，出 1 人支 6 天。

缝接断绳，出 1 人支 1 天。

砍冬柴，出 1 人支 1 天。

2 月：

围羊圈，出 1 人支 1 天。

运羊粪，出 1 人支 1 天。

砍树，出 1 人支 12 天。

剥树皮，出 1 人支 4 天。

撕羊毛，出 1 人支 2 天。

缝补粪口袋，出 1 人支 4 天。

3 月：

给羊圈洒水，出 1 人支 1 天。

运羊粪到积肥坑，出 1 人支 4 天。

送肥，出 1 人支 18 天。

修整田边水渠，出 1 人支 2 天。

修大渠，出 1 人支 2 天。

4 月：

往积肥坑里运土洒水，出 1 人支 4 天。

浇地，出 1 人支 6 天。

送粪，出 1 人支 3 天。

种马铃薯，出 1 人支 3 天。

选青稞种子，出 1 个小孩支 1 天。

春耕，出 1 人支 4 天。

下种，出 1 个小孩支 4 天。

打畦子，出 1 人支 9 天。

5 月：

油菜间苗，出 1 人支 3 天。

往积肥坑里运土洒水，出 1 人支 10 天。

浇地，出 1 人支 5 天。

打地楞以防牲口吃庄稼，出 1 人支 5 天。

榨油，出 1 人支 9 天。

6 月：

夏耕（轮休地），出 1 人支 3 天。

浇地，出 1 人支 6 天。

---

① 即今天南木林县索金乡。曾称白龙、白莎等。1960 年置索饮乡，1970 年改公社。1984 年复置乡。1988 年撤区将索饮、基热 2 乡并置为索金乡。修订注。

往积肥坑里运土洒水，出1人支15天。

洗羊，出1人支1天。

剪羊毛，出1人支1天。

锄草，出1人支5天。

7月：

翻地捡石头（轮休地），出1人支4天。

夏耕（轮休地），出1人支1天。

浇地，出1人支10天。

往积肥坑里添土洒水，出1人支15天。

为差巴支外差（赶驮子），出1人支11天。

8月：

浇地，出1人支2天。

割豌豆，出1人支7天。

割小麦，出1人支5天。

将圈肥运往积肥坑，出1人支3天。

打刺柴叶子（饲料），出1人支5天。

9月：

往打场上送麦捆，出1人支8天。

拾麦穗儿，出1小孩，支4天。

打场，出1人支10天。

踩场时从旁吆喝，出1小孩，支4天。

扫林卡中的落叶（饲料）出1人支1天。

踩场，32头牛踩1天。

挖马铃薯，出1人支2天。

守夜看场，出1小孩，支18夜。

将打下来刺柴叶子送往黏卡附近，出1人，支1天。

10月：

为差巴粉刷黏卡的外墙，出1人支1天。

晒羊粪（作燃料），出1人支2天。

作牛粪坯，出1人支3天。

为差巴支外差（赶驮子），出1人支13天。

11月：

出羊圈肥，出1人支3天。

将羊圈肥运往积肥坑，出1人支2天。

榨油，出1人支9天。

12月：

运土积肥，出1人支6天。

出羊圈肥到积肥坑，出1人支2天。

使积肥坑结冰，出1人支2天。

此外，还有一些不定期的差役：

远途运输、送信，平均每年出 1 人支 12 天。

短途运输、送信，平均每年出 1 人支 10 天。

为谿卡炒青稞，平均每年出 1 人支 8 天。

驴差，为谿卡送柴、草、糌粑等到日喀则宗，出 1 头毛驴支 10 天。

③宗教支出：6 魁 6 升青稞。

请喇嘛念经 3 天，工资 6 升，伙食 10 升，共 16 升青稞。

请巫师下神 1 次，工资及伙食 1 升（7 户合请，所以负担较轻）。

点佛灯用油、买"桑"（一种香）、房顶插经旗等，共支青稞 2 魁。

集体请喇嘛念防冰雹经，支工资及伙食费，每户平均青稞 2 魁。

每年向寺庙布施青稞 1 魁 8 升。

向札玛藏寺交灯油费，青稞和糌粑各半斤，合计 1 升。

④农业投资：61 魁 2 升青稞。

请铁匠修理、制作农具 2 天，支工资 8 升，伙食费 4 升，共青稞 12 升。

请木匠制作农具 1 天，支工资 4 升，伙食费 4 升，共青稞 8 升。

种子 20 魁。

买奶牛犊 1 头支青稞 17 魁，买毛驴驹 1 头支青稞 15 魁。

饲料：粗糌粑 3 魁，草 40 驮折合青稞 20 魁，共 23 魁青稞。

请短工 1 人 7 天，支工资 14 升，伙食费 1 魁 8 升，共支青稞 2 魁 2 升。

⑤生活消费：304 魁 2 升。

口粮：280 魁粮食。

盐 5 魁：折合青稞 5 魁。

买柴：除自己打柴外，还少许用钱买点，支藏银 6 两，折合青稞 10 升。

青油，折合青稞 7 魁。

买布 6 尺，支青稞 1 魁。

买牦牛皮作鞋底，支藏银 1 品 30 两。折合青稞 1 魁 12 升。

买羊皮支青稞 5 魁，买羊毛支青稞 1 魁。

买陶器支青稞 3 魁。

请小工修房子，支工资 2 魁，伙食 3 魁，共计 5 魁青稞。

（5）民主改革后的变化

该户是扎康谿卡中较富的一家堆穷，家中有两人参加革命工作。户主的二侄道杰是人民解放军某部的副排长，三侄子平措毕业于西南民族学院，现在定日县当干部，长侄昂珠是艾马岗农民协会的委员，工作积极，表现较好。

"三反双减"运动中分得粮食 30 魁，麦草 21 筐，马铃薯 1 魁 12 升，萝卜 1 背筐，土地改革阶段分得土地上等地 4 魁 5 升，中等地 14 魁，下等地 3 魁 15 升，共计 22 魁土地。索纳才仁这一户虽是中等农奴，在这次民改运动中还是获益的户。

8. 哈布谿卡中等农奴强巴塔杰的家庭情况调查

强巴塔杰系艾马岗哈布谿卡的中等农奴，差巴，现年（1960 年，下同）44 岁。家庭人口计 12 人。弟，强巴汪扎，42 岁。他们兄弟两人共娶一妻，名明玛卓玛，55 岁。长子强巴汪丘，33 岁，次子索南汪甲 27 岁，二人共娶一妻，名卓玛央吉，年 30 岁，长女巴桑卓玛，20 岁，三子强巴汪堆 9 岁，四子择仁盆多 6 岁，五子彭措扎西 4 岁。老母亲名巴桑 78 岁。

有一个放羊的女佣人，名仓母局，50 岁。

强巴塔杰是哈布豁卡仅次于农奴主代理人策旺的最富的一家差巴。据本人说在六七代人前家里很富，与代理人策旺的父亲哈不丘波家是同样富有的，两家负担的差役也是一样的。同样受着贵族农奴主噶胥拔的重视。

强巴塔杰年幼时，他的两个父亲：尼玛哈郭、哈巴泽仁（属一妻多夫家庭），因为债务问题和不知发生了什么问题都逃跑了，一人逃到当时哈布豁卡管家宜巴拜多家当佣人；一人逃到拉萨谋生。家里无人，塔杰的哥哥强巴旺甲 12 岁便当了家长。因此，在过去的三四十年中家里是贫穷的。每年靠将种出的土豆运往日喀则出卖，再往孜东买回菜子，从中获取利润生活。1940 年前后，儿子长大，劳动力加强，佣人仓姆局劳动好，家庭慢慢富裕起来，但债务还多。

（1）年收入，按 1958—1959 年的收入是：

青稞收 210 剋 3 索 8 赤

（土豆）55 袋，折合青稞 96 剋 1 索，

割草，折合青稞 12 剋 2 索。

卖葱折合青稞 12 剋 1 索。

油枯，折合青稞 44 剋，强巴塔杰有一座油房，除自己打油外，租给村民打油的油枯收入，约合青稞 25 剋（包括在 44 剋的总数之内）。

萝卜收入，折青稞 5 剋 1 赤

刺柴地收入，每年折青稞 8 剋 4 索。

以上农业收入合计 384 剋 1 索 9 赤。

（2）牲畜占有：母牛 1 头、公牛（驮牛）1 头、耕牛 2 头；毛驴 4 头、马 1 匹；绵羊 117 只、山羊 15 只，每年的羊毛收入，折青稞 26 剋 2 索。以 3 年每年产小羊的平均数计算，每年产小羊 23 只，折青稞 5 剋。

（3）生产工具占有：铁锹 10 把，锄头 12 把，耙 2 把，尖锄 1 把，铧头 10 个。家庭劳动力除去 3 个小孩 2 位老人不能参加劳动外，有 7 个较强的劳动力。

土地占有 63 块，需要 17$\frac{1}{4}$ 对耕牛才能犁完，能够播种 59 剋零 16 赤，土地属主是前藏贵族噶胥拔。地租的交纳方式，不是实物，而是通过繁重的劳役差和乌拉来体现的。这种乌拉差役，又是通过噶胥拔在哈布豁卡的代理人哈不丘波父子去征派的。

（4）乌拉差役的负担

2 月，哈不丘波家从牛豁卡要请 30 个喇嘛来念经，要负担 5 头毛驴，3 个劳动力来回驮运 2 日，为喇嘛驮运行李。另外还要出 2 个劳动力驮 5 驮烧柴。为了解决喇嘛的粪便（全豁卡要出 11 人运土），强巴塔杰要出 1 人，运 9 天。至于喇嘛的茶水是由 3 户堆穷负担的。

3 月间积肥、运肥、出肥要出 21 人，37 头毛驴，这份差原来是给噶胥拔出的，后来转给哈不丘波出。

运完肥翻土，修水沟，出 5 个劳动力。

4 月份，灌溉和种土豆同时进行，出 9 个劳动力。做 9 天。然后运肥、挖土、下种出 7 人做 7 天。此外在噶胥拔的自营地上，要出 9 对耕牛次，18 人次。一般地种完后，不好的地称为"塔新"的才开始耕种，灌溉出 1 人，松土出 1 人，耕地出 1 对牛和 2 个劳动力。

支"兰麻差"：意思是浇完地后，修理一下水渠，出 8 个人，做 8 天。另外还要运回哈

不丘波的羊粪，出 10 头驴 2 个人。

5 月份，整理哈不丘波的轮休地，翻 4 次，灌 1 次，出耕牛 4 对，6 个劳动力，然后薅除地里的杂草，出 6 人，再灌 1 次水，出 2 个人。

6 月份，运土积肥，出 19 头毛驴，17 人。艾马岗的地里石子多，要出 5 头驴，2 个人力。然后运土到畜圈要出 10 人力。

7 月份，再挖一次轮休地，出 5 个人力。

8 月份，收割青稞、小麦、豌豆一共出 15 个人，8 月底砍刺柴出 5 个人力、25 头毛驴。拣土豆一项麻烦活，拣两次，出 8 个人力。

9 月份，把收回的粮食运到场上打场，出 3 个人力，运粮只许人背回，不准用牲畜驮，怕粮食被牲畜吃掉或撞落了。正式打场期间要出 10 头牛，风扬粮食的时候出 20 人日，最后剩下的粮食还要出 1 个人，2 牛日，筛粮食时再出 1 人日。

打完场，要打下刺柴的叶子喂羊，出 2 人日。

10 月份，树叶枯干，要打树叶喂羊，依然出 2 人日。每到 10 月哈不丘波的房舍要粉刷 1 次，要出毛驴 1 匹，1 人日运回石灰，然后再 1 人日粉刷房子。

11 月、12 月，羊粪要全部集中在一起驮往日喀则出卖，需要出 5 人日；回来后羊圈填土灌水，出 9 人日。送酩（青稞酒）往日喀则出 1 头驴 1 个人。送萝卜、土豆往日喀则出 5 头驴、1 个人。

榨油两夜，1 夜出 6 个人共 12 人力。发下的菜子和打出来的油都用秤去称，油和油枯如果不足数，要支差人赔偿。

哈不丘波家的临时工作是很多的，诸如砍树、修理房子、送信等，随时可以指派百姓，因此是无法计算得出来的。

下列是外差，藏语"其差"或叫"介任"，译意是长途差。每年到日喀则送信，要出 10 日，每人来回 3 天，合计 36 天。

"擦堆"译意是送盐差，从咱呢谿卡运到边那、归让两地，出 2 个人，10 头驴，计 3 日。

"门啊税"译意不详，1 年给日喀则宗交藏银 150 两。

"降则杂辖"税，译意不详，每年给日喀则宗交藏银 200 两。

"错本子甲"税，意思是 1 年出多少差、畜，由错本经营，因此要向错本交 250 两。

"宗鸡洛"，意思是要交刺柴税。全谿卡出 4 头毛驴，强巴塔杰家出 1 头毛驴。

在一年当中，不管是政府官员还是贵族，大喇嘛以及哈不丘波的亲戚等，来到哈布谿卡的一切食宿，由全谿卡百姓负担，强巴塔杰说，这部分负担无法计算，没有定规。

牛谿卡的喇嘛到日喀则念经，由艾马岗至日喀则一段的运输由哈布谿卡出。全谿卡出 8 头毛驴，强巴塔杰出 2 头驴。

以上外差，称为 $2\frac{1}{16}$ 的差岗，每年计折合青稞 14 尅 12 赤 1 普。

兵差：哈布谿卡出 1 个兵，强巴塔杰家摊派的负担是糌粑 1 索，肉和酥油折价藏银 15 两，茶折价 12 两，1 名藏兵的工资 75 两，衣服藏银 100 两。

"降粪马"兵差，意思是住在西康的兵。"萨岗介那"意思是 $\frac{1}{8}$ 的马岗（即 8 岗出 1 个兵），这两项差，强巴塔杰一家，一年要出藏银 30 两，糌粑 2 索，工资 50 两。此外还负担有 $\frac{1}{4}$ 的兵差，1 年要交纳糌粑、酥油、茶叶加起来，计合 140 两。

从上列的差役负担，我们可以大致看到在西藏封建农奴制度统治之下，一家中等农奴的负担是怎样的沉重。

（5）宗教负担：由于西藏人民是信奉藏传佛教的，他们信仰的宗教负担是可观的。就强巴塔杰一家宗教开支来说：念"措佳"经3天，喝酰消耗青稞15索，吃羊腔1只半，麦面4索，沱茶2个，糌粑2索，酥油5索，清油2索半，做各式各样的糌粑偶像要用青稞8索。请乌介任波且（即财神）要荞麦1桶，炒青稞1索，香钱4两。

念1次麻尼经，要酰合青稞5索，沱茶1个，麦面2索，酥油1索，羊腔 $\frac{1}{4}$ 只，做各种面偶像糌粑半索，香钱1两，菜油1桶，念麻尼工资1索。

一年请喇嘛念10天经，消耗土豆3索， $\frac{1}{2}$ 只羊腔，折合青稞半索，砖茶1个半，酥油2索，工资60两（1个喇嘛给10两）。

一年间房顶上用的经旗布折合藏银25两，点佛灯耗油，折合青稞10索。

一年中要到牛谿卡寺院朝拜一两次，去1次要送1条哈达，5两藏银。家中若有病人，要把病人的1件好衣服，外加1条好哈达送到寺院。

布施化缘的负担：一年间从恩规寺来尼姑10人，要给青稞2尅。从牛寺来的喇嘛和牛谿卡来的尼姑，每人要给青稞2索。从宰谿卡来的尼姑给青稞1索。一般流浪游方和喇嘛给青稞2索。

（6）债务负担

强巴塔杰家一共欠有5起债：一是欠哈不丘波家的子孙债，不知因为什么缘由，在四代人以前，欠下哈不丘波家350尅青稞（约为120年前）每年还息6尅10赤，据说已还债息760尅。二是欠夏嘎谿卡代理人迪吉曲珍10尅青稞，借7还8，一年还利息1尅8赤。三是欠牛谿卡寺院扎仓藏银500两，每年还利150两。上列3笔债属于欠农奴主和代理人的。四是欠日喀则铁匠通珠250两藏银，无利。五是欠吉巴增呷600两藏银，无利。

（7）一年间农业生产的投资

种子耗63尅；饲料耗40尅；喂牛一般是榨油的油枯，马、羊、狗的饲料较多。请铁匠修理两天工具，耗酰青稞1索，酥油茶1索，羊肉半索，工资4索（均以青稞折算）请木匠2天，情况与铁匠基本相同。不同的是木匠工资只给2索。工料木料自己有，买铁要藏银400两。每年添置锄1把、锤1把、锹1把，折合藏银160两左右。强巴塔杰说，解放前铁很贵，且不易买到。解放后，特别是50年代末期，铁价低，易买到。

此外每年修水利出2个人，半索酰，8个馍馍，另给水利工头代理人拉不让平措一点酰。

强巴塔杰家，因为劳动力多，一般不雇工，只有1个放羊的妇女，对这位年已半百的妇女剥削是重的，没有工资，只供粗劣的衣食。

（8）一年间生活资料的消费情况

衣饰：一家12口人，平均每人1年要做1件布料衣服，价值藏银45两，合计530两。每年所产毛线不够织氆氇自用，尚需向别人购买价值6尅青稞的毛线。七八年来只做了3件皮袄。靴子底是自己做的，帮是由外面买的。年耗藏银800两。买1件绒衣要藏银120两，买1顶帽子价值30两藏银。添置垫子，年耗70两藏银，添置袋子约耗青稞6尅。添置妇女饰物，年耗100两藏银。

食：一年食青稞140尅，白面72尅，土豆240索。一年喝酰耗青稞28尅4索，从日喀则买回大米 3 至 4 索。一年耗砖茶 36 块。除自己奶牛所产酥油供食外，添补购买酥油 6 卡。买进酥油和茶两项，计折合青稞 40 魁。一年间食盐价值青稞 2 魁、碱价值青稞 3 魁。

肉食：每年杀羊 14 只，杀牛 1 头。

买糖需藏银 300 两。

强巴塔杰一家，虽然是中等农奴，但在哈布豀卡除了农奴主代理人策旺（哈不丘波之子）一家外，已算农奴中最富有的一家。由于强巴塔杰与农奴主代理人家的关系好，在群众中有威信、有势力，在民主改革中划为中等农奴以后，曾分得 1 把铁锹、2 个口袋、1 个菜盘。一家人对废除高利贷的剥削，对废除乌拉差役的奴役与剥削，非常高兴，认为只有共产党来了，在共产党的领导下，他们一家人才有可能获得解放，才有可能在农奴制度的长期统治压迫之下得到新生。

9. 夏噶豀卡富裕农奴玉加家庭调查

（1）家庭成员：8 口人，劳动力 5 人（其中务农只有 3 人）。

玉加：户主，男，46 岁。原为上等差巴，民改中划为富裕农奴。每年劳动 4 个月。

旺加：弟，44 岁。当藏兵。等级、阶级同上。

准穷：妻，39 岁。等级、阶级同户主。主家务。

索南旺堆：儿子，22 岁。等级、阶级同上。务农。

贝旦卓玛：儿媳，32 岁。等级、阶级同上。务农。

次仁多杰：次子，6 岁。等级、阶级同上。

米玛普赤：母亲，75 岁。等级、阶级同上。家务。

强巴桑姆：姑母，75 岁。等级、阶级同上，尼姑。

（2）生产资料占有情况

①土地占有：1 个马岗，95 魁地。

②牲畜占有：耕牛 5 头，奶牛 3 头，马 1 匹，毛驴 5 头，绵羊 14 只，鸡 14 只。

③农具占有：犁 7 把，铧 6 把，耙 2 个，二齿叉 5 把，镰刀 6 把，四齿叉 8 把，筛子 5 个，筐 4 个，笼套 2 副，锹 8 把，锄 5 把，织布机 1 台，毛刷 1 副。

④房屋占有：12 间。

（3）奴隶占有情况：堆穷 1 户，佣人 3 户。

表 2-2

名　字	人　口	支乌拉数	帮工人数	种土地面积	年　工　资
次旦哈姆	4	1		8 魁	
阿旺	5		2	3 魁	9 魁
尼玛顿珠	2		1		5 魁
卓玛	1		1		1 魁 1.5 升

（4）全年收入：696 克 11 升青稞。

①农业收入：555 魁青稞。

青稞：250 魁。

小麦：150 魁。

豌豆：50 奎。

油菜子：9 奎。

马铃薯：2 驮，折合青稞 2 奎。

萝卜：8 驮，折合青稞 2 奎。

葱：半驮，折合青稞 2 奎。

青草：2 平方块，割青草 180 驮，折合青稞 90 奎。

②牧业收入：53 奎 5 升青稞。

酥油：17 藏斤，折合青稞 17 奎。

奶渣：2 克，折合青稞 4 奎。

羊毛：6 袋，折合青稞 18 奎。

牛犊：1 头，折合青稞 5 奎。

羊羔：2 只，折合青稞 13 升。

小毛驴：1 头，折合青稞 4 奎。

鸡蛋：平均年产 330 个，折合青稞 4 奎 12 升。

③副业收入：50 奎青稞。

油房：工资收入青稞 10 奎。

磨房：工资收入青稞 20 奎。

木匠收入：工资青稞 20 奎。

④林木收入：17 奎 7 升青稞。

干柴枝：28 驮，折合青稞 7 奎。

柳树竿子：20 根，折合青稞 6 奎。

刺柴：35 驮，折合青稞 4 奎 7 升。

⑤地租剥削收入：20 奎 19 升青稞。

对分地租：4 奎 13 升青稞。

佃地地租：16 奎 6 升青稞。

（5）全年劳役剥削情况：堆穷 1 人，佣人 4 人常年在土地上劳动，因劳动时间同，按月统一略述如下：

1 月：

积肥 7 天，35 个工。

割刺柴 4 天（两年 1 次）10 个工。

捻羊毛毛线 4 天，20 个工。

2 月：

运土积肥 30 天，100 个工。

浇地 10 天，50 个工。

3 月：

浇地 3 天，15 个工。

撒肥 3 天，15 个工。

种小麦 10 天，50 个工。

修水渠 7 天，35 个工。

运肥 7 天，35 个工。

4 月：

种青稞、豌豆 20 天，100 个工。

积肥 13 天，65 个工。

5 月：

浇地 7 天，35 个工。

锄草 4 天，20 个工。

6 月：

耕轮休地 15 天，75 个工。

积肥 10 天，50 个工。

7 月：

浇水 15 天，75 个工。

运柴围场地 3 天，15 个工。

割青稞 15 天，75 个工。

8 月：

运青稞麦捆 7 天，35 个工。

割小麦 5 天，25 个工。

打场 18 天，90 个工。

9 月：

割刺柴 5 天，25 个工。

磨糌粑 3 天，15 个工。

10 月：榨油 10 天，50 个工。

11 月：到日喀则卖农产品、买日用东西，往返 3 天，只去 2 人，6 个工。

全年被剥削劳役 1121 个工。

（6）以畜工换人工的情况，秋收大忙时以耕牛或毛驴换人工。一般是耕牛两头犁地 1 天换 3 人收割 1 天，毛驴 3 头运土积肥 1 天换 2 人收割 1 天。全年以畜工换人工约 100 个左右。与玉加换工的穷苦差巴和堆穷有：多吉、次仁、顿珠、陈来、古桑、罗布旺札、罗布次仁、次仁顿珠、好屯、哈巴次仁等 10 户。

（7）全年支出：779 魁 117 升青稞。

①地租负担：6 魁青稞。

白萨谿卡地租：青稞 6 魁。

玛岗地 1 个岗，出 1 人当藏兵（其弟旺加当藏兵）故免了租。

②杂差负担：4 魁 1 升青稞。

准松拉恰（狱卒工资）藏银 60 两。折合青稞 1 魁 17 升。

曲珍岗：1 魁 3 升青稞。

商业税：18 升青稞。

萨洛税：藏银 4 两，折合青稞 3 升。

③债务负担：列表如下

表 2 - 3

欠债内容	数　量	何年借	年息	本人债	子孙借债	债权人
青稞	60 魁	不详	$\frac{1}{7}$		✓	帕厦
青稞	21 魁	不详	$\frac{1}{7}$		✓	杜康奥巴
青稞	60 魁	不详	$\frac{1}{5}$		✓	尼张
青稞	644 魁	不详	$\frac{1}{10}$		✓	日喀则崇都
青稞	135 魁	1939 年	$\frac{1}{10}$	✓		者冬
青稞	80 魁	1946 年	$\frac{1}{7}$	✓		弟吉曲珍
青稞	28 魁	1949 年	$\frac{1}{7}$	✓		思规寺
青稞	40 魁	1949 年	$\frac{1}{7}$	✓		灵厦
青稞	4.2 魁	1952 年	$\frac{1}{7}$	✓		旦达
青稞	6 魁	1954 年	$\frac{1}{7}$	✓		孜东阿旺
青稞	4.2 魁	1956 年	$\frac{1}{7}$	✓		浪波
青稞	40 魁	1956 年	无	✓		日喀则宗
青稞	7 魁	1956 年	无	✓		日喀则宗
青稞	10 魁	1958 年	$\frac{1}{7}$	✓		陆古洞
青稞	10 魁	1960 年	无	✓		项·洛桑

　　上述子孙债 4 项合计青稞 785 魁，本人债 11 项合计青稞 364.4 魁。每年支付债利 112 魁 18 升青稞。

　　④宗教支出：21 魁 14 升。

　　每年请夏噶还俗僧人顿珠坚赞念经 12 天，工资青稞 12 升，伙食青稞 4 魁 4 升，共 4 魁 16 升青稞。

　　请喇嘛念经防冰雹、工资 4 升，伙食 1 魁 12 升，共 1 魁 16 升青稞。

　　向僧人、尼姑布施，约 5 魁青稞。

　　日常敬神供奉香火，4 魁 8 升青稞。

　　朝拜章札寺，布施草 1 驮，青油 1 魁，折合青稞 3 魁 14 升。

　　朝拜札什伦布寺 1 次，用青稞 1 魁。

　　建玛尼堆活动 5 次，支青稞 1 魁。

　　⑤农业生产投资：290 魁 3 升青稞。

　　种子：92 魁。

　　买铁：青稞 4 魁。

　　请铁匠 2 天，工资 16 升，伙食 1 魁，计 1 魁 16 升青稞。

请木匠 1 天，工资 8 升，伙食 4 升，计 12 升青稞。

饲料：青草 40 驮，折合青稞 20 尅，豌豆 20 尅，计 40 尅青稞。

买牲口：6 尅青稞。

雇工：工资 15 尅 15 升，伙食 130 尅，计 145 尅 15 升青稞。

⑥生活消费：345 尅 1 升青稞。

口粮：210 尅。

青油：9 尅青稞。

盐：8 驮，折合青稞 12 尅 10 升。

碱：12 升，折合青稞 8 尅。

羊肉：10 腔，折合青稞 20 尅。

牛肉：1 头，折合青稞 20 尅。

马铃薯：5 驮，折合青稞 7 尅。

萝卜：5 驮，折合青稞 2 尅 12 升。

葱：折合青稞 3 升。

布：（自制内衣 5 件）20 尅青稞。

皮子：羊皮 8 张，牛皮 1 张，折合青稞 3 尅 10 升。

羊毛 10 袋，折合青稞 20 尅。

鞋：3 双，折合青稞 4 尅。

帐子：（两年 1 顶），折合青稞 1 尅 5 升。

辫穗：青稞 1 尅。

木碗、陶器：青稞 6 尅 1 升。

颜料：青稞 1 尅。

鼻烟：青稞 4 尅。

请裁缝 10 天：工资及伙食青稞 2 尅。

（8）民主改革后的变化

据他本人的记忆，三代之前还是一户较大的差巴。祖父那一代开始借债，土地因被债主逼债，而佃出去了不少，20 年前（1940 年）到了他这一代，因劳力不足，又将土地佃出去半个岗。他的亲弟弟为了支 1 个马岗的差，当了藏兵，农闲时回来干点木匠活儿。

民主改革运动中，根据玉加的剥削划为富裕农奴，他家的土地，按人平均超过群众的两倍以上，经过协商评议征调出 26 尅 16 升土地分给群众，其他财产一概不动。他所欠的债务全部废除。

10. 夏噶谿卡农奴主代理人其美才旺家庭调查

（1）家庭成员：7 口人。无人参加主要劳动。

其美才旺：户主，男，29 岁，原为夏噶谿卡最大的一户差巴。民主改革运动中划为农奴主代理人。不劳动。

第吉曲珍：母，56 岁，等级、阶级同上。不劳动，但监督群众劳动，是世袭的"谿本"。

达瓦：继父（是第吉曲珍的第四个丈夫），7 年前（1953 年）是札什伦布寺的僧人，年龄不详。等级、阶级同上。不参加生产劳动，有时给人家念经。

才旺：妻子，29 岁。等级、阶级同上。不劳动。

加央：儿子，7 岁。

德清：姐姐，35 岁。原是巴金寺的尼姑，还俗后回家。等级、阶级同上。只参加简单劳动。

康白：男，43 岁，哑巴。此人被称为"亲戚"10 年前（1950 年）来的，在家中毫无地位，整日和堆穷一起劳动。等级同上，阶级实为奴隶（因是哑巴，民改后未独立成家）。

（2）生产资料占有情况

①土地占有：451 剋 5 升（包括轮休地）。

②牲畜占有：耕牛 12 头，奶牛 6 头，牛犊 3 头，食用的肉牛 2 头，毛驴 10 头，马 2 匹，骡子 5 头，绵羊 118 只，山羊 64 只。鸡 21 只。另外，牧场上还有牦牛 55 头。

③农具占有：15 整套。马车两辆。

④房屋占有：谿卡内最大的一座院落，上下共 90 间房子。另外，日喀则还有一幢宽敞的楼房，约 100 间房子。

⑤林卡 1 处，面积约 30 剋。

（3）奴隶占有情况

①囊生：10 人，从事田间劳动及家务劳动。分工如下：

旦真卓玛：女，中年，干农活儿。

才旺仁曾：男，青年，干农活儿（央吉的次子）。

索那：男，青年，管牲口（央吉的丈夫）。

央吉：女，老年，做饭。

才旺：女，中年，看孩子。

才仁卓玛：女，中年，作为女儿萨准的陪嫁囊生。（央吉的女儿）。

群佩：男，中年，送给了亲戚群才（央吉的长子）。

巴桑：男，中年，农忙时耕地，农闲时为主人支外差或做买卖。

还有两个小囊生，一个才 6 个月，一个才两岁不能劳动（是囊生才旺的孩子）。

②堆穷：5 户 27 人，种其美才旺的 12 个"托儿"（1 对耕牛犁 1 天地的面积）土地。凡种 1 "托儿"半的出 1 人支乌拉，种 3 "托儿"的出两人支乌拉，该 5 户堆穷共出 8 人支乌拉。支乌拉时不给工资只管饭，牲畜及农具由主人出，只支内差及干家务活。详见下表：

表 2－4

户 主	人 口	支乌拉人数	种 地 面 积
者冬	8	2	3 "托儿"
古桑	7	2	3 "托儿"
多布杰	4	2	3 "托儿"
索那才仁	4	1	1.5 "托儿"
努柱	4	1	1.5 "托儿"

③差巴：7 户 54 人，每户都种 2 个"托儿"的土地，每户出 1 人常年支乌拉。支乌拉时自带农具、牲畜和伙食。除了在土地上支内差之外，还替主人支外差，一般不干家务活儿。详见下表。

表2－5

户　主	人　口	支差人数	种 地 面 积
次仁	8	1	2 "托儿"
多吉	6	1	2 "托儿"
屯珠	9	1	2 "托儿"
斯大顿珠	9	1	2 "托儿"
才旺	9	1	2 "托儿"
次旦旺堆	8	1	2 "托儿"
陈来	5	1	2 "托儿"

（4）全年收入：青稞2362魁12升。

①农业收入：1693魁。

青稞：450魁。

小麦：430魁。

豌豆：430魁。

油菜子：28魁。

马铃薯：40驮，折合青稞80魁。

萝卜：80驮，折合青稞40魁。

葱：1驮半，折合青稞5魁。

青草：5平方块，割青草饲料460驮，折合青稞230魁。

②牧业收入：240魁青稞。

白酥油：412藏斤折合青稞42魁。

黄酥油（牧场的）：5魁，折合青稞12魁10升。

奶渣：2魁，折合青稞4魁。

羊毛：49袋，折合青稞147魁。

牦牛毛：一大卷，折合青稞2魁10升。

菜牛（供食用的肉牛）：2头，折合青稞21魁。

羊羔：平均每年成活25只，折合青稞8魁5升。

鸡蛋：平均年产540个，折合青稞7魁10升。

③林木收入：99魁10升青稞。

干柴枝：72驮，折合青稞18魁10升。

柳树杆子：70根，折合青稞21魁。

刺柴：480驮，折合青稞60魁。

④地租剥削收入：37魁青稞。

对分地租：30魁青稞。

佃地地租：（藏语叫"兴仁"，直译为土地的价钱）7魁青稞。

⑤债利剥削收入：157魁青稞。

其美才旺祖父时起放的子孙债,借债户近在夏噶谿卡和艾马岗的各个谿卡,远及厦巴的孜谿卡,借债者不下 40 户。据初步统计,这项子孙债的债本大约 700 魁青稞,每年收债利 100 魁青稞。

其美才旺的母亲第吉曲珍 10 年前(1950 年),债本为 400 魁青稞,每年收债利 57 魁青稞。

其美才旺本人于今年(1960 年)春天放债 400 魁,债利未及收回。

⑥其他收入:132 魁 2 升青稞。

在日喀则宗的那幢楼房已出租,每年收房租青稞 100 魁。

日喀则有一块"民吉"林卡,每年收租青稞 30 魁。

任修渠的"水官"年薪:2 魁 2 升青稞。

(5)全年劳役剥削情况:

常年有差巴 7 人,堆穷 8 人,囊生 3 人在土地上劳动(1 人支 1 天乌拉算 1 个人工,1 头牲畜支 1 天乌拉算 1 个畜工),现分项列于下:

①对 7 户差巴的劳役剥削情况

内差部分:

1 月:

积肥 1 天,7 个工。

毛驴运土 1 天,7 个畜工。

砍刺柴 14 天,98 个工。

挖羊圈 3 天,21 个工。

做牛粪坯 2 天,14 个工。

2 月:

运肥 14 天,人背 98 个工。毛驴运 5 天,35 个畜工。

修水渠 5 天,35 个工。

撒肥 5 天,35 个工。

3 月:

浇水 6 天,42 个工。

修水渠 1 天,7 个工。

修地边小渠 1 天,7 个工。

修夏噶的总渠 1 天,7 个工。

种小麦,前 4 人干 1 天,后 5 人干 2 天,共 14 个工。

给小麦打畦子 12 天,94 个工。

种混合粮 3 天,21 个工。

给混合粮打畦子 3 天,21 个工。

4 月:

小麦地浇水 2 天,14 个工。青稞、豌豆地浇水 1 天,7 个工。21 个工。

耕轮休地 5 天,35 个工。

运草 1 天,7 个工。

5 月:

运肥 2 天,14 个工。

浇水 5 天，35 个工。

锄草 4 天，28 个工。

上肥 3 天，21 个工。

6 月：

耕轮休地 3 天，21 个工。

喂马 1 天，7 个工。

7 户差巴的羊赶到主人的轮休地上排粪积肥 1 次 5 天，每天 1 人看管，共 5 个工。

7 月：

小麦地浇水 3 天，21 个工。

收割：小麦 7 天，豌豆 3 天，共 70 个工。

轮休地修渠 1 天，7 个工。

平整场地 4 天，28 个工。

8 月：

运麦捆 6 天，42 个工。

拾麦穗 2 天，14 个工（小孩子）。

运刺柴围打场 2 天，14 个工。毛驴 1 天，7 个畜工。

耕地 2 天，14 个工。

9 月：

打场 30 天，210 个工。

奶牛每天 2 头，420 个畜工。

10 月：

7 户差巴的羊全部赶到主人的田里积肥 15 天，每天 1 人管理，15 个工。

挖厕所 4 天，28 个工。

运麦秸 1 天，7 个工。

11 月、12 月基本不支内差。

外差部分：

2 月：为主人买马铃薯 1 天，7 个人工。7 个畜工（毛驴）。

9 月：去土布加黏卡为主人以青稞换酥油往返 2 天，14 个人工，28 个畜工。

10 月：去孜东为主人卖草往返 2 天，14 个人工，28 个畜工。每年去 3 次，共 42 个人工，84 个畜工。

11 月：去项、南木林宗给苏康厦送粮食，往返 3 天，21 个人工，42 个畜工。

内外差共剥削劳役，人工 1287 个，畜工 672 个。

②对堆穷和囊生的劳役剥削情况

堆穷 5 户支乌拉者 8 人，囊生 10 人中只有 3 人务农，下面按月分述他们 11 人劳役情况。

1 月：

运土积肥 20 天，220 个工。

挖圈肥 10 天，110 个工。

2 月：

割刺柴 15 天，165 个工。

运肥 10 天，110 个工。

炒青稞 5 天，55 个工。

3 月：

修水渠 5 天，55 个工。

运肥 10 天，110 个工。

浇水 5 天，55 个工。

4 月：

耕轮休地 5 天，55 个工。

浇水 5 天，55 个工。

撒种 10 天，110 个工。

5 月：

浇水 5 天，55 个工。

锄草 15 天，165 个工。

种葱 5 天，55 个工。

6 月：

锄草 10 天，110 个工。

运肥 10 天，110 个工。

浇水 5 天，55 个工。

7 月：

割青稞 10 天，110 个工。

运肥 10 天，110 个工。

8 月：

割青稞、豌豆、小麦 18 天，198 个工。

运剌柴围打场 6 天，66 个工。

运麦捆 6 天，66 个工。

9 月：打场 30 天，330 个工。

10 月：

积肥 6 天，66 个工。

榨油 9 天，99 个工。

炒青稞 4 天，44 个工。

11 月：捻毛线、织氆氇 15 天，165 个工。

对堆穷和囊生共剥削劳役 2904 个工。

全年总共剥削劳役人力 4191 个工，畜力 672 个工。

（6）全年支出：1075 克 10 升青稞。

①地租负担：404 克青稞。

玛岗 1 个半岗的土地，向噶厦政府交地租 155 克青稞。

噶厦政府的强丛列空（藏北商业机关）的租地，每年交藏银 100 两，折合青稞 2 克。

札什伦布寺租地，年交青稞 6 克，马铃薯 1 驮，羊肉 1 腔，折合青稞 3 克，共交青稞 9 克。

康苏厦尔加保的租地，每年交租 230 克青稞，青油两筒（藏语叫索），折合青稞 8 克，共交青稞238剋。

②杂差：40剋1升青稞。

草差：交日喀则宗政府，青草17驮，折合青稞8剋10升。

每年9月给吉宗刷墙1次，请雇工的工资2剋青稞，给札什伦布寺刷墙20天，工资4剋，共6剋。

准松拉恰（狱卒工资）30两藏银，折合青稞10升。

日喀则房子一幢给吉宗交地产税5剋青稞。

萨洛（开荒地）税，每年13剋青稞。

林卡税：交贵族苏康厦尔林卡税5剋1升。

因在扎尼谿卡的草地放马，而这片草地是属前藏的，所以要交青稞税，每年要向拉萨的罗布林卡送草4驮，或交藏银100两，折合青稞2剋。

③宗教支出：208剋6升。

每年4月份，请牛谿卡寺庙僧人30名诵经15天，每人每天工资2.5两，共1125两，折合青稞23剋8升。伙食118剋。共支141剋8升。

请章札喇嘛念经10天，工资3剋10升。伙食2剋5升，共剋25升。

请格邦寺喇嘛1人念经7天，工资3剋10升，伙食18剋2升，共支21剋12升。

请德庆谿卡的巫婆下神3次，工资伙食折合青稞9升。

日常敬神供奉、装点佛龛40剋青稞。

修建玛尼堆（集体的）2剋2升青稞。

④生产投资：798剋2升。

种子：325剋。

饲料：130剋。

买牲畜：70剋。

堆穷8人，囊生6个大人2个小孩子，不给工资，只管吃，伙食支出255剋。

买铁：7剋青稞。

请铁匠1人7天，工资及伙食3剋2升。

请木匠1人10天，工资及伙食8剋。

⑤生活消费：525剋1升青稞。

口粮：150剋青稞。

油：28剋青稞。

酥油：15剋，折合青稞29剋。

盐：11驮，折合青稞18剋。

碱：14升，折合青稞9剋。

辣椒：1升半，折合青稞3剋。

羊肉：30腔，折合青稞60剋。

牛肉：3头菜牛，折合青稞60剋。

马铃薯：5驮，折合青稞7剋。

萝卜：9驮，折合青稞4剋10升。

葱：10把，折合青稞2剋10升。

狗食：13 魁青稞。

烟：鼻烟 3 魁青稞，香烟 15 魁，共 18 魁。

内衣 14 件，50 魁青稞。

羊毛 20 袋，折合青稞 40 魁。

鞋子 7 双，8 魁 16 升。

请裁缝 15 天，工资及伙食 3 魁。

颜料：青稞 5 魁。

辫穗：青稞 1 魁。

木碗、陶器 13 魁 5 升。

煤油：青稞 2 魁。

（7）民主改革后的变化

其美才旺祖父时即从前藏的噶厦政府、后藏日喀则宗政府和贵族领主等处领种为数不多的土地，到了其父旺加这一辈方渐渐地扩大了土地面积。大致在 40 年前（1920 年），夏噶谿卡的差巴玉加因欠债，被迫将半岗土地佃给了他家顶藏银 120 品的债。20 年前（1940年），其美才旺的哥哥，上了大差巴格列的门入赘当女婿，不到一年就离异了，回娘家时带回 1 岗土地。5 年前（1955 年），其美才旺之母第吉曲珍与札什伦布寺的苏康厦尔相勾结，将夏噶谿卡中等差巴顿珠、次仁多吉两户最好的土地抢了过来，几经扩大就达到如今这样的规模。

民主改革运动中，根据他的剥削划为农奴主代理人。

民主改革后，留有土地 26 魁，住房 5 间，农具 1 套，耕牛 2 头，奶牛 1 头，毛驴 2 头，鸡保留原数，浮财一概不动。

11. 夏噶谿卡农奴主代理人平措家庭调查

（1）家庭成员：7 口人。无人参加主要劳动。

平措：户主，男，56 岁。原为夏噶谿卡的大差巴之一。民主改革运动中划为农奴主代理人。不劳动。

白觉：妻子，46 岁。等级、阶段同上。不劳动。

穷九：岳母，80 岁。等级、阶段同上。不劳动。

才旺仁增：侄，20 岁。等级、阶段同上。每年劳动 8 个月。

央吉卓玛：侄媳，19 岁。等级、阶段同上，务农。

桑姆：妹，36 岁。还俗尼姑，等级、阶段同上。只参加简单劳动。

群佩：妹，33 岁。还俗尼姑，等级、阶段同上。只参加简单劳动。

（2）生产资料占有情况

①土地占有：现耕地 300 魁，轮休地 52 魁 5 升，共 352 魁 5 升。

②牲畜占有：耕牛 9 头，奶牛 5 头，菜牛 4 头，牛犊 2 头，马 2 匹，毛驴 7 头，绵羊 72 只，绵羊羔 18 只，山羊 2 只，鸡 30 只。

③农具占有：犁架 4 套，锄头 11 把，笼套 3 副，二齿叉 16 把，背筐 9 个，筛子 10 个，连枷 1 副，铡刀一架，织布机 3 台，毛刷子 2 副。

④房屋占有：上等房 7 间，中等房 38 间，下等房 46 间，共 91 间。

（3）奴隶占有情况

①囊生：2 人。从事田间及家务劳动。

奔巴卓玛：女，约40岁（本人说不清），做饭。

吉苏阿苦：男，约50岁（本人说不清），田间劳动。

②佣人：5人，主要从事田间劳动。

札西：男，青年。年工资8剋4升青稞，管吃。

边巴：男，中年。同上。

次仁旺英：女，中年。同上。

次仁：男，中年。同上。

才旺甲布：男，中年，年工资12剋，除从事田间劳动之外，兼作"列本"（监工、派工的头头）。

③堆穷：5户30人，种平措的92剋10升地，出8人支乌拉。支乌拉时不给工资只管饭。牲畜及农具由主人出，只支内差及干家务活，不支外差，参见下表

表2－6

户　　主	人　　口	支乌拉人数	种 地 面 积
玛顿	8	2	19剋13升
才旺杰波	4	1	12剋10升
罗布旺札	5	2	24剋3升
努拉	8	2	21剋8升
罗布次仁	5	1	14剋16升

（4）全年收入：青稞1764剋13升。

①农业收入：1454剋。

青稞：618剋。

小麦：600剋。

豌豆：30剋。

油菜子：17剋。

荞麦：12剋。

马铃薯：12驮，折合青稞22剋。

萝卜：60驮，折合青稞15剋。

葱：半驮，折合青稞2剋。

青草：3平方块，割青草276驮，折合青稞138剋。

②牧业收入：163剋6升青稞。

酥油：29藏斤，折合青稞29剋。

奶渣：3克，折合青稞6剋。

羊毛：33袋，折合青稞100剋。

牛犊：2头，折合青稞10剋。

羊羔：7只。折合青稞2剋6升。

鸡蛋：720斤，折合青稞10剋。

出租毛驴、马、耕牛得租金6剋。

③林木收入：77 魁 10 升青稞。

干柴枝：10 驮，折合青稞 2 魁 10 升。

柳树竿子：50 根，折合青稞 15 魁。

刺柴：480 驮，折合青稞 60 魁。

④地租剥削收入：54 魁 13 升。

对分地租：3 户堆穷交青稞 6 魁 10 升。

佃地地租：7 户每年交青稞 48 魁 3 升。

⑤债利剥削收入：年利收入青稞 2 魁 14 升半。

表 2 − 7

债本	借债人	年利收入
4 壶	琼次仁	12 升
3 魁	康萨奴巴	8 升半
12 克	德江	1 魁 14 升

⑥房租收入：10 魁 8 升。

租给同父异母的妹妹索那央吉一间房子住，以劳役形式支付房租。

租给还俗僧人顿珠坚赞两间房子，每年为平措家念经 23 天，应得工资 12 魁 10 升，减至 2 魁 2 升，少付的工资 10 魁 8 升作房租。

⑦修渠的"水官"年薪：2 魁 2 升青稞。

（5）全年劳役剥削情况

平措的土地上常年有佣人 5 人、堆穷 8 人劳动，他们 13 人的劳役相同，按月略述如下：

1 月：

积肥 2 天、26 个工。

做牛粪坯 4 天，52 个工。

2 月：

挖羊圈 2 天，26 个工。

送肥 20 天，260 个工。

修大水渠 7 天，91 个工。

撒肥 2 天，26 个工。

3 月：

撒肥 8 天，104 个工。

浇水 8 天，104 个工。

种小麦 13 天，169 个工。

种青稞、豌豆 9 天，117 个工。

4 月：

种青稞、豌豆 14 天，182 个工。

种马铃薯、萝卜 5 天，65 个工。

种葱 1 天，13 个工。

打畦子 3 天，39 个工。

5 月：

耕轮休地 10 天，130 个工。

锄草 13 天，169 个工。

撒肥浇水 7 天，91 个工。

6 月：

耕轮休地 6 天，78 个工。

浇水 6 天，78 个工。

积肥 8 天，104 个工。

7 月：

积肥 7 天，91 个工。

耕轮休地 14 天，182 个工。

8 月：

割青稞、豌豆 30 天，390 个工。

9 月：

割小麦 5 天，65 个工。

运麦捆 6 天，78 个工。

砍刺柴围打场 15 天，195 个工。

打场 4 天，52 个工。

10 月：打场 30 天，390 个工（包括抽出 2 人磨糌粑 2 天）。

11 月：

打场 16 天，208 个工。

榨油 3 天，39 个工。

12 月：两个佣人帮主人平措到日喀则卖马铃薯、萝卜、木柴、油等东西，回来时买回日常用品往返 4 天，8 个工。

全年剥削劳役 3856 个工。

（6）全年支出：1623 斗 16 升青稞。

①地租负担：80 斗青稞。

白萨谿卡地租：40 斗青稞。

日喀则宗政府地租：10 斗青稞。

②兵差负担：种 1.5 马岗地，供藏兵岗地，供藏兵衣服 1 套折合青稞 10 斗，藏兵年工资藏银 66 两，共计青稞 55 斗。

③杂差负担：藏银 123 两，折合青稞 4 斗 7 升。

准松拉恰（狱卒工资）藏银 66 两。

商业税（到日喀则卖出农产品所交的税）藏银 40 两。

奶税：藏银 7 两。

"曲珍岗"（到日喀则卖东西时，向札什伦布寺的铁棒喇嘛交税）每头毛驴 2 两，共交藏银 16 两。

④宗教支出：76 斗 4 升青稞。

每年 5 月 8 日请牛谿卡喇嘛 8 人念经 10 天，工资每人每天藏银 2.5 两，共 200 两，折合青稞 5 剋 6 升，伙食 210 剋青稞，共 28 剋 1 升青稞。

每年请夏噶豁卡还俗僧人顿珠坚赞念经 23 天，工资 2 剋 2 升（因部分顶了屋租），伙食 4 克 4 升。共 6 剋 6 升青稞。

防冰雹请喇嘛念经，工资 4 升，伙食 1 剋 2 升。共 1 剋 6 升青稞。

日常敬神的香火费，19 剋 2 升青稞。

装点佛龛费用，10 剋青稞。

建玛尼堆，请喇嘛念经，集体负担。

请巫师降神 3 次，9 升青稞，哈达 3 条。

向僧人、尼姑布施，每年平均 10 剋。

到札什伦布寺烧香 1 次，用青稞 1 剋。

⑤生产投资：933 剋 2 升青稞。

种子：270 剋。

饲料：100 剋。

买牲畜：50 剋。

买铁：5 剋。

堆穷的伙食和佣人的工资及伙食：499 剋。

请铁匠修造农具：1 人 7 天，工资及伙食共 3 剋 2 升。

请木匠修造农具：1 人 5 天，工资及伙食共 4 剋。

请石匠、木匠修房屋 5 天，工资及伙食 4 剋。

⑥生活消费：475 剋 3 升青稞。

口粮：180 剋青稞。

青油：24 剋青稞。

酥油：12 剋，折合青稞 24 剋。

奶渣：1 剋，折合青稞 2 剋。

盐：13 驮，折合青稞 20 剋。

碱：14 升，折合青稞 9 剋。

辣椒：1 升半，折合青稞 3 剋。

羊肉：绵羊 20 腔，折合青稞 40 剋。

牛肉：2 头，折合青稞 14 剋。

马铃薯：7 驮，折合青稞 7 剋。

萝卜：10 驮，折合青稞 5 剋。

葱：12 把，折合青稞 3 剋。

狗食：折合青稞 10 剋。

烟：折合 4 剋青稞。

内衣 16 件：折合 60 剋青稞。

羊毛 20 袋：折合青稞 40 剋。

线：藏银 40 两，折合青稞 2 升。

鞋 7 双：8 剋 16 升。

请裁缝 15 天，工资及伙食青稞 3 剋。

颜料：青稞 5 剋。

辫穗：青稞 1 尅。

木碗、陶器：10 尅 1 升青稞。

煤油：青稞 2 尅。

渡船费：4 升青稞。

（7）民主改革后的变化

平措的前三代就是大差巴，房名拉布让。所占土地面积近 20 年无大变化，住房面积每年略有扩大。根据他的剥削程度划为农奴主代理人。

民改后：留有土地 32 尅 2 升。住房 7 间。农具 1 整套，另有锨 2 把，镰刀 3 把，锄 2 把，铧 1 把。牲畜留有：耕牛 2 头，奶牛 1 头，毛驴 1 头，绵羊 16 只，山羊 2 只，鸡 30 只，浮财一概不动。

附　记

《日喀则宗艾马岗调查报告》是罗秉芬、吴从众、翟万馨、乔维岳、周秋有、仁青、王世镇于 1960 年 3 月至 5 月调查并初步整理的。其中第一部分，为翟万馨调查整理；第二部分为罗秉芬调查整理；第三部分：1、3 为吴从众调查整理；2、8、9、10 为仁青于 1960 年春调查并初步整理，罗秉芬于 1987 年 6 月又重新整理；4、6、7 为乔维岳于 1960 年春调查初步整理，罗秉芬于 1987 年 6 月又重新整理；5 为周秋有于 1960 年春调查整理，罗秉芬于 1987 年 6 月又重新整理。

1987 年 12 月

日喀则宗牛豁卡调查之一

一、民主改革前的生产情况

牛豁卡的差巴耕种领主的土地，要支应各种乌拉差役，计算单位是"岗"，岗又分为"差岗"、"玛岗"两种，"差岗"下面又分"差地"和差民领种的"祖业地"，"玛岗"地即向藏政府支应兵差的土地。下列是农民在自己祖业地上劳动生产的一般情况。

（一）农作物播种面积分配

1 岗地一般是 32 尅，（1 尅土地即能播 1 尅粮种的土地）其播种粮食品种分配如下：

种青稞 12 尅；

种小麦 4 尅；

青稞豌豆混合种（即混合粮）6 尅；

油菜子和豌豆混合种 10 尅。

此外，萝卜种在青稞豌豆混合粮的夹行中，荞麦、早熟青稞一般种在缺水的干旱山地或轮休地上。牛豁卡因不是沙土地，所以很少种马铃薯。有种少量青葱的习惯，一般种在不能用的瓦罐子里，细心经营，长的很好。

（二）主要农作物的产量

一年只熟一次，各种作物的年产量如下：

青稞：上等地种 1 收 7，最好年成收 9。

中等地种 1 收 5。

下等地种 1 收 3。

豌豆：上等地种 1 收 5。

中等地种 1 收 4。

下等地种 1 收 3。

油菜子：上等地种 1 收 5。

中等地种 1 收 4。

下等地种 1 收 3。

蚕豆：上等地种 1 收 6。

中等地种 1 收 5。

下等地种 1 收 4。

小麦：上等地种 1 收 7。

中等地种 1 收 5。

下等地种 1 收 3。

荞麦：上等地一般不种。

中等地种 1 收 4。

下等地种 1 收 3。

萝卜：上等地种 1 藏升收 15 驮（900 斤带叶子）。

中等地种 1 藏升收 4 驮（204 斤）。

下等地种 1 藏升收 3 驮（180 斤）。

（三）农业劳动组织及分工按一年四季劳动生产的顺序

积肥：以女子为主（因此时春耕已开始，男子大部分去耕地）；用人背或毛驴运土。

耕地：男子或 14、15 岁的男孩。1 张犁，两头耕牛，1 个人，翻地时如果地是东西长，南北短时，就以东西头开犁，一往一返犁完为止。

运肥：男女老少都参加，以人背或毛驴运到地里。

修渠放水：修渠时人数不定，一般每年大修一次，以男子为主。灌水时只需两个人，灌水前将肥土撒开，做好畦，然后把水引到畦里，慢慢流入地里。

播种：春耕犁最后一道时，由一个男子扶犁开垅，随后一个 10 岁左右的小男孩撒种。他们后面有 1 头牲口拉着耙耘地、行种。

耘地：男子掌耙，小孩或妇女牵牲口。

锄草：妇女参加，一般男人或男孩不干这种活儿。

修垅灌水：男女都参加。

收割：男女老少都参加，用镰刀割。

踩场：使用牲口踩，一般请做买卖的牧民的牦牛 6 至 8 头来踩，由两个人跟着吆喝。

牧场：男女老少均参加。

种萝卜：分两个阶段，第一阶段将种子撒在特意留出的空地上，待出苗后再移栽在田里间隙中。移栽时需两个人，第一个挖坑，第二个人下苗浇水。

种马铃薯：牛�卡种的少，但也有一些。下种时需 3 个人，1 个人在前面挖坑，随后 1 个人灌水施肥，最后 1 个下种。

（四）劳动力过剩或不足时，通过以下几种方法调剂

1. 当雇工出卖劳动力。无地可种的堆穷，只得出卖劳动力当雇工，雇工分长工和短工两种。长工一般是代理人或富裕农奴才雇得起，短工一般是中等农奴在农忙时雇用的。雇工通常是堆穷和贫苦差巴。长工工资男 1 年 30 藏升混合粮，女 1 年 25 藏升混合粮。短工没有太固定的工资额。

2. 贫苦农奴的牲畜很少，每到春耕和秋耕时，就要向中等农奴或富裕农奴以人工换畜力，1 个人日换 1 "托儿"（1 "托儿"：1 对耕牛犁 1 天地的面积），大忙时也有两个人日换 1 个 "托儿" 的。

3. 租牲畜。有的没有畜力或畜力不足的贫苦农奴春耕时，向中等或富裕农奴租耕畜，往往当时不出租金，因而就以借债形式欠下一笔账，三两年后结账时还不起的，就得用自己的祖业地去抵偿。

4. 以手工技术换畜力。有的农奴有一定手工技艺，如会裁缝的，就用自己技术去换畜力。帮缝1件衣服换1"托儿"。

5. 互济有无。贫苦农奴之间或和中等农奴之间，在春耕、春种大忙时，往往互相协作，有人出人，有牲口出牲口，轮流耕种，解决生产上的困难，这种形式比较常见。例如：两户农奴各自只有1头耕牛，两户才能合成1个"托儿"1天对1天地轮换使用。在人力上也是今天我帮你，明天你帮我，不计报酬，不供伙食（只在田头请喝碗青稞酒），自带小型工具，锹、叉、锄等，这种互助牲口的换工形式十分普遍。

（五）常用农业工具

犁架、犁铧、笼头；木柄铁锹；木制耙子、木制十齿叉、双齿叉；木柄小铲；短木柄小锄等。

农业工具示意图

1. **牲畜牵犁示意图**

牲畜牵犁示意图见图3－1。此图说明了主要农业生产工具，如牲畜、犁及犁铧、笼头等相互间的关系。

图3－1　牲畜牵犁示意图

2. **犁**

犁由犁身、犁杆、犁绳、犁铧、犁座和把手等组成。图二为犁的主体，图三为犁铧的示意图。

①构造：由大小8块木料构成。全部为木结构，不用一个钉子。犁座由3块木料用牛皮胶粘结的。犁杆的附件用牛皮绳固定在一起，只有犁铧是套上去的。参看图3－2。

②特点：构造简单，不结实，不灵活，费力。所用犁铧是平面的，所以不能自动翻土。

③用途：春、秋两季翻地用，耕地时需有两头牲畜牵引。牵引示意图见图3－2。

④犁铧：是主要翻地的部分。其结构见图3－3。

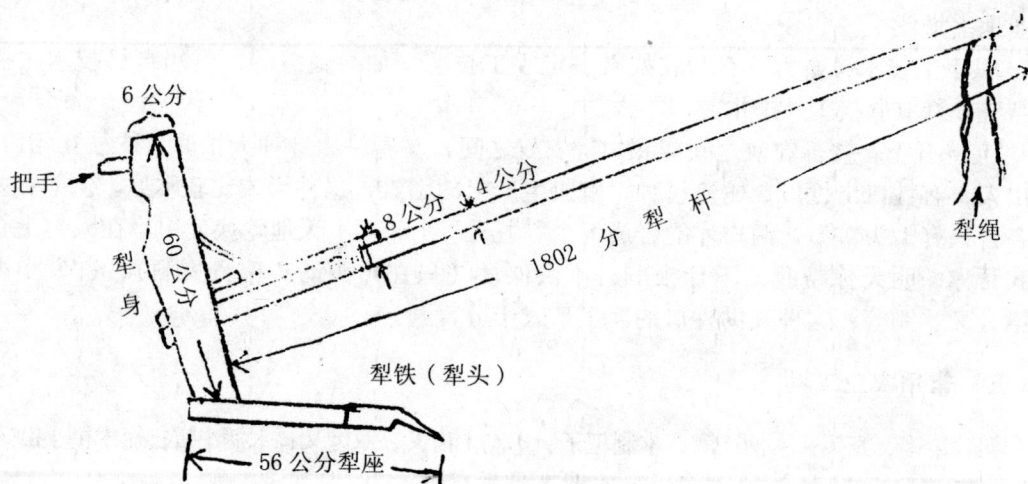

图 3－2　犁的主体

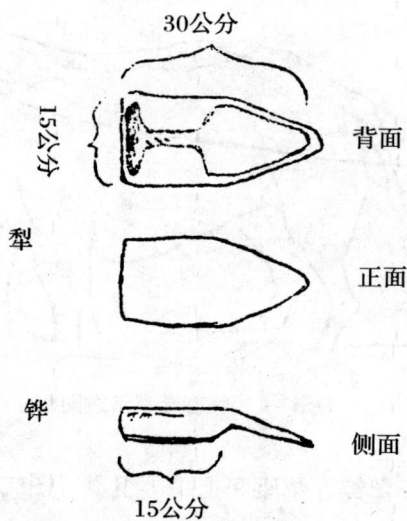

图 3－3　犁铧

3. 笼头

笼头是用牲畜牵引犁的重要部分，见示意图四中的Ⅰ和Ⅱ。

①构造：用两根质量坚韧的木料构成，其中软质部分是用氆氇缝上去的，较结实的木棍（见图 3－4）由直径 2 公分，长度 15 公分做成，外附 11 根皮带作为捆绑固定用。

②用途：用皮带绑在两头耕牛的两只角上，使两头耕牛固定在一定距离内。参见图 3－1 牲畜牵引犁示意图。从图中看出它是架在牛脖子上牵引耕犁的。

③用法：用皮带把笼头分别绑在两头耕牛的牛角上。将软质部分架在牛脖子上适当部位后，使两根短棒恰好卡住牛的脖子。然后把 b 皮带从脖子下面系起来，a 皮带和犁的犁杆上的皮带系起来，见图 3－1，这样牲畜才和犁组合在一起，c 皮带接上绳子后与犁身系在一起。

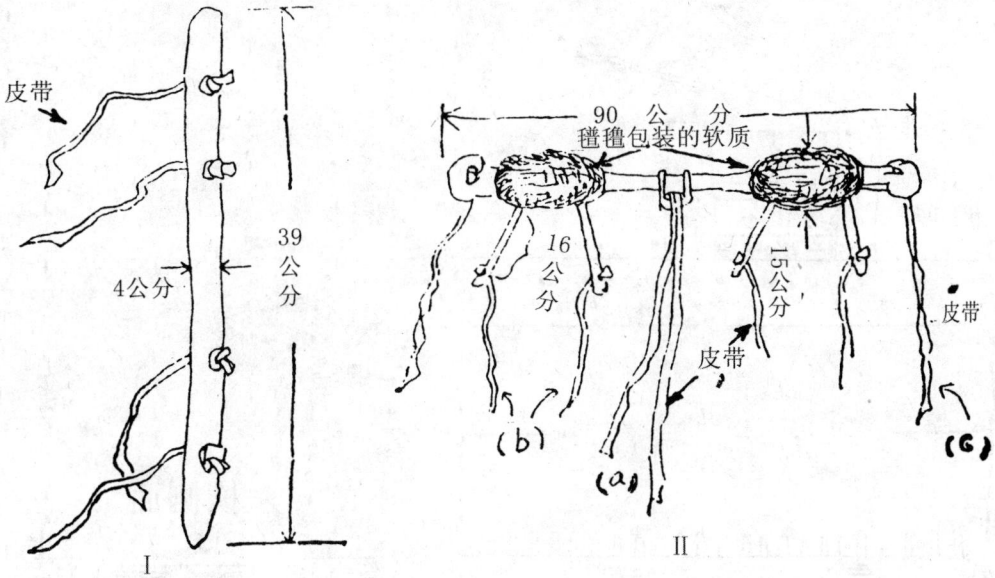

图 3-4　笼头示意图

4. 耘耙

耘耙是平地时使用，其工作示意图见图 3-5。图中两条皮绳是与牲畜相接的。

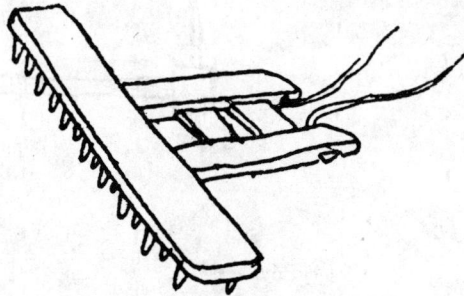

图 3-5　耘耙工作示意图

①构造：由大小 5 块木料和 18 根木齿构成见图 3-6 耘耙结构示意图。耘耙的齿是分两行交错排列的。

②用途：耕完地后用耘耙将土块耘碎，同时把地面耙平。

③用法：把皮带接长，由 1 头牲畜牵引，1 人站在耘耙上操纵。

5. 耙

耙的结构示意图见图 3-7。

①结构：是木结构，见示意图 3-7，带有 20 根 10 公分长的木齿。值得注意的是木匠在制造时是利用中间一根木凿将耙和把手锁住，使把手不易脱掉。

②用途：庄稼上场后，由牲畜踩场和人工打场时，用耙来耙草。

6. 十齿叉和双齿叉

十齿叉和双齿叉见结构示意图 3-8。

①构造：十齿叉是木结构，在前端有 6 根 15 公分长的木齿，而在叉杆的垂直方向有四

319

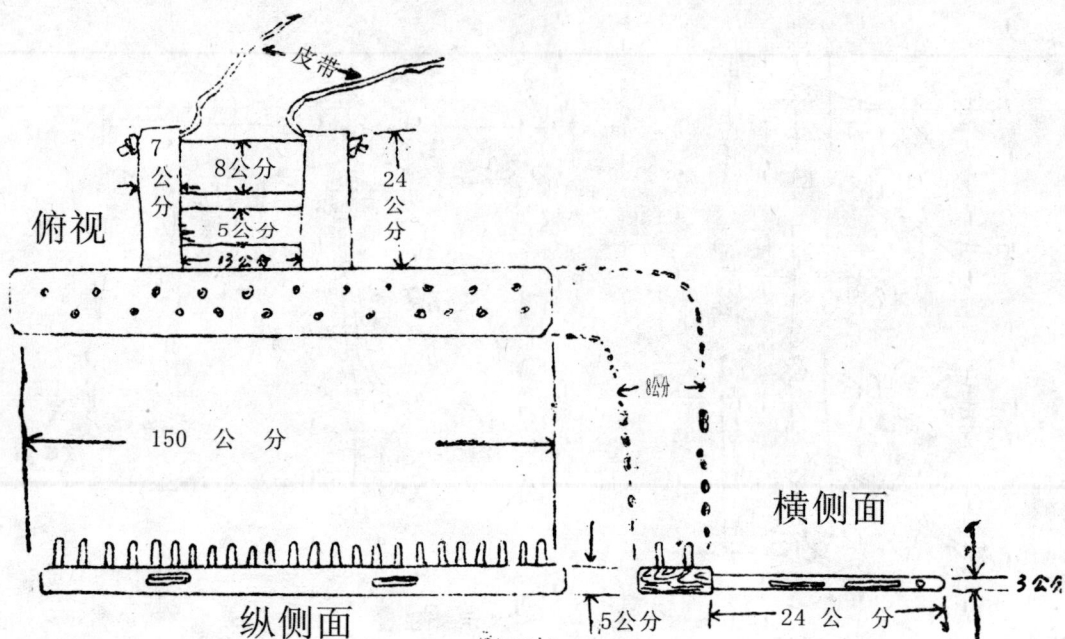

图 3 - 6　耘耙结构示意图

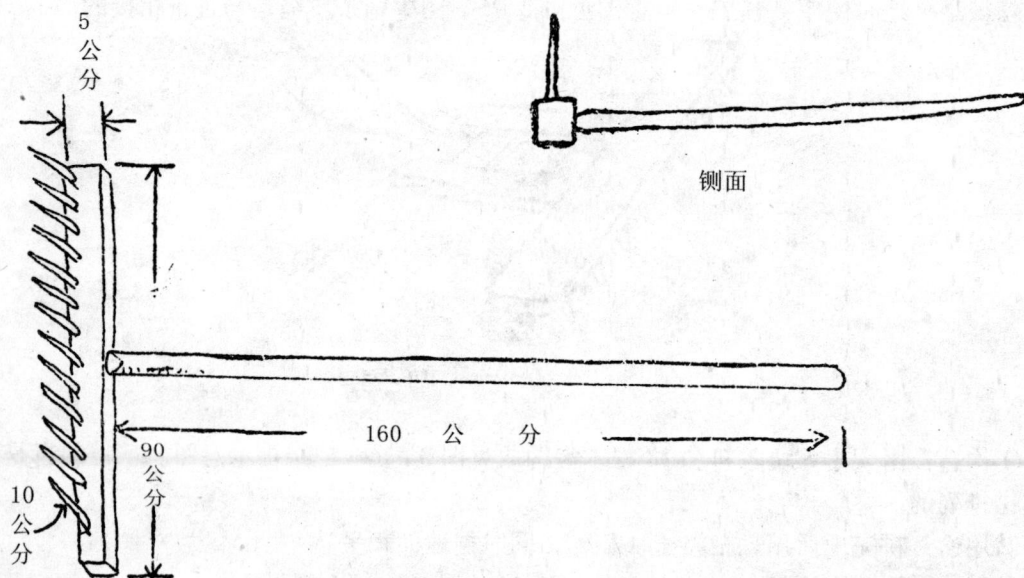

图 3 - 7　耙结构示意图

根 15 公分长的木齿。双齿叉是选择适当的树叉加工而成。

②用途：场上工具。踩场时用其耙草。

7. 镰刀和小铲：见示意图 3 - 9。

①构造：镰刀和内地镰刀结构基本相同。但是在把手上有手槽并套上一根皮带如图 3 - 9。内地如江苏、安徽、浙江等地镰刀刃上带有小锯齿，据此地铁匠说，那样做有困难，故西藏镰刀没有齿刃。小铲和河北省手工锄草的小锄相似，只是它的铲子部分弯刀状如图 3 - 9。

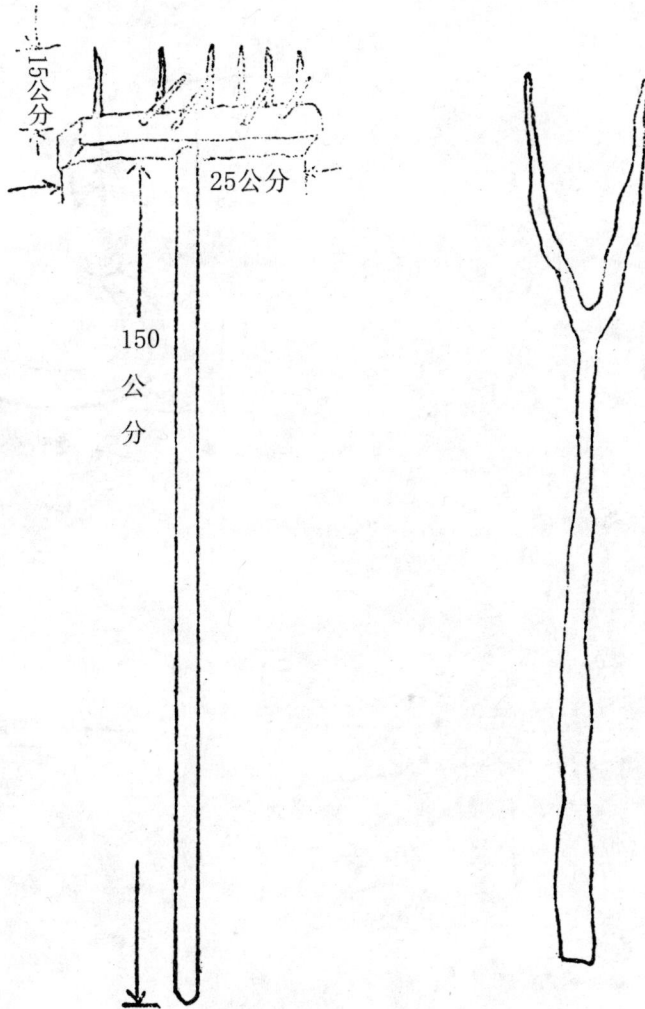

图 3 – 8　十齿叉和又齿叉

②用途：镰刀用于收割庄稼。小铲是在庄稼地里长草的时候，用它除去地里的杂草。

8. 锄

锄的形状见示意图 3 – 10。

①构造：很像内地的锄头。但把手很短，短到不能直起腰来使用的程度，见图 3 – 10。

②用途：秋收时可以用它挖萝卜，有时也用来刨土，挖坑。

9. 锹

锹的构造见示意图 3 – 11。

①构造：其形式和结构方法和内地北方如河北的锹很相像，但锹头形式有些差异。这种锹可以和内地各省的锹作比较，因为内地锹头的形式随用途不同，变化较大。图 3 – 11 中也只是我们调查地点的锹的构造。

②用途：修渠、挖沟、积肥、做牛粪坯、造房等，用途广泛。此处在我们调查时，往往见到不少农奴的锹只有半截，这是在长期劳动中磨损而成。

321

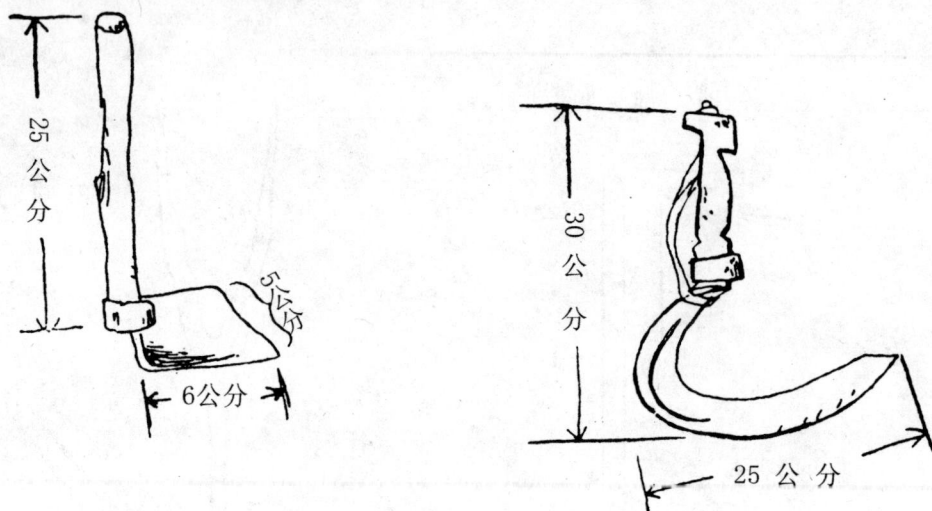

图 3－9　小铲和镰刀

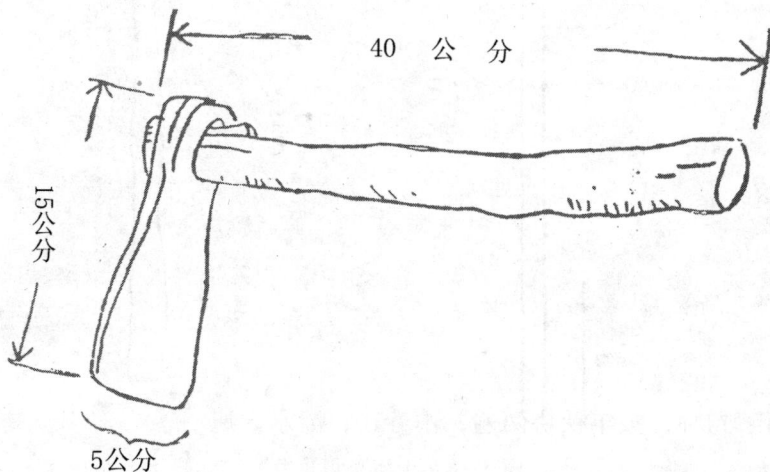

图 3－10　锄

（六）生产季节和生产技术（月份以藏历为准）。

小麦：3月中旬下种，头年秋耕两遍，当年春耕时再耕两遍；前后灌水6次：3次在播种之前，3次在播种之后，如逢雨水较少的年头就少灌。下肥：1尅地约下肥25驮，每驮60斤左右，共施肥1500斤；八月收割。

早熟青稞：3月中旬下种，头年秋耕3遍，当年春耕两遍，下种前灌水3遍，每尅地施肥45驮，共20 700多斤肥，一次施足，不追肥。7月底8月初收割。

豌豆：3月下旬播种，秋耕两遍，春耕两遍。下种前灌水3次。习惯上不施肥，理由是若施肥豆茎疯长影响结果实。7月下旬收割。

青稞：4月上旬播种（牛豁卡最上段3月底下种），秋耕3遍，春耕1遍，灌水在下种先后各3次，施肥30驮，共施1800斤肥，不追肥。8月上旬收割。

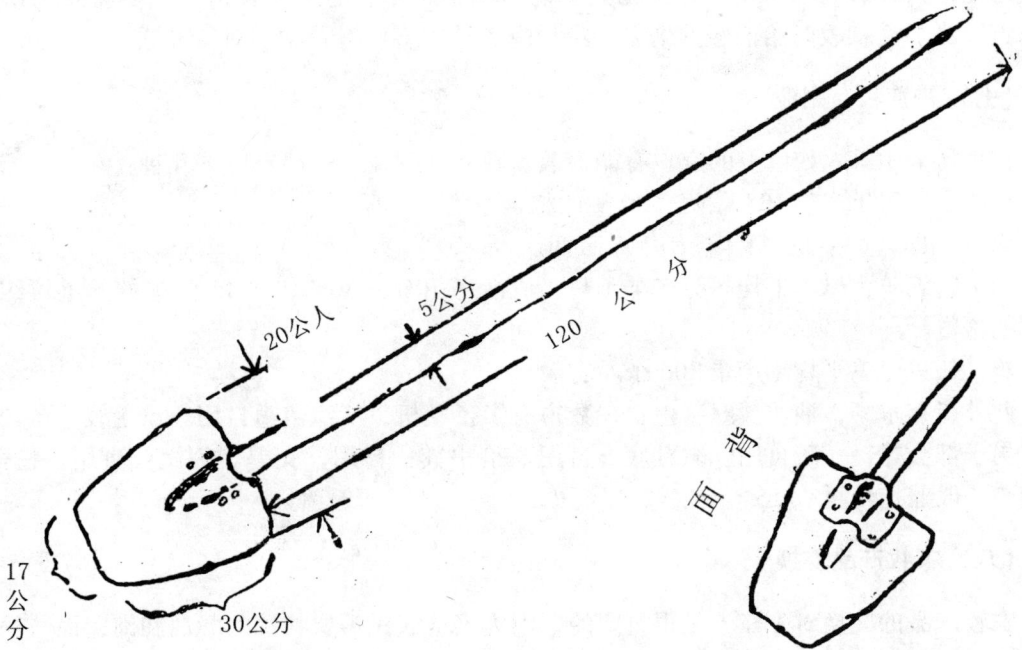

20公人　5公分　120 公 分

背 面

17 公 分　　30公分

图 3－11　锹

荞麦：5 月上旬下种，头年夏耕 6 至 7 遍，春耕 1 次。荞麦都种在灌不上水的轮休地上，不上肥，不灌水，1 尅土地只播半尅种子。8 月下旬靠天收，即不收割，留在地里肥田。

豌豆青稞合种：3 月下旬下种，头年秋耕 3 遍，当年春耕 1 遍。灌水 3 遍，每尅地施肥 30 驮，共施 1800 斤肥。8 月上旬收割。

蚕豆：3 月下旬种，头年秋耕两遍，不春耕，灌水 3 遍，施肥 25 驮，共 1500 斤肥。8 月下旬收割。

马铃薯：4 月上旬下种，秋耕两遍，不春耕，灌水 3 次，施肥 25 驮，共 1500 斤肥，8 月下旬收获。

萝卜：3 月中旬下种，4 月上旬移苗，秋耕三遍，春耕两遍；灌水 3 次；每 1 藏升种子的地施肥 10 驮，共施 600 斤肥。每岗地（32 尅）里可间种萝卜 7 藏升半的种子。8 月中旬收获。

葱：不大面积种，少量地种在破瓦罐里，管理精细，一般长得很粗壮。

上面各种庄稼种下之后，天不下雨时则要多灌水（牛豁卡的水源较充足），豌豆灌水次数比一般庄稼多些，种下时用耘耙耘土 1 次，下种后 1 个月灌第 1 次水，即开始锄草，锄草后 3、4 天再灌第 2 次水，10 天之后灌第 3 次水，在此 15 天之内锄第 2 次草，此后的 7 至 10 天锄第 3 次草。

选种方法只用风选，没有专门工具，使用风力和人工结合的选种方法。牛豁卡播种是行撒播，便于锄草。

灾害：牛豁卡在农业上常见的灾害主要是虫灾，其次是旱灾，少部分土地有兽灾（主要是兔子吃庄稼），雹灾、水灾极少遇到。人们对灾害的看法，认为是冒犯神灵的结果，所以预防灾害只是请喇嘛诵经。有灾无灾牛豁卡的下、中、上三段各请一个喇嘛念一次"平安防灾"经。到秋收时给诵经的僧人一定报酬，遇灾害没有科学的对待方法。

（七）兼营牧、副业

在牛豁卡中等农奴以上的家户有能力兼营牧业和副业。一般有以下几种：

母牦牛：每年产奶 105 藏两（20 藏两相当市秤 1.4 斤）。

奶牛（即母黄牛）：每年产奶 105 藏两。

山羊、绵羊：母羊平均每只产羔 1 只，成活率 70%～80%，每 15 只羊的羊毛可织 1 件藏袍的氆氇。

鸡：每只母鸡平均年产蛋 200 个左右。

此外还有水磨，油坊。织氆氇：少数户有织氆氇机，所织氆氇自用。捻毛线：各户的妇女、男子都会捻，一般自用。做鞋底：自用。拾牛粪：自用，交差。编筐：自用。挖药材：打猎户一般兼挖药材。

（八）农牧产品交换

农牧产品的交换对牛豁卡是很重要的，因为当地农民需要牧民的酥油和肉，而牧民又少不了农民的糌粑和面粉。但是，过去这种交换大部分为寺庙所垄断，僧人每年去牧区念经，同时从牛豁卡带去不少糌粑、面粉、青稞等粮食，换回酥油、肉、牲口等，从中渔利。不过，从牧区来的一部分牧民也有直接和农民们交换的。一般是以物易物，比价如下：

1 魁酥油折合青稞 2 魁 18 升，折合小麦 2 魁 18 升，折合豌豆 2 魁 18 升，折合菜子 3 魁 12 升。

牛肉 1 腔（1 腔即除去头、脚和内脏后剩下的）：折合青稞 20 魁，折合小麦 20 魁，折合菜子 25 魁。

羊肉 1 腔：折合青稞 2 魁 10 升，折合小麦 2 魁 6 升，折合豌豆 2 魁 10 升，折合菜子 3 魁 2 升。

山羊毛 1 卷：折合青稞 13 升，折合小麦 13 升，折合豌豆 13 升，折合菜子 12 升。

绵羊毛 1 卷：折合青稞 1 魁，折合小麦 1 魁，折合豌豆 1 魁，折合菜子 2 魁 8 升。

上述情况是牛豁卡民主改革前的生产情况。民主改革之后，农民的生产积极性十分高涨，牛豁卡不到 3 天组织了 11 个生产互助组，参加互助组的户数 127 户，占应组织起来的户数的 77%，在生产上 3 个地段展开了劳动竞赛。不到半个月的时间，新修 3 个小型水库（或叫水池子），工程质量比过去提高了 1 倍。

二、土地关系的分布及几种土地名称

牛豁卡是寺庙领主的庄园，共有土地 3488 魁，反映几种土地关系的土地分布如下：

1. 祖业地

差巴在向寺庙领主承担支应内外差的条件下，领有的份地，其收成归差巴所有。这种土地共 2563 魁占土地总数的 73.48%。

2. 差地

差巴为了获得领种份地的权利，必须给寺庙支差（或叫支乌拉，即在寺庙的差地上无偿劳动），差地的全部收成归寺庙所有。这种土地共 576 魁，占土地总数的 16.51%。

3. 自营地

由豁卡的涅仓直接经营的土地，共 32 魁，占土地总数的 0.91%。

4. 失地

差巴因支不起差和还不起债，而失去自己的份地，让寺庙的涅仓、吉娃等上房喇嘛占去土地者有 39 户，共失地 144 魁，占土地总数的 4.12%。

5. 佃地

这种土地在牛豁卡有两种来源：一是差巴还不起债，把自己的份地卖给寺庙的涅仓来顶债，在债主方面就是用债权把债务人的土地买过来。二是有的差巴因无种子，将份地断卖或暂卖（即典当）给寺庙的涅仓或吉娃等上层喇嘛者，有 19 户，共佃地 38 魁，占土地总数的 1.03%。

6. 门欧地

这种土地的来源：支不起差的差巴外逃后，寺庙涅仓将其领种的份地没收，划为门欧地。分给 89 户种，耕种者可支配全部收成，但要按噶厦政府的规定，上交藏银和粮食，供拉萨传昭大法会开销。这种土地共 48 魁，占土地总数的 1.37%。

7. 对分地

差巴由于支不起差或缺种了，将份地失给了寺庙的涅仓或吉娃，然后由涅仓、吉娃等出种子，土地仍由原主耕种，年终收获时，差巴与寺庙的涅仓、吉娃对半分成。这种土地种植者有 89 户，土地共 87 魁，占土地总数的 24.9%。

土地名称汉藏文对照：

（1）祖业地：ཕ་གཞིས།

（2）差地：ཁྲལ་ཞིང་།

（3）吉娃冬兴地：དགེ་བ་གཏོང་ཞིང་།

（4）失地：ཤོར་ཞིང་།

（5）公地：སྤྱི་ཞིང་།

（6）门欧地：སྨྱུན་ཐོང་།

（7）格配寺租地：དགེ་འཕེལ་ཕོགས་ཞིང་།

（8）自营地：ཟུར་ཞིང་།

（9）仆役地：གཡོག་ཞིང་།

（10）佃地：ཅི་ཞིང་།

（11）租赁地：ཕོགས་ཞིང་།

（12）对分地：ཉིད་ག།

反映土地关系的几种土地名称

1. 祖业地

差巴向豁卡领种的份地中，有一部分土地是可以世代继承的土地，藏语叫"帕豁"，意译为祖业地，领种土地的差巴需按土地的岗数向豁卡支付内外差。

牛豁卡差巴的"帕豁"有两种，即差岗地和玛岗地。差岗地共 64 岗，玛岗地共 8 岗，差岗地的内外差向豁卡和日喀则宗政府支付，玛岗地的兵差向噶厦政府支付。

2. 差地

谿卡交给差巴种的自营地，按差巴领种的"帕谿"岗数，给种差地的差巴的义务，但岗数与差地的多少没有必然的比例。如：差巴丹增王甲的"帕谿"1 岗地，差地的负担是 6 魁整，而另一户差巴吉奴贝多只有 $\frac{13}{16}$ 岗地，差地负担则是 6 魁 10 升。差地的全部收获，由谿卡收回，在差地上劳动的差巴一年到头一无所获，不仅得不到一粒粮食，连麦草也要被席卷一空。

经营方式：种子由谿卡出，播种时由本谿卡全体差巴出工集体播，秋收时也集体在谿卡的公共场地上打场，差巴在严格的监督下劳动，所以差巴根本不可能有任何收益。田间其他劳役，如犁地、上肥、放水、锄草等等，则分配给差巴各自分头负责。平时谿卡的列本（监工）经常在田头监督，若发现哪个差巴没好好劳动，则可任意打骂，甚至可以没收其全部"帕谿"。

牛谿卡的差地分三种：第一种叫"薪俸地"，这种土地的收成，作为寺庙中的僧人和上层喇嘛们发放薪俸之用；第二种叫"种子地"，其收成作为差地的种子之用；第三种是"煮粥地"，藏语叫"错塔代"，其收成作为寺庙中的僧人，喇嘛们早上喝粥用的粮食。

3. "吉娃冬兴"地

由寺庙吉娃直接掌握的一部分土地，牛谿卡共有 9 魁"吉娃冬兴"地。这部分土地交给差巴种，全部收成交给寺庙吉娃，作为寺庙每年举行的两次"冬果"大聚会开支之用（"冬果"每年两次：2 月 25 日、8 月 25 日举行的诵经法会）。种"吉娃冬兴"地的差巴，终年劳动，一无所获，只免除 45 天的拾牛粪差的劳役，或者免除部分"曲萨"和"欧他"地的内差。

4. 失地

差巴因拖欠谿卡的债务，或因缺支差的劳动力，其土地则被谿卡没收，这种由谿卡没收回来的土地叫失地，其经营方式有以下三种：

（1）谿卡将失地的差巴全部领种权收回后，转交给另一户差巴领种，全年收成一般是采取对半分成的办法。

（2）谿卡将收回的失地，作为谿卡直接经营的土地，由谿卡的囊生种。

（3）谿卡只收回全部粮食收获权，土地仍由原差巴种，种失地的差巴，终年劳动只得到一些麦秸草。

从牛谿卡的情况看，这种失地现象，在劳动者之间也时有发生，有的因欠债无力偿还，也可以将自己的"帕谿"交给债主抵债。可以失若干年后再赎回，也可以失断，永远不再赎回。

5. 公地

差巴因支不起差而逃亡，无人耕种的土地由谿卡全部没收，转给其他 8 户差巴共同耕种的土地，这份土地的内外差亦由耕种该土地的差巴们共同负担，每年收成由共同耕种者平均分配。

6. 门欧地

由噶厦政府下达公文，指定牛谿卡的若干魁土地作为门欧地，每年由领种的差巴，向噶厦政府交纳一定数额的藏银和粮食。这笔收入用作每年拉萨市传大召时费用的开支。故又可译作传召糌粑差地。

7. 格配寺租地

牛谿卡的领主，曾向格配寺进行布施，得到过该寺活佛法力的护佑；从此，将牛谿卡的部分土地划归格配寺。凡领种这部分土地的差巴，每年需按规定向格配寺交租。全谿卡租种这部分土地的差巴有若干户，每年藏历7月份寺庙派涅仓（司库人员）来收租。

8. 自营地

谿卡直接经营的土地，由5个佣人耕种，约有1岗地，每年收成由谿卡直接支配，给佣人发放适量的工资。据调查，牛谿卡这1岗自营地的由来是：一户支不起差而逃亡的差巴留下的祖业地，经没收后成为谿卡的自营地。

9. 仆役地

牛谿卡的大差巴丘波，在支应内外差的条件下，领种了4岗半土地。在他领种的份地内住有8户堆穷，由这8户堆穷向丘波支乌拉，丘波却给每1户堆穷划分一部分土地的种植权。这部分为堆穷们享有种植权的土地称为仆役地，藏语叫"约兴"，即雇工地或仆役地的意思。

10. 佃地（又叫兴仁地）

牛谿卡有一部分堆穷出钱向差巴买一部分土地的种植权，一般有年限规定，3年、5年、8年均有，也有将种植权买断的。寺庙中的上层拥有许多佃地，他们把地权买过来之后，又交还原主耕种，每年土地上的收成对半分。

11. 租赁地

谿卡内部的差巴之间，可以互相租赁土地的种植权。例如，有的差巴由于劳动力不足，原领种的土地种不过来，或无力支应内差、外差时，可以转给别人，每年收一定数额的租子。

12. 对分地

谿卡内差巴之间，如有某户缺种子，无法播种时，可由另一户差巴出种子，土地仍由原领种者经营，支差也由原主承担。秋收果实除去支付的实物差税之处，所余部分，两户对半分成。或者，原领种者将土地种植权转让给另一户，劳力及差税也由该户出，年终收成也实行对半分。

三、乌拉差役调查

访问经过：1960年6月20日我们召集了牛谿卡种有1岗份地的差巴，举行了一次"关于牛谿卡乌拉差役负担情况的座谈会"，参加座谈的有4名差巴，情况如下：

差巴阿吉·邦贵，男，61岁，曾任谿卡的列本，头脑清楚，记忆力强，善于表达，了解情况较多。民改运动中划为贫苦农奴。

差巴代岗·斯达，男，48岁，了解情况，但不善于叙述。民改运动中划为贫苦农奴。

差巴雀康·白佳，男，58岁，记忆力强，口齿流利善于叙述，较了解情况。民改运动中划为中等农奴。

差巴巴噶厦·登真于加，58岁，记忆力强，口齿流利善于叙述，较了解情况。民改运动中划为贫苦农奴。

（一）内差

按差巴领种份地，给谿卡差地支的劳役差，以领种10剋土地所支的内差统计如下：

正月：

1. 往羊圈、厕所里送土积肥，1人支8天。

2. 缝接断了的皮绳（春耕套犁时用），1人支1天。

3. 砍刺柴，1人支8天。

2月：

1. 撕羊毛捻线，1人支2天。

2. 缝补装羊粪的大口袋，1人支1天。

3. 缝补送羊粪的口袋，1人支1天。

4. 砍干树枝（修农具用的），1人支6天。

5. 剥树皮，1人支2天。

6. 用刺柴围羊圈（露天的），1人支1天。

3月：

1. 羊圈洒水，1人支1天。

2. 挖粪（人粪、羊粪），1人支3天。

3. 送粪，1人支9天。

4. 送粪到积肥池之后，加水、加土使之发酵，1人支1天。

5. 修主干渠，1人支2天。

4月：

1. 修地边的水渠，1人支4天。

2. 浇地，1人支5天。

3. 给马铃薯地送肥，1人支2天。

4. 种马铃薯，1人支2天。

5. 选种（将青稞中掺杂的豌豆挑出来），出1个小孩支1天。

6. 犁地，1人支1天。

7. 播种，出1个小孩跟在犁后撒种1天。

8. 打畦子，1人支6天。

5月：

1. 在油菜地里间苗，1人支4天。

2. 浇地，1人支2天。

3. 运土到羊圈积肥，1人支3天。

6月：

1. 锄草，1人支2天。

2. 浇地，1人支3天。

3. 运土到羊圈里积肥，1人支10天。

4. 剪羊毛，1人支1天。

7月：

1. 浇地，1人支1天。

2. 运土到羊圈里积肥，1人支10天。

3. 翻轮休地，1人支2天。

4. 夏耕（犁轮休地，以备来年再耕），1人支2天。

8月：

1. 浇地，1人支2天。

2. 割豌豆，1人支2天。

3. 割青稞，1人支3天。

4. 割小麦，1人支3天。

5. 打刺柴叶子，1人支4天。

6. 收捡牛粪、驴粪（或挖牛圈的粪），运送到积肥地去，1人支2天。

7. 秋耕（把收割后的地犁一次），1人支2天。

9月：

1. 往打场上送麦捆（包括：青稞、小麦、油菜子等），大人1人支4天，小孩子跟着拾麦穗1人支2天。

2. 打场，1人支19天。

3. 守夜（把堆穷收割的麦捆单放在一处。不在场上，故需派人守夜），出1小孩支12夜。

4. 踩场（牲畜踩），奶牛1头支12天。

5. 夜间守场，1人支5夜。

6. 打刺柴叶子（用刺儿护场），1人支2天。

10月：

打牛粪坯（将湿牛粪作成圆饼，贴在墙上），1人支2天。

11月：

1. 榨油，9人支1天。

2. 打牛粪坯，1人支2天。

3. 运羊粪（将羊粪运送积肥池），1人支1天。

4. 捻羊毛，1人支13天，要求捻2个涅尕（藏两）的羊毛。

12月：

1. 打牛粪坯，1人支2天。

2. 运羊粪，1人支1天。

3. 运土积肥，1人支4天。

除上面定时的差役之外，不定时的还有：

1. 炒青稞，4人支1天，炒青稞15尅。

2. 长途送信或送东西，6人支6次。

3. 短途送信或送东西，6人支6次。

4. 运草到宗政府指定的地方（一般是到边、孜东、切儿寺豁卡），1人支1次给豁卡赶马。

5. 护送领主过河，给附近豁卡送口信等零星事，7人支7次。

6. 送木料到渡口，1人支10天。

以上零星的内差，1个人支14天零20次（不满一天）。

合计：全年，1个大人支内差185天零20次，守夜17天；小孩支2天；奶牛1头12天。

（二）外差

差巴给谿卡的领主、噶厦政府支的劳役和实物差，以1岗地所支外差统计如下：

1. 加甘岗珠，向噶厦政府交的银粮，藏银25两。

2. 牙堆，为噶厦政府运东西到南木林宗，每年2次，每次1人1驴支1天。

3. 阿波，为宗政府修建房屋，1人去两三个月。

4. 察堆，为噶厦政府运盐，每次送到白纳地方，4头毛驴往返1次。

5. 强佐豌豆，给日喀则宗强佐作马料用的豌豆，每年交1次12藏升。

6. 萨丕美，向日喀则宗交地皮税，每年交青稞5藏升。

7. 门欧，向噶厦政府交藏银4品，供大传召开支之用。

8. 银差，为日喀则宗的基宗外出“巡视”开支之用，交藏银15品。

9. 萨噶玛堆，为日喀则宗政府向噶厦政府运送酥油，出运输的驴子两头，如无驴了则交50两藏银。

10. 岗珠，从日喀则宗把噶厦政府的军粮运至南木林宗，出运粮的毛驴两头，或交藏银1品。

11. 玛堆，藏兵每年换防时运东西，出毛驴1头，1个人支6天。

12. 宗吉，又可称为玛差，各宗之间互送信件或公文，每年1次，交藏银1品。

13. 达乌，在宗以内支的马差，送信件公文或往返官员，每年4次，每次马4匹支两天或交藏银1品20两。

14. 卡玛，为谿卡领主运送东西，一般是从本地送到南木林宗，每年4次，每次1人和毛驴1头往返1天，共4天。

15. 果达，为谿卡领主去拉萨往返渡船费，交藏银35两。

16. 准松拉恰，日喀则宗政府看犯人的狱卒的工资，每年交两次，每次4品半，共9品藏银。

17. 古仁，派人在谿卡最边的地方瞭望，如有从艾马岗或孜东方面来的官员、贵族，立即回来禀报，派人派马支差，每年交青稞5藏升。

18. 江孜草木，给驻守在江孜兵营的藏兵送草、送柴，本谿卡共交藏银66两，平均每岗地交1两半。

19. 当木杂，每年各地贵族要在拉萨集会一次，经过当木雄时需补充草料，隔年交藏银50两，平均每年25两。

20. 甲索兴奴木，清朝驻藏大臣，每年需到各地巡视，交柴火和青油费，每年交藏银1两。

21. 都索，每年牛谿卡向日喀则宗交银差，本谿卡出30头毛驴，平均每岗地交25两藏银。

22. 撒栽，给噶厦政府交新毛袋子，每岗地交15两藏银。

23. 玛差，领种玛岗地的差民才交兵差，每1玛岗交120两藏银（即2品20两）。

合计以上1岗地支外差：藏银86品2两，粮食17藏升，人力74~94，畜力20天，1玛岗地另支藏银120两。

和平解放后牛谿卡差役减免情况：

1951年西藏和平解放以来，差巴的内差负担没有丝毫的减免，外差则有所减免。

（一）全部免除的外差

1. 阿波，原来每年派人去宗政府修建房屋，每岗土地1人支3个月，1957年开始全部免除。

2. 岗珠，原来每年往南木林运军粮，每岗土地交藏银1品，1957年后全部免除。

3. 玛堆，藏兵每年换防时，每岗土地需出人力、畜力6天，1957年后全部免除。

4. 果达，原来每年谿卡领主或代理人往返艾马岗与日喀则、拉萨之间，途中渡船费用每岗土地需交35两藏银，1957年后全部免除。

5. 当木杂，原来每年各地贵族要去拉萨集会一次，每岗土地每年交25两藏银，1957年以后全部免除。

（二）部分减免的外差

1. 牙堆，原来每年给噶厦政府运东西到南木林，两人两头毛驴支两天，改为只交藏银20两。

2. 察堆，从原来给噶厦政府运盐，每年1次支4头毛驴，改交4品藏银。

3. 萨丕美，原来给宗政府交地皮税每年青稞5藏升减至4藏升。

4. 门欧，每年向噶厦政府交藏银两品（100两）减至80两。

5. 银差，原来每年日喀则的吉宗到各地巡视的开支，需交藏银15品减至2品。

6. 萨噶玛堆，原来每年为日喀则宗政府往噶厦政府送酥油交藏银50两减至1两。

7. 宗吉（马差），原来每年在宗内往返送信函或公文，需交藏银1品，减少了$\frac{2}{3}$。

8. 达乌，在宗内支的马差，原来每年交藏银1品20两，减少了$\frac{4}{5}$。

9. 卡玛，为谿卡领主运东西到南木林宗，原来1人1头毛驴支4天，减至1天。

10. 撒栽，给噶厦政府交新的毛口袋，原来每年交藏银15两，减少$\frac{2}{3}$。

（三）保留不变的外差

1. 加甘岗珠，仍然每年交藏银25两。

2. 强佐豌豆，每年仍交豌豆12藏升。

3. 准松拉恰，每年仍交日喀则宗政府的狱卒工资4品半。

4. 古仁，每年仍交瞭望费青稞5藏升。

5. 江孜草木，每年仍交江孜军营草木费藏银1两半。

以上合计每年每岗土地减少：

藏银811两（折合10品零11两）。

人力：71天至91天。

畜力：15天。

粮食：1藏升。

乌拉差役汉藏文对照

内差：ནང་ཁྲལ།

外差：ཕྱི་ཁྲལ་

加甘岗珠：རྒྱ་གད་གང་འཛུ་

牙堆：ཡར་རྡད་

阿波：ཡར་པོ་

察堆：ཚ་རྡད་

强佐豌豆：ཕྱག་མཛོད་ཉུལ་མ་

门欧：སྨན་རྡད་

银差：དངུལ་ཁྲལ་

萨噶玛堆：ས་དགར་མར་རྡད་

岗珠：གང་འཛུ་

马堆：མར་རྡད་

宗吉：ཛོང་རྒྱུ་

达乌：ཏ་འུག

卡玛：ཁ་མ་

果达：གོ་ང་

准松拉恰：བཙན་སྲུང་མ་ཆ་

古仁：འབྲུགས་རིང་

江孜草木：རྒྱལ་རྩེ་ཚེང་ཐི།

当木杂：འདམ་ཚ་

甲索兴奴木：རྒྱ་སོག་ཤིང་ནུབ་

都索：དུད་གསོག་

撒栽：གསར་བྲེད་

玛差：དམག་ཁྲལ་

四、各种职业差役调查

谿卡内的差巴或堆穷，按规定支应内外差或人役税之外，还按各人具有的特殊职业技能支应实物差和劳役差。分述如下：

（一）铁匠

1. 向宗政府支应的差役

①每年每人向拉萨噶厦政府的索热康（镰刀厂）支"手差"藏银7两半。

②每年每人向原属主（江孜白那宗）支差（打铁）15天。

③每次到日喀则宗买铁料和钢料时，必须向铁匠封建行会的更保（管事）交藏银。交纳数字按购买数定。此外，还请更保喝足一顿青稞酒。如不按规矩孝敬更保，则将全部铁料、钢料没收，个别的甚至剥下身上的衣服。

2. 向当地寺庙和谿卡支应差役

①每年为寺庙去藏北诵经的喇嘛准备用具：火架子、铜锡、铁壶等，劳役天数要看去的人数多少而定，平均每年无偿打铁1个月。

②每年寺庙吉娃要举行两次"冬果"法会，一切炊具：铁锅、铜锅、铜勺、刀、火钳等都由铁匠支差修理或新制，平均每年劳役 6 天。

③平时经常为寺庙的厨房修补炊具器皿。平均每年劳役 10 天。

④平时经常为寺庙修门打锁，修补其他铜铁器（如转经筒、法器等）等零活，平均每年劳役 10 天。

⑤豁卡的涅仓每逢抓人（小偷、逃亡差巴等），均需铁匠赶制脚铁镣，平均每年劳役 4 天。

合计，每个铁匠每年劳役 75 天，交纳藏银 7 两半。

（二）木匠

1. 为本豁卡修造农具：犁、十齿叉、二齿叉等。每年平均劳役 15 天，即无偿地干木工活儿。

2. 向宗政府每年交手差藏银 50 两。

3. 为寺庙厨房修造锅盖、木桶等杂活 10 天。为札仓僧舍修门窗 5 天。平均每人每年无偿干木工活 15 天。

合计每个木匠每年劳役 30 天。藏银 50 两。

（三）画匠

每年春天为寺庙粉刷墙壁、画壁画、描绘转经轮等。颜料及画具一切自备。每年平均劳役 5 至 10 天，但每天可得 1 索青稞的工资。

（四）裁缝

1. 每年春天为寺庙札巴们缝补破僧衣，劳役 5 至 7 天，每天按规定应得工资半索青稞。但近 4 年以来已成为无偿劳动了。

2. 每年秋收之前，为豁卡补破粮食口袋，劳役 3 至 5 天。原规定每天发工资青稞半索。但近 4 年以来已成为无偿劳动了。

（五）屠夫

1. 每年为寺庙的"吉娃"宰羊 12 只，宰牦牛 3 头。另外还需交"头差"：羊头 18 个，牦牛头两个。每年为寺庙札仓宰牦牛 3 头。

2. 每年为豁卡的涅仓宰羊 12 只，宰牦牛 3 头。交"头差"：羊头 20 个。合计，劳役：宰羊 24 只，宰牛 9 头。交实物差：羊头 38 个，牛头 3 个。

（六）商人

1. 向日喀则堪厅交税

卖柴火 1 驮交税藏银 5 两。

卖萝卜 1 驮交税藏银 5 两。

卖粮食 1 驮交税藏银 5 两。

卖马铃薯 1 驮交税藏银 5 两。

卖饲草 1 驮交税藏银 5 两。

卖菜子油 1 驮交税藏银 15 两。

2. 外地人来牛谿卡卖陶器者，每驮（约 10 个左右）要抽出两个最大最好的，交给谿卡的涅仓和寺庙的札仓。

上述手工业者和其他职业人员，在支内外差时与一般差巴一样，不能以职业技术劳役顶替，更不能缓支或不支。在牛谿卡可以碰到这种现象，当一个铁匠或木匠轮到该去支乌拉，同时又该支职业差，无法分身时，只好出钱请雇工去支应。所以，职业差巴有着双重的差役负担。

五、西藏历史上几次战争中在牛谿卡征兵差的情况

访问经过：1960 年 4 月 21 日，我们在牛谿卡召开了一个小型座谈会，参加会的有 4 位老人。

差巴邦果，61 岁，曾任谿卡的列本，头脑清楚，记忆力强，了解情况甚多，并善于叙述。

差巴江洛，87 岁，一般农民，十分了解情况。

差巴生国，70 岁，一般农民，了解情况，记忆力尚好。

堆穷顿珠才仁，61 岁，一般农民。

现根据上列老人提供的材料整理如下：

（一）玛岗地制度建立的经过

很久以前（年代叙述者不详）[1]尼泊尔向我西藏境内入侵，一直打到日喀则，占领许多重镇。当尼泊尔廓尔喀军队攻到日喀则城郊时，扬言要占领日喀则，烧毁札什伦布寺。藏军与廓尔喀军队决一死战，打得非常勇猛，最后将入侵者赶出国界。民间广泛流传着这样一段传说，"当廓尔喀的军队围困日喀则时，敌人到处杀人放火，扬言要烧毁札什伦布寺，七世班禅大师此时正被围困其中，处境十分危急，因此，大施法术，将札什伦布寺中殿的邦丹拉莫护法女神请了下来，用皮鞭抽打一阵，护法女神在皮鞭抽打下，发出惊天动地的呼叫声，这声音有强大的威力，驻守在寺外的廓尔喀士兵闻声丧胆，有的还得了'邪病'，一命呜呼。就这样，班禅大师不费吹灰之力，将廓尔喀军队全部击溃"。这个有趣的传说，反映了西藏人民对入侵外敌的愤恨，以及战胜外敌的信心。

据叙述者说，自从廓尔喀战争之后，噶厦政府便下令在各个宗建立玛岗地的制度牛谿卡规定建立 8 个玛岗。

（二）牛谿卡玛岗地制度执行情况

藏历土鼠年（公元 1888 年）[2]，英军通过印度入侵西藏，西藏地方政府派藏兵 500 名奔

---

① 公元 1791 年廓尔喀人大举侵入后藏，抢掠札什伦布寺。1791 年—1792 年，清朝派大军反击廓尔喀侵略军，取得胜利。

② 即公元 1888 年隆吐山之战，西藏人民为了捍卫乡土而被迫进行的一次正义战争，它是 19 世纪末叶我国各族人民反抗资本主义掠夺的英勇战斗中的一次战役。

赴江孜抵抗，建立江孜江洛炮台，各地群众纷纷支援前方作战，表现出藏族同胞同仇敌忾为捍卫乡土而战的意志。当时牛豯卡8个玛岗共出俗兵8名，寺庙中调出僧兵30名，在藏政府率领之下开往江孜英勇地和英军作战。据说参战的士兵大部分牺牲了，只回来了几名僧兵。牛豯卡的民众以支兵差的形式参加驮运军需品的也不少。

藏历土鸡年（公元1909年），清政府派兵进入西藏①，迫使十三世达赖喇嘛于翌年逃往印度。达赖喇嘛从拉萨出来，途经亚东，住在荣巴的羊卓地区。不久携同若干官员逃往印度去了，1912年才返回拉萨。当时藏政府在拉萨、日喀则、江孜、南木林等地均设军营，故需扩大藏兵编制。为了满足这一军事设施的需要，藏政府规定，除了1个玛岗出1名兵丁之外，每4个玛岗再出1名兵丁及该名兵丁的一切给养；在此基础上，每8个玛岗又再出1名兵丁及其一切给养。从这时起藏兵的数字不断增加，人民的兵差负担也就越来越重了。牛豯卡原有8个玛岗地，按规定只出兵丁8名及其给养，由于扩军的需要，每4个玛岗再出1名兵丁及其给养，在8名兵丁的基础上增出两名不久又规定8个玛岗再出1名兵丁及其给养。如此累积，牛豯卡的8个玛岗地需出兵丁11人，以及11人的一切给养和枪支弹药的费用。

六、农奴反抗乌拉差役的斗争

在1960年4月21日的同一次座谈会上的调查：

（一）两次规律较大的请愿斗争

1. 第一次是在1955年，第三任豯本丹巴群配时，即寺庙接管牛豯卡后的第28年，全豯卡的79户差巴，每户的户主集合起来到寺庙的涅仓大门前面，高喊"减乌拉，减差役"的口号。该任豯本在群众的压力下作了一些让步。

事情的经过要从1925年说起，当时寺庙的经济拮据，企图将牛豯卡从僧噶娃手中夺过来，打着群众要求的牌子向噶厦政府和达赖喇嘛告过状，说僧噶娃对百姓的盘剥过重，豯卡的百姓要求寺庙直接经营豯卡，并以百姓的名义写了一份呈子，由寺庙的翁泽等上层喇嘛带去拉萨要挟噶厦政府。另一方面又在差巴中大许其愿，声称如果豯卡由寺庙直接经营的话，将减少差民的乌拉差役。然而，当寺庙果真得到牛豯卡之后，他们的许诺却成为泡影。劳动群众眼巴巴地等了20多年，在忍无可忍的情况下，自发地聚集到一起，一方面派代表直接和豯本讲理，另一方面集合起来的七八十人拥到寺庙涅仓的大门之下，高呼口号，这场斗争延续了两天之久。群众提出减差的理由是：寺庙之所以能夺得豯卡的经营权，群众是出过力的，寺庙也有过许诺，要减轻差巴的差役，如今已过20多年了，为何不兑现诺言?!

在请愿的头两天，豯本丹巴群配听到了风声，即施以软化群众斗争的对策——以青稞酒、酥油茶、肉等招待群众吃喝两天，并声称：今后每3年请群众吃喝1次。但是群众没有受骗，按时来到寺庙涅仓大门前请愿，并提出具体减劳役差和实物差各一半的要求。此时，豯本正在寺中与堪布、翁泽等密谋对策，外面群众的呼声一浪高过一浪，从早到晚大门被层层包围。最后，寺庙派出豯本来应付，不得不作了小的让步：首先将55天的牛粪差减至45

① 即公元1909年，驻藏大臣联豫电请派四川新军2000人，由知府钟颖率领进入西藏，与西藏地方军队发生冲突。翌年十三世达赖喇嘛被迫出走印度。

天，其次，规定凡支满 45 天牛粪差，再交牛粪者，每天发青稞两藏升作为工资。除此之外，其他差役丝毫未减。这次请愿斗争在获得一定胜利的情况下结束了。然而值得一提的是，当时差巴聚集在一起商议请愿大计时，由于没有经验，却推举了一名差头——更保丘波去和谿本谈判，此人不仅不代表群众说话，而且还向谿本通风报信，出谋划策，那场请群众"吃喝"的丑剧就是在他导演下出场的。直至这次民主改革时，劳动群众才看清了更保丘波的真面目。

2. 第二次是 4 年以前（即 1956 年），第四任谿本来珠时，全谿卡的劳动群众在头年斗争初步胜利的基础上，又组织了一次请愿。但是这次请愿斗争仍为更保丘波所操纵，他十分狡猾，一方面在群众面前充好人，另一方面又向谿本献策，当时寺中的堪布尼玛丹增是他的叔父，经堪布与谿本商议决策，采取了强硬高压的手段。在群众还没有完全组织起来的情况下，由谿本公开召集大会宣布："谁要减差，谁就把土地交出来！"又说："你们都减了差，寺庙里的札巴和喇嘛们都吃什么呀？！……这是对佛法不虔诚的行为……"请愿在强力的威吓之下失败了。

（二）智挖墙根

差巴和堆穷在领主自营地上支劳役差时，虽然不敢公开反抗，但往往通过巧妙的手段对领主或领主代理人进行报复。例如前几年，几户堆穷给差巴邦中达巴（民改中被划为领主代理人）挖肥时，他们在羊圈、厕所里挖肥不往深处挖，专找墙根底下挖，结果把邦中达巴家的住房挖塌了一个角。据说，寺庙中的厕所也曾被挖塌过。

（三）消极怠工，破坏生产

被束缚在土地上无偿劳动的广大农奴，终年饱尝支乌拉差役之苦，但又无法挣脱这沉重的枷锁，只有采取消极怠工、破坏生产的方式来和领主进行斗争，诸如：

犁地时，犁地的差巴手扶犁把手不往下压，反将犁把用手轻轻抬起，这样一来省劲、二来不伤牲口。所以，差地犁的遍数虽多，但质量不高，产量也不会高。

灌溉，谿卡规定差巴给差地灌 5 次水，差巴们在灌水时，边灌边用锹把渠中的水往地里拨，表面上看来地里到处都有水了，实际上只湿了一层表皮，大片大片的土地是外湿中干，水没灌透。

收割，秋收时节，麦穗黄澄澄的，差巴们眼巴巴地瞧着自己终年劳动果实，即将进入谿卡的粮仓，无法抑制心中的怒火，反抗情绪油然而生。只要没有差头列本的监督，他们就有意把麦秸长长地留在地上，麦穗到处抛，出工不出力，有意贻误农时，造成领主的损失。

平时在差地上集体劳动的机会是很多的，牛谿卡的 70 多户差巴支差时，每天商议好轮流出 4 个大人，其余的都以小孩子顶大人去支差，这群孩子从来不好好地干，留一个人在地头放哨，看着狗腿子的行踪，其余的在地里尽情打闹。当然，有时这群孩子不免遭到毒打，但是这种反抗的方式还是经常使用的。

七、牛谿卡、日喀则一九五八年物价调查

这次物价调查是根据牛谿卡家庭收支情况调查的需要进行的。为了计算准确，对日喀则

的价格也一并进行了调查。这两个地方的物价均以 1958 年度春、秋两季的价格为准,先后作了两次复核,尽量避免差错。材料提供人主要有:商人桑木旦、商人巴桑、贫苦差巴斯大 3 人。

下面用表格说明物价调查结果,调查表分 7 大类,包括 135 种物品。农产品的价格一般是日喀则比牛谿卡高一点,但是,秋收时农民手头粮食多了,商人则压价收购,春天青黄不接,农民缺粮又缺种子时,商人则乘机抬价出售,高利贷者也乘机敲诈。畜产品则不然,秋天的价格一般比春天高,这是因为秋收时农民购买力相对高一些,加之秋天的畜产品(酥油、肉)的质量也好,卖贵一点也是必然的。至于日用品、嗜好品、农具等春秋季的价格上下波动不大。因牛谿卡内部没有互相买卖的习惯,故在下表中牛谿卡一栏只有一种价格,日喀则一栏则分为收购和售出两项。

计价单位分藏银计价和青稞计价两种:

藏银计价:1 品 = 50 两,

　　　　　1 品 = 2.5 元(银元),

　　　　　1 两 = 0.5 元(银元)。

青稞计价:1 魁 = 20 升(藏升,有些地方叫"索"),

　　　　　1 魁 = 28 市斤,

　　　　　1 升 = 1.4 市斤。

列表 3 – 1 如后。

八、家庭与婚姻

(一) 通婚范围

1. 阶级之间,即领主与百姓之间,一般不通婚,虽然没有法律的明文规定,在社会舆论上有一定压力,但再嫁或者续弦则不受此限。

例如:南木林宗的四品官汤本,原来娶过两个贵族出身的女子为妻,不久相继死去,后来就娶了牛谿卡一户堆穷的女儿名叫司达的为妻,司达原来是汤本的佣人,据说早已有过关系,只是在前妻死后才正式续为夫人的。汤本的女婿原来也是贵族的子弟,入赘后不久,汤本女儿死了。这个女婿继承了财产,另立户头娶了本谿卡堆穷的女儿夏玛为妻。上述两桩婚姻,均因是续弦并无人议论。

又如,贵族冲堆厦的女儿央拉嫁给牛谿卡的大差巴,曾任谿本、宗本、错本、佐札等职的丘波为续弦,不久,又与前妻的儿子格桑热珠通奸,引起家庭纠纷,遂与丘波离异,与其子格桑热珠单独过。后来格桑热珠死了,央拉又招了一个堆穷的儿子入赘,名叫多布杰。结果,这个贵族小姐就成了平头百姓堆穷之妻了。以上是比较特殊的例子,一般贵族子女嫁或娶平民的子女者并不多见。

2. 等级之间,平民百姓中分堆穷和差巴两个等级,一般可以通婚,但受贫富的限制,也很讲究门当户对。有钱的差巴一般不会找无钱的堆穷结亲。在贫富之间筑起了一堵无形的墙。

表 3-1　牛黯卡、日喀则 1958 年物价调查表

类别	品名	质量	单位	数量	牛黯卡 藏银计价 春(品)	春(两)	秋(品)	秋(两)	牛黯卡 青稞计价 春(兑)	春(升)	秋(兑)	秋(升)	日喀则 收购 藏银计价 春(品)	春(两)	秋(品)	秋(两)	收购 青稞计价 春(兑)	春(升)	秋(兑)	秋(升)	日喀则 售出 藏银计价 春(品)	春(两)	秋(品)	秋(两)	售出 青稞计价 春(兑)	春(升)	秋(兑)	秋(升)
农产品	青稞	上	兑	1	1	10		32					1	15	1	50		15	1	16.6	1	15				16.6		
	青稞	中	兑	1		48		24					1	10	1	45		14		15	1	10				15		
	青稞	下	兑	1		40		20					1	5	1	40		12.6		13.2	1	5				13.2		
	早熟青稞	上	兑	1							1		1				1	3			1	5						
	早熟青稞	中	兑	1							1		1				1	1.5			1	5						
	早熟青稞	下	兑	1							1		1				1				1	5						
	青稞豌豆混合粮	上	兑	1							1		1	45	1				1	16.6	1	50				16.6		
	青稞豌豆混合粮	中	兑	1							1			40						15		40				15		
	青稞豌豆混合粮	下	兑	1							1			38						13.2		40				13.2		
	小麦	上	兑	1	1	32		32					1	20	1	45												
	小麦	中	兑	1		24		24						15														
	小麦	下	兑	1		20		20						10		40												
	荞麦	上	兑	1	1	30		30		10																		
	荞麦	中	兑	1		24		24		10																		
	荞麦	下	兑	1		20		20		10																		

续表

类别	品名	质量	单位	数量	牛黯卡藏银春品	牛黯卡藏银春两	牛黯卡藏银秋品	牛黯卡藏银秋两	牛黯卡青稞春斗	牛黯卡青稞春升	牛黯卡青稞秋斗	牛黯卡青稞秋升	收购藏银春品	收购藏银春两	收购藏银秋品	收购藏银秋两	收购青稞春斗	收购青稞春升	收购青稞秋斗	收购青稞秋升	售出藏银春品	售出藏银春两	售出藏银秋品	售出藏银秋两	售出青稞春斗	售出青稞春升	售出青稞秋斗	售出青稞秋升
农产品	豌豆	上	斗	1	1	10	1	32			1		1	15	1		1	10		16.6								
	豌豆	中	斗	1		48	1	24			1		1	10		45				15								
	豌豆	下	斗	1		40	1	20			1		1	5		40				13.2								
	油菜子	上	斗	1	1	10	1	12			1		1	40			1	18.2										
	油菜子	中	斗	1		48	1	10			1		1	35			1	13.2										
	油菜子	下	斗	1		40	1	2			1		1	30			1	11.6										
	萝卜	上	驮	1		25				15			1	30	3	30	1	10	2	10	2	10			1	16.6		
	萝卜	中	驮	1		20				12.5			1	25	2	25		6.6	1	8.2	1	40			1	10		
	萝卜	下	驮	1		15				10			1	20	1	20		3.2	1	6.6	1	15			1	1.6		
	马铃薯	上	驮	1	1	10			2						4		3	16.6	2	10	5				4	3.2		
	马铃薯	中	驮	1		48			1	10					3		2	6.6	1	13.2	4				3	6.6		
	马铃薯	下	驮	1		40			1						2		1	10	1	3.2	3				2	10		
	葱	上	把	1									1	10	1		1	13.2		8.2	1	20			1	3.2		
	葱	中	把	1		15				5			1	40	1		1	16.6		6.6	1	10			1			
	葱	下	把	1														13.2		5						16.6		

续表

类别	品名	质量	单位	数量	牛羚卡 藏银 春品	春两	秋品	秋两	牛羚卡 青稞 春冠	春升	秋冠	秋升	收购 藏银 春品	春两	秋品	秋两	收购 青稞 春冠	春升	秋冠	秋升	售出 藏银 春品	春两	秋品	秋两	售出 青稞 春冠	春升	秋冠	秋升
畜产品	公黄牛	上	头	1	30		25						20		30		16	13.2	25	13.2	25		35		20	16.6	29	3.2
		中	头	1	25		20						18		25		15		20	16.6	23		30		19	3.2	25	16.6
		下	头	1	20		15						13		20		10	16.6	16	13.2	18		25		15		20	16.6
	公牦牛	上	头	1	15		30						20		30		16	13.2	25	3.2	27		37		22	10	30	16.6
		中	头	1	13		20						17		26		14	3.2	21	13.2	24		33		20		26	16.6
		下	头	1	10		18						14		20		11	13.2	16	13.2	21		27		17	6.6	22	15
	公犏牛	上	头	1	60																80		80		66	13.2	66	13.2
		中	头	1	50																60		60		50		50	
		下	头	1	40																40		40		33	6.6	33	6.6
	绵羊	上	只	1		30	4	25					2	15	5		1		4	3.2	2	5	5	30	1	15	3	16.6
		中	只	1		20	3						1		4	30	1	5	3	6.6	1	30	4	30	1	6.6	3	16.6
		下	只	1		10	2						1	10	3		1		2	10	1	30	3	20	1	6.6	2	16.6
	山羊	上	只	1		40	1						1		3		1	16.6	2	10	1	30	3	20	1	6.6	2	16.6
		中	只	1		30	1						1		2	25	1		1	13.2	1	20	2	20	1	3.2	2	
		下	只	1			1						1	10	1		1	13.2	1	5	1	10	1	45	1		1	15

续表

类别	品名	质量	单位	数量	牛黪卡 藏银计价 春(两)	牛黪卡 藏银计价 秋(两)	牛黪卡 青稞计价 春(斗)	牛黪卡 青稞计价 春(升)	牛黪卡 青稞计价 秋(斗)	牛黪卡 青稞计价 秋(升)	日喀则收购 藏银计价 春(两)	日喀则收购 藏银计价 秋(两)	日喀则收购 青稞计价 春(斗)	日喀则收购 青稞计价 春(升)	日喀则收购 青稞计价 秋(斗)	日喀则收购 青稞计价 秋(升)	日喀则售出 藏银计价 春(两)	日喀则售出 藏银计价 秋(两)	日喀则售出 青稞计价 春(斗)	日喀则售出 青稞计价 春(升)	日喀则售出 青稞计价 秋(斗)	日喀则售出 青稞计价 秋(升)
畜产品	奶牛	上	头	1	27	20					20	25	16	13.2	20	16.6	23	28	19	3.2	23	6.6
	奶牛	中	头	1	24	15					15	20	12	10	16	13.2	18	23	15		19	3.2
	奶牛	下	头	1	18	12					10	15	8	6.6	12	10	13	18	10	16.6	15	15
	母牦牛	上	头	1	12	20					18	20	15	6.6	16	13.2	22	24	18	6.6	20	6.6
	母牦牛	中	头	1	10	15					16	18	13		15		20	22	16	13.2	18	6.6
	母牦牛	下	头	1	8	13					13	15	10	16.6	12	10	17	19	14	16.6	15	16.6
	毛驴	上	头	1	100	80											80	80	66	13.2	66	16.6
	毛驴	中	头	1	80	60											72	72	60		60	13.2
	毛驴	下	头	1	60	50											60	60	50		50	
	骡子	上	头	1	150												85	85	70	16.6	70	16.6
	骡子	中	头	1	120												70	70	58	6.6	58	6.6
	骡子	下	头	1	100												60	60	50		50	
	马	上	匹	1	100						70	70	58	6.6	58	6.6	75	75	62	10	62	10
	马	中	匹	1	80						50	50	41	13.2	41	13.2	55	55	45	16.6	45	16.6
	马	下	匹	1	60						30	30	25		25		35	35	29	3.2	29	3.2

续表

类别	品名	质量	单位	数量	牛谿卡 藏银计价 春品	春两	秋品	秋两	牛谿卡 青稞计价 春兑	春升	秋兑	秋升	日喀则 收购 藏银计价 春品	春两	秋品	秋两	收购 青稞计价 春兑	春升	秋兑	秋升	日喀则 售出 藏银计价 春品	春两	秋品	秋两	售出 青稞计价 春兑	春升	秋兑	秋升
畜产品	公黄牛犊	上	头	1	10		10		8	6.6	8	6.6									10		10		8	6.6	8	6.6
		中	头	1	8		8		6	13.2	6	13.2									8		8		6	13.2	6	13.2
		下	头	1	6		6		5		5										6		6		5	5	5	5
	公牦牛犊	上	头	1	3	45	3	45	3	15	3	15																
		中	头	1	3	30	3	30	3		3																	
		下	头	1	3		3		2	10	2	10																
	公犏牛犊	上	头	1	25		25		20	16.6	20	16.6																
		中	头	1	20		20		16	13.2	16	13.2																
		下	头	1	15		15		12	12	12	12																
	母黄牛犊	上	头	1	1	40	1	40	1	10	1	10									7		7		5	16.6	5	16.6
		中	头	1	1	20	1	20	1	3.2	1	3.2									6		6		5		5	5
		下	头	1	1	10	1	10	1		1										5		5		4	3.2	4	3.2
	母牦牛犊	上	头	1	3	45	3	45	3	15	3	15																
		中	头	1	3	30	3	30	3		3																	
		下	头	1	3		3		3	10	3	10																

续表

类别	品名	质量	单位	数量	牛豁卡 藏银·春品	藏银·春两	藏银·秋品	藏银·秋两	青稞·春斗	青稞·春升	青稞·秋斗	青稞·秋升	日喀则收购 藏银·春品	藏银·春两	藏银·秋品	藏银·秋两	青稞·春斗	青稞·春升	青稞·秋斗	青稞·秋升	日喀则售出 藏银·春品	藏银·春两	藏银·秋品	藏银·秋两	青稞·春斗	青稞·春升	青稞·秋斗	青稞·秋升
畜产品	绵羊羔	上	只	1		25		25		8.7		8.7																
		中	只	1		20		20		6.6		6.6																
		下	只	1		15		15		5		5																
	山羊羔	上	只	1		20		20		6.6		6.6																
		中	只	1		15		15		5		5																
		下	只	1		10		10		3.2		3.2																
	毛驴驹	上	头	1	20	16	20	16	16	16.2	16	13.2																
		中	头	1	15	12	15	12	12	10	12	10																
		下	头	1	10	8	10	8	8	6.6	8	6.6																
	骡驹	上	头	1	50	41	50	41	41	13.2	41	13.2																
		中	头	1	40	33	40	33	33	6.6	33	6.6																
		下	头	1	30	25	30	25	25		25																	
	马驹(三年)	上	匹	1	20	10	20	10	10	13.2	16	13.2									15		15		12	10	12	10
		中	匹	1	15	12	15	12	12	10	12	10									10		10		8	6.6	8	6.6
		下	匹	1	10	8	10	8	8	6.6	8	6.6									8		8		3	13.2	3	13.2

343

续表

类别	品名	质量	单位	数量	牛絮卡 藏银计价 春·品	春·两	秋·品	秋·两	牛絮卡 青稞计价 春·斗	春·升	秋·斗	秋·升	日喀则 收购 藏银计价 春·品	春·两	秋·品	秋·两	日喀则 收购 青稞计价 春·斗	春·升	秋·斗	秋·升	日喀则 售出 藏银计价 春·品	春·两	秋·品	秋·两	日喀则 售出 青稞计价 春·斗	春·升	秋·斗	秋·升
畜产品	黄牛皮	上	张	1	1	10	1	10					1	10	1	10					1	30	1	30	1	6.6	1	6.6
		中	张	1					1	16.6	1	16.6					1	16.6	1	16.6	1	20	1	20	1	3.2	1	3.2
		下	张	1	1	30	1	30	1	10	1	10	1	30	1	30	1	10	1	10			1	10	1	16.6	1	3.2
	牦牛皮	上	张	1					1	13.2							1	13.2	1	13.2	2	30	2	30	2	3.2	2	3.2
		中	张	1	2	30	2	30	1	6.6			2	30	2	30	1	6.6	1	6.6	1	10	1	10	2	16.6	1	16.6
		下	张	1	1	10	1	10					1	10	1	10	1	1			1	40	1	40	1	10	1	10
	犏牛皮	上	张	1	1	40	1	40	1	10	1	10	1	20	1	20					1	35	1	35	1	8.2	1	8.2
		中	张	1	1	20	1	20	1	3.2	1	3.2	1	10	1	10	1	3.2	1	3.2	1	25	1	25	1	5	1	5
		下	张	1					1	16.6	1	16.6					1	16.6	1	16.6	1	15	1	15	1	8.2	1	3.2
	绵羊皮	上	张	1																								
		中	张	1	1	15	1	15	1	5	1	5									1	70	1	20	1	6.6	1	66
		下	张	1																								
	山羊皮	上	张	1																	1	25	1	25	1	8.2	1	8.2
		中	张	1	1	15			1	5	1	5									1	20	1	20	1	6.6	1	6.6
		下	张	1																	1	10	1	15	1	5	1	5
	牦牛毛	上	袋	1	1	25	1	25													1	30	1	30	1	6.6	1	6.6
		中	袋	1					1	5	1	5									1	20	1	20	1	3.2	1	3.2
		下	袋	1																	1	10	1	10	1		1	

续表

类别	品名	质量	单位	数量	牛黡卡 藏银计价 春品	春两	秋品	秋两	牛黡卡 青稞计价 春冠	春升	秋冠	秋升	收购(日喀则) 藏银计价 春品	春两	秋品	秋两	收购 青稞计价 春冠	春升	秋冠	秋升	售出(日喀则) 藏银计价 春品	春两	秋品	秋两	售出 青稞计价 春冠	春升	秋冠	秋升
畜产品	绵羊毛	上	袋	1	2	20	2	20	2		2			（半缺）	11		2	10	9	3.2	13		13		10	16.6	10	16.6
		中	袋	1	1	40	1	40	1	10	1	10			10		1	13.2	8	6.6	12		12		10		10	16.6
		下	袋	1	1	10	1	10	1	10	1				8				6	13.2	10		11		8		8	6.6
	山羊毛	上	袋	1	2	20	2	20	2		2	10																
		中	袋	1	1	40	1	40	1	10	1																	
		下	袋	1	1	10	1	10	1	10	1	10																
	黄牛肉 1头分7块	上	块	1	1	10	2	5	1	15	1	15	3		4		3	16.6	3	6.6	4		5		3	6.6	4	3.2
		中	块	1	1	45	1	25	1	10	1	5	2		3		2	6.6	2	10	3		4		2	10	3	6.6
		下	袋	1	1	30	1	10	1	5	1	10	1		2		1	10	1	13.2	2		3		1	13.2	2	10
	牦牛肉	上	块	1	1	25	3		1		2	10	4		5		3	13.2	4	3.2	4	40	5	30	4	3.2	4	13.2
		中	块	1	1	10	1	20	1	15	2	10	3		4		2		3	6.6	3	40	4	30	3	13.2	3	16.6
		下	块	1	1	45	1	40	1		1		2		3		1		2	10	2	40	3	30	2		3	
	犏牛肉	上	块		（无价，因死后自食）																							
		中	块																									
		下	块																									

续表

类别	品名	质量	单位	数量	牛黎卡 藏银计价 春品	牛黎卡 藏银计价 春两	牛黎卡 藏银计价 秋品	牛黎卡 藏银计价 秋两	牛黎卡 青稞计价 春尅	牛黎卡 青稞计价 春升	牛黎卡 青稞计价 秋尅	牛黎卡 青稞计价 秋升	日喀则 收购 藏银计价 春品	春两	秋品	秋两	日喀则 收购 青稞计价 春尅	春升	秋尅	秋升	日喀则 售出 藏银计价 春品	春两	秋品	秋两	日喀则 售出 青稞计价 春尅	春升	秋尅	秋升
畜产品	绵羊肉	上	腔	1	1	40	3	30	1	10	3	10	2	40	4	30	1	13.2	3	6.6	2	40	4	40	2	6.6	4	3.2
		中	腔	1	1	10	3	20			2	2	2	20	3		1	6.6	2	10	2	20	3	40	1	3.2	3	10
		下	腔	1	1	30	2	20		10	2	10	2		1		1	6.6	1	16.6	2	40	1	40	1	10	2	16.6
	山羊肉	上	腔	1	1	10	3	20	1	15	2	2	1	40	2	30	1	16.6	1	13.2	2	40	2	10	1	10	1	6.6
		中	腔	1	1	45	2	20	1	10	1	1	1	20	1	10		6.6		6.6	1	20	1	40	1	3.2	1	10
		下	腔	1	1	30	1	40	2	10			1	10	1						1	10	1	2	1		1	3.2
	牛奶（自制成酥油）	上																											
		中																											
		下											无人买卖																
	奶渣	上	克	1						16.5			1	3		30	10	10							10			
		中	克	1						10			25		25		8.2	8.2	8.2							8.2		
		下	克	1						7			20		20		6.6	6.6	6.6							6.6		
	鸡	上	只	1		15		5		5		5	27		27		9	9	9							9		
		中	只	1		15		5		5		5																
		下	只	1		15		5		5		5																
	鸡蛋	上	个	18										3		3	2	2	2	2								
		中	个	18										3		3	2	2	2	2								
		下	个	18																								

续表

类别	品名	质量	单位	数量	牛豁卡 藏银计价 春-品	春-两	秋-品	秋-两	牛豁卡 青稞计价 春-斗	春-升	秋-斗	秋-升	日喀则 收购 藏银计价 春-品	春-两	秋-品	秋-两	收购 青稞计价 春-斗	春-升	秋-斗	秋-升	日喀则 售出 藏银计价 春-品	春-两	秋-品	秋-两	售出 青稞计价 春-斗	春-升	秋-斗	秋-升
饮食等	白酥油	上	筒	1	2	20	2	20	2	16.6	2	16.6	5		4		4	3.2	3	13.2	6		6		5	3.2	4	3.2
	白酥油	中	筒	1	2	10	2	10	1	13.2	1	13.2	4		3		3	13.2	3	18.2	5		5		4	13.2	3	13.2
	白酥油	下	筒	1	2		2		1	10	1	10	3		3		2	10	2	10	4		4		3	10	2	10
	黄酥油	上	筒	1	3	35	3	35	2	5	2	5	8		6		6	13.2	5		9		8	25	7	13.2	7	1.6
	黄酥油	中	筒	1	2	20	2	20	2	5	2		7		5		5	16.6	4	16.6	8		7	25	6	16.6	6	5
	黄酥油	下	筒	1	2	16	2	16	2	5.2	2	5.2	6			5	4	16.6	4	3.2	7		6	25	4		5	8.2
	沱茶	上	块	1	1	12	1	12		4		5.2										15		15				5
	沱茶	中	块	1	1	10	1	10		3.2		4										14		14		4.6		4.6
	沱茶	下	块	1	1		1					3.2										13		13		4.2		4.2
	砖茶	上	块	1	1	45	1	45		15		15										35		35		11.6		11.6
	砖茶	中	块	1	1	40	1	40		13.2		13.2										32		32		10.6		10.6
	砖茶	下	块	1	1	35	1	35		11.6		11.6										30		30		70		10
	土茶	上	条	1	1	15	1	15		5		5										14		14		4.6		4.6
	土茶	中	条	1	1	10	1	10		3.2		3.2										13		13		4.2		4.2
	土茶	下	条	1	1	8	1	8		2.6		2.6										12		12		4		4

续表

类别	品名	质量	单位	数量	牛谿卡 青稞计价 春(克/升)	牛谿卡 青稞计价 秋(克/升)	牛谿卡 藏银计价 春(品/两)	牛谿卡 藏银计价 秋(品/两)	日喀则 收购 藏银计价 春(品/两)	日喀则 收购 藏银计价 秋(品/两)	日喀则 收购 青稞计价 春(克/升)	日喀则 收购 青稞计价 秋(克/升)	日喀则 售出 藏银计价 春(品/两)	日喀则 售出 藏银计价 秋(品/两)	日喀则 售出 青稞计价 春(克/升)	日喀则 售出 青稞计价 秋(克/升)
饮食等	青稞糌粑	上	克	1.5	1/1	1/1	1/10	1/10	1/30	1/30	1/13.2	1/6.6	2/10	1/40	1/16.6	1/10
		中	克	1.5	1/1	1/1	1/10	1/10	1/25	1/20	1/6.6	1/3.2	2/5	1/30	1/15	1/6.6
		下	克	1.5	1/1	1/1	1/10	1/10	1/10	1/10	1/5		2/5	1/20	1/13.2	1/3.2
	混合糌粑	上	克	1.5	（本地3种糌粑同价）				1/45	1/40	1/15	1/16.6	1/45	1/40	1/18.2	1/13.2
		中	克	1.5					1/35	1/30	1/11.6	1/13.2	1/35	1/35	1/15	1/8.2
		下	克	1.5								1/10		1/28	1/11.6	1/6.6
	豌豆糌粑	上	克	1.5	（本地3种糌粑同价）								2/20	1/20	1/13.2	1/3.2
		中	克	1.5									1/15	1/10	1/3.2	
		下	克	1.5									1/10	1/10	1/1.6	
	面粉	上	克	1	（本地与青稞同价）				1/45	1/45	1/15	1/15				1/16.6
		中	克	1					1/40	1/40	1/13.2	1/13.2	1/40			
		下	克	1					1/30	1/30	1/11.6	1/11.6			1/16.6	1/19.6
	青稞酒	上	罐	1	5	5	15/15	15/15							1/13.2	1/13.2
		中	罐	1	5	5	15/15	15/15								
		下	罐	1	5	5	15/15	15/15								

续表

类别	品名	质量	单位	数量	牛黯卡 藏银计价 春品	春两	秋品	秋两	牛黯卡 青稞计价 春冠	春升	秋冠	秋升	日喀则 收购 藏银计价 春品	春两	秋品	秋两	青稞计价 春冠	春升	秋冠	秋升	日喀则 售出 藏银计价 春品	春两	秋品	秋两	青稞计价 春冠	春升	秋冠	秋升
饮	废茶叶	上	袋	1		30		30		10		10																
		中	袋	1																								
		下	袋	1																								
食	盐巴	上	驮	1	3	30	3	30													2	40	2	40	2	13.2	2	13.2
		中	驮	1	3	30	3	30		10											2	30	2	30	2	3.2	2	3.2
		下	驮	1	2	20	2	20		10											2	25	2	25	2	1.6	2	1.6
	辣椒	上	升	1																								
		中	升	1	2	6	2	6	2		2											5		5		1.6		1.6
		下	升	1																								
等	白砂糖	上	两	1		3				1		1										2		2		0.66		0.66
		中	两	1	2	2				0.66		0.66										1.5		1.5		0.5		0.5
		下	两	1		1.5				0.5		0.5										1		1		0.32		0.32
	红糖	上	块	1	2	2				0.66		0.66										1.6		1.6		0.66		0.66
		中	块	1		1.5				0.5		0.5										1.4		1.4		0.5		0.5
		下	块	1		1				0.34		0.32										1		1		0.32		0.32

续表

类别	品名	质量	单位	数量	牛羁卡藏银春·两	春·品	秋·两	秋·品	牛羁卡青稞春·升	春·尅	秋·升	秋·尅	日喀则收购藏银春·两	春·品	秋·两	秋·品	收购青稞春·升	春·尅	秋·升	秋·尅	出售藏银春·两	春·品	秋·两	秋·品	出售青稞春·升	春·尅	秋·升	秋·尅
饮食等	碱	上	升	1	1.5		1.5		13.2		13.2										2		2		6.6		6.6	
		中	升	1	1.5		1.5		13.2		13.2										2		2		6.6		6.6	
		下	升	1	1.5		1.5		13.2		13.2										2		2		6.6		6.6	
	青油	上	罐	1	3	2	3	2	14.4	1	1.44	1										3		3	10	2	10	2
		中	罐	1	3	2	3	2	14.4	1	1.44	1										3		3	10	2	10	2
		下	罐	1	3	2	3	2	14.4	1	1.44	1										3		3	10	2	10	2
	煤油	上	壶	1	30	2	30	2													25		25		8.2		8.2	
		中	壶	1	30	2	30	2													25		25		8.2		8.2	
		下	壶	1	30	2	30	2													25		25		8.2		8.2	
	酒糟	上	个	8	15		15		5												8		8		2.4		2.4	
		中	个	8	15		15		5												8		8		2.4		2.4	
		下	个	8	15		15		5												8		8		2.4		2.4	
	大米	上	尅	1	10	1	10	1	16.6	1											10	4	10	4	10	3	10	3
		中	尅	1	1	1	1	1													30	3	30	3		3		3
		下	尅	1	40	1	40	1	1.32	1											10	2	10	2	16.6	1	16.6	1

续表

类别	品名	质量	单位	数量	牛黝卡 藏银计价 春品	春两	秋品	秋两	牛黝卡 青稞计价 春克	春升	秋克	秋升	收购 藏银计价 春品	春两	秋品	秋两	收购 青稞计价 春克	春升	秋克	秋升	售出 藏银计价 春品	春两	秋品	秋两	售出 青稞计价 春克	春升	秋克	秋升
饮食及日用品等	粉条	上	把	1		2		2		0.66		0.66										2		2		0.66		0.66
	粉条	中	把	1		2		2		0.66		0.66										2		2		0.66		0.66
	粉条	下	把	1		2		2		0.66		0.66										2		2		0.66		0.66
	干人参果	上	碗	1	2	20	2		2		2										2	20			2		2	
	干人参果	中	碗	1	2	20	2		2		2										2	20			2		2	
	干人参果	下	碗	1	2	20	2		2		2										2	20			2		2	
	鼻烟	上	小盒	1		6		6		2		2										4		4		1.2		1.2
	鼻烟	中	小盒	1		6		6		2		2										4		4		1.2		1.2
	鼻烟	下	小盒	1		6		6		2		2										4		4		1.2		1.2
	藏袍（大）	上	件	1	10		10		8	13.2											10		10		8	13.2	8	13.2
	藏袍（大）	中	件	1	6		6		5												6		6		5		5	
	藏袍（大）	下	件	1	4		4		3	13.2											4		4		3	13.2	3	13.2
	上衣	上	件	1	2		2		1	13.2	1	13.2									2		2		1	13.2	1	13.2
	上衣	中	件	1	1	30	1	30	1	6.6	1	6.6									1	30	1	30	1	6.6	1	6.6
	上衣	下	件	1	1	10	1	10	1		1										1	10	1	10	1		1	

351

续表

类别	品名	质量	单位	数量	卡黎牛 青稞计价 春(克)	卡黎牛 青稞计价 春(升)	卡黎牛 青稞计价 秋(克)	卡黎牛 青稞计价 秋(升)	卡黎牛 藏银计价 春(品)	卡黎牛 藏银计价 春(两)	卡黎牛 藏银计价 秋(品)	卡黎牛 藏银计价 秋(两)	日喀则 收购 青稞计价 春(升)	日喀则 收购 青稞计价 秋(升)	日喀则 收购 藏银计价 春(品)	日喀则 收购 藏银计价 春(两)	日喀则 收购 藏银计价 秋(品)	日喀则 收购 藏银计价 秋(两)	日喀则 售出 青稞计价 春(克)	日喀则 售出 青稞计价 春(升)	日喀则 售出 青稞计价 秋(克)	日喀则 售出 青稞计价 秋(升)	日喀则 售出 藏银计价 春(品)	日喀则 售出 藏银计价 春(两)	日喀则 售出 藏银计价 秋(品)	日喀则 售出 藏银计价 秋(两)
日用品	裤子	上	条	1	1	13.2	1	13.2	2	30	2	30							1	13.2	1	13.2	2		2	
		中	条	1	1	6.6	1	6.6	1	10	1	10							1	6.6	1	6.6	1	30	1	30
		下	条	1	1		1		1	15	1	15							1		1		1	10	1	10
	衬衣	上	件	1	1	5	1	5	1	12	1	12								3.2		3.2	1	10	1	10
		中	件	1	1	4	1	4	1	10	1	10								3		3		9		9
		下	件	1	1	3.2	1	3.2	1	25	1	25								2.6		2.6		8		8
	鞋子	上	双	1		5		5		10		10	16.6	16.6	1	40	1	40	2	10	2	10	3		3	
		中	双	1		15		15		45		45	13.2	13.2		30		30	2	1.6	2	1.6	2	25	2	25
		下	双	1		10		10		30		30	10	10	1		1		1	3.2	1	3.2	2	10	2	10
	鞋帮	上	双	1		5		5		15		15							2	8.2	2	8.2		25		25
		中	双	1															1	6.6	1	6.6		20		20
		下	双	1																						
	鞋底	上	双	1						9		9														
		中	双	1						6		6														
		下	双	1																						

续表

类别	品名	质量	单位	数量	牛黢卡 藏银计价 春(品)	春(两)	秋(品)	秋(两)	牛黢卡 青稞计价 春(克)	春(升)	秋(克)	秋(升)	收购 藏银春(品)	春(两)	秋(品)	秋(两)	收购 青稞春(克)	春(升)	秋(克)	秋(升)	售出 藏银春(品)	春(两)	秋(品)	秋(两)	售出 青稞春(克)	春(升)	秋(克)	秋(升)
日用品	鞋钉	上	个	20																								
	鞋钉	中	个	20		15		15		5		5											2		2		0.66		0.66
	鞋钉	下	个	20																								
	鞋带	上	对	1		10		10		3.2													8		8		2.6		2.6
	鞋带	中	对	1		8		8		2.6													7		7		2.2		2.2
	鞋带	下	对	1		6		6															6		6		2		2
	氆氇	上	卷	1	10		10		8	6.6	8	6.6									9		9		7	10	7	10
	氆氇	中	卷	1	8		8		6	13.2	6	13.2									8		8		6	13.2	6	13.2
	氆氇	下	卷	1	6		6		5		5										7		7		5	16.6	5	16.6
	裙子(女)	上	条	1	4		4		3	6.6	3	6.6									3		3		2	10	2	10
	裙子(女)	中	条	1	3	25	3	25	2	10	2	10									2	25	2	25	2	1.6	2	1.6
	裙子(女)	下	条	1	2		2		1	13.2	1	13.2									2		2		1	13.2	1	13.2
	围裙	上	块	1	1	10	1	10	1	5	1	5									4		4		3	6.6	3	6.6
	围裙	中	块	1	1		1														3		3		2	10	2	10
	围裙	下	块	1	1		1		1	16.6	1	16.6									2		2		1	13.2	1	13.2

续表

类别	品名	质量	单位	数量	牛嶺卡·藏银计价·春·品	牛嶺卡·藏银计价·春·两	牛嶺卡·藏银计价·秋·品	牛嶺卡·藏银计价·秋·两	牛嶺卡·青稞计价·春·斗	牛嶺卡·青稞计价·春·升	牛嶺卡·青稞计价·秋·斗	牛嶺卡·青稞计价·秋·升	日喀则·收购·藏银计价·春·品	日喀则·收购·藏银计价·春·两	日喀则·收购·藏银计价·秋·品	日喀则·收购·藏银计价·秋·两	日喀则·收购·青稞计价·春·斗	日喀则·收购·青稞计价·春·升	日喀则·收购·青稞计价·秋·斗	日喀则·收购·青稞计价·秋·升	日喀则·售出·藏银计价·春·品	日喀则·售出·藏银计价·春·两	日喀则·售出·藏银计价·秋·品	日喀则·售出·藏银计价·秋·两	日喀则·售出·青稞计价·春·斗	日喀则·售出·青稞计价·春·升	日喀则·售出·青稞计价·秋·斗	日喀则·售出·青稞计价·秋·升
日用品	腰带	上	条	1		15		15		5		5										20		20		6.6		6.6
	腰带	中	条	1		12		12		4		4										15		15		5		5
	腰带	下	条	1		9		9		3		3										10		10		3.2		3.2
	女帽(布)	上	顶	1		10		10		3.2		3.2										7		7		2.2		2.2
	女帽(布)	中	顶	1		8		8		2.6		2.6										6		6		2		2
	女帽(布)	下	顶	1		6		6		2		2										5		5		1.6		1.6
	男帽(皮)	上	顶	1	4		4		3	6.6	3	6.6									3	25	3	25	2	18.2	2	18.2
	男帽(皮)	中	顶	1	3		3		2	10	2	10									3	25	3	25	2	10	2	10
	男帽(皮)	下	顶	1	2		2		1	13.2	1	13.2									2		2		2	1.6	2	1.6
	手帕	上	块	1		15		15		5		5										10		10		3.2		3.2
	手帕	中	块	1		12		12		4		4										9		9		3		3
	手帕	下	块	1		9		9		3		3										8		8		2.6		2.6
	袜子	上	双	1		10		10		3.2		3.2										8		8		2.6		2.6
	袜子	中	双	1		8		8		2.6		2.6										7		7		2.2		2.2
	袜子	下	双	1		6		6		2		2										6		6		2		2

续表

类别	品名	质量	单位	数量	牛谿卡 藏银计价 春 两	牛谿卡 藏银计价 春 品	牛谿卡 藏银计价 秋 两	牛谿卡 藏银计价 秋 品	牛谿卡 青稞计价 春 升	牛谿卡 青稞计价 春 钱	牛谿卡 青稞计价 秋 升	牛谿卡 青稞计价 秋 钱	日喀则 收购 藏银计价 春 两	日喀则 收购 藏银计价 春 品	日喀则 收购 藏银计价 秋 两	日喀则 收购 藏银计价 秋 品	日喀则 收购 青稞计价 春 升	日喀则 收购 青稞计价 春 钱	日喀则 收购 青稞计价 秋 升	日喀则 收购 青稞计价 秋 钱	日喀则 售出 藏银计价 春 两	日喀则 售出 藏银计价 春 品	日喀则 售出 藏银计价 秋 两	日喀则 售出 藏银计价 秋 品	日喀则 售出 青稞计价 春 升	日喀则 售出 青稞计价 春 钱	日喀则 售出 青稞计价 秋 升	日喀则 售出 青稞计价 秋 钱
日用品	扣子	上	个	10	15		15		5		5										12		12		4		4	
	扣子	中	个	10																								
	扣子	下	个	10																								
	针	上	根	1	1.5		1.5														1		1		6.6		6.6	
	针	中	根	1	1		1														0.5		0.5		4.3		4.3	
	针	下	根	1																								
	肥皂	上	块	1	8		8		2.6		2.6										6		6		2		2	
	肥皂	中	块	1	4		4		1.3		1.3										5		5		1.6		1.6	
	肥皂	下	块	1	3		3		1		1										4		4		1.3		1.3	
	小刀	上	把	1	15		15		5		5										4		4		1.3		1.3	
	小刀	中	把	1	7.5		7.5		2.5		2.5										3		3		1		1	
	小刀	下	把	1	6		6		2		2										2		2		2.6		0.6	
	扫帚	上	把	1																								
	扫帚	中	把	1	3		3		1		1										3		3		1		1	
	扫帚	下	把	1																								

续表

类别	品名	质量	单位	数量	牛羊卡 青稞计价 春升	春起	秋升	秋起	牛羊卡 藏银计价 春两	春品	秋两	秋品	收购 青稞计价 春升	春起	秋升	秋起	收购 藏银计价 春两	春品	秋两	秋品	售出 青稞计价 春升	春起	秋升	秋起	售出 藏银计价 春两	春品	秋两	秋品
日用品	毛垫	上	张	1	15	1	15	1	5	2	5	2									16.6		16.6			1		1
		中	张	1	5	1	5	1	25	1	25	1									13.2		13.2		40		40	
		下	张	1		1		1	10	1	10	1									11.6		11.6		35		35	
	厚垫	上	个	1	6.6	3	6.6	3		4		4										5		5		6		6
		中	个	1	10	2	10	2		3		3									3.2	4	3.2	4		5		5
		下	个	1	13.2	1	13.2	1		2		2									13.2	3	13.2	3		4		4
	卡垫	上	个	1	13.2	1	13.2	1		2		2										5		5		6		6
		中	个	1	5	1	5	1	25	1	25	1									3.2	4	3.2	4		5		5
		下	个	1		1		1	10	1	10	1									13.2	3	13.2	3		4		4
	藏被	上	床	1	10	2	10	2		3		3									10	2				3		3
		中	床	1	13.2	1	13.2	1		2		2										1				2		2
		下	床	1	16.6		16.6			1		1									13.2					1		1
	栽绒藏被	上	床	1	3.2	4	3.2	4		5		5									16.6	6				8		8
		中	床	1	6.6	3	6.6	3		4		4									13.2	5				7		7
		下	床	1	10	2	10	2		3		3									16.6	5				6		6

续表

类别	品名	质量	单位	数量	牛黚卡 藏银计价 春·品	春·两	秋·品	秋·两	牛黚卡 青稞计价 春·兜	春·升	秋·兜	秋·升	日喀则 收购 藏银计价 春·品	春·两	秋·品	秋·两	日喀则 收购 青稞计价 春·兜	春·升	秋·兜	秋·升	日喀则 售出 藏银计价 春·品	春·两	秋·品	秋·两	日喀则 售出 青稞计价 春·兜	春·升	秋·兜	秋·升
日用品	枕头(木)	上	个	1																		1						
		中	个	1		15		15		5		5										10		10		3.3		3.3
		下	个	1																								
	辫穗	上	对	1		4		4		1.3												3		3		1		1
		中	对	1		3		3		1												2		2		0.6		0.6
		下	对	1		2		2		0.6												1		1		0.3		0.3
	桌子	上	张	1		30		30													1					16.6		16.6
		中	张	1		24		24														40		40		13.2		13.2
		下	张	1		18		18														35		35		11.6		11.6
	茶壶	上	个	1		15		15		5		5																
		中	个	1		12		12		4		4																
		下	个	1		9		9		3		3																
	酒罐	上	个	1		15		15		5		5																
		中	个	1		12		12		4		4																
		下	个	1		9		9		3		3																

续表

类别	品名	质量	单位	数量	牲畜卡 藏银计价 春 品	春 两	秋 品	秋 两	牲畜卡 青稞计价 春 克	春 升	秋 克	秋 升	日喀则 收购 藏银计价 春 品	春 两	秋 品	秋 两	收购 青稞计价 春 克	春 升	秋 克	秋 升	日喀则 出售 藏银计价 春 品	春 两	秋 品	秋 两	出售 青稞计价 春 克	春 升	秋 克	秋 升
日用品	炒青稞罐子	上	个	1	1	12	1	12	1	4	1	4																
		中	个	1																								
		下	个	1	1	10	1	10	1	13.2	1	13.2																
	木碗	上	个	1		40		40		6.6		6.6									1		1			16.6		16.6
		中	个	1		20		20		8.2		8.2										45		45		15		15
		下	个	1		25		25		6.6		6.6										40		40		13.2		13.2
	颜料	上	盒	1		20		20		5		5										24		24		8		8
		中	盒	1		15		15		5		5										20		20		6.6		6.6
		下	盒	1		7		7		2.2		2.2										14		14		4.6		4.6
	小勺	上	个	1		5		5		1.6		1.6										5		5		1.1		1.1
		中	个	1		3		3														4		4		1.06		1.06
		下	个	1																		3		3		1		1

续表

类别	品名	质量	单位	数量	牛黥卡 藏银计价 春品	春两	秋品	秋两	牛黥卡 青稞计价 春冠	春升	秋冠	秋升	日喀则 收购 藏银计价 春品	春两	秋品	秋两	收购 青稞计价 春冠	春升	秋冠	秋升	日喀则 售出 藏银计价 春品	春两	秋品	秋两	售出 青稞计价 春冠	春升	秋冠	秋升
燃料	牛粪	上	驮	1										45		45		15		15								
	牛粪	中	驮	1										35		35		11.6		11.6								
	牛粪	下	驮	1										30		30		10		10								
	刺柴	上	驮	1																								
	刺柴	中	驮	1	1	6	1	6	1	2	1	2																
	刺柴	下	驮	1																								
	木柴	上	驮	1		7.5		7.5		2.5		2.5																
	木柴	中	驮	1	1	15	1	15	1	5	1	5	1	20	1	20	1	3.2	1	3.2								
	木柴	下	驮	1									1	10	1	10	1	16.6	1	16.6								
	木炭	上	驮	1																								
	木炭	中	驮	1	1	40	1	40	1	10	1	10																
	木炭	下	驮	1																								
	火柴	上	盒	1																								
	火柴	中	盒	1		6		6		2		2										5		5		1.2		1.2
	火柴	下	盒	1																								

续表

类别	品名	质量	单位	数量	牛羊卡 藏银计价 春 品	春 两	秋 品	秋 两	牛羊卡 青稞计价 春 兙	春 升	秋 兙	秋 升	日喀则 收购 藏银计价 春 品	春 两	秋 品	秋 两	收购 青稞计价 春 兙	春 升	秋 兙	秋 升	日喀则 售出 藏银计价 春 品	春 两	秋 品	秋 两	售出 青稞计价 春 兙	春 升	秋 兙	秋 升
饲料	草	上	驮	1		30		30		10		10	1	25	1	25	1	5	1	5	2	18	2	18	1	13.2	1	13.2
	草	中	驮	1																								
	草	下	驮	1																								
	酒糟	上	兙	1																								
	酒糟	中	兙	1		20		20		6.6		6.6														6		6
	酒糟	下	兙	1																								
	油渣	上	块	1																								
	油渣	中	块	1	1	10	1	10	1		1																	
	油渣	下	块	1																								
	干萝卜	上	兙	1																								
	干萝卜	中	兙	1		20		20		6.6		6.6									2		2		1	13.2	1	13.2
	干萝卜	下	兙	1																								
	次糌粑	上	兙	1																								
	次糌粑	中	兙	1		45		45		15		15																
	次糌粑	下	兙	1	1																							

续表

类别	品名	质量	单位	数量	牛豯卡 藏银计价 春品	春两	秋品	秋两	牛豯卡 青稞计价 春斗	春升	秋斗	秋升	日喀则 收购 藏银计价 春品	春两	秋品	秋两	日喀则 收购 青稞计价 春斗	春升	秋斗	秋升	日喀则 售出 藏银计价 春品	春两	秋品	秋两	日喀则 售出 青稞计价 春升	春斗	秋升	秋斗
饲料	次豌豆	上	坫	1																								
饲料	次豌豆	中	坫	1		45		45		15		15																
饲料	次豌豆	下	坫	1																								
农具	犁	上	把	1	1	10	1	10		20		20																
农具	犁	中	把	1		45		45		15		15																
农具	犁	下	把	1		30		30		10		10																
农具	铧	上	把	1	3	30	3	30	3	10	3	10																
农具	铧	中	把	1	2	25	2	25	2	5	2	5																
农具	铧	下	把	1	1	30	1	30	1	10	1	10																
农具	犁绳	上	条	1		24		24		8		8										40		40	13.2		13.2	
农具	犁绳	中	条	1		18		18		6		6										20		20	6.6		6.6	
农具	犁绳	下	条	1		15		15		5		5										15		15	5		5	
农具	轭木(颈木)	上	个	1																		10		10	3.2		3.2	
农具	轭木(颈木)	中	个	1										20		20				6.6								
农具	轭木(颈木)	下	个	1																								

续表

类别	品名	质量	单位	数量	牛辖卡 藏银计价 春 品	两	秋 品	两	牛辖卡 青稞计价 春 尅	升	秋 尅	升	日喀则收购 藏银计价 春 品	两	秋 品	两	日喀则收购 青稞计价 春 尅	升	秋 尅	升	日喀则售出 藏银计价 春 品	两	秋 品	两	日喀则售出 青稞计价 春 尅	升	秋 尅	升
农 具	铁锨	上	把	1	1	25	1	25	1	5	1	5										40		40		13.2		13.2
	铁锨	中	把	1	1	10	1	10	1	1	1	1										35		35		11.6		11.6
	铁锨	下	把	1																		30		30		10		10
	锄	上	把	1		45		45		15		15										30		30		10		10
	锄	中	把	1		45		45		15		15										25		25		8.2		8.2
	锄	下	把	1		30		30		10		10										20		20		6.6		6.6
	小锄（除草用）	上	把	1		21		21		7		7										4		4		1.3		1.3
	小锄（除草用）	中	把	1		7.5		7.5		2.5		2.5																
	小锄（除草用）	下	把	1																								
	镰刀	上	把	1		30		30		10		10										10		10		6.6		6.6
	镰刀	中	把	1		24		24		8		8										8		8		3.2		3.2
	镰刀	下	把	1		18		18		6		6		20		20						7		7		2.1		2.1
	大耙	上	把	1		15		15		5		5																
	大耙	中	把	1																								
	大耙	下	把	1																								

续表

类别	品名	质量	单位	数量	牛黏卡 藏银计价 春(品/两)	秋(品/两)	牛黏卡 青稞计价 春(兑/升)	秋(兑/升)	日喀则 收购 藏银计价 春(品/两)	秋(品/两)	日喀则 收购 青稞计价 春(兑/升)	秋(兑/升)	日喀则 售出 藏银计价 春(品/两)	秋(品/两)	日喀则 售出 青稞计价 春(兑/升)	秋(兑/升)
农具	小把	上	把	1												
	小把	中	把	1	7.5	7.5	2.5	2.5								
	小把	下	把	1												
	四齿叉	上	把	1												
	四齿叉	中	把	1	15	15	5	5								
	四齿叉	下	把	1												
	二齿叉	上	把	1												
	二齿叉	中	把	1	7.5	7.5	2.5	2.5								
	二齿叉	下	把	1												
	耘耙	上	架	1	1/10	1/10										
	耘耙	中	把	1	30	30	1/10	10								
	耘耙	下	把	1												
	草筐	上	个	1					20	20			1/45	45	16.6	16.6
	草筐	中	个	1	1/40	1/40	13.2	13.2					30	30	15	15
	草筐	下	个	1	25	25	8.2	8.2							10	10

续表

类别	品名	质量	单位	数量	牛羯卡 藏银计价 春 品	两	秋 品	两	青稞计价 春 克	升	秋 克	升	日喀则 收购 藏银计价 春 品	两	秋 品	两	青稞计价 春 克	升	秋 克	升	售出 藏银计价 春 品	两	秋 品	两	青稞计价 春 克	升	秋 克	升
农具	背筐	上	个	1		45		45		15		15											20		20		10		10
		中	个	1		30		30		10		10											15		15		6.6		6.6
		下	个	1		21		21		7		7											10		10		5		5
	筛子	上	把	1																								
		中	把	1		30		30		10		10											10		10				
		下	把	1																								
	皮绳	上	条	1																								
		中	条	1		15		15		5		5															3.2		3.2
		下	条	1																								
	毛绳	上	条	1		45		45		15		15											20		20		6.6		6.6
		中	条	1		30		30		10		10											15		15		5		5
		下	条	1		21		21		7		7											10		10		3.2		3.2

说明：表中空白处表示无人买卖。

3. 贵贱之间，在封建农奴制度下，除了阶级和等级观念之外，人与人之间尚有贵贱之分。旧社会有三种人被认为是黑骨头的贱人，他们是铁匠、天葬师、屠夫。这三种人与一般人不能同桌吃饭，不能同在一条垫子上就座，更不能同一只碗喝茶、酒，他们被人们视为下贱的人。因此，无论多么穷的人都不能和他们通婚，偶尔有的差巴或堆穷的子女和他们的子女相爱或结婚了，则必须被赶出豁卡，另谋生计。贵贱的婚姻界限十分严格。

4. 血缘之间，藏族严禁血缘婚姻，无论姑舅表、姨表、堂弟兄、堂姐妹都不允许通婚。习惯上过了七代，或者记不清楚是否有血缘的才能结婚。人们都传说，在孜东区有一对有血缘关系的夫妇，生下的孩子是一团肉而没有骨头。按社会上不成文法律规定，凡是血缘关系的青年男女如有私通行为的应一律受到制裁，严重的要用牛皮裹住扔进河里去。

5. 民族之间，可以通婚，既无法律限制，也无社会舆论压力。例如，牛豁卡的豁本曾经有一任是尼泊尔人担任的，他娶了当地一位医生的女儿阿甲古秀为妻，她也是一位有本事的医生，几年之后这个尼泊尔人卸任回国，将阿甲古秀也一起带回尼泊尔了。近年来，藏族和汉族通婚的也日渐增多了，特别是在外当了干部的，在外地和汉族结婚的很多。藏族和回族之间，因宗教信仰的原因，通婚的很少。

（二）婚姻方式

据牛豁卡的情况看，婚姻方式主要有包办、自由和买卖婚姻三种。

1. 包办婚姻：贵族或大差巴的子女多半是包办婚姻，由父母做主找门当户对的。一般要通过媒人正式上门求亲，子女不同意也只得服从父母之命。婚前女方一般没见过男方，而男方则可在媒人的陪同之下，偷看姑娘一眼。往往是在新年集会、寺庙举行某种诵经法会跳神，群众都来聚会的场合，女方父母让女儿打扮得漂漂亮亮的参加聚会，这就是男方前来"相面"的机会，而女方并不知道。如果双方家长同意了，就请媒人提亲，女孩子们不愿意也无可奈何。但也有反抗的，如大差巴阿荣（民改中划为领主代理人）的女儿，父母将她许给别的豁卡一户大差巴的儿子，她死活不同意，后来就逃出去了 3 年，1960 年才回到本豁卡。此外，有些姑娘和自己心上人私奔的也有。

2. 自由婚姻：贫苦的差巴、堆穷家的青年男女之间婚姻恋爱比较自由。原因是父母终年支乌拉差役，挣扎在死亡线上，无暇顾及子女的婚事，只要儿女同意的，父亲亲自去提亲，无须请媒人。还有不少年幼失去了父母的孤儿，更是自由了，只要双方同意，不举行任何仪式即可同居，没有任何社会舆论的压力。尤其有的是因为逃乌拉、差役而远离家乡，如果碰到知心的，随时都可以同居，无须举行任何仪式。

3. 买卖婚姻：主要是招赘或娶妻的一方给对方的母亲一定的聘金，这种聘金叫"哦仁"或"努秀邦垫"（即"奶钱"、"喂奶酬劳的围裙"）。富人家一般给对方的母亲一些藏银（多少无定额）、一整套方服、鞋、帽、首饰。穷人家也至少要送一条"邦垫"（围裙）。此外，更重要的是娶方一定要向嫁方的属主交"赎身银"，因为旧社会的每一个差巴或堆穷都有自己的主人。这种"赎身银"至少是一条哈达和一定数量的藏银（无统一规定），如果对主人没有孝敬好，将遭到不许嫁离本主人土地的裁决。因此，牛豁卡有的差巴、堆穷的青年只好私奔，但跑了和尚跑不了庙，一切后果将降临在父母的头上，有的就因此而欠下了子孙债，世代还不清，这反映了阶级的买卖婚姻的后果。

（三）婚姻制度

从牛豁卡的情况看，一夫一妻制是主要的，一夫多妻或一妻多夫者也有。

1. 一夫一妻制：娶妻、招赘的形式均有，迎娶仪式在领主、大差巴之间较严格，一般贫苦农奴以自由同居为主。领主、大差巴一般正式娶一个妻子家中作主妇，然后，他本人可以在外边随便和别的女人同居，或和自己的女仆、女囊生同居，生下的孩子他也承认，有时还给一定的抚养金，那些和他同居的妇女并没有任何压力。对于这类领主、大差巴来说仍然算是一夫一妻。据调查该豁卡的大差马阿荣，家中虽有一个正式的妻子，他在外边可以同居的妇女竟达20多人，生下的儿女二三十个。

一夫一妻家庭随意离合的例子也有，如上面提过的大差巴丘波和他的第二个妻子央拉离异后，她和丘波长子单过，不久丈夫死去，央拉又回到前夫丘波家中来，后因纠纷央拉又单过，找了一个堆穷的儿子多布杰结为夫妻。因此看来，离婚是比较自由的。一般地说，一夫一妻制的家庭比较和睦。

2. 一妻多夫制：在豁卡兄弟共妻者较多，父子共妻者较少，朋友共妻者没有。

兄弟共妻者，一般是两兄弟共妻，多兄弟共妻的不多，兄弟共妻的家庭一般很和睦，家权由哥哥掌握，弟弟多数外出支差，妻子主持家务。这位主妇一般能够平等相待，兄弟间轮流过夜，如果兄弟较多的妻子独居一室，兄弟间先来者把自己的靴带挂在门上，以示有人，别人就不再进去了。

父子共妻者，在牛豁卡只是个别现象。如差巴江洛家，老汉为自己的儿子明久娶了儿媳，儿子经常外出支差、支乌拉，老汉慢慢地也和儿媳同居了。1957年儿子在外病故了，儿媳就成为老汉江洛的妻子了。

一妻多夫的家庭，相处是否和睦，主要看妻子能否平等相待，否则就会引起矛盾。例如多果家原来兄弟俩共一妻，但妻子偏爱哥哥。弟弟被排斥，弟弟格桑自己分出去单过。据说出来时什么东西都没分给他，穿着一身衣服就出来了，现在入赘到邦奴家当了女婿。

3. 一夫多妻：在牛豁卡这种现象也比较常见。

姐妹共夫，较常见的是姐妹俩共一夫，一般相处和睦，姐姐和妹妹各居一室，夜间任丈夫选择过夜。姐妹在家中的地位高低要以丈夫的态度为转移，若偏向姐姐则姐姐权大，若偏向妹妹则妹妹权大。但一般是姐姐在家主持家务，妹妹在外面劳动，姐妹共夫者多半是因为缺乏劳力，招进一个入赘女婿，以增加劳动力。

表姐妹共夫者，在牛豁卡仅有一例，即差巴邦奴为自己的女儿玉珍招来一个女婿名叫格桑，他家还有一个侄女名叫白马，她是玉珍的表姐，现年31岁，从小在他家长大，又是一个劳动的强手，邦奴舍不得把她嫁出去，于是就从旁撮合，让白马与格桑同居。因而造成表姐妹共夫的局面。但实际上格桑对白马没有感情，只把她当作从早到晚劳动的佣人，在家中没任何权利，从实际情况看白马是被婚姻关系束缚在邦奴家的剥削对象。

母女共夫者，在牛豁卡有两个例子，如青年牧民德希原来与一个比自己大9岁的仁增旺姆结为夫妻。过了几年之后，仁增旺姆之女桑木旦成年了，也和继父成了夫妻。目前母女共夫，相处十分和睦。另一例，铁匠白马，原入赘到普赤家当女婿，婚后才3个月普赤的女儿和自己的心上人私奔到拉萨去了。这个铁匠白马因身份低贱，不可能再找其他对象，只好和岳母普赤成了夫妻。

两家独身女子共夫，在牛豁卡也有一例。如艾马岗的索南与牛豁卡的囊生冲多同居生了三个孩子，因冲多没有人身自由，不能与索南共同组织家庭。索南又与牛黪卡的普次同居生了两个孩子。目前索南仍然单身独立门户，两个和他同居的妇女也相安无事，各自住在自己的家中，而索南可以自由来去，在冲多或普次家住都可以。又如，堆穷才旺和哈巴都无正式的丈夫，但实际上与大差巴阿荣（民改时划为领主代理人）姘居，都生有孩子，阿荣在这两家堆穷家中可以自由出入。

（四）婚姻程序

1. 恋爱：一般男性 17、18 岁，女性 19、20 岁左右就开始恋爱。认识场合及方式：贫苦差巴或堆穷的青年男女，往往是在为黪卡支差集体劳动的场合下才有接触的机会，每年正月至三月，集体为寺庙的厕所上土积肥，青年男女在劳动中建立感情。双方表示同意的方式是，互相抢帽子，如果对方不表示反感就算是有了恋爱关系了，进一步则互换手镯、戒指等心爱的东西，关系肯定后，则央求父亲去对方说亲。如果遭到父母反对，只要男女双方态度坚决，就可以自行同居了。

2. 订婚：藏族没有专门订婚的仪式。但是在结婚之前，双方说亲往返次数较多，一般有 4 次。如果是娶妻则由男方的父亲向女方求亲。如是招赘则由女方的父亲向男方求亲，无父亲者母亲出面也可以，如父母双亡则请自己的一位长辈去求亲。如果男女双方不在一个地方的，则请媒人去求亲（这种多半是贵族之间的求亲方式）。

第一次由求亲者带上青稞 1 藏升送给对方，如果同意这门亲事，就收下这次送来的青稞，不同意者则可拒收或婉言谢绝。第一次送的青稞叫作"龙酡"（意即讨亲酒）。

第二次由求亲者带上 2、3 藏升青稞，这是送给对方交换生辰八字，为这对未婚夫妻打卦用的。这叫"德酡"（意即算卦酒）。一般贵族领主之间结亲时才需要交换生辰八字，穷苦人只算卦即可。

第三次再由求亲者带上 2、3 藏升青稞送给对方，交换打卦的结果。如果双方都认为满意了，这门亲事就最后定下来了，只待择日迎娶了。这次仍叫"德酡"。

第四次求亲者送上最后一次"德酡"青稞 3 藏升至 5 藏升，由双方家长确定嫁娶日期，然后由迎娶的一方给出嫁的一方家中的兄弟、姐妹每人几两藏银（富者多给，穷者不给或少给，无统一规定）。这次"德酡"双方还要商定财礼和嫁妆的数量和东西。

经过上述 4 次往返求亲之后，就算订婚了。

3. 结婚

（1）结婚年龄：男的 18 岁，女的 20 岁左右。

（2）财礼：娶方要给嫁方娘家以下财礼：

母亲——娶方要送给嫁方母亲"努秀邦丹"，富人家送一身从里到外的新衣服、鞋、帽、邦垫各一。穷人家只送布内衣 1 件、邦垫 1 条，再穷的，邦垫 1 条必须要送。

父亲——一般送衬衫 1 件，哈达 1 条，最穷的，也得送上哈达 1 条。

兄弟、姐妹及较近的亲戚——每人送藏银几两，哈达 1 条，贫穷的只送每人 1 条哈达。

（3）嫁妆：女儿出嫁，儿子入赘，需要陪嫁的东西。一般富人家给女儿陪嫁新衣服 3 套、巴珠（头饰）、噶乌（护身符）、项链等。给儿子陪嫁耳环、腰挂刀等。穷人家至少要 1 套新衣服。

（4）结婚仪式：各地的风俗习惯不尽相同，牛黪卡的情况也有所不同，主要是有贫富之分。

富人家的结婚仪式：

清晨把女儿或儿子打扮好，安排送亲人3至5人，送亲人一般是自己的姑姑、舅舅、或者自己的好朋友。太阳初升，对方的迎亲人就来迎娶了，一般是3至5人。嫁方以酥油茶、青稞酒招待，迎亲人向嫁方家中老少每人献哈达1条，有的还送上几两藏银。新人迎出家门时，嫁方的兄弟姐妹或其他亲友要和迎亲的人对歌，迎亲者对不过的则不让接走，为了顺利迎亲，往往向对歌者送上点银子求情。这种对歌形式叫作"果谐"（意即门歌）。新人出门即上马。新娘子一般头上要蒙上一块很长的红布（从头拖至脚面），领子后面插上五彩的绸子宽带子，藏语叫作"彩旗"。新娘上马后身子一定要弯身伏在马上。来到婆家门口不远的地方要遭到一次无情的"袭击"，即娶方来贺喜的亲友们站在入口处两旁，用湿土块、湿牛粪、破鞋、破布烂衣等脏东西准备着向新娘身上扔。这时送亲人立即下马，给各位亲友们送上点藏银，以示求饶，否则就真的要扔过来。新娘到门前即下马，由婆婆递过来一只背筐，里面装有半筐干牛粪、一小壶青稞酒。新娘背上筐子后，右手将领后的彩旗取下来，左手拿着一块糌粑团，弯下身子进入大门。先到家中存粮食的库房里将背筐及手中的东西放下。然后出来和亲友们见面，向客人们敬青稞酒和酥油茶。富人家则设有酒宴招待送亲人及亲友们。酒宴之前由婆婆给两个新人及送亲人每人一碗人参果汤。饭后，两个新人同上房顶平台上，在四角插旗烧香敬神，之后，新娘则回到新房中仍用红布蒙脸静坐，新郎则出来陪客，客人们尽情地喝酒，欢歌起舞，这种庆宴有的人家延续到5至10天之久。入赘的新郎与新娘有所不同，出门时不蒙红布，彩旗插在腰上，入门时不背筐子，入门后立即与亲友们会面共饮青稞酒、人参果汤等等。

穷人家的结婚仪式则一切从简，新人插的"彩旗"用自己染的几块布做成，迎新者无马可骑，就走路来接，新人也不骑马，请不起迎亲或送亲的就由父亲自己出面，酒宴一概减免，只请几户近邻喝一顿青稞酒以示庆贺。但新娘子进门后背牛粪筐、两个新人到房顶平台上敬神等基本仪式不能免。再穷一点的人家，什么喜事都不办，也没有三番五次送"龙酩"、"德酩"等程序，双方自由恋爱，约定时间就过门了，一切从简。

4. 离婚：旧社会离婚有很大的自由，尤其是贫苦的差巴、堆穷们结婚时一切从简了，离婚更简单了，不用办任何手续，也不需谿卡出面审理。入赘的女婿和妻子的感情不和随时自行离去，嫁过来的新娘和丈夫不合也可以回娘家，或另嫁他人。但如果嫁到有钱的人家，情况就不同了，被遗弃者按规定，应由主家赔偿工资。男的每年粮食30藏升，女的每年25藏升。计算方法是自嫁入之日起，1天算2天，1月算2月，1年算2年，按时间长短发给作为在这家劳动的工资。如果发现其已有对象，并发生过关系者则一律不发工资，自行离去。双方如生有子女，一般男孩归父亲，女孩归母亲，没断奶的男婴暂由母亲抚养，长大了再交给父亲。然而，牛谿卡的大差巴丘波和贵族小姐央拉离婚时，情况就比一般人复杂得多，首先要经过本人申诉，谿本审理等手续，上上下下调解，谈判多次才判正式离婚，还判给央拉$\frac{1}{6}$的财产权，包括房屋、土地、牲畜等均按比例分给。这主要是因为央拉是个贵族小姐有后台的缘故。

5. 改嫁和续弦：藏族民间对妇女改嫁、男人续弦都认为是很正常的，没有任何社会舆论压力。

改嫁，死了丈夫再改嫁的叫"细秀"（意即丈夫死亡后再嫁），和丈夫离异了再嫁的叫"洛秀"（意即另嫁一个丈夫）。娶再婚妇女为妻者，财礼很轻，不用给岳母"努秀邦垫"，只送上几次“龙酡”青稞就可以了。迎娶时只给女方一家老少每人一条哈达。新娘子头不蒙红布，领子后面不插彩旗，进婆家门时也不背筐子，仪式很简单。有钱的人家请客人喝一天青稞酒。穷人家则不用请客。

续弦：男的因妻子早亡，可以续弦；因离婚再娶，也有的因妻子不生孩子可以再娶一个小的“穷玛”（即妾）。男子再婚的结婚仪式隆重与否，以家庭贫富来决定，但一般的比第一次仪式简单得多。若因妻子不生养而娶妾者，彩礼及仪式都不得超过原配妻子的标准。有的是娶自己妻子的妹妹作妾的，可省掉送岳母“努秀邦垫”这笔开销，其他开支也略少一点，在牛豀卡，娶了姐姐又娶妹妹作妾的例子也不少。

附　记

《日喀则宗牛豀卡调查之一》，是罗秉芬、徐观俭、周秋有、曲又新、乔维岳于1960年3月至5月调查并初步整理于牛豀卡的。其中：一是徐观俭调查整理的；二是曲又新、罗秉芬调查整理的；三是曲又新、乔维岳调查整理的；四、五、六、八是罗秉芬调查整理的；七是周秋有调查整理。1987年6至7月，又由罗秉芬重新加工整理成《日喀则宗牛豀卡调查之一》。

日喀则宗牛谿卡调查之二

一、乌拉差役及债务的专题调查

（一）吉匈、贝洼、波噶的乌拉差役

1960 年 4 月 15 日至 16 日晚在牛谿卡开了一个差巴（藏语，即支差的农奴）座谈会。参加人：生吉桑珠，55 岁，占有 1 岗土地；敏吉海吉，52 岁，占有 $\frac{3}{4}$ 岗土地；格桑单增，61 岁，占有 $\frac{1}{2}$ 岗土地；索南汪甲，50 岁，占有 $\frac{1}{16}$ 岗土地；南撒诺布多吉，60 岁，占有 1 岗土地。他们 5 人在民主改革中划为贫苦农奴。参加座谈会的还有一位熟悉情况的夏马南木加。

4 月 16 日上午开了一个堆穷（藏语，意为冒火烟的小户）农奴座谈会。参加人：规桑约珍，占有 $\frac{1}{16}$ 岗土地；泽汪岳珍，无地，只是由农奴主代理人门中给予 5 赤地，农奴索南泽仁给予 5 赤地，为他们服一定劳役；明马卜贞，占有 2 赤土地，索南汪甲占有 $\frac{1}{8}$ 岗土地。这 4 户是由差巴下降沦为堆穷的。

乌拉差役是以 1 岗土地为基数计算，1 岗土地的面积，按土地的好坏，一般在 30、40 魁到 40、50 魁①之间。在牛谿卡的 1 岗地，最多的有 60 魁，少的有 20 多魁。魁数多的岗地质差，魁数少的岗，地质好。种植面积不够 1 岗土地的差民，以若干户凑足 1 岗，商量分摊所交纳的 1 岗地的租。即所支应的乌拉差役。如牛谿卡吉匈点的索南汪甲，占有 $\frac{1}{16}$ 岗土地。规桑约贞占有 $\frac{1}{16}$ 岗地，处过沃珠占有半岗又 $\frac{1}{8}$ 岗地，慈仁敦珠占有 $\frac{1}{4}$ 岗地，他们 4 家刚好凑合成 1 岗。出差时 4 家人一起商量，其中谁家的岗最大，谿卡更保就将 1 岗地的差交给他，由他负责和另外 3 家商量分摊。所交的差乌拉大致可分三类。

内差，藏话叫"囊差"，或称"岗差"，译意是劳役负担。囊差，主要是劳役差，也有实物和少量货币，统称"囊差"，即以劳役为主，兼有实物也有一点货币的地租，属徭役地

---

① 魁，1 魁约 28 斤，等于 20 赤，相当 1 亩地的种子面积。

租。汉语称为内差。

其差，汉语称外差，一般称为"雄差"。"雄"藏语，意为政府，即向原西藏地方政府交的差。

兵差，藏语称"玛差"。交差的土地主要分两种：一种是差岗地或称杜岗地，一种是玛岗地。玛岗地主要交兵差，但差岗地也有兵差的负担，从下述具体交差的情况可知。交差计算的特点是：囊差差地愈少，负担愈重，往往出 $\frac{1}{3}$ 或 $\frac{1}{4}$ 人的差时，就要出半个人或 1 个人的差。其差计算较精确，土地少的出的差比较合理。

从这次座谈会中表明：有些农奴名义上占有的差岗地和实际占有的差岗地有较大的距离。一家农常常因为乌拉差役的沉重剥削和偿不清的累累债务，所使用的土地慢慢地被农奴主和代理人抢占去了。所以名义上有 1 岗土地的农奴，实际上只有 $\frac{1}{10}$ 岗甚至 $\frac{1}{20}$ 岗的土地。但是这户农奴所负担的乌拉差役仍然是 1 岗土地的负担。由此可见乌拉差役（即西藏封建农奴制的地租）给广大农奴造成多么深重的灾难。下面是他们在一年 12 个月里的负担。

1. 贫苦农奴生吉桑珠占有一岗土地的负担

第一，内差即囊差。

1 月份

（1）沃虑，在初春出 1 人到农奴主畜圈里把肥料挖出来，劳动 1 天。出 2 人，6 头驴送肥，劳动 2 天。

（2）江觉，出 1 人砍 2 天树。

（3）虑介，出 1 人往地里送 4 天肥，若出驴可以代替人力。

（4）局虑，出 1 人去牛寺的厕所挖 2 天肥。

（5）虑介，出 6 人把从牛寺挖出的肥往地里送 1 天。

（6）枯薪，牛寺喇嘛做油炸条，要送 $\frac{3}{4}$ 驮柴火。

以上合计出 17 人日，$\frac{3}{4}$ 驮柴火，6 驴日。

2 月份

（1）他崩，出 1 人，给未耕地灌 1 天水。

（2）们巴，灌水后出 1 人，1 对牛，耕地 2 天。

（3）抒局，出 1 人 1 天，灌第 2 次水。

（4）们巴，出 1 人，1 对牛，第 2 次耕地 1 天。

（5）江虑，为牛寺涅仓把肥料运下山，需 1 人、4 驴，驮 1 天 1 夜（等于 2 人日，8 驴日）。

（6）抒局，出 1 人，灌小麦地水 1 天。

（7）妥不脚，到牛寺为喇嘛烧茶，需 2 人，烧一天，并要送上 2 驮柴火。

合计出 10 人日，4 牛日，8 驴日，2 驮柴。

3 月份

（1）重德不，播种小麦，出 1 对牛，2 人耕播 1 天。

（2）数珠，出 1 人 1 日去修整田垅 1 天。

（3）申局，出 1 人 1 日浇豌豆地水。

（4）山呆，出 2 人 2 牛去耕播 1 天豌豆。

（5）数珠，出 1 人修整田垅 1 天。

（6）虑那，去牛寺厕所中掏肥 4 天。

（7）波洛，在挖出的肥料中渗拌泥土，出 1 人 2 天。

（8）虑那白局或称虑那清波，藏语"清波"，汉译"很大"。要出 2 人，18 头驴，把肥料从山上运下来，这样多的毛驴，生吉桑珠家是出不起的，所以要带着好酩到艾马岗、山巴①等地租借。因为牲畜出得多，故称"清波"。

（9）风选种子，出 1 人 1 天。

（10）枯薪，出 $1\frac{3}{4}$ 驮柴。

（11）索诺诃则，出 1 人 2 天从山上运回牛粪。

合计出 18 人日，4 牛日，18 驴日，$1\frac{3}{4}$ 驮柴。

4 月份

（1）丝局，给青稞、豌豆混种的地灌水，出 1 人 2 天。

（2）如朵曲嘎，出 2 人，1 对牛耕播 2 大短期青稞、豌豆混种地。

（3）数珠，出 1 人 2 天，修整豌豆、青稞混种地的田陇。

（4）涅堆，出 1 人挖 4 天池泥做肥料。

（5）局撒，出 1 人挖 1 天土填到厕所里。

（6）妥不脚，出 1 人 2 天到寺院烧茶，并送去 3 驮刺柴。

合计出 15 人日，4 牛日，3 驮柴。

5 月份

（1）约局，出 1 人 1 天灌豌豆苗水。

（2）油玛，出 2 人 1 天在豌豆地里用小锄薅草。

（3）撒不索，出 2 人 1 驴运土，积 1 天的新肥。

（4）涅堆，出 4 人挖池泥 4 天作肥料。

（5）局撒，1 人 1 天挖土填到厕所里。

（6）枯薪，给寺庙送 $\frac{3}{4}$ 驮柴。

（7）撒局，出 1 人 2 天给豌豆小麦地灌水。

（8）车油玛，出 2 人 1 天用小锄给小麦豌豆地除草。

（9）育局，出 1 人 2 天给青稞豌豆混种地灌水。

（10）油麻，出 2 人 1 天给青稞豌豆混种地除草。

（11）山墨札，出 1 人 2 天给青稞豌豆地灌水。

（12）涅珍，出 1 人 2 驴运 1 个早上河泥入厕所（折合 1 人日）。

合计出 33 人日，1 驴日，$\frac{3}{4}$ 驮柴火。

6 月份

① 即今天南木林县艾玛乡森巴村。曾为乡，1988 年并入艾玛乡。

（1）剥多，出 2 人 1 天在庄稼地里拔草。

（2）虑索，出 1 人 6 天，运土积肥。

（3）雅局，出 1 人天，1 对耕牛耕轮休地。

（4）曲董，出 4 人 4 天灌溉 4 次。

（5）杂朵，出 2 人 1 天去除草。

（6）妥不脚，出 2 人 1 天驮 4 驮柴火到寺院烧茶。

（7）局撒，出 1 人 1 天背土填入厕所。

合计出 30 人日，2 牛日，4 驮柴火。

7 月份

（1）山妈矮，出 4 个人收 1 个早上豌豆（折合 1.5 人日）

（2）们巴，出 1 人、1 对牛翻地 1 天半。

（3）剥局，出 1 人灌溉 2 天。

（4）局撒，出 1 人 1 天。

（5）体萨，从 5 月份起就开始在牛寺院屋顶上加土，生吉桑珠家在 7 月份出 1 人 2 驴驮土加土 1 天。

（6）枯薪，要送牛寺炸油果的柴火 $\frac{3}{4}$ 驮。

（7）积肥，出 3 人积 1 天。

合计出 10 人日，3 牛日，$\frac{3}{4}$ 驮柴火。

8 月份

（1）则玛，收青稞和混合作物 4 人 1 天。

（2）车，出 4 人收 1 个早上的小麦（折合 1.5 人日）

（3）收萝卜，出 1 人 4 天。

（4）南阿，出 8 人，1 驴，割 1 天的畜草。

（5）龚争，出 8 人 1 天，把青稞背到场上。

（6）蓝尼，青稞背到场上时，有掉在场外的，要派 1 人，拣半天。

（7）妥不脚，出 2 人 1 天，给牛寺送 2 驮柴火。

合计出 28 人日，1 驴日，2 驮柴火。

9 月份

（1）油，用牲畜踩场，从打场起到把粮食送入仓库，共出 28 人日，牛 8 头，并雇驮粮毛驴 8 头。农忙时雇牲畜是很困难的，必须向畜主送好肉、好酴、好茶才能雇得上。1 头牛的工价是青稞 7 赤，这时黏本在场地上监察收获物，他的伙食要由农奴负担，生吉桑珠一家的花费，折青稞 1 尅 5 赤。

（2）堆买，译义秋耕，出 1 人，1 对耕牛 5 天。

（3）妥木脚，出 2 人驮运 4 驮柴火。

合计 36 人日，20 牛日，8 驴日，柴 4 驮，青稞 1 尅半。

10 月份

（1）穷贞，运牛粪到牛寺涅仓分给喇嘛做燃料，出 1 人计 45 天，把牛粪拣拾成堆，再分。

（2）诃龚，从山上把牛粪运回来，出 1 人计 30 天。

（3）噶子，出 1 人帮牛寺刷 1 天白灰。

（4）局撒，出 1 人 1 天，填土入厕所。

（5）枯薪，送 1 驮半柴火给牛寺。

（6）白粉 2 尅。

合计：77 人日，柴火 1 驮半，白粉 2 尅。

11 月份

（1）局撒，出 1 人日填土入厕所。

（2）沃达，1 年到牛寺炒 3 次青稞，1 次 2 人日，共 6 人日。

合计 7 人日

12 月份

（1）局撒，填土入厕所，计 1 人 1 天。

（2）鹿锅，到牛寺挖出一部分粪便，出 2 人，1 驴计 4 天，合 8 人日，4 驴日。

（3）枯薪，送 1 驮半柴火给寺院。

（4）下巴学局，出 1 人 4 天。

合计出 13 人日，1 驴日，1 驮半柴。

11 月、12 月是农闲的冬天，囊差较少，但也是生吉桑珠家里饥寒缺粮的荒月。

实物差，即藏语"郎屯"的负担如下：

（1）打约，喂马人
（2）康宜，看房人 ⎰交纲青稞 17 赤。

（3）吐，造纸的纸浆，计 12 娘嘎，合青稞 12 赤。

（4）杂波，交草租 12 筐，折青稞 3 索。

（5）狭波，交肉租 12 斤。

（6）奴，交油租折青稞 4 尅。

（7）爬妈，交母牛租 16 娘嘎，家里只要有母牛，不计多少，也不管会产奶不会产奶，都要交 16 娘嘎的母牛租，当然农奴的母牛很少，而且不好，所以这项租就显得很重，如生吉桑珠家，有 1 头母牛，交了油租，自己就没有剩余的酥油。

（8）竹波，交粮租，计青稞 8 尅。

（9）过年节要向牛寺和更保送哈达，这时候要是上述囊差有差欠，或实物差未交清，自己耕种的土地——"帕薪"，就有被抢走的危险。被抢走剥夺的土地，称为"学薪"。因为交纳不起沉重的差役负担，到 1960 年工作队来牛黏卡工作之前，生吉桑珠被领主代理人抢走的土地即达 43 尅之多。生吉桑珠种的 1 岗土地是 53 尅。

（10）顿，给涅巴送礼，没有定规，交 $\frac{1}{4}$ 只羊肉（合 6 斤）糌粑 3 赤 2 酩 3 赤，羊头 1 个。

第二，外差，即"其差"负担。

（1）强佐宁马，出 1 尅豌豆作马料，送给日喀则宗，并出 2 头毛驴费的雇价，藏银 10 两。

（2）都，又名"萨此"，即短站差，1 年 4 次，每 1 次雇 1 马计 4 马，每 1 马的雇价合银 20 两。1 年出 6 头毛驴，每 1 驴雇价 10 两。

（3）1904 年，英帝国主义侵占江孜后，英兵的烧柴、饲草要由西藏人民负担。加上原西藏地方政府每年的宗教传召期间的烧柴和磨糌粑，每年要交藏银 80 两，由豁卡统交日喀则宗政府。

（4）降孜杂狭，译义不详，2 年交 1 次，计藏银 25 两。

（5）擦堆，运盐，从艾马岗咱泥豁卡运往各地，出 1 人 4 驴，因路远，运费多，每驴交藏银 200 两。

（6）综尖，宗与宗之间的长途差，出 1 人 1 至 3 匹马，以日喀则为起点，往南木林，拉孜、白郎等宗，马的雇价为藏银 40 两。

（7）撒丕买，牛豁卡无人种的荒地，1 岗地要交 3 赤青稞地租。

（8）挡木杂，每年牛豁卡要派出两人到拉萨去拔 1 次草，1 岗地出藏银 50 两。

（9）阿波，每隔 7、8 年，要出一次工到拉萨去盖房子，要出藏银 40 两的雇工价，平均每年交 5 两。

（10）马堆，藏兵每年至少要来牛豁卡 1 次，抢劫奸淫，打骂群众，无所不为。1 岗地要出 1 头毛驴为藏兵驮运，雇价藏银 55 两。

（11）牙堆，每年运完盐巴，送袋子回去，出 1 人 1 驴，价藏银 20 两。

（12）甘珠，原西藏地方政府供藏兵给养的青稞、粮食，由农奴送，每年出 2 头驴的雇费，1 头驴雇价 40 两，2 头驴合计 80 两。由日喀则运往各地。

（13）遵宗拉恰，交日喀则宗看守监狱人的伙食费 15 两。

（14）"堆所"佛经书名，牛寺每年有 30 个喇嘛前往日喀则念经。全豁卡要出 30 头毛驴，1 岗地出半个毛驴的雇价，折合 5 两藏银。

（15）夹所讯，清朝时期来日喀则汉兵的草料费，1 岗地交 3 两藏银。

（16）撒呷麻堆，"撒呷"是阿里附近的一个地方，"麻堆"即酥油差，就是到撒呷去运酥油，年交 15 两。

（17）撒者，年交藏银 40 两。

第三，兵差，藏语"马米差"。但生吉桑珠支的兵差，并非玛岗地的差，而是差岗地的差。牛豁卡 $\frac{1}{4}$ 的兵差有两个；$\frac{1}{8}$ 的兵差有两个。生吉桑珠支付的是 $\frac{1}{4}$ 兵差，年交藏银 60 两，$\frac{1}{8}$ 兵差年交藏银 60 两，包括藏兵的衣、食等各项用费。

综上所列，生吉桑珠的囊差（内差）的劳役部分共出 279 人日、33 牛日、43 驴日，包括实物的柴火 18 驴驮，白垩土 2 尅。实物部分计青稞 14 尅 5 赤，羊肉 18 斤，酥油 16 娘嘎，糌粑 3 赤 2 卜，哈达 2 条。外差（其差）部分，共交藏银 1383 两（其中多数是雇牲畜费），另外交 1 尅豌豆，3 赤青稞。兵差部分，交藏银 120 两。

2. 贫苦农奴敏吉海吉占有四分之三岗土地（三十尅）的负担

一是内差即囊差。

1 月份

（1）沃虑，初春时出 1 人往牛寺畜圈里挖 1 天肥料。

（2）江觉，出 1 人砍 1 天树。

（3）虑介，出 1 人运肥 3 天。

（4）局虑，出 2 人，去牛寺挖 2 天肥料。

（5）虑介，出4人半把挖出的肥料送往地里。

（6）枯薪，送半驮柴火给牛寺喇嘛作油炸果。

合计出13.5人日，柴半驮。

2月份

（1）他崩，出1人半天给未耕地灌水。

（2）们巴，出1人1对半牛翻半天地。

（3）抒局，出1人半天灌第2次水。

（4）们巴，出1人1对牛第2次耕地1天。

（5）抒局，出1人灌小麦水半天。

（6）将虑，把牛寺涅仓肥料送下山，出1人3驴1天1夜。

合计出6人日，2.5头牛，6头驴。

3月份

（1）重德木，播种小麦出2人，1对耕牛，1天。

（2）数珠，修理田垅时出1人日。

（3）申局，灌豌豆水1人日。

（4）虑那，从牛寺厕所挖肥料3人日。

（5）虑那清波，出2人日，12驴日。

（6）枯辛，出半驮柴。

（7）风选种子，出1人日。

（8）索诺诃则，从山上运回牛粪出1人日。

合计出12人日，2牛日，12驴日，半驮柴。

4月份

（1）丝局，给青稞、豌豆混种地灌水1人1早上。

（2）如朵曲朵，出1人2牛，耕播2天青稞豌豆。

（3）数珠，修正田垅出2人日。

（4）涅堆，出3人，挖出池泥肥料。

（5）局撒，每月出1人日挖土填牛寺厕所。

（6）妥不脚，出2人日，并送3驮刺柴到牛寺。

合计出10人日，4牛日，3驮柴。

5月份

（1）约局，给豌豆苗浇水1人1天。

（2）油妈，用小锄薅豌豆1人日。

（3）撒不索，积新肥1人日。

（4）涅堆，出9人日挖池泥。

（5）局撒，出1人日挖土填厕所。

（6）枯薪，给寺庙送半驮柴。

（7）撒局，给豌豆小麦灌水1人日。

（8）车油马，给豌豆小麦除草1人日。

（9）育局，给混种作物地灌水1人半天。

（10）育妈，给豌豆小麦除草1人日。

（11）山墨扎，给豌豆小麦灌水 1.5 人日。

（12）涅珍，1 人运 1 个早上的河泥。

合计 20 人日，柴半驮。

6 月份

（1）剥多，在庄稼地里除草 1 人日。

（2）虑索，1 人四天 1 早积肥。

（3）雅局，1 人 1 对牛耕犁轮休地 1 天。

（4）曲董，灌溉 1 人日。

（5）杂朵，除草 1 人日。

（6）妥不脚，2 人 2 天在寺院烧茶并送 2 驮柴火。

（7）局撒，背土填寺院厕所 1 人日。

合计 10 人日，2 牛日，柴火 2 驮。

7 月份

（1）山妈矮，3 人收 1 个早上的豌豆。

（2）们巴，1 人，1 对耕牛翻一天半地。

（3）剥局，1 人灌溉 1 天。

（4）局撒，背土填厕所 1 人日。

（5）体萨，1 人 1 驴送 1 驮土给牛寺覆盖顶层。

（6）枯薪，给牛寺送半驮柴火炸油果。

（7）积肥，2 人 1 天半。

合计 8.5 人日，3 牛日，半驮柴火。

8 月份

（1）则玛，收青稞和混合作物出 3 人 1 天。

（2）收萝卜，出 1 人天。

（3）南阿，出 6 人 1 驴，除 1 天草就回。

（4）龚争，出 3 人把青稞背到场上。

（5）蓝尼，出 1 人半天，拣拾掉在地上的青稞。

合计出 14 人日，劳动 5 天半，1 驴日。

9 月份

（1）油，从打场到青稞入仓计出 7 人做 21 天，牛 6 头，驴 6 头，每头牛价值 5 赤 3 卜青稞，1 头驴价值 4 赤青稞，代理人或涅巴来场上巡视要花销青稞 4 索半。

（2）堆买，出 1 人，1 对牛，秋耕 3 天。

合计出 24 人日，牛、驴价青稞 3 魁，6 牛日。

10 月份

（1）穷贞，运牛粪到牛寺涅仓分给喇嘛烧，出 33 人日。

（2）订粪，从山上把牛粪运回来，出 25 人日。

（3）噶子，出 1 人替牛寺刷 1 天白垩土。

（4）局撒，出 1 人填 1 天土入厕所。

（5）枯薪，送半驮柴给寺院。

合计出 60 人日，半驮柴火。

11 月份无差。

12 月份

（1）局撒，出 1 人日填土入厕所。

（2）鹿锅，出 1 人 3 驴，挖 1 天肥。

（3）妥不脚，出 2 人日为寺庙烧茶，并送上 2 驮柴。

合计出 4 人日，3 驴日，2 驮柴火。

敏吉海吉，因土地占有少于生吉桑珠 $\frac{1}{4}$ 岗，故负担轻一些，但差距不大。

实物差的负担有：

（1）打约，喂马人

（2）康宜，看房人 ＞交纳青稞 13 赤。

（3）吐，造纸浆 13 涅嘎，合青稞 13 赤。

（4）杂波，交草租 9 筐。

（5）狭波，交肉租 9 斤。

（6）奴，交肉租折青稞 2 尅。

（7）爬妈，交 15 $\frac{1}{4}$ 娘嘎酥油即母牛租，只要有母牛，不论产奶不产奶都要交这种租。

（8）竹波，交粮租计青稞 7 赤 4 卜。

（9）逢年节要送哈达若干条，这时因差和乌拉未支清，而被牛寺扎仓在祖父时代抢走 11 尅土地，被涅仓抢走 2 尅土地，被吉娃抢走 2 尅土地，被代理人粗枝抢走 1 尅土地，被牛谿丘波（代理人，更保）抢走 2 尅土地，敏吉海吉 $\frac{3}{4}$ 尅土地，原有 30 尅，1960 年民改工作队到来之前，实际只有 18 尅，但交差，仍按 $\frac{3}{4}$ 岗（30 尅土地）交纳。

二是外差，即"其差"负担有：

（1）强佐宁马，要向日喀则宗府交 15 赤豌豆作马料。

（2）都，又名萨此，即短站差，1 年出 3 次，计 3 匹马，4 头驴，1 匹马的雇价合藏银 20 两，1 头驴的雇价合 10 两。

（3）门卫，交原西藏地方政府的土地税，60 两。

（4）降孜杂狭，2 年交 1 次计藏银 25 两。

（5）擦堆，运盐，从艾马岗咱尼谿卡运往各地，出运费藏银 150 两。

（6）综尖，宗与宗之间的长途差，出马费 35 两。

（7）撒丕买，牛谿卡的荒地，敏吉海吉占有 $\frac{3}{4}$ 岗的土地负担，要交青稞 2 赤半。

（8）挡木杂，派到拉萨去拔一种草，敏吉海吉要交藏银 45 两代役。

（9）阿波，派人到拉萨盖房子，7、8 年去 1 次，1 年平均交藏银 5 两代役。

（10）马堆，每年藏兵来牛谿卡 1 次，要出半头毛驴的雇价藏银 30 两。

（11）牙堆，每年运完盐巴，要送回袋子交驮费藏银 8 两。

（12）甘珠，原西藏地方政府藏兵给养的青稞粮食，由群众送，解放前要交驮费藏银 30 两。

（13）遵宗拉恰，交日喀则宗看管犯人的伙食费藏银 12 两。

（14）堆所，经书名，牛寺每年有 30 个喇嘛去日喀则念经，牛谿卡要出 30 头毛驴，1 岗地要出半头毛驴的雇价，折交 5 两藏银。

（15）夹所讯，清皇朝的汉兵来日喀则的草料费，交藏银 3 两。

（16）撒呷麻堆，撒呷是阿里附近的一个地方，麻堆即酥油，即是从撒呷去运酥油，年交藏银 10 两。

三是兵差。

兵差的交纳与 1 岗地的交纳没有区别，$\frac{1}{4}$ 兵差年交藏银 60 两，$\frac{1}{8}$ 兵差也要 60 两，合计藏银 120 两。

综上所列，敏吉海吉的负担总计为：

（1）囊差（内差）的劳役部分为，出人役 180 人日，牛 19.5 头日，毛驴 22 头日。另外还有青稞 3 尅，烧柴 9.5 驮。实物部分：青稞 2 尅 3 赤 4 卜，草 9 筐，肉 9 斤，酥油 15 $\frac{1}{4}$ 娘嘎。

（2）外差（其差）部分，交藏银 505 两 5 钱。另交实物青稞 2 赤半，豌豆 15 赤。

（3）兵差（即马米差），交藏银 120 两。

3. 贫苦农奴差巴兼堆穷达娃此仁占有 $\frac{1}{8}$ 岗土地，计 4 尅半土地的负担

第一，内差即囊差。

1 月份

（1）虑过，春天出 1 人日清除畜圈粪肥。

（2）江觉，出 1 人日去砍树。

（3）虑介，出 1 人日，1 驴日往地里送粪计出 3 人日，1 驴日。

2 月份

（1）他崩，出半人日给未耕地灌水。

（2）们巴，出半人日，1 牛日第 1 次耕地。

（3）抒局，1 人 1 早上灌第 2 次水。

（4）们巴，半人日，第 2 次耕地。

（5）若虑，出 1 人日去涅仓运肥。

（6）妥不脚，出 1 人日，送 1 驮刺柴去牛寺。

计出 4 人日，1 牛日，1 驮刺柴。

3 月份

（1）重德不，出半人日，播种小麦。

（2）数珠，出半人日，修整田垅。

（3）虑那，出 2 人日，去牛寺挖肥料。

（4）波洛，出 1 人 3 个早上，在肥料中渗拌泥土。

（5）虑那清波，出 1 人 3 个早上把肥料从山上运下来。

（6）风选种子，出 1 人日。

（7）枯薪，送 1 驮柴给牛寺。

（8）索诺诃则，出 2 人日从山上运回牛粪。

计出 10 人日，柴火 1 驮。

4 月份

（1）丝局，出半人日给青稞豌豆混种地灌水。

（2）如朵曲朵，每两年出 2 个人 2 头耕播半天混种地，即 1 年出半人日，半牛日。

（3）数珠，出半人日修混种地的田陇。

（4）涅堆，出半人日，挖池泥作肥。

（5）局撒，出半人日去牛寺厕所填土。

（6）妥不脚，出 1 人日送半驮，有时送 1 驮柴火。

计出 3.5 人日，半牛日，1 驮柴。

5 月份

（1）约珠，出 1.5 人日除草。

（2）约局，出 1.5 人日给豌豆苗灌水。

（3）撒不索，出 1 人日积 1 天新肥。

（4）涅堆，出 1 人日挖池泥做肥。

（5）局撒，出半人日挖土填厕所。

（6）撒局，出半人日，给豌豆小麦地灌水。

（7）油麻，出半人日，给豌豆小麦地除草。

（8）涅珍，1 人日，1 驴日运河泥入厕所。

合计出 7.5 人日，1 驴日。

6 月份

（1）剥多，出半人日除草。

（2）虑索，出 4 人日积肥。

（3）雅局，3 年 1 次，1 人日，1 对牛，耕轮休地。

（4）曲董，出半人日灌溉。

（5）杂朵，出半人日除草。

（6）妥不脚，送 1 驮柴给牛寺。

（7）局撒，半人日，背土填厕所。

合计出 6.5 人日，1 牛日，柴火半驮。

7 月份

（1）剥局，1 人半天灌溉。

（2）局撒，1 人半天背土填厕所。

（3）撒索，1 人日积肥。

合计 2 人日。

8 月份

（1）则玛，出 1 人日收青稞和混合物。

（2）南阿，出 1 人日割草。

（3）龚争，出半人日，把青稞背到场上。

（4）兰尼，出半人日，拣拾掉在地上的青稞。

（5）妥不脚，出 1 人日送 1 驮柴。

合计出 5 人日，1 驮柴。

9 月份

（1）油，用牲畜踩场，从打场到把粮食送入仓，出 1 人日，4 牛日。给豁本，涅巴在场地上的伙食费为：每隔 1 年给 1 条羊腿，糌粑 2 赤半，酡 2 索半，牛粪 2 块。

（2）堆买，出 1 个人 2 头牛，秋耕一天半。

（3）妥不脚，出 1 人送一驮柴。

合计出 3 人日，5.5 牛日，半条羊腿，糌粑 1 赤，酡 6 赤，牛粪 1 块，柴 1 驮。

10 月份

（1）穹贞，拾粪出 8 人日。

（2）噶子，出 4 人日运牛粪下山。

（3）局撒。出半人日填土入厕所。

合计出 12.5 人日。

11 月份

局撒，出 2 人日填土入厕所

12 月份

（1）虑过，出 1 人挖 1 天肥。

（2）虑波木，出 1 人日，1 驴日送 1 天肥。

合计出 2 人日。1 驴日。

实物差的负担

（1）打约
（2）康宜　　交纳青稞 2 赤 1 卜。

（3）吐，交造纸的纸浆 1 个娘嘎。

（4）杂波，交草租 1 筐半。

（5）狭波，交肉租 1 斤 10 两。

（6）交油租青稞 2 索。

（7）爬妈，交母牛租 15 $\frac{1}{4}$ 涅嘎。

（8）竹波，交粮租青稞 1 尅。

（9）过年节送 1、2 条哈达。

合计交青稞 1 尅 13 赤，纸浆 1.5 娘嘎，草 1 筐半，肉 1 斤 10 两，母牛租 15 $\frac{1}{4}$ 娘嘎。

第二，外差，即"其美"负担。

（1）强佐宁马，给宗政府豌豆马料 1 赤 3 卜。

（2）都，短站马费，藏银 15 两，雇驴费 10 两藏银。

（3）门卫，交原西藏地方政府土地税 1 两藏银。

（4）降孜杂狭，译义不详，交藏银 3 两藏银。

（5）擦堆，从艾马岗咱尼豁卡运盐交马费 30 两藏银。

（6）综尖，宗与宗之间的长途差，交马费 15 两藏银。

（7）撒丕买，牛豁卡荒地租交 2 卜。

（8）挡木杂，派人到拉萨去拔一种草，1 年交 5 两藏银。

（9）阿波，派人到拉萨盖房，7、8 年去 1 次，平均年交 7 两。

（10）马堆，每年藏兵来一次，交 10 两藏银旅费。

（11）牙堆，每年送运盐巴的口袋回来后，交藏银 1 两 3 钱。

（12）甘珠，原西藏地方政府藏兵的给养交藏银 6 两零 6 个章噶。

（13）遵宗拉加，交日喀则看守监狱费 5 章噶。

（14）堆所，经书名，每年牛豁寺的 30 个喇嘛往日喀则念经，牛豁卡要出 30 头毛驴，1 岗地出半头毛驴的雇价，折 5 两，但只有 $\frac{1}{8}$ 岗土地的达娃此仁，也被近按 1 岗地交纳。

（15）夹所讯，清王朝时期的汉兵到日喀则来，要交 4 章噶的草料费。

（16）撒呷麻堆，到阿里地方运酥油的费用，交藏银 2 两。

第三，兵差，即玛米差。达娃此仁交 $\frac{1}{4}$ 的兵差费 10 两，交 $\frac{1}{8}$ 的兵差费 5 两。

第四，堆穷差。

1960 年 57 岁的达娃此仁，因属牛豁卡代理人丘波的堆穷，故在交纳上面的差巴差役之后，还要交纳第二个属主的堆穷差。他家沦为堆穷的原因，是在娃达此仁的父亲时，因为支差破产后，没有住宅，投靠牛豁丘波家里，住着代理人丘波的房子，成为丘波的堆穷而向丘波交差。但是他并没有因沦为堆穷而减轻差巴交的差，只是又套上了一条绳索而已。所支堆穷差如下：

（1）撒波，出 5 人日去松匀土壤。

（2）虑介，送厕所的肥，送羊圈肥共 2 人日。

（3）丝局，出 1 人日灌溉。

（4）数珠，出 1 人日修田垅。

以上 4 项为春季所出的差，到了夏天要出：

（5）油玛差，出 25 人日除草。

秋季：

（6）则玛，出 24 人日收青稞。

（7）龚增，运青稞至打场扬打的活，出 3 人日。

冬季：

（8）雅假，出 1 人日赶牛踩场。

综上所列达娃此仁的负担总计为：

（1）囊差（内差）的劳役部分为 61 人日，8 牛日，3 驴日，另外还有 5 驮半柴，半条羊腿、糌粑 1 赤，牛粪 1 块。实物部分有青稞 1 尅 13 赤，酥油 15 $\frac{1}{4}$ 娘嘎，肉 1 斤 10 两，草 1 筐半，纸浆 1.5 娘嘎，哈达 2 条。

（2）其差，即外差部分：交藏银 113 两 2 钱。豌豆马料 1 赤 5 卜。

（3）兵差：交藏银 15 两。

（4）堆穷差：要出劳役 82 人日。

4. 贫苦农奴差巴兼堆穷索南汪甲占有 $\frac{1}{16}$ 岗差地的负差

一是内差即囊差。

1 月份

（1）江觉，出 1 人日砍树（地少差重）。

（2）虑介，出1人日往地里送肥。

（3）虑介，出1人日往地里送肥。

（4）枯薪，送1抱柴给牛寺喇嘛炸油果。

合计出3人日，送一抱柴。

2月份

（1）他崩，出1人给未耕地灌1早上水。

（2）们巴，出半人日犁半天地。

（3）抒局，出1人灌1早上水。

（4）们巴，出1人，1对耕牛翻半天地。

（5）抒局，出1人，给小麦地灌1早上水。

合计出2人日，1牛日。

3月份

（1）重德，播种小麦，出1人，1对耕牛耕1早。

（2）数珠，修整田垅，出1人做一早上。

（3）虑那，出半人日挖牛寺厕所肥料。

（4）波洛，在粪里渗拌泥土，1人1早上。

（5）虑那清波，把肥料从山上送下来，出1人天。

（6）枯薪，送寺庙1抱柴。

合计出2.5人日，1头牛日，1抱柴。

4月份

（1）出1人1牛翻地1天，没有差名。

（2）涅堆，出1人日，挖池泥做肥料。

（3）局撒，出1人日到牛寺厕所填1天土。

（4）妥不脚，出1人日到牛寺，并交刺柴半驮。

合计出4人日，1牛日，半驮刺柴。

5月份

（1）约局，给豌豆苗灌水出1人1早。

（2）油妈，在豌豆地里用小锄薅草，出半人日。

（3）撒不索，出1人日积1天新肥。

（4）涅堆，出1人日，挖1天池泥做肥。

（5）枯薪，送牛寺1抱柴。

（6）撒局，给豌豆地灌水1人1早上。

（7）车油马，用小锄薅豌豆小麦地草，出半人日。

（8）油麻，再给豌豆小麦地灌水半人日。

（9）涅珍，出1人运1早河泥填厕所。

合计出4人日，柴1抱。

6月份

（1）剥多，出1人日到地里薅草。

（2）虑索，同1人积1早上的肥。

（3）曲董，出1人灌一早上的水。

（4）妥不脚，出 1 人日到寺庙烧茶，交半驮柴火。

合计出 2.5 人日，柴 1 驮。

7 月份

（1）剥局，1 人灌溉 1 早上。

（2）局撒，1 人日。

（3）虑索，1 人日积肥。

（4）枯薪，给寺庙送 1 抱柴。

合计送 2.5 人日，柴火 1 抱。

8 月份

（1）则玛，收青稞和混合作物 1 人 1 个早上。

（2）车，出 1 人收 1 早上小麦。

（3）南诃，出 1 人割 1 早上草。

（4）龚争，出 1 人背 1 早上的青稞到场地。

（5）妥不脚，出 1 人到寺院烧 1 天茶，并送 1 驮柴。

合计出 2.5 人日，送柴 1 驮。

9 月份

（1）油，雇母牛 1 头，驴 1 头去踩场。另给涅仓代理人出 5 赤青稞。

（2）堆买，出 1 人 2 牛秋耕半天。

合计出半人日，2 牛日，1 驴日，5 赤青稞。

10 月份

（1）穿贞，出 5 人日为牛寺喇嘛运牛粪。

（2）诃粪，从山上运牛粪回来出 4 人日。

（3）噶子，帮牛寺刷 1 天白垩。

（4）枯薪，给寺庙送 1 抱柴。

合计出 10 人日，柴 1 抱。

11 月份无差。

12 月份

（1）虑锅，1 人挖 1 早肥料。

（2）局撒，出 1 人日填土入厕所。

（3）妥不脚，出 1 人日去寺院烧茶，交柴火半驮。

合计出 2.5 人日，柴火半驮。

实物差的负担：

（1）打约，喂马
（2）康宜，看房人 〉交纳青稞 1 赤半卜。

（3）杂波，交草租半筐。

（4）吐，交造纸纸浆 1 个半娘嘎。

（5）狭波，交肉租 15 娘嘎。

（6）奴，交油租，折青稞 2 尅。

（7）爬妈，交酥油 15 $\frac{1}{4}$ 娘嘎。

（8）竹波，交粮租 7 赤 4 卜。

合计交青稞 2 魁零 9 赤，纸浆 1.5 娘嘎，草半筐，肉租 15 娘嘎，酥油 15$\frac{1}{4}$娘嘎。

二是外差即其差负担。

（1）强佐宁马，交日喀则宗豌豆马料 1 赤 1 卜。

（2）都，短途差，4 年出 1 匹马，雇价 20 两，每年负担 5 两。

（3）门卫，交西藏地方政府土地税藏银 4 两 8 钱。

（4）降孜杂狭，1 年交藏银 9 钱。

（5）擦堆，到艾马岗咱尼豁卡运盐运费 11 两藏银。

（6）综尖，宗与宗之间的长途差，交藏银 3 两 2 钱。

（7）撒丕买，交牛豁卡荒地租 1 卜半。

（8）挡木杂，到拉萨拔草的路费，交 1 两 1 钱藏银。

（9）阿波，派人到拉萨盖房子，7 年去 1 次，交藏银 9 钱。

（10）马堆，藏兵每年来牛豁卡 1 次，交旅费 2 两 5 钱。

（11）牙堆，每年运回来的口袋费交 3 钱。

（12）甘珠，交原西藏地方政府军粮费 5 两。

（13）遵宗拉恰，交日喀则宗的看守监狱费用藏银 9 钱。

（14）堆所，牛寺每年有 30 个喇嘛去日喀则念经，交路费 3 钱藏银。

（15）夹所讯，清朝汉兵到日喀则宗的草料费，交藏银 3 两。

（16）撒呷麻堆，去阿里附近运酥油的运费，年交藏银 15 两。

合计交藏银 53 两 8 钱，青稞 1 赤 3 卜。

兵差：

交 $\frac{1}{4}$ 兵差，藏银 3 两 7 钱，交 $\frac{1}{8}$ 兵差，藏银 1 两 8 钱。

索南汪甲在支付上面列的各项乌拉差役之后，还要交农奴主代理人牛豁丘波的堆穷差。他经常在牛豁丘波家当佣人服堆穷差，年得 3 索微薄工资，是根本谈不上劳有所获的。交差巴负担后的大部分剩余劳动，又被堆穷的属主牛豁丘波剥削去了，所以差巴兼堆穷的人，在受着双重的剥削。

综上所列，索南汪甲的负担总计为：

（1）囊差（内差）的劳役部分，要出人役 27 人日，5 牛日，1 驴日，柴 4 驮 1 抱，青稞 5 赤。实物部分：青稞 4 魁 17 赤 5 卜，肉 30 娘嘎，酥油 30$\frac{1}{2}$二娘嘎，草 1 筐，纸浆 3 娘嘎。

（2）外差，即其差负担：计交藏银 53 两 9 钱，青稞 7 赤 3 卜。

（3）兵差，交藏银 5 两 5 钱。

（4）堆穷差，给代理人牛豁丘波经常做佣人。

5. 两户贫苦差巴兼堆穷的负担调查

规桑岳珍和明玛卜贞是两户十分贫苦的差巴兼堆穷。其中规桑岳珍和前述达娃此仁一样，也占有 $\frac{1}{16}$ 岗土地，但一家 4 口，母老子幼，没有劳动力。她年轻时，长期被农奴主代理人牛豁丘波强奸，年纪大后被抛弃。她被迫沦为堆穷后，无力支应差巴、堆穷的乌拉差役，破产为乞丐。1960 年工作队进村后，她说是共产党救了她，没有共产党，工作队不来，她将永远当乞丐。

明玛卜贞是一个孤苦的女人。解放前与其兄生格桑珠分家后，由于他们兄妹都是贫苦差巴，住着牛豁丘波的房子，成为牛豁丘波的堆穷。分家后的明玛卜贞耕种两赤地，要向牛豁丘波支两赤地的差如下：

1 月份

诃佐，出 1 人日拣牛粪 1 天。

2 月份

抒局，1 人灌 1 早上的水。

3 月份

多洛，出 4.5 人日翻地除草。

4 月份

（1）丝局
（2）朵曲朵 }出 1 人耕播、灌水 1 早上。

数珠，出半人日整修田垅半天。

5 月份

育局和育马合起来，翻地拔草 1 人日。

6 月份，灌 1 早上水。

7 月份，交姆子，交染料红草 5 娘嘎。

8 月份

则玛，收割青稞半人日。

9 月份

油吉呷又名拾翁，出 2 人日守护庄稼，防牲畜损坏。

枯介，出 1 人日，送帐篷到牛寺涅仓。

12 月

凡冒烟户，要出 1 人日送牛粪到牛寺厨房。1 年里从牛豁卡到孜东送两次信。

除上述负担之外，明玛卜贞还要帮其兄出一部分堆穷差。春天去修两次田垅，夏天除 2 天草，秋天灌水，割草和收获计 26 天，这 26 天的伙食由代理人牛豁丘波供给，无工资。

明玛卜贞种 2 赤地，住属主房的堆穷差共支付 44.5 人日，红草 5 娘嘎。一个种 2 赤地的孤苦妇女，要出这样多的乌拉差役，其受剥削的残酷由此可知。

6. 收派乌拉差役的组织

封建农奴主收派广大农奴的乌拉差役，即是西藏封建农奴制度的地租剥削。牛豁卡掌管乌拉差役的人，是寺院农奴主，即牛寺派出的更保和列本。牛豁卡有三个根保。上段更保名叫阿荣，中段更保名叫班中达巴，下段更保名叫牛豁丘波。他们都是牛寺农奴主的代理人。牛豁卡的下段有吉匈、贝洼、波噶。牛豁丘波权势大，曾和艾马岗哈布豁卡的豁本哈不丘波当过"佐渣"。

内差所要收的项目。由更保提出意见，向牛寺涅仓请示商议后再向差巴布置。外差是向原日喀则宗政府承担，由宗政府的措本布置。（按：艾马岗、牛豁卡、孜东、贴儿、擦儿、土布加等片属于前藏所属。边、江丹等地为后藏势力所属，由另一个措本管辖。这几个地区合算一个"涅呷"，"涅呷"是一个行政区划。民主改革时艾马岗、牛豁卡划为艾马岗区）

措本只管外差的牲畜部分，钱差则直交宗政府。

内差，统由更保布置。属于农业生产部分，由列本催派。非生产部分由更保通知。布置乌拉差役前，要逐户通知，强调某天某时，有紧急事情，要召开紧急会议。开会时，必须由家长前来参加，不能由其他家庭成员顶代。违犯者要罚 1 筒粮食。缺席者要罚 1 索粮食。会上点名，立即记下，有误者即进行惩罚。更保常常在会上骂："你们会吃，你们会种地，你们为何不支差？你们不支差的，就要没收土地。"并且手执皮鞭、皮巴掌进行威胁。但是不少差民还是不怕，要是一人被骂被打，所有的人就围拢来帮助求情。开会由更保主持宣布，主要是更保讲话，更保宣布日喀则宗的公文，要出多少人，多少牲畜，交多少钱，什么时候交，违者要怎样惩处。列本是很少讲话的。收齐后，由强佐押送。

7. 乌拉差役给广大农奴带来的悲惨后果

仅就座谈会上所谈，由 1940 年到 1960 年的 20 年间，在牛黐卡因受不住乌拉差役的重压而破产逃亡甚至绝户的即有 22 家。例如：

（1）差巴叉加诺马，1940 年因差重而破产，那年在一个节日期间，他向艾马岗夏噶黐卡的农奴主代理人夏噶迪吉借了一支耳环，不慎丢失，还不起耳环，也支不起差，因此，一个 5 口之家被迫逃亡，从此没有下落。

（2）布羌，差重，债多，无法生活，铤而走险，被日喀则原宗政府抓住，在押解途中逃亡，不知去向。

（3）慈仁，原来是一个列本，年老被免职。被免职后差增多了。慈仁死后，子女更承担不起，生活不下去，被迫逃亡印度。

（4）雷堆霞巴，因为差重，欠牛寺的债多，被牛寺抢走其全部差地，而差役并未因此而减轻，1954 年逃跑到"向"地方去了。

（5）南洛，借债交差，几乎每年要被牛寺抢走一块土地。最后土地全部被没收，只剩下几棵树和 1 头耕牛，又被艾马岗哈布黐卡的代理人哈不丘波逼债抢去，从 1958 年起即沦为牛黐丘波的佣人。

（6）葱巴，差役多，借债无门，没有劳动力，无法生活，被迫逃亡异乡乞讨。最后葱巴回来，到代理人门中家去当佣人，妻子和孩子依旧靠乞讨为生。民主改革前全家在饥寒交迫中死绝了。

（7）吉巴，夫妻两人和一个孩子，在 1957 年因支不起差而沦为乞丐。经过 13 年的煎熬，才迎来了民主改革，获得新生。

座谈会上，大家对残酷的剥削也就是对乌拉差役制度进行了沉痛地控诉。生吉桑珠说："如支牛寺的妥不脚柴差时，就是家里死了人也要支。家里无柴烧，也得想办法找柴交。积肥的时候，空着肚子也要去。请假是不准的。去迟了要挨打，得一天，过一天，流着泪支差，就是我们过去的日子。"过去耕地早上出工晚，晚上收工早，因为肚子饿，没有力气头昏，不管列本怎样骂，也支撑不下去。

在支都差，即长途马差时，家里无马，又雇不到马时，母亲和妻子在家里哭，找马的人在外面急。雇到马去迟了要受鞭打。1948 年，生结桑珠支 $\frac{1}{8}$ 的兵差，一个藏兵排长住在查加，派生吉桑珠出 1 匹马、1 头驴，并限定太阳出山就要送到。生吉桑珠忙上山，忙下山找马，中午才找到，家里的人只是哭！等他送到查加时，藏兵排长大骂：为何中午才到？猛抽了生吉桑珠一顿皮鞭。因为交不起差，土地一年年被抢走，先后被牛寺的扎仓、涅仓、吉娃抢走 12 剋，被代理人初枝抢走 1 剋 10 赤，大喇嘛敦珠抢走 1 剋，被列本抢走 10 赤，被更登抢走 3 剋 5 赤，被撒买墨藻抢走 1 剋。到 1960 年工作队来之前，实际上只种有 10 剋土地了。但生吉桑珠仍要支 1 岗土地的差。因此妻子常说："没地有差，又借不着债，还是去讨饭的好！"生吉桑珠很伤心地回答，"我们很年轻，去要饭，真害臊"。

农奴努卜夺吉说，他的 1 岗土地是 33 剋好地。可是因为支不起差，在祖父时，就被牛寺扎仓抢走 6 剋，父亲时抢走 1 剋 10 赤。1959 年，因欠债，又被代理人初枝抢走 3 剋。工作队来的前夕，只种 12 剋土地了，但交纳的差役仍是 1 个岗土地的负担。努卜夺吉说："我这一辈子，前半辈子都是吃不饱，白天晚上地劳动，一年到头，没有一点收获，这是最痛苦的事。"

农民敏吉海吉说：他有 $\frac{3}{4}$ 岗差地，因支不起差，在祖父时代被扎仓抢走 11 剋。父亲时被涅仓抢走 2 剋。1953 年因交不起差又被代理人初枝抢走 1 剋，2 年前（1958 年）牛谿丘波又以利加利的形式抢走 2 剋，因为差重，家里又无较值钱的抵押品去借债，妻子孩子饿得哭，没有办法解决。1957 年敏吉海吉支都差，马送到牧场时晚了一点，藏兵敦珠就问："为何来的这样晚？"抓住敏吉海吉的头发就抽皮鞭，头部和脊背的血水，浸湿了衣裳。敏吉海吉说："感谢共产党和毛主席的恩情，现在我的土地回了家，再不受乌拉差役的苦了。"

在乌拉差役的残酷剥削之下，牛谿卡农奴的生产情绪是十分低落的。群众指着农奴主及其代理人的自营地给工作队员看，自营地上的草很多，就是因为犁得浅，出差的人不愿使劲深犁，有意把草留在地里。与会者说，"我们空着肚子为领主劳动，眼看领主把果实拿去，我们根本不愿好好地耕种"。有的人气愤地说，"叫我们空着肚子支差，我就无法支，打我、骂我、杀我也不怕"。总之，绝大多数人家在支差时，都是消极怠工的。要是有一个人挨打，所有的人都围上来帮忙，名义上是求情，实际上是不准打。因此，监督生产的列本也没有办法。抗差是农奴们长期以来反抗农奴主的一种斗争形式。

（二）查加堆穷户的乌拉差役调查

牛谿卡查加点有 18 户农奴。其中只有 1 户差巴名努马诺布，在民主改革中划为中等农奴。其他 17 户均为堆穷，在民主改革中划为贫雇农奴。这 17 户堆穷属于农奴主代理人牛谿丘波的有 7 户，另外 10 户属于劳动人民内部的堆穷。

牛谿卡的堆穷，在支牛寺（即寺庙领主）的乌拉差役上，不分贫富，负担基本上是一样的，只在实物部分有些差别。但每家堆穷的支应自己属主①的差时，负担就有所不同了。就几家代理人的堆穷说，堆穷的负担是有差别的。就一家代理人的堆穷说，负担基本是一样的。在劳动人民中的堆穷，有的属于本家族的堆穷，有的属于亲戚关系的堆穷，有的是租房客堆穷。他们的堆穷负担较轻，情况就更不一样了。

下面是向牛寺领主交的堆穷差，堆穷的负担基本上是相同的。基次是牛谿卡最大的一个代理人——牛谿丘波的堆穷对属主牛谿丘波的负担也基本上是一样的。从这里可以看出这类堆穷有着双重负担。

首先，对牛寺的堆穷负担。

实物部分

---

① 属主是牛寺及其代理人者属于农奴主阶级，属主是劳动人民者，即一般的属主或主人。

（1）以吉匈为界，上段堆穷，交有碱性的草 1 袋，下段堆穷交藏银 3 两。

（2）上段交 1 驮牛粪，下段交藏银 3 两。

（3）上段交可染色的染草 5 斤，下段交 3 个章噶。

（4）奶牛差，有奶的牛年交酥油 10 娘嘎，生小牛的 1 年交酥油 15 娘嘎，不产奶的牛不差差。

（5）交牛粪 2 驮，没有牛粪可折交 2 赤半青稞。

劳役差

2 月：（1）枢局，灌庄稼水，出 2 人日。

（2）诃觉，送牛粪到涅仓出 1 人日。

3 月：（1）辛得，撒轮种地的种出 1 人日。

（2）数珠，打田垅，出 1 人日。

4 月：（1）铜哥，出苗后灌水，出 1 人日。

（2）油玛，小锄锄草，出 1 人日。

（3）天旱不雨时，灌水 5 人日。

（4）雨多路烂修路，出 1 人日。

5 月：从 4 至 5 月共拔草 3 次计 3 人日。

6 月：（1）剥多，用手拔草，出 1 人日。

（2）若不下雨灌水，出 1 人日。

7 月：山妈，收豌豆，出 1 人日。

8 月：（1）则玛，收秋，出 1 人日。

（2）龚贞，运粮入场地，人背 1 人日。

9 月：（1）油呷松，派人看守场地庄稼出 1 人日。

（2）枯介，运帐篷去涅仓，出 1 人日。

10 月：诃觉，运牛粪到涅仓，出 1 人日。

全年共出劳役 24 人日。

不固定的差计

（1）一革，送信，1 年约有 3 次，若家里无人出送信差，每次可折交青稞 2 赤半。

（2）达赖喇嘛到日喀则地区时，要替牛寺为达赖喇嘛送粮。

（3）牛寺扎仓修盖房子时，要出 1 人日。

（4）为扎仓送帐篷，出 1 人日。

上列（2）、（3）、（4）项差，在人们记忆中仅支过一次。也就是说牛寺临时有什么事，可以随时向所属堆穷派差。向牛寺支的堆穷差，在民主改革前是没有变化的。牛豁卡的堆穷，不分贫富负担是一样的。

其次，对代理人牛豁丘波的堆穷差。

春季：

（1）枢介，灌水和修田垅，出 1 人日。

（2）虑顿，挖肥，出 1 人日。

（3）虑介，运肥，出 1 人日。

（4）丝局，灌水，出 2 人日。

（5）孙假，撒种，出 1 人日。

（6）朗马，修田渠，出3人日。

（7）丝布，运土合肥，出5人日。

夏季：

（1）冻枯，灌水，出2人日。

（2）油马，锄草，出25人日。

秋季：

（1）则玛，秋收，出26人日。

（2）龚贞，运粮上打场，出4人日。

（3）雅假，踩场，出2人日。

（4）晒场，出3人日。

（5）扬场，出8人日。

给牛豁丘波支的堆穷差，全年合计为84人日，加上给牛寺领主支的堆穷差计24人日，总计为108日。实际上堆穷所支的堆穷差，还要大大超出此数。例如牛寺不固定的临时差，牛豁丘波在豁卡内送信的临时差都是比较多的。若加上交牛寺的实物部分就更多了。

牛豁卡的堆穷差，在民主改革前是比较固定的。1958年牛豁丘波听见工作队来到日喀则，为了笼络人心，给所属的每家堆穷发了2魁2索青稞。牛寺派的堆穷差和代理人派的堆穷差本质是一样的。有一点不同的是，支牛寺的差时，没有任何报酬，支代理人的差时，供伙食。

访问对象：达娃，39岁；次仁多吉，46岁；登贞，56岁；姐来却旺，女，67岁。他们4人均为堆穷民主改革中的贫雇农奴。

（三）牛豁卡的债务

牛豁卡的债权人主要有3种：一是牛寺院；二是牛豁卡和邻近地区的上层；三是原西藏地方政府系统的噶厦和堪布会议厅。其中以牛寺涅仓放的债最多。

借债前，不论向牛寺涅仓或其他债主借贷，债务人均须送礼。借20魁青稞须先送25个鸡蛋，1条哈达。向涅仓借债，涅仓首先问明年能否还得清，若能说出能够还清的具体条件，方允准找保人。保人要请富于债务人的差民，且与涅仓关系较好，那么交一点抵押品，立契约，就可以借到债了。

向僧俗上层个人借债，要求更严，保人难找，抵押品重。押品一般要超过债本的一倍。到期不还，抵押品即被全部没收。

从噶厦或堪布会议厅借的债，是联保债。联保债是若干户债务人，相互联保负责承借的。其中一家还不起，或死亡，或逃跑，该户的债就由联保的债户共同负责赔还。

利率：寺庙、噶厦和堪布会议厅是一样的，均为借五还六，就是借1魁还4赤的息。或借10魁还2魁的利。僧俗上层个人放债的利率是借七还八，就是借1魁还3赤利，借10魁还1魁8赤3卜的利。

借期：一般在藏历2、3月间（有的秋收后不久就借），还的时间为藏历9月，即秋收阶段。欠债人的粮食还在场上，就被债权人拿走了。因此借债的时间并非一年，而只有半年左右。实际上半年的利率要收一年的利率。到了规定的期限还不起，又重立新契约，利变成了本，也就是利上加利。有点像解放前汉族地区地主的债务"驴打滚"，不同的是这里的利率借半年就要折算成一年的利率。

债务的内容什么都有，其中以粮食为主，青稞、小麦、豌豆、菜子均有。其他还有糌粑、茶叶、酥油，甚至喇嘛们喝酥油茶时，从碗里打出来的浮油都是出借的东西。在饥寒中煎熬的广大贫苦农奴，为了活命，他们不计较借到什么东西，顾不得秋收时的灾难临门，他们也不敢反抗大斗小称或低劣的实物，只要借得着或借到一点，就是活命的关键。处于过一天算一天的困境，因此，牛寺喇嘛酥油茶里的油花也有人借贷，而且 1 娘嘎浮油就要算 1 赤青稞。2 娘嘎半浮油就要算 1 索青稞。1 个沱茶也算 1 索青稞。最差的是夹带沙土的青稞或霉烂糌粑，都要 1 魁按 1 魁折算。债务人不能流露不满的情绪，否则债权人就嗤之以鼻，把要求借债的人赶走。

秋收时，债主派人到借债人的场地上拿走的粮食，若仍还不清债时，像牛寺涅仓和上层债权人，就派人到债务人家里下通知，限期偿还，甚至坐催，收债人的食、宿、饲料要由欠债人负担。欠债人只好又找保人，立保证书，新立的期限又到，再还不清，除了送鸡蛋，或家里较值钱的东西被抢走，耕种的差地也要被抢走一块作抵。牛豁卡"学薪"地的来源，就是因欠债务或支不起乌拉被抢走的。例如差巴夏江占有 1 岗又 $\frac{1}{8}$ 岗差地，因欠噶厦和札什伦布寺的债，大部分被抢走抵债了，他本人到民主改革前只有耕种 2 魁土地的收入，但是乌拉差役的负担，仍然是 $1\frac{1}{8}$ 岗差地的负担。因此夏江一家走上了破产的绝路。大多数差巴感叹地说："我们是住在人家（即农奴主）的地上啊！"

农奴最怕农奴主强迫放的高利贷，如差巴白马刀吉的哥哥在 1930 年曾向牛寺的吉哇借过 8 魁青稞，因为还不起这笔债，当时的代理人豁本余加看中白马刀吉家的一块好地，便强迫白马刀吉的哥哥借余加的 7 魁青稞，请求不借是不行的。借过这 7 魁青稞不久，便以要债为理由，抢走他家的一块能种 1 魁 10 赤青稞的好地。

偿还噶厦的债务时受到的阻挠是很大的。收债人总是刁难不收，欠债人必须向收债人送礼，诸如鸡蛋、各种蔬菜或其他东西之后，收债人才用大斗小称收取债物。在牛豁卡用联保方式向噶厦借债的有 18 户，一共是青稞 200 多魁。这 18 户中因还不起债，支不起乌拉而破产的就有 7 户。其中如差巴难洛，她丈夫死后，家里缺乏劳动力，沉重的乌拉差役，逼得她到处借债出差。又因为债务被艾马岗哈布豁卡的代理人哈不丘波抢走 1 头牛，最后还不起噶厦的债而破产。

差巴洛堆霞巴，在勒珠当豁本时，他曾当过 2 年列本，后来勒珠诬赖洛堆霞巴曾借过他40 魁青稞，因此被勒珠抢走了耕地，加之噶厦严厉的催债，洛堆霞巴一家被迫逃亡，至今不知去向。

差巴查加洛马，本来负债很重，后来在一个节日里，借了艾马岗夏嘎豁卡代理人齐米择旺的一只耳环戴。耳环丢失了，齐米择旺要求重金偿还，加之欠噶厦联保债的债本和债息，无法偿还，也被迫走上了逃亡之路。

差巴沃珠角米，1939 年在牛豁卡借不着债，前往日喀则基宗（即宗政府）借甘珠债，借来债款后，无法偿还，逃跑了。

差巴丝塞入，1954 年前所借的噶厦联保债，本息已增至 300 多魁青稞，根本无法偿还，基宗派人来抓，一家被迫逃亡，至今没有下落。

噶厦放债在日喀则宗设有放债官员"竹波" 2 人，1 僧一俗，春天出来放债，秋天，也就是秋收时节前来收债。收债时经常发生打骂人的情况。债主们常责骂还不起债的贫苦农奴说："你们为什么一年年地穷了，我们为什么一年年地富了，就是因为你们没有福气，我们福气好。"如堪布会议厅的收债人群登，每年来牛豁卡收债时就威胁说："你们还不还？你们不还，一分钱掉在大海里，我们也有办法！"又常说："羊有毛可以剪，鱼无毛可以刮。"农奴吉夏卜布、彭多、夏江择仁塔杰因为还不清债，曾受过群登的捆打。3人要求改期赔还，群登不仅不同意，反而把他们3人捆在木柱上问："你们还不还债？"3人回答说："我们实在没有粮食，就是杀了我们也没有办法。"群登就抓住他们的发辫，乱抽皮鞭，一直抽累了才住手并接着问："愿不愿还？将怎样还？"在这种情况下，周围的人们都来求情，帮助送鸡蛋、羊腔，限定日期，再立字据，才算暂时解决。因为农奴主的残酷逼债，彭多家破产，全家死绝。

访问对象：班规，62岁；生吉桑珠，62岁；单争于加，57岁。他们3人均是贫苦堆穷农奴。拜加，57岁，中等堆穷农奴。

附一　牛豁卡四分之一岗土地支服内差（即囊差）的一般情况

1960年6月5日，请牛豁卡上、中、下三段的代表：生吉桑珠，39岁；班规，61岁；白马加波，57岁，3人均为贫雇农奴，座谈了$\frac{1}{4}$岗土地支服内差，即囊差的一般情况如下：

1月份

（1）虑沃，在初春出1人到农奴主畜圈挖出肥料，劳动1天。

（2）江觉，出1人砍1天树。

（3）局虑，出1人送肥料3天去地里。

（4）虑介，出1人挖送肥料4天去地里。

（5）枯辛，交1驴驮柴火。

（6）送二剋炒青稞，柴火一驮。

（7）局撒，挖肥合土，不计差岗多少，出1人1日。

合计出10人日，柴2驮，青稞2剋。

2月份

（1）他崩，出一人1早上为领主自营地未耕地灌水。

（2）们巴，灌水后出1人半天耕犁自营地。

（3）抒局，出一人日，一对牛为自营地耕犁灌水。

（4）们巴，出一人日，一对牛为自营地耕犁灌水。

（5）抒局，出1人为小麦地灌水半天。

（6）将虑，出1人日、1驴日驮肥。

（7）妥不约，出1人日背1背柴。

（8）局撒，出1人日挖肥合土。

合计出1人劳动5天半，1驴日，2牛日。

3月份

（1）数珠，出1人日，2牛日，修整田垅。

（2）申局，出1人浇一早豌豆水。

（3）山呆，出1人，1对牛耕播1早豌豆。

（4）数珠，出1人1早修整田垅。

（5）虑那，挖肥出1人日，送肥出2人日，4驴日。

（6）波洛，出1人1早在肥料中渗泥土。

（7）孙开，出1人日选种。

（8）索诺诃责，出2人日从山上运回牛粪做燃料。

（9）局撒，出2人日挖土填入厕所。

合计出11人日，2牛日。

4月份

（1）申局，出1人1早上浇豌豆水。

（2）涅堆，挖水库烂泥出2人天，送烂泥2人日，出4驴日。

（3）局撒，出2人日挖土填厕所。

（4）育局，出1人除草1早上。

合计出8人日，4驴日。

5月份

（1）油玛，出4人日薅豌豆中的草。

（2）撒不索，出2人日，4驴日运土积肥。

（3）局撒，出2人日挖土填厕所。

（4）唐渣，出1人1早上给干地灌水。

合计出8个半人日，4驴。

6月份

（1）剥多，出1人日在自营地上拔草。

（2）虑索，出4人日运土积肥。

（3）曲董，出1人1早上灌溉田水。1人半天驮1驮柴。

（4）局撒，出2人日给厕所填土。

合计出8人日，1驴，1驮柴。

7月份

（1）山妈矮，出1人日收获豌豆。

（2）们巴，出1人日，2牛日翻地。

（3）剥局，出1人灌溉1天。

（4）局撒，出2人日背土填厕所。

（5）虑索，出4人日运土积肥。

（6）体萨，5月以后为牛寺屋顶加工，出1个人1头驴驮1早上沙子。

合计出11人日，2牛日，半驴日。

8月份

（1）则玛，收青稞混合作物出3人日。

（2）南阿，出二人日，1驴日割畜草。

（3）枯辛，送1驮柴。

（4）他木约，出1人日送1背柴。

（5）龚争，出2人日把青稞背到场地上。

(6) 兰尼，出半人日在场地上拣拾青稞。

(7) 堆买，出 1 人日，2 牛日翻犁已收获的地。

合计出 9 个半日，2 牛日 1 驴日，1 背柴。

9 月份

(1) 打洛，出 1 人一早上翻晒场地青稞。

(2) 堆局，出 1 人一早铺好场地上的青稞禾。

(3) 雅假，出 2 人日踩场。

(4) 雅圭，出 3 人日分清草和青稞。

(5) 出半人日筛好分给牛寺堪布和喇嘛的所分得的青稞。

(6) 雅拉，交青稞 3 赤 2 卜给牛寺的牦牛做工资。

(7) 局撒，出 2 人为牛寺厕所填土。

合计出 8.5 人日。青稞 3 赤 2 卜。

10 月份

(1) 穷贞，出 13 人日拣拾牛粪。

(2) 咱噶，出 7.5 人日去地里锄草。

(3) 沙龙咱噶，出 2 人日到牛寺涅仓牧场拾拣牛粪。

(4) 汤不约，出 1 人日背 1 背柴。

(5) 局撒，不分岗的大小出 2 人日灌水。

(6) 噶子，出 1 人日到牛寺刷白垩。

合计出 26.5 人日，1 背木柴。

11 月份

(1) 穷贞，运牛粪到牛寺涅仓分给喇嘛做燃料，出 13 人日。

(2) 咱噶，去自营地除草，出 7.5 人日。

(3) 沙友咱噶，出 2 人日到牛寺涅仓牧场拣拾牛粪。

(4) 局撒，出 2 人日去牛寺挖土填厕所。

合计出 24.5 个半人日。

12 月份

(1) 局撒，出 2 人日挖土填厕所。

(2) 虑锅，出 1 人 1 天挖肥，出 2 人日送肥下地。

(3) 下巴学局，出 1 人灌 1 早水。

合计出 5 人日零 1 早上。

全年的实物部分计有：

(1) 打约、工康宜（即喂马人，看房人的补贴）合交青稞 13 赤。

(3) 南矮，割草折交青稞 1 赤。

(4) 吐，造纸浆，交藏银 3 两。

(5) 杂波，交 3 筐草。

(6) 狭波，交肉租 3 斤。

(7) 奴波，交油 1 尅等于青稞 2 尅。

(8) 爬妈，支酥油半尅。

(9) 竹波，交粮租计青稞 3 尅 2 赤。

以上内差（即囊差）部分，主要是牛寺所属牛豁卡，在寺庙（即牛寺）的自营地上一般所支应的劳役地租。在牛寺所属的差巴中，对他们支付的劳役地租具有一定的代表性。外差（即其差）部分，可参考对其他户的调查。

附二　牛豁卡一个普通劳动者一年中生产水平的调查以及四分之一岗的地租负担

从牛豁卡一个能代表大多数贫雇农奴的劳动者，在一年中以农业生产为主的财富收入里，由这次座谈会提供的资料，可以大致提供在封建农奴制条件下，对牛豁卡一个劳动力一年中生产水平的认识。

一个一般的男劳动力，一年可以经营 7 尅种子的土地。

表4-1　在这7尅土地上所需的生产投资

支 出 项 目	支 出 数 量	折 青 稞	备 注
耕牛	4 对/8 天		
种子	7 尅	7 尅	
肥料	140 驮		耕牛和肥料没有折算为青稞。
饲草	2 驮	2 尅 2 索	
油枯	1 块	1 索	
料	1 索半	1 索半	
铧	$\frac{1}{3}$		
锹	$\frac{1}{3}$		
锄头	$\frac{1}{6}$		农具均以 1 件被磨损折旧的几分之几计算。
镰刀	$\frac{1}{4}$		
薅草锄	$\frac{1}{3}$		
耙	$\frac{1}{20}$	合计 3 尅 7 索	
肥料袋	$\frac{1}{4}$		
筐	$\frac{1}{2}$		
绳、犁绳	各 $\frac{1}{2}$		
牛脖架	$\frac{1}{4}$		
木犁	$\frac{1}{5}$		
合计	11 尅 14 赤半	11 尅 14 赤半	

表4-2　一年内伙食一项支出

名　　称	数　　量	折　青　稞
糌粑		24 尅
土粑	5 尅	5 尅
酦	9 尅	9 尅
盐碱	1 尅 5 赤	1 尅 5 赤
沱茶	20 个	10 尅
酥油		4 尅 10 赤
肉		3 尅
清油		1 尅
土豆		1 尅
萝卜	1 驮	1 尅
辣椒	2 赤	2 赤
野葱		2 赤
合计		59 尅 20 赤

在这 7 尅土地上一年的收入，以常年计算是：种青稞能收入 42 尅；如果种小麦，产量和青稞是一样的，要是种豌豆只能收 28 尅，因此以种受群众欢迎的青稞为宜。在收入 42 尅青稞的同时，还收入草 16 驮，折青稞 8 尅。另外可以出去做短工 21 天，得工资青稞 2 尅 1 赤。以上合计收入青稞 52 尅 1 赤。

但是生产投资和必要的伙食开支即为 65 尅，不敷的 13 尅怎么办呢？由副业收入弥补。一年中可拣牛粪 40 次左右，能收入青稞 10 尅。

男人们会做鞋底，除自给外，尚能售出 2 双，收入青稞 2 尅。

至于穿衣的来源，多数是自捻羊毛线或搞其他副业解决。这样看来一个普通的劳动力，在自给自足的小农经济条件下是能够维持自己的简单生活的。但是要注意到另外一个问题，那就是农奴主差役乌拉的残酷剥削。差役乌拉制度或者叫差岗制度，是西藏封建农奴制度的地租形式。牛黏卡 1 岗土地的面积，一般是 32 尅，因此占有 7 尅土地的农奴要交纳 $\frac{1}{4}$ 岗地租。$\frac{1}{4}$ 岗地租，要支付出如下的可怕数字。

$\frac{1}{4}$岗地的乌拉差役负担在其差（即外差）部分有：

（1）马料交青稞2索3赤。

（2）短差出2马日，3驴日。

（3）卫（钱）藏银80两。

（4）交杂税7两。

（5）运盐，1驴日。

（6）长途差，交100两藏银。

（7）荒地差，交青稞1赤3卜。

（8）藏兵费，交藏银31两。

（9）交拉萨拔草费12两半。

（10）交运盐袋费20两。

（11）交运兵粮费10两。

（12）交管狱费2两。

（13）交念经费2.5两。

（14）交草费7两。

（15）交大米费10两。

（16）交$\frac{1}{8}$兵差费6两2钱。

（17）交$\frac{1}{4}$兵差费6两2钱。

（18）给藏兵做氆氇费，6两2钱。

表4-3

时 间	负担内容	实物数量	折青稞	备 注
不固定	清油	3斤	1尅	实物部分
	肉	3斤	2索3赤	
	绿草	3筐	5赤	
	纸浆	3娘嘎	5赤	
	马料	3娘嘎	2赤	
	酥油	半娘嘎	2赤	

表 4 – 4

时　间	负担内容	劳　役		备　注
		人　日	畜　日	
1月	挖肥	1人日		8.5人日，3驴日，柴火1驮。
	砍树	1.5人日		
	送肥	2人日	2驴日	
	挖肥	2人日		
	送肥	2人日		
	柴火		1驴驮	
2月	灌水	1.5人日		8.5人日，牛2.5头日，驴5头日，柴4驮。
	灌水翻地	1人日	2牛日	
	灌水	1人日		
	犁地	0.5人日	0.5牛日	
	灌水	0.5人日		
	运肥	1人日	1驴日	
	送柴	3人日	4驴驮	
3月	种麦	0.5人日	0.5牛日	9人，10.5天，2牛日。
	整田垅	0.5人日		
	灌豌豆水	1人日		
	种豌豆	0.5人日	0.5牛日	
	整田垅	0.5人日		
	挖肥	3人日		
	拌肥	1人日		
	运肥	1人日		
	送肥	1人日		
	运肥	2人日		
4月	灌水	1人日		8人日，2牛日。
	翻地	1人日	1牛日	
	整田垅	1人日		
	挖池泥	2人日		
	填土	3人日		
5月	灌水	1人日		7人日，1驴日。
	薅草	1人日		
	积肥	1人日		

时　　间	负担内容	劳　　　　役		备　　　注
		人　　日	畜　　日	
	挖肥	2 人日		
	灌水	1 人日		
	填肥	1 人日	1 驴日	
6 月	拔草	1 人日		计 9 人日，8.5 天，2 牛日，1 驴日。
	运土	1 人日		
	耕轮休地	0.5 人日	1 牛日	
	灌溉	1 人日		
	寺院服役	2 人日	2 驴日	
	填粪	3 日		
7 月	收豌豆	2 人日		计 9 人日，1 牛日，0.5 驴日。
	翻地	1 人日	1 牛日	
	灌溉	1 人日		
	积肥	2 人日		
	填房土	0.5 人日	0.5 驴日	
	积肥	3 人日		
8 月	收青稞	2 人日		计 7 人日。
	割草	2 人日		
	拾草稞	3 孩日		
9 月	踩打场	10 人日		计 11 人日，2 牛日。
	秋耕	1 人日	2 牛日	
10 月	运燃料粪	12 人日		4 人日，要出燃料。
	运燃料粪	7 人日		
	刷墙	1 人日	26 日，4 驴日。	
	填土	3 人日		
	送柴	3 人日	4 驴日	
11 月	填土	3 人日		6 人日
	炒青稞	1 人日		
12 月	填土	4 人日		
	挖肥	1 人日		
	砍木柴	1 人日		

附三 牛谿卡一个人一年内口粮、酩（饮料）消耗的调查

1958 年在西藏封建农奴制度的统治下，一个农奴在一年之内，究竟吃多少口粮，多少酩作饮料，才比较合乎实际地反映出当时农奴的生活水平？我们摸索了许久，在 1960 年 5 月 25 日、26 日的两次座谈会上，才大致有了答案。参加座谈会的人，是 5 个解放了的农奴。格桑，牛谿卡农民协会的生产委员，29 岁，立场坚定，工作积极；班规，61 岁，是一个早年还俗的喇嘛，参加劳动，识藏文，当过列本，为人正派；德干什达，56 岁，是群众中的积极分子，以上 3 人都是差巴，在民主改革中划为贫雇农奴。另外两人，1 人叫省奴群佩，中等农奴，44 岁，是群众中的积极分子，1 人叫卡藏白马，富裕农奴，是基本群众。

根据他们 5 人的回忆、推敲、计算和讨论，农奴群众在一年中所消耗的口粮和饮料，是不能笼统划一的。农奴之间由于存在着阶级的差别，经济条件的差别，因此饮食也就有着差别。由于年龄的差别，15 岁以下的少年（实龄只有 13 岁）和部分参加劳动，不能参加劳动的老弱，与之青壮年男女的粮食需要自然也有差别。所以在调查家庭口粮、饮料的消耗时，不能一概而论，平均计算，要从实际出发，方能得到比较正确的认识。

（一）贫雇农中可分两类

1. 青壮年男女劳动力，一个人 1 年需要食糌粑 8 魁，其中青稞、豌豆糌粑各一半，等于青稞 5 魁 6 赤 4 卜；喝酩折青稞 5 魁。

15 岁以下的孩子和部分参加劳动力或全部失去劳动力的老弱，一个人在 1 年中平均食糌粑 6 魁，等于青稞 4 魁，其中青稞、豌豆糌粑大致各一半，喝酩消耗青稞 3 魁。

如上所述的贫雇农属于下等生活水平一类，他们不容易吃揉成团的干糌粑，经常当顿的是土粑①。酩也味淡质差，因为头道酩是舍不得一次喝完的。

这种家庭在牛谿卡有 85 户，占总户数 163 户的 52.7%。

2. 青壮年男女劳动力，一个人 1 年需要食糌粑 10 魁（其中青稞糌粑 7 魁，豌豆糌粑 2 魁，面粉 1 魁等于青稞 7 魁 3 赤 3 卜）。作酩青稞 5 魁。

15 岁以上的小孩和部分参加劳动或完全失去劳动力的老弱，1 年吃糌粑 6 魁 2 索，等于青稞 4 魁 1 索 2 赤，喝酩耗青稞 2 至 3 魁。如上所述的贫雇农奴属于上等生活水平的一类。他们能吃到大约 $\frac{7}{10}$ 的揉成团的糌粑，$\frac{3}{10}$ 的土粑（糌粑粥），能掺食为数不多的土豆和萝卜。

酩的质量和第一类没有什么差别。

这种家庭有 45 户，占 27.1%。

（二）中等农奴也可分为两类

1. 青壮年男女劳动力一个人一年食糌粑 11 魁，其中糌粑 8 魁、土粑（糌粑粥）2 魁，面粉 1 魁，等于青稞 7 魁 7 赤。

喝酩耗青稞 5 魁半。

部分参加劳动和不能参加劳动的老弱，一个人在 1 年里平均食糌粑 7 魁，等于青稞 4 魁 13 赤。

---

① 一种比稀饭清的糌粑粥，里面掺点野菜、萝卜等拌食。

喝酩青稞 4 尅。

15 岁以下的孩子，一个人一年食糌粑 6 尅，等于青稞 4 尅。

喝酩 2 尅。

这种生活水平的中等农奴有 16 户，占总户数的 1% 弱。

2. 青壮年男女劳动力一个人 1 年食糌粑 12 尅，其中糌粑 8 尅、土粑（糌粑粥）2 尅，面粉 2 尅，等于青稞 8 尅。

喝酩年耗青稞 6 尅。

部分参加劳动和不能参加劳动的老弱一个人在 1 年里吃粮 8 尅，等于青稞 6 尅。

喝酩耗青稞 5 尅 10 赤。

15 岁以下的小孩，一个人 1 年食糌粑 7 尅，等于青稞 4 尅 7 赤。

喝酩耗青稞 2 尅。

这样生活水平的中等农奴有 7 户。

两类生活水平的中等农奴计 23 户，占总户数 163 户的 14.1%。

（三）富裕农奴

青壮年男女劳动力，一个人 1 年食糌粑 13 尅，其中糌粑 9 尅，土粑（糌粑粥）2 尅，面粉 2 尅，等于青稞 8 尅 15 赤。

喝酩耗青稞 6 尅。

部分参加劳动和失去劳动力的老弱，一个人 1 年吃粮 9 尅，其中糌粑 7 尅，面粉 1 尅，土粑 1 尅。喝酩 5 尅 10 赤。

15 岁以下的孩子，一个人 1 年吃粮 8 尅，其中糌粑 6 尅、土粑（糌粑粥）1 尅半，面粉 1 尅 10 赤，等于青稞 6 尅，喝酩耗青稞 2 尅。

这种家庭计 8 户，占总户数的 5% 弱。

二、牛豁卡的政治情况

（一）牛豁卡属主的更替及农奴的负担

牛豁卡，藏语叫"混珠若不丹"，原来是噶夏僧呷娃的一个庄园。

僧呷娃，译义是卫士，是达赖左右的亲信机关，职责是保卫达赖，禁止任何人到达赖的住处。僧呷娃由僧俗 6 个人组成，为首的一个是四品官，有一定任期，任期满再委派。最后一任为首的僧呷娃是土登丹增，1959 年已死去。1930 年以前，牛豁卡的豁本由僧呷娃直接委任。僧俗人员均可被派任为豁本。僧呷娃派的豁本在牛豁卡的权力很高，不仅有统属豁卡的权力，连牛寺的当权喇嘛，甚至堪布都惧怕僧呷娃派来的豁本。

当年的豁本，除了每年上交僧呷娃的负担和给牛寺的东西外，其余的一切财物，都由豁本所得。上交僧呷娃的有青稞 50 尅，酥油 15 尅，藏银 3 品，其他还有羊毛、酥油、氆氇、羊皮、粉条、风干的肉，以至鞋底、蒸笼，铁匠做的铜锅、刀子等，都是年交实物的内容。对牛寺的负担是，每 10 个喇嘛给牛腔 1 只，羊腔 1 只，每个喇嘛年给油炸条 27 根。3 藏两酥油、面粉 6 赤，青稞糌粑 4 赤，2 筐牛粪。寺庙公共点灯的油每年给 27 娘嘎。僧呷娃的豁卡，为什么要给牛寺这么多东西呢？

因为牛谿卡虽然是僧呷娃的，而差民百姓的属主却是牛寺。所以牛谿卡的农奴每年要给僧呷娃支差，也要给牛寺支差，苦不堪言。从牛寺来说，每年虽有一定的收入，但满足不了寺院僧众，特别是满足不了当权喇嘛的耗费要求。而且僧呷娃所派的谿本往往不能及时给寺庙所要之物，或者拖欠，这就增加了僧呷娃派谿本与寺庙之间的矛盾。于是牛寺上层喇嘛就抓住这一问题，通知更保，串通群众，召开如何反对外来谿本的会议，笼络群众，支持由牛寺直接统治牛谿卡。表面上由群众出来反对，而由牛寺做后盾，向噶厦提出免去僧呷娃对牛谿卡的统治。同时牛寺又拿出七世达赖以前颁发给牛寺领属牛谿卡"嘎垫"（封文）为据，进一步欺骗和煽动群众，只要免去僧呷娃对牛寺的统治，牛寺完全占有牛谿卡之后，牛谿卡的各项乌拉差役可以减去一半。牛寺又多次向噶厦打报告，牛寺收入很少，远不够牛寺的花费，请求噶厦把牛谿卡拨属牛寺院。噶厦在人民的压力之下，又注意到历史上的封文，因此在1930年以前批准了由牛寺直接在牛谿卡派谿本，从此牛寺独占了牛谿卡。这一时期噶厦的收支连年亏空，也没收了一部分僧俗贵族的封地，在农奴主阶级内部作了某些调整，牛谿卡的属主正是在这种情况下改变的。

牛谿卡的属主完全归牛寺以后，僧呷娃还变相地向牛谿卡索取一些实物，每年要交下列品种：

（1）喇嘛穿的僧鞋1双，约折藏银6品；

（2）喇嘛睡的优质藏被1床，约折藏银8品；

（3）喇嘛穿的大裙子1条，约折藏银4品；

（4）青稞糌粑、面粉各1袋；

（5）酥油黄色的、白色的各1魁；

（6）好奶渣半魁。

交纳上列实物以后，免掉原来要交的3品藏银和其他差税。但是每年涅仓负责人前往拉萨交这些实物时，僧呷娃对他们很冷淡，有时要被拖延几天不收。有时要挑剔东西的好坏，矛盾继续存在。最后经达赖喇嘛和噶厦的处理，每年交100两藏银，算是给僧呷娃的工资，免除了其他负担。100两藏银直接交噶厦秘书处。在未交藏银之前，要牛寺算出过去牛谿卡每年要给僧呷娃的数字，100两藏银之外不敷的部分，由噶厦补发。实际上僧呷娃每年从牛谿卡获取的财物，与表面上规定的青稞50魁、酥油15魁、钱3品是相距很大的。但是僧呷娃又怕噶厦发现实情受责，也就没有再说了。这项负担，一直到1956年才完全免除。

（二）两家属主所派的谿本及农奴对牛寺的负担

僧呷娃时期的谿本有：

阿雅，拉萨来的俗人，任期11年。

加卓嘎木郎，是南木林宗甘丹碰扩林的喇嘛，任期13年。

加央尼玛，是拉萨哲蚌寺派来的喇嘛，任期12年。

帕波拉，其意为尼泊尔人与藏人的混血儿，是哲蚌寺喇嘛，任期4年。

益西尼玛，原是一个贵族的佣人，最后到牛谿卡当了7年谿本。

牛谿丘波索南汪甲，是牛谿卡的差巴当上谿本的，任期5年。此后的谿本即为牛寺直接委派了。

外来的谿本，一般是哲蚌寺的喇嘛，其中以铁棒喇嘛为多。谿本多是较富的人，他们有钱，才有力量贿赂谿本。例如益西尼玛，原来是一个喇嘛，后来在拉萨哲蚌寺学习，经多年的剥削积累之后，在僧呷娃物色牛豁卡的豁本期间，想贿赂出任豁本的人很多，益西尼玛买通僧呷娃的亲朋去说情，并承诺如果让益西尼玛出任豁本，在原来每年交纳数额的基础上，再加 50 魁青稞，15 魁酥油。同时益西尼玛还送给僧呷娃 2 品藏银①哈达 1 条，鸡蛋若干，方当选了牛豁卡的豁本。

益西尼玛在牛豁卡剥削勒索几年之后，又贿赂当任了日喀则宗基宗的强佐。

牛豁丘波索南汪甲豁本之后，也就是牛寺获得独占牛豁卡的大权以后，豁本即由牛寺院直接委派。第一任是牛寺扎仓的翁则洛桑雀郎、牙大扬 2 人，任期 4 年。第二任是吉娃的措尼拉、尊德思 2 人，任期 3 年。第三任是登巴群丕、涅巴索巴雀桑，任期 3 年。第四任是牛寺翁则让不介、涅巴班雀，任期 3 年。第五任由主、涅巴干登，任期 3 年。第六任吸加敦珠、涅巴南木达，南木达是从重堆霞来的，任期 3 年。第七任豁本将木觉、涅巴益喜敦撒，任期 3 年。第八任格桑更扎，任期 1 年零 9 个月。第九任拉加、涅巴争昆，任期 4 年。第十任豁本敦珠、涅巴联珠，任期 4 年。第十一任争昆、涅巴巴单桑更，任期 2 年。牛寺直接委派豁本的历史。共 33 年零 9 个月。

牛寺庙完全取得对牛豁卡的统治之后，群众的负担没有减轻反而加重了，牛寺的收入增加了。牛寺喇嘛的生活有着明显的提高。掌权前的喇嘛年收入，平均人有青稞 10 魁，掌权后增加为 15 魁。过去穿的是粗氆氇，后来穿的是细氆氇，上层喇嘛穿的是哔叽。喝的茶、吃的酥油的质量，都比过去有着明显的提高。糌粑，由于收的是饱满的、当年的青稞，所以是从前不可能吃到的好糌粑。其他如奶渣、肉、面条等都从实物地租中收来，是过去所不可能有的。

另一方面对寺庙的负担仍然很重，寺庙喇嘛的土粑②、汤木约、枯薪、将觉、体萨、阿波③、阿孜，给寺庙的南阿拉加④均由群众负担。另外，通过豁本向寺庙交纳的差还有：

（1）曲鲁，群众每有 30 只羊，豁本要抽拿 1 只。在抽拿 1 只羊的总数中要抽出 18 只送给寺庙。

（2）"洛冻查不那"一种肉差，几十个喇嘛，牛豁卡群众每年要交给半只羊，半头牛。

（3）"屯局局妈"点灯油，凡本年生小牛的母牛，母牛交 15 娘嘎酥油，其中一半交给寺庙，群众说："这种酥油，不是点佛灯，而是喇嘛们抹嘴唇的"。这句幽默的讥讽话，说明是给喇嘛吃的。

（4）当年每 1 岗土地，要交 12 魁酥油。

（5）牛寺有一贡岗（凶神），护理这个凶神的有 5 个喇嘛，每月要为这个凶神负担 12 赤糌粑，5 娘嘎酥油，$\frac{1}{6}$ 魁清油，12 个羊腔（用于插在面偶佛像上）。群众说："名义上是神吃了，实际上是姑宜即管凶神的 5 个喇嘛吃了。"

（6）收获后，由豁本给每一个喇嘛定量的糌粑和油炸果，后来改为给每一喇嘛青稞 1 魁，小麦 1 魁。

（7）1 年给 6 次大圆饼，1 次送 6 大个长油炸条 2 根。

---

① 1 品藏银有 330 个章噶。

② 糌粑稀饭。

③ 建筑小工。

④ 一种绿草。

这些负担在 1930 年以前僧呷娃统治时期和后来牛寺独占牛豁卡以后都是一样的。牛寺独占牛豁卡以后的变化，就是农奴所交的实物质量提高了。有的是寺庙当权派对普通喇嘛的剥削，分给普通喇嘛的往往是低质量的次品。总的趋势是更加重了人民群众的负担。

（三）牛寺掌权后不断新增加的负担

（1）过去派差填寺院厕所的土，1 岗地只出 1 人日。牛寺掌权后，不分差巴堆穷，不计土地岗数的多少，在 5、6、7 三个月中，每户两天要出 1 人，为寺庙厕所填土，差名叫"绝萨"。

（2）寺庙的许多畜圈，要由差民修理。

（3）轮休地，过去 1 年只耕 2、3 次，寺庙独占后，1 年增加为耕 10 次。同时按占有 1 岗土地计算，每岗土地多增耕 2 尅土地的面积。要多出 5 个人，5 对耕牛。

至于其他劳役的增加，人们已无法记述。

牛寺直接统治牛豁卡后，人民的负担加重了，对寺庙普通喇嘛的收入相反地又减少了。例如过去每 1 喇嘛 1 年得青稞 20 尅，牛寺统治牛豁卡后，即减为 11 至 12 尅。原来每个喇嘛年得小麦 3 尅，后来减为 3 赤①。原来一个喇嘛每月得 2 大索青稞的糌粑稀饭，后来改为只给 2 小索。凡此等等，普通喇嘛也受着当权喇嘛的克扣。

总之在僧呷娃统治时期，牛豁卡人民受着双重负担。牛寺统治豁卡以后，对噶厦的负担就减轻了，但由于牛寺对群众负担的加重，比僧呷娃统治时期所受的剥削更多了，充分说明三大领主的本质是一样的。牛寺原来的许诺，纯属是欺骗和愚弄群众。

（四）豁本、根保和列本的产生

（1）豁本

僧呷娃统治时期，豁本是僧呷娃派出的亲信。但是这些亲信，也要出重金贿赂，才能出任牛豁卡的豁本。

牛寺经营牛豁卡以后，豁本是在寺院当权派中票选。以革规为界限，革规以上僧职的，有被提名参选豁本的权利。候选人，通常是几人，把提出的候选人名字，写在一个小纸团上，在贡岗（凶神）面前，揉在小糌粑团里，由堪布、翁则、革规和管贡岗神的 5 个人一起，当众称匀糌粑团的重量，放在一个盘子里，由堪布双手持盘，不断转动，先从盘内掉出一团即为当选的豁本。要是糌粑团掉不下来，堪布就干脆全部倒出来，看那一团滚得最远，谁就是当选的豁本。

豁本上任以后，群众集会准备 1 壶酏，1 壶酥油茶，1 只羊腔，1 条哈达，作为见面礼②。豁本上任的第一天，要看一看房子内的方向，看谁那一方好，然后把豁本遗交的五世达赖的噶垫、印章放在方向好的一方。豁本的友好送来的哈达、礼品络绎不绝。新豁本要给堪布好酥油、羊腔、鲜牛肉、奶酪等，数量没有明文规定。

豁本的收入，在制度的规定上并不多，只供给豁卡伙食。另外得到一个普通喇嘛一年所得的 20 尅青稞。3 年任期满后，原则上要把任期内得到的财产分给喇嘛群众。事实上豁本的收入是无法计算的，都来自于在民间的贪赃受贿，敲诈勒索。每当一个豁本任期满时，总

---

① 差名"泡"。

② 藏语称为萨加。

是满载而归。过去僧呷娃派来的豁本任满时，要带走很多财富，这也是牛寺喇嘛眼红，处心积虑要独占牛豁卡的一个原因。

（2）更保

牛豁卡的更保，有子孙世袭的和4年1选的两种。当更保的人，一般是富有者，要识字，要有口才，养有马匹。牛豁本的几个更保如牛豁丘波、阿荣、班中，他们在民主改革中，不仅政治上是农奴主阶级的代理人，经济剥削也属于农奴主阶级。当任更保的条件由此可知。

牛豁丘波任更保，据老人说，已承袭4代人了。阿荣任更保已承袭3代。班中当了7年更保，但他要听牛豁丘波的指挥。

更保的产生由豁本直接提名任命，然后报日喀则宗批准备案。

更保的收入是免除半岗地乌拉差役负担。假如自己没有半岗土地，则由农民凑足半岗地的差役数额，给更保作待遇。寺庙布施所谓得的收入，更保和一个普通喇嘛一样能得到一份。再就是一年中能参加涅仓宴会一次。

寺院内的喇嘛不任更保，而是由俗人当任。

（3）列本、吉娃基本上是一样的，职称、任务是一样的，只是名称不同而已。列本、吉娃也是由豁本任命，不通过群众，也不上报。条件是要熟悉生产，在群众中有威信，贫富差巴、堆穷均可，是专门搞生产的，经营豁本的自营地。1年有15克青稞的工资，免除$\frac{1}{4}$岗土地的内差和外差，只交实物差。

（4）豁本头人的职责范围

豁本掌管豁卡的全面事务，是发号施令的最高头目，后台是牛寺的当权派。豁本可以判决豁卡内部的各种民事纠纷。向更保、列本布置任务。豁本和涅巴如前所述是一起产生的，由喇嘛当任。年长的任豁本，年轻的当涅巴。豁本主要是管理豁卡内的事务，涅巴主要是管豁卡对外的事务，经常在外面跑。豁本和涅巴的待遇和职权表面上是一样的，但在实际工作中涅巴又低于豁本。

更保的职责，主要是管外差，日喀则宗派的差役，由更保收派。宗政府所下的指示，由更保抄录，通知差巴群众。官员和藏兵来了，由更保安排食宿和草料。任务完成后向豁本汇报。更保没有司法权。但可以在豁本面前讲话，故也能受贿营私。

列本的职责，主要是管生产，管收内差，由涅巴向其布置任务，完成任务后，向涅巴汇报。

（5）会议

"相去介撮"译义是大伙在一起开会。会议无定期。一般豁本不能解决的事情，如严重的斗殴逃亡，或牛寺每年放的高利贷收不回来等都要在寺院内部开会处理。会议由牛寺堪布主持，出席的有翁则、扎仓、吉娃、豁本和涅巴，这种会议是解决豁卡内外一切重大事情的会议。更保和列本没有权利参加这种会议，他们只有听命于豁本的义务。

不到日喀则，而是前往拉萨交纳的差税，要由豁本或涅巴亲自去。一则向噶厦完税，一则汇报情况，听命指示。牛寺独占牛豁卡以后，较长时间没有上交的负担。1956年，决定1年向噶厦交100两藏银。豁卡在头一年即向噶厦交了300两，后两年的税，也提前交纳了。

（五）牛豁卡的司法制度

群众中发生什么事情，更保和列本无权处理，必须到涅仓去找豁本。如果豁本不能解

藏族社会历史调查（六）

决，寺院也不能解决的案件，就要到日喀则佐扎那里去解决。

当事人在起诉前后，都要向谿本送礼物，求其到涅仓说好话。礼物一般是 15 个鸡蛋、藏银、酩、茶、肉若干，数目以案情大小而定。谿卡在涅仓设有法庭，在涅仓楼下阴暗、腥臭的房间里有监狱。被关押的人犯，由差巴轮流看管。涅仓给犯人 1 天 1 赤糌粑的伙食。

刑具有脚镣、手铐、皮鞭、皮巴掌、木棒等。据说在大领主直接经营和生活的谿卡，还有挖眼、割鼻等刑具。在牛谿卡实权最大的谿本牛谿丘波家里，也有镣、铐等刑具，并可以私设公堂。

具体诉讼的调解：

债务，先向谿本控告，交上契约，谿本再传齐双方。债务人不还，就先抽 20 皮鞭，还要交 1 两藏银的抽工费。把契约放在债务人头上，厉声斥骂："是羊子要拔你的毛，是鱼要刮你的皮，大海里的针也要捞起来"。这时亲朋来求饶，重定期限，暂缓解决。总之如果是群众间的债务问题，向谿本控告强迫解决。若是欠农奴主及其代理人的债，实在收不回时，就没收债务人的土地。这是牛谿卡"学薪"地①多的主要原因。

偷盗案，偷农奴主的东西，偷 1 件要赔 1600 件。

偷喇嘛的东西，偷 1 件赔 80 件。

偷百姓的东西，偷 1 件赔 9 件。

喇嘛偷东西，一般是开除寺院。开除一个喇嘛前，堪布要召集会议，让犯偷盗罪的喇嘛，把一个垫子套在脖子上，帽子翻戴，然后要全体喇嘛击掌，表示憎恨。被开除僧籍的喇嘛，要脱掉僧装，穿上便服，打 25 到 30 皮鞭，严重的打 100 皮鞭之后驱走。据说这是牛寺对窃僧的规定。

偷牲畜，先赔牲畜，然后再谈赔的倍数，若死在山上的牲畜，被人拿走，仍算偷案。若放门外的什物被人拿走不算偷。因此，放在门槛内外的东西，是确定偷与非偷的一条习惯界限。

三大领主偷拿群众的东西不算偷。人们说这叫做天打了地。

对私生子的处理。在群众中男女双方各罚款 4 索青稞，请一个喇嘛念一天经，请群众喝一次酩。有钱人、当权派，则不在此例。如代理人牛谿丘波，强奸了几十个妇女，有些连自己也不认识的私生子女，就不受任何干预。另一个代理人阿荣也是这样，是无人敢过问的。对非婚子女，一般是男方要男孩，女方要女孩。有些孩子少的人家喜欢孩子，对孩子并不歧视。

离婚必须先通过谿本，经谿本问明双方的是非，一般是劝解不离婚。劝婚无效，判理亏的一方，算给有理一方一年的工资。男的属有理一方，女方要给他 30 索青稞。女的属有理一方，男方要给她 25 索青稞；若生了女孩，孩子归女方，若是男孩，孩子要得 $\frac{1}{4}$ 的财产，归男方。因此对女孩有这样的看法："生 1 个女孩等于生了 1 个口袋，只会把家里的东西拿出去。""生 1 个女孩等于死了 1 匹马"。

家庭子女分家，兄弟之间是平分。分家前一定要先报谿本派人来监督，家里 $\frac{1}{16}$ 的财产要送给谿本。若是较穷的家庭，要把家里最好的一件东西送给谿本。1956 年以后，随着基本

① 即没收地。

群众觉悟的提高，他们分家时，已不愿遵守上列的陈规。群众说："我们分家，你们凭什么要我们的东西？你们强迫要，我们就要告诉解放军"。如1957年，农奴卓呷汪姆分家，就不送东西给豁本，卓呷汪姆说，"解放军说给，我们就给"。寺院和豁本也无可奈何。豁本牛豁丘波在群众分家时的所获是多的。在新形势面前，他已不敢为所欲为了。

一般的吵嘴打架案件比较多，豁本虽然注意当事双方的理由，但主要根据的是双方送钱，送礼的多少来解决。抽皮鞭、打皮巴掌、罚钱、抢田地，没有定规。

夏天不许发生打架事件，若抽刀、掷石头打伤了人，就要按传统习惯抽100皮鞭。在亲朋说情送礼的要求之下，可以减至抽20至25皮鞭。

杀人放火的要案，豁本和牛寺先只能拘留凶手，无权处理。这种大案只能由日喀则宗政府去判决。发生事故后，尸体不能动，先报宗政府派人检验。若凶手已被拘在案，则先打凶手100皮鞭，戴上镣铐，送日喀则宗加枷，关监，再抽打。这时若家里送的钱多，可以抽打得轻一些。由于群众舆论的压力，凶手家属不管贿赂多少，都只能减轻鞭打，释放是不可能的。关押一两年后，牵出来游街，慢慢折磨死在监狱里。

西藏农奴制度的封建法律，杀死人的犯人只有囚死牢狱，或被鞭打受伤致死的，没有杀人抵命的死刑。若是十分富有的家庭，重金贿赂之后，也有关监一两年即被释放的。

三大领主也就是农奴主阶级杀死平民无罪，只怪平民不好，反对了贵族，因此杀死人无罪，相反要是一个平民杀死了一个贵族，就要没收其全部财产，并押全家人员，鞭打凶手以致死亡。平民杀死喇嘛的处理，和杀死三大领主的处理，没有区别。

群众是没有自己解决自己纠纷的权利的。若发生任何一点事情，群众不愿上报想要自己解决，也必须事前报告牛寺涅仓，取得涅仓的同意之后，才能自己协商解决。解决时的中间人，也要报请涅仓同意之后，中间人才有权利讲话。

民间也有向神发誓私了的习惯法，但不常用。

访问对象：格桑单增，61岁，差巴，贫苦农奴；南撒诺布多吉，60岁，差巴，贫苦农奴。

附　记

1960年4月至6月，吴从众在日喀则宗牛豁卡初步调查整理的材料，于1987年6月至7月吴从众再一次重新加工整理成《日喀则宗牛豁卡调查之二》。

日喀则宗牛豁卡调查之三

（牛豁卡牛寺概况）

一、建立牛寺的历史

牛寺，藏语"来协群扩林"，是五世达赖阿旺·罗桑嘉措（1617—1682 年）所建。五世达赖为了扩大格鲁派（黄教）的势力，新建了 12 个群扩林，即牛寺（来协群扩林）甘丹群护林，在南木林宗，属色拉寺，曾有过喇嘛 1000 人；彭波宗群护林，在拉萨市北郊；曲水宗群护林；白纳宗清卓嘎群扩林（位于日喀则东）；午德群扩林；荷长群扩林；彭代来协群扩林；曲水县塞群扩林；挨群扩林；另外两个群扩林地址名称不详。寺院建成之后，五世达赖给每个寺院都授予嘎垫（即封文）。五世达赖时期，藏传佛教中的萨迦等教派势力大，特别是噶举派中的噶玛噶举势力更大，限制格鲁派的发展，五世达赖请得蒙古和硕特部的固始汗击败了噶举派的势力、康区白利土司的势力，使以五世达赖为首的格鲁派在西藏取得了占统治地位的发展势力。以上包括牛寺在内的十二个群扩林，就是在这个基础上大兴土木建成的。

迄至 1960 年建寺已有 140 年的牛寺，原来是噶举派的一个小寺院，有七八间房子，寺名叫加康。五世达赖获胜后，毁掉加康，扩建成后来的牛寺，常驻寺的喇嘛有 100 余人。据一些老喇嘛的回忆，尚能追溯的堪布有 7 任。

1. 桃梅冲批，任期 5 年，强地方牧区人，当时有喇嘛 70 多人。
2. 益西唐格，任期 2 年，拉萨哲蚌寺喇嘛，当时有喇嘛 70 多人。
3. 洛桑尼玛，任期 4 年，项巴人，当时有喇嘛 70 多人。
4. 塔来生桑，任期 20 年，强牧区人，当时有喇嘛 80 多人。
5. 冲批，任期 5 年，扎宗人，当时有喇嘛 80 多人。
6. 洛桑平措，任期 15 年，当时有喇嘛 105 人。
7. 尼玛丹增，任期 13 年，牛豁卡人，1959 年参叛，有喇嘛 117 人。

全寺共有 120 间房子，其中有 6 间，是 1954 年修建的。其他 114 间是五世达赖时期所建的。牛寺的喇嘛是逐渐增加的，在洛桑平措和尼玛丹增任堪布时期喇嘛人数最多。

这两任堪布时期喇嘛增多的原因，是寺庙的收入比过去增多了。牛豁卡原属噶厦僧呷娃①。1930 年以前，牛寺多次向达赖和噶厦申诉牛寺从牛豁卡所得的收入不够寺院开销，要

---

① 保卫达赖的 6 个近侍。

408

求免去牛豯卡向僧呷娃的负担，让牛寺独占牛豯卡。这个请求得到允许后，牛寺收入增加了，牛寺的喇嘛也随之增多了。

二、牛寺的组织、职责分工和产生

年得 2 魁 3 升青稞　　堪布 1 人　一般任期 3 年，如果多数喇嘛同意，可延长若干年。
　　　　　　　　　　　　　│
年得 10 魁青稞　　　　翁则 1 人　一般任期 3 年。
年得 5 魁青稞打扫　　　│
卫生，看房子的有　　给贵 1 人，每任 6 个月，按喇嘛入寺年代的长短排列，轮流担任。
2 人，得 1 魁青稞。　　│
2 人年得 10 魁青稞　　扎仓 2 人　任期 3 年。
　　　　　　　　　　　　　│
吃喝均在涅仓　　　涅仓 2 人　任期是 3 年，其中有正副之分。
　　　　　　　　　　│
　　　　　　　　　吉娃
　　　　　　　　　│
　　　　　　　一般喇嘛
　　　　　┌────┬────┬────┼────┬────┬────┐
茶本　笛手　大号手　号手　倒茶人　小喇嘛　刚入寺小喇嘛
　│
1 人每任 4 年

堪布的产生，是由全寺喇嘛票选的。条件是看学位的高低、知识的高低、和一般喇嘛的联系、在喇嘛中的威信等。选举方法是由在任上的堪布主持。由翁则、铁棒喇嘛协助。先由每个喇嘛自己写一个小纸条，纸条上写自己同意某某人任堪布，然后把纸条捏成团，放在一个大盘子里，待全体喇嘛写的条子放好后，由堪苏把条子一个一个地打开念，旁边的翁则和铁棒喇嘛帮助记下每个被选人的票数，最后比谁的票数最多，谁就当选。在新堪布上任前夕，堪苏给他交代以前的各种事情，工作交代完毕后，新堪布正式上任。选举堪布的制度，是牛寺从僧呷娃取得牛豯卡的统辖权以后开始的。迄至 1960 年，已有 30 年的历史。

在僧呷娃统治时期，牛寺的堪布是由僧呷娃所派豯本在喇嘛中物色人报僧呷娃任命的。

堪布的任期，一般是 3 年，但是往往超过 3 年，像最后一任堪布尼玛丹增来说，就当任了 13 年堪布。堪布有掌管寺内政治、经济、文化、宗教等各方面的大权。堪布的封建特权包括可以对所谓有错的喇嘛进行打骂、处罚、投牢、送往日喀则宗政府的权力，在经济上有放债、收债、经商、收回差巴差地、派差等各方面的权力。在宗教上有传授经典、讲经、批准格西、给小喇嘛受戒、监督翁则工作、帮助却热老师等各方面的权力。

堪布个人的开支是大的，名义上年得 2 魁 3 升青稞，实际上一切开支均由寺庙供给，而且在质量上要高出一般喇嘛许多倍。可以说堪布的衣、食、住、行都由扎仓、涅仓保证供给。堪布住处所需要的一切用具、佛具，堪布的衣服、鞋子，堪布吃的粑糌、白面、饼干、糖、肉、茶、鸡蛋等都由扎仓、涅仓择优供给。堪布的卧具、垫子，堪布外出的乘骑、随从均由涅仓负责。总而言之堪布的任何花销，扎仓、涅仓都要满足供给。名义上的堪布一年的工资和普通喇嘛没有什么差别，而实际上为一般喇嘛所望尘莫及。

却热老师。却热即办经会的意思，牛寺的却热建于1918年。却热里有6个班级：1.一般是入寺后不久的小喇嘛班。2.小喇嘛毕业后升上去的一个班。3.升到甘丹群扩林去进修的一个班。4.甘丹群扩林进修后上升的一个班。5.上升后的一个高级班毕业后，即可进入第六个层次考格西学位。在却热，即办经会学习，没有年限。主要根据办经的好坏，在办经会的最后辩经中获胜后，即可顺利地升级，最后获得格西学位。

在办经会学习的人，一般是聪明伶俐、会说、接受新事物快的小喇嘛，经过先生的保举才能到这里学习的。在办经会学习，没有降级制度，学得不好的，不准毕业，继续学下去。获得毕业资格的人，有了格西学位以后，可以有当选为堪布、却热老师、翁则、扎仓的资格。一般的涅仓、吉娃职位格西是不当任的。

却热老师的当选条件，首先必须是格西，其次读书多，口才好，懂得办经的方法，在喇嘛中有威信。却热老师没有固定的任期，一般是3至4年。任务是领导却热里的学生学习，教办经的方法，在学生们办经时注意听他们所办的内容等。发现不好好学习的学生时，却热老师有骂学生的权利，甚至取消学生的学习资格。

却热老师的产生是由堪布提名的。他每年有2尅青稞的工资。

格西的考核，是在最后一班的获胜者毕业后，却热老师即把办经会辩经的情况，向堪布汇报，并由堪布、却热老师、翁则等人共同讨论谁可以当格西，意见如果一致，即宣布谁是格西。

翁则的当选条件，一般是格西，只有个别的是非格西当任的。翁则要学问好，遵守法规，知道的东西比较多，嗓音洪亮者方可。任期一般是3年，任职期间表现较好的，往往连任。每年有10尅青稞的工资。任务是在历次喇嘛的集会上负责念经。对每个小喇嘛的先生教经时的好坏进行检查，喇嘛不专心念经，不遵守法规时可以责骂。喇嘛平日表现的好坏，翁则要向堪布汇报。

给贵，即铁棒喇嘛。给贵的产生，是按喇嘛入寺时间的先后选任的。一般是在受了格龙戒之后，对于寺规戒律比较熟悉了解的人才能担任。任期6个月，每任1人，负责全寺的纪律，对犯法规戒律的喇嘛，有打骂的权力。一般是用皮巴掌打嘴巴，犯戒较重的，一般是手执皮鞭打屁股。每任得工资5尅青稞。

扎仓，是寺院的日常执事人。要由任过铁棒喇嘛，年纪较大者任职。他必须是清楚了解寺院的法规戒律，会办事，口齿流利，比较公正的人。扎仓的产生，仍是由全寺投票选举。任期3年，每届2人。工资，每年每人10尅青稞。扎仓统辖寺内的财经大权。外放债，派喇嘛出外经商，派差催息，收回差巴土地等。在寺内给喇嘛开半年的吃喝条子等。

涅仓，执事人。就是寺院派出管牛黩卡的黩本和管家。担任涅仓职务的条件、产生办法、任期和扎仓相同。名义上没有工资，吃喝由黩卡供给，实际上是一个肥缺。他在群众中为所欲为的敲诈勒索，他的收入是无法以工资计算的。一般是年长的任黩本，年轻的任管家，在黩卡里派差、催差、收租、没收差民土地、没收逃亡户、破产户的财产、收人头税、监督百姓劳动、打骂群众、通缉逃亡群众送往宗政府、判决一般案件，甚至对群众用刑、设监等，都是黩本的任务。黩本和差巴，可以向扎仓提名任命更保。同时可以直接任命列本（工头）监督差民在自营地上劳动。

吉娃，是管理寺内生活的人。条件基本上与扎仓、涅仓相同，但要当过铁棒喇嘛的才能担任，而且要求能写会算，特别是要办事公平认真的人。产生办法同前，每任2人，任期3年。吉娃的主要任务是经管寺内一天的茶水和土巴①。同时可以在寺外放债收债。

古夏，一般喇嘛即可担任，由大家推选即可，任期1年，每任2人，每人有1尅青稞的工资。主要任务是管理寺院内的几个经堂的清洁卫生等杂役活，以及擦拭几个经堂的佛灯和给佛灯添油。

茶本，一般喇嘛即可，大家选任，每任1人，任期4年，工资每年5尅青稞。负责全寺喇嘛一天的两次茶水。逢年过节时，做出好吃的食品分给喇嘛。对来寺院支差的差民有斥骂的权利。但是一般喇嘛都不愿干茶本工作，如最后一任茶本群批，根本不愿做这一工作，而是堪布强迫他做茶本的。因为茶本在分食带有酥油的茶水和分配年节的美食时，是容易招怨的。分食很难做到完全的公平，稍一疏忽，即引起普通喇嘛的不满和诅咒。

除上列的几种人外，即牛寺的一般喇嘛了。

关于前面所说选举的情况，寺庙内的各种执事人员都要票选的。当然在选豁本等重要职务时也有弊端。正常情况下，选举时，每个喇嘛都要准备好规格相同的一个小纸条，在选扎仓、涅仓时，即把自己认为较合适的人写在纸条上，然后在一个装满青稞的盘里或罐里，投票人把票放入青稞里，这时铁棒喇嘛和翁则等人，在旁监视，堪布坐在一个台子上。全体喇嘛都把纸条放完后，由堪布把罐内的纸条一一查看诵念。翁则和铁棒喇嘛在一旁记数，最后按得票最多者当选。如果在2人或几人所得票数相同者，堪布要把票数相同的人召集在一起，然后把他们的名字分别写在一小纸条上，放在一个糌粑团内，糌粑团做好后，放在小秤上称，重量相等时，全体人员都集中到“贡康”里，由堪布把小糌粑团放在一碟内，用手慢慢地挠，由于每个糌粑重量相同，那么先掉下来的糌粑团，即为当选者。若这样还不解决问题时，堪布便把手中碟子内的糌粑团慢慢倒在地上，看哪个小团滚的最远，那个小团上写的人就可以当选，若因冲力大，小球碰墙后又返回途中，那仍然是要落选。

在选举中也有营私舞弊的现象，如堪布摇碟时，他能掌握某个小团先落地，先落地的就当选了。另外在投选票之前，堪布希望谁当选，就在背地里先做工作，为其拉选票，从而使其当选。谁被选中之后，堪布宣布名字时，由小喇嘛提上1壶茶送上1碗土巴给当选人，表示祝贺。

如果是新选的豁本上任后，要先给堪布送礼物。一般是送13尅小麦，供堪布烧1年的柴火，另外还要送一定数量的鸡蛋，1个火盆。到新年时，豁本要送堪布18碟子食物，1只半羊腔、糖、肠子、荞麦饼等。

新上任的豁本，要到住所看风水，选住房，请旧豁本谈过去的情况，接收嘎垫、文件、公章等。在新旧豁本交接工作时，堪布、翁则、铁棒喇嘛要在座，表示监察和支持。然后由更保召开全豁卡的群众大会，表示对到任豁本的欢迎。会后由根保代表百姓，送给豁本1条哈达，1索酏，1壶茶，1尅青稞，说一些吉利话，表示庆贺和感谢。

① 糌粑稀饭。

三、牛寺经营的牛豁卡

1960 年，牛豁卡有差巴 80 户，595 人。有堆穷 83 户，259 人，供豁本驱使的囊生佣人 9 人。牛寺有长工佣人 4 人。

（一）对牛豁卡生产资料的占有

（1）牛寺直接经营的自营地为 32 尅，差民被牛寺抢去的地为 144 尅，牛寺买的地为 3 尅。合计直接经营 631 尅。

（2）差巴耕种的差地，吉匈点有 99 尅，白洼点有 137 尅，玛尼马点有 146 尅，门吉林点有 70 尅，共 452 尅。

（3）对牲畜的占有（包括牛寺在其他地区的）。牦牛，共有 450 头，分布在牛豁卡、强①、哈布宗等处。绵羊 83 只，山羊 124 只，耕牛 2 头，奶牛 5 头，小牛 5 头，马 5 匹。

（4）农具五套，计 23 件。

（5）共有大小房屋 223 间。

（二）牛豁卡每年的收入

（1）农业收入（差巴的差地，豁卡自营地，差民弃地等）。

①吉匈点，每年收入：青稞 250 多尅，小麦收入 150 多尅，混合粮食收入 150 多尅，豌豆收入 100 多尅，菜子收入 16 尅，鲜萝卜收 15 驮，干的萝卜一年收 8 驮，土豆收 5 驮。

②白洼点，每年收入：青稞 357 尅，小麦 95 尅，混合粮食 283 尅，萝卜鲜的 35 驮、干的 25 驮。

③玛尼马点，每年收入：青稞 365 尅，混合粮食 360 尅，萝卜鲜的 30 驮、干的 20 驮。

④门吉林，每年收入：青稞 175 尅，混合粮食 125 尅，小麦 50 尅。

以上 4 个点的差地粮食收入为 2471 尅，萝卜鲜的 83 驮，计 83 尅、干的 53 驮，计 106 尅，土豆 5 驮，计 18 尅。

（2）豁卡自营地：下种数为 32 尅好地。

每年收入青稞 150 尅，豌豆 25 尅，混合粮食 175 尅，小麦 28 尅，早熟青稞 9 尅，油菜 12 尅，土豆 1 驮，萝卜鲜的 10 驮、干的 3 驮。

（3）差民被抢地共有 144 尅，丢失地的几种形式有：

对半分地：种子由豁卡或扎仓出，耕种人收获时在豁卡或扎仓收回种子后平均分配。

无偿劳动地：一般是欠债多的差巴，土地被豁卡收回抵债，差巴成为豁卡的佣人，只供伙食，收获物归豁卡或扎仓。

豁卡或扎仓收回的土地，租给其他劳动者耕种，由于种子、农具、伙食都是劳动者自付，所以收获物的平分，实际被拿走的是半数以上粮食。

以上豁卡从被抢地上每年要收入（差民已留下一半）计：青稞 200 尅，豌豆 130 尅，小麦 85 尅，混合粮食 120 尅，鲜萝卜 40 驮，干萝卜 20 驮，油菜子 28 尅，共 613 尅。

---

① 现扎宗。

牛寺的吉娃因年收入少，曾买地 3 赳，年收入青稞 27 赳。

草的收入：平均 1 赳地出草七筐，牛豁卡共有草地 631 赳。7 筐乘 631 赳等于 4417 筐。1 筐按藏银 8 两计算，用每筐价格乘 4417 筐等于 35 336 两。再用 35 336 两除 45 两（1 赳青稞的价格）等于青稞 780 赳 15 赤。

（三）副业收入

每年生小牦牛 114 头，每头值 4 赳青稞。用 4 赳乘 114 头等于 456 赳青稞。

牦牛产的酥油，每年约 400 赳，每赳酥油等于 2 赳青稞，计收入 800 赳青稞。

奶渣：每年出 195 赳折青稞 296 赳 10 赤。

牛犊 5 头，每头折青稞 2 赳 10 赤，共青稞 12 赳半。

奶牛酥油：每年产 126 赳，折合青稞 252 赳，奶渣产 90 赳，折青稞 135 赳。

马：每两年生 1 匹，每匹藏银 15 品，折青稞 15 赳。

羊：每年生小羊 35 只，每只合青稞半赳，合计青稞 17 赳半。

小山羊：每年生 45 只，每只合青稞 8 赤，共 18 赳。

羊毛年产 6 大袋，每袋折青稞 4 赳，计 24 赳。

山羊毛，计有山羊 124 只的毛，折青稞 31 赳。

牦牛毛：每 15 头牦牛的毛可做口袋 1 对，每对口袋可卖 5 赳青稞。牛豁卡有牦牛 456 头除 15 等于 31 $\frac{1}{4}$ 对，合青稞 151 赳。

另外豁卡还有 9 个长年佣人，在自营地上的劳动所获，除他们简单的伙食和微薄的工资外，一年的劳动产品，全部归寺庙所得。

（四）每年豁卡的额外收入（包括寺庙）

（1）没收逃亡户破落户的财产，自牛寺涅仓当上牛豁卡豁本以后共没收了 30 户人的财产。另外凡分家人的财产要交 $\frac{1}{10}$ 给豁卡，平均 1 年有两起，约合粮食 150 赳。

（2）收礼和税收，每年收人头税藏银 7 品，耳朵税 12 品，非婚生子女税收青稞 4 至 8 赳，收礼计有藏银 2 品，青稞 37 赳左右，酥油 70 赳上下。

（3）其他的如到牧区贩卖 1 次粮食可净赚青稞 9 赳，凡死 1 人，家属要交 1 套全新的衣服，平均 1 年约 9 起，计折青稞 160 赳。

（五）牛寺和豁卡的一般支出情况

（1）寺庙喇嘛的工资

每 1 个喇嘛 1 年给 15 赳青稞，共 117 人，计要支出 1175 赳青稞。肉，每 10 人每年 1 头牛肉、1 只羊腔，共支出 12 头牛肉、12 只羊腔。每头牛以 12 赳青稞计算，共 144 赳。每只羊以 3 赳青稞计算，共 36 赳。

（2）牛寺各个执事人的开支

翁则 1 年得 10 赳青稞工资；却热老师 1 年得 2 赳工资；格贵 1 年得 10 赳工资；扎仓 1 年得 10 赳工资；苦聂 1 年得 2 赳工资；茶本 1 年得 10 赳工资；涅仓 2 人每人每年得 30 赳工资，合计为 60 赳。

（3）豁卡佣人及寺庙佣人的开支

寺庙有 4 个佣人，4 个佣人 1 年开支青稞 25 魁。

豁卡佣人共 9 人，除去 2 人有工资地之外，其余 7 人有工资，除了年节所吃的东西按 4 魁计算外，1 年 1 人尚需花 16 魁，合计 20 魁。7 人共开支青稞 140 魁。

（4）寺庙喇嘛的伙食开支

寺庙内每天早上、中午，每个喇嘛要各喝 3 碗茶，3 碗粥（即每人喝 6 碗茶、6 碗粥）。节日喝茶的数量要增加几碗，偶尔要吃几次面条。

每天要砖茶 5 块，酥油 1 魁半，糌粑半魁，奶渣 1 索，羊肉 $\frac{1}{4}$ 支。这样计算起来，每年共要砖茶 1800 块，酥油 540 魁，糌粑 180 魁，奶渣 90 魁，羊 90 只。节日和新年时增加的各种食物按 13 魁计算。

（5）房屋修缮等开支

1954 年牛寺进行修缮一次，所需木石材料由差巴上山去取，运到寺院，再由差巴负责修好，这是一种差，吃的用的由差民自己负担，寺院内没有任何开支。

（6）1 年要交噶厦政府秘书处藏银 100 两。同时 1 年要向噶厦政府秘书处交青稞 500 魁。

（六）牛寺经营牛豁卡的措施

牛豁卡主要是牛寺涅仓出豁本经营的。上面直接由堪布领导，下面的具体杂务通过更保和列本去管理。

豁卡土地以岗为单位，早已作为差地即份地分配给差巴（即支差的人）耕种。差巴所支的差，即交纳的地租，即是按差岗折算，播种时，差民一起到豁卡领来种子，共同一起播种，为的是怕差民偷走了种子。撒播种子以后，各户按自己差地的多少来经营。秋收到来时，差民们集中到一起共同收割、打场，目的也是防止粮食被偷，不论哪一个阶段的田间劳动，豁本都亲自下地监督，并不只依靠列本的监工。

当有的差巴破产以后，由豁本主持，将破产户的土地重新分配给请求差地的农户耕种支差。有些支不起差的差民，豁本可以把差地收回转给其他差民耕种支差，或者豁卡自己派佣人耕种。

秋收时，两个豁本亲自出马去收租，谁家交了多少，欠交多少分别记在两个账本上，而后由差民画押或盖章。由于一般差民不识字，豁本作弊也不知道。

四、牛寺放的高利贷

牛寺不仅是一个政治上压迫、经济上剥削牛豁卡农奴的单位，而且又是牛豁卡最大的一个高利贷单位。在牛寺内外都放有许多债务，大多数都是子孙债。在寺外放有粮债青稞 19 985 魁；钱债藏银 962 品 15 两。

在寺内放有粮债青稞 300 魁；钱债藏银 500 品。

债务的种类有粮食、钱、牛 3 种。借债前要先送哈达 1 条，鸡蛋 5 个，钱 1 两，粮食 1 赤。在借债债约上双方要盖章，盖章的债约要放在债权人一方。要求借债的人，必须要估量还得起者，债权人才愿借出。若是太穷或是单身汉，是无法借贷的。

借债的原因，多数是支不起乌拉、有婚丧大事、经商折本、缺乏种子、被盗窃等。他们要是还不起债时，往往被迫用差地抵债。

牛寺放债每年约为青稞 800 多剀，收利 400 多剀。

五、牛寺的节日

1 月份：由 1 日到 15 日是贡租节，也叫皇年，在这 15 天，全寺喇嘛大吃大喝，每个喇嘛每天由寺庙供给 9 碗茶，两碗土巴。由堪布翁则主持，全体喇嘛念 5 天经。经书有宗喀巴、甘究任宝欠、加珠姆、加扎姆的苏木不恩经等。节日来源，据说过去有个下街皇，每逢 1 月 1 日至 15 日到外面各地去游玩，其他各地的小皇帝都向他献礼、唱赞歌等。这种活动，是表示世界上出现了繁荣的景象。

8 日，是处列娜木加（天王名）的忌日，藏传佛教格鲁派的全体信徒，为了纪念他的死，要在 1 月 8 日，念"多却"经 1 天作纪念。这一天牛寺要增加茶和土巴各 120 碗。

2 月份：1 日是七世达赖喇嘛的死日，要念 7 天经纪念。在这 7 天内，牛寺的喇嘛不分大小，每人每天给茶和土巴共 10 碗。

16 日，是九世达赖喇嘛的忌日，念 3 天经纪念，主要是念"多却"经。这 3 天每个喇嘛给茶水和土巴共 30 碗。

25 日，是五世达赖喇嘛的忌日。念 4 天或 6 天的"多却"经。这期间如果多念 3 天经，由扎仑供给每个喇嘛每天茶和土巴 11 碗。13 部"多却"经如果念 4 天，由吉娃供喇嘛每人每天茶水、土巴 11 碗。如果念 6 天，由涅仑供给茶水、土巴每人每天 11 碗。由扎仑、吉娃、涅仑三处供给的东西虽然相同，但念经的次数多少不尽相同，这种情况是根据牛寺的经济情况而定的。

3 月份，20 日是十二世达赖喇嘛的忌日，念 3 天"多却"经纪念，每人每天给茶水、土巴 11 碗。

4 月份，15 日是松造姆节。传说是过去下街皇在他母亲怀中吃奶期间的一个节日。在这一天牛黏卡附近的群众要去牛黏卡送礼。全寺喇嘛这一天要念 18 遍"多却"经。这一天由于隆重念经，喇嘛享受大吃大喝的供给，一天之内每个喇嘛可以得到 50 碗酥油茶和土巴。在这个最为吉祥的日子里，不能杀生，甚至连一个虱子都不准弄死，认为弄死一个虱子的人就会有万千的罪恶。

5 月份，15 日是"拔古节"，牛寺要把旧唐嘎全部换成新唐嘎。各地前来朝拜的人，据说以后可以见到玉皇大帝。这一天全寺喇嘛每人给增加两碗茶水，两碗土巴。

27 日，是达赖喇嘛的老师益西杰孜的忌日，要念 1 天"多却"经纪念。每个喇嘛给 20 碗茶和土巴。

6 月份，据说下街天皇在 3 岁的时候，即能当众说话。为了纪念这个说话的节日，全寺喇嘛要上山过 3 天节。名义上是祈祷丰收，实际上是林卡节。

7 月份，15 日是价未感恩节，喇嘛念 1 天经，多给 3 碗茶。

9 月份，1 日是十世达赖的忌日，念 2 天"多却"经纪念。每个喇嘛给 30 碗茶，3 碗土巴。

22 日，是下街天皇的母亲，在 7 月 16 日成仙后降临人间，故定 22 日为纪念她成仙的节日。念1天经，每人18碗茶，2碗土巴。

10月份，18日是八世达赖的忌日，念6天（23个"多却"经）经，给每人70碗茶，4碗土巴。

28日，是十三世达赖忌日，念3天（13个"多却"经）经，每人每天给7碗茶。

12月份，25日，是十一世达赖喇嘛的忌日，历时3天，念13个"多却"经，每人每天给7碗茶水。

六、牛寺的戒律、刑法执法人及喇嘛的反应

（一）牛寺的戒律，共有9种

1. 巴麻绕不穷戒，是入寺的小喇嘛所受的一种戒。小喇嘛入寺时，老师先为他剃头，留下一撮发，请堪布去剃。堪布把这一小撮发剃去后，摸顶，念吉祥经，把小喇嘛的名字记在名册上，加盖印章，再给小喇嘛换上一套僧装。

2. 格却戒，小喇嘛正式开始过寺庙生活后受此戒。由老师受之，主要是受身、心、口三戒。身，不结婚，不杀生；口，不说谎，不吵架，不骂人，不多说话；心，不受别人财物，不准有打人的想法，不准存没有佛法的思想。这3条戒律，在每天的集会上都要自己做忏悔。

3. 宁乃戒，内容与格却戒大同小异。

4. 格宁戒，共8条，不杀生、不说谎、不好色、不喝酒、不歌舞、中午不吃饭、不把佛珠套在脖子上、不粉饰。牢记这些内容，也是给小喇嘛上的课。

5. 格组戒，是以上戒律中最严的一项，共有36条。内容与前虽大致相同，但更为具体详细。

6. 色目坚屯给楚赤姆，是每一个喇嘛每天都要受的戒，内容是思念父母的养育之恩。

7. 格龙戒，是各项戒中既严又多的一项，共有253条。一个喇嘛到了20岁以后，在自愿的基础上向堪布申请受此戒，得到这个戒之后，即成为一个真正的喇嘛。

8. 东巴戒，是普遍喇嘛每天都要受的戒，即自我忏悔戒。

9. 陈车戒，内容不详。

以上戒律，据说是每个格鲁派寺院的喇嘛都要遵守的戒律。此外牛寺还有一些特有的寺规如下：

不论在任何情况下都不准脱僧装。

不准随地大小便，解便必须进厕所。

在寺内不准喧哗，不准大声喊叫和高声说话。

一定要穿牛寺所规定的鞋，不准穿其他的鞋。鞋带只能用红黄两色，不准用别的颜色。

喇嘛本人的亲属来寺院探望时，要向堪布报告，头发不准长到二横指高。

只准戴黄色僧帽，不准用其他颜色。

喇嘛家中有事，要请假才能回家，返寺后要汇报销假。

因为牛寺有如此多的戒律，使喇嘛在行动上、思想上、言论上都受到极大的限制。所以有些喇嘛说："在这个寺庙如同在监狱里一样"。森严的牛寺戒律，一般喇嘛没有人身自由，

说话、行动都受到限制，一举一动都要谨慎，稍有不慎，就有挨骂、挨打的危险。有的喇嘛说："我们没有自由，没有权利，我们要回家。"很多喇嘛感到很沉闷，很痛苦，身在牛寺，心里盼望着还俗。但是一般喇嘛是交不起还俗费的。还俗前要先向堪布申请，送 1 条哈达，向扎仓交 6 两藏银①，再找一个小喇嘛入寺顶替，再给小喇嘛的老师 4 品银子，才算办了手续，所以一般喇嘛还俗是极不容易的。

入寺以后的喇嘛，要读如下几部经书：《将木柱》、《将巴参决》、《喇嘛秋巴》、《门拉母都教琴姆》。这 4 部书是每个喇嘛必读的。背会这 4 部书，大约要 4 年时间，有的要 10 几年。在背熟这 4 部书之后，喇嘛即可选读其他经书。

一个要出家的僧人，入寺的手续制度有两种情况，一种是父母自愿送子入寺的；一种是喇嘛还俗后，来代替还俗喇嘛的。一般入寺的原因，是家中支不起差，乃至家破人亡，没有出路，方请求入寺为僧的。有父母的孩子要求为僧，入寺前要带着哈达、鸡蛋等礼物向领主求情，若获同意，领主写一张表示同意去当喇嘛的字据。有了这张字据。堪布方考虑是否接收。

一般喇嘛犯了戒律，轻则骂，重则打，最后撵出寺门。对于遵守戒律的喇嘛，堪布常说"你们都是些狗尾巴，如果不好好地听我的话，你们就成不了人"。对这句话，有些喇嘛常在背后说："堪布是一只狗头。"平时堪布和铁棒喇嘛咒骂一般喇嘛说："你们不好好念经，来世就要变成驴子和鸡狗。"有时堪布借一些喇嘛不好好念经为由说："如果我的手指的是西方，实际是东方，你们就必须说，这是西方，不是东方"。这种教喇嘛屈从、说谎的命令，是根本不能违背的。

（二）牛寺的刑具，执法人及喇嘛的反应

刑具有皮鞭、皮巴掌、皮绳、铁镣等以及堪布穿的鞋。执法人主要是堪布，其次是铁棒喇嘛。贫苦喇嘛洛布说："打人骂人的戒律，在喇嘛寺庙本来是没有的，也是不允许的。但是穷人和领主相隔万里，领主掌握着政权、僧权，自己编造戒律，把穷苦喇嘛踩在脚底下。"

牛寺没有固定的监狱，但是可以临时找一间房子，作为所谓犯了戒律喇嘛的监牢。如喇嘛平措扎西，不堪寺院的折磨，逃出寺院还俗，即被关在一间临时的空房里。平措扎西是被舅父强迫出家的，入寺后，不愿念经，遭受堪布的打骂，积忿于心，因此把自己的东西悄悄地扔出窗外，搬出寺院，藏到一个群众家里。堪布察觉后，派人把平措扎西抓回，用大木棍狠狠地打了一顿，打得遍体鳞伤，动弹不得，关在一间房里，同时在脚上又加了一副铁镣。帮助他逃跑的尼玛丹达，也挨了一顿打，等到平措扎西的伤稍好一点后，即向堪布提出要求，"我不当喇嘛了，我要回家结婚成家"，最后堪布索取了他 4 品藏银、1 条哈达、1 个替身喇嘛，才算出了寺院，在 50 年代到内地学习，后来在南木林宗当干部。

又如在牛豁卡入寺的 31 岁的喇嘛该准，在他 18 岁那年，参加办经期间，和另一个小喇嘛说笑，被发现后，即叫到堪布房内痛打，该准看见很快就要轮到打自己，乘势从房内逃出，堪布追不上，派人将该准追回，用皮巴掌狠狠地打了一顿。牛寺打人、关押人的实例是很多的，简直是贫苦喇嘛的一个地狱。

过去牛寺喇嘛，每年要到日喀则宗政府念一次经，较富裕的喇嘛骑马去，宗政府付马费。骑不起马的喇嘛走路去，没有马费，但他们是有脚钱的，被堪布扣下贪污了。这部分喇嘛提出质问，理屈的堪布就威胁说："你们到宗政府去要吧！我不知道。"

---

① 合 2 魁青稞。

上层喇嘛的偷盗行为，也是不乏其例的。如铁棒喇嘛班垫，自己虽然富裕，财产不少，但是还利用职权，偷了其他喇嘛的许多东西。

奸污妇女的丑行甚多，如曾任扎仓、黎本的上层喇嘛哈尔，在他48岁时，在涅仓的佛像面前，强奸了一个只有22岁的尼姑，尼姑怀孕后只好还俗了。扎仓哈尔只能还俗，逃避罪责。

再如铁棒喇嘛允丹，他是哈尔的徒弟，诱奸了一个常来牛寺卖牛粪的妇女，在群众的舆论压力下，允丹被迫还俗。

喇嘛死后，他的东西要没收，由扎仓去处理变卖，所得的钱，抽一套新衣服的钱，再抽一部分请全寺喇嘛喝一次茶和土巴。就是富裕喇嘛死后，他的财产，其徒弟也不得继承。

七、牛寺的武装组装

1904年，牛寺曾经派过30名僧兵到江孜抗击英国帝国主义的侵略。

1953年曾因水利问题与牛黎丘波孛那王加发生争执。牛寺统治集团为了维护自己的利益曾挑选一批精壮强悍的年轻喇嘛（20岁至40岁）由堪布任总指挥，堪布的亲戚粗焦具体负责，一旦发生事态，就准备战斗。

武器装备有鸣火枪、刀、矛、盔甲、木棒、弓箭等。这些库藏的武器，要到发生事情时，才由堪布和其他指挥者，按情况发给。平时只做些跳远，跳高等训练。

寺庙的刀、枪、矛、弓等武器，除了库藏之外，乃是置放经堂内的供神物。是多年以来，陆续由百姓献给寺庙的。

牛黎丘波因系堪布的亲侄子，在水利问题上的矛盾，经过协商，得到解决，未造成械斗。牛黎丘波自任总指挥，如果发生械斗，主要是派堆穷，武器只有铁锹、木棍、而且群众是不愿为他们卖命的。

相反下层喇嘛和农奴们反压迫、反剥削的斗争是层出不穷的。如前述贫苦喇嘛没有马骑而是走路去日喀则宗政府念经的步行补贴被堪布贪污了，贫苦喇嘛怨恨、不满、发牢骚，甚至质问得堪布瞠目结舌。又如逃跑和要求还俗的喇嘛，不断地出现，像平措扎西、该准等喇嘛的逃跑事件就是被迫反抗的形式，再如堪布打人时，闻声而来的喇嘛，为挨打人说情，高喊不要打，形同请愿。

附：喇嘛被牛寺非法责打的实例

甘丹将村，牛黎卡人，1949年入牛寺时才9岁。1955年14岁时他和几个小喇嘛到上段的水塘去伺候堪布洗澡，因为和另一个小喇嘛尼玛丹达去晚了一会，又怕挨堪布责罚，因此路上互相埋怨吵闹。被堪布发现后，堪布就用皮巴掌在甘丹将村脸上责打了30多下，支撑不下去的甘丹将村用袈裟来遮挡，越挡越打得厉害，两腮红肿，痛哭流涕，无人过问。

1957年的一天下午，大殿上正在念经，甘丹将村和小喇嘛来协正打闹着玩，被堪布发现，他们非常害怕，悄悄溜出牛寺，躲了一夜，第二天，没有办法，又回到寺庙。堪布立即把他们两人叫到房内，不容分辩，就打了几十皮巴掌，直到把皮巴掌打断了，又脱下喇嘛鞋，狠狠地打他们的头，再穿上鞋，猛踢他们。其他还有3个往后门跑的小喇嘛，每人也挨了5皮巴掌。他们两人鼻青脸肿地回到自己房内,不敢哭,也不敢告诉老师,怕老师知道后又挨打。他们心里想着,要是能回家做一个老百姓该多好。但是回家没有饭吃,回家交不出还俗费,逃走又怕挨打。一直挨到1960年,共产党派来了工作队,这时21岁的甘丹将村才和其他喇嘛一样得到了解放。

未色,牛豁卡人,7岁进牛寺,已入寺40年。1962年,未色39岁,班禅从内地返回日喀则,牛寺的全体喇嘛,前往日喀则欢迎。在返回雅鲁藏布江渡口时,堪布也下马等船,未色即向堪布说:"我们有急事,可否先渡?"堪布应允,即让未色等先渡,渡江以后,堪布算倒账了,"我堪布还未渡江,你们就先过江,这是为什么?简直没有规矩!"未色说了一句,想要辩白,看见堪布表情凶狠,就不敢说了。回到牛寺,堪布要打未色,许多较年轻的喇嘛都围拢来了,齐声为未色求情,未色又向堪布再三赔礼道歉。堪布慑于许多喇嘛的声势,才罢休了。堪布出尔反尔的加害,一般喇嘛根本无理可诉。

洛布苏、错尼、强巴丹增,牛豁卡人,1954年的夏天,因天热难睡觉,在夜里溜了一会,被堪布知道后即被追询:"你们3人夜晚不睡觉,是不是想偷寺里的东西啊!是不是不愿当喇嘛想回家去!"3人听后十分惊讶,堪布又不让辩说,就准备鞭打。洛布苏看情况不妙就跑掉了。错尼和强巴丹增就在这天夜里被用绳子捆住双脚,吊在院里的大树上,再由两个人按住,打了错尼50皮鞭,打了强巴丹增30皮鞭,他们两人的屁股被打后,肿得很厉害,行动十分困难,但是堪布不准休养,责令照常念经。

洛布苏逃走后,决心离开牛寺。洛布苏痛恨堪布,害怕寺规,计划远逃。这种想法,他告诉了寺院的佣人仁钦,仁钦劝他说:"你跑到什么地方都一样,贵族领主到处都有,与我们劳动人民永远是有区别的。你跑到别处照样没有饭吃,没有出路"。经这个佣人的再三劝说,他硬着头皮,回到寺庙,托人向堪布说情,算是免了这顿毒打。

本来按寺庙的规定,是不允许用皮鞭打人的。堪布是知法犯法的人,贫苦喇嘛没有一点人身自由,被堪布打后,在过去也是不敢说的。

又一次洛布苏和景波吵嘴,恰益西、朗本加等人前来劝解。堪布闻讯后,不明真相,就把恰益西、朗本加大训一顿,并打了两人一顿嘴巴。打完后,罚洛布苏2人给全寺喇嘛倒1年的茶,对打架的3个人罚背戒律经(有50页的1本10 000次),5人上山背黄色土(来回1次需1天路程)掺水,合泥,放入模型制小土塔50 000个(一人1000个),晾干后,再由堪布检查之后,派他们把这些小塔送到牛豁卡四周的各个山峰顶上去,美其名曰"在神的面前忏悔"!

竹坚、任坚二人挨打的经过:

1960年竹坚19岁,任坚21岁。在工作队进驻之前,他们在念经的时候开了个玩笑,堪布认为他们吵了架,就把他俩叫到堪布房内,关了门,让他俩把裂裟裙子撩起来,伏在地上,每人打了50皮鞭。打的时候,不管怎样求情,告饶,哭叫,堪布不理,外面听不见,最后堪布说:"如果不多打,你们是根本不会改的"。他们被打之后,堪布不准讲出去,若有人知道了,他们还要挨打。

附　记

1960年4月,曲又新调查,初步整理于牛豁卡。1987年7月,吴从众重新整理。

日喀则宗孜东察儿黏卡调查

一、黏卡的政治组织系统

（一）概况

察儿黏卡西临切儿黏卡，东接土布加，北靠牧区，南望雅鲁藏布江，位于孜东以东20华里地的一个山谷中。

察儿黏卡依山临水，风景秀丽，物产丰富，是发展农牧业的好地方。只是人们千百年来所形成的单一生产方式，加之生产工具比较落后，在解放前，生产也较原始，产量低，支不尽的乌拉、差役，农奴主的残酷剥削，使人们终年不得温饱。

察儿黏卡归属班禅堪布会议厅，是大秘书察巴堪仲的一个庄园。自从班禅避难于内地（1923年），其官员亦随同前往。从此，察儿黏卡即被前藏噶厦政府所管辖。自此以后，察儿黏卡的差巴们便给前藏噶厦政府支付乌拉差役长达30多年，也就是说从前藏噶厦政府强占察儿黏卡起，黏卡的差巴们便有了更繁重的外差、兵役差、宗教差等。大约在1952年，噶厦政府才放弃了对察儿黏卡的统治。

（二）察儿黏卡的行政区划和政治组织

1. 行政区划

察儿黏卡依其差巴们居住情况分为4个居民点即：谷底西、谷底东、谷中和谷口，每个居民点设有更保1人（实际上就是种地最多的差巴）总管这个居民点的生产、差务事项。每两个居民点设兰本（工头）1人，负责这两个居民点的内、外差役。更保和兰本对上要听从黏堆的安排和指挥，对下要处理差民的民事诉讼及差巴间的民事纠纷。

2. 政治组织

在黏卡里，最高的统治者是黏堆，黏堆以下是4个更保，还有两个工头（兰本）兼管家。在4个更保中权力大小也不一样，以种地最多、财产最多者领属其他3个更保。他们的组织情况是：

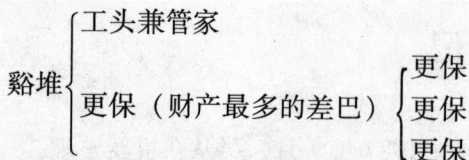

```
        ┌ 工头兼管家
黏堆 ┤                              ┌ 更保
        └ 更保（财产最多的差巴）┤ 更保
                                       └ 更保
```

420

3. 豁堆

（1）豁堆的产生

豁堆的产生都是由堪厅指派的。当上豁堆的多是札什伦布寺的喇嘛。实质上，豁堆就是堪厅在豁卡的代理人。豁堆忠实地为堪厅服务以讨得上司的欢心。有的豁堆新上任时，往往向其他豁卡借粮、借钱来上交，以便完成本豁卡的差务，得到堪厅的赏识。但是，在任期的以后几年里，豁堆就会依势盘剥，大刮民财，任期一到，满载着搜刮来的民脂民膏，回家去了。

（2）豁堆的任期

豁堆的任期一般是5年。如遇特殊情况可以延长或缩短。

（3）豁堆的职权

豁堆是察儿豁卡的最高统治者。对上要坚决执行堪厅大秘书处的决定，保质保量地上交全年应交纳的粮食、酥油、茶、盐、肉、柴火、油等，并随时保证支差的人力、畜力。对下，豁堆要管理内外差役，处理豁卡内的民事纠纷。他有权向堪厅上诉重大的民事、凶杀案件，处理分家、生子、逃差、债务、偷窃等事务，还要主持寺庙及群众性节日等。

豁堆对差巴有惩罚权、施刑权、没收差巴的财产权；豁堆还有设立监狱权，有集会权；有指定差巴当兵权；有指使更保、工头等权力。

（4）豁堆的工资

豁堆的工资多少不详。只知道每年由豁本供给豁堆定量青稞20剋。除此之外，本豁卡还要出80剋粮食作为他全年的食用。有豁卡内还有两个朗玛专门侍候豁堆的起居，料理生活。

每当新任豁堆上任时，全豁卡的差巴们要出酒1壶、鸡蛋100个、哈达1条来祝贺新豁堆上任就职。

4. 更保

（1）更保的产生

每当选下届新更保时，由豁堆召集4个居民点的差民们集会，让每个居民点的差巴们自己推选出本居民点的两个候选人（两个候选人是本豁卡种地最多的差巴），4个居民点共推选出8个候选人，由豁堆把8个候选人的名字揉成8个小纸团，分别放在8个小糌粑球内，然后再把8个糌粑球放在一个铜盘内，由本地的喇嘛"岗少"把铜盘双手高举过头旋摇，先落下的一个糌粑球，由豁堆从糌粑球内取纸团，当众宣布纸团上写的名字，本届更保便正式产生了。

（2）更保的任期

更保的任期一般是3年，但有钱有势者则可以连任。

（3）更保的职权

更保对堪厅、噶厦政府要担负外差和钱差的任务，定期如数地把所负担差务的实物及人力、畜力送到规定的地方。每年的年终，更保有权力到日喀则去开会。更保除以上责任外，还要协助豁堆处理一些民事纠纷，管理内、外差务。

对下，更保有权力召集本居民点的集会，宣布各户差巴应交的实物及钱差数是多少，定期如数缴纳。更保还有权力规定外差的期限，处理本居民点的民事纠纷，管理好本居民点的生产、差役等。

有的更保有钱有势，既得豁堆的赏识，又可以适当地施小惠于民，得到差民的拥护，像这样的人可以当两个居民点的更保。如沙中拉巴就是这样的更保，他任更保期间，察儿黎卡的 4 个居民点，只有 3 个更保。

（4）更保的工资

在更保任期期间有 $\frac{1}{2}$ 岗差地不支内外差（$\frac{1}{2}$ 岗地所产东西属于己有），这 $\frac{1}{2}$ 岗地就是更保的薪俸地。更保的任期满时，要将此地转给下任更保作为薪俸地。

5. 工头

（1）工头的产生

工头是由世袭产生的，他们不由黎堆任命。也不用差巴推选。大凡是工头者，也是管家。工头由子袭父职，一代代传下去，按堪厅公文规定别人不得当任。

（2）工头的职权

工头主要是负责黎卡的内部事务，协助黎堆向每户差巴摊派差额。催促各户差巴的差额按期如数完成。此外，还要负责黎卡的仓库保管，黎卡的开支与收入等。

对下，工头要向各户差巴宣布应出内差的人力、畜力等，并要负责监工和验工。工头还有任意打骂差巴和惩罚差巴的权力。

（3）工头的工资

由黎卡分给工头 1 岗不支差的地，作为他的工资地，每年由黎堆给工头一定数量的藏银。

另外，每户差巴要在 4、5、6 月初给工头送礼，礼物一般是酥油、鸡蛋之类的东西。

二、黎卡的乌拉差役

（一）察儿黎卡内、外乌拉差役的由来

察儿黎卡的内、外差役和西藏其他地方一样，由来已久，后来，内外差越来越多。自班禅避难内地时起，噶厦政府便统治了察儿黎卡。从此，噶厦政府又给察儿黎卡增加了许多原来没有的兵差、钱差等差目。自藏历铁马年（1930 年）开始，噶厦政府又为察儿黎卡规定了宗差。这项宗差有 6 项内容：

1. 给宗里运送东西。
2. 开大会用的柴火。
3. 拉大炮的马车草。
4. 钱差。
5. 开大会的费用。
6. 100 000 驮粮食差。

除宗差以外，又规定了兵役差（见前节内容）。同时还规定了几项额外差：

1. 鸡蛋，凡养鸡者，每年交鸡蛋 15 个。
2. 对半分种子，将自己播种在"对半分地"差地里的种子交给噶厦政府。
3. 耳朵数差，即人头税差，凡有一双耳朵者，不论大小强弱，每年一律交藏银 4 两。
4. 脚数差，规定凡牲畜有一双脚的须交藏银 4 两，有 4 只脚的须交藏银 10 两。

在 1940 年又规定，每 6 岗地出 1 人到日喀则修"噶康"① 一共修了 6 年。1950 年噶厦政府又决定每 6 岗地出 1 藏军（原来是每 8 岗差地出 1 人），这名藏兵的一切费用也由种 6 岗地的差巴支出。

（二）察儿豁卡支付差役的组织情况

察儿豁卡所有的内、外差的征收和支付差项都是以种 1 岗差地为基本单位的，差地的多少与优劣决定了差役的多少，全豁卡的差役摊派情况也是以种差地的多少而决定的。

察儿豁卡的差巴，有种 $\frac{1}{4}$、$\frac{3}{4}$、$\frac{1}{8}$、$\frac{1}{16}$ 岗等不同的差地，他们都以种 1 岗差地的差巴为小组长，更保和工头去催促和摊派内、外差的，交差时，都直接找小组长。若有差巴支差不到或是上交的实物差项不够时，更保则向小组长催促，各差巴户支差时，出人或是出畜都是由小组长决定。所以，小组长在分工、派工、收集等方面是有一定的权力的。

除小组长外，在这个自然小组里，又以种地多者为负责人。例如：种 $\frac{1}{4}$ 岗差地的随加和种 $\frac{3}{4}$ 岗差地的旦真两户差巴进行比较，凡事都得问旦真，以旦真的话为准。这样一来在农奴阶级中又形成了以种地多少为尊卑的习惯。

再看下列例子，诺布扎姆种差地 $\frac{3}{4}$ 岗，盘讨种 $\frac{1}{61}$ 岗，普交种 $\frac{1}{16}$ 岗，桑南种 $\frac{1}{8}$ 岗，由这 4 户差巴组成一个支付差役的自然组，这个组的组长理所当然地由种 $\frac{3}{4}$ 岗的诺布扎姆担任，他就有权力指挥这个自然组的其他 3 户差巴。

察儿豁卡由 4 个自然居民点组成，每个居民点的负责人就是种 1 岗半差地的差巴，实际上就是更保。这个居民点的更保，可以指派他这个居民点的任何一户差巴去支付 4 个居民点轮流支付的共同差项。比如支付每年 7 月应支付的"出家具和炊具差"。这样就可能出现有的差户 1 年轮流 1 次，有的可能 3 年才轮 1 次。有的可能根本不支付这项差，这完全取决于更保的好恶。

（三）乌拉差役情况

1. 察儿豁卡一岗地支付的差役

首先是内差即"囊差"：

正月：

（1）积肥：积厕所肥和粪坑肥，把污泥倒入厕所里积肥和把街道上的垃圾倒入粪坑里积肥，1 人积 4 天，自带伙食，自备锹、筐等工具。

（2）砍刺柴：种 1 岗地，须砍 440 驮刺柴给豁堆。每天要用 4 头驴把砍好的刺柴送到豁卡，2 人砍送共需 12 天。

（3）送草：把草从谷底运到豁卡场院上 40 驮，约 15 天。

2 月：

（1）砍树：2 月初，须砍伐豁卡的树木，以备修房和生火用，把树砍倒后，把树皮削

---

① 首藏办公的地方。

尽，同时栽种小树苗，并在刚栽上的小树苗上围上刺柴，以防牲畜。这种差需要 2 人做 2 天，自备伙食及劈斧等工具。

（2）修水渠：修水渠以备春灌，但是各居民点的情况不一，支差的天数、人数也就不一样，谷底头 1 人 8 天，谷底中 2 人 8 天，谷口 2 人 1 天，自备铲、镐等工具及伙食。

（3）起肥：把豁卡厕所里的肥挖出来，准备送到田里做底肥，需 2 人挖 4 天。支这项差是一年一度春耕开始时做的，因此豁卡为了收买人心，举行一次所谓的庆祝会，豁堆拿出 4 壶酒、1 尅糌粑，给全豁卡的差巴户主们吃。

（4）送肥：将挖出的肥送到田里，需出牲畜 4 头，1 人送 6 天，不出牲口亦可，1 人 1 天可抵 1 头驴 1 天的劳动。

（5）肥料差：各差巴把自己家里的上等好肥料送到豁卡地里，1 岗差地须交 36 口袋。

（6）人参果差：把采好洗净的人参果，送给豁堆 1 铜盘①。

（7）浇水：在春耕前浇地 1 次，1 人浇 8 天。

3 月：

（1）耕地：浇水后，第一次翻耕地，自备耕牛两头，自备铧犁，1 人耕 4 天（每天约耕 4 ~ 5 尅地）。

（2）为播种种子浇水：在耕地后浇一次水，以备下种，1 人 10 天。

（3）翻地捡石头：在播种前用锹边翻地边捡石块，自备背筐等用具，须出 3 人 2 天。

（4）选种：在豁卡场院上用自然风选种后，再仔细地挑选 1 次，自备筛子等用具，2 人选种 2 天。

（5）播种：先播种小麦，自备耕牛 2 头，自备铧犁等工具，须出 3 人 1 天。播种完小麦后，再播种青稞，自备耕牛及其他工具，须出 3 人 1 天。

播种完小麦、青稞后，需整梳畦垅，以便引水浇灌，须出 2 人 4 天。

4 月：

（1）群抽：凡有 55 只绵羊者，抽 1 只绵羊税；凡有 60 只山羊者，抽 1 只山羊税。凡够上述半数羊群者，也要抽出 1 只最好的羊送给豁卡。

（2）奶牛差：凡是有奶牛者，都须交奶牛差。怀孕的奶牛，都需交酥油 8 藏两。当奶牛产小牛后，须再多增加酥油 2 藏两。凡未怀孕的奶牛都要交 10 藏两的酥油。以上税差，都是每年年初，由豁堆到各家统计奶牛头数，并让差民户主当面盖章画押，宣布今年须交奶牛差多少，并警告说不得有谎报，一经查出有谎报者，没收全部奶牛。凡需交奶牛差者，需在藏历 4 月交清，不得隔年，交清之后画押盖章清账。

藏历 4 月是农闲，又是春季，在 4 月交差登记即四季的开始。察儿豁卡规定差民们在 4 月这个闲月交差登记。

（3）青苗法：当播种后青苗长出，有时容易被牲畜吃掉一些。因此，察儿豁卡在青苗未长出之前聚民集会，为保证青苗长势好，以法律的形式，当众宣布，保护青苗。规定：如果谁家的牲畜吃了青苗的话，其主人要被打 100 皮鞭，再根据青苗损失的多少，罚金 50 至 60 两藏银。一经公布后，立即盖章画押交银。但是一般情况下都是谁家的牲口吃了豁卡的青苗，其主人则主动地找一保人一起带上鸡蛋、哈达、钱送给豁堆表示赔偿，尔后，再对保人作个保证，这样可以免受皮鞭的毒打。给豁堆送去的鸡蛋多则 50 个，藏银 50 两，少则鸡

---

① 约 1 市斤。

蛋 10 个，藏银 10 两，哈达 1 条。

（4）鞣皮子佣人：种 1 岗地者，须出 1 人到谿卡去鞣皮子，在专门鞣皮者的指挥下做 1 天活儿。

（5）挖塘泥：将池塘和河床底的污泥挖出来，放在塘边上，以备积肥种地之用，1 人两天。

（6）修房子：修整谿卡的房子，以防漏雨，1 人当小工 2 天。

5 月：

（1）引水灌田：当幼苗长出后浇水 1 次，1 人浇 8 天。

（2）锄草：除去地里的杂草，自备小锄，1 人 8 天。

（3）浇水：当庄稼长大后，遇上天又不下雨，就要引水浇灌，需要浇 4 至 6 次，每次 1 人 8 天。

6 月：

（1）垫圈：把挖出的污泥和垃圾垫到牛羊圈里，以便积肥，共 4 次，每次 1 驴 1 人 1 天。

（2）浇水：再次浇水，和 5 月项第（3）相同，1 人 4 天。

（3）修地坎：为今后引水灌地方便，需要将畦垅的缺口堵塞好，须 2 人堵两天。

（4）拔草：在 5 月里，除一次草，还会有一些杂草漏掉，故在 6 月里杂草长大后，再用手拔一次，1 人拔 4 天。

7 月：

（1）垫圈积肥：把污泥和垃圾倒在厕所和牛羊圈里积肥，出 1 人 1 驴 1 天。

（2）求好的收获节日：在 7 月下旬（约 7 月 18 日），谿堆为收买民心，使差巴们在 7、8、9 月秋收时更加卖力，便在藏历 7 月 18 日，把各户男子召集到谿卡里来，由谿堆给酒 15 壶、糌粑 19 魁分给差巴们吃。当然，差巴们也不得不在无可奈何的情况下带些酒、糌粑之类的食物到谿卡，并且也尽量地穿得好一些，以示吉祥和烘托出节日的气氛。差巴们聚齐后围坐饮酒，他们首先将糌粑和酒用食指弹向天空，表示敬天，保佑本年五谷丰收。但是，就在这种情况下，谿堆也不放过对差巴们的剥削，规定凡种 1 岗差地者须交给谿堆鸡蛋 5 个，藏银半两。

（3）出家具和炊具：每当秋收收割庄稼之时，谿堆同工头（列本）一起要住在田地里监督差巴们劳动，这时，谿堆和工头除自带卧具外，其他如家具等一切生活用具都由租种 3 岗地的差巴们轮流供给，正如差巴沙世厦所说："支这种差，就连夜壶（便盆）都要准备好。"

（4）割青草：有一种草，可喂牲畜，1 岗差地须交这种草 144 藏斤，这种青草其中有一部分交给札什伦布寺。收割青草，自备大镰刀等用具，天数不限，只要能交够数即可。

（5）送草：将割下的青草送给谿卡，须出 1 人 4 头驴，5 天。

（6）晒草：送往谿卡的青草需再次铺开晒干，由 3 户租种 1 岗差地的差巴轮流晒场。1 人晒 8 天。

（7）收割：先收小麦，1 人 1 天，有时农忙，夜里也得下地收割，自备工具。

8 月：

（1）收割：收完小麦后，接着收割青稞。出 2 人收割 6 天（因青稞地的面积大，故要比收割小麦多出几天）。

（2）起萝卜：收完了地里的庄稼后再挖萝卜，1 人 4 天。

（3）修理场面：场院经过一年的使用，场面损坏较大，故每年未打场前需要垫土、洒水、压平、磨平等，出2人1天。

（4）送禾：把收割下来的庄稼送往黢卡场院，2人送6天，但不能用驴来驮，以防驴吃庄稼。

（5）捡牛粪：差巴们自备工具去捡牛粪交给黢卡，1岗地须交牛粪80藏斤，这时期收割的庄稼已上场，有大量的闲劳力，差巴们捡牛粪交够差数外，余下的可留己用。

（6）晒场与翻场：把收割下来的庄稼在场院里翻来覆去地晒干，需出2人2天。

（7）踩场：用牦牛踩场，以便颗粒脱穗。这道工序须2人干4天。

（8）场面活儿：场面活很多也很杂，有筛场、扬场、过秤等，干这些活须自备筛子等工具，须出2人2天。

（9）粮食入仓：把扬净晒干的粮食运往黢卡，自备毛驴6头及口袋，须出2人护送两天。

9月：

（1）送粮：把察儿黢卡所收的粮食送到札什伦布寺。其4次，每次2驴1人，往返5天，自备伙食20天。

（2）对半分的地租草：把租种"对半分地"的草送交黢卡。因各户租种地多少不一，优劣不等，故交草数量也不一样，差巴多吉才仁租种 $1\frac{1}{2}$ 岗差地，须交地租草50藏斤，但是同种 $1\frac{1}{2}$ 岗差地的沙姆多则只交 $24\frac{3}{4}$ 藏斤，可见交地租草是随地的优劣而定的。

（3）额外差

①香草差：凡是租种谷底口的1岗地须交香草8藏斤。

②洗涤用的草差：凡是租种谷底头的一岗地，须交草差20藏斤。

③红根草差：凡是居住在黢卡中，下段的差巴们租种1岗地者，须交供神之用的红色红根草10藏两。

以上三种额外差是因为差民分别住在谷的上、中、下所产的草不一样，因而所担负的数额也不一样。

④木炭差：凡租种1岗差地者，须交木炭2藏斤。

10月：

（1）对半分的粮食：将对半分的粮食送往黢卡。每户具体送多少是根据差地的优劣，亩产多少而定。如租种1岗半地的差巴沙姆多须交4魁4升青稞，而同样租种1岗半差地的多吉才仁则要交16魁又17升青稞。

（2）酥油差：不论租种差地多少，每户须交酥油1藏两。

（3）草的酥油差：一般租种的差地都有部分数量的地用来种一种青草。凡有种草地者，须交草租12藏两酥油。

（4）租地酥油差：据调查，交这项差的户数不多（有的没有，有的差户又有）。交租地酥油差的多少也不一样，有交10藏两的，也有交12藏两酥油的。

（5）刺柴山地酥油差：有租黢卡刺柴山的差户，须交酥油10至20藏两，规定在藏历的6、7月交齐。如无法交齐的差户亦可在秋收以后用粮食相抵。

11月：

（1）榨油：不分支差多少，都须榨油12升半，支这种差，需要两个昼夜共8人，并且付租油房费4升。若雇用小工，每天除管伙食外，还要付给小工2升的油作为工资。

（2）送油：把替谿卡榨好的油送到札什伦布寺。共6次，每次3驴1人往返30天。

（3）送牛粪：把捡好的牛粪晒干，送往札什伦布寺，需4次4驴1人，往返5天，自备口袋和干粮。

（4）炒、磨糌粑：替谿卡炒、磨糌粑。租种1岗地要炒、磨糌粑16魁，炒时须自带柴火，磨后要付给磨房费5魁糌粑。

12月：

（1）送草：替谿卡把干草送往札什伦布寺。共2次，每次2驴1人，往返10天，自备口袋和途中的干粮。

（2）砍干柴：把干柴砍下来给谿卡生火用。须出2人2天，自备劈斧等工具。

（3）当谿卡里喂牛、马的佣人：每岗差地须每年出2次1人4天为谿卡喂马及牛群，全年由4个居民点轮流来支这项差。

（4）送信：实际上是一支驴帮去送信，1年约有2次，1次去环加（谿卡名），驮盐、酥油；1次去才儿谿卡驮酥油。这项差是按种1岗差地须出2驴1人，大约需往返4至6天。

（5）向南面送信：到察儿谿卡南面的藏布江①一带送信，买油菜子、羊肉，牵牲畜等。种1岗差地者须出1人1驴2天。1年约轮流1次。

以上都是从察儿谿卡差民租种1岗差地，在一年内所支付的内差、货币、劳役、实物等的名目为内容。

其次是外差：

（1）肉差：在藏历11月须交给谿卡羊腔4只。

（2）肉差：每岗地须交给谿卡羊腔1只。

以上两种肉差谿卡收齐后，在藏历11月中旬由札什伦布寺派来3名喇嘛，在察儿谿卡住10至15天。3人住在谿卡近半月的全部伙食由差民负担，谿卡规定每户差民须交糌粑2升。此外，有鸡蛋者可交5个，有羊头者交1个，有饼者可交5个。上述3项，差巴可以选交1项。

除此之外，全谿卡差民还得集体凑钱，需要为这3名喇嘛买好羊1只，酒1壶，茶1壶，哈达1条。在3名喇嘛来时立即敬上，除此之外，差巴们还得轮流为他们的3匹马喂料，每户每天摊6升豌豆及糌粑2升作饲料。羊肉收齐后，再由谿卡派出4驴3人把所收的肉送往札什伦布寺。

（3）草料：1岗地须交麦草39魁，青稞6魁混合起来的饲料送往札什伦布寺。除此之外，不分租种地的多少，每户须交花蕊1铜盘。

（4）送草料：将上述草料送往札什伦布寺，1岗差地须3驴1人10天，共计3次，自备途中伙食及口袋等。

（5）收利息：居住在这里的绝大多数差巴，他们的祖父或父亲时借了札什伦布寺的粮食。一代一代还下来，还到他们的儿子、孙子。子子孙孙都无法还清这笔债。每年的10月、11月札什伦布寺就来1名喇嘛收债，全谿卡的差民就得给他送去1只羊，1壶酒，1壶茶，每户交鸡蛋5个。同时，还得喂养喇嘛骑来的3匹马，每天得交豌豆4升，糌粑2升作为饲

---

① 藏布江即雅鲁藏布江。雅鲁藏布江在流入右藏地区称藏布江。流入山南雅鲁地方称雅鲁藏布江，后演变成流入里孜附近以下全称雅鲁藏布江。修订注。

料。（约住 10 至 15 天）

（6）收粮：据说很久以前，察儿谿卡的差巴们借了札什伦布寺的粮食，利滚利，代代都还，代代都还不清，利息很高，规定 1 岗地差巴们须还利 5 魁青稞，1 魁豌豆。差巴们先把这些粮食送到土布加（谿卡名）的磨房去磨，1 次须交磨房费 4 升，把这些粮食都磨成糌粑后再交给札什伦布寺的一个名叫达母拉的喇嘛，待达母拉把全谿卡的利息都收齐以后，再由谿卡派人送往札什伦布寺。

（7）马棚草差：凡租种 1 岗地者，都须向谿卡交马草 14 藏斤，在 10 至 12 月间必须交齐。

（8）运送油菜子及榨油差：凡种 1 岗差地，必须为札什伦布寺榨油 1 魁。支这项差，差巴要亲自到兰谿卡去收油菜子，然后再运到察儿谿卡油房去榨油，有时收的油菜子质量太差，经筛选后，基本上都得自贴 2 升，榨完油后得付给油房费 6 升青稞。还得把榨好的油送往札什伦布寺，须出 1 人 1 驴 5 天。

札什伦布寺为了收齐这项差，每年都得派一名管家前往察儿谿卡、土布加谿卡等地去亲自监督，这名管家每到察儿谿卡时，谿卡的差巴们就得为他支付鸡蛋 100 个，酒 1 壶，茶 1 壶，哈达 1 条，两只羊的羊毛，氆氇 1 圈（可制 1 件藏袍）。此外，还得为管家的马、驴支付草料，规定每户差巴出草 20 藏斤，豌豆 1 魁。

当管家把油及其他物品收齐后，再由谿卡派差巴把这些东西送往札什伦布寺。每户得出马 1 匹 1 人，无马者自己去租借，租金为 15 两藏银，也由自己支付。

（9）对半分粮：差巴们把种 1 岗地里的粮食打好后，须得交一半上等粮食给谿卡。另一半由差巴们自己所有，但是，这一半粮食中还包括支付所有的差役及自家的生活。

（10）银差：银差是由铁马年噶厦政府新规定的，政府宣称是为了修宫殿及修桥补路而支付的。种 1 岗差地须交藏银 15 两。

再次是兵役差：

出兵差一般是由种"玛岗"地的差民们支付，但自 1930 年（铁马年）起噶厦政府决定，种差地的差巴们也要负担兵役，规定察儿谿卡应出藏兵 14 人。每 1 个藏兵由 8 岗的差巴们供养[①]。开始时，8 岗地的差巴凑集藏银 8 品，即可供养 1 个藏兵。后来改为每月每个藏兵由种 8 岗地的差巴们供给羊 $\frac{3}{4}$ 只，糌粑每月 3 魁，茶 3 藏两，酥油 15 藏两，酒 8 藏两等。合计每月 8 岗地的差民们共须交出 8.3 品藏银（约 1 岗地 1 品）。

最后是宗差：

宗差：是指为噶厦政府支付的一种外差。这项宗差是从藏历 1930 年（铁马年）开始支付的。其中：

（1）给宗里送东西：这项差 1 年须支付 3 次，其中两次从日喀则把粮食送往日布宗、堆宗，每次全察儿谿卡须出 7 人驴 20 头。另一次是从日喀则把粮食送到南木林宗，全察儿谿卡须出 7 人，14 头驴。

（2）开会用的木柴差：一年一度在日喀则由噶厦政府举行的各谿卡更保会议，会议期间所需用的柴火由各谿卡支付。规定每岗差地须交 8 驮柴火送往日喀则。

（3）拉大炮车的草差：察儿谿卡须向塞姆兵营交马草 20 藏斤，作为拉大炮车马的草

---

① 不一定是 1 户 1 岗地，而是数户人家累计 8 岗地。

料，规定每岗地须出 1 人 6 驴。把草料送到兵营。

（4）部分钱差：每年"格康"召集措本和更保代表大会，主要是议定各豁卡应支付的差役、各豁卡应摊派多少乌拉。察儿豁卡全年应支付藏银 4000 品（租种 1 岗地约 108 品）。

（5）100 000 驮粮食：西康的噶厦政府住在军队，每年都由日喀则"格康"供应一部分粮食给西康省政府。这些粮食数量十分多，都摊派到各豁卡。因此得名"十万驮粮"。就察儿豁卡全年支付这项差就要出动全豁卡的牲畜。在抽调牲畜时，有一位名叫希泥加姆千的管家来检查差巴们的畜力。凡能驮粮的牲畜都得抽调，不得有误。察儿豁卡全年大约要出 100 头牲畜支这项差。

2. 察儿豁卡种一岗半差地支差情况

首先是内差：

正月：

（1）积厕所肥和粪坑肥：把污泥倒在厕所里积肥和把垃圾倒在粪坑里积肥，自备锹等工具，1 人积 5 天。

（2）砍刺柴：种 1 岗半差地者，须砍 660 驮刺柴给豁卡。每天需要 4 只驮畜把所砍的刺柴送到豁卡，2 人共砍 16 天。若家人不够，就得雇短工，每个短工每天的伙食和工钱共 5 升青稞。

2 月：

（1）砍树：在 2 月初砍伐豁卡的树木。以备修房子和给豁堆生火用。自备刀斧、绳子，砍后须将树皮削尽，同时栽种幼苗，并在新苗的树干上围上刺柴，以防牲畜啃吃。1 人 6 天。

（2）修水渠：修整水渠，以备春灌，但各居民点情况不一，支遣项差的人数、天数等都不相等，谷底头 1 人 8 天，谷底口 2 人 8 天，谷底中 2 人 1 天。自备铲镐等用具及伙食。

（3）出肥：把豁卡厕所里的肥挖出来准备送到地里做底肥，每天 3 人，共挖 4 天。

（4）送肥：把挖出来的底肥送到地里，出 6 头驴，1 人 9 天，自备口袋。

（5）肥料差：把自己积的肥送到豁卡地里，种 1 岗半差地须交 54 个口袋，自备驴送到地里。

（6）人参果差：把采好洗净的人参果送给豁堆 1 铜盘①。

3 月：

（1）耕地：上完底肥后，耕地一次，自备耕牛两头，铧犁 1 副，一人耕 6 天，每天约耕 5 斛地。

（2）浇水：在耕完地后再浇水一次，以备下种，2 人 15 天。

（3）翻地捡石块：浇水以后，边捡石块边整理地。自备筛子等工具，3 人做 2 天。

（4）选种：在豁卡场面上，用风扬选种后，差巴们再仔细地挑选一次，自备筛子等工具，3 人选两天。

（5）播种：先播种小麦，自备耕牛 3 头（用 1 头和 $\frac{1}{4}$ 岗差地合成 1 套），出 4 人（应当出 4 个半人，但少出 1 人后在其他差项上补上去），播 1 天。

播种完小麦后，再播种青稞，自备耕牛 3 头，5 人播种 3 天。

---

① 约 1 市斤。

把小麦和青稞都种完后，就要在种后的地里整理畦垅，以便引水浇灌，须出2人整理6天。

4月：

（1）群抽：凡有55只绵羊者，抽好羊1只交给谿卡；凡有60只山羊者抽好山羊1只交给谿卡。

（2）奶牛差：凡有奶牛者，须交奶牛差。若是奶牛怀孕，须交酥油8藏两，当奶牛生产下小牛后，须再多增加酥油2藏两。

又规定：凡是未怀孕的奶牛都要交酥油10藏两。以上差税，都是每年年初，由谿堆到各家各户统计奶牛头数，并由户主画押盖章，宣布今年须交奶牛差多少，届时交清，不得有误。

（3）青苗法：青苗长出后，容易被牲畜吃掉一些，于是，谿堆在青苗长出之前，召集差巴开会，为保护青苗成长，制定条例，以法律的形式当众宣布。规定：如谁家的牲畜吃了谿卡的青苗，其主人要被打150皮鞭，再根据青苗损失的情况，罚50至80两藏银。但是一般情况下，谁家牲畜吃了青苗，其主人都主动找一保人带上鸡蛋、糌粑等送给谿堆，以免受皮鞭之苦，然后送上罚金、画押。

（4）鞣皮差：给谿堆鞣皮子，在一鞣皮官的指挥下，退毛、上油等。1人1天。

（5）挖塘泥：将池塘里和渠道里的污泥挖出来放在池边上，是种地之用肥，1挖3天。

另：凡是种1岗半差地者须出1人为修整房子3天。

5月：

（1）引水灌地：幼苗刚长出之后，浇水1次，2人6天。

（2）锄草：自备小锄，锄去地里的杂草。2人6天。

6月：

（1）垫圈：挖出污泥和垃圾垫到羊圈里积肥，自备驴2头，1人共积4次。

（2）堵缺口：堵好地垄上的缺口，以便下次灌地方便。3人作2天。

（3）拔草：5月里锄了杂草之后，一部分漏掉的杂草又长大了再用手拔一次，出2人3天。

拔完草后须得向谿卡交青草50藏斤。

7月：

（1）垫圈积肥：把污泥和垃圾倒在厕所里和牛、羊圈里积肥，2人，1驴1天。

（2）预祝丰收节日：在藏历的7月是一年一度收割庄稼的开始，谿堆为了预祝当年的好收成，使差巴们在秋收中更加卖力，定于7月18日这天，全谿卡的差民们聚集在谿卡场院里，谿堆拿出15壶酒，1魁糌粑来让大家吃，参加集会的差巴们也要各自带酥油糌粑之类的食品，还要穿好的、新的衣服，以示吉祥。差巴们集会后，由谿堆讲话，主要是让差民们要如何卖力气收割庄稼之类的话。然后，差民们围坐饮酒，差民们右手食指将碗中的酒向空中弹3下之后，开始吃糌粑等。

为了召开这个会，谿堆还得向差巴们征收7个鸡蛋，半两藏银。

（3）出家具和炊具等：秋收季节时，谿堆和工头就要一起住在田地里监督差巴们劳动。这时，谿堆和工头除自带卧具外，其他一切生活用具由差巴们轮流供应。

（4）青草差，规定交给札什伦寺和谿卡的青草144藏斤，自备工具、驴、马等。不计天数，但要交够。

（5）送草：送往豁卡青草，约有 216 驮，须送 5 天，每天 4 驴 1 人。

（6）晒青草：将送往豁卡的青草要晒干，1 人 2 天。

8 月：

（1）收割：先收小麦，再收青稞，出 2 人收割 6 天。

（2）挖萝卜：收完庄稼再挖萝卜，1 人 7 天。

（3）修整场面：晒场经过一年的使用，场面有所损坏，需要垫土、浇水、压平等工序，须出 3 人修 1 天。

（4）捡牛粪：趁场上的活儿未开始前，让差巴们自备箩筐等到山上去捡牛粪，交给札什伦布寺 120 藏斤。

（5）刷房子和晒场：为使粮食入仓，需要刷房子，每户出白灰 2 背篓，1 人刷 4 天，同时还要翻场，负责把收割下的庄稼晒干，以便更好地踩场。

（6）踩场：用人牵着牦牛踩场，使颗粒脱穗，须出 2 人 6 天。

（7）场面活：场面活很多，有扬场、筛场、斗量等。自备一切工具，须出 3 人做 15 天。

（8）粮食入仓：把扬尽晒干的粮食送往豁卡仓库，自备 9 头毛驴，2 人送 2 天。

9 月：

（1）送粮：豁卡把粮食收齐后送到札什伦布寺一部分，自备伙食和口袋，出 4 驴 1 人，5 天送 3 次。

（2）对半分的地租草：把种"对半分地"的草送交给豁卡，因各户种地多少不一，有优劣之分，故交草的多少也不一。

（3）额外差

香草差：凡是租种谷底口的 1 岗半差地须交香草 8 藏斤。

洗涤用的草差：凡是种谷底头 1 岗半地，须交草差 20 藏斤。

红根草差：凡是住在豁卡中、下段的差巴种 1 岗半差地者，须向豁卡供神用的红根草 15 藏两。

木炭差：1 岗半地须交木炭 3 藏斤。

10 月：

（1）对半分的粮食：把对半分的粮食送到豁卡，但各户种"对半分地"多少不一样，故交粮差亦不同。

（2）户交酥油差：不分支差多少，每户一律交酥油 1 藏两。

（3）草地酥油差：所有草地里有部分优质草的都要交草地酥油差。沙姆多交 12 藏两。

（4）地租酥油差：地租，有的除交粮食外，还须交酥油，但这项酥油差有的不交，有的则要交，原因不详。

11 月：

（1）榨油：不分差地多少，每户都须替豁卡为札什伦布寺榨油 8 个消卡①，需 8 个人榨两个昼夜，榨完后要付给油房费 4 升青稞。

（2）送油：把油送札什伦布寺，共 6 次，每次 3 驴 1 人，每次往返 5 天，自备驴及途中伙食。

---

① 一个消卡大约 12 升半。

（3）炒、磨糌粑：种1岗半差地要为黪卡炒、磨糌粑24魁。炒时自带柴火，磨后要付给磨房费8魁青稞。

（4）送牛粪：把捡好的牛粪晒干，送往札什伦布寺，须出6驴1人共3次，每次往返5天。自备口袋及途中食用品。

12月：

（1）送草：替黪卡地晒干的草送往札什伦布寺，共3次，每次3驴1人，每次往返5天，自备驴、口袋及伙食。

（2）砍干柴：砍干柴给黪卡生火用，须出3人砍2天。自备刀斧、绳子等工具。

（3）当喂牛、马佣人：给黪卡的马、牛喂草料。4个居民点轮流来支这项差。沙姆多每年轮到两次，每次2人3天。

（4）送信：这项信差实际上是出毛驴，1年出两次，1次去土布加，去时驮去粮食，换回盐巴、酥油等；另一次是去才儿黪卡，驮酥油，每次须出3驴1人。

（5）到南面送信：到察儿黪卡以南的藏布江一带送信，买酥油、菜子、羊肉等。种1岗半地须出2人2驴3天。

以上是以沙姆多种1岗半地所支付的内差为基础，再参照别的差民们的支差情况调查的。

其次是外差、藏语"其差"：

（1）肉差：这种肉差有两种，种1岗半差地，在每年的11月去向黪卡交羊腔6副，另交1只半羊。

以上肉差收集齐以后，在藏历11月中旬由札什伦布寺派来3名喇嘛，在黪卡住半月左右，在这段时间里的全部伙食都由差民支付。对此黪卡规定每户差民须交糌粑2升，有鸡蛋者可交5个，羊头1只，饼5个。以上2项，任差巴选一项交上即可。除此之外，全黪卡的差民们还得集体凑钱为这3个喇嘛买好羊1只，酒1壶，茶1壶，哈达1条献给他们。

（2）收齐内差之后，再由黪卡派出4驴3人把肉送往札什伦布寺。

（3）草料差：凡种1岗半差地者须交麦秸草58藏斤，青稞9魁混合起来的上等饲料送给札什伦布寺，此外还须花蕊1铜盘。

（4）送草料：将上等草料送往札什伦布寺。须出3驴1人，共3次，每次往返5天。自备驴、口袋及途中伙食。

（5）收利息：察儿黪卡的差巴，他们的祖辈或父辈借了札什伦布寺的粮食，经过几代人都无法还清这笔债。每年年底，札什伦布寺就派来1名收债喇嘛收债。这时全黪卡的差民就得给收债的喇嘛送去1只羊，酒、茶各1壶，鸡蛋若干。喇嘛住下以后，在黪本的陪同下开始收债利。租种1岗半差地的沙姆多须交青稞7.5魁，豌豆1魁作为利息。这种利息相当高，凡是种1岗半差地者，每年粮利青稞9魁，豌豆1魁。除此之外，还要交糌粑2升、豌豆4升作为收债喇嘛的马料，待把债息收齐后，再由黪卡派人、畜把这些粮食送往札什伦布寺。

（6）马草差：向黪卡交马草21藏斤。在11、12月交齐。

（7）对半分粮：差巴们把种1岗半差地的粮食收好晒干后，须向黪卡上交一半上等粮食。这项差沙姆多须交2魁5升。另一半由差巴们自己所有。自己所有的这部分粮食还包括全年全家的生活食用及其他额外差役。

（8）油差：种1岗半差地的沙姆多，榨油1魁半，自己要贴25升菜子。

（9）钱差：这项差是由1930年（铁马年）噶厦政府规定开始支付的。政府宣称是用来修桥补路，修宫殿等。种 1 岗半地须交藏银 18 品。

再次是兵役差：

兵役差原来是由种"玛岗"地的差巴支付，自 1930 年（铁马年），噶厦政府决定，凡种差地的差巴都担负兵役差起，即按差地多少计算，察儿豁卡应出藏兵 14 人（约 8 岗地供 1 个藏兵）。如果差巴们无强壮人丁支付兵役差，每年可出 25 两藏银即可免去本年的兵差。这是指种 1 岗半地应付的兵差折合的银两。

最后是宗差：

这项差是为噶厦政府支付的 1 种外差，是从藏历 1930 年（铁马年）开始的，其内容是：

（1）为宗里送东西：凡种 1 岗半差地者都须支付两次，一次是从日喀则把粮食送往日布宗，一次从日喀则把粮食送往南木林宗。每次须出 1 人 4 驴。

（2）开会用的木柴差：在日喀则由噶厦政府一年一度举行的各豁卡更保会议。会议期间所需的柴火都由各豁卡支付，规定每 1 岗半地应交 10 驮柴火送往日喀则。

（3）拉大炮车的草差：察儿豁卡须向塞姆兵营交马草作为拉炮车的草料。每 1 岗差地须出 9 驴 1 人，把草料送到兵营。

（4）部分钱差：每年由"格康"召集措本和更保代表会议主要是议定各豁卡应付的差役。察儿豁卡全年支付藏银 4000 品。种 1 岗半地是 161 品左右。

（5）十万驮粮食：在噶厦政府驻有西康军队，每年都由日喀则"格康"供应一部分粮食给西康政府。这部分粮食数量大，因而叫做"十万驮粮食"。察儿豁卡为支付这项粮差，就要动用全部豁卡的驮畜。1 岗半差地须出 4 头驴，全豁卡就得出 100 多头驮畜，才能完成本豁卡向西康政府的运粮任务。

3. 察儿豁卡半岗地支差情况

首先是内差：

正月：

（1）积厕所肥和粪坑肥：将污泥倒入厕所和把火灰垃圾倒入粪坑里积肥。1 人积 2 天。自带伙食，自备锹、筐等工具。

（2）砍刺柴：种半岗的差地，须砍刺柴 220 驮，刺柴给豁堆，需出 2 驴 1 人干 6 天。

2 月：

（1）砍树：在 2 月第一项差就是砍伐豁卡的树木，用以修房和生火，砍倒的树要剥尽皮，同时栽种小树，并在小树周围圈上刺柴，以防牲畜。须出 1 人 1 天。

（2）修水渠：为备春灌，各居民点的耕种地，因地理环境各不相同，支差的人数、天数都不相同，以谷底头种半岗差地的差巴为准，支付这项差须出 2 人修 8 天。自备伙食，自带铲、镐等用具。

（3）出肥：把厕所和粪坑里的肥挖出来，送到地里作底肥，须出 2 人挖 2 天。支这项差时，豁堆还要举行春种庆祝活动，预祝来年丰收。

（4）送肥：送肥到地里，要出 2 驴 2 人送 2 天，自备口袋等工具。

（5）肥料差：差巴要把自己所积的上等肥送到豁卡地里，半岗差地须交 18 口袋。

（6）人参果：把洗净的人参果，送给豁堆 1 铜盘。

（7）淹地：在春播之前淹地一次，以备春种后种子发芽，1 人 4 天。

3 月：

（1）耕地：自备铧犁、耕牛 2 头，不出人（耕地人由其他种差地的差巴出）。

（2）在耕地后浇水一次，准备下种，1 人 5 天。

（3）捡石头：捡出地里的石头，自备工具，1 人 1 天。

（4）选种：自备筛子等工具，在谿卡场上扬场以后，再仔细挑选，1 人选 1 天。

（5）播种：先种小麦，1 人种 2 天，然后种青稞，自备耕牛 2 头及铧犁，须出 2 人 2 天，种完后，需整理畦垅，以便引水浇灌，1 人 2 天。

4 月：

（1）群抽：此项差详见 1 岗差地支差情况 4 月第（1）条群抽内容。

（2）奶牛差：详见 1 岗差地支差情况 4 月第（2）条内容。

（3）青苗法：详见 1 岗差地支差情况，4 月第（3）条内容。

（4）鞣皮子佣人：详见 1 岗差地支差情况，4 月第（4）条内容。

（5）挖泥塘：把池塘和河床底的污泥挖出来，放在塘边上积肥，须出 1 人 1 天。

（6）修房子：修整谿卡的房子，以防漏雨，1 人当小工 1 天。

5 月：

（1）引水灌溉：当幼苗长出后浇水一次，2 人浇水 2 天。

（2）锄草：锄去地里杂草，自备小锄，须出 1 人锄 4 天。

（3）浇水：当庄稼正在抽穗灌浆时，如遇天不下雨，就要引水灌溉，需要灌 4 至 6 次，每次 1 人 4 天。

6 月：

（1）垫圈：把挖出的污泥和垃圾垫到牛、羊圈里，以便积肥，共 2 次，每次须出 1 人 1 驴 1 天。

（2）浇水：在庄稼成熟之前再浇一次水，须出 2 人 1 天。

（3）堵缺口：将畦垅上的缺口堵塞好，须出 1 人堵 2 天。

（4）拔草：在 5 月里，锄一次草后，会有一些漏掉的杂草，在 6 月杂草长大后，再拔草一次，2 人拔 1 天。

7 月：

（1）垫圈：把杂草及垃圾垫到牛、羊圈里积肥，须出 1 人 1 天。

（2）预祝丰收节日：详见 1 岗差地支差情况，与 7 月第（2）条内容相同。

（3）出家具和炊具：同 1 岗地支差情况，与 7 月第（3）条的内容相同。

（4）割青草：半岗差地须交青草 72 藏斤。

（5）送草：送青草往谿卡，须出 1 人 2 驴 5 天。

（6）晒草：把送去的青草须再次铺开晒干，种半岗差地的差巴轮流晒场，须出 2 人晒 2 天。

8 月：下面就类别和种半岗差地须出的人力、物力及天数等，内容说明详见 1 岗差地支差情况里相应项目的内容。

（1）收割，1 人 1 天。

（2）挖萝卜，2 人 1 天。

（3）修理场院，1 人 1 天。

（4）送禾，1 人 3 天。

（5）捡牛粪，40 藏斤。

（6）刷房子，背白灰1人1天半。

（7）晒场，1人1天。

（8）翻场，1人1天。

（9）踩场，1人1天。

（10）场院活儿，2人2天。

（11）入仓，2人2驴2天。

9月：

（1）送粮，2次，每次1驴1人。

（2）对半分的地租草，无。

（3）额外差

香草差 ⎫

洗涤草差 ⎬ 共计银5藏两。

红根草差 ⎭

（4）木炭差，1藏斤。

10月：

（1）对半分粮，无。

（2）户口酥油差，1藏两。

（3）草的酥油差，无。

（4）租地酥油差，无。

（5）刺柴差，无。

（6）碱差，$3\frac{1}{4}$藏两。

11月：

（1）榨油，7升。

（2）送油，3次，1驴送2天。

（3）炒、磨糌粑，8尅。

（4）送牛粪，2次，每次2驴1人。

12月：

（1）送草，1人1驴送5天草。

（2）砍干柴，1人1天。

（3）喂牛马，2人1天。

（4）送信，1驴1人4天。

（5）向南面送面，1驴1人1天。

以上是察儿豁卡支半岗差地人力、天数、畜力、货币等内差的内容。

其次是外差：

（1）肉差，2个羊腔。

（2）肉差，半只全羊。

（3）草料，18尅。

（4）送草料，1驴2人5天。

（5）收利息（青稞），3尅5升。

（6）收利息（豌豆），10 尅。

（7）马棚草差，7 藏斤。

（8）榨油差，10 升。

（9）对半分粮，无。

（10）钱差，6 品。

再次是兵役差：

具体内容详见察儿谿卡种 1 岗差地支差的兵役差。此处不同的是按种地多少摊派的银两，摊派标准是种半岗差地的差巴每月出藏银 25 两左右。

最后是宗差：

（1）给宗里运送东西：这项差一年支付两次，一次是从日喀则把粮食送往日布宗，须出 2 驴 1 人。另一次是从日喀则把粮食送到南木林宗，也是出 2 驴 1 人，自备途中食用品。

（2）开会用的木柴差：每年由噶厦政府在日喀则举行的各谿卡更保会议，会议期间所用的柴火都由谿卡供给，规定种半岗差地须出 4 驮柴火送往日喀则。

（3）拉大炮车马的草料：察儿谿卡须向塞母兵营交马料 20 藏斤。规定种半岗差地须出 3 驴 1 人，为兵营运输草料。

（4）十万驮粮食：具体内容详见察儿谿卡种 1 岗差地支差情况里，“宗差”类第 5 条。

4. 察儿谿卡支付$\frac{3}{4}$岗差地的情况

首先是内差：

正月：

（1）积肥，1 人 3 天。

（2）砍刺柴，交 30 驮。

（3）送草，30 驮。

2 月：

（1）砍树，1 人 3 天。

（2）修水渠，1 人 12 天。

（3）出肥，1 人 6 天。

（4）送肥，2 人 3 驴 3 天。

（5）肥料差，27 驮。

（6）人参果，1 铜盘。

3 月：

（1）浇水，1 人 6 天。

（2）耕地，出 2 头耕牛，耕 3 天。

（3）翻地捡石头，1 人 3 天。

（4）选种，1 人 3 天。

（5）播种，出耕牛 2 头，3 人种 1 天。

（6）播种，出 2 头耕牛，2 人种 1 天。

（7）群抽，按$\frac{1}{35}$抽差。

4 月：

（1）奶牛差，每头牛均交酥油。

（2）鞣皮差，1人1天。

（3）挖塘泥，1人1天。

（4）修房子，1人2天。

5月：

（1）灌溉，2人3天。

（2）锄草，2人3天。

（3）垫圈，出1驴，2人3天。

（4）浇水，1人6天。

（5）垫圈，2人、2驴2天。

6月：

（1）垫圈，5驴1人1天。

（2）浇水，3人1天。

（3）堵畦口（堵坝），1人3天。

（4）拔草，1人3天。

（5）马草，3藏斤。

7月：

（1）垫圈，1驴1人1天。

（2）预祝丰收节日，交7个鸡蛋，半两藏银。

（3）出家具和用具，轮流摊派。

（4）割青草，交108斤。

（5）送草，每天1人，3驴共5天。

（6）晒青草，2人晒3天。

（7）收割（小麦），1人1天。

8月：

（1）收割（青稞），2人4天。

（2）起萝卜，1人3天。

（3）修场面，2人1天。

（4）送禾，2人4天。

（5）捡粪，交60藏斤。

（6）刷藏，交2背筐白灰，1人刷3天。

（7）晒场，1人1天。

（8）翻场，1人1天。

（9）踩场，2人3天。

（10）场面活儿，2人14天。

（11）粮食入仓，出8驴，2人1天。

9月：

（1）送粮，3人1天。

（2）木炭差，交2藏斤。

10月：

（1）对半分粮，无。

（2）户口酥油差，1 藏两。

（3）草的酥油差，无。

（4）地租酥油差，无。

（5）碱差，3 $\frac{1}{4}$ 藏两。

11 月：

（1）榨油，84 斤。

（2）送油，需出 4 驴 1 人。

（3）炒、磨糌粑，12 剋。

（4）送粪，出 3 驴 1 人。

12 月：

（1）送草，出 3 驴 1 人。

（2）砍干柴，2 人砍 1 天。

（3）喂牛、马、1 人 6 天。

（4）送信，3 驴 1 人。

（5）送向南面的信，1 人 1 驴 3 天。

以上是 $\frac{3}{4}$ 岗差地差巴，在 1 年内支付内差的人力、畜力、实物、货币等内容统计。

其次是外差：

（1）肉差，3 个羊腔。

（2）肉差，无。

（3）草料，草 27 剋，青稞 4 剋 10 升。

（4）送草料，4 驴 1 人。

（5）收利息，无。

（6）收粮利，15 斤豌豆。

（7）马草差，9.5 藏斤。

（8）钱差，9 品。

（9）对半分粮，无。

再次是兵役差：

具体内容详见察儿谿卡种 1 岗差地支差的兵役差。支付 $\frac{3}{4}$ 岗地的差巴每月须交出藏银

37.5 两左右。

最后是宗差：

（1）给宗里送东西，出驮脚费，135 两藏银。

（2）开会用的柴火，6 驮。

（3）拉大炮车的草差，出 5 驴运送。

（4）部分钱差，8 品。

（5）十万驮粮食，无。

以上是支 $\frac{3}{4}$ 岗差地的差巴，在 1 年内所支付的外、内、宗、兵差的畜力、人力、货币和

实物等情况。

5. 察儿豁卡 $\frac{1}{8}$ 岗差地支付差役的情况

首先是内差：

正月：

（1）积肥，1 人 1 天。

（2）砍刺柴，55 驮。

2 月：

（1）送草，5 驴 1 人。

（2）修水渠，1 人 2 天。

（3）送肥，1 人 1 天。

（4）出肥，1 人 1 天。

（5）肥料差，4 驮。

（6）人参果，1 铜盘。

3 月：

（1）耕地，1 人 1 牛，耕 1 天。

（2）浇水，2 人 1 天。

（3）捡石头，1 人 1 天。

（4）播种（青稞），1 人 1 天。

（5）整畦垅，1 人 1 天。

4 月：

（1）按 55 只羊抽 1 的办法交。

（2）奶牛差，每头奶牛交酥油 8 藏两。

5 月：

（1）灌溉，1 人 1 天。

（2）锄草，1 人 1 天。

（3）浇水，1 人 1 天。

6 月：

（1）堵畦口（堵小坝），1 人 1 天。

（2）马草，1 藏斤。

7 月：

（1）割青草，18 藏斤。

（2）送草，出 2 牛 1 人送 1 天。

（3）晒青草，1 人 1 天。

8 月：

（1）收割，1 人 1 天。

（2）起萝卜，1 人 1 天。

（3）送禾，1 人 1 天。

（4）捡粪，交 10 藏斤。

（5）晒场，1 人 1 天。

（6）场院活儿，1 人 1 天。

（7）粮食入仓，2 驴 1 人 1 天。

9 月：

（1）送粮，1 人 1 天。

（2）额外差，折合藏银 1 两。

（3）木炭差，半藏斤。

10 月：

（1）户口酥油差，1 藏两。

（2）碱差，$3\frac{1}{4}$ 藏两。

11 月：

（1）送油。

（2）炒、磨糌粑，2 魁。

（3）送牛粪，出 15 两藏银，雇半头驴。

12 月：

（1）喂牛、马，1 人 1 天。

（2）送信，折银 15 藏两。

其次是外差：

（1）肉差，半只羊。

（2）草料，4 魁 4 升麦秸，青稞 1 魁 5 升。

（3）送草料，折合藏银 15 两。

（4）收粮利息（豌豆），折合 9.5 两藏银。

（5）马棚草差，$1\frac{1}{4}$ 藏斤。

（6）榨油差，折合藏银 5 两。

再次是兵役差：

兵役差的详细情况见察儿黐卡 1 岗差地支差情况里的兵役差的内容。在 $\frac{1}{8}$ 岗差地里支付

兵役差，只是把兵役差折合为藏银即可，支付 $\frac{1}{8}$ 岗差地的差巴，每月需向桑南兵营交 6.25 两藏银。

最后是宗差：

（1）给宗里送东西，折合藏银 22.5 两。

（2）开会用的柴火，1 驮。

（3）拉大炮车的草料，折合藏银 17.5 两。

以上是 $\frac{1}{8}$ 岗差地支付的内、外、兵役、宗差的内容。

6. 察儿黐卡 $\frac{1}{16}$ 岗地的支差内容

首先是内差：

正月:

(1) 送草,出 2 驴并出藏银 5 两。

(2) 砍刺柴,27 驮半。

2 月:

(1) 砍树,1 人 1 天。

(2) 出肥,1 人 1 天。

(3) 肥料差,2 驮半。

(4) 人参果差,1 铜盘。

3 月:

(1) 耕地,1 人 1 天。

(2) 灌水,1 人 1 天。

4 月:

(1) 群抽,按 $\frac{1}{55}$ 抽税。

(2) 奶牛差,每头奶牛支酥油 4 藏两。

(3) 挖塘泥,1 人 1 天。

5 月:

(1) 浇水,1 人 1 天。

(2) 浇水,1 人 1 天。

6 月:

(1) 浇水,1 人 1 天。

(2) 马草,1 藏斤。

7 月:

(1) 割青草,9 藏斤。

(2) 送草,1 驮半。

(3) 晒青草,1 人 1 天。

8 月:

(1) 收割,1 人 1 天。

(2) 送禾,1 人 1 天。

(3) 捡牛粪,5 驮。

(4) 踩场,1 人 1 天。

(5) 粮食入仓,1 驴 1 人送 1 天。

9 月:

木炭差,交 $\frac{1}{4}$ 藏斤。

10 月:

(1) 户口酥油差,交 1 藏两。

(2) 碱差,交 3 $\frac{1}{4}$ 藏两。

11 月:

（1）送油，折合藏银 2 两半。

（2）炒、磨糌粑，1 尅。

（3）送牛粪，折合藏银 2 两半。

12 月：

（1）送草，折合藏银 2 两半。

（2）喂牛、马佣人，1 昼夜。

（3）送信，出雇驴费藏银 2 两半。

其次是外差：

（1）内差，出 $\frac{1}{4}$ 只羊。

（2）草料差，青稞 12 升 3 把，麦秸 2 尅 2 斤。

（3）收利息粮，1 升 2 把并出雇驴费 1 两半藏银。

（4）马棚草料差，出青稞 $\frac{3}{4}$ 藏斤。

（5）榨油差，榨 1 尅油菜子，并出油房费 3 两。

（6）钱差，60 两藏银。

再次是兵役差：

兵役差内容见"察儿谿卡一岗差地支差情况"里兵役差项。种 $\frac{1}{16}$ 岗差地应支付兵役差 3.2 两藏银。

最后是宗差：

（1）给宗里送东西，折合雇驴费 11.3 两藏银。

（2）开会用的木柴，半驮。

（3）拉大炮马车的草料，折藏银 2.5 两。

以上是种 $\frac{1}{16}$ 岗差地所支的外、内、宗、兵役等差役的情况。

7. 察儿谿卡 $\frac{1}{4}$ 岗地支付乌拉差役情况

首先是内差：

正月：

（1）积肥，1 人 1 天。

（2）送草，10 驮，约 5 天。

砍刺柴，110 驮。

2 月：

（1）砍树，1 人砍 1 天。

（2）修水渠，1 人修 4 天。

（3）出肥，1 人 4 天。

（4）送肥，1 人送 3 天。

（5）肥料差，出 9 口袋。

（6）人参果差，1 铜盘。

3 月：

（1）耕地，出两头牛。

（2）浇水，1 人浇 3 天。

（3）捡石头，1 人捡 1 天。

（4）选种，1 人选 1 天。

（5）播种（小麦）出两头耕牛，1 人种 3 天。

（6）修整畦垅，1 人修 3 天。

4 月：

（1）群抽，按 $\frac{1}{55}$ 交税。

（2）奶牛差，每头奶牛交酥油 8 藏两。

（3）鞣皮子，1 人 1 天。

（4）修房子，1 人 1 天。

5 月：

（1）浇水，1 人 2 天。

（2）锄草，1 人锄 2 天。

（3）浇水，1 人 2 天。

（4）垫圈，1 驴 1 人 1 天。

6 月：

（1）浇水 1 人 1 天。

（2）堵畦口，1 人 1 天。

（3）拔草，1 人拔 1 天。

（4）马草，交 3 藏斤。

7 月：

（1）割青草，交 36 藏斤。

（2）送草，1 驴 1 人 1 天。

（3）晒青草，1 人晒 2 天。

8 月：

（1）收割，1 人 3 天。

（2）起萝卜，1 人 1 天。

（3）送柴，1 人送 3 天。

（4）捡牛粪，交 20 藏斤。

（5）晒场，1 人 1 天。

（6）踩场，1 人 1 天。

（7）场面活儿，1 人 1 天。

（8）粮食入仓，1 驴 1 人 1 天。

9 月：

（1）送粮，2 驴 1 人 5 天。

（2）木炭差，半藏斤。

10 月：

（1）户口酥油差，1 藏两。

（2）碱差，$3\frac{1}{4}$两。

11 月：

（1）送油，折银 0.5 藏两。

（2）炒、磨糌粑，4 魁。

（3）送牛粪，1 驴 1 人 1 次。

12 月：

（1）送草，1 驴 1 人 1 次。

（2）喂牛、马佣人，1 人 1 天。

（3）向南面送信，1 驴 1 天。

其次是外差：

（1）肉差，1 个半羊腔。

（2）草料，草秸 9 魁 15 升，青稞 1 魁 10 升。

（3）送草，1 驴 1 人 1 次。

（4）收利息粮，1 魁。

（5）马棚草差，4 藏斤。

（6）银差，3 品。

再次是兵役差：

详见"一岗差地兵役差"种$\frac{1}{4}$岗差地，每月须出 12 两藏银。

最后是宗差：

（1）给宗里送东西，出驴 1 头。

（2）开会用的柴火，2 驮。

（3）拉大炮马车草料，出 1 驴并出 5 两藏银。

以上是种$\frac{1}{4}$岗差地的差巴所支付的外、宗、兵役、钱差等差役的内容。

8. 察儿黎卡囊生支付乌拉差役的情况

察儿黎卡共有囊生 11 户。这 11 户囊生和其他黎卡的囊生有所不同。察儿黎卡的 11 户囊生是祖传的，也就是说他们的祖辈因借债无法偿还，沦为囊生，他们的后代也就自然地成了囊生。但是察儿黎卡的每户囊生都有 1 岗地，他们支付的差役也很特殊。他们种 1 岗差地只支付外差而不支付内差（具体情况请看"察儿黎卡的历史和政治组织调查"）。他们所支付的外差、兵役差、宗差等都和其他差民种 1 岗地所支付的外差、兵役差、宗差的内容一样。

9. 察儿黎卡堆穷支差情况

察儿黎卡有堆穷 4 户，他们在 1 年内给黎卡固定支差情况如下：

（1）梳羊毛，藏历 5 月，1 人 14 天。

（2）割草，藏历 7 月，1 人割 16 天。

（3）积肥，在藏历 1 月积肥 15 天。

以上是堆穷在 1 年内的固定差役，不固定的差役随时由黎卡抽调，支差时差巴们自备工具，自带伙食。

（四）察儿黐卡每年直接为札什伦布寺支差情况

（1）察儿黐卡每年为札什伦布寺送草，每年共 3 次，每次送 64 驮，青草 128 驮。

（2）察儿黐卡为筛青卡康送草 624 驮。

（3）察儿黐卡每年为筛青卡康送去柴火 257 驮。

（4）察儿黐卡每年为札什伦布寺送去粮食 387 驮。

（5）察儿黐卡每年为筛青卡康送去糌粑 60 驮。

（6）察儿黐卡每年为筛青卡康送去萝卜、土豆共 65 驮。

（7）察儿黐卡每年为筛青卡康送去菜油 129 桶。

（8）察儿黐卡每年为札什伦布寺送去菜油 64 桶。

（9）察儿黐卡每年为筛青卡康送去氆氇 32 卷。

（10）察儿黐卡每年为札什伦布寺送去酥油 3 驮。

（11）察儿黐卡每年为筛青卡康送去盐 1 驮。

（12）察儿黐卡每年为筛青卡康送去碱 1 驮。

（五）乌拉差役给察儿黐卡差民带来的灾难

在噶厦政府统治察儿黐卡的 30 多年中，乌拉差役比后藏统治时期更加繁重，名目也更繁多。因此，全察儿黐卡就有 24 户差巴因无法支付差役而破产逃亡。正如老差巴多吉才仁所说："自察儿黐卡支差开始，就好像给一匹马备了两副鞍具一样，一副是前藏噶厦政府的，一副是后藏札什伦布寺的。"

自藏历 1930 年（铁马年）起，察儿黐卡的乌拉差役就越来越重，黐卡的差巴们生活在水深火热之中，如：康·努布在他的祖父时曾借了高利贷者的 1 魁青稞，因当时无力偿还，这样利滚利，经过祖孙三代人都无法还清，到了康·努布时连本带利已达到 200 魁的债务了。最终还是无力偿还，被逼得流落他乡。又如：差巴卡长巴，1940 年修雅鲁藏布江堤时，因家无劳动力，只有其母一人，如果卡长巴不去支这项差，那么就得出藏银 100 两去请人支差。可他家一贫如洗，最后不得不携母离家逃亡。像康·努布、卡长巴这样贫穷的农奴何止他们两家；倒葬在支差路上，惨死在农奴主的酷刑下的也是不少的。他们连人身自由都没有。最后用差巴们常唱的一首歌谣来表达他们苦难的一生吧：

"赶驴的比驴好，因为身上不疲劳。毛驴身上累，心里真逍遥。"

三、黐卡的司法制度

1. 民事诉讼制度

凡是差巴之间吵架、打架者，有理的一方可以向黐堆上诉，并带哈达 1 条献给黐堆，由黐堆传来被告，经当事人双方辩理，尔后，不论有理无理，双方都坐牢一夜，第二天有理一方被释放，无理者则要被打 40 至 50 皮鞭。如果无理者事先向黐堆送去藏银 10 至 25 两、鸡蛋 20 个，哈达 1 条，则可以免刑释放。

2. 工头、更保和差民间的民事处理

工头有权力打差巴而不受任何惩罚。更保无权力打差巴。如果更保和差民吵架，黐堆不问谁是谁非只把差民打一顿。但若差民向谿堆送去藏银2、3两、哈达1条则可以免遭毒打。

3. 民事自断法

差民之间若发生纠纷，可以找第三者做中人解决，但要向谿堆汇报，谿堆不加干涉。只是警告说"今后不许再犯，好好支差"等语。

处理这种民事纠纷，做中人的第三者则要向谿堆送礼，若不送礼，一旦被发现，谿堆就要把闹事双方和第三者中人毒打后投入牢中，这就要花费许多钱财才能免刑出牢。

4. 人命案件的处理

如有凶杀案件，凶手被捕后打入狱中，并处以200皮鞭的毒打，尔后，送往堪厅处以无期徒刑。

凶手若能上下贿赂有关人员，那么可以减刑，但这笔开支极大，非家产丰厚者不行。

5. 差民间的债务处理

差民之间债主向借债人索还时，若借债人不还或无力偿还时，债主可以向谿堆上告，谿堆责骂一顿之后，让借债人找一保人保证，让借债人限期还清。

6. 差巴借谿堆和札什伦布寺的债务处理

差巴若借了谿堆或札什伦布寺的债而无力还清者，可以适当延期，延期后再还不清者，谿堆就能收差巴的全部差地，或长期无代价地为谿堆当佣人。当佣人或差地被没收，仍要支付一切差役。

7. 再婚案件处理

已成婚的夫妻，如果男方再婚，新妻则要被谿堆鞭打50至100皮鞭，并且不让同居。若新妻给谿堆送去藏银1两，则可以少打10皮鞭；如果新妻给谿堆送去许多礼物，那么新妻就可以和丈夫同居，这样一夫就可以有二妻或者多妻。

谿堆强奸妇女不受任何制裁。若有了私生子，被堪厅知道后，也常常被弄得家破人亡。

8. 对通奸女方的处理

对通奸女方生下私生子者，被罚以藏银半藏两，男方半藏两，并让女方背上一背青草，由奸夫带头，一起去洗喇嘛街，洗完之后，还要送给该喇嘛寺糌粑2魁，茶1壶，酒1壶，哈达1条。

9. 家庭分居处理

若有分家者，家庭的一切财产按十抽一的办法交给谿堆。如不够十成者，依财产折价，仍按十抽一的办法，把银交给谿堆。

10. 偷窃案件处理

小偷被捕后，首先由谿堆审问小偷前后所偷的东西是多少，合伙者是谁，然后打100皮鞭，投入牢狱，由谿堆派人再去捕合伙者，被捕之后受皮鞭刑，然后再投入牢狱关15天，没收所偷的东西，归谿堆所有，不退还失主。15天一到，把小偷一伙提出来再打100皮鞭，曰："释放鞭"，打完之后便可释放。

若偷了上层人物家的东西，抓住小偷后，所偷的东西可以不退，打100皮鞭便可以释放。

11. 抢劫案件处理

被抢者可上告到谿堆处，谿堆派人寻捕，把抢劫者捕到后，打100皮鞭，所抢的东西全部由谿堆没收。如有已经出卖的赃物也要派人追回没收，全归谿堆。

四、豁卡的婚姻

（一）婚姻

民主改革以前的察儿豁卡的劳动妇女，处在社会的最低层，受着政权、族权、神权、夫权的几重压迫。无论在政治上，还是在家庭里根本没有她们的地位。这里和西藏其他地方一样，婚姻多是父母包办的。当然，首先是受领主包办，然后才是父母的包办。农奴结婚要征得主人的同意，并向主人送许多财礼。如果男女双方的任何一方不是察儿豁卡领主的农奴，也就是说男女双方属于对方两个领主，那么就更困难了，女农奴要嫁到另一个豁卡的男农奴那里，就要想方设法贿赂男方的主人，使男方主人让一个农奴给女主人作抵偿，这样才能成婚。

子女婚事，子女本身是没有权利的，尤其是女子，往往在婚礼的那天才知道夫婿的面容是怎样的，这种旧式婚姻，有许多约束和许多不合理的地方，这些婚姻礼俗是千百年来的奴隶社会、封建社会所形成的。

贵贱不能通婚。农奴的子女绝对不能和农奴主的子女通婚。考虑对象首先是门当户对。对方的财产、地位、权势是衡量一桩婚姻成功与否的标准。如果是哪位农奴主的儿子或女儿看上了哪个农奴的女儿或儿子，因为地位的悬殊，最终也是各奔东西，使有情人难成眷属。在察儿豁卡，无论是已成婚的或将要成婚的，他们双方都是门当户对的，所以不存在地位财产等方面的悬殊。

察儿豁卡也和西藏其他地方一样，禁止近亲结婚，父母亲属绝对不能结婚，母亲亲属也必须要在四代以后方能通婚。

由于没有婚姻自由，青年男女得不到自由恋爱成婚的权利，给社会、家庭带来了严重后果。因为年轻人得不到婚姻自主的权利，有的私奔，有的自杀，有的还会因此而引起情杀。有时还会出现抢婚、骗婚等情况。尽管如此，无论是贫民差巴，还是有钱的人家，在为子女订婚到结婚都有着一套婚姻程序。

求婚：求婚者带着哈达到对方家里正式提出求婚，在求婚之前要请占卜师为男女双方卜算属相。这是必须经过的第一道手续。

订婚：经过求婚后，如果双方同意，便择黄道吉日，由能文善诗的人起草婚约证书，一式两份，由男女双方收藏。订婚这一天由男方父母带上酒、哈达去向女方父母致意，并征求女方父母的意见，如无意见，就算婚事成功了。

结婚：从双方家庭的经济条件论，在举行结婚仪式的前一天，由男方向女方送一些彩礼，有的是给女方做一身漂亮的衣服以及首饰等礼物。如家境贫寒的，没有什么名贵的礼物可送，无论如何也要送给女方一双鞋帮、帮典、哈达等。迎亲时，男方要请一位德高望重的人，带上人马及礼物前往女方家迎接新娘。在迎接队伍到达之前，女方要举行告别仪式，女方开始哭嫁，表示对爹娘的依恋。迎接队伍到达之后，把一支彩箭插到新娘的背上表示新娘已属于男方，这时女方哭着告别父母、兄弟姐妹、同伴好友。随着男方的迎亲队伍来到男方家，接着便是拜佛献哈达敬酒等仪式，男方主人对参加婚礼的客人献哈达敬酒，表示感谢。之后，新郎新娘进入洞房，别的客人尽情吃喝玩乐，载歌载舞，一直延续一两天。

婚后3天，新娘带着新郎回娘家探望父母，这和汉族的"回门"差不多，一对新人在娘家住几天后回到夫家，结婚仪式才算结束。

（二）婚姻制度

民主改革以前的察儿豁卡的婚姻，绝大部分是一夫一妻制。但是还保留了某些原始的痕迹，表现在一夫多妻、母女共夫、一妻多夫、父子共妻等现象。

1. 一夫一妻制。在察儿豁卡占绝大多数，占全豁卡的80%。

2. 一妻多夫制的家庭，表现在兄弟共妻，绝大多数是同胞兄弟共妻，这样一般是3、4个兄弟共妻。一妻多夫的家庭一般对差巴来说，是为了减少乌拉差役，避免劳动力分散，影响农耕畜牧。作为丈夫和几个兄弟和他们的父母来说，也希望家庭兴旺，使夫妻间、兄弟间和睦相处。这样的妻子会受到他们尊敬的。一妻多夫在察儿豁卡共有3户。在有财产的家庭里的一妻多夫，是为了使财产不被分散，以免削弱家庭的势力。

3. 一夫多妻制。一夫多妻主要在有权有财的贵族中流行，这同内地的有钱人的三妻四妾性质相同。

在贫苦差巴中也有一夫多妻的现象，这主要表现在姐妹几个共招一个丈夫进门。原因是家中缺少男劳动力，姐妹共招一个丈夫来主持家里的生产劳动，使家庭兴旺发达，这种姐妹共夫的家庭，察儿豁卡只有1户。

还有一夫多妻的现象是母女共夫。多数是母亲死了丈夫后再改嫁，前夫的女儿还未成人，母亲招了个青年丈夫来支撑这个家庭，女儿长大了也就和继父同居，成了夫妻，这样的家庭在察儿豁卡只有1户。

父子和朋友共妻的现象在察儿豁卡没有。

以上调查的几种不合理的婚姻制度，在民主改革以后基本上已不存在了。民主改革以后，察儿豁卡人民得到了彻底解放，妇女在政治上、生活上、婚姻等方面的地位都发生了变化。实行一夫一妻制，实现了自由恋爱。她们开始了新的生活。

五、豁卡十户家庭调查

（一）贫苦农奴桑珠

1. 家庭人口及历史

家庭人口：

姓名	性别	年龄	与户主关系	婚姻	劳动情况
桑珠	男	68	户主	一夫一妻	农业劳动
卓呷	女	65	妻	一夫一妻	农业劳动
郭解	男	28	子		放羊
才登卓玛	女	21	女儿		务农、家务

家庭主要成员历史：

（1）桑珠：祖父名叫桑道，是堆穷。父名扎西士达，在豁卡管理马匹。桑珠8岁时，父亲去世。13、14岁时，母亲诺宗从谿卡领得了$\frac{3}{8}$岗的土地，成为差巴。母子共同劳动，有时当短工。24岁时，桑珠娶卓呷为妻，直到如今。

（2）郭解：从16岁给本村斋康家当长工，约4、5年后，又给彭康和宗顿巴等家当长工，约6年，直到民主改革时为止。

2. 改革前后生产资料的占有

（1）土地

	岗数	下种数	产量	备注
民改前	$\frac{1}{2}$	15 克 10 升	21 克 10 升	其中有些休耕
民改后		10 升		共计 16 克

（2）房屋

民改前：人住3间1柱，牲口圈2间无柱。

民改后：照旧。

（3）牲畜

名称：	黄牛	奶牛	小牛	驴	犏牛	山羊	绵羊	鸡
民改前	1							3
民改后		1	2	$\frac{1}{3}$	$\frac{1}{4}$	7	12	

（4）农具

名称：	铧	铧架	轭	锨	锄头	锯	小锄头	镰	皮筛	袋	割草刀
	1	1	1	2	1	1	2	2	2	3	
民改后分得：	$\frac{1}{12}$									1	$\frac{1}{6}$

（5）民主改革时分得的其他物品：

垫子1个，火炉架1个。

3. 两年的收支

收入情况：

（1）农业收入

项目	下种数	产量	折青稞	备注
青稞	5 克	21 克	21 克	遭虫灾
豌豆	7.5 升	5 升	5 升	遭虫灾
菜子	2.5 升	2.5 升	2.5 升	遭虫灾
小麦	2.5 升	15 升	15 升	
萝卜	1 升	2 驮	10 升	
草		10 驮	2 克	

共计：24克12.5升。

（1958年、1959年两年收入大致相同）

（2）长工收入

长工1年，放牧，工资为7克10升，伙食20克（每年给些旧衣物，折3克）共计：30克10升

（3）副业收入

项目	数量	折青稞	备注
鸡蛋	30 个	10 升	每个 1 两
刺柴	20 背	1 斗 6 升	
牛粪	14 驮	1 斗 8 升	
扫把	6 把	2 升	

共计：3 斗 6 升

一年总收入共计：57 斗 18.5 升。

支出情况：

（1）生产投资

项目	数量	折青稞	备注
种子	5 斗	5 斗	包括青稞、小麦等作物。
肥料	100 驮	2 斗	
草料	10 驮	2 斗	
修农具费		7.5 升	包括匠人的伙食。

共计：9 斗 7.5 升

（2）生活支出

项目	数量	折青稞	备注
青稞	60 斗	60 斗	豌豆包括在内。
小麦	15 升	15 升	
青稞酒		15 斗	
茶	4 块	2 斗	
盐	8	15 升	
碱	1	1 升	
辣椒		1 升	
刺柴	20 背	1 斗 6 升	
牛粪等	14 驮	1 斗 8 升	
鼻烟		1 升	
藏袍	3 件		
上衣	3 件	3 斗	
裤子	3 条		
靴子	12 双	3 斗 10 升	
修房费	1 天	2.5 升	
买旧具		1 斗 5 升	
船费		10 升	

共计：75 斗 9.5 升。

（3）宗教开支

经幡、布施等共计 10 升。

一年总支出共计：85 斗 7 升。

每年超支 27 斗 8.5 升。

450

4. 差役、乌拉、债务

（1）内差

月份	项目	数量	人日	畜日	折青稞	备注
1 月	垫圈		3			
	堆刺柴		15			
	草差	300 斤			2 尅 5 升	
2 月	砍种树		3			
	修水渠		6			
	出肥		6			
	浇地		5			
	运肥		8			
3 月	浇地		8			
	播种		14	7		
	打畦		7			
	修水库		8			
4 月	出塘泥		3			
	修水库		10			
5 月	浇地		8			
	锄草		12			
6 月	拔草		8			
	垫圈		5			
	马草差	3 斤			3 升	

（1 至 6 月共 133 人日，7 畜日，折青稞 8 尅 15 升）

月份	项目	数量	人日	畜日	折青稞	备注
7 月	运青草		3			
	晒青草		12			
8 月	割青稞		12			
	运青稞		13			
	割青草		4			
9 月	打场		8			
	耕地		5	10		
10 月	牛粪差	35 斤			15 升	
11 月	垫圈		3			
其他	喂牲口		12			
	送牛粪			12		
	运草			8		
	榨油		2			
	杂差		4			
	对分租				8 尅 16 升	
	租草差	20 斤			4 尅	
	肥料	13 筐			5 尅	

柏枝	3 斤
木炭	1.5 斤

1 升

7月以后共计70人日，33畜日折青稞13魁12.5升，全年实物差税共计16魁5升。

（2）外差

项目	数量	折青稞	备注
包垫	2魁4升	2魁4升	
肉差	1.5腔	3魁	
柴差	5斤	1魁	

共计：6魁4升

一年差役、乌拉等共折青稞44魁16.5升。

（3）债务

1959年：

债主及成分	借债人	数量	日期	利率	额外剥削
朗巴（代理人）	桑珠	8魁	3月	借七还八	每魁交1个鸡蛋
当钦巴（领主）	桑珠	3魁	3月	无利	每魁交1个鸡蛋
尼玛次仁（扎巴）	桑珠	1魁5升	4月	无利	

（二）贫苦农奴桑姆桃

1. 家庭人口及历史

姓名	性别	年龄	与户主关系	婚姻形式	劳动情况
桑姆桃	男	72	户主	一夫一妻	
才仁	女	63	妻	一夫一妻	家务
白玛登增	男	29	子	一夫一妻	农业劳动
吉普珠	女	26	媳	一夫一妻	农业劳动
经巴旺莫	女	20	女儿		农业劳动
卓呷	女	11	外孙女		

家庭及主要成员历史：

桑姆桃，据本人说，在他父亲时，家中生活富裕，所以他还能读书识字。后来因为乌拉差役太重渐渐地穷下来。他十几岁时，就开始从事农业劳动，直到56岁时被群众推举为更保①。3年后，轮到别人，再过3年，群众又推选了他，虽一再推辞，未能如愿，因为他识字。在两任更保期间，他曾挨过几次打，其中一次是由于侍候藏兵不周，一棒子打在他的腰上，到现在还有残疾。但是，他毕竟吸吮过劳动人民的血汗，在民改中，作为教育的对象。白玛登增，现年29岁，从小放牧牛羊并种地。24岁时，与同村一妇女相好，因故曾逃亡过，靠当小工和砍柴卖给解放军赚钱为生。后来又回到本村。

2. 改革前后生产资料占有情况

（1）土地

	岗数	下种数	产量
改革前	1 $\frac{1}{2}$	32魁17升	272魁

---

① 察儿当时划为4组，每个组1个更保，3年1换，由群众推荐，黪本任命。

改革后　　　　照旧
（2）房屋

	人住	牲口圈
改革前	8 间 11 柱	6 间 8 柱
改革后	照旧	照旧

（3）牲畜

	奶牛	黄牛	马	驴	牦牛	小牦牛	山羊	绵羊	鸡
民改前	3	4	$\frac{1}{2}$	3			20	42	3
民改后					1	1			

（4）农具

	铧	锹	铧架	锄头	小锄头	耙	割草刀	木耙
民改前	1	1	3	3	4	1	2	3

	铁筛	皮筛	筐箩	斧子	织布机	油房	口袋
民改前	1	4	2	2	1	1	13

民改后　　照旧

3. 一年的收支情况

收入情况：

（1）农业收入

1959 年项目	下种数	产量	折青稞
青稞	20 魁	160 魁	160 魁
豌豆	7 魁	38 魁	38 魁
菜子	1 魁	8 魁	8 魁
小麦	1 魁	5 魁	5 魁
萝卜	7.5 升	8 驮	4 魁
草		840 斤	210 魁

共计：425 魁。

1958 年项目	下种数	产量	折青稞
青稞	20 魁	110 魁	110 魁
豌豆	7 魁	5 魁	5 魁
菜子	3 魁	1 魁	1 魁
小麦	2 魁	13 魁	13 魁
萝卜	4 升	4 筐	2 魁
草		640 斤	135 魁

共计：266 魁。

1959 年与 1958 年平均产量是 325 魁 10 升。

按：1959 年的下种数、1958 年的下种数和这两年的总产量的下种数和总产量不符。经再三询问，户主说："过去没有量过，是估计数。"所以未能得出圆满的结果。其他各户亦有类似情况，在此一并说明，不另一一加注。

（2）副业收入

牲畜繁殖：

名称	1959 年	1958 年	1957 年	折青稞	备注
奶牛	1（生 2 活 1）	（生 1 死 1）	（生 2 死 2）	2 魁	
山羊	4	2	2	2 魁	
绵羊	8	1	3	3 魁 12 升	

共计：7 魁 12 升。

年平均 2 魁 10 升。

其他收入：

项目	数量	折青稞	备注
酥油	40 两	5 魁	
羊毛	1 袋	6 魁	
鸡蛋	40 个	1 魁	
奶渣	6 筒	15 升	
牛粪	60 驮	5 魁	
刺柴	30 驮	2 魁	每驮 4 两藏银

共计：19 魁 15 升

一年总收入共计 713 魁 3 升。

支出情况

（1）生产投资

项目	数量	折青稞	备注
种子	32 魁 17 升	32 魁 17 升	
肥料	1920 驮	38 魁 8 升	
草	840 斤	210 魁	喂牲口
料	5 魁	5 魁	
修农具费	1 魁	1 魁	工匠的伙食在内
雇工	7 天	1 魁 15 升	雇工伙食在内

（2）生活支出

项目	数量	折青稞	备注
青稞	120 魁	120 魁	包括豌豆在内
小麦	3 魁	3 魁	
青稞酒		108 魁	
茶	28 块	14 魁	
盐	7 魁	7 魁	
碱	2 魁	2 魁	
肉	8 个腔	20 魁	
酥油	35 两	4 魁 7.5 升	
辣椒	3 升	10 升	
油菜子	60 魁	10 魁	
火柴	1.5 包	4 升	1 包 12 小盒
牛粪	60 驮	5 魁	

刺柴	30 驮	2 尅	
增买用具	11 个	3 尅	主要买陶器
藏袍	10 件	50 尅	
羊皮袍	1 件	2 尅 10 升	
上衣	5.5 件	11 尅	
裤子	11 件	22 尅	
靴子	24 双	12 尅	
帽子	10 顶	3 尅 15 升	
船费		1 尅 10 升	

共计：401 尅 16.5 升。

（3）宗教支出

项目	数量	折青稞
房顶经幡	30 两	10 升
柏树枝	1 袋	3 升
布施	10 人	7.5 升

共计：1 尅 0.5 升。

一年总支出共计：681 尅 17 升（差、乌拉、债除外）每年结余 36 尅 18 升。

4. 差役、乌拉、债务

（1）内差

月份	项目	数量	人日	畜日	折青稞	备注
1 月	刺柴差	190 斤	6	75	1 尅 7 升	人、畜、日
2 月	出肥		3			统一另算。
	砍树		4			
	种树		2			
	浇地		7			
	送肥		13			
	耕地		8	13		
	修水渠		3	16		
	鞣皮子		1			
	粪差	30 驮				
	木炭差	1 斤			12 升	
	浇水		8	20	2.5 升	
3 月	耕地		30			
	捡石子		2			
	打畦		7			
	选种		1			
4 月	送粪		2	10		
5 月	锄草		30			
	浇地		7			
	剪羊毛		4			

项目	数量	人日	畜日	折青稞	备注
6月 拔草		30			
修房子		2			
垫圈		18	18		
马草差	10斤			2斤	
酥油差	20两			2斗10升	
牛角差	4两				黄牛等牲口的差交酥油，每只交1两

共计：189人日，77畜日，折青稞16斗12.5斤。

计算说明：①人、畜日同等折算；②因春夏日活儿轻，按当地群众雇短工习惯，每日1筒巴工资，伙食在外；③缴实物差税的项目，此处不单算，全年一起计算。

项目	数量	人日	畜日	折青稞	备注
7月：青草差	90斤	2	10	1斗	
割草差	6				
晒草差	4				
8月：割青草		20			
运青草		16	4		
守场		3			
打场		11			
装仓		3	8		
9月：牛粪差	40斤	6	4	10升	
耕地		6	12		
对分租	16斗			16斗	
租草差	36斤			7斗	
其他：喂牲口		30			
柏枝差	4斤			10升	
榨油	5斗	7			
磨青稞	8斗	4	3		
刷墙		1		1	

共计：119人日，43畜日，折青稞20斗5升。

计算说明：因秋季农活较繁重，按当地雇短工习惯，每日工资1筒巴，伙食除外。

全年实物差税共计28斗6.5升。

此外，桑姆桃家中共有1岗半地，以上只是半岗地的内差，其余1岗地的内差是派一个人到黠卡去放牧牲畜。按当地习惯工资应得6斗，伙食费按24斗计算。

（2）外差，藏语"其差"

项目	数量	人日	畜日	折青稞	备注
京珠	6斗			6斗	
邦珠	18升			18升	
地租	39斗7升			39斗7升	
包热	4斗5升			4斗5升	
肉差	6.5腔			13斗	

柴差	21 斤		4 尅
油差	5 升		1 尅 10 升
银差	18 品		11 尅 15 升
运草		10	30

共计：85 尅 5 升。

（3）兵差

察儿的兵差按岗数分类，共 3 种，一是 8 岗地出 1 个兵，一是 6 岗地出 1 个兵，一是 4 岗地出 1 个兵。桑姆桃是属于 8 岗地出 1 个兵的一类。桑姆桃每年要出：

兵费	3 品	2 尅半青稞
衣服	20 两	7 升

共计：2 尅 17 升

（附：在兵差出发时，各户共给兵差：

衣服	1 全套	15 尅
马具	1 全套	7 尅
伙食	3 个月	20 尅

共计 42 尅，当时桑姆桃有 2 尅地，所以摊 $\frac{1}{4}$。）

全年内、外、兵差共计：183 尅 16 升。

（4）债务（1959 年）

债主	债主成分	借债人	数目	利率	手续	额外剥削
朗巴	代理人	桑姆桃	15 尅	借七还八	找保写契	每尅交 1 个鸡蛋
彭康	富裕农奴	桑姆桃	5 尅	无	无	
当钦巴	领主	桑姆桃	28 尅	无	找保写契	共交 5 个鸡蛋
喜热纳甲	普通扎巴	桑姆桃	20 尅	无	写契	

（三）贫苦农奴明吉

1. 家庭人口及历史

家庭人口：

姓名	性别	年龄	与户主关系	婚姻形式	劳动情况
明吉	女	48	户主	一夫一妻	农业劳动
热布解	男	17	子		放牧
白玛	女	13	女儿		
赤来	男	11	子		

家庭及主要成员历史：

明吉的母亲叫纳甲，是谿卡的堆穷。小时给谿卡当了一个时期的佣人后，领得了 4 尅多的"登地"。自种自吃，不够时借点债填补。明吉自小在家与母亲共同劳动，有时给人当短工。近些年来先后给谿卡当了 1 年零 6 个月的佣人，与差巴诺布结婚，共生 4 个小孩。大儿子巴甲 15 岁时去挑布甲给领主德朗巴当佣人，至今 6 年。

热布解，民改前给宗顿琼达家放了两年牛羊，后又给彭康家放牛。改革后，分了土地，已回家种地。

2. 民改前后生产资料的占有

（1）土地：民改前，4 魁 5 升 产量 15 魁；民改后，12 魁（包括原有的 4 魁 5 升在内）

（2）房屋：民改前，4 间 3 柱（借住黏卡的）；民改后，房权归自己了。

（3）牲畜：

	奶牛	母牦牛	犏牛	驴	牦牛	山羊	绵羊
民改前原有	2						
民改后分得		1	2/5	1/3	3/4	5	10

（4）农具

	镰	锹	小锄刀	木耙	皮筛	铧	铧架	轭
民改前	2	2	2	2	2			
民改后分得						$\frac{1}{2}$	1	1

（5）改革中分得其他物品

茶桶 1，奶桶 1。

3. 一年的收支情况

收支情况

（1）农业收入

项目	产量	折青稞
青稞	15 魁	15 魁
萝卜	5 袋	3 升
草	8 袋	16 升

共计 17 魁 4 升

（2）当雇工收入

工种	时间	工资	伙食	共计	备注
长工	1 年	5 魁	20 魁	28 魁	衣服等折 3 魁
短工	4 月	5 魁	10 魁	15 魁	

共计 43 魁

（3）副业收入

项目	数量	折青稞
牛犊	2 头	3 魁 14 升
酥油	1 魁	2 魁 10 升
奶渣	5 升	5 升
牛粪	5 驮	10 升
刺柴	50 背	3 魁 7 升

共计：10 魁 6 升。

一年总收入为：70 魁 10 升。

支出情况

（1）生产投资

项目	数量	折青稞	备注
种子	4 魁 5 升	4 魁 5 升	

肥料	60 驮	1 魁 2 升	
请工耕地	4 天	2 魁 10 升	1 人 2 畜加农具种 1 天地，换 5 个人工。

共计：7 魁 17 升。

（2）生活支出

项目	数量	折青稞
青稞	80 魁	80 魁
项目	数量	折青稞
青稞酒	8 魁	8 魁
茶	6 块	3 魁
酥油	1 魁	2 魁 10 升
盐	1 魁 5 升	2 魁 10 升
碱	5 升	2.5 升
油	5 升	1 魁 5 升
糖	3 块	3 升
萝卜	5 筐	3 升
小麦		1 魁
牛粪	5 驮	10 升
刺柴	50 背	3 魁 7 升
藏袍 上下衣	8 件	5 魁
靴子	9 双	5 魁
买皮子	10 张	2 魁 10 升（做皮袄）
买陶器	5 个	1 魁 13 升

共计：120 魁 13.5 升。

一年支出共计 128 魁 3.5 升，每年超支 67 魁 13.5 升。

4. 差役、乌拉

内差：

5 月：	剪羊毛	14 人日	17.5 升
7 月：	拔草	5 人日	12.5 升
其他：	奶牛差 1 魁酥油		2 魁 10 升
	租草差 8 斤		1 魁
	地租		6 魁 10 升

共计：11 魁 10 升

（四）贫苦农奴却配

1. 家庭人口及历史

却配的父亲名叫扎西诺布，是差巴，已死 3 年，现由却配的姐姐才仁卓呷持家，却配从小身体不好，经常晕倒，人们说是中了"当迟邪"（指从天上下来的阴影），要到扎西宗呷去，用那儿"出"的泉水洗身体，才能好。为了就近洗涤，所以却配 8 岁时就去扎西宗呷的却宗日出寺当了小扎巴。在寺中，除了给上层喇嘛倒茶，扫地外，平时还给群众念念经或缝缝衣服，赚点吃的。寺中共有 8 个喇嘛，属于札什伦布寺。41 岁请假还俗，在当地靠当裁缝、打短工或给别人念念经等度日。去年回到豁卡，在民主改革中分得了土地、牲畜等生产资料，单独立了 1 户。现年 44 岁。

2. 改革前后生产资料的占有

（1）土地：民改前：无；民改后：5 克。

（2）房产：民改前：无；民改后：人住 1 间 2 柱。牲口圈 1 间 2 柱

（3）牲畜：

犏牛	牦牛	驴	母牦牛	小牛	山羊	绵羊
民改前：无						
$\frac{1}{3}$	$\frac{1}{6}$	$\frac{1}{4}$	$\frac{1}{2}$	$\frac{1}{4}$	2	3

（民改后）

（4）农具：

铧	锹	小锄刀	镰	筐	袋	锄头	割草刀
民改前：无							
$\frac{1}{5}$	$\frac{1}{2}$	1	1	1	1	$\frac{1}{6}$	$\frac{1}{4}$

（民改后）

3. 一年的收支情况

（1）收入

项目	数量	工资	折青稞	备注
短工	24 天	1 魁 17 升	1 魁 17 升	供伙食
裁缝		3 魁 5 升	3 魁 5 升	
念经	40 天	3 魁 10 升	3 魁 10 升	
拾牛粪	4 驮		10 升	
砍树	10 驮		20 升	

共计：10 魁 2 升。

（当喇嘛时，每年有 18 魁薪金，念经可得 10 魁，当裁缝可得 3 魁。）

（2）支出

生活开支：

项目	数量	折青稞	备注
青稞	23 魁	23 魁	
小麦	3 魁	3 魁	
大米	2.5 升	5 升	
茶	14 块	13 魁 15 升	
盐	5 筒巴	12.5 升	
碱	2 筒巴	2.5 升	
肉	1 腔	2 魁 10 升	（当扎巴时，每年有 2 羊腔，1/4 牛腔。）
辣椒	10 两	5 升	
酥油	1 魁	3 魁	
糖		5 升	
油		1 魁 10 升	
牛粪	7 驮	17.5 升	
朗马、白马	2 驮	5 升	

火柴	1 包	2.5 升
藏袍	2 件	2 尅
衣裤	2 件	1 尅
靴子	2 双	1 尅 10 升
卧具		3 尅
买用具	4 个	7.5 升
房费		1 尅 5 升

共计：58 尅 12.5 升

宗教支出：

佛灯油	1 小壶	15 升
布施		17.5 升

共计：1 尅 12.5 升

一年总支出共计：60 尅 5 升，每年超支 50 尅 3 升

4. 差役、乌拉等

因是堆穷，没有土地，所以差役、乌拉不多，也借不着债。

(1) 送信等每年约 20 天。⎫
(2) 割青草或修堤等 4 天。⎭共折青稞 3 尅

（五）贫苦农奴名玛琼吉

1. 家庭人口及历史

名玛琼吉，女，71 岁，察儿豁卡人，是一位孤老太太。父亲名叫顿珠，是铁匠出身，替农民打造农具及细小的生活日用品，并做短工以维持生活。名玛琼吉从小跟随父亲流浪，后来父亲在察儿落了户，名玛也就成了察儿人了。在名玛 20 岁时，父母先后去世，丢下了名玛一人，她给差巴当雇工，有时也讨些糌粑，孤孤单单生活到现在。在民主改革中，不但分得了粮食、用具，而且分得了土地、牲畜等生产资料。民改结束以后，还参加了互助组，从此再也不受饥寒的威胁，真正体会到人间的温暖，她从心眼里感激共产党和毛主席。

2. 民改前后生产资料的占有情况

(1) 土地：民改前：无；民改后：2 尅

(2) 房屋：民改前：1 间无柱；民改后：照旧。

(3) 牲畜

	奶牛	牦牛	犏牛	驴	山羊	绵羊
民改前	无					
民改后	1	$\frac{1}{2}$	$\frac{1}{6}$	$\frac{1}{3}$	1	3

(4) 农具

	犁	犁架	锹	割草刀
民改前：	无			
民改后：	$\frac{1}{3}$	$\frac{1}{3}$	$\frac{2}{5}$	$\frac{1}{5}$

（5）民改中分得的其他物品

名称：	青稞	糌粑	豌豆	菜子	垫子
数量：	6 剋	2 剋 5 升	2 剋 10 升	2 剋 10 升	$\frac{1}{2}$

3. 一年的收支

收入情况：

（1）雇工收入

秋工 1 个半月，春夏工 2 个月，工资为 9 剋 7.5 升，伙食 9 剋 7.5 升，共计 18 剋 15 升。

（2）副业收入

牛粪 24 驮，折 2 剋青稞；刺柴 12 驮，折青稞 2 剋 8 升。

一年总收入共计 21 剋 3 升。

支出情况：

（1）生活支出

项目	数量	折青稞	备注
青稞	24 剋	24 剋	
小麦		5 升	
土豆		5 升	
青稞酒		6 剋	
茶	8 块	4 剋	
盐	2 剋	2 剋	
碱	6 筒巴	7.5 升	
肉	1.5 羊腔	3 剋 15 升	
酥油	1 剋	2 剋 10 升	
油	3 升	15 升	
火柴	1 包	3 升	
牛粪	24 驮	2 剋	
刺柴	12 驮	8 升	
外衣	2 件	3 剋	多半是给别人当雇工时讨的旧衣物等。
上衣 } 裤子 }	4 件	3 剋	
围腰	2 条	2 剋	
鞋子	3 双	1 剋 10 升	
帽子	2 顶	10 升	
颜料	3 升	8 升	
手套	2 副	2.5 升	
增买用具	6 个	1 剋 10 升	

共计：58 剋 9 升

每年超支 37 剋 6 升。

4. 差役、乌拉

因为是堆穷，所以没有什么差役、乌拉。又因无地、无财产，所以别人也不借给债。只给黠卡支3至5次差。

6月：剪羊毛，14人日 ⎫

7月：割草，20人日 ⎬ 共折3魁15升。

4月：挖野菜，6人日 ⎭

（六）贫苦农奴诺宗

1. 家庭人口及历史

家庭人口：

姓名	性别	年龄	与户口关系	婚姻形式	劳动情况
诺宗	女	52	户主	一夫一妻	农业劳动
德吉旺莫	女	19	女儿		农业劳动
巴甲	男	17	子		扎巴
达娃桑德	男	14	子		放牧
才仁旺莫	女	9	女儿		
才仁诺布	男	6	子		

主要成员历史：

诺宗，原是彭康家的女儿，与本村差巴扎西结婚，后因扎西另娶一妻，二人不和，诺宗和扎西只同居一年即分开另过，成为堆穷。平时诺宗给自己娘家干些活，娘家给一小块地当作工资，此外还给别人当短工，住房也是向娘家借的，以后与旺堆才仁同居，生下了4个孩子，与挑布甲同居生了1个女儿德吉旺莫。但诺宗并未与他们生活在一起，而是靠自己劳动，另外两个大孩子给别人当佣人。

2. 改革前后生产资料的占有：

（1）土地：民改前，无；民改后，24魁。

（2）房屋：民改前，1间2柱；民后改，照旧。

（3）牲畜

	奶牛	犏牛	小牦牛	马	山羊	绵羊
民改前	2					
民改后		1	2	$\frac{1}{2}$	11	12

（4）农具

	锨	镰	锄头	小锄刀	皮筛	织布机	犁	犁架
民改前	2	2	1	2	1	1		
民改后							$1\frac{1}{5}$	$\frac{1}{3}$

（5）在民改中得益情况

项目：	青稞	糌粑	小麦	豌豆	菜子	桌子	铜锅
数量：	6魁	10升	5升	15升	5升	1	$\frac{1}{2}$

3. 一年收入情况

收入情况：

（1）农业收入

项目：	下种数	产量	折青稞	备注
青稞	2 魁 12 升	18 魁 7 升	13 魁 17 升	土地是给别人当佣人的工资地
萝卜	2	2 袋	5 升	
草		16 升	7 升	

共计：14 魁 9 升。

（2）当长工：雇工的收入

姓名	年龄	劳动情况	伙食	工资	备注
夏吉	23	农、牧业	10 魁	3 魁	共计 35 魁 10 升
德吉旺莫	19	农	20 魁	2 魁 10 升	

（3）副业收入

项目	数量	折青稞	
酥油	2 魁	5 魁	
牛粪	18 驮	2 魁 4 升	共计 30 魁 19 升
刺柴	5 背	7 升	
咬莫	15 驮	1 魁	
织氆氇	22 魁 4 升		

一年总收入共计：80 魁 18 升。

4. 支出情况

（1）生活支出

项目	数量	折青稞
青稞	110 魁	11 魁
小麦	16 筒巴	2 魁
青稞酒		12 魁
茶	12 块	12 魁
盐	15 筒巴	1 魁 10 升
碱	2 筒巴	2.5 升
酥油	6 升	1 魁 10 升
火柴	12 两	5 升
藏袍	10 件	15 魁
上衣	6 件	3 魁
靴子	18 双	11 魁 5 升
围腰	4 件	3 魁
颜料	100 两	1 魁 15 升
帽子	4 顶	15 升

共计：177 魁 17.5 升。

（2）生产支出

项目	数量	折青稞
种子	2 魁 12 升	2 魁 12 升
肥料	60 筐	12 升

饲料　　　　16 驮　　　　3 魁

共计：6 魁 4 升

一年总支出共计：184 魁 1.1 升。

每年超支：99 魁 3.5 升。

5. 差役、乌拉

6 月：纺织　　14 人　　日　　折 1 魁 15 升

7 月：割草　　16 人　　日　　折 2 魁

奶牛差　　　　　　　　　　折 1 魁 10 升

共计：5 魁 5 升。

（七）中等农奴多吉家庭调查

1. 家庭人口及历史

家庭人口：

姓名	性别	年龄	与户主关系	婚姻形式	劳动情况
多吉	男	39	户主	一夫一妻	农业劳动
解吉	女	33	妻	一夫一妻	农业劳动
拉旺旺丘	男	7	子		
才仁陈达	女	2	女儿		

夫妇二人从小生活在察儿豁卡，直到目前从事农业生产劳动。除支差到过日喀则外，没有去过别处，也没有做过别的事情。

2. 改革前后生产资料的占有

（1）土地

	岗数	下种数	产量
民改前	$\frac{1}{2}$	11 魁 8 升	75 魁
民改后	照旧		

（2）房屋：改革前，3 间 5 柱（人住）。

（畜圈）3 间 2 柱；改革后，照旧。

（3）牲畜

	犏牛	牦牛	奶牛	驴	小牦牛	山羊	绵羊
	2	3	2	1		34	27
民改前							
民改后					1		

（4）农具

民改前：

铧	铧架	锹	锄头	斧子	木耙	小锄刀	镰刀
2	1	3	2	2	3	4	3

割草刀	耙	皮筛	簸箩	织布机	袋子	筐
3	1	3	1	1	10	1

民改后：照旧。

3. 一年的收支情况

收入情况：

（1）农业收入

1959 年	项目	下种数	产量	折青稞
	青稞	11 魁	75 魁	75 魁
	豌豆	2 魁	8 魁	8 魁
	菜子	10 升	3 魁	1 魁 10 升
	萝卜	2.5 升	15 袋	15 升
	草		120 袋	7 魁 10 升
	小麦	10 升	2 魁 10 升	2 魁 10 升

共计：95 魁 5 升。

（2）副业收入

牲畜繁殖情况：

名称	1959 年	1958 年	1957 年	折青稞
奶牛			1	5 魁
驴		1		5 魁
山羊	8	8		13 魁
绵羊	5（生 10）	3（生 13）		11 魁

共计：32 魁

年平均 8 魁

其他副业收入：

项目	数量	折青稞
酥油	2 魁	5 魁
奶渣	1 魁	2 魁
羊毛	24 团	6 魁
牦牛毛	3 团	2.5 升
牛粪	25 驮	1 魁 5 升
刺柴	8 驮	5 升

共计：14 魁 12.5 升。

全年总收入为 117 魁 17.5 升。

支出情况：

（1）生产投资

项目	数量	折青稞
种子	12 魁	12 魁
肥料	300 驮	7 魁 10 升
草	120 驮	7 魁 10 升
料	1 魁	1 魁
修农具费		7.5 升
雇工		18 魁 15 升

共计：39 魁 12.5 升

(2）生活支出

项目	数量	折青稞	备注
青稞	63 尅	63 尅	
青稞酒		45 尅	
小麦	6 尅	6 尅	
茶	24 块	18 尅	
酥油	1.5 尅	4 尅 7.5 升	
盐	24 筒巴	3 尅	
肉	5 腔	5 尅	
辣椒	1 升	2 升	
油	12 升	1 尅 4 升	
油脂		15 升	
碱		2.5 升	
鼻烟	30 两	10 升	
火柴	5 盒	8 升	
牛粪	25 驮	1 尅 5 升	
刺柴	8 驮	5 升	
藏袍	4 件	20 尅	
上衣	4 件	10 尅	
裤子	4 件	10 尅	
靴子	9 双	6 尅 15 升	
帽子	3 顶	3 尅 15 升	3 年 1 顶
羊皮袍	1 件	2 尅 10 升	2 年 1 件
衬衣	3 件	1 尅 10 升	
增买用具	5 件	1 尅	
渡船费		5 升	

共计：204 尅 4 升。

（3）宗教支出

项目	数量	折青稞
经幡	10 两	4 升
布施		15 升

共计：19 升。

一年总支出为：244 尅 15.5 升，每年超支 126 尅 18 升。

4. 差役、乌拉、债务

（1）内差

月份	项目	数量	人日	畜日	折青稞	备注
1 月	刺柴差	220 斤			1 尅	
	牛粪差	40 斤			7 升	
2 月	木炭差	1 斤			1 升	

月	项目	数量		折青稞	备注
	肥料差	12 驮		5 升	
	出肥	3			
	送肥	7	14		
	浇地	3			
	修水渠	7			
	砍树	3			种树在内
3 月	选种	3			
	浇地	3			
	耕地	6	12		
	播种	9	6		
	打畦	4			
4 月	播种	9	6		
	打畦	4			
	修坝	1			
	出塘泥	2			
5 月	锄草	7			
6 月	拔草	7			
	垫圈	7			
	积肥			10 升	
	马羊差	4 斤		1 升	
	柏树枝	4 斤		1 升	
	奶牛差	10 两		1 斗 5 升	

（1 至 6 月 85 人日，35 畜日，折青稞 7 斗 12.5 升。）

月	项目	数量		折青稞	备注
7 月	青草差	75 斤		14 升	
	晒草	2			
8 月	割青稞	7			
	运青稞	2	6		
	打场	12			
9 月	耕地				
	对分租	2 斗 2 升		2 斗 2 升	
10 月	牛粪差	40 斤		2 升	
其他：	喂牲口	48			
	磨青稞	2			
	榨油	2			
	磨面	2			
	粉刷墙壁	1			
	差	2			

7 月以后共计 82 人日，10 畜日，折青稞 11 斗 10 升。

全年实物差税共计：6 斗 9 升。

（2）外差

项目	数量	人日	畜日	折青稞	备注
地租	17 尅			19 尅	
包热	2 尅			2 尅	
京珠	2 尅 2.5 升			2 尅 2.5 升	
肉差	2 腔			1 尅 10 升	
柴差	8 斤			1 尅 10 升	
油差	12 升			3 尅 12 升	

共计：30 尅 4.5 升。

（3）兵差

藏银 8 品　　　　　　6 尅 7 升（作为服装伙食费用）

全年内、外：兵差、乌拉共计：6 尅 23 升。

（4）债务

债主	债主成分	借债人	数目	利率
旺丘	富裕农奴	多吉	14 尅	借七还八（1958 年）

额外剥削：因每年向他借债，所以让多吉无代价地替他种 2 尅地。

（八）中等农奴优甲

家庭人口及历史：

1. 家庭人口

姓名	性别	年龄	与户主关系	婚姻形式	劳动情况
优甲	男	55	户主	一夫一妻	农业劳动
才登	女	42	妻	一夫一妻	农业劳动
苏纳乃解	男	13	外甥		农、牧业
扎西巴登	男	31	外甥	一夫一妻	原是扎巴，民改后还俗
普布	男	19	妻妹	一夫一妻	

家庭及主要成员历史：

优甲的父亲是差巴，他的父亲除了干农活外，有时到附近山中去打猎。优甲 13 岁时父亲去世，只剩下他和母亲共同生活，4 年前（1956 年），母亲去世，生活情况无大变化。

优甲，13 岁时父亲去世，优甲就承担了家中的劳动，直到 25 岁。25 岁那年，摊上了兵差，被派往拉萨。在拉萨参加修筑诺布林卡中达赖的住房和"斋布其"兵营共 3 年。以后才发了枪支派往西康。当时部队名叫"塔当马呷"，共 800 人，由代本带领。到西康后，先后在昌都住了 7 年，这期间，多是参加修筑寺庙。另外，还去过德格等地 3 年。到 38 岁时，想回家了，当时有一个叫所巴塔解的人，愿意当藏兵，优甲与他谈妥了，代替自己，这样他前后共当了 13 年藏兵。回到察儿后继续种地。由于家中劳力少，所以每年需要雇一些短工和季工，折合约 1 个半长工。

2. 改革前后生产资料的占有

（1）土地

	岗数	下种数	产量
民改前	5/8	21 尅 4 升	111 尅

民改后　　　照旧

（2）房屋

	人住	牲口圈
民改前	2间2柱	2间2柱
民改后	照旧	

（3）牲畜

	黄牛	奶牛	小奶牛	小黄牛	驴	小牦牛	山羊	绵羊
民改前：	2	2	2	3	1		85	88
民改后：						2		

（4）农具，铧1个、铧架1个、锨3把、锄头2把、耙1把、斧子1把、割草刀2把、镰3把、小锄刀2把、木耙3把、簸萝1个、锯1个、轭1个，民改后照旧。

3. 一年的收支情况

收入情况：

（1）农业收入

1959年：

项目	下种数	产量	折青稞
青稞		106剀	106剀
豌豆		3剀	3剀
菜子		2剀	2剀
土豆		4升	2.5升
草		200袋	20剀

共计：131剀2.5升。

1958年：

项目	产量	折青稞	
青稞	40剀	40剀	
豌豆	2剀	2剀	因遭雹灾收成减少。
菜子	2剀	2剀	
草	30袋	3剀	

共计：47剀。

1959年与1958年平均产量是：89剀1.25升。

（2）副业收入

牲畜繁殖情况：

名称	1959年	1958年	1957年	折青稞
奶牛	1		1	2剀10升
山羊	15	21	11	11剀15升
绵羊	13	8	12	9剀8升

共计24剀3升。

年平均8剀1升。

其他副业收入：

项目	数量	折青稞	备注
酥油	20两	2剀	
奶渣		1剀	

绵羊毛		10 魁	
山羊毛		8 魁	
羊皮	15 张	6 魁 15 升	1 张折 5 升
鸡蛋	100 个	2 魁	
牛粪	200 袋	10 魁	20 袋折 1 魁
刺柴	120 捆	4 魁	15 捆折 1 魁

共计：43 魁 15 升。

一年总收入为：178 魁 2 升。

支出情况：

（1）生产投资

项目	数量	折青稞	备注
种子	21 魁 4 升	21 魁 4 升	
肥	2500 袋	25 魁	100 袋折 1 魁
草	200 袋	20 魁	
料		4 魁	
增、修农具		5 魁	
雇工	1.5 人	46 魁 5 升	
共计		101 魁 9 升	

（2）生活开支

项目	数量	折青稞	备注
青稞	60 魁	60 魁	
青稞酒		20 魁	
小麦	5 魁	5 魁	
大米		15 升	
土豆	4 升	11 升	
茶	20 块	20 魁	
盐	6 魁	5 魁	
碱	2 魁	10 升	
肉	15 腔	30 魁	
油	5 魁	4 魁	
辣椒	2 升	6 升	
糖	4 块	5 升	
酥油	20 两	2 魁	
酒曲子		1 魁	
奶渣		1 魁	
萝卜	8 袋	3 魁	
牛粪	200 袋	10 魁	
刺柴	120 捆	4 魁	
藏袍	3 件	24 魁	

羊皮衣	1 件	2 魁
裤子	3 条	3 魁
内衣	3 件	4 魁
靴子	9 双	6 魁
服装工资		10 魁
增买用具	5 个	2 魁

共计：217 魁 17 升。

（3）宗教支出

项目	数量	折青稞	备注
点佛灯	3 升	1 魁	
经幡	30 两	10 斤	
布施		4 魁	
烧香	30 两	10 升	

共计：6 魁。

一年总支出共计：325 魁 6 升，每年超支 147 魁 4 升。

4. 差役、乌拉

（1）内差

月份	项目	数量	人日	畜日	折青稞	备注
1 月	出肥		4			
	修水渠		7			
	刺柴差	240 斤			16 魁	
2 月	浇地		7			
	运肥		6	15		
	耕地		2	4		
	砍、种树		3			
	木炭差	2 斤			2 升	
3 月	浇地		6			
	耕地、播种		6			
	打畦		4			
4 月	出塘泥		3			
5 月	垫圈		14			
	浇水		4			
	锄草		10			
6 月	拔草		5			
	马草差	5 斤			5 升	
	树皮差	12 两			3 升	洗衣服用的

（1 至 6 月共计 81 人日，23 畜日，折青稞 6 魁 10 升。）

7 月	垫圈		7			
	青草差	195 斤			3 魁 5 升	
8 月	割青稞		9			

	运青稞		6	
	打场		15	
	牛粪差	50斤		1斗
9月	送牛粪		5	25
	耕地		2	4
其他:	喂牲口		30	
	酥油差	6斤		15升
	奶牛差	30斤		2斗15升
	肥料差	100袋		1斗
	榨油		6	1斗	1斗给油房主人
	对分租			18升
	租草差	6斤		5升

7至12月共计:80人日,29畜日,折青稞13斗12.5升,全年实物差税共计:27斗8升。

(2)外差

项目	数量	折青稞
地租	23斗	23斗
"包热"	2斗15升	2斗15升
银差	6品	5斗
柴差	8斤(5品)	4斗
肉差	2.5腔	5斗

共计:39斗15升。

(3)兵差

属于每8岗地出1兵差的一类,与优甲共出1兵有宗顿巴、其布仓、德吉林阿等6户。

项目	数量	折青稞
兵费	48两	15升
青稞	2斗	15升
酥油	4两	2斗
肉	1/4腔	10升

共计:3斗15升。

全年内、外、兵差和乌拉共计91斗0.5升。

(九)富裕农奴旺保次仁

1.家庭人口及历史

(1)家庭人口

姓名	性别	年龄	与户主关系	婚姻形式	劳动情况
旺保次仁	男	42	户主	一夫一妻	农业劳动
奔巴普哲	女	30	妻	一夫一妻	农业劳动
腾尼	女	50	岳母		家务劳动
卡保	男	12	子		放羊

奔丹	男	11	子	放羊
阿竿	女	9	女	
鼓穷	女	8	女	
穷拉	女	6	女	
次旺	男	3	子	

（2）家庭历史

旺保次仁的祖父有 3 岗地，3 个奴隶，生活富裕。父亲顿珠，以看病为主。其母是黪卡代理人龙莫切的女儿。

旺保次仁 4 岁起开始放羊，29 岁时，与黪卡代理人班钟那巴的女儿奔巴普哲结婚，平日依仗岳父的势力，敲诈百姓，因此有民愤，曾被群众教育。

2. 民改前后生产资料的占有

（1）土地：民改前 15 尅；民改后，36 尅。

（2）房屋：民改前，9 间房，10 个桩；民改后，照旧。

（3）牲畜：民改前，田耕牛 2 头、黄牛 2 头、奶牛 8 头、马 1 匹、牦牛 8 头，母牦牛 11 头、山羊 92 只、绵羊 50 只；民改后，照旧。

（4）农具：民改前，犁 3 个、铧 3 个、锨 2 把、小锄刀 6 把、锄头 3 把、木耙 4 把、筐子 2 个、平土器 1 个、铁筛 1 个、木筛 1 个、织布机 1 台、斧子 2 个、口袋 5 个，簸萝 2 个；民改后，照旧。

3. 一年的收支情况

收入情况：

（1）农业收入（1959 年）

名称	下种数	产量	折青稞
青稞	14 尅	244 尅	244 尅
豌豆	6 尅	12 尅	12 尅
油菜子	2 尅	6 尅	6 酥
萝卜	5 升	5 驮	1 尅 15 升
土豆	10 升	$\frac{1}{2}$ 驮	1 尅
葱	10 升	$\frac{1}{4}$ 驮	12 升

共计：266 尅 7 升。

（2）副业收入

名称	数量	折青稞
山羊羔	13 只	4 尅 11 升
绵羊羔	20 只	15 尅
草	25 驮	3 尅 2 升
刺柴	10 驮	12 升
牛粪	365 驮	36 尅
酥油	80 两	10 尅
奶渣	12 升	12 升

山草	1070 驮	133 尅 18 升
羊皮	6 张	4 尅

共计：207 尅 15 升。

支出情况：

（1）生产投资

名称	数量	折青稞
种子	14 尅	14 尅
饲料	1095 驮	137 尅
修农具		10 升

共计：161 尅。

（2）生活支出

名称	数量	折青稞
青稞		168 尅
小麦	7 尅	5 尅
土豆	0.5 驮	1 尅
青稞酒		60 尅
碱		15 升
茶	12 块	7 尅 10 升
肉	6 个羊腔	12 尅
糖	80 两	1 尅 7 升
辣椒	12 两	4 升
牛粪	365 驮	22 尅
刺柴	10 驮	12 升
草	25 驮	3 尅 2 升
油		10 尅
上衣	10 件	10 尅
裤子	6 件	6 尅
藏袍	6 件	8 尅
靴子	8 双	9 尅
帽子	3 顶	3 尅
辫穗		13 升
肥皂	120 两	2 尅
火柴	28 两	9 升
鞋钉	90 两	1 尅 7 升

共计：333 尅 19 升。

（3）宗教支出

名称	数量	折青稞
布施		3 尅
念经		9 尅

香	125 两	2 魁 2 升
经幡	80 两	1 魁 7 升
酥油灯	30 斤	7 魁 10 升

共计：22 魁 19 升。

4. 乌拉、差役、放债情况

（1）内差

不支内差，每年给黟卡$\frac{1}{4}$个奴隶的工钱 2 魁 14 升，伙食 12 魁，共计 14 魁 14 升。

（2）外差

名称	数量	折青稞
油差	4 升	1 魁
酥油差	40 两	5 魁
肉差	1 个羊腔	2 魁
地租		18 魁
肥料差	5 驮	5 升
运肥	15 人日、10 畜日	

共计：26 魁 5 升。

（3）兵差

名称	数量	折青稞
工资	11 两	4 升
伙食		3 魁 6 升
服装费		1 升

共计：3 魁 11 升。

（4）放债

旺保次仁放债已有 3 年的时间了。大体上每年放债 30 至 40 魁。利率为$\frac{1}{7}$。每魁一个鸡蛋的额外剥削，要与借债人立契约。

一年总收入大约为 484 魁 2 升，付出大约为 562 魁 8 升，尚亏 78 魁 6 升青稞。

（十）富裕农奴名琼

1. 家庭人口及历史

（1）家庭人口

姓名	性别	年龄	与户主关系	婚姻形式	劳动情况
名琼	男	49	户主	两夫一妻	家务劳动
诺布顿	男	33	户主	两夫一妻	农业劳动
索娜	女	43	妻子	两夫一妻	农业劳动
哈琼	女	17	女儿		放羊
卓玛普哲	女	16	女儿	一夫一妻	放羊
怡喜	男	17	女婿	一夫一妻	农业劳动

兹仁哈莫	女	10	女儿
兹仁穷达莫	女	8	女儿
洋给莫	女	12	女儿

（2）家庭历史

名琼小时是堆穷，曾给牧民当过奴隶。后来在顿珠次仁家中当堆穷。主人外逃后，他开始有了 1 岗土地，成了家。后来从黯卡那里获得 $\frac{1}{2}$ 岗地。又从代理人蒋巴开珠那里得到 1 岗地。

名琼与索娜结婚后，因家中劳力不足，就给索娜又找了一个丈夫，那就是诺布顿。这样就是两夫一妻的婚姻形式了。

2. 民改前后生产资料的占有

（1）土地：民改前 89 尅；民改后照旧。

（2）房屋：民改前 11 间 16 个柱；民改后照旧。

（3）农具

民改前，铧 6 个、锹 12 把、锄 5 把、镰刀 7 把、小锄头 8 把、锄草刀 10 把、木耙 7 把、织布机 1 台、平土器 1 个、皮筛 2 个、木筛 6 个、斧子 3 个、簸箩 2 个、口袋 40 个、水磨 1 台、油房 1 个。

3. 一年的收支情况

收入情况：

（1）农业收入

名称	下种数	产量	折青稞
青稞	58 尅	400 尅	400 尅
油菜子	3 尅	15 尅	15 尅
豌豆	21 尅	84 尅	84 尅
小麦	7 尅	15 尅	15 尅
土豆	1 尅 10 升	4 尅	2 尅 2 升
萝卜	10 升	15 驮	5 尅 5 升
葱	2 升	4 筐	5 尅

共计：526 尅 17 升。

（2）副业收入

名称	数量	折青稞
山羊羔	31 只	10 尅 7 升
绵羊羔	23 只	17 尅 5 升
羊毛		10 尅 10 升
草	547 驮	68 尅 10 升
刺草	80 驮	5 尅
牛粪	365 驮	22 尅 5 升
酥油	100 两	12 尅 10 升
奶渣	2 尅	2 尅
鸡蛋	60 个	1 尅

| 羊皮 | 13 张 | 9 剋 15 升 |

共计：147 剋 12 升。

支出情况：

（1）生产支出

名称	数量	折青稞
种子	89 剋	89 剋
饲料	547 驮	68 剋 10 升
修农具	1 人 4 日	1 剋

共计：158 剋 10 升

（2）雇工工资及伙食

姓名	性别	年龄	劳动项目	日期	工资	伙食
登真	女	24	农业	1959 年 1 年	6 剋 10 升	12 剋
关	男	36	放羊	1959 年 1 年	4 剋	8 剋

共计：30 剋 10 升。

（3）生活开支

名称	数量	折青稞
青稞	182 剋	182 剋
小麦	15 剋	15 剋
土豆	4 剋	2 剋 12 升
青稞酒	61 剋	61 剋
盐	2 驮	3 剋
碱		15 升
茶	23 块	30 剋
肉	15 个腔	11 剋 10 升
辣椒	4 升	4 升
颜料		1 剋
牛粪	365 驮	22 剋 15 升
油	45 剋	25 剋
酥油	130 两	16 剋 15 升
上衣	3 件	1 剋 10 升
裤子	5 件	2 剋 10 升
藏袍	3 件	8 剋
靴子	2 双	1 剋
肥皂	25 两藏银	8 升
火柴	9 两藏银	3 升

共计：384 剋 15 升。

（4）宗教支出

名称	数量	折青稞
布施		4 剋

佛灯	15 两藏银	5 升
香	3 两	1 升
经幡	5 两	2 升

共计：4 尅 8 升。

4. 差役、乌拉、放债

（1）内差

月份	名称	人数	畜日
1 月	积肥	20	
	砍树	6	
2 月	耕地	7	2
	浇地	10	
	起肥	4	
	运肥	6	4
3 月	耕地	3	2
	浇地	10	
	播种	15	2
4 月	修水渠	6	
5 月	锄草	30	
	浇地	10	
	垫圈	14	4
	修房	6	
6 月	垫圈	14	
	拔草	10	
7 月	割青草	10	
8 月	收割	14	
	运粮	10	
	打场	6	
	扬场	36	
	运粮	4	7
	运牛粪	6	6

共计：32 尅 15 升。

（2）外差

名称	数量	折青稞
酥油差	50 两	6 尅 5 升
地租	26 尅	26 尅
柴差	32 斤	10 升
肉差	8 个羊腔	16 尅
油差	36 升	9 尅
运送差		7 尅 10 升

共计：65 魁 5 升。

（3）兵差

名称	折青稞
工资	1 魁 10 升
衣服	8 升
糌粑	9 魁
酥油	6 魁
肉	2 魁 8 升
酒	2 升
茶	4 魁 16 升
零用钱	1 魁 16 升

共计：26 魁。

放债情况：

名琼放债已有 24 年，平均每年得利率折合青稞为 10 魁。

一年总收入为 684 魁 9 升，支出 669 魁 11 升，尚节余 14 魁 18 升。

附　　记

1960 年 3 月至 5 月，傅同和、王文成、乔维岳、佟锦华调查，初步整理于察儿谿卡。1987 年 9 月，傅同和、彭学云又重新整理。第一、二、三、四部分为彭学云整理；第五部分为傅同和整理。

1959 年 12 月至 1960 年 6 月，西藏少数民族社会历史调查组的部分同志到西藏日喀则宗艾马岗、牛谿卡和孜东察儿谿卡进行社会历史调查。参加调查的人员有吴从众、罗秉芬、傅同和、仁青、翟万馨、乔维岳、王世镇、曲又新、周秋有、王文成、佟锦华、徐观俭、达娃南木佳等。这次付印前，又由罗秉芬、吴从众、傅同和、翟万馨等同志重新加工整理，最后全部调查资料由吴从众在文字上和编排上作了加工和统一。

1987 年 10 月 7 日

后　记

　　1956 年全国人大民族委员会组织了西藏少数民族社会历史调查组赴藏调查，1958 年至 1962 年在国务院民族事务委员会和中国科学院哲学社会科学部的领导下，中国科学院民族研究所、中央民族学院及其他单位又增派人员充实了调查组力量，深入到西藏很多地区。在中共西藏工委领导下，调查组人员结合编写《藏族简史》、《藏族简志》（上编），与西藏地方的同志一起全面开展了社会历史调查工作。这两次调查搜集了数以百万字计的，以藏族为主的社会历史资料。最近十多年内中国社会科学院民族研究所、中央民族学院又组织了对门巴族、珞巴族等的若干次调查。上述调查所获的资料，大都做过初步整理，其中一部分还曾于 1964 年和 1978 年分别铅印成册，提供有关部门使用。现根据国家民委民族问题五种丛书编委会的统一要求，重新整理这些资料，按民族和地区分别编辑出版。

　　由于调查时的条件所限，各篇资料在不同程度上存在着某些片面和失实的问题，但总的说来，这些资料还是很有价值的。这次复印前，所有编入的资料均请原搜集整理人再次作了校订，除删除原资料中少量不必要的内容、改正明显的错误及不妥之处外，基本上保留了资料的原有面貌。

　　为了尽快编辑出版这些资料，经编委会同意，委托中国社会科学院民族研究所负责领导此项工作，并由姚兆麟（组长）、王辅仁（副组长）、刘忠、吴从众组成编辑组，具体组织整理和负责编辑。本辑由吴从众主编。由于我们的水平所限，缺点和错误仍然不少，敬希读者指正。

编者　1985 年

修订后记

　　《藏族社会历史调查》（1－6）的修订工作，由中央民族大学苏发祥负责，先后参加人员有苏发祥、扎巴军乃、罗桑凯珠、赛藏草、王许红、李秀瑛、桑德等 7 人，完成时间是 2005 年底开始到 2007 年春。

　　修订蓝本以 1987 年西藏人民出版社出版的《西藏社会历史调查》版本为准，这套调查报告不仅凝聚了很多老一辈学人的心血，保存了大量有关 20 世纪 50 年代西藏地方政治、经济、文化等方面的珍贵资料，而且也是当时党和国家重视民族工作和民族文化的具体体现。迄今为止，《藏族社会历史调查》仍是很多从事藏学研究工作者必备的案头参考书，虽历经 50 余年的风风雨雨，其重要学术价值和现实意义愈发凸现。本次修订过程中，我们发现有三方面的内容最难处理：一是藏族传统度量衡及土地面积等的换算单位，不但所用汉字不同，而且与现代通用单位的换算标准也不尽一致。二是很多地名、寺院名、人名后面没有标注藏文，无法确定现在的具体位置和对应汉字。三是有些藏文专用名词等，可能因为方言、记录等原因，跟现在常用的词语相差较大。对于上述三种情况，我们尽量采取尊重原内容的态度，不轻易改动。

　　修订工作的错误和不足在所难免，敬请读者批评指正。

《中国少数民族社会历史调查资料丛刊》修订编辑委员会

2009 年 3 月